大数据及数字经济统计探索

国家统计局统计设计管理司　编

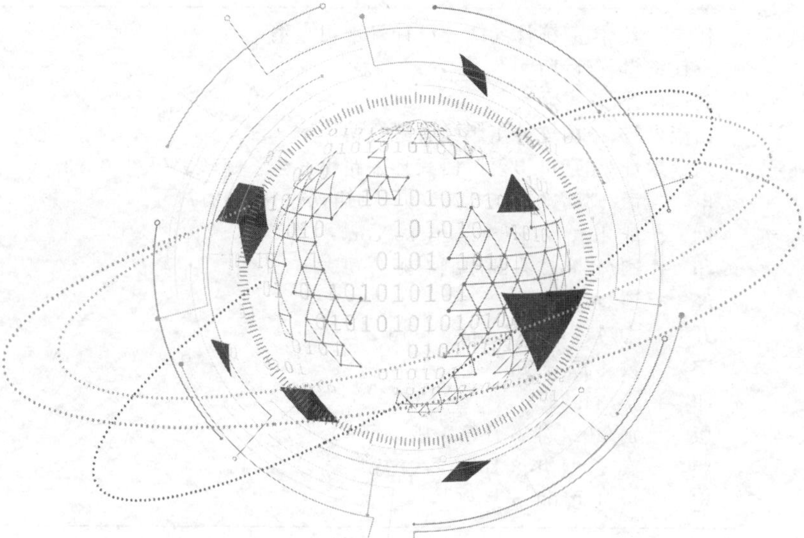

中国统计出版社
China Statistics Press

图书在版编目(CIP)数据

大数据及数字经济统计探索 / 国家统计局统计设计管理司编. —— 北京 ：中国统计出版社，2024. 7.

ISBN 978-7-5230-0464-7

Ⅰ. F492

中国国家版本馆 CIP 数据核字第 2024CR7980 号

大数据及数字经济统计探索

作　　者/国家统计局统计设计管理司　编

责任编辑/冯诗萌

封面设计/李雪燕

出版发行/中国统计出版社有限公司

通信地址/北京市丰台区西三环南路甲 6 号　邮政编码/100073

电　　话/邮购(010)63376909　书店(010)68783171

网　　址/http://www.zgtjcbs.com

印　　刷/河北鑫兆源印刷有限公司

经　　销/新华书店

开　　本/710×1000mm　1/16

字　　数/595 千字

印　　张/34.25

版　　别/2024 年 8 月第 1 版

版　　次/2024 年 8 月第 1 次印刷

定　　价/150.00 元

大数据及数字经济统计探索

编 辑 部

序　言

21世纪大数据的出现，各种来源、各种形式的电子化数据大爆发，大量非传统政府统计调查产生的数据，包括政府部门的行政记录数据，商业记录数据，互联网数据，电子设备感应数据以及其他非传统数据大量涌现，数据已成为数字经济时代全新的关键的生产要素。静态的、定时的传统数据收集方法，面临新的、动态的、组合的大数据的挑战，统计思维、数据收集方法、甚至整个数据生产流程都在不断探索和创新中改革和进步。早在2014年，国家统计局就明确提出“要广泛应用大数据，改革统计生产方式”的战略目标。2021年，印发《“十四五”时期统计现代化改革规划》，就未来五年如何加快推进大数据统计应用提出奋斗目标和工作举措。在国内层面，国家统计局大数据统计应用领导小组牵头推进大数据统计应用工作，通过制定实施配套年度工作方案，明确各专业各领域阶段性任务，稳步推进大数据资源和技术在相关统计领域创新运用。大数据在大型国情国力普查和常规统计调查中融合应用程度日益提升，数据资源共享共治不断取得创新突破。在国际层面，大数据统计应用成为国际双边、多边合作重要内容，通过创建联合国大数据全球平台中国区域中心、全球中心，承办第四届联合国世界数据论坛、实施中国一联合国统计能力开发信托基金项目等，持续推进大数据统计应用主题的国际交流合作。

与大数据的出现息息相关的是数字经济的繁荣发展，时至今日，数字经济对经济社会的引领带动作用日益凸显，为经济社会持续高质量发展提供了强大动力，数字经济已成为世界各国推动可持续发展的新机遇、打造国际竞争力的新高地。中国政府高度重视数字经济的发展壮大，对数字经济发展格局和总体建设作出顶层设计，制定并实施《“十四五”数字经济发展规划》。国家统计局认真贯彻落实国家数字经济发展战略和相关工作部署，积极响应联合国关于开发应用新数据资源倡议，密切跟踪国内外数字经济最新研究进展，探索开展中国数字经济统计监测工作，2021年出台《数字经济及其核心产业统计分类(2021)》，2022年正式建立数字经济统计监测国家统计制度，开展数字经济及其核心产业统计监测，努力为国家数字化战略的制定和实施提供精准数据支撑。

为了加强实践总结和案例交流，记录和整理政府统计应用大数据和开展数字经济统计监测的演进历程，总结和提炼政府统计应用大数据和数字经济统计监测的创新成果，找准在新的数据生态体系下政府统计数据治理的新的方向，我们精心组织编写了这本《大数据及数字经济统计探索》。全书分行政记录应用、网络数据应用、遥感数据应用、大数据综合应用、数字经济统计、数字经济分析 6 个领域，收录文稿近 50 篇，来自国家统计局机关、部门统计机构、地方调查队和地方统计局的统计工作者基于近年来的工作实践形成的应用案例、总结分析、思考体会和建议展望。本书为统计部门贯彻落实“十四五”时期统计现代化改革规划，推进大数据统计应用和数字经济统计监测相关目标任务提供实践案例和经验总结，书稿内容仅代表作者意见观点，相关数据为作者估算、搜集、整理所得，不代表政府统计部门数据。

数据资源和新数据技术迭代持续推动数据生态系统升级，“用数据说话、用数据决策、用数据创新”的理念已蔚然成风。在数据资源和数字技术加速经济社会活动数字化演进的当下，政府统计部门要在新的数据生态系统中实现角色转换，在多维数据资源体系中明确新的职责定位，积极发挥引领作用，建设共建共治共享的数据治理体系，实现数据资源综合治理下的社会治理质量效能提升。

编者

2024 年 7 月

目　录

行政记录应用

网络数据应用

遥感数据应用

大数据综合应用

数字经济统计

数字经济分析

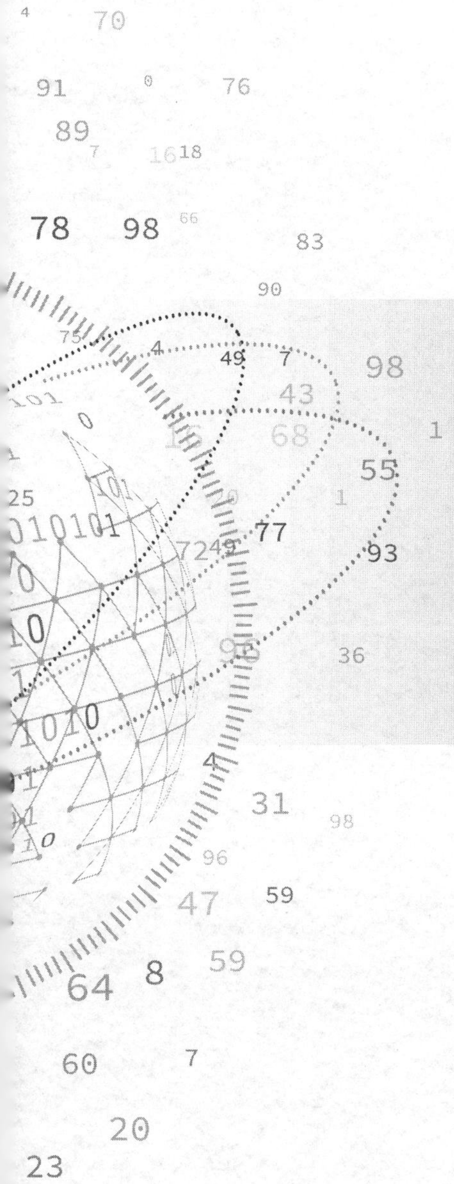

行政记录应用

测度数字订购贸易

——海关跨境电商统计的探索与实践

海关总署统计分析司

中国海关以联合国的国际贸易统计标准为基础制定中国海关统计制度;按照《中华人民共和国海关法》和《中华人民共和国海关统计条例》以及其他法律法规对进出口货物贸易进行统计,编制和公布海关统计资料。2010年以来,随着经济全球化和互联网的普及,中国跨境电商快速发展,在对外贸易中受到越来越多的关注,政府部门、研究机构及业界对跨境电商数据的使用需求越来越强烈。跨境电商作为货物贸易的重要组成部分,对其开展统计监测与分析,不仅有利于促进海关合法合规监管,还有利于国家有关部门对产业发展状况进行分析研判,具有重要意义。

一、中国海关的跨境电商统计发展历程

(一)利用海关跨境电商监管行政记录编制统计阶段

1. 跨境电商零售监管方式项下货物的统计。自2014年起,为便利企业通关,规范海关管理和统计,在前期充分调研并兼顾各方需求的基础上,中国海关发布公告,先后增列监管方式"跨境贸易电子商务"(即跨境直购,代码9610),用于跨境电商零售进出口货物向海关申报并实施"清单核放、汇总申报"通关模式。即,跨境电商企业或平台企业、支付企业、物流企业分别将交易、支付、物流等电子信息传输给海关,跨境电商企业或其代理人向海关提交申报清单,海关核对清单与上述"三单"信息,核对通过的即予放行。电商企业或其代理人每月15日前,将上月结关的申报清单,按照同一收发货人、运输方式、运抵国、出境关别、最终目的国、商品编码、币制的规则归并金额与数量,汇总形成跨境直购出口报关单向海关申报。汇总申报的目的是便于企业办理退税等手续,并有利于海关从报关单数据库中直接采集上述监管方式的数据记录,即可编制跨境电商进出口统计。中国海关

于2014年和2016年分别增列监管方式"保税跨境贸易电子商务"(即网购保税,代码1210)和"保税跨境贸易电子商务A"(即网购保税A,代码1239),适用于批量进口后先存入海关特殊监管区域或保税物流中心(B型)再按照境内客户订单出区或出仓的跨境电商货物,即B2B2C。2018年2月,在北京举行的世界海关跨境电商大会上,海关总署首次公布了按照上述3种监管方式统计的跨境电商进出口数据,2017年通过海关跨境电商管理平台进出口的货物近900亿元。2019年已超过1860亿元。

2. 跨境电商企业对企业监管方式项下货物的统计。2020年6月,中国海关增列监管方式"跨境电子商务企业对企业直接出口"(代码9710)和"跨境电子商务出口海外仓(代码9810)",将对跨境电商进出口的规范监管从B2C领域延伸至B2B领域。

按照上述5种监管方式统计的跨境电商进出口数据,合称"海关跨境电子商务管理平台统计",为有效实施海关业务管理、反映国家跨境电商零售进出口和B2B出口政策效果提供多维度、高频度的统计数据支持。

(二)利用重点调查及大数据方式开展跨境电商全业态统计探索

按照上述特定监管方式通过跨境电商管理平台向海关申报进出口的只是一部分跨境电商货物,仍有部分跨境电商货物按照一般贸易等监管方式向海关申报,还有的通过邮快件等渠道按个人物品进出境,近年来邮政和快递包裹量的快速增长印证了这一情况。以特定监管方式为标准编制的跨境电商管理平台进出口统计与业态实际规模存在差距,不能满足跨境电商发展的需求,需要编制包含各种进出境模式的全业态统计,因此,海关统计需要打破原有行政记录的单一统计资料来源,通过统计调查手段获得补充统计资料。

2017年,海关总署会同商务及统计部门在浙江省杭州市和广东省广州市开展了跨境电商全业态统计试点调查工作,了解不同物流通关类型商品中跨境电商的占比及以及跨境电商平台、物流服务企业、支付企业、线上卖家等相关方的数据情况。之后,这一试点调查扩展到全国范围。

2019年7月,时任国务院总理李克强主持召开国务院常务会议,部署完善跨境电子商务等新业态促进政策,适应产业革命新趋势推动外贸模式创新,并明确要求完善跨境电子商务统计体系。海关总署在全面总结2014年以来跨境电子商务管理平台统计实践与试点调查经验的基础上,确定了通过"行政记录""平台调查"以及"资料补充"三者相结合的方法,全面统计跨境电商货物的进出口规模。自2019年起,面向跨境电商平台、线上卖家、物流服务等企业的跨境电商统计的试点调查频度从年度调整为半年度。调查表式中增加了进口货物的境内消费使用地及出口货物的境内货源地，在国别、商品的基础上进一步丰富了统计分组。海关总署还组织编写了调查表填报指南，便于企业准确理解填报要求，提高填报质量。2020 年海关统计专项调查调研信息化作业系统上线后，样本企业可以直接登录该系统填报调查表，系统还支持不同填报项目之间的逻辑关系校验检查，提示样本企业及时修正填报差错，一定程度上保证了统计原始资料的准确性，后续数据处理更加便利。2021 年 1 月 14 日，在国务院新闻发布会上，海关总署新闻发言人首次公布跨境电子商务全业态统计数据。

2023 年 5 月，国家统计局批准《跨境电子商务统计调查制度》，海关跨境电商统计工作步入制度化、规范化发展的新阶段。

二、中国海关对数字订购货物贸易测度的总体框架

（一）测度的目标及原则

1. 跨境电商全业态统计的目标。跨境电商全业态统计旨在解决此前管理平台统计不完整的问题。与汇总海关行政记录得到的跨境电商管理平台统计不同，跨境电商全业态统计聚焦业态发展规模，不限于特定的海关监管方式，不限于特定的进出境通关渠道，只要满足"订单在线生成"这一条件的跨境货物，均列入统计范围，从而能够全面反映跨境电商在整个进出口贸易活动中的份额及增长情况，更加符合宏观决策需要，更好适应贸易数字化时代行业发展的需要。

2. 跨境电商全业态统计的原则。一是完整性原则。统筹规划，明确跨境电商全业态统计范围、指标体系、测度方法和发布机制，拓展数据采集来源，涵盖跨境电商各利益相关方，全面反映跨境电商业态发展状况。二是真实性原则。科学制定统计调查方案，建立健全多方合作机制和数据质量保障机制，强化原始数据的可追溯性，确保数据的真实性和可操作性。三是创新性原则。突破传统海关统计方法的局限，综合运用科技和统计调查等手段，不断优化互联网、大数据等新技术应用。四是独立性原则。跨境电商全业态统计是一种新的统计产品，是货物贸易统计的一部分，因编制方法不同，其数据颗粒度和频度均有别于传统海关统计。

（二）测度范围的确定

联合国国际贸易法委员会、世界贸易组织、经济合作与发展组织等对跨境电商提出了一些基本元素特征，如应用信息通信技术，运用互联网进行沟通和发起交易，货物从一个经济体跨境流动到另一个经济体以及电子支付等。世界海关组织一直高度关注跨境电商的发展对各国海关通关模式及其他政府管理的影响，

2016 年专门成立了跨境电商工作组，研究海关应对方案，以确保跨境电商通关便利化与合规性。中国海关积极参与《世界海关组织跨境电子商务标准框架》(以下简称《标准框架》)的制定工作，专门选派统计专家，负责其中测量与分析工作分组的具体任务。《标准框架》于 2018 年 6 月正式发布。

《标准框架》规定跨境电商应具有以下特征：网上订购、销售；跨境交易/运输；实际(有形)货物；最终送达消费者/购买者(商业和非商业)。《标准框架》主要适用于 B2C 和 C2C 交易，鼓励成员将相同的原则和标准应用于 B2B 交易。《标准框架》指出，海关应和相关政府部门一起与电子商务利益相关方密切合作，根据国际统计标准和国家政策，准确获取、测量、分析和公布跨境电商统计数据，以便利科学决策。

中国海关跨境电商全业态统计的范围与《标准框架》一致，即可纳入跨境电商统计范围的货物应具有以下特征：交易在中华人民共和国关境内与境外的企业或个人之间开展；订单通过互联网平台形成；货物通过各类跨境物流渠道已送达。上述特征既反映了国际货物贸易统计的基本要求，即跨境与改变境内物质资料存量，又反映了电子商务“在线成交”这一核心特征。

(三)测度使用的原始资料

1. 海关行政记录

海关行政记录来自海关跨境电商相关作业系统，主要包括通过跨境电商管理平台的海关特定监管方式数据，快件与邮件数据以及与消费品相关的进出口报关单数据等。

2. 统计调查数据

调查对象主要为跨境电商相关企业，根据企业在跨境电商中的角色可分为四类：一是第三方平台，二是自建/自营平台，三是电商服务企业，四是电商卖家。前两类为提供跨境电商交易平台的企业，第三类为提供物流、通关等跨境电商服务的企业，第四类为提供商品、在第三方平台销售的企业。根据企业规模和业务开展的情况，将企业分为了重点监测企业和普通调查企业，普通调查企业填报《跨境电商统计调查表》，重点监测企业填报《跨境电商重点监测企业统计调查表》，其主要区别为增加了国别(地区)和境内目的地/货源地的填报项数。2023 年起，调整调查表式，不再区分重点监测企业和普通调查企业，新的调查表式如附表。

3. 部分境外平台公开财报数据

收集亚马逊、eBay、Shopee、Wish 等较大规模的境外电商平台的财报数据，获取其 GMV、营收等公开资料，以此测度其跨境电商结算额。

4. 支付物流企业的物流费用和平台费用数据

通过行业访谈获得跨境电商行业在货物成本和物流、平台费用等方面的结构化数据，用于将平台电商结算额转换为以 FOB 计价的出口值。

5. 其他资料

为获取通过邮件、快件等进出境包裹中的跨境电商比例，2019 年，中国海关联合商务部、国家邮政局，对哈尔滨、青岛、成都、武汉、杭州、广州 6 个城市的约 5000 份出境邮政包裹的寄件人逐一进行电话调查，确定出境邮快件包裹中的电商货物比例，同时通过行业访谈获得进境邮快件点上包裹比例，用于排除非贸易特征的邮快件包裹，保证统计范围准确。

自 2019 年起，邮快件电商包裹列入海关进出口货物贸易统计。其中，统计价值采取平均价格与数量的乘积，以排除申报差错等离群值的干扰；对于其他统计原始资料不支持的海关统计项目，如贸易方式、进出口收发货人等，也相应制定了虚拟编码规则，保证了统计数据库的一致性与协调性。

(四)测度方法

1. 跨境电商进口测度

(1)测度方法

测度跨境电商进口规模时主要用到以下数据：①海关行政记录数据，即经海关跨境电商管理平台申报的进口数据；②通过调查问卷收集上报未经海关跨境电商管理平台申报的跨境电商数据。先将海关行政记录数据汇总值 Vi1(即数据①的汇总)，统计调查数据汇总值 Vi2 (即数据②的汇总)根据调研得出的样本企业覆盖率 Rsi，进行调整，再将两部分累加。得出进口总值 Vi：

$$Vi = Vi1 + Vi2/Rsi \quad (1)$$

(2)结果验证

对于测度结果的验证主要通过以下方法进行：对比主要平台的市场结构；比较历史测度数据以及海关进出口货物贸易统计和统计调查结果的逻辑关系；比较统计局公布的社会消费品零售总额和网上零售额增幅与统计调查结果的逻辑关系。

2. 跨境电商出口测度

(1)境内主要平台出口统计调查数据(Ve1)

根据调查问卷采集的境内主要平台(包括第三方平台和自营/自建平台)的在线销售货物出口值统计，将其直接累加记为 Ve1。

(2)境外主要平台财报等公开数据(Ve2)

以亚马逊、Wish、eBay 和 Shopee 等中国出口卖家较多的电商平台的财报数据为基础,结合电商服务企业的平台管理费率、第三方支付服务费率等业界经营数据(用于将在线交易额折算出口 FOB 价格)以及境外平台中方卖家占比、邮快件电商包裹占比等访谈或不定期调查数据等综合测度得出。

以亚马逊财报数据为例,跨境电商出口数据测度过程如下:

亚马逊财报中公布了其网上自营店(Online stores)和第三方服务(Third-party seller services)的营收,根据支付企业提供的中国卖家在亚马逊平台销售商品需支付给亚马逊的佣金、仓储费和配送等费用,获得亚马逊第三方和自营销售的商品结算额 Ea。

根据第三方提供的亚马逊卖家所在地信息等数据,将中国商品在亚马逊等境外平台销售约占整体跨境电商销售的比例记为 Ra,以此计算中国商品在亚马逊销售的结算金额 S1′:

$$S1' = Ea \times Ra \tag{2}$$

同时,可以通过支付企业和物流企业获得卖家在境外平台销售商品中平台费用、物流及清关费用以及税款和其他费用比例(C),扣除这些费用,将结算金额折算为 FOB 价格 S1:

$$S1 = S1' \times (1 - C) \tag{3}$$

将各平台计算的数据(记为 S1、S2…Sn)求和,可得中国在境外主要平台销售商品的出口额 Ve2。

(3)境内外平台数据整合

合并境内平台的调查数据与境外平台的测度数据,然后根据调研得出的样本企业覆盖率 Rse,进行同比例测度,得出跨境电商全业态出口总值 Ve:

$$Ve = (Ve1 + Ve2) / Rse \tag{4}$$

(4)结果验证

测度结果的验证主要通过以下方法进行:测度境内平台和境外平台的份额,与企业访谈反映的份额比较;通过扣抵方式测度普通货物等渠道出口规模占比,与企业访谈反映的占比比较;比较统计局公布的社会消费品零售总额和网上零售额增幅与统计调查结果的逻辑关系。

3. 结构化数据编制

跨境电商全业态统计的具体分组指标主要包括:贸易伙伴(国别/地区)、商品品类、进出境渠道、国内地区分布。结构化比例参数来自调查问卷信息,中国海关正尝试引入大数据手段提高国内地区(省级行政区划)的测度数据质量。

为便于样本企业填报,调查问卷中将进口和出口商品品类分为消费品和生产资料两大类,并在消费品下再细分品类。

出口消费品分为十大类,包括:服饰鞋包及珠宝配饰,手机、电脑等各类数码产品及配件,家用、办公电器及配件,家居家纺及厨房用具,医药、保健品及医疗器具,玩具及母婴用品(不包括奶粉),运动及户外用品,园艺及各种家装工具,汽车及周边用品以及其他。

进口消费品分为九大类,包括:食品生鲜,奶粉,美容化妆、香水及日化洗护,医药、保健品及医疗器具,手机、电脑等各类数码产品及配件,家用、办公电器及配件,服饰鞋包及珠宝配饰,玩具、母婴用品(不包括奶粉)以及其他。

4. 月度跨境电商规模数据编制

为提高跨境电商全业态数据的时效性,自 2020 年起,中国海关探索实施统计快报制度,使跨境电子商务全业态统计的编制频度与传统的海关统计更为协同。快报为初步统计数据,是在上一期统计调查资料和进出口货物贸易统计的基础上测度出口总值与进口总值,并衍生编制进出口总值及变动幅度。年度初步统计数据随调查后编制正式数据而更新。

三、测度结果

2022 年,我国跨境电商进出口规模为 2.1 万亿元人民币,比 2021 年增长 7.1%,占我国货物贸易进出口总值的 4.9%,占比与 2021 年基本持平。其中,出口 1.53 万亿元,增长 10.1%,占我国出口总值的 6.4%;进口 5278 亿元,下降 0.8%,占我国进口总值的 2.9%(详见下表)。

表 1　2019—2022 年跨境电商进出口总体情况表

年份	金额(亿元)			同比(%)		
	进出口	出口	进口	进出口	出口	进口
2019 年	12903	7981	4922	22.2	30.5	10.8
2020 年	16220	10850	5370	25.7	39.2	9.1
2021 年	19237	13918	5319	18.6	28.3	−0.9
2022 年	20599	15321	5278	7.1	10.1	−0.8

我国跨境电商出口目的地中,美国市场占 34.3%,英国占 6.5%;进口来源地

中，日本占中国跨境电商进口总额的21.7%，美国占17.9%。出口商品中，消费品占92.8%，其中服饰鞋包占33.1%、手机等电子产品占17.1%；进口商品中，消费品占98.3%，其中美妆及洗护用品占28.4%、食品生鲜占14.7%。

四、经验、挑战与下一步计划

（一）经验

顺畅的跨部门合作机制是完成跨境电商统计的基础。中国跨境电商统计测度得到了来自多方的支持。与传统依靠报关单行政记录的统计方法不同，海关无法仅依靠自身数据完成跨境电商测度工作，商务、统计、邮政等其他政府部门对调查和测度提供了大量支持；跨境电商支付企业、物流企业等在调查方案设计和参数更新工作中提供了许多宝贵的信息。

以平台为主的调查测度方案既经济又能最大程度防止漏统和重复统计。在跨境电商的各个相关方中，不论来自政府部门还商业领域，跨境电商平台数据最能直接反映货物是否在线成交这一关键判定标准，而海关行政记录等均无法完整识别进出口货物是否在线成交。主要电商卖家与电商服务企业的调查数据也有助于检查数据质量、开展数据验证。

遵循《联合国贸易统计标准国际商品贸易统计：概念与定义》(IMTS)与《中华人民共和国海关统计条例》，作为跨境货物贸易的一部分，跨境电商货物在实际跨境后列入统计，进口采用CIF价格，出口采用FOB价格。由于从电商平台获取的统计原始资料往往以销售价格汇总，包含平台管理费、送货上门费以及其他发生在进口或出口申报之后的费用，中国海关对境内平台提供的调查问卷以及境外平台公开财报中的GMV等数据进行了系列调整，转换为进口CIF价格和出口FOB价格，保证分析使用中与贸易统计数据更协调可比。

（二）挑战

受编制方法影响，跨境电商全业态统计数据频度和数据颗粒度均较低，数据用户已习惯于海关报关单行政记录编制的高频、多维的传统进出口统计，跨境电商数据有时不能满足其分析需要。境内平台填报的调查表数据颗粒度和时效性无法和报关单等行政记录相比，而从境外平台获取详细数据更为困难。此外，部分测度参数更新得不够及时，需要投入更多精力建立可持续且经济可行的参数更新机制，以保证测度数据质量。

（三）下一步完善的方向

下一步，海关总署将继续加强大数据方法在跨境电商全业态统计中的应用；

针对独立站建站服务商、跨境电商专业物流企业、支付企业等加强调查和调研，及时掌握跨境电商业态的变化，以便及时调整调查重点；优化调查表式，使调查更有针对性，符合企业商业习惯，减少与行政记录的重复采集，提高调查效率，保证数据质量。

国家干线公路交通情况调查大数据应用实践

王英平　邢丽峰　邢宇鹏　撒　蕾①

进入以数据的深度挖掘和融合应用为主要特征的智能化阶段（信息化 3.0）以来，数据作为第五生产要素崭露头角，成为交通运输发展的关键要素和核心驱动。公路交通情况调查（以下简称“交调”）是掌握路网交通量、构成、分布、车速、轴载等交通流特征的基本手段，是全国交通运输行业统计的一项重要工作。鲜活、客观、准确的交调数据有力支撑了公路规划、建设、运行管理与服务水平的不断提高，是行业管理科学化、精准化的重要基础支撑。

为深入学习习近平总书记关于统计工作重要指示批示精神，认真贯彻落实党中央、国务院统计现代化改革决策部署，全面提高统计数据真实性，更好服务奋力加快建设交通强国，数据赋能交通发展，交通运输行业高度重视大数据在统计工作中应用，大力推进交调智能化发展，深度挖掘交调大数据在科学研判、精准管控、出行服务和高效物流等环节的价值，有力支撑智慧交通、数字交通建设。

一、交调大数据体系建设主要做法

公路交通情况调查范围包括国道、省道、县道、乡道及专用公路、农村公路。调查内容包括交通量调查、车速调查、比重调查和轴载调查等。调查方式包括自动调查、人工调查和多源数据融合转换等。

交通运输行业高度重视大数据应用，历时十年，持续推进交调业务新体系设计、新平台建设、新应用推广，搭建了全国联网交通情况智能化采集与服务平台，形成了数据驱动的路网运行分析与决策支持技术。目前，全国共有各类交调站点（含比重站）4.5 万个，车速调查路段 1.5 万个，在全国主要通道和重要节点共有

---

① 作者简介：王英平，交通运输部规划研究院高级工程师。
邢丽峰，交通运输部规划研究院中级工程师。
邢宇鹏，交通运输部规划研究院高级工程师。
撒　蕾，交通运输部规划研究院高级工程师。

13500个自动化调查站；形成的部省两级“1＋31”个交调数据中心，实现了交调数据从外场终端到数据中心的实时传输与动态处理。

(一)搭建全国联网交通情况智能化采集与服务平台

1. 总体架构

全国联网交通情况智能化采集与服务平台用户包括部级、省级等各级交通经济运行分析人员、路网运行管理人员、公路规划人员、公路养护管理人员、社会公众，以及部级、省级、地市级、县乡级和调查站的交调业务人员。交调业务人员负责通过报送管理系统生成交调基础数据；数据中心运行维护人员保障数据中心的正常运行。交调基础数据经多源数据处理与交换共享平台处理后形成高频数据；交通经济运行分析人员、路网运行管理人员、公路规划人员、公路养护管理人员、社会公众利用综合分析系统获取数据分析与服务。

交调业务需要实现横纵两个维度数据的应用与服务，横向是部级各业务系统之间的共享应用，纵向是部省市站之间的业务管理联动与共享应用。从横向看，平台实现了与公路治超、公路数据库、统计数据填报等系统共享，以及与公路水路安全畅通和应急处置、公路水路交通出行服务、交通运输经济运行监测预警与决策支持等业务信息共享。从纵向上看，平台实现了部中心、省中心、地市级中心和调查站四级联动。

2. 系统框架

全国联网公路交通情况智能化采集与服务平台总体框架为“两级中心、七大层次、一张采集网、三大体系”。如图1所示。

(1)两级中心

全国交调数据中心分为1个部级中心和31个省级中心。如图2所示。

(2)七大层次

1)终端层

基于交调多源采集体系，实现对全国主要运输通道和重要节点的交通量及车速信息的采集，实时向交调系统发送采集到的交通量、车速数据。

2)网络层

网络传输层主要是数据传输所采取的网络方式，包括设备向平台发送数据的网络以及部省数据中心之间的数据交换网络。综合使用Internet VPN 、专线网络、公共网(有线、无线)等多种网络连接方式，完成部(一级中心)、省(二级中心)及三级中心、调查站网络联通工作。多级数据中心信息通路主要包含两个方面的内容，一是公路交通情况数据通路，主要由设备采集、人工调查和多源数据转换等

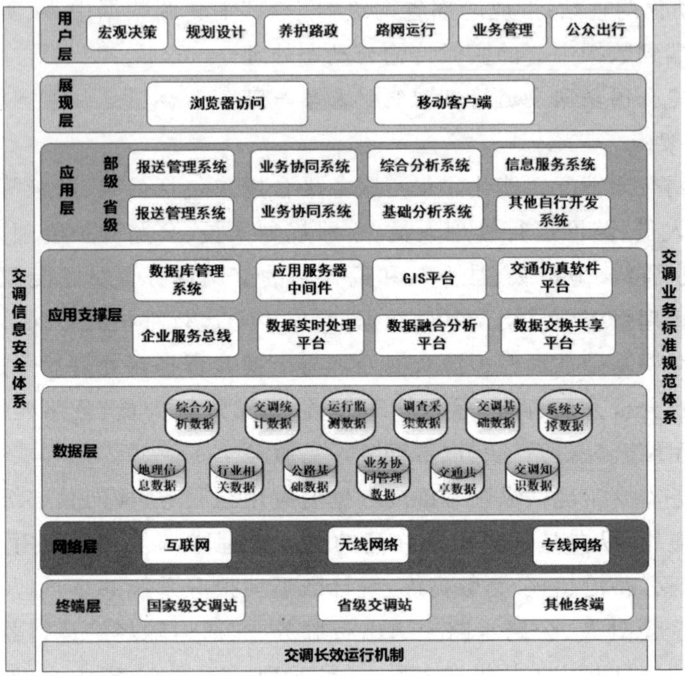

图 1　系统框架图

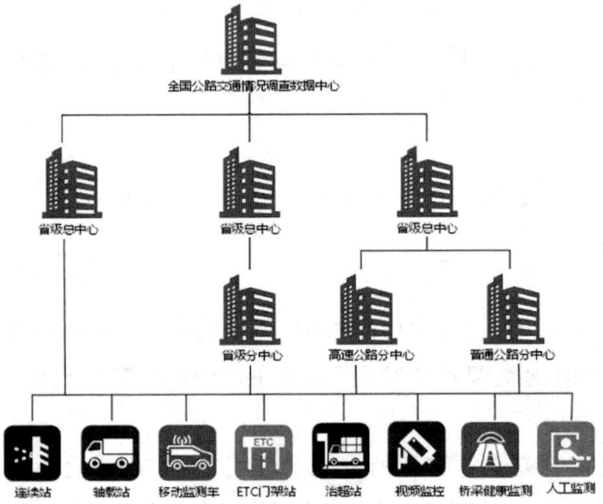

图 2　中心布局图

3 类数据组成;二是公路交通情况视频通路,主要由交通情况采集视频设备、监控视频设备等 2 类视频数据组成。

3)数据层

数据层是平台的重要数据支撑,平台以全国各省(区、市)公路路线、报送机构、调查站点、站点设备、行程车速、调查路段等数据为基础,高速公路、普通国省道交调站采集的交通量、车速数据为主,多源数据融合为辅,形成了公路基础信息、交调基础信息、交调采集信息、交调统计数据、运行监测数据、综合分析数据、业务协同数据、交通多源数据、交调共享数据、系统运行数据、地理信息数据、相关行业数据、知识模型数据等数据库。

4)应用支撑层

应用支撑层在整个框架中承担着承上启下的关键作用,处于应用系统平台和信息资源平台之间,为实现信息共享、应用系统功能、业务协同工作提供技术支撑,是核心应用系统的基础。应用支撑层主要包括数据库管理系统、应用服务器中间件、GIS平台、交通仿真软件平台、实时数据处理平台、数据交换共享平台和数据融合分析平台等。

5)应用层

应用层是平台的核心内容。应用系统包括部级系统和省级系统两部分。其中部级应用系统构架在统一的GIS平台和统一数据资源平台之上,由报送管理系统、业务协同管理系统、综合分析系统、信息服务系统共计4个系统组成。其中,报送管理系统、业务协同管理系统及基础分析系统采用"统一开发、全程下发"的方式建设;综合分析系统、信息服务系统采用"部级深化、省级放开"的方式实现省级综合分析和信息服务系统的个性化建设,实现干线公路规划评价辅助决策、公路养护计划管理、路网运行监测与评价、交通应急处置、全路网客货车时空变化特征分析、区域路网适应性及运输贡献价值分析、综合交通运输结构变化分析、重大战略区域及重点通道运输建设跟踪分析等功能。

6)展现层

展现层是交调信息服务的统一出口,主要包括:浏览器访问和移动客户端。

7)用户层

用户层主要包括宏观决策、规划设计、养护路政、路网运行、业务管理、公众出行等。

(3)一张采集网

一张采集网是指由自动化调查站、人工调查站和多源数据融合转换数据形成的交调多源互补采集网络。

(4)三大体系

1)交调长效运行保障体系是平台得以稳定、持续发展的重要保障,主要通过制定一套科学长效的运行机制,保障全国交调采集与服务平台及大量自动化交调站的稳定运行与可持续发展。

2)交调信息安全保障体系为平台提供安全支撑,主要依据严格的安全管理制度与安全技术规范,实现对平台各个层面的安全保护。

3)交调业务标准规范体系主要指平台建设中各个层面应遵守的各项技术标准。

(二)构建交调多源化采集体系

根据不同等级公路数据资源可利用情况,因地制宜构建交调多源化采集体系。

高速公路上,建立ETC门架交调站采集体系。按照标准对接、数据衔接的要求,构建了由ETC门架交调站智能化匹配模型、ETC门架站和交调站的自动化匹配模型、高性能的收费车型和交调车型转换模型、车速测算模型、节假日免费通行期间小客车数据自动补全模型等构成的关键技术体系,实现高速公路交通量、交通组成、行程车速等指标转换,将ETC门架数据直接转换为交调数据,完善全国高速交调采集体系,实现高速公路全路网的交通流量监测。

普通国省道上,构建全自动高频采集体系。在现有站点布局基础上,结合国家综合立体交通网布局,查漏补缺、适度加密,在国家重大战略实施区域、重要运输通道、重要节点和部分空白路段,依托"十四五"时期信息化建设,新建自动化交调站,有效提升交调自动化采集能力,形成布局合理、及时准确、安全可靠、智能共享的自动化交调数据采集体系。

农村公路上,逐步提升农村交调采集能力。布设比重调查站进行农村公路交通情况调查,在有条件的地区试点采用固定式调查、移动式调查、视频数据提取等多种方式进行数据采集。

(三)加强数据质量全流程控制

1. 加强规范化管理

交调工作是交通运输行业统计监测工作必不可少的内容,为保障交调业务可持续发展,积极推进标准规范建设,行业先后出台了《公路交通情况统计调查制度》《公路交调统计发展纲要》《公路交通情况统计调查管理办法》《公路交通情况统计调查(轴载)站建设指南》《公路交调设备管理办法》《公路交调设备车型分类标准》等制度、办法,正在抓紧制定ETC数据转交调数据的行业标准等,进一步推动交调的规范化运行。

2. 自动化设备检测

按照《关于加强公路交通情况调查设备技术管理的指导意见(试行)》和《固定式交通流量调查设备技术条件》《固定式交通流量调查设备安装验收与期间核查检测规程》《固定式交通流量调查设备与数据服务中心基础交通数据通讯协议》等行业要求及技术规范文件开展自动化设备检测,并引入具备资质和能力的独立检测机构开展实验室和外场检测工作。同时,加强自动化调查站建设验收和期间核查,保障交调数据的稳定准确。

图 3　公路交调站

3. 数字化站点管理

采用"部省联动、分级负责"的方式,进行自动化调查站数据质量摸底工作,掌握数据质量基本情况、站点情况,建立分级名录库和站点台账。加强交调数据审核,按照完整的数据审核流程及校验规则,采用平台和人工结合的逐级审核方式,对交调站数据的及时性、完整性和准确性进行审核与测评。

4. 智能化数据融合

针对多源数据融合的特点,基于数据融合框架,形成了标准统一、信息全面、融合共享的自动化管控关键技术,采集与服务平台实现了海量多源数据的自动清洗、实时处理、融合存储、交换共享、汇总分析、质量控制与修复,确保多源交通数据在全自动、不间断的采集模式下,得到经识别、剔除、修补、处理后的高精度公路交通信息,有效支撑行业应用需求。

二、交调大数据应用

交调大数据具有规模庞大、类型多样、价值密度低、速度快时效高等显著特征,通过深度挖掘数据价值,更好为行业经济运行分析、公路货运量数据校核、公路网规划建设管理、公路建设投资评价、路网运行监测与评价、交通应急处置、公众出行、宏观政策制定等提供有力支撑。

图 4　交调大数据产品

(一)服务行业经济运行分析

交调数据具有独特的“鲜活性”和“抗干扰性”,是行业经济运行分析的重要依据。持续跟踪产业结构数据与公路交通流量数据,挖掘产业结构比重与货运比例间的强关联关系。通过构建公路交通量(如客车交通量、货车交通量)与国民经济指标(如 GDP、居民消费水平、制造业 PMI、CPI、宏观经济景气指数)的相关性分析模型,掌握公路交通运输与国民经济变化的关系,为交通运输部开展月度、季度经济运行分析,掌握行业发展趋势提供了高效可行的路径。

(二)服务道路货物运输量统计

目前,道路货物运输量统计使用“规上企业全面调查+规下业户波动推算”方法,普通国省道货车交通量变化情况作为波动系数参与运输量测算,研究划定了交调站点样本库范围、确定货车交通量变化情况统计口径和方法,计算全国及分省交通量同比数据,有效支撑公路货运量测算工作。同时,基于自动化交调、轴载、高速公路收费、货车定位等多源数据,提出了基于“重捕法”原理的成体系全社会公路货运量自动化监测模型,包括浮动车货运 OD 辨识技术、货车空载质量估计技术、多源数据一致性分析模型、第三类行程平均货重推导模型、货重矩阵估计模型等,助推公路货运统计实现统计方式自动化、统计对象全面化的智能化转变。

(三)服务公路小客车出行量测算

为全面真实反映公路人员流动情况,打破“营业性”的限制,建立覆盖更加全面、更加符合实际的公路人员流动量统计体系,依托大数据手段,利用交调站监测、高速公路通行、小客车平均行驶距离和载客系数等数据,测算公路小客车出行量,助推公路客运统计拓展统计范围,实现全社会人员流动统计,完整体现公路交通运输发展实际，更好服务人民出行，更好支撑行业管理决策。

（四）服务路网规划建设管理

在公路网规划、路网调整、规划项目审查等工作中，利用交通量数据预测公路交通需求，确定公路建设项目技术等级和工程规模，为公路网的规模和规划方案提供参考依据。如在综合立体交通网规划纲要项目中，融合交通调查数据与高速公路收费数据，建立了国省干线网的交通量推算模型，为规划方案提供依据。

（五）开展节假日公路交通分析

针对元旦、春节、清明节、劳动节、端午节、中秋节和国庆节等 7 个假期开展路网交通情况动态研判、分析和总结评估。节假日公路交通情况研判基于历史节假日变化特征及节假日期间每日交通量的变化趋势，分析节假日期间机动车、客车、货车交通量、变化趋势及峰值等出行特征，依托大数据手段，预测交通量、同比环比变化及大流量和拥堵路段等。节假日公路交通情况分析包括客货交通出行的时变特征、日变特征和空间分布特征分析等，为公路管理部门掌握节假日交通出行特征，制定交通管理策略和措施，减少交通拥堵提供理论依据。

（六）服务行业管理决策

在 G20 峰会、2015 年国庆阅兵、2017 年“一带一路”高峰论坛、2022 年冬（残）奥会等重大活动期间，对区域主要通道、省界路段的交通特征进行分析。开展重大节假日免收小型客车通行费政策影响评估分析、京津二高速免费、东北地区玉米运输通道免费、运输结构调整、撤销高速公路省界收费站及高速公路差异化收费等对路网影响开展研究分析，为行业管理决策提供有力支撑。

三、交调智能化发展思路

下一步，在智能化发展阶段，交调将紧密结合行业和社会对公路交通信息的新需求，充分利用大数据、云计算、互联网等现代信息技术，按照“12345”的总体思路，全面提升信息分析与服务质量、效率和价值，数据资源赋能交通运输发展，助力交通强国建设。其中，“1”是坚持智能化发展的定位，“2”是以科技创新和应用需求为驱动，“3”是实现采集体系、治理体系和应用体系智能化发展的 3 个目标，“4”是遵循“服务为先、创新驱动、分类施策、资源统筹”的 4 个基本原则，“5”指下一步发展的 5 项重点工作。

（一）持续打造多源数据采集体系

在保证高速公路 ETC 系统正常运行前提下，按照“能用尽用”的要求，通过试点先行、分步推广的方式，将具备条件的 ETC 数据转化为交调数据。充分依托大数据、物联网、5G、人工智能等新一代信息技术，探索将视频监测、手机信令、卫星导航、互联网出行等数据转化为交调数据。

（二）进一步提升自动化采集能力

结合国家综合立体交通网布局，依托“十四五”行业新基建、数字交通建设，以普通国省道为重点，在国家重大战略实施区域、重要运输通道、重要节点和部分空白路段，查漏补缺、适度加密自动化交调站，有序推进轴载调查站建设应用。探索在自动化交调站加装视频、车牌识别、气象等设施提升融合应用水平，鼓励有条件的地区采用自动化手段替代农村公路人工调查。

（三）加强交调站点管理

建立全国统一精准的交调站基础信息卡和名录库。探索交调站在线式管理，研究建立设备运行状态实时监测、故障扫描、远程诊断、快速响应机制和日常巡检制度，确保自动化交调站在线率不低于90%。依托现有交调设备检测场，强化设备型式检验，推动交调设备运行期间核查常态化、制度化。

（四）加强数据质量管控

加强交调多源大数据的全生命周期管理，从数据采集、数据获取与传输、数据组织与处理、数据治理、数据架构、数据建模和设计、数据安全、数据存储与发布和数据利用与增值的整个过程进行管控，以保证数据在采集、转换、处理、存储和应用全流程的完整和准确，为数据应用提供支撑。加强交调多源大数据分级分类管理，随着多源数据接入、高频数据采集的不断应用，需要研究制定适用于大数据环境下的交调数据分类分级安全管理制度，实现交调数据精细化管理。

（五）拓展数据应用场景

充分发挥交调大数据高频、客观的特性，在加强全网、全景、全时分析的基础上，深化区域、通道、节点交通量分析，构建指标体系，研究加强O－D、行驶量、轴次等专题分析。持续推进交调大数据在公路网规划、建设、养护、运营等领域的数字化智能化应用。丰富多维度、定制化分析功能，提升交调服务快速精准响应能力，打造有权威性、有影响力的数据服务体系。加强不同行业、部省间、省际间数据共享，更大程度发挥交调大数据价值。

基于数据挖掘的统计公众服务工作研究

侯　锐　王金萍　王建军　梁维岸　于子慕[①]

面向公众的统计服务工作与国际社会发展、国家重大部署和统计改革息息相关。第一，国际社会对于数据价值的关注和研究已下沉到数据使用者行为和数据生态环境，第四届联合国世界数据论坛主题之“挖掘数据价值，发挥数据作用”“提升数据公信力”以及关键词“不让任何一人掉队”均涉及政府统计数据使用者及相关人员需求。第二，中国式现代化道路始终坚持人民性，满足人民群众多样化、多方面、多层次的需求。第三，学习贯彻习近平新时代中国特色社会主义思想主题教育“践行宗旨为民造福”的目标要求。“坚持一切为了人民、一切依靠人民”“自觉问计于民、问需于民”“着力解决人民群众急难愁盼问题，把惠民生、暖民心、顺民意的工作做到群众心坎上，增强人民群众获得感、幸福感、安全感。”第四，“十四五”统计现代化改革目标。“提升统计服务水平”“充分发挥政府统计网站、统计新媒体优势……改善统计用户体验”“加强统计数据解读，引导社会公众正确理解使用统计数据”“人民群众对统计工作更加信赖”“统计信息更加公开透明”等。第五，《国务院关于构建数据基础制度更好发挥数据要素作用的意见》提到“充分实现数据要素价值、促进全体人民共享数字经济发展红利。”当前社会各界整体决策理念已从经验评估转为数据驱动。第六，数字政府建设深水区。信息建设投资的边际效用递减，数据共享协同难题尚未实质性破解，新技术缺乏典型应用场景，技术驱动特征明显。忽视需求者要素，转型的最终效果可能偏离为人民服务的价值目标。

---

①　作者简介：侯　锐，国家统计局统计资料管理中心主任。
王金萍，国家统计局统计资料管理中心副主任。
王建军，国家统计局统计资料管理中心公众服务处处长。
梁维岸，国家统计局统计资料管理中心公众服务处统计师。
于子慕，国家统计局统计资料管理中心公众服务处统计师。

一、当前统计公众服务工作之挑战

当前，统计公众服务工作遇到了前所未有的挑战。第一，数据在发挥生产要素作用的过程中，来自社会面的政府统计参与者和使用者范围不断扩大，大量缺乏统计专业知识却不得不与统计数据和标准打交道的利益群体涌入，任何市场机构、个体都有可能成为潜在的受众群体。第二，政府统计的供需双方对彼此的认识均存在一定偏差：需求方对政府统计业务范围和职责权限无限期待，认为国家统计局已经实现了所有公共数据的共享和开放，或至少对部门统计和地方统计的所有数据具有完整的管理权和发布解读权；认为海量数据产品已经具备满足多样化需求的条件，易忽略统计产品是公共产品（或准公共产品）的本质。供给方则认为数据生产是从方案设计到数据发布归档的线性流程，对社会公众的需求重视程度不够，缺少全面识别统计产品用户和统计事业利益相关方的意识。不同于 B2C 模式，消费者既是购买方也是使用方，政府对公众的 G2C，服务平台由政府采购，社会公众使用，政府更倾向于从供给者角度决策，缺少对社会公众实际需要的考量。第三，公众需求存在隐匿性，往往爆发舆情才会引起重视。供给方难以全面把握公众对所发布数据的使用情况，直到一些指标宣布停发或者是调整口径之后已经引起民愤，风险暴露的时候陷入被动局面。而舆情受到信息茧房和网络大咖的影响，与公众的实际需求有偏差，存在二八定律现象，即 20％的社会关注被放大和炒作，80％的公众诉求仍然缺乏反馈和传导机制。第四，供给引致需求带来的矛盾。政府信息公开日趋成熟，电子版年鉴、国家数据库的上线，满足了公众数据查找的基本需求，但也驱动了公众对信息差的追求，公开渠道找不到的信息和数据反而激发了更多的需求和兴趣。国务院发布的《进一步深化“互联网＋政务服务”推进政务服务“一网、一门、一次”改革实施方案》号召“让企业和群众到政府办事像‘网购’一样方便”，社会公众和市场主体习惯于在电子商务、新媒体、移动应用等平台扁平化、精准化、个性化信息服务的模式，难以适应目前政务服务的供给部门的层级式服务模式。从自身生产生活出发，要求提供自认为的高质量服务。

图 1 为国家统计局门户网站留言咨询[①]栏目近年来咨询量以及咨询难度占比变化情况，可以看到，无法与历史回复匹配、需要多方专家会审的个性化提问占比逐年攀升，刚性供给模式难以应对无限需求带来的压力，统计公众服务改革迫在眉睫。

---

① 网址为 http://www.stats.gov.cn/hd/lyzx/tjzxbd/。

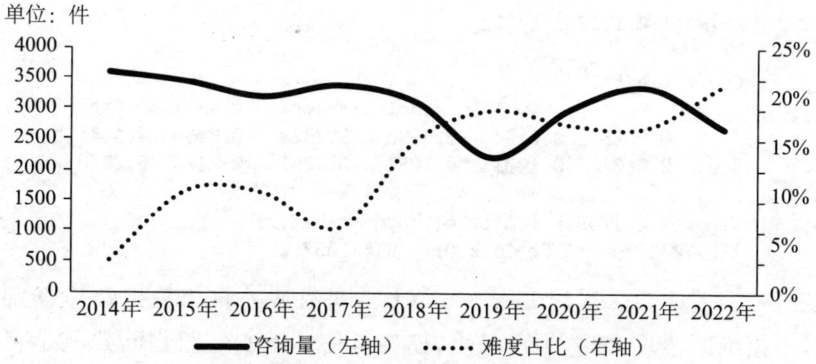

图 1　留言咨询栏目咨询量以及咨询难度占比变化

二、公众服务数据挖掘及其对统计工作的指导意义

我们使用公众互动行为留下的信息作为研究对象。“留言咨询”栏目是门户网站重要的网民互动栏目之一。留言内容和咨询量是代表公众对政府统计多样化需求的实用指标，可全面反映用户最真实的关注和诉求。留言咨询无门槛面向社会公众，人工一对一逐条回复。统计咨询栏目开设近十年，样本积累时间跨度广，咨询量稳定，平均年度咨询量 3000 件，日平均咨询量 13 件。栏目可 24 小时提问，公众填写基本信息后以文字形式提交问题，原始咨询内容保留完整且咨询量序列连续，干扰因素小。

下文所有模型通过 R 语言的 RStudio2023.06.1 版本实现。

(一)以总咨询量时间序列分析规划统计服务工作

1. 观测值选取

我们使用 2014 年 1 月至 2023 年 7 月的留言咨询量分解并观察规律，该序列季节性趋势按年度轮回，考虑用周期 12 的季节性差分自回归移动平均模型建模。SARIMA 是 X12-ARIMA 的扩展版本，可以支持带有季节性成分的时间序列数据。

2. 建模步骤

第一步：平稳性检验和白噪声检验。adf 检验 P 值为 0.01，序列本身就是平稳的。需要进行 Box.test 纯随机检验，P 值为 4.272e-12，拒绝原假设。

第二步：拟合模型。用 R 语言的 auto.arima 对序列自动定阶，结果如下：

```
ARIMA(1,0,1)(2,1,2)[12]

Coefficients:
         ar1      ma1     sar1     sar2     sma1    sma2
      0.9028  -0.6194  -0.5696  -0.7323  -0.0050  0.4534
s.e.  0.0607   0.1001   0.1651   0.1201   0.2176  0.2030

sigma^2 = 1703:  log likelihood = -517.39
AIC=1048.79   AICc=1050.01   BIC=1067.03
```

第三步:残差检验。运用 Box-Ljung test 进行残差自相关检验,6 阶滞后 P=0.8428,不拒绝原假设,残差为白噪声,模型可信。用 QQ 图判断残差是否服从正态分布,模型拟合比较充分,可进行预测。

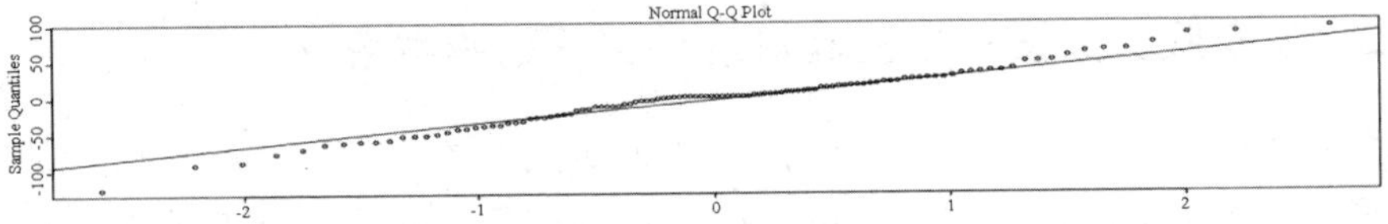

图 2 QQ 图残差检验

第四步:预测。用 perdict 函数预测未来 5 期的值,如下图。预测 2023 年 5 月到 9 月的咨询量分别为 264、195、178、199、180,实际 2023 年 5 月到 7 月咨询量为 228、144、193,均在 80%窄置信区间内。

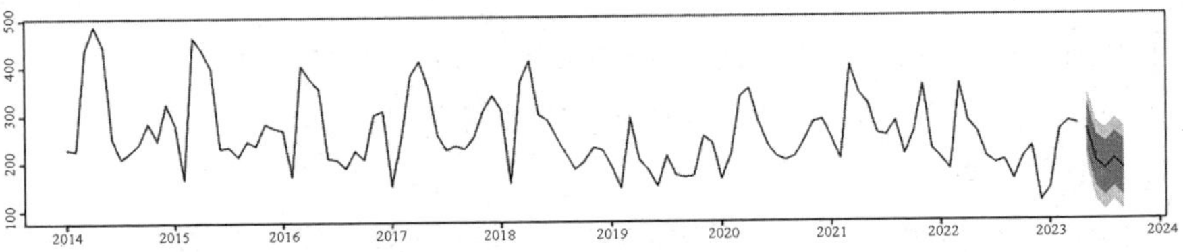

图 3 序列预测图

3. 结论

对历史月度咨询量时间序列的分解和建模印证了公众留言咨询行为的季节性趋势,也对未来应对提供了预判和指导意义。季节性趋势的主要原因是政府统计供需双方同频共振造成的:一是国家统计局数据产品发布密集期为上半年春节后和下半年 10 月,重要数据发布前公众关切并询问发布时间,数据发布后对数据的使用、理解时又会有进一步的提问。二是 3、4 月是各单位的工作密集部署时期和高校答辩前论文定稿修改期,11 月为年终总结和论文预答辩的集中时期。数据使用者的内在需求周期叠加数据产品发布周期融合形成一年当中两个咨询峰值。

表 1　历年公众留言咨询热点关键词提取一览表

时间	关键词	词频	tf_idf	关键词说明
2014	大中型批发零售和住宿餐饮企业统计年鉴	15	6.44E－05	多名公众认为该年鉴存在错误和表述不清
	洪灾	10	1.61E－04	多名学生需要“深圳市各区月度洪灾损失数据”用于数学建模竞赛
	泛亚有色金属交易所	10	1.61E－04	案件爆发，引发投资者和舆论关注“该交易所是否为国家大数据战略合作企业”
2015	原煤/煤炭产量	24	1.07E－04	多名公众质疑根据公报计算出来的原煤产量下降幅度与官方公布 2014 年数据不一致
	延误	16	1.83E－04	多名学生提问需要“航班延误具体数据”用于完成深圳杯数学建模题
	第三次经济普查	15	4.63E－05	多名公众对三经普数据发布时间的关注以及对部分收录指标请求释义
2016	考试成绩	32	6.74E－05	多名公众要求复查统计专业资格考试成绩
	闰年	13	2.39E－04	2016 年是闰年，多名公众关注核算中如何处理闰年效应
	轻重工业	10	6.80E－05	多名公众关注新版《工业统计年鉴》不再发布轻重工业数据，并咨询轻重工业的划分标准
2017	国房景气指数	26	1.19E－04	2017 年房地产市场过热，公众对国房景气指数的编制和解读产生兴趣
	劳动生产率	23	7.24E－05	多名公众对全员劳动生产率的计算方法和数据不一致提出质疑，提问公众疑似来自同一个政府智库研究单位
	县及县以上行政区划代码	14	4.41E－05	多名公众咨询《县及县以上行政区划代码》最新版何时更新
2018	出差补助	29	5.87E－05	因涉及离职员工利益，多名公众提问“某些具体情况下出差补助是否算作工资总额组成部分”
	聚酰亚胺	13	2.30E－04	一家公司关于聚酰亚胺材料国民经济行业分类和战兴产业分类多次提问和反复追问
	区域间投入产出表	13	4.25E－05	多名学生咨询区域间投入产出表的获取途径
2019	账号	21	7.67E－05	公众请求协助处理遗忘国家数据库账号密码以及账户无法登陆等问题
	一带一路	14	5.11E－05	2019 年中美贸易战爆发，企业“一带一路”发展和对外贸易情况引起社会各界关注
	下划一档	12	6.35E－05	多家企业对企业划型具体操作存在疑问
2020	疫情	58	2.37E－04	社会面关注武汉疫情及对冷链和旅游业的影响
	5.4	14	7.91E－05	多名公众对我局发布的“2019 年全国固定资产投资比上年增长 5.4%”表示质疑
	溢出	12	9.18E－05	公众举报“湖南各地市 GDP 加总大于省级”
2021	第七次全国人口普查	158	4.11E－04	七普信息保密、原始资料销毁等问题被关注
	钴酸锂/碳酸锂	35	1.82E－04	新能源汽车等政策支持带动锂电池行业发展，多家企业咨询锂电原材料的国民经济行业划分
	翘尾因素	18	1.27E－04	门户网站解读 2 月份 CPI 和 PPI 数据中，提及“翘尾”与“新涨价”两个概念引发社会各界关注
2022	第七次全国人口普查	67	3.01E－04	对七普相关系列资料发布时间的关注
	金属成形机床月度产量累计值	16	7.18E－05	公众认为“六月金属成形机产品月度产量累计值数据小于上一期累计值”不符合逻辑
	纳统	14	6.28E－05	为促进疫情下经济恢复国家和地方推出各项企业优惠政策，不少地方政府将补贴细则与纳统关联。企业申报积极性提高，咨询相关事宜的企业大量增加

(二)根据公众关注热点推动门户网站建设升级

1. TF-IDF 原理介绍

TF-IDF 是一种用于信息检索与文本挖掘的常用加权技术。TF-IDF 的基本思想是:词语的重要性与它在文件中出现的次数成正比,但同时会随着它在语料库中出现的频率成反比下降。TF-IDF 能够通过筛选减少不确定性,通过 TF-IDF 算法可以快速提取到关键词和有用信息,具有实用性。

2. 特征提取

人类行为动力学认为,随着时间变化,人类活动行为(这里表现为就某一个政府统计热点的关注行为)存在短时阵发、长时休眠的特征。我们先将 2014 年至 2022 年的近 3 万件留言咨询文本信息视为 9 个文档分年度计算 TF-IDF,提取年度关键词。再将 2023 年 1 月至 7 月 1500 件咨询分为 7 个文档,提取月度关键词。

表 2　2023 年分月公众关注热点词一览表

时间	关键词	词频	TF-IDF 值	关键词说明
1 月	打不开	7	1.17E—03	高校用户反映春节期间数据库查询功能失效
	PMI	6	1.00E—03	金融业询问上月 PMI 缺业务活动预期分项数据
	网上零售	9	3.66E—04	贸易类公司关注网上零售的指标内涵和设计
2 月	统计师	8	4.19E—04	考生催问上年统计考试成绩公布时间
	平均工资	7	1.60E—04	企业咨询工资指标解释及实际操作
	死亡	8	1.83E—04	多方索要死亡人口的细颗粒数据
3 月	电子版	7	3.38E—04	学者和基层索要专业年鉴和制度完整版电子版
	万平方米	10	4.83E—04	对房屋销售面积和竣工面积之间关系的疑问
	财务数据	8	1.22E—03	企业咨询合并财务报表企业的划型判断依据
4 月	建筑	14	9.79E—04	高校和建筑类企业咨询行业细分数据获取途径
	科技	18	7.02E—04	学者咨询科技统计年鉴数据不连续的解决方式
	青年	13	5.07E—04	青年失业率引发关注
5 月	竣工	8	6.34E—04	房地产施工、竣工、销售面积之间的关系再次引起关注
	净收入	9	1.25E—03	学者咨询可支配收入分项指标解释
	农民工	7	9.74E—04	报告发布,学者希望获取更详细的指标和数据
6 月	食品	9	1.34E—03	索要食品消费支出细分数据以及咨询食品行业划分标准
	公开	7	6.69E—04	2022 年考试真题不再公开后引起询问
	成本	7	3.24E—04	企业对投资制度中在建工程成本填报存疑
7 月	R&D	14	4.86E—04	企业对 R&D 经费支出界定范围存疑
	支付	18	6.69E—04	企业对单位支付给职工劳动报酬实际操作办法有疑问
	合同	7	2.01E—04	企业对技术开发合同中具体规定与数据填报项对应关系疑问

3. 结论和启发

通过公众关注热点反观门户网站信息供给，初步可以看出，统计信息的供需存在错配和供给不足的现象。一是公众咨询依据来自网站信息和国家数据库数据，具体包括对现有信息的提问和对未提供信息的关注，前者如指标不理解、数据合理性存疑、数据和标准使用具体操作寻求帮助，后者如关注未发布信息的发布时间、社会关注问题的合理解释等；二是咨询热点爆发性趋势明显，政府统计供需深层次矛盾凸显。热点词频可看出集中式提问逐年增加，学生学者为主体的纯粹查找数据诉求比重逐渐下降，企业及其他相关利益方咨询统计标准、统计制度以及其他国家统计相关问题比重逐渐上升；三是部分热点存在季节性效应、同期被反复关注和提问。如考试成绩、企业划型等往往年初关注度高。

对此，建议整合、重构和补充门户网站信息。一是定期发布信息制作专栏。鉴于公众浏览量高的信息相对较为固定，且追溯需求存在；二是及时预判舆情，如有必要可及时做补充解读。相关统计知识可做首页飘窗设计，结合不同时间段关注的热点进行替换；三是丰富数据库操作有关功能、对登录等常见问题做出指导和说明。

（三）通过公众关注热点时间序列聚类改进数据生产工作

1. 描述性分析

总咨询量呈现季节性趋势，但根据从公众较为关注的内容分类来看，趋势和波动各不相同。图 4 列举了有六种趋势：季节性规律变动（考试），在某个节点突然咨询量放大（固定资产投资价格指数），关注度经历增加——减少——再增加的

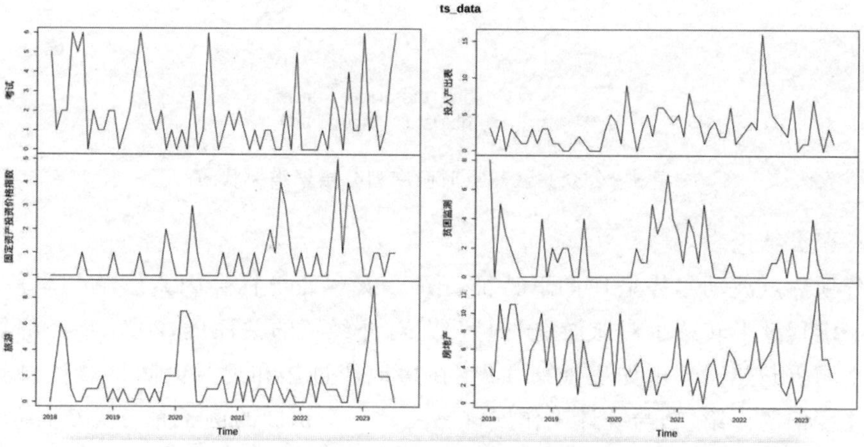

图 4　部分公众关注热点变动趋势

主题(旅游),逐步增加(投入产出表),逐步减少(贫困监测),变化不规律(房地产)。因此有必要系统性了解各关注专题的变动情况有何共性和差异,并探究其原因。

2. 基于DTW的用户关注热点时间序列聚类

动态时间规整是20世纪80年代起用于语音识别的一项常用技术。DTW算法通过用一定的约束来规整时间维度来找到两个观察序列之间的最佳对应。由于这种时间尺度规整,DTW适用于对具有不同频率或不同相位的序列进行分类,在计算不同时序数据的匹配程度时考虑了时间上的偏移和扭曲。

我们通过经验列举了22类公众咨询关注度较高的内容,形成时间序列集,时间跨度为2018年1月至2023年7月,频率为月度,进行Z-score标准化之后,用DTW算法进行层次聚类,得到结果如图5。

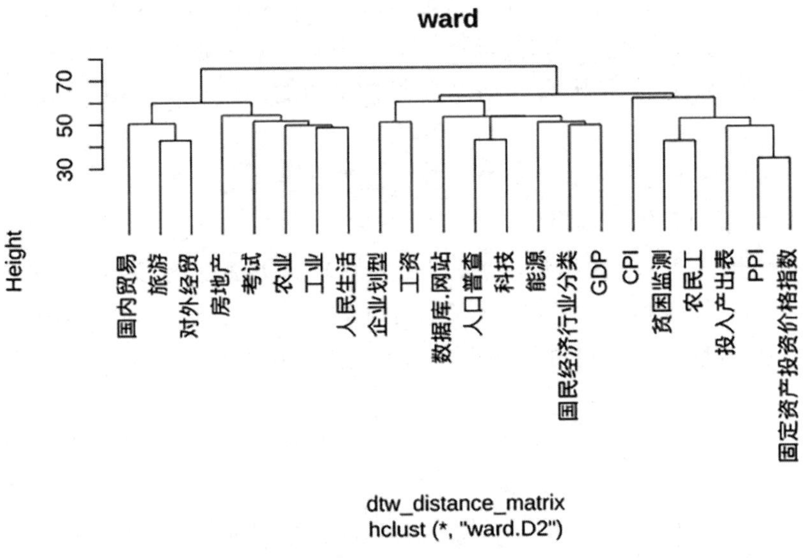

图5 公众关注热点时间序列分层聚类树状图

3. 聚类结论

分项热点波动趋势呈现如下特征:第一,宏观经济社会因素影响。聚焦疫情防控一定程度上转移了对旅游、国内贸易、对外经贸的关注度,2023年经济复苏,上述主题重归热点。再如房地产主题,在房地产过热和下行区间被炒作,疫情期间关注度偏弱。第二,与统计工作安排有关。一个积极的例子是有关统计从业资格考试的咨询量,在考试出成绩和考试报名时咨询量明显集中,这一规律可以指导后续应对。另一个棘手的例子是固定资产投资价格指数的停发导致的咨询量激增，该指数是“一带一路”海外工程企业与外方签订合约条款的标准和依据，2020年该指标停止发布引发了相关利益方的不满并一直发酵至今。该问题凸显了公众需求的隐匿性以及数据供给方指标设计时缺乏对使用方的考量。第三，统计生产和数据需求叠加推热某个话题。例如人口普查和科技类，在人口普查进行后半段时，执行普查工作遇到的问题与咨询普查数据何时公布的提问相汇合，推动这一话题达到峰值；再如咨询科技报表填报与对科技年鉴数据不连续的问题也几乎发生在同一时刻。第四，部分热点咨询内容差异大、咨询群体也不同，但走势形态竟存在类似之处。例如国民经济行业分类和GDP，前者与企业利益有关，后者则与研究更相关，其中原因有待进一步挖掘。

用户关注热点时间序列聚类对于不同领域的数据生产及相关统计业务工作提供了参考依据。第一，数据生产要树立整体意识，妥善处理用户关注的热点问题。公众关注热点与大环境息息相关，数据生产和发布要结合宏观经济场景对可能出现的社会舆情提前做出预判，在停发指标、修订数据、用户平台设计时应尊重公众使用习惯。第二，科学预判公众需求，不回避集中度较高的需求和质疑，摸清不同指标的关注度，摸底热点指标的使用群体。第三，对于有明显季节规律的热点，应科学安排资源，做到有准备应对政民互动量高峰时期。第四，转变思路。公开透明的诚意是政民良性互动的前提。要对公众的数据理解能力有信心，对用户批评和建议持包容态度。

三、进一步提升统计公众服务工作的思考

提升统计公众服务工作质量和效率是新时代建立良好统计生态必须面对和攻克的议题，是提升人民获得感、公平感与幸福感不可回避的重点和难点。以用户为终点的“标准制度制定——数据搜集——数据生产——数据产品——数据发布——用户分析和使用”的数据生产线性闭合路线已不再适用时代发展的需要，当今的政府统计生产活动和社会公众参与过程应该是一个交互环形框架，社会公众对完善统计制度、数据生产、数据发布等环节均在产生不容忽视的作用力。

对公众留言咨询行为进行量化和文本挖掘，对统计工作安排、门户网站升级、服务精准化管理、数据生产和其他统计业务工作均有实际指导意义。公众服务工作是需要各单位共同参与的综合性工作，应调动各方资源推动数据开放共享。下一步工作考虑包括，一是加强公众信息安全保密，制定相关制度；二是加强与部门和地方统计机构的合作，制定方案共同应对公众多样化需求；对包括第三方数据

服务平台在内的商业资源进行整合和合作，发挥市场化优势，建立公共服务联合供给的合作网络；三是将留言咨询信息和本文成果作为监督学习的训练样本，将成果运用到公众服务智能平台中，充分发挥公众服务智能平台的作用，提高公众服务效率，推动统计服务体系的创新，从而在促进实现基本公共服务均等化的基础上，为社会各界提供更为优质的统计公众服务。

部门行政记录在政府统计中的实践与探索

郝彦宏　尚梦琦　黄润虎　吴欣芸[①]

在大数据背景下，政府统计迎来新的发展时期。面对加快推进统计现代化改革、构建与国家治理体系和治理能力现代化相适应的现代统计调查体系的总要求，目前，统计调查存在工作要求不断提高、调查实施难度加大、调查对象配合度下降等现实问题，亟需改进传统的数据采集方式，完善整合各类统计调查制度，寻求丰富、高效、多元化、低成本的统计数据来源。政府部门在行政管理过程中产生的记录是大数据的重要组成部分，在丰富政府统计数据来源、提高统计数据质量、增强统计数据连续性等方面具有重要意义。适应大数据的发展，将部门行政记录充分应用于政府统计是统计现代化改革的现实要求。

本文简要介绍部门行政记录在政府统计应用上的优势与不足，探究部门行政记录的国内外应用现状，梳理部门行政记录在政府统计的应用需求，分析部门行政记录应用存在的主要障碍，从顶层制度、跨部门统筹、安全防护三方面提出建议，为积极稳慎推进部门行政记录开发利用，促进统计现代化改革提供一定借鉴意义与决策参考。

一、部门行政记录概述

部门行政记录（以下简称行政记录）是政府部门在行使其行政管理职能过程中，通过审批、注册登记等记录的大量信息数据。在现代信息社会，行政记录数据以其电子化、权威性、准确性等优势，越来越成为政府统计重要的基础数据来源。

---

① 作者简介：郝彦宏，国家统计局住户调查司副司长。
尚梦琦，国家统计局住户调查司数据质量管理处副处长。
黄润虎，国家统计局住户调查司数据质量管理处干部。
吴欣芸，国家统计局住户调查司数据质量管理处实习生。

(一)行政记录的优势

随着信息技术发展及我国政府治理能力提升,各级行政部门生产并积累出大量行政记录数据。与传统统计调查数据相比,行政记录有以下四点优势:

一是数据容量大。行政记录来源于多个部门,内容广泛、覆盖全面,涉及生产生活的各个领域,甚至包含其他社会调查无法获取的数据,如死亡人口信息、出版发行数据等。

二是数据形态多。行政记录存在多种形态,大致分为以下两类:第一类是结构化数据,即可以通过二维表反映的数据;第二类是非结构化数据,即不能通过二维表反映的数据,包括文本、音频、视频、图像等,例如气象、国土资源、环保等部门产生并管理的气象、土地、环境资源等信息。

三是数据质量高。相比行政记录,传统调查数据易受人为因素影响,导致数据偏差。行政记录与被登记者利益直接相关,登记个体一般能做到如实登记,也基本能反映被登记对象的真实情况,且无回答率低的情况。

四是数据时效性强。随着信息技术发展,越来越多的行政部门在线采集和管理行政记录,实时产生可用于统计发布的大量数据。此外,在长期实践中,行政记录已经形成相对规范的模式,具有良好的稳定性和连续性。

(二)行政记录的不足

行政记录具有诸多优势,但如作为政府统计直接数据来源仍存在不足:

一是实时数据难以汇总。主要体现在两方面,一是想要同时获取所有实时数据,并且准确预知数据规模有很大难度;二是当前计算机发展水平难以同时存储和处理这些行政记录数据,只能根据政府统计需要抽取并处理部分行政记录数据。

二是特定需求无法满足。政府统计的主要目的是为党和国家科学决策提供准确数据支撑,而行政记录是指行政部门为实现管理、控制和服务等目的,收集并保存的关于自然人或其他社会实体相关信息。因此,仅靠行政记录不能满足统计工作的需求,仍需要进行专门的统计指标设计,采用传统政府统计调查的方式获取信息。

三是样本构成存在偏差。行政记录的目标群体是行政部门基于行政需求自行选择的结果,登记对象往往是有选择性且不完整的,存在代表性不足的问题。我国现阶段发展情况较为复杂,全部依赖于行政记录难以反映出全部总体情况。

因此,虽然行政记录具有大量、真实、高效的特点,但从围绕中心服务大局的政府统计需求来看,行政记录依然无法完全取代政府统计调查。

二、部门行政记录的应用现状

(一)行政记录的国内应用现状

在我国政府统计工作中,行政记录尚处于初级应用或探索研究阶段,目前主要应用于人口普查、经济普查、住户调查、单位名录统计等方面。

在人口普查中,人口信息行政记录主要来源于公安、民政、卫健、自然资源等部门。公安部门掌握着人口户籍资料;民政部门掌握着公民的婚姻状况、身体状况、养老与福利保障;卫健部门掌握着公民的婚姻状况、育龄妇女以及人口结构等方面的信息;自然资源部门掌握着城市区划图;人社部门掌握着公民的就业与失业等信息。

表1　有关人口普查的应用现状

数据来源	数据类型
公安部门	户籍资料
民政部门	婚姻状况、身体状况、养老与福利保障数据
卫健部门	婚姻状况、育龄妇女以及人口结构数据
自然资源部门	城市区划图
人社部门	就业、失业数据

在经济普查中,行政记录应用涉及多个行政部门。机构编制、民政、税务、市场监管等部门参与研究制定行政登记资料与基本单位名录库资料的比对核查方法,提供单位行政资料;金融监管部门、铁路部门分别向国务院经济普查办公室提供总部以及分支机构名录。

表2　有关经济普查的应用现状

<table>
<tr><th>数据来源</th><th>数据类型</th></tr>
<tr><td>机构编制部门</td><td rowspan="4">行政登记资料</td></tr>
<tr><td>民政部门</td></tr>
<tr><td>税务部门</td></tr>
<tr><td>市场监管部门</td></tr>
<tr><td>金融监管部门</td><td rowspan="2">本部以及分支机构名录</td></tr>
<tr><td>铁路部门</td></tr>
</table>

在住户调查中，仅获取到少量相关行政记录用于探索研究。目前主要为税务总局的个人所得税报税汇总数据和部分省医保部门的医保报销数据。报税数据用于辅助评估住户调查样本结构偏差，校准不同收入群体比例。医保报销数据用于医保报销等收入调查数据的质量分析。

表 3　有关住户调查的研究探索

数据来源	数据类型
税务部门	个人所得税报税汇总数据
医保部门	医保报销数据

在单位名录统计中，国家统计局与中央机构编制委员会办公室、民政部、国家税务总局、国家市场监督管理总局共同建立了《全国基本单位名录更新制度》，要求县及县以上的机构编制、民政、税务和市场监管部门向同级统计部门每半年提供一次本部门的单位审批行政登记资料，包括新增、变更和注销的法人单位和产业活动单位（或分支机构）情况。

表 4　单位名录统计有关行政记录数据

数据来源	数据类型
机构编制部门	新增、变更和注销的法人单位和产业活动单位（或分支机构）情况
民政部门	
税务部门	
市场监管部门	

（二）行政记录的国际应用现状

由于行政记录的诸多优良特性，世界各国的政府统计工作越来越多地使用到行政记录，集中于人口普查、社会经济调查、名录库建设三个领域。

在人口普查领域，行政记录的使用可分为完全模式（完全基于行政记录）和组合模式（综合运用抽样调查和行政记录）。

采用完全模式的典型国家有美国、瑞典、芬兰、奥地利等。美国在 2020 年及以后的人口普查及其事后质量抽查中全面使用行政记录。瑞典使用全国住宅花名册作为人口和住房调查的数据源，并对所有住房信息进行及时补进和剔除。芬兰打造了复杂完善的身份认证统一编码系统，为连接各类行政数据、形成多个基本名录库、进行人口和住房普查提供了重要先决条件。

采用组合模式的典型国家有新加坡、荷兰、瑞士等。新加坡组合行政记录和抽样调查两部分结果构成人口普查全部数据。荷兰采用以行政记录调查为主、抽样调查为辅的组合模式。相反，瑞士采用以抽样调查为主、行政记录调查为辅的组合模式。

在社会经济调查领域，行政记录也得到广泛应用。加拿大从税务局获取行政记录并在国民经济核算、收入统计和企业调查一体化中大量应用。欧盟建立了欧盟收入和生活条件统计数据库，统一登记劳动、家庭和社会事务部的家庭补贴、住房补贴和社会救济记录。芬兰通过行政记录和人口记录中心的人口信息系统与芬兰统计局的就业数据库相链接，跟踪研究教育系统的学生流和毕业生进入劳动市场的情况。

除此之外，行政记录也应用于名录库建设领域。荷兰通过将政府机构的行政数据库以及常规调查和特殊目的调查的数据进行连接，建立了社会统计数据库。法国建立了一个在统计、税务和社会保险机构等部门中都可以共同使用的跨部门单位识别系统，对生产领域的登记单位统一赋码，并统一进行管理和维护。

在政府统计中应用行政记录有助于减轻调查负担、节约调查经费、提高数据质量和快速发布数据，是未来政府统计的发展方向。

（三）行政记录的国际经验借鉴

立足国内实情，借鉴国际经验，加快推进行政记录在政府统计中的应用至少需要做好以下几点前置性工作：

第一，完备的法规制度。芬兰立法支持充分利用现有行政记录资源，避免重复调查；加拿大在保证数据安全及数据所有权权益和隐私的前提下，积极推动各部门行政记录向统计局的开放和共享；荷兰明确要求统计局使用行政记录作为统计调查的第一数据来源；日本明确规定行政部门有责任协助完成行政记录与统计调查的对接、比对工作；印度对行政记录的应用设置了强制性规定。

第二，健全的体制机制。加拿大建立了国家统计协商委员会等机制协调加拿大统计局与政府部门之间的关系，以解决行政记录和统计资料获取之间的矛盾。芬兰大力推进与其他政府部门的合作力度，定期开展合作论坛与工作会议，并开发互惠合作项目。荷兰统计局与多数行政数据所有部门达成关于提供数据逻辑关系的协议，以便判断和监测记录数据的质量，使统计工作的效率和质量都有了提高，同时行政负担明显降低。瑞典统计部门、全国土地调查委员会、全国税收委员会和当地机构协会与全国的大都市政府机构和财产所有者建立起了广泛的协作关系，以便于基于行政记录的普查工作的开展。

第三，标准化技术方法。加拿大统计局建立了一套选择和获取行政记录的标准流程和方法，以及行政数据的统计标准化方法，提供了开发和应用行政记录的统一规范。美国在全国范围内实现行政记录计算机联网，为行政记录用于普查扫清障碍。瑞典要求每项行政记录包括的项目个数要保持相对稳定,未经授权不得随意增加或减少。芬兰建设了完善的身份认证统一编码系统,为连接各种不同登记数据、生产官方统计产品提供先决条件。新加坡通过内政部长协商会议制订了全国统一的行政记录定义和分类标准。

第四,良好的隐私安全保障。芬兰立法规定,当且仅当第三方以科学研究或者官方统计为目的时,行政机构可将行政数据提供给第三方。美国明确规定哪些人有权利接触行政记录,以及接触行政记录的具体要求和签名登记。奥地利遵循对数据隐私保护的相关规定,对各项行政记录登记均设置了独特的带有加密程序的个人身份编码。

三、部门行政记录的应用需求

(一)有关人口就业统计的应用需求

在人口就业统计中,行政记录的应用前提是具备可获得性(获取途径长久稳定)和更细颗粒度(尽可能全面细化)。

表 5　有关人口就业统计的应用需求

数据来源	数据类型	数据用途
税务部门	个税数据	测度工资收入
交通运输部门	铁路、民航等交通运输数据	推算人口迁移和分地区人员流动情况
教育部门	学信网数据	统计高学历人群分布和就业去向信息
人社部门	社保数据	核对社保统计数据

(二)有关住户调查的应用需求

“十四五”统计现代化改革规划指出,推进行政记录在住户抽样调查中的应用工作。合理运用行政记录减轻记账负担,提升数据质量,是对新时代住户调查工作提出的新要求,也是新时代背景下住户调查发展改革的必经之路。

表 6　有关住户调查的应用需求

数据来源	数据类型	数据用途
公安部门	身份证等个人基本信息	个人身份信息匹配
税务部门	纳税数据	推算个体工资性收入,推算样本结构
医保部门	更细粒度医疗费支出、报销收入	比对个人医疗开支
卫健部门	入院门诊相关支出	
民政部门	低保户补贴	校准转移性收入
税务部门	公积金、养老金、医疗、失业保险缴纳记录	
农业农村部门	农业补贴收入	

住户调查的行政记录数据选择应具备以下特性：一是数据来源要具备可获得性和稳定性，二是数据获取完整全面。

（三）有关经济普查的应用需求

以市场监管部门、民政部门、机构编制部门的登记信息为基础，利用更多行政记录统计建模判断单位活跃状态、生成报表指标数据，甚至直接生成统计报表。此外，未来或许可以借助行政记录，在一套表单位审核确认过程中实现自动化审核。

表 7　有关经济普查的应用需求

数据来源	数据类型	数据用途
市场监管部门	更细粒度登记信息	形成名录库
民政部门		
机构编制部门		
税务部门	税务登记、纳税情况	
自然资源部门	天地测绘图	地理信息系统建设

注：自然资源部门的天地测绘图已经用于第五次全国经济普查。

四、部门行政记录的应用障碍

部门行政记录主要应用障碍体现为顶层制度缺位、数据标准不统一、防护保障不足三方面。

（一）数据共享制度缺位，部门协作存在障碍

第一，当前行政记录数据交换共享制度尚不完善，法律政策上数据归属及确权认定存在缺失，造成部门之间数据隔离、业务分立格局。《中华人民共和国统计法》第二章第十六条虽然明确规定统计调查要“充分利用行政记录等资料”，但相关细则还没有出台，如没有详细规定在利用行政记录等资料时统计部门的职责、各参与部门规范化的工作流程、行政记录提供机构与统计机构双方的法律责任及政策执行监督机制和具体的责任认定与处理，以及对数据共享进行保密的配套措施等。行政记录尚未形成多方共建、广泛共享的资源开发、管理和服务机制，导致部门之间的工作协同效率不高，“条块分割”“块块分割”现象严重，甚至存在人力、财力、物力投入的多重浪费。例如，受限于各部门之间的管理体制、职责边界限制，部分政府部门的个人信息数据无法对外提供；行政记录的共享易受部门间关系亲疏远近的影响，缺乏相应制度保障，获取稳定性不足。

第二，部门之间与地区之间的信息化发展不均衡，客观上限制了一体化联动

工作开展，影响了跨部门与跨地区业务协同和行政记录共同开发的进度。长期以来，各部门与地区信息化平台多头建设，数据资源使用率差距较大，行政记录数据开发问题未能得到普遍重视。经济条件较好的地区已建立大数据中心或大数据局等机构并进行数据共享，为行政记录应用于统计工作奠定了基础，而经济条件不足的地区则难以达到这样的水平。例如，部分省份自行开发的身份认证体系无法实现跨省互认，导致相关数据也无法跨省共享。

（二）数据标准口径不一，开发利用费时费力

第一，数据标准与口径尚未统一。各部门信息系统缺乏统一的数据标准，数据采集、接口、存储、共享、编码等标准尚未完全统一，难以有效识别、对接和关联行政记录数据，影响了行政记录数据的有效整合共享。同时，由于行政记录数据存在项目和指标的名称、口径和范围、计算方法、计量单位、调查方式、上报时间等差异，行政记录通常需要经过转化才可共享互用。例如，部分行政记录的核算周期与统计报表周期不一致，需要耗费大量精力对齐时间口径；部分行政记录涉及多个管理层级，难以统一梳理并全量汇总。

第二，数据时效性不足。行政记录共享存在的诸多问题导致政府统计难以持续、稳定、及时地获取所需数据。目前行政记录获取的周期性较长，获取的稳定性仍有待加强，直接影响数据评估测算的时效性。例如，住户调查仅获取到几年前的税收汇总数据，滞后于住户调查生产周期，难以满足工作时效性的需求。

第三，数据生产环境存在局限性。政府统计数据生产系统着重于常规统计数据生产。针对部分大体量的行政记录，当前数据处理系统不具备处理能力，无法满足行政记录获取、清理、存储、对接、开发等需求。例如，如果需要将税收数据实际应用于住户调查数据生产，则需要对数据处理系统架构进行较大调整。因此，如何构建高效的数据共享交换平台，并进行管理和维护，亟待进一步研究和解决。

（三）数据安全缺乏保障，存在一定泄露风险

行政记录的数据安全制度尚不完善，信息泄露、错误共享成为开发工作潜在隐患。加快行政数据开发是顺应时代的必然选择，但与此同时数据安全也不可忽视。数据安全和数据开发是一体之两翼、驱动之双轮，行政记录的高信息价值与强隐私属性导致其开发利用时存在易被攻击、易泄露的风险。这也是相关部门对行政记录互联共享存在疑虑的主要原因之一。

五、加快部门行政记录应用的几点建议

为加快加深行政记录开发利用，应从建立健全顶层制度、构筑搭建协同模式、

夯实补齐防护短板等三方面着手。

(一)强化顶层推动,加快建章立制,制定实施中长期规划目标

第一,建立健全行政记录数据交换共享机制和部际联席会议制度,协调各方权责利,调动各方积极性。一方面,应加强立法保证。在《统计法》中要详细规定行政记录数据提供方与使用方的责任与义务,建立监察机制和问责机制,以提高统计法的法律效力。另一方面,应形成行政记录数据的规范化使用制度,详细规定行政记录数据的使用方法和工作流程,使行政记录数据的提供方与使用方能够依法依规运作。

第二,经过充分的可行性论证,研究提出行政记录开发利用的顶层规划和阶段性目标。行政记录开发利用的战略性、开拓性、跨部门性决定了这是一项长期任务,需要长期的理论建设和实践积累。应顺应客观规律,按照基本、流程和智能化的顺序,在边探索、边完善的过程中逐步形成"布局合理、流程简洁、安全高效、层次化与集中式相结合"的行政记录利用模式,促进行政记录价值化,为政府统计工作的改革和发展提供坚实支撑。

第三,建立健全行政记录交换共享的流程制度和管理办法,盘活大量有价值的闲置数据资源,加速行政数据资源整合进程。流程制度应贯通数据产生、数据采集、数据存储、数据传输、数据使用过程,实现无延迟传输。管理办法应推动实现数据共享全过程留痕和可回溯管理,使行政记录的开发利用更加规范、透明、高效。

(二)统一数据标准,对齐统计口径,提升部门协同开发利用效率

第一,在源头上加快统一和不断完善数据标准,提升源头数据质量。应由牵头部门明确数据获取、清理、存储、对接、开发等标准,增强行政记录源头数据可用性,减轻后续数据处理压力。并且,井然有序的信息数据也能够更详尽地揭示数据特征与数据关联,便于集成形成各种类别的个性化数据库。

第二,协调推动行政记录和统计数据口径对齐,减少数据使用成本。统计局应加强对外协调沟通,持续推进完善《统计分类标准和目录汇编》,设置更新分类标准,实现外部数据统一高效汇聚,满足统计调查工作对行政记录的多层次、多领域、个性化需求。

第三,保障数据时效性,循序渐进地缩短数据生产到应用的时间差。统计局应推动建立统计理事会和专业协商委员会等机构,通过和相关部门签订数据共享协议,建立合作伙伴关系与长效机制,使行政记录共享规范化、常态化。可以考虑在统计局内部指定或建立专门部门,统一负责全局行政记录的获取、处理、共享、

维护等协调与管理工作。

第四,完善数据环境,坚持开发建设与运维管理并重、信息迭代与业务发展同步。统计局应构建行政记录获取、存储、加工、分析、应用、发布和共享为一体的数据统计平台,要求平台开发商关注数据统计平台与行政部门软件的兼容性,满足行政记录与现有统计数据的综合使用需求。

(三)筑牢安全底线,增强防护意识,刚柔并济防范数据泄露风险

搭建行政记录数据安全管理体系,以数据防护“全方位、立体化、无死角”为工作目标,将内控流程与防护技术固化到每一环节中。一方面,应以物理隔离与权限控制为抓手,提供数据隔离功能,做好机密数据管理工作,严格控制机密数据访问权限,确保数据不被非法访问,降低数据泄露风险。另一方面,应将数据安全相关的道德规范、行为准则、信息观念和能力素质融入单位文化建设之中,加强相关人员教育培训,提高安全意识。此外,也要在隐私保护和数据利用之间寻求平衡,在保障数据隐私、尊重公共利益的前提下,充分提高数据的可用性。

新建商品住宅分区销售价格指数编制研究

沈国良　蒋晓红　姚佳燕　张　霙　梁　宏[①]

住宅销售价格指数是反映住宅商品价格水平总体变化趋势和变化幅度的相对数,是反映房价变化情况的主要指标。近年来,随着经济的高速发展和人民生活水平的提高,不同区域销售商品住宅的品质、环境、配套建设等结构因素的差异性逐渐加大,分区研究住宅销售价格变化情况的必要性也日益凸显。本文基于房地产主管部门提供的新建商品住宅网签备案数据,采用现行方法、新开项目板块六步均价法、全交易量加权综合价格法等三种方法,分区编制新建商品住宅销售价格指数,分析三种方法测算的优劣,对新建商品住宅分区编制销售价格指数的方法进行全面评价,并提出相关建议。

一、绪论

开展分区编制住宅销售价格指数研究具有一定理论意义和实践意义,能准确反映城市内部区域房价变动情况,并能为政府制定差异化政策提供数据支撑。

(一)分区住宅销售价格指数编制的研究意义

住宅销售价格指数是反映房地产市场变化的风向标和晴雨表。目前国内外主要研究城市层面的价格指数,对于城市内部不同区域的价格指数研究较少。因此,本文在以往研究的基础上,采用现行方法、新开项目板块六步均价法、全交易量加权综合价格法等三种方法编制分区住宅销售价格指数,将三种方法测算进行对比,结合国家发布的全市指数进行效率性、公平性和一致性检验,来探讨分区编制住宅销售价格指数的必要性、可行性和测算方法的可靠性,这对我国住宅销售

① 作者简介:沈国良,国家统计局浙江调查总队一级巡视员。
蒋晓红,国家统计局浙江调查总队生产价格调查处一级调研员、处长。
姚佳燕,国家统计局浙江调查总队生产价格调查处干部。
张　霙,国家统计局杭州调查队干部。
梁　宏,国家统计局宁波调查队干部。

价格指数编制的发展与完善具有一定的意义。

（二）分区住宅销售价格指数编制的研究目的

1. 准确反映城市内部各区房价变动情况。分区编制住宅销售价格指数可以清晰反映各区之间价格差异，准确体现各个区房价的真实水平，有效监测各区内房价变动的情况。

2. 为政府制定差异化政策提供数据支撑。商品住宅销售价格指数是进行房地产市场宏观调控的重要参考，是政府做出决策的依据，但在信贷、财税、购房资格等差异化政策制定和调整方面功能性尚存不足。编制分区商品住宅销售价格指数能为政府制定差异化政策提供数据支撑。

3. 提高市场直观感受吻合度。由于城市内部每个区域的产业结构及其居民收入水平不尽相同，居民对不同区域的新建商品住宅销售价格的承受能力和实际感受存在差异。编制分区商品住宅销售价格指数，能较客观准确地反应不同经济发展水平、不同居民收入水平的区域商品住宅销售价格的实际变动情况。

二、分区指数编制方法

本文研究编制分区新建商品住宅销售价格指数主要采用三种方法：一是基于现行方法；二是在现行方法基础上新开项目用板块六步均价法替换；三是以项目均价中位数计算的全交易量加权综合价格法。对三种方法进行分析比较，为开展实证研究奠定基础。

（一）现行方法

现行方法是指总体计算方法与现行住宅销售价格统计调查方案保持一致，利用现行房价数据操作程序分别处理各区数据。一是计算各区各基本分类下所有项目本期和上期销售金额、销售面积，获得项目各基本分类销售均价和均价变动相对数。二是以项目当期销售金额为权重，对各基本分类下项目均价变动相对数进行加权，计算出各区三个基本分类环比指数。三是对基本分类环比指数连乘得到基本分类定基指数，对其加权平均计算各区新建商品住宅销售价格定基指数。其中各区基本分类权数计算方法参照国家统计局 2020 年基期轮换权数调查测算方案。

（二）新开项目板块六步均价法

现行方法下，计算各区指数时新开楼盘采用全区新建商品住宅销售价格的六步平均法指数替代，由于新开楼盘首次申领预售证时可能存在价格变动、新开楼盘首次进入网签数量较大对当月价格指数影响较大、区内不同板块差异性体现不足、环比波动不够灵敏等情况。为多维度监测房地产市场价格走势，本文对新开楼盘价格变动进行分板块细化监测，在现行方法的基础上，新开项目板块六步均价法替换，结合网签数据分板块应用对分区指数进一步优化探索。

（三）全交易量加权综合价格法

全交易量加权综合价格法，即使用同一网签数据源，分区分类型对项目均价中位数进行加权汇总得到分区分类型均价中位数，通过每月各区分类型均价中位数计算该区分类型环比指数，再分别利用分类型权重对分区分类型环比指数加权得到各区环比指数。

三、分区指数编制实证研究

以杭州、宁波为研究对象，通过上述三种方法分别测算分区新建商品住宅销售价格指数，与国家发布指数进行协调性分析，总结分析三种方法各自的优缺点。

（一）数据筛选整理

1. 数据来源。采用房地产主管部门提供的新建商品住宅网签备案数据作为数据来源，探索编制分区住宅销售价格指数。考虑现行方法下各区权数及六步均价法测算需要，杭州、宁波选取 2018 年 1 月至 2022 年 8 月市辖区新建商品住宅网签备案数据作为基础数据，数据量分别为 52 万余条和 27 万余条。分区域指数编制的时间区间为 2021 年 1 月—2022 年 8 月。其中由于宁波奉化区为 2022 年新增市辖区，考虑到指数可比性，该区指数编制的时间区间为 2022 年 1 月—8 月。

2. 数据整理。将杭州、宁波网签备案数据按项目所属行政区域进行拆分，获取各行政区域分月度新建商品住宅网签数据。杭州划分为 10 个区域，分别是上城区、拱墅区、西湖区、滨江区、萧山区、余杭区、富阳区、临安区、临平区和钱塘区；宁波划分为 6 个区域，分别是海曙区、江北区、北仑区、镇海区、鄞州区和奉化区。

3. 数据清洗。网签备案数据中的团购房、共有产权房、回迁安置房等销售单价明显低于市场价格的新建住宅不纳入计算。成交套数小于 3 套，或每套住宅成交均价低于该城市价格下限或高于价格上限的，不纳入计算。

4. 板块划分。参照规划、行政区划、学区、配套及在售房价等因素，通过专题调研住建、资规等有关部门并召开重点房企座谈会等方式征求相关意见，按照土地定级标准、市场认同度和项目实际分布情况等将杭州十区划分为 114 个板块（见表 1），将宁波六区划分为 14 个板块（见表 2）。

表 1　杭州十区板块划分情况

上城区（15 个）	湖滨	西湖区（15 个）	三墩	余杭区（18 个）	北部新城	萧山区（24 个）	空港新城
	望江新城		黄龙		勾庄		萧山科技城
	钱江新城		蒋村		高铁新城		萧山南站
	城东新城		留下		南庄兜		新塘
	艮北		文教		和睦		戴村镇
	笕桥		之江度假区		老余杭生态区		党湾镇
	丁桥		紫金港		良渚		瓜沥镇
	长睦		转塘		良渚文化村		河上镇
	华家池		双浦		良渚生态区		临浦镇
	文晖		西湖景区		老余杭		楼塔镇
	江湾新城		西溪湿地		南湖新城		南部卧城
	金融城		灵山风景区		中泰乡		浦阳镇
	江干科技园		龙坞景区		瓶窑镇		钱江世纪城
	九堡		小和山		仁和镇		所前镇
	九乔(江干)		云谷		未来科技城		闻堰
拱墅区（15 个）	华丰	滨江区（5 个）	白马湖		五常		湘北
	石桥		浦沿		闲林		湘湖
	新天地		滨江区府		径山		湘湖景区
	文晖		西兴	临平区（10 个）	塘栖镇		萧山经开区
	武林		一桥南		老崇贤		萧山市区
	武林	钱塘区（10 个）	金沙湖		崇贤新城		新街
	湖墅		大学城北		超山		衙前镇
	半山田园		下沙沿江		星桥		义桥镇
	拱宸桥		乔司农场		运河镇		益农镇
	杭钢新城		河庄		余杭经开区	富阳区（1 个）	富阳
	申花		江东		临平		
	桃源		临江		乔司		
	铁路北		新湾				
	运河新城		义蓬		九乔(余杭)	临安区（1 个）	临安
	祥符		进化镇				

表 2　宁波六区板块划分情况

海曙区(2 个)	天一板块	北仑区(2 个)	新碶霞浦板块
	城西板块		春晓梅山板块
江北区(2 个)	湾头万达板块	镇海区(2 个)	招宝山板块
	洪塘慈城板块		庄市骆驼板块
鄞州区(3 个)	东部新城板块	奉化区(3 个)	锦屏岳林板块
	南部商务板块		江口方桥板块
	姜山东钱湖板块		溪口滨海板块

(二)三种方法测算分析

1. 现行方法。利用现行方法分别测算杭州、宁波各区新建商品住宅销售价格环比指数。其中评估原则为通过样本对比等方式对金额占比 70%的项目进行评估。将分区指数与国家发布的全市总指数进行对比,结果显示:杭州十区环比累计上涨,与全市环比累计走势一致;宁波除鄞州区、奉化区外,其余四区环比累计上涨,与全市环比累计走势一致,但上涨幅度小于全市上涨幅度。

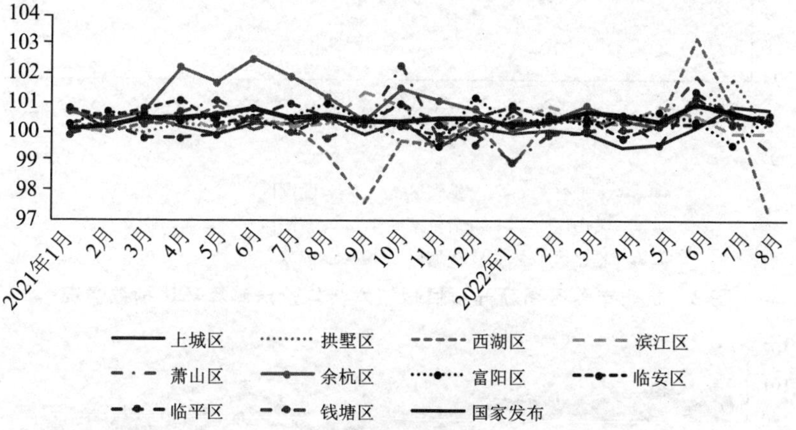

图 1　杭州市各区用现行方法测算环比指数情况

2. 新开项目板块六步均价法。在现行方法基础上,新开项目以分板块六步均价法替换,分别测算杭州、宁波各区新建商品住宅销售价格环比指数。将分区指数与国家发布的全市总指数进行对比,结果显示:杭州十区环比累计上涨,与全市环比累计走势一致;宁波除鄞州区、奉化区外,其余四区环比累计上涨,与全市环比累计走势一致,但上涨幅度小于全市上涨幅度。

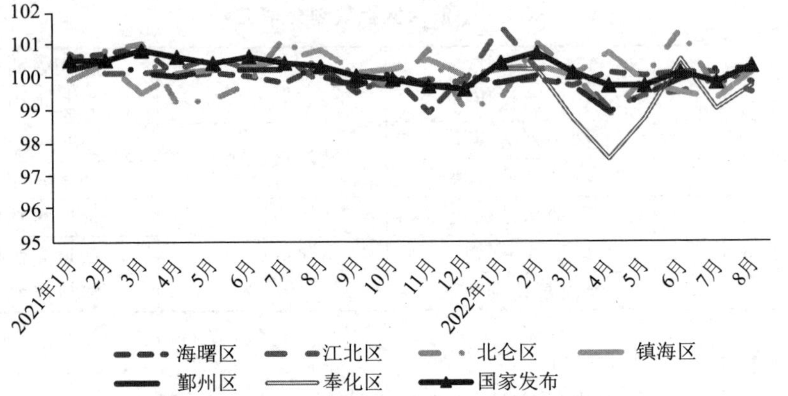

图 2　宁波市各区用现行方法测算环比指数情况

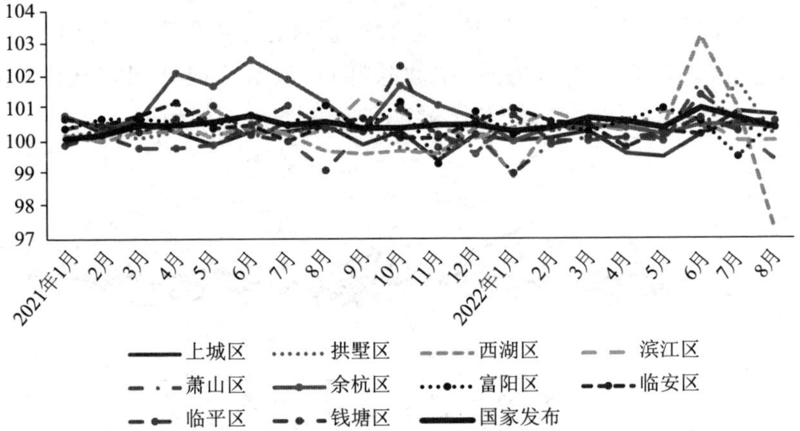

图 3　杭州市各区用新开项目板块六步均价法测算环比指数情况

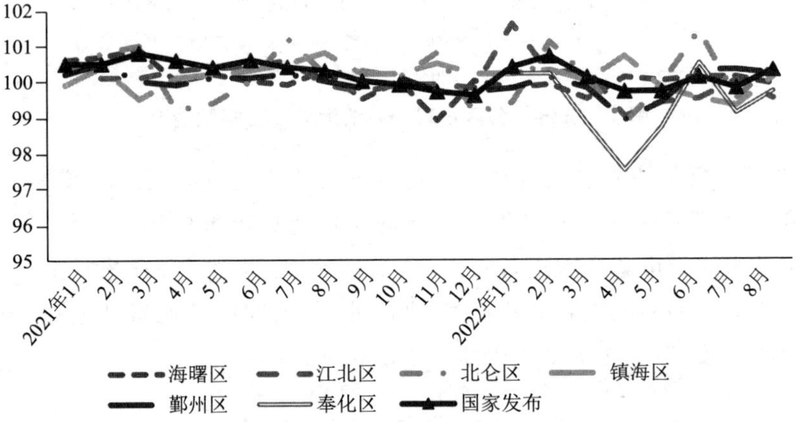

图 4　宁波市各区用新开项目板块六步均价法测算环比指数情况

3. 全交易量加权综合价格法。通过采用全交易量加权综合价格法分别测算杭州、宁波各区新建商品住宅销售价格环比指数。将分区指数与国家发布的全市总指数进行对比，结果显示：杭州西湖区环比累计下降，与全市环比累计走势相反；其余九个区环比累计上涨，与全市环比累计走势一致；宁波江北区环比累计下降，与全市环比累计走势相反；其余五区环比累计上涨，与全市环比累计走势相同。

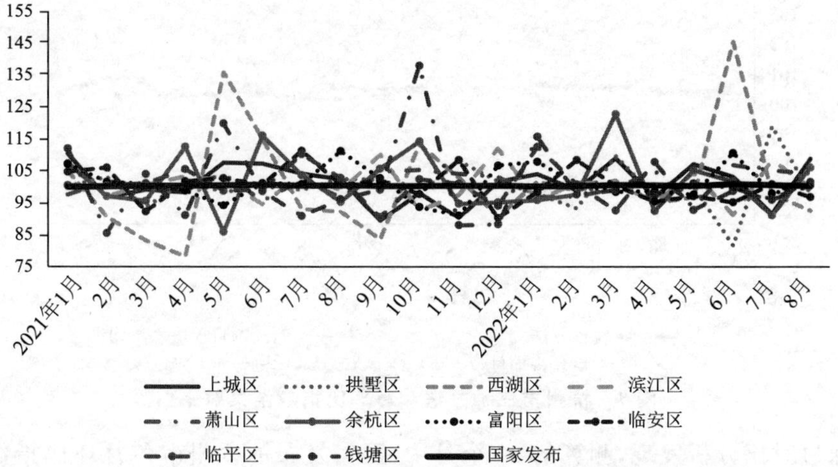

图 5　杭州市各区用全交易量加权综合价格法测算环比指数情况

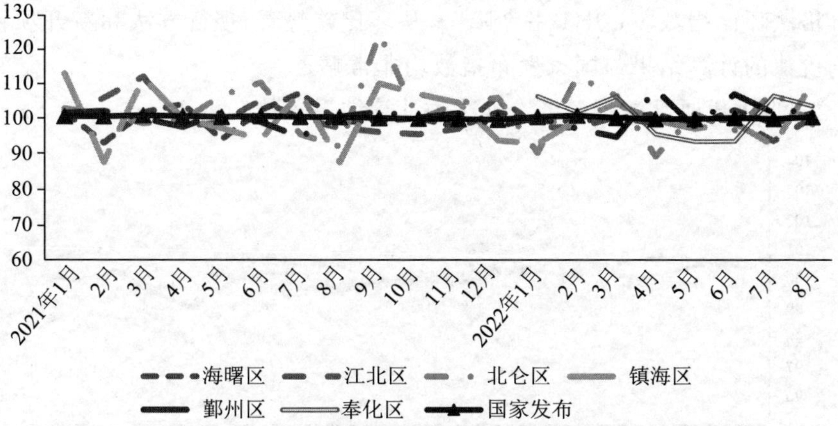

图 6　宁波市各区用全交易量加权综合价格法测算环比指数情况

(三)环比指数协调性检验

对上述三种方法测算的指数结果，与国家统计局发布的全市新建商品住宅销售价格指数进行环比指数协调性检验，探寻最贴近市场变化的编制方式，使分区编制指数更科学地体现城市内部区域房价变动特点。具体对比方式为:对分区新建商品住宅销售价格环比指数使用各区销售金额加权,得到全市环比价格指数,与国家发布指数进行对比。

1. 杭州现行方法和新开项目板块六步均价法的计算结果均较佳

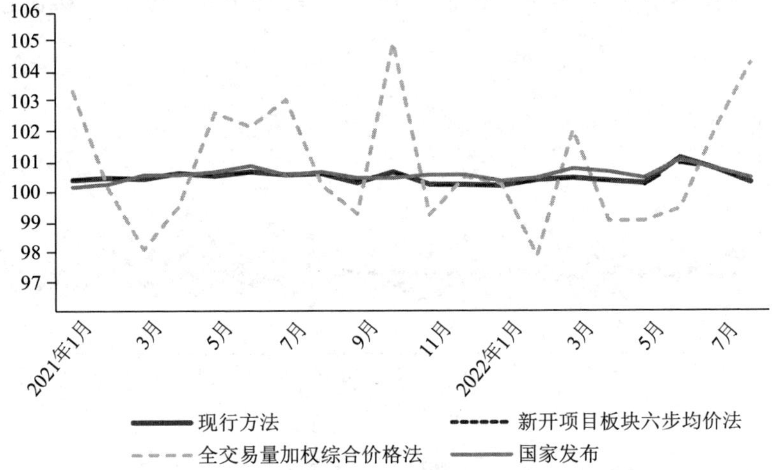

图 7　杭州市三种方法测算环比指数结果对比

通过对比分析发现,测算的 20 个月中,国家发布的杭州市各月环比指数均上涨,现行方法和新开项目板块六步均价法的环比指数也均上涨,而全交易量加权综合价格法环比指数“11 升 1 平 8 降”。从环比趋势看,现行方法和新开项目板块六步均价法的计算结果与国家发布指数均非常贴近。

2. 宁波新开项目板块六步均价法的计算结果较佳

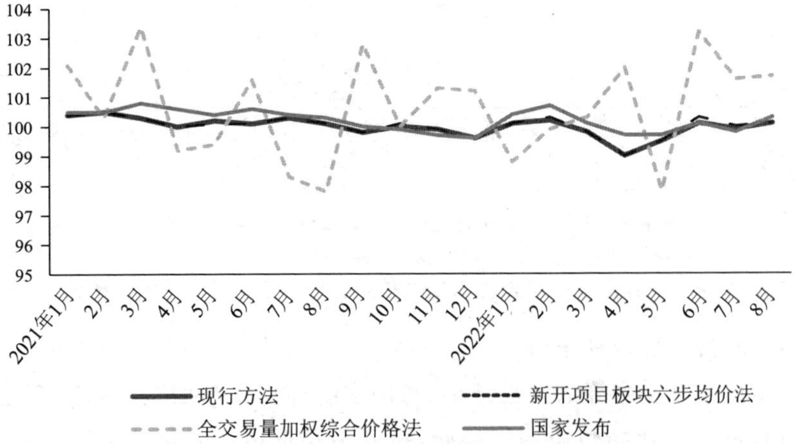

图 8　宁波市三种方法测算环比指数结果对比

通过对比分析发现，测算的20个月中，国家发布的宁波市各月环比指数“13升1平6降”，现行方法环比指数“11升2平7降”，新开项目板块六步均价法环比指数“12升2平6降”，全交易量加权综合价格法环比指数“12升1平7降”。从环比趋势看，新开项目板块六步均价法的计算结果与国家发布指数最为贴近。

四、结论与展望

通过实证分析，现行方法、新开项目板块六步均价法与全交易量加权综合价格法均能连续编制各区月度环比指数，三种方法各有优劣。综合分析，现阶段分区编制新建商品住宅销售价格指数选择新开项目板块六步均价法最为合适，但分区指数编制过程中也存在数据处理量大、指数评估准则不够完善、板块划分科学合理性有待探索等困难，并对分区指数编制研究工作提出四点建议。

（一）主要结论

通过分析对比杭州、宁波各月的环比指数以及累计涨幅，可以得出以下结论：

1. 全交易量加权综合价格法操作简单，但稳定性不足。全交易量加权综合价格法虽然能够除去人为对上期价格缺失的评估因素，较为充分的反映价格变化幅度，对于历史数据的完整度与准确性也要求较低。但直接计算分类型加权中位数，基本分类月度间数据受房源类型影响较大，月度间环比指数起伏明显，指数有效性和稳定性不足。

2. 现行方法稳定性高，但区域内部特点展现不足。运用现行方法测算分区指数，具有同质可比性强、环比指数的稳定性和趋势性较好等优点。但对于新开或近三个月未成交项目的价格涨跌幅，直接使用全市的六步均价法替换，容易忽略市内不同区、不同板块、不同房源类型的结构性差异，使这部分项目的上期价格评估不够精准。

3. 新开项目板块六步均价法更能体现区域分化特点。在现行方法基础上，采用新开项目板块六步均价法，具有同质可比性强、环比指数的稳定性和趋势性较好、市场直观感受吻合度高等优点。与现行方法相比，新开项目板块六步均价法，能够使新开项目的环比波动更准确地体现区域差异性。在新开项目入市较多的月份，其计算结果更贴近社会公众对不同区域房价的感知。

（二）存在的困难

1. 编制工作前期数据处理量较大。由于缺乏高效处理分区数据的软件，当前分区月度数据均手工分类汇总；计算权数时，需整理2018－2020年三年的分区网签数据，数据处理量较大。

2. 分区指数评估准则有待优化完善。如检验基本分类指数的协同性环节中，存在个别区域房源类型集中某一面积类型，三个基本分类指数偏差较大的情况；在结合调研项目评估指数环节，由于当前问卷是选取报告月内新批预售楼盘或成交面积及成交金额排名靠前的新建楼盘，无法确保每个区域都有问卷覆盖，指数评估难度加大。

3. 板块划分科学合理性有待进一步探索。从微观看，区域内部板块划分标准不同，板块颗粒度大小会对指数测算结果产生影响。以杭州市西湖区和滨江区为例，两区划分板块数量分别为 15 和 5 个，根据现行方法和新开项目板块六步均价法，西湖区测算的环比累计涨幅分别为 0.5%、3.2%，滨江区测算的环比累计涨幅均为 9.2%。板块划分太粗不能完全体现新开项目板块六步均价法的编制优势。目前杭州、宁波两个城市在板块划分时参考因素有差异，板块划分粗细程度各不相同，若板块划分不能体现住宅销售价格的阶梯性，在指数编制过程中容易存在偏差。

（三）建议

1. 多维度提升网签数据质量。一是提升网签数据指标完整性。进一步提升朝向等指标的规范性。二是提升网签数据指标多样性。通过补充完善网签数据指标体系，为后续精准评估分区房价指数提供扎实的参考依据，也为特征价格法等对数据精度要求较高的其他测算方法打好数据基础。对于量化方式不定的数据指标，如地段特征、商圈热度等，实际应用时还需做好指标判断与格式统一。三是加强网签数据获取时效性。网签数据是现行住宅成交中最为完整的数据记录，也是住宅销售价格指数编制的根基。建议强化各部门合作沟通，统一网签指标取数口径，规范完善统计标准，畅通部门行政记录数据共享路径和机制。

2. 多层级做好分区指数测算保障。一是强化技术保障。进一步提高统计调查数据的程序处理效率，增加网签数据分区处理功能，实现全市网签数据项目与区域的自动匹配、项目月度中位数价格计算汇总等数据格式校验等，避免手工分区可能出现的误差。提高数据处理的精度，如实现上期价格缺失项目的分区六步平均法自动推算。若网签数据字段得到丰富完善，程序还可探索增加特征价格法自动建模功能，根据模型运算结果对报告期网签价格进行修正，减少人为评估误差，更好地遵循同质可比原则。二是强化组织保障。在不断完善指数编制的过程中，建议各地政府对分区住宅销售价格指数编制工作给予有力支持，确保测算工作顺利开展。

3. 多角度完善分区住宅销售价格指数编制办法。一是探索使用同质化方法。

目前我国住房价格指数主要采用非同质方法和近似同质方法，房地产市场的分化水平会直接影响其计算指数的准确性，而在分区情况下，住宅异质性影响更为突显。因此，在网签数据质量允许的情况下，探索开展特征价格法分区指数测算，有助于更精确测度区域住房价格变动，为政府决策提供更精准的数据支持。二是积极开展第三方合作。互联网经济背景下，许多新房分销机构、房地产信息平台等依托于大数据逐步建立富有特色的数据算法，利用数字化工具为购房者提前计算出精准的对应信息。通过深化与这些企业的合作，获取更多价值指标，丰富分区价格指数评估参考，提升指数编制的科学性。

4. 多思路优化分板块应用。一是加强板块划分的科学性不同层级城市的房地产市场发展水平不同，板块划分依据可能存在差异。后期可继续探索优化板块颗粒度，综合考虑不同区域新建商品住宅成交及价格波动特点、社会认可度、计算可行性等因素，降低人为因素对板块划分的影响，探索建立科学的新建商品住宅板块价格评估流程。二是加强板块监测的针对性。通过分板块数据监测，探究房价波动的主要原因，能够为现行房价调查与数据审核提供更多有效评估依据。在市场分化情况更细更深的情况下，在提高现行房价报表指数的精确度的同时，探索利用分板块数据开展针对性的分析研究，为政府因城施策、精准调控提供详实的数据支持。

利用社保行政记录信息校准居民收入分配统计的研究

——居民领取养老待遇

邱洪刚　林家豪　黄靖贵　史　进
李兰澜　陆　海　谢定杰　陈志强[①]

一、前言

住户收支与生活状况调查(简称住户调查)是以家庭为对象,为搜集各种社会经济统计资料而组织的各种调查的总称,是我国统计调查体系的重要构成。住户调查数据是居民人均可支配收入等民生核心指标数据的重要基础,也是党的二十大报告“推进共同富裕”的政策实施和评估的数据来源。能准确、全面地反映地区城乡居民收入、消费等生活状况,客观监测居民收入分配格局和不同收入层次居民的生活质量,为全面建成小康社会监测提供重要的数据来源,为研究制定城乡统筹政策提供数据支撑。然而,无论是“日记账”的组织形式,还是年度一次性调查的组织形式,住户调查仍不可避免地存在“高收入人群拒访、瞒报,低收入人群嫌记账补贴低不愿报、漏报”等难题。因此,设法拓宽数据来源渠道,充分利用一切可以利用的信息资源,对于校准居民收入分配统计,破解传统城乡住户调查难题,进一步降低统计数据成本,提高统计数据质量无疑具有重要意义。

行政记录一般是指政府行政部门在行使其职能过程中所收集、记录并保存的

① 作者简介:邱洪刚,国家统计局广西调查总队党组成员、副总队长。
林家豪,国家统计局广西调查总队居民收支调查处处长。
黄靖贵,广西财经学院正高级统计师。
史　进,国家统计局钦州调查队党组书记、队长。
李兰澜,国家统计局广西调查总队农村调查处副处长。
陆　海,国家统计局广西调查总队劳动力调查处副处长。
谢定杰,国家统计局广西调查总队居民收支调查处干部。
陈志强,广西壮族自治区人力资源和社会保障厅科研所主任。

关于公民、法人等行政监管对象的资料记录。早在20世纪初，西方国家就将行政记录纳入政府统计范畴，成为政府统计系统不可分割的一部分，广泛应用于统计描述和统计分析的许多方面。如澳大利亚利用海关和商业部每月提供的数以百万计的行政记录估计每月对外贸易销售额（胡桂华，2009）。国家统计局《“十二五”时期统计发展和改革规划纲要》指出，“加大行政记录在统计工作中的应用，强化部门行政记录信息的整合，促进行政记录向统计信息的有效转换。”事实上，我国“城镇登记失业率”一直是依据人力资源和社会保障部门提供的行政记录进行估计的。

随着信息化进程的加快，政府部门行政记录资源越来越丰富。由于具有较强的内容对接性、较高的数据质量和较低廉的数据采集成本，将行政记录信息作为居民住户调查的补充，探索分析行政记录与住户调查数据之间的匹配性、相关性、逻辑性，评估验证住户调查数据质量，增强统计数据的准确性、进一步提高统计公信力。但由于住户调查涉及指标多、数据量大，根本无法以个别数据或局部数据来全部校准所有住户调查数据，因此，本文尝试采用人力资源和社会保障部门城乡居民领取养老保险待遇行政记录数据来检验、校准住户调查数据中的养老金或离退休金（记账代码为2401）数据，以窥一斑而见全豹的方式，为开展使用行政记录数据校准居民收入分配统计的具体路径选择提供参考。

二、广西社会养老保险发展现状

据2019年广西社会基本养老保险信息公报显示，截至2019年底，广西全区参加基本养老保险人数为2853.20万人，比上年末增加137.71万人，增长5.07%。城乡居民养老保险参保人数与城镇职工养老保险参保人数之比为2.28∶1。其中城乡居民基本养老保险参保人数1983.68万人，比上年末增加94.06万人，城镇职工基本养老保险参保数为869.52万人，比上年末增加43.65万人。另外，职工养老保险中执行企业制度参保人数为692.60万人，占全部职工养老保险参保人数的79.65%。

从领取养老保险待遇情况看，2019年年末全区领取养老保险人数894.4万人，其中职工养老保险参保离退休人员268.36万人，城乡居民养老保险实际领取待遇人数625.94万人。年末城镇职工基本养老保险企业退休人员基本养老保险待遇提高，且全部按时足额发放。2019年，全区企业离退休人员人均基本养老金为31212元，其中退休人员人均基本养老金为31176元。

三、社保部门发放养老金行政记录与住户调查养老金登记口径比较

通过对社保部门基本养老金发放项目与住户调查记账养老金账目的比较，发现两者在统计大范围是一致的。

（一）社保部门养老金待遇项目

广西社保部门发放养老金待遇项目名目比较多，共分为171细项，内容涉及基础养老金、个人账户养老金、过渡性养老金、地方性补贴、调节金离休费、退休金退职费、离休人员护理费、综合性补贴、养老医疗补助金、个人账户一次性支付、养老丧葬补助费、一次性抚恤金、新农保基础养老金、新农保个人账户养老金、城镇居民养老保险基础养老金、城镇居民养老保险个人账户养老金、城镇居民养老保险加发基础养老金、城镇居民养老保险个人账户一次性支付金额等。

（二）住户调查记账养老金账目

包括离退休人员养老金、（城镇）居民社会养老保险、新型农村养老保险和其他养老金等4大类，内容涉及行政事业单位离退休人员从原单位领取的养老金或退休金；非行政事业单位离退休人员从国家社保机构领取的养老金或离退休金，生活补贴，因工致伤离退休人员的护理费、退休人员异地安家补助费、取暖补贴、医疗费、旅游补贴、书报费、困难补助以及在原工作单位所得的各种其他收入、相当于现金的购物卡券；年满16周岁（不含在校学生）、不符合职工基本养老保险参保条件的城镇非从业居民参加城镇居民养老保险，达到法定年限后领取的养老保险金；参加新型农村社会养老保险的人员获得的养老保险金；国家或地方政府给予的城镇无保障老人的养老金，农村地区给超过一定年龄的居民发放的带有养老性质的生活补助以及征地主体（如政府、企业或村集体）给失地农民按月或按年发放的养老金；以及商业养老保险按月或按年给予保险受益人的养老金等。

四、社保部门养老金发放行政记录数据与住户调查养老金登记数据比较

（一）社保部门养老金待遇项目行政记录情况

截至2019年底，广西人力资源和社会保障厅养老金数据管理信息平台记录全区领取养老金待遇项目共6.25亿条记录，经数据经清洗（剔除个人编码为空部分）后，按个人按月汇总后共有1.01亿条记录。实践中，养老金是按月发放，若当月各项养老金待遇减扣后总金额仍为负值，发放单位一般不会要求人个当月立即

退还，而是从未来其他月份扣除，因此剔除按个人按月汇总为负值（按政策提前退休减扣、减发、过渡性养老和基础养老调整减扣等）后汇总，2019 年广西全区实际领取养老金待遇的人数为 906.93 万人，占全区总常住人口 18.4%。其中，全年领取 12 个月的有 725.91 万人，占 80.0%；领取 6 个月（含 6 个月）以上 11 个月以下的有 132.29 万人，占 14.6%；领取 6 个月以下的有 48.73 万人，占 5.4%；全区领取养老金待遇人员年平均领取金额为 12228.57 元。各分段情况详见附表 1。

（二）住户调查养老金登记情况

本文研究选取 2019 年分省样本调查户 5000 户，调查期内样本户常住人口数为 17889 人，其中领取养老金待遇 3803 人，占调查户总常住人口 21.2%。分省样本调查户全年登记账目共 536.30 万笔，其中登记领取养老金待遇共 3.97 万笔，占 0.7%；在所有登记领取养老金待遇的分省调查人群中，领取满 12 个月的有 1895 人，占 49.8%；领取 6 个月（含 6 个月）以上 11 个月以下的有 1150 人，占 30.2%；领取 6 个月以下的有 758 人，占 19.9%。分省样本调查户领取养老金待遇的人员年平均领取金额为 12087.39 元，比社保部门行政记录实际发放金额少 141.18 元，少 1.2%。各分段情况详见附表 2。

（三）数据差异比较分析

从社保部门行政记录实际发放养老金待遇和分省样本调查户登记领取养老金待遇的基本情况看，分省样本住户调查结果与社保部门行政记录发放养老金待遇的实际情况基本相符。

1. 从数据分布结构来看

（1）核密度非参数估计方法。为考察调查样本与总体的分布情况，本文利用核密度非参数估计方法，分别对广西分省样本住户调查居民领取养老金待遇和社保部门行政记录居民领取养老金待遇核密度分布进行估计，结合果如图 1 所示。

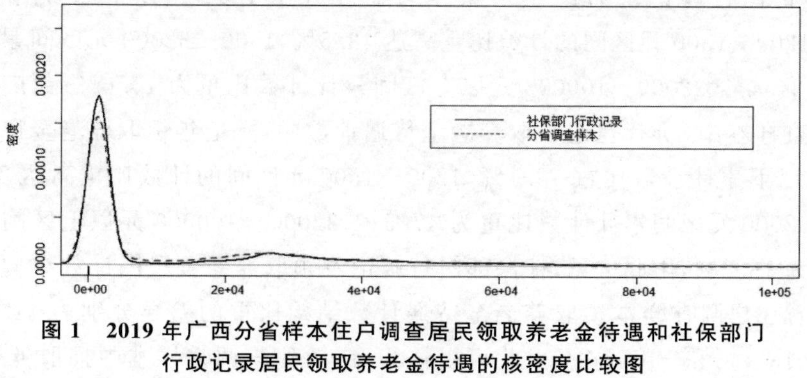

图 1　2019 年广西分省样本住户调查居民领取养老金待遇和社保部门行政记录居民领取养老金待遇的核密度比较图

从图 1 中可以发现，2019 年，广西分省样本住户调查居民领取养老金待遇和社保部门行政记录居民领取养老金待遇的核密度，除了在 1500 元点附近存在明显差异，其他位置核密度都很接近，即在 1500 元点附近后者高峰值比前者高，其他位置两条线基本吻合，说明广西分省样本住户调查登记的领取养老金待遇在 1500 元左右的居民人数占总领取养老金待遇人数的比例低于广西社保部门行政记录居民领取养老金待遇于 1500 元左右的居民人数占总领取养老金待遇人数的比例，即说明在广西分省样本住户调查中纳入领取养老金待遇高于 1500 元左右的样本比较多。

(2)频数分布方法。为进一步考察广西分省住户调查中居民领取养老金待遇的收入分段计数结构与社保部门行政记录居民领取养老金待遇的收入分段计数结构的一致性，以及每个分段住户调查登记居民领取养老金待遇数据的可靠性，本文利用频数分布方法，将 2019 年广西分省住户调查样本中居民年领取养老金待遇的收入和社保部门行政记录居民年领取养老金待遇的收入各划分为相同的 40 个区间，然后再对每个收入分段进行计数汇总和收入数据分布（主要从最小值、均值、下四分位数、中位数、上四分位数、最大值、方差、变异系数、偏度和峰度等）进行比较，如图 2—8 所示。

从收入分段计数结构来看。从图 2 中可以发现，2019 年，广西分省住户调查中居民领取养老金待遇的收入分段计数结构与社保部门行政记录居民领取养老金待遇的收入分段计数结构走势与图 1 两者的核密度分布图走势基本一致，从收入分段看，广西分省住户调查中居民领取养老金待遇的收入分段计数结构与社保部门行政记录居民领取养老金待遇的收入分段计数结构，在 1200－1500 元区间两者计数结构存在明显差异，其他区间的计数结构基本一致。但从更大的区间来看，社保部门行政记录居民年领取养老金待遇在 1200 元以下累计计数比重 6.5％，1200－1500 元区间的计数比重高达 43.5％，1500－32000 元区间累计计数比重为 34.4％，32000－100000 元以上区间累计计数比重为 15.6％；而广西分省住户调查样本中，所有登记领取养老金待遇计数中，登记年领取养老金待遇为在 1200 元以下累计计数比重 18.1％，1200－1500 元区间的计数比重高达 20.6％，1500－32000 元区间累计计数比重为 47.5％，32000－100000 元以上区间累计计数比重为 13.8％，由此可见，社保部门行政记录领取养老金居民计数结构比重与广西分省住户调查样本领取养老金待遇计数结构比重的差异分别为 11.6％、－23.0％、13.1％和－1.8％。由此可以认为，广西住户调查样本中抽取低于 1200

元以下的和1500－32000元区间的养老金调查样本偏多，而抽取1200－1500元区间的和大于32000元的养老金调查样本偏少，广西分省住户调查样本居民领取养老金与真实总体结构存在一定的偏差。

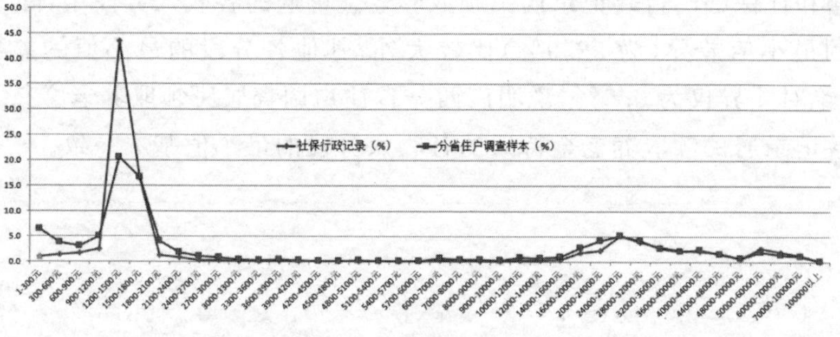

图2　2019年广西分省住户调查居民领取养老金待遇和社保部门行政记录居民领取养老金待遇的收入分段结构比较

2. 从各分段的数据分布来看。为考察广西分省住户调查中居民领取养老金待遇和社保部门行政记录居民领取养老金待遇各收入分段的数据分布情况，本文分别对这两组数据每个分段的均值、最小值、下四分位数、中位数、上四分位数和最大值进行了比较分析：

(1)从各分段的平均值来看。如图3所示，在广西分省住户调查居民领取养老金待遇和社保部门行政记录居民领取养老金待遇的各收入分段中，除了0－300元分段和1500－1800元分段的平均值差异(分别为－16.0%和5.0%)比较大外，其他各分段的平均值的差异都比较小，平均绝对差异仅为0.8%，说明广西分省住

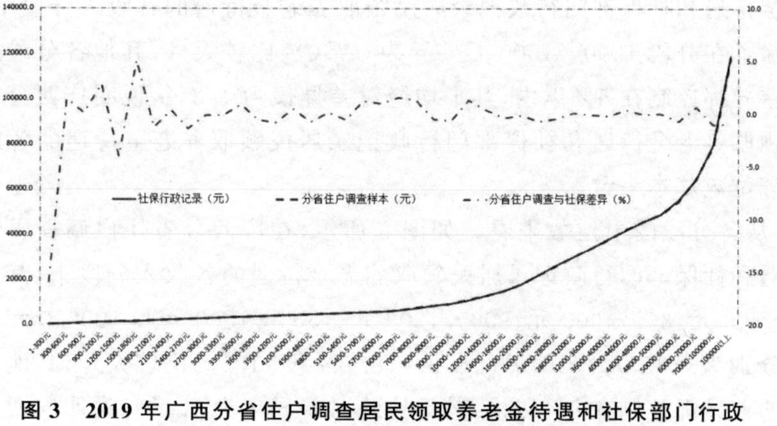

图3　2019年广西分省住户调查居民领取养老金待遇和社保部门行政记录居民领取养老金待遇各分段收入平均值比较

户调查居民平均领取养老金待遇数值能够比较准确地反映出广西居民领取养老金待遇的平均真实水平。

(2)从各分段的最小值来看。如图 4 所示,在广西分省住户调查居民领取养老金待遇和社保部门行政记录居民领取养老金待遇的各收入分段中,除了 0－300 元分段的最小值差异(为 52.9%)比较大外,其他各分段的最小值的差异都比较小,平均绝对差异仅为 0.5%,说明广西分省住户调查居民领取养老金待遇和社保部门行政记录居民领取养老金待遇的各收入分段的最小值基本一致。

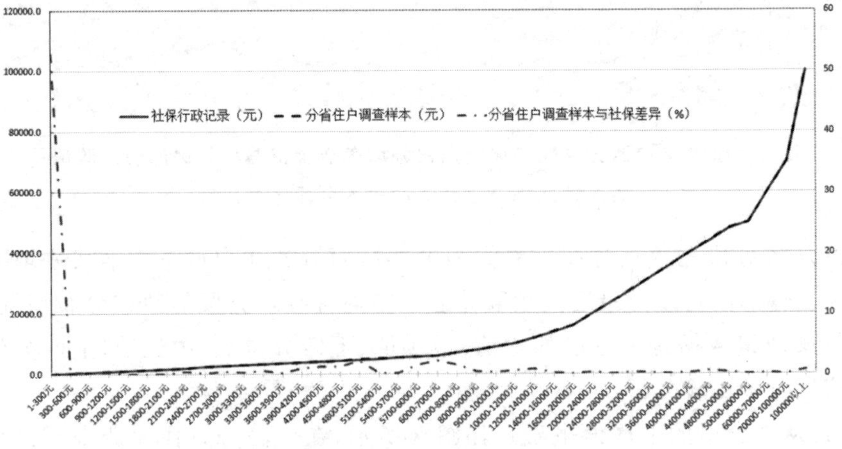

图 4　2019 年广西分省住户调查居民领取养老金待遇和社保部门行政记录居民领取养老金待遇各分段收入最小值比较

(3)从各分段的下四分位数来看。如图 5 所示,在广西分省住户调查居民领取养老金待遇和社保部门行政记录居民领取养老金待遇的各收入分段中,其下四分位数除了在分段 1200－1500 元差异为－7.0%比较大外,其他各分段的下四分位数的差异都控制在 5%以内,其平均绝对差异仅为 1.3%,说明广西分省住户调查居民领取养老金待遇和社保部门行政记录居民领取养老金待遇的各收入分段的下四分位数基本一致。

(4)从各分段的中位数来看。如图 6 所示,在广西分省住户调查居民领取养老金待遇和社保部门行政记录居民领取养老金待遇的各收入分段中,其中位数除了在 1－300 元、300－600 元、900－1200 元、1500－1800 元和 100000 元以上分段的差异分别为－35.7%、12.0%、6.9%、8.7%和 11.2%比较大外,其他各分段的中位数的差异都控制在 4%以内,其平均绝对差异仅为 1.1%,说明广西分省住户调查居民领取养老金待遇中位数能够比较准确地反映出广西居民领取养老金待遇中位数的真实水平。

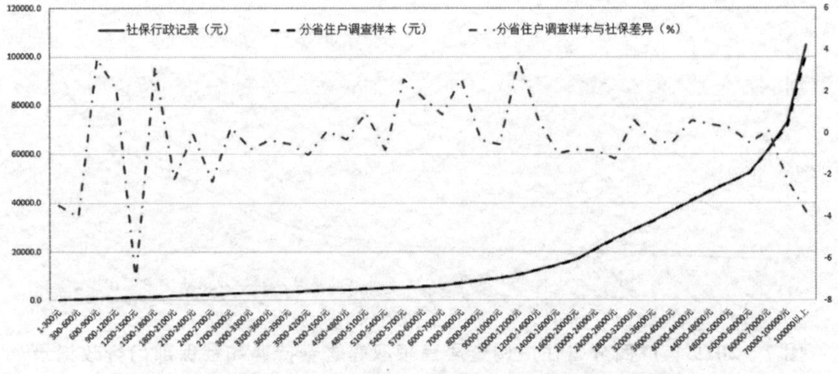

图 5　2019 年广西分省住户调查居民领取养老金待遇和社保部门行政记录居民领取养老金待遇各分段收入下四分位数比较

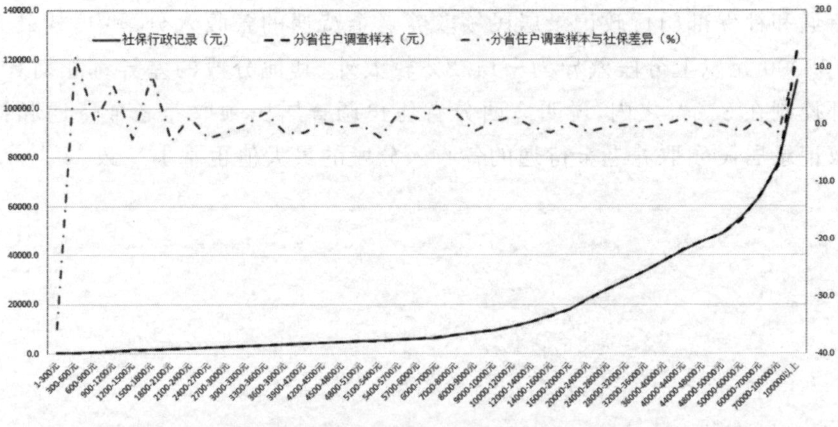

图 6　2019 年广西分省住户调查居民领取养老金待遇和社保部门行政记录居民领取养老金待遇各分段收入中位数比较

(5)从各分段的上四分位数来看。如图 7 所示，在广西分省住户调查居民领取养老金待遇和社保部门行政记录居民领取养老金待遇的各收入分段中，其上四分位数除了在 1－300 元、1500－1800 元和 100000 元以上分段的差异分别为－17.6%、8.8%和 5.8%比较大外，其他各分段的上四分位数的差异都控制在 5%以内，平均绝对差异仅为 0.8%，说明广西分省住户调查居民领取养老金待遇和社保部门行政记录居民领取养老金待遇的各收入分段的上四分位数基本一致。

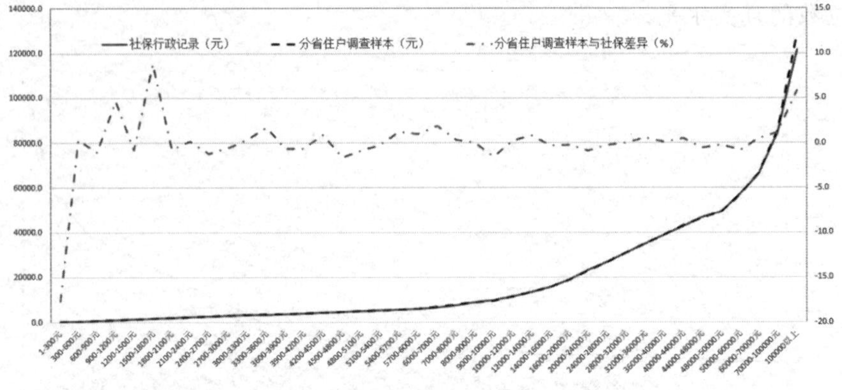

图 7　2019 年广西分省住户调查居民领取养老金待遇和社保部门行政记录居民领取养老金待遇各分段收入上四分位数比较

(6)从各分段的最大值来看。如图 8 所示，在广西分省住户调查居民领取养老金待遇和社保部门行政记录居民领取养老金待遇的各收入分段中，其最大值除了在 100000 元以上分段差异为－14.2％较大外，其他分段的差异都相对比较小，基本都控制在 3.2％之内，说明广西分省住户调查居民领取养老金待遇和社保部门行政记录居民领取养老金待遇的各收入分段的最大值也基本一致。

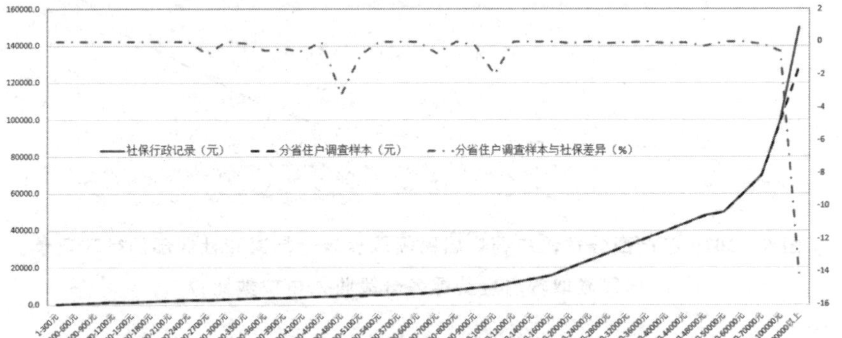

图 8　2019 年广西分省住户调查居民领取养老金待遇和社保部门行政记录居民领取养老金待遇各分段收入最大值比较

从上述对广西分省住户调查居民领取养老金待遇和社保部门行政记录居民领取养老金待遇 40 个收入分段的平均值、最小值、下四分位数、中位数、上四分位数和最大值比较分析来看，在 40 个收入分段中，数据差异最大的是起始端(1－300 元)分段和末端(100000 元以上)分段，其平均值、最小值、下四分位数、中位数、上四分位数和最大值的平均差异分别为 21.0%和 6.5%，除此之外，其他各分段的数据吻合都很好。说明广西分省住户调查居民领取养老金待遇原始记账数据，除了在起始端和末端外，其他都与广西社保部门行政记录居民领取养老金待遇数据基本一致，亦说明记账数据质量比较高。对于广西分省住户调查居民领取养老金待遇在起始端和末端数据与行政记录数据差异比较大的原因是：在起始端即领取养老金待遇最低水平端上，这部分人群往往都觉得每个月领取的金额太少（平均每月 15 元左右），而存在不愿意登记或随意登记现象，以致住户调查该群体居民领取养老金待遇明显偏低，平均值偏低的幅度达 16.0%；在末端即领取养老金待遇最高水平端上，这部分人群收入水平比较高，其配合调查程度比较低，存在部分拒访和瞒报现象，以致住户调查该群体居民领取养老金待遇略偏低，平均值偏低的幅度为 0.9%。

广西分省住户调查居民领取养老金待遇最低水平端和最高水平端数据质量对总体的推断影响不大。就 1－300 元收入分段而言，广西社保部门行政记录居民领取养老金待遇属于该分段的居民比重仅为 0.9%，平均领取养老金待遇 183.55 元，对全区居民领取养老金待遇平均值的贡献率仅为 0.01%，即使其比重提高到广西分省住户调查该人群的比重 6.3%，其对全区居民领取养老金待遇平均值的贡献率也仅为 0.1%，因此可以认为该分段数据总体的推断影响不大；对于 100000 元以上分段而言，广西社保部门行政记录居民领取养老金待遇属于该分段的居民比重仅为 0.1%，与广西分省住户调查该人群的比重一致，其平均领取养老金待遇 118864.48 元，比广西分省住户调查该人群平均领取养老金待遇高 1071.60 元，对全区居民领取养老金待遇平均值的贡献率为 1.5%，依此可得广西分省住户调查由于该部分居民拒访、瞒报现象而导致全区居民领取养老金待遇被低估了 0.1%，因此，总体上可以认为该收入群体对总体的推断影响不大。

五、住户调查养老金收入测算结果修正

通过上述分析可以知道，从数据质量来看，广西分省住户调查样本户登记领取养老金待遇数据虽然在最低水平和最高水平分段上存在一定的不愿报、漏报或拒报、瞒报现象，但总体上是真实可靠的；从调查样本结构上来看，广西分省住户调查样本登记领取养老金待遇样本结构与社保部门行政记录居民领取养老金待遇人群结构存在一定的偏差。考虑到人群结构相对比较稳定，因此，本文对广西分省住户调查样本居民领取养老金待遇测算结果的修正主要以社保部门行政记录居民领取养老金待遇的人群结构为参照，并以其对应的收入分段比重作为广西

分省住户调查样本居民领取养老金待遇属同分段的调查户进行重新赋权，赋权后测算广西分省住户调查居民领取养老金待遇的平均收入为12196.43元，比修正前广西分省住户调查样本领取养老金待遇12087.39元增加109.04元，即调查样本领取养老金待遇多0.9%，但仍低于社保部门行政记录居民实际领取32.14元。根据社保部门行政记录修正广西分省调查样本养老金待遇情况详见下表。

表1　根据社保部门行政记录修正广西分省调查样本养老金待遇情况

收入区间	社保部门		广西分省样本		平均值修正	
合计	12228.57	100.00	12087.39	100.00	12196.43	100.00
1—300元	1.69	0.01	9.77	0.08	1.42	0.01
300—600元	6.09	0.05	16.64	0.14	6.17	0.05
600—900元	12.51	0.10	23.06	0.19	12.52	0.10
900—1200元	25.81	0.21	52.67	0.44	26.54	0.22
1200—1500元	632.57	5.17	286.99	2.37	606.88	4.98
1500—1800元	256.22	2.10	273.48	2.26	269.12	2.21
1800—2100元	24.91	0.20	77.19	0.64	24.59	0.20
2100—2400元	17.48	0.14	38.77	0.32	17.53	0.14
2400—2700元	6.59	0.05	28.33	0.23	6.50	0.05
2700—3000元	5.54	0.05	24.72	0.20	5.54	0.05
3000—3300元	3.79	0.03	14.06	0.12	3.78	0.03
3300—3600元	4.36	0.04	10.93	0.09	4.40	0.04
3600—3900元	3.82	0.03	14.67	0.12	3.80	0.03
3900—4200元	4.56	0.04	8.45	0.07	4.52	0.04
4200—4500元	3.29	0.03	8.05	0.07	3.31	0.03
4500—4800元	3.08	0.03	7.28	0.06	3.06	0.03
4800—5100元	3.51	0.03	10.46	0.09	3.51	0.03
5100—5400元	5.17	0.04	9.69	0.08	5.14	0.04
5400—5700元	3.52	0.03	7.37	0.06	3.57	0.03
5700—6000元	5.49	0.04	7.77	0.06	5.54	0.05
6000—7000元	17.94	0.15	43.19	0.36	18.23	0.15
7000—8000元	15.32	0.13	33.85	0.28	15.52	0.13
8000—9000元	12.35	0.10	35.63	0.29	12.29	0.10
9000—10000元	11.69	0.10	29.76	0.25	11.61	0.10
10000—12000元	22.85	0.19	96.60	0.80	23.15	0.19
12000—14000元	28.96	0.24	92.84	0.77	29.07	0.24

续表

收入区间	社保部门		广西分省样本		平均值修正	
14000—16000 元	62.31	0.51	139.28	1.15	62.06	0.51
16000—20000 元	311.31	2.55	506.23	4.19	310.85	2.55
20000—24000 元	486.95	3.98	927.97	7.68	483.64	3.97
24000—28000 元	1347.68	11.02	1341.58	11.10	1341.50	11.00
28000—32000 元	1165.10	9.53	1256.59	10.40	1166.37	9.56
32000—36000 元	994.99	8.14	889.83	7.36	994.14	8.15
36000—40000 元	851.29	6.96	786.88	6.51	849.78	6.97
40000—44000 元	855.19	6.99	1008.77	8.35	859.01	7.04
44000—48000 元	756.74	6.19	711.93	5.89	756.90	6.21
48000—50000 元	313.77	2.57	322.08	2.66	313.93	2.57
50000—60000 元	1478.47	12.09	1049.81	8.69	1468.38	12.04
60000—70000 元	1277.30	10.45	919.59	7.61	1286.22	10.55
70000—100000 元	1010.39	8.26	871.70	7.21	1000.02	8.20
100000 以上	177.96	1.46	92.92	0.77	176.35	1.45

本文研究范围内 2019 年广西居民人均可支配收入 23328 元中，养老金或退休金为 3237.2 元，假如每户权重不变的情况，按照赋权后测算广西居民人均可支配中领取养老金待遇增加 0.9%计算为 3266.2 元，增加 29 元，则全体居民人均可支配收入从 23328 元提高到 23357 元，提高 0.1%。

六、结论

(一)广西分省住户调查数据真实可靠

社保行政记录作为人力资源和社会保障部门按退休人员实名发放待遇的数据，其数据量大、精准有效。通过上述不同居民领取养老金待遇分段数据分布来看，除了最低领取养老金待遇水平和最高领取养老金待遇水平分段上，广西分省住户调查数据与社保行政记录数据存在一定差异外，各分段数据的吻合程度都很好，说明广西分省住户调查数据的原始数据真实可靠的。

(二)住户调查样本结构存在偏差

本文研究范围内广西分省住户调查样本领取养老金待遇 3803 人，占调查户总常住人口比重为 21.2%，比社保行政记录的全区领取养老保险待遇居民比重高 2.9 个百分点，调查总代表性比较好，内部结构存在明显偏差，如广西分省住户调查样本领取养老金待遇登记年领取养老金待遇为在 1200 元以下累计计数比重

18.1%,1200—1500 元区间的计数比重高达 20.6%,1500—32000 元区间累计计数比重为 47.5%,32000—100000 元以上区间累计计数比重为 13.8%,而社保部门行政记录居民年领取养老金待遇在 1200 元以下累计计数比重 6.5%,1200—1500 元区间的计数比重高达 43.5%,1500—32000 元区间累计计数比重为 34.4%,32000—100000 元以上区间累计计数比重为 15.6%,可见广西分省住户调查领取养老金待遇样本内部结构存在明显偏差。

(三)广西分省住户调查领取养老金待遇记账时间存在明显滞后现象

从领取养老金时间频率来看,广西分省住户调查领取养老金待遇的居民全年领取养老金 12 个月、6—11 个月、6 个月以下的比例为 49.8∶30.2∶19.9,而社保行政记录领取养老金待遇的居民全年领取养老金 12 个月、6—11 个月、6 个月以下的比例为 80.0∶14.6∶5.4,住户调查领到全年领取 12 个月的比例比社保行政记录的低 30.2 个百分点,说明住户调查存在并账滞后的现象。

(四)广西分省住户调查领取养老金待遇测算结果低估了居民实际领取养老金待遇

本文研究范围内 2019 年广西分省住户调查居民年人均领取养老金待遇为 12087.39 元,比社保部门行政实际记录的 12228.57 元少 141.18 元,经过修正后仍少 32.14 元。

七、对策建议

(一)调整样本权重,校准有关结论

从目前抽样方法来看,住户调查抽样方法采用分层多阶段抽样,市区内按两阶段抽样,县区采用三阶段抽样,汇总结果根据分户基础数据、采用加权汇总方式生成。分层多阶段抽样适用于抽样单元较多,差异较大的抽样总体,样本代表性较好,可有效降低抽样误差,数据汇总差异更多的来源于辅助信息调整估计量的权重,权重是影响最终参数估计好坏的关键因素,因此,在调查期内,无法通过样本结构的背景下,则考虑通过调整样本权重,实现解决住户调查样本结构存在偏差问题。

(二)进一步探索利用其他行政记录校准对应调查数据

事实上行政记录的例子是很多的,例如法院裁决书、人事档案、企业规章制度、户口簿、纳税申报表、失业保障记录等,其来源也主要从海关、法院、社会公共管理机构、政府机构、公共设施供给等。可进一步探索使用税收数据、民政的低保数据等用于校准住户调查数据。

附表 1

本文研究范围内广西社保部门行政记录居民领取养老金待遇情况表

收入区间	人数比重（%）	人数累计比重（%）	人数（人）	均值（元）	最小值（元）	下四分位数（元）	中位数（元）	上四分位数（元）	最大值（元）
合计	100.0	100.0	9069368	12228.57	15.70	1452.00	1500.00	23461.20	149953.95
1—300 元	0.9	0.9	83317	183.56	15.70	124.29	194.36	249.92	300.00
300—600 元	1.4	2.3	126489	436.64	300.01	378.00	400.00	498.08	600.00
600—900 元	1.7	4.0	151460	749.25	600.01	647.90	746.00	847.00	900.00
900—1200 元	2.5	6.5	225887	1036.27	900.06	968.00	1008.08	1089.00	1200.00
1200—1500 元	43.5	50.0	3948600	1452.93	1200.01	1452.00	1452.00	1463.28	1500.00
1500—1800 元	16.4	66.4	1487827	1561.84	1500.00	1512.00	1523.28	1572.00	1800.00
1800—2100 元	1.3	67.7	115469	1956.48	1800.02	1890.00	1988.52	2016.00	2100.00
2100—2400 元	0.8	68.5	71184	2227.53	2100.01	2172.60	2196.72	2286.00	2400.00
2400—2700 元	0.3	68.7	23525	2541.07	2400.00	2469.00	2548.95	2604.00	2700.00
2700—3000 元	0.2	68.9	17623	2852.30	2700.00	2791.20	2856.00	2916.00	3000.00
3000—3300 元	0.1	69.0	10914	3147.69	3000.12	3073.04	3138.44	3225.00	3300.00
3300—3600 元	0.1	69.2	11513	3431.34	3300.05	3366.00	3419.04	3492.84	3600.00
3600—3900 元	0.1	69.3	9255	3740.30	3600.20	3648.30	3733.40	3823.08	3900.00
3900—4200 元	0.1	69.4	10215	4051.18	3900.12	4000.00	4041.96	4092.00	4200.00
4200—4500 元	0.1	69.5	6861	4355.09	4200.10	4282.20	4343.64	4437.90	4500.00
4500—4800 元	0.1	69.5	6010	4646.20	4500.11	4572.00	4647.00	4716.00	4800.00
4800—5100 元	0.1	69.6	6403	4966.68	4800.00	4882.80	4970.56	5045.00	5100.00
5100—5400 元	0.1	69.7	8858	5295.97	5100.12	5226.00	5309.78	5400.00	5400.00
5400—5700 元	0.1	69.8	5769	5539.40	5400.10	5460.00	5542.20	5600.00	5700.00

续表

收入区间	人数比重（%）	人数累计比重（%）	人数（人）	均值（元）	最小值（元）	下四分位数（元）	中位数（元）	上四分位数（元）	最大值（元）
5700—6000 元	0.1	69.9	8500	5852.97	5700.30	5775.20	5850.00	5940.00	6000.00
6000—7000 元	0.3	70.1	25161	6467.80	6000.10	6300.00	6390.00	6712.50	7000.00
7000—8000 元	0.2	70.3	18591	7475.48	7000.05	7212.00	7486.50	7744.00	8000.00
8000—9000 元	0.1	70.5	13159	8511.42	8000.00	8277.00	8489.60	8767.20	9000.00
9000—10000 元	0.1	70.6	11168	9493.62	9000.20	9287.60	9486.00	9730.80	10000.00
10000—12000 元	0.2	70.8	18860	10989.34	10000.40	10504.96	10944.00	11527.20	12000.00
12000—14000 元	0.2	71.0	20160	13028.04	12000.00	12601.20	12985.97	13513.50	14000.00
14000—16000 元	0.4	71.4	37189	15196.21	14000.40	14707.00	15404.20	15642.50	16000.00
16000—20000 元	1.7	73.2	156689	18019.16	16000.00	17052.00	17962.80	19041.60	20000.00
20000—24000 元	2.2	75.4	198864	22207.57	20000.40	21260.40	22287.70	23198.40	24000.00
24000—28000 元	5.2	80.5	467391	26150.67	24000.00	25389.60	26194.80	26951.70	28000.00
28000—32000 元	3.9	84.4	351957	30022.79	28000.10	29058.90	30033.60	30999.60	32000.00
32000—36000 元	2.9	87.3	266436	33868.99	32000.10	32856.20	33804.00	34846.04	36000.00
36000—40000 元	2.2	89.6	203460	37946.75	36000.00	36936.00	37916.15	38948.50	40000.00
40000—44000 元	2.0	91.6	184797	41970.77	40000.20	40971.60	41956.20	42958.80	43999.80
44000—48000 元	1.6	93.3	149591	45879.32	44000.20	44880.00	45814.60	46848.72	48000.00
48000—50000 元	0.6	93.9	58110	48970.38	48000.00	48470.50	48951.50	49467.20	50000.00
50000—60000 元	2.7	96.6	243502	55066.61	50000.20	52456.80	55155.45	57659.76	60000.00
60000—70000 元	2.0	98.6	180121	64314.22	60000.20	61950.50	64084.80	66490.80	70000.00
70000—100000 元	1.3	99.9	114905	79749.36	70000.30	73350.68	77989.60	84692.20	99998.71
100000 元以上	0.1	100.0	13578	118864.48	100000.50	104730.28	111462.30	121609.20	149953.95

附表 2

本文研究范围内广西分省住户调查居民领取养老金待遇情况表

收入区间	人数比重（%）	人数累计比重（%）	人数（人）	均值（元）	最小值（元）	下四分位数（元）	中位数（元）	上四分位数（元）	最大值（元）
合计	100.0	100.0	3803	12087.39	24.00	1377.00	1691.00	22192.60	128670.90
1—300 元	6.3	6.3	241	154.23	24.00	120.00	125.00	206.00	300.00
300—600 元	3.8	10.1	143	442.61	301.00	363.00	448.00	499.80	600.00
600—900 元	3.1	13.2	117	749.56	602.00	671.00	750.00	838.00	900.00
900—1200 元	4.9	18.1	188	1065.51	903.00	988.50	1077.50	1140.00	1200.00
1200—1500 元	20.6	38.7	783	1393.91	1201.00	1350.00	1415.00	1452.00	1500.00
1500—1800 元	16.7	55.4	634	1640.47	1501.00	1560.00	1656.00	1711.00	1800.00
1800—2100 元	4.0	59.4	152	1931.17	1802.00	1848.57	1930.00	2002.00	2100.00
2100—2400 元	1.7	61.1	66	2233.87	2108.98	2172.00	2225.67	2290.00	2399.55
2400—2700 元	1.1	62.2	43	2505.18	2404.00	2412.00	2489.00	2573.00	2680.00
2700—3000 元	0.9	63.1	33	2848.84	2712.00	2799.12	2818.00	2900.00	3000.00
3000—3300 元	0.4	63.6	17	3144.22	3011.64	3050.00	3142.00	3236.00	3297.00
3300—3600 元	0.3	63.9	12	3462.38	3320.00	3356.00	3490.00	3554.00	3580.30
3600—3900 元	0.4	64.3	15	3719.06	3608.00	3630.00	3680.00	3800.00	3883.50
3900—4200 元	0.2	64.5	8	4016.23	3940.00	3959.50	3982.50	4065.05	4175.73
4200—4500 元	0.2	64.7	7	4373.83	4250.70	4288.00	4360.00	4480.00	4500.00
4500—4800 元	0.2	64.8	6	4611.67	4557.00	4559.00	4633.50	4641.00	4646.00
4800—5100 元	0.2	65.0	8	4971.32	4909.20	4930.67	4970.00	5000.00	5060.00
5100—5400 元	0.2	65.2	7	5264.20	5109.00	5186.00	5193.00	5388.00	5400.00
5400—5700 元	0.1	65.3	5	5607.70	5410.00	5600.00	5658.50	5670.00	5700.00

续表

收入区间	人数比重（%）	人数累计比重（%）	人数（人）	均值（元）	最小值（元）	下四分位数（元）	中位数（元）	上四分位数（元）	最大值（元）
5700—6000 元	0.1	65.5	5	5913.04	5785.00	5873.20	5907.00	6000.00	6000.00
6000—7000 元	0.7	66.1	25	6569.56	6130.00	6357.30	6596.00	6839.25	6950.00
7000—8000 元	0.4	66.6	17	7572.76	7111.60	7400.00	7641.20	7770.00	8000.00
8000—9000 元	0.4	67.0	16	8469.76	8032.00	8252.50	8394.10	8766.04	8981.40
9000—10000 元	0.3	67.3	12	9431.87	9024.00	9239.00	9528.20	9582.00	9800.00
10000—12000 元	0.9	68.2	33	11132.37	10065.44	10870.00	11100.00	11560.60	12000.00
12000—14000 元	0.7	68.9	27	13077.06	12100.00	12690.00	12946.00	13622.40	14000.00
14000—16000 元	0.9	69.8	35	15134.04	14029.00	14565.00	15180.00	15600.00	16000.00
16000—20000 元	2.8	72.6	107	17992.36	16011.20	16920.80	18000.00	19000.00	19980.00
20000—24000 元	4.2	76.8	160	22056.72	20063.00	21087.90	22005.00	22993.25	24000.00
24000—28000 元	5.2	82.0	196	26030.80	24006.00	25086.95	26080.45	26897.95	27977.80
28000—32000 元	4.2	86.2	159	30055.38	28090.00	29247.20	30000.00	30992.30	31979.30
32000—36000 元	2.6	88.8	100	33840.13	32040.00	32709.80	33656.25	35037.40	36000.00
36000—40000 元	2.1	90.9	79	37879.71	36040.00	36781.20	37901.90	38980.00	39958.00
40000—44000 元	2.4	93.3	91	42157.90	40068.20	41222.00	42363.00	43168.00	43984.00
44000—48000 元	1.6	94.8	59	45889.45	44269.00	45073.70	45697.50	46593.03	47880.23
48000—50000 元	0.7	95.5	25	48995.46	48142.50	48590.00	48948.40	49361.00	50000.00
50000—60000 元	1.9	97.4	73	54690.56	50021.40	52210.70	54461.00	57181.00	60000.00
60000—70000 元	1.4	98.8	54	64763.01	60113.52	62044.00	64754.05	66814.25	69896.28
70000—100000 元	1.1	99.9	42	78930.66	70004.18	71692.20	76875.65	85700.00	99433.00
100000 以上	0.1	100.0	3	117792.88	100775.42	100775.42	123932.31	128670.90	128670.90

基于非传统数据可用性的政府统计应用策略研究

张海均[①]

一、现状概述

根据国家统计局、国家发展改革委联合印发《非传统数据统计应用指导意见》(国统字〔2017〕160 号)的有关精神,大数据是非传统数据的主体,在很多情形下可以代指非传统数据。具体而言,大数据是指通过非传统政府统计调查获取的数据,包括政府部门的行政记录数据、商业记录数据、互联网数据、物联网数据以及其他大数据。非传统数据获取渠道广泛多样,可以依照有关法律法规无偿获取,可以从互联网上利用软件工具合法抓取或人工搜集,也可以通过签订协议合作开发共享信息或以政府采购服务方式从行政管理部门、商业企业、互联网公司等获得。

表 1　非传统调查数据与传统调查数据的差异

差异类别	传统数据	非传统数据
生成过程	有序可控,事先设有专门的调查目的	通常由机器自动化或半自动化生成,不是专门为统计目的而产生
数据类型	以结构化数据为主	以非结构化数据为主
数据质量	规范性和可信度较高,但获取成本也相对较高	规范性和价值密度较低,通常需要清洗提纯,但所需人工成本相对较低,相对更客观,时效性更强
分析侧重点	侧重因果关系	侧重相关性关系,但并不忽视因果关系
抽样方法	以随机抽样、分层抽样等传统抽样方法为主	侧重采用适应性、序贯性、动态性和不等概率等新型抽样方法
处理技术	以基于结构化数据的关系数据库技术为代表的传统处理技术	以基于非结构化数据和云计算的数据库技术为代表的新型处理技术

① 作者简介:张海均,四川省统计局高级统计师。

(一)行政记录数据

行政记录数据是指民政、市场监管、税务、公安、卫健等政府行为为实现管理、控制和服务等目的,收集并保存的关于自然人或其他社会实体的相关信息和对信息进行加工产生的各种记录。行政记录数据具有结构化、质量高、标准化、保密性和隐私性等特征。行政记录可以为统计提供重要信息,合理地将人口、财政、就业、金融等行政记录数据应用到政府统计各个层面,可减轻政府统计负担,提高政府统计精准度。一般来讲,符合政府统计使用的行政记录数据必须满足计算机可处理和登记对象清晰可识别(拥有编码系统)。在没有编码系统的情况下,若登记对象的信息足够多,通过数据整合,仍可以准确识别登记对象,但技术难度、工作负担和结果的不确定性增大。该类数据可采取直接应用、统计估算、抽样调查及统计加工等方式,可发挥对传统统计调查数据的替代、对现存统计数据的校正和验证及政府名录库的建设等作用。

(二)商业记录数据

企业是大数据利用的先行者,在生产、经营和管理中产生的海量数据即为商业记录数据,具体包括交易数据、企业生产管理数据、信息咨询报告数据等。海量商业记录的产生,迅速成为政府统计重要的数据来源之一,充分利用商业记录有利于提升政府统计数据质量,减少统计调查成本,提高统计工作效率。该类数据具有数据实时且数据量庞大,数据涉及领域广,数据多采用企业标准等特征。加大商业记录数据在政府统计中应用,有利于扩大政府统计基础数据源,降低政府统计成本,减轻企业负担,提升政府统计数据质量,同时有助于掌握更全面、更系统的政府数据信息。

(三)互联网数据

大数据与互联网的发展是相辅相成的,互联网为大数据的应用提供数据、信息和资源,大数据为互联网的发展提供支撑、服务和应用。互联网数据是基于互联网使用而产生的数据,包括社交网络数据、媒体数据和搜索引擎数据等,具有信息庞杂,数据量巨大,获取较易但安全性差,数据不稳定且非标准化等特征。应用互联网大数据可丰富统计调查数据来源,加强数据质量管控,提高统计工作效率,充分利用互联网信息庞杂、数据量巨大、数据记录容易获得的特性,在政府统计诸多不同专业具有应用前景。

(四)物联网数据

由于物联网包括各种类型、性能的传感器,其采集的数据结构也存在较大差异,既包括文本数据,也包括图像、音频、视频等多媒体数据,既包括静态数据,也包括动态数据。物联网大数据具有较为明显的异构性、多样性、非结构性和强噪音性,尤其体现在较高的数量增长率上。物联网数据有明显的颗粒性,其数据通常带有时间、位置、环境和行为等信息。利用物联网数据进行预测时,数据量通常超过一定规模,需要利用数据建模对数据反复进行训练,以便找到拟合更好的训练模型。利用物联网技术处理数据得到的结果未必总是全局性最优。物联网数据可应用在统计数据质量检验;射频识别技术应用在交通、产品和人口相关专业统计;传感器网络应用在特定调查对象追踪和监控中等。

二、困难和瓶颈

在实际中,非传统数据的统计应用既有数据获取和质量上的困难,也有技术和方法上的瓶颈,它无法全部替代传统调查和统计分析。在推进非传统数据和政府统计工作融合过程中,既要防止"大数据傲慢",因冒进和强推而损害政府统计工作的科学严谨权威,影响政府统计数据质量和社会公信力;又要防止放大非传统数据的应用风险,对非传统数据的统计应用持观望犹豫态度,从而导致应用进程缓慢。在非传统数据应用的试验研究和实践探索过程中,还面临许多困难和瓶颈。

(一)数据本体的获取问题

与传统调查数据相比,非传统数据是经济社会管理运行的副产品,往往为政府部门和私营部门所专有,涉及隐私机密、数据转让、商业价值等敏感性因子,单靠政府统计机构和数据提供者建立的双边自愿性合作关系难以维系,无法满足长期可持续的政府统计生产需要。实现非传统数据统计应用的合法化和合规性,畅通规范数据获取渠道,增强应用过程和目标的透明性,实行必要的隐私机密保护措施,是必须解决的首要问题。

(二)数据本体的质量问题

非传统数据是随着网络系统、环境规则、社会行为等因素变化的动态产物,具有波动性大、真实性差和价值密度低等特征,因目标群体不明确、选择偏倚、累积误差、虚假相关、信息中断、高频数据不规则性和周期性模式等现象,数据存在较大的不准确、不完整、不可比、不一致、不连续、不稳定等质量问题。不是所有非传统数据都能用于政府统计,统计学并不接受大数据集更接近"真值"的命题,因为客观真值在很大程度上取决于非传统数据潜在总体的代表性以及非传统数据统计推断的过程和方法。因此,政府统计应用非传统数据在某种情况下离不开、也替代不了传统调查数据。同时,应用非传统数据也意味着政府统计机构从数据的独立调查者变为依赖外部市场的数据用户,可能危及政府统计的客观独立性和社会公信力。质量是政府统计数据的生命线，遵循官方统计质量基本标准，对非传统数据源进行质量评估，保持数据的客观独立性，是政府统计面临的难题。

（三）数据应用的技术问题

非传统数据具有体量大、来源多样、生成快等特征，而且很多表现为非结构化数据，难以用传统数据体系结构进行有效处理，其采集、转换、清理、存储、处理等技术异常复杂，超出传统统计数据管理和处理能力，也超越现有统计基础设施的所及范围。非传统数据的统计应用不仅涉及自然语言处理、音频信号处理和图像处理等方面专业技能，还需要模式差异识别、机器学习算法、模型推算等方面专业知识。缺乏这些必要的技能和知识是阻碍政府统计应用非传统数据的主要因素。建立健全统计信息基础设施，开发非传统数据采集、转换、清理、存储、处理等现代信息系统，引进和培养兼具统计、信息技术和机器学习专门知识人才，提高大数据统计应用能力，是构建现代化政府统计体系的主要任务。

（四）数据应用的方法论问题

非传统数据统计应用集信息技术、数据科学和统计方法于一身，涉及统计学、计算机科学、应用数据、经济学等多种学科，是政府统计的范式转变。非传统数据统计应用的理论方法框架在很大程度已突破传统统计理论方法范畴，甚至需要修改现有传统的统计概念和定义，才能解决基于大数据源的统计推断方法问题。比如，大数据总体不等于统计目标总体，也不是目标总体的随机样本，很难应用传统统计理论方法来推断。破解非传统数据与政府统计融合的方法论问题，是政府统计机构在大数据时代所面临的新课题。

此外，非传统数据获取、处理分析需要投入相对高昂的人财物，开展成本效益评估也是政府统计机构在应用非传统数据时必须考虑的问题。

三、推进非传统数据应用的政府统计技术策略

经过多年发展，统计信息化基础较牢固，硬件设施和应用软件基本满足统计业务和管理需求，并在实践过程中得到检验与夯实。在取得长足发展的同时，也暴露出一些短板和不足：对信息化建设在提升业务水平、改革制度方法的重要作用认识不足，未能充分认识到新技术在重塑业务流程、改革调查方法上潜在优势和功效；系统开发建设各自为政现象突出，系统整合共享不够，信息孤岛现象比较常态，业务工作与数据共享存在割裂；受信息化技术发展限制，一些应用系统建设时间较早，应用范围较广，承建单位变化及系统结构、开发语言、技术更新等方面制约。对此，要强化统计信息化规划引领，加强基础设施建设，从技术发展角度加

快推动现代信息技术与政府统计深度融合。

（一）建立一朵云平台

统筹整合信息化基础设施资源，构建开放融合、动态扩展、随需应用、安全高效的云平台，建设面向系统、数据和应用的云区块，实现对系统、数据和应用的集中管理，形成统计系统“一朵云”。建立完善云平台体系，构建云监管平台、云服务商平台、整合平台及云灾备平台的云架构，通过云监管平台对云服务商平台调度使用，系统整合业务应用、发布共享、电子政务、信息安全等体系，建立异地云灾备平台，有效保证重要数据安全。

（二）构建四个应用体系

一是业务应用体系。统计业务应用体系覆盖统计调查业务的全流程，由基础支撑数据库、数据采集平台、数据存储及处理数据库群、综合应用数据库及主题数据库群等多个功能相对独立的系统组合而成。整合或重构数据采集、交换、存储、发布等业务流程，建立逻辑上集中、物理上分布的数据采集、交换、处理平台。建立覆盖常规统计、专项普查、部门统计等业务全流程的统计业务应用模块链。二是信息发布共享体系。对外门户网站、对内信息网站和普查专题网站等按照对外宣传与集中管理工作需要集约化管理。对地方统计部门来说，按照政府网站集约化管理要求，将对外门户网站与政府门户网站集约管理。建设统计内网集约化平台，制定信息数据标准规范，建设统计内网信息资源库，汇集不同网站信息数据，按照“先入库、后使用”原则统一管理，实现平台资源统一调用、统一监管。三是电子政务服务体系。推进统计行政管理自动化智能化，逐步实现办公管理系统数据共享和业务协同，整合办公、财务、视频会议、电子邮件等系统，打造物理上数据互通、功能互补的服务保障体系。延伸统计电子政务服务网络，逐步推动办公系统终端延伸到国家、省、市、县、乡级等统计机构。四是信息安全体系。按照国家信息安全等级保护和涉密信息系统分级保护要求，整合综合网络管理系统、数据灾难备份与恢复系统、网站监测与恢复系统、安全审计系统，从安全管理机构、安全管理制度、人员安全管理、系统建设安全管理和系统运维安全管理等方面，建设完备的安全体系和安全设施，建设统计数据安全管理平台。

（三）运用N种信息技术

一是大数据＋统计。基于条数据、块数据对调查数据、部门数据和社会数据进行大数据分析研究，探索建立与常规统计调查互补的大数据统计调查方法、指标体系、标准体系，建立大数据统计分析模型，建设符合经济社会发展需求的统计大数据生态体系，探索与政府部门、社会组织等其他主体数据共享合作机制和解决政府统计大数据方案。二是区块链＋统计。利用区块链技术分布式存储技术不可篡改、可溯源和透明性的特点，采用链式数据结构管理统计数据，对统计数据采集、数据存储、数据管理、数据流转全生命周期进行合理管理，在加强统计管理，开展统计数据共享，提高统计数据质量，推进统计政务公开，保障统计数据安全等方面的应用，实现数据真实可信、合理共享、安全存储、流通增值，保证数据安全可追溯。三是人工智能＋统计。推动新一代人工智能在统计领域应用，提高统计工作信息化、数字化和智能化水平。推进人工智能、人脸识别在统计数据生产管理推广应用，开展智能统计监测应用研究和大数据＋人工智能推动联网直报向智能统计转型升级方面研究，利用大数据＋人工智能提升统计信息化智能化水平。四是其他新技术＋统计。开展5G驱动万物互联的新业态下统计制度方法创新理论研究，探索研究面向5G的全云化核心网络统计应用解决方案，研究统计网络云化转型可行性。探索物联网技术在移动数据采集终端、网络硬件设备管理等方面应用，推进资产管理智能化。

四、推进非传统数据应用的政府统计发展策略

推进非传统数据在政府统计中应用，要立足于让统计更现代、让数据更智慧、让数据创造价值、让数据更有价值及用科技让复杂的统计变简单的目标定位，加快推动向数据驱动业务转变，充分利用互联网、大数据、云计算、区块链、人工智能等现代信息技术，构建数字化的统计业务应用、信息共享、电子政务、信息安全等体系，强化统计数据整合、开放、共享，构建人机协同的数字化、网络化、智能化的统计“大脑”，以流程再造实现政府统计跨部门、跨系统、跨地域、跨层级高效协同，逐步实现政府统计工作全系统、全流程、全方位数字化转型。

（一）顶层设计，总体规划

政府统计数字化转型是一项系统性、耦合性很强的工程，涉及的部门多、范围广、数据量大，需要系统性创新变革，不仅要有战术上的准备，更要有战略规划、数字化治理的顶层设计和架构规划。加快推进政府数字化转型，统筹全局、通盘谋划，加强总体规划和顶层设计，制定政府数字化转型总体框架，明确数据生产、数据治理、质量控制、社会服务等重要领域的政府统计履职数字化内容，编制出台高度自上而下的科技强统行动计划及政府统计数字化转型规划纲要。

（二）协调倒逼，精准定位

跨部门、跨机构、跨层级数据收集、传输、共享、应用等大平台大系统基础设施尚未完善，缺乏数据资源收集共享的标准体系，数据流通规范管理体制以及数据

安全的保障制度不够完善，多部门重复收集数据，使用范围上主要限于部门内部，不同部门收集的数据出现重叠甚至相互矛盾，一定程度上浪费了大量政府资源。数字化转型需要精准性的角色定位，增强部门各组织之间相互支持、相互协同，依托政府统计数据生产链上下游全流程的协同来倒逼，例如和部门、企业、调查户对接，与统计用户对接，了解对方需要哪些数字化的衔接匹配，借助现代信息技术特别是国内主要信息化服务商的服务完善政府统计各个环节数字化的保障。

（三）流程再造，系统重构

构建统一的大平台大系统是承载“流程再造模型”以及“数据治理体系模型”“数据共享模型”，有效实现政府统计数字化转型的必要载体和条件，要用数字化技术推进政府统计业务架构、工作流程和组织文化重构。建立并完善覆盖全域、统一接入的大数据交换枢纽，完善数据共享交换大平台，加快构建资源共享的政府统计信息资源体系。通过数据流、业务流、信息流的实时同步更新，建立并完善全域深度应用、上下联动、纵横协管的协同治理和管理应用等大平台。建立并完善政府统计服务平台，深化一体化的统计服务建设，按“一套标准”原则梳理整合统计服务事项，实现统计服务统一规范。

（四）平台支撑，统管数据

政府统计数字化转型需要全国性、整体性、系统性的数据管理，构建政府统计大数据交换枢纽、敏捷高效安全的综合管理平台、灵活开源的统计数据开发利用支撑平台。平台上移、服务下延，构建“大中台、小前端”的统计“大脑”，整合底层数据资源，建立数据汇通支撑平台架构，推动系统连通、数据汇通、服务贯通。基于数据汇通支撑平台架构，全面梳理统计调查原始数据、过程数据、综合数据、行为数据、历史数据等各类数据资源，利用区块链技术对数据资源运行状态及资源生命周期进行用户链、行为链、资产链的数字化资产管理，建立数据资源目录、数据资产全景图、数据资产可视化应用管理体系。建立并做大统计数据资源池，构建数据归集和数据治理体系，重视对数据追溯与保护，加强对数据回溯与管理。围绕统计数据治理、数据应用，构建数据治理、数据业务、数据应用的开发应用环境，搭建大数据分析应用平台，引入大数据、人工智能、物联网、区块链等现代技术，基于开发环境开展主题应用、专题分析、预测预警等。

（五）技术进步，模式创新

在转型中不断改革创新，推动社会运行模式的变化，让技术进步、模式创新成为政府统计数字化转型的动力。从全局高度定位规划系统业务功能，全面梳理业务流程、数据资源、功能模块，采用数据湖、中台及“容器＋微服务”等设计理念，构建“大中台、小前端”的统计“大脑”，推进大数据、云计算、人工智能、区块链、5G等新技术与统计工作深度融合，推动政府统计生产方式发生实质性变革，让统计数据生产流程现代化，让统计生产要素数字化，让各类设备互联互通、人机交互，前端延伸到调查对象内部管理，后端实现统计数据分析应用专业化智慧化，大幅提升统计服务质量。

（六）创新体制，创新机制

数据治理将深刻影响未来的政府治理机制，将推动条块分割的政府治理体系向数据驱动的协同高效治理体系转变。要意识到数字化转型是一场比一般机构改革更具有冲击力的变革，让信息技术部门作为主导力量，通过自身建设和业务外包相结合，增强建设工作整体性。政府统计数字化转型涉及方方面面，要有专门的管理机构统筹协调，统一的管理体制和工作体系及健全的政策等。要建立跨层级、跨地域、跨系统、跨部门、跨业务的数据采集汇聚机制，强化数据资源全领域、全要素统筹，对全国范围内信息化、网络化、可视化和智能化的数字集成创新，有效增强全国统计数据资源的纵横联动和协同管理能力。

（七）组织结构，角色扮演

政府统计数字化转型过程中，统计数据生产主体、机构设置、工作内容、数据形态、生产周期、统计手段、统计服务、数据质量及数据价值都会发生新变化。工业化时代的组织效率强调的是分工，数字化时代的组织效率来自于分工基础上的协同。要借鉴产业数字化、数字产业化的实践经验，在政府统计数字化转型中完善组织架构，完善运行机制，优化资源配置，形成敏捷灵活的“流程型”“平台型”“网络型”组织结构，强调“小团队＋大平台”，通过自组织、多角色适应统计数字化转型快速变化。

（八）技术保障，数据安全

部门、企业、用户的信任是非常重要的，关键的调查对象数据是非常重要的业务资产，要把政府统计信息化系统内外部数据的安全放在头等重要位置上。要坚持数据安全和系统建设“同步规划、同步建设、同步运行”，建立健全一系列规范体系和管理条例。要强化网络信息安全，构建政府统计网络安全工作责任体系，完善网络安全管理和数据保护机制，提升信息安全预警和应急处置能力。要加强安全防控，形成体制机制，覆盖从数据的形成、存储到数据传输、应用及共享全过程。要构建多层次安全保障体系，以保障数据安全为首要目标，建设动态感知云平台，实时监控网络安全态势，强化评估风险、共享信息，进行数据研究判断，建立安全应急机制。

网络数据应用

利用舆情大数据构造PMI先行指数

程　名　刘　虎　郑涵予　宿梦妍[①]

近年来,政府部门和学界对大数据在经济运行监测、预判中的应用日益重视。舆情数据既是典型的大数据,又具有其他大数据所不具备的特点。中国互联网络信息中心发布的《中国互联网络发展状况统计报告》显示,截至2021年12月,我国网民规模达10.32亿,互联网上的"民声"覆盖面高达71.4%。可以说,互联网舆情大数据具有更新效率高、信息保真度高、覆盖面全的特点,是比较理想的能够用来研究经济预期的大数据集合。

就实践而言,人们可以感觉到舆情对宏观经济形势有着"微妙"的预测预警作用。这种感受也并非偶然,学术界的研究成果对此有比较充分的解释,商业领域也已有所应用。当前学术界研究认为,与传统数据相比,新闻数据覆盖领域广泛,信息可以被很多经济个体获取,并且新闻内容可能与经济当前和未来状态密切相关。Shiller指出舆情对宏观经济有着显著反映。Lischka等使用互联网财经新闻的情感信息衡量社会预期并得到了其影响未来GDP(地区生产总值)与失业率的实证结果。Thorsrud发现舆情形成的社会预期能够预测经济周期,基于挪威日度频率的商业新闻数据,结合季度GDP增长率数据,构建了日度经济周期指数。国内学术界的研究也成果丰硕。张成思、李守皓、李成等人研究了媒体与通货膨胀、房价、经济波动之间的关系,发现舆情的一些特征与经济运行之间存在相对稳定的关系。在商业领域,不少数据公司开发出企业舆情指数,用于企业股价的预测,得到了投资者的认可。

为了深入挖掘舆情大数据的潜力,研究探索了舆情大数据在统计指标预测中的运用。研究发现,舆情信息中所体现的敏感度与PMI指数之间存在着显著的统

---

① 作者简介:程　名,国家统计局统计资料管理中心舆情监测处副处长。
刘　虎,国家统计局统计资料管理中心舆情监测处干部。
郑涵予,国家统计局统计资料管理中心舆情监测处干部。
宿梦妍,国家统计局统计资料管理中心舆情监测处干部。

计相关关系。利用舆情敏感度数据，采用传统支持向量机模型对PMI的预测达到较高的精度，并进一步构造了一个日度的经济景气指数。本研究为深化舆情大数据在统计调查工作中的应用提供了一定参考，为宏观经济部门开展预期引导提供一定佐证，也为进一步利用舆情数据开展经济研究提供了新的思路。

一、理论假设

参考现实世界，如果经济变差，在社会上反映出来的是负面事件、暴力案件增多。因此，人们可以通过观察一个国家或地区敏感事件的多寡直观地推断其经济状况，即当一个国家或地区负面事件相对多、正面事件相对少的时候，经济可能就不好；当一个国家或地区负面事件相对少、正面事件相对多的时候，经济可能就比较好。

在网络世界中，经济下滑可能就会体现为负面事件曝光量增多、语言暴力上升以及正面舆论数量的下降等。通过观察敏感、非敏感舆论在数量上的变化，或许也可以对经济趋势进行分析和预测。

由此提出假设：如果舆情能够反映经济情况，那么，舆情所表现出的敏感程度就应当会与经济数据波动之间存在某种关系，进而可以利用舆情敏感度数据对经济趋势进行预测。为了验证这个假设，采用舆情敏感度数据作为舆情大数据的代理变量，采用PMI数据作为经济状况的代理变量开展研究，研究二者之间的关系和预测方法。

二、数据来源及预处理

（一）经济数据

选择PMI数据作为研究对象，主要采用国家统计局发布的综合PMI指数、制造业PMI指数和非制造业PMI指数。在文中需要进行比较分析的地方，亦会使用财新PMI数据，包括财新综合PMI指数、制造业PMI指数、服务业PMI指数。

（二）舆情数据

1. 数据来源及规模。受到研究条件限制，选择2021年4月1日至2022年9月30日共18个月的舆情数据进行研究。采集数据的方法是，根据与PMI可能相关的行业关键词，对研究时间区间内的所有国内互联网公开数据进行检索。一是关键词。考虑到与国民经济的密切程度和数据处理能力，检索时用到的关键词为“房地产、零售、运输、航空、邮政、金融、餐饮”。二是数据来源渠道。根据互联网传播渠道的不同，可以将数据来源分为网页、微博、微信、客户端、论坛、视频、电子报七个渠道。最终检索得到数据共计 5.16 亿余条。

2. 敏感度判定。根据研究思路，需要对每条信息区分出敏感、非敏感、中性 3 个敏感性级别。总体来说，所谓敏感信息是指报道内容为消极悲观和令人担忧之类的信息，例如对社会造成不良影响的突发事件、负面信息等；非敏感信息是指积极乐观和鼓舞人心的正面信息，例如正面社会新闻、政务正面宣传报道等；中性信息是指没有明确的正负面指向的信息，例如政府部门公开文件、公司新闻、招聘信息、典型案例等。

3. 日度舆情敏感度时间序列数据。完成敏感性判定后，按来源对指定日、指定敏感分类的数据分别进行计数，就可以得到以自然日为时间轴的若干时间序列数据。由于舆情数据有 7 种来源(source)，又考虑到将其加总为总体的舆情量，且有敏感、非敏感、中性 3 种敏感度级别(level)，则一共能够生成 24 组(将总体看作另外一个来源，则一共有 8 种来源)舆情敏感度时间序列数据。

(三)构造研究所需的月度时间序列数据

上文得到日度时间序列数据，而 PMI 则是月度的时间序列数据，需要采取一定的方法将其构造成月度的时间序列数据。本文约定采用月时间窗口(－days, width)符号来表示一个舆情敏感度计算时间窗口。该符号表示：对于一个日度的舆情敏感度时间序列，取其每月倒数第 days 日的 width 阶移动平均值，作为该时间序列的月舆情敏感度值。其中，由于周末产生的数据量较少，规定 width 为 7 的正整数倍。有了时间窗口的概念，我们需要构建的月度时间序列数据实际上成为了一个可变窗口的时间序列数据。时间序列有 6 个固定的因变量，分别表示综合 PMI，制造业 PMI，非制造业 PMI，财新综合 PMI，财新制造业 PMI，财新服务业 PMI 的月度指数。时间序列有 24 个自变量，表示分来源、分敏感级别的相同月时间窗口的数据。一旦变换时间窗口后，该数据就会产生变化。为了表述简洁，在接下来的讨论，以(－days, width)时间序列数据或(－days, width)窗口来表示相关的月度数据。

三、舆情数据与 PMI 数据的相关性分析

(一)不同时间窗口对相关性的影响

为了整体把握时间窗口对相关性的影响，我们将 days＝[0,1,2……16]和 width＝[7,14,21,28]一一组合成对应的时间窗口，构造了 17＊4 个时间序列数据，并一一计算各时间序列数据中舆情数据和 PMI 数据的 Pearson 相关性。对于每一个时间序列数据，都会生成一个 6＊24 维的相关矩阵，矩阵元素表示一组

PMI 数据和一组敏感度数据的相关性。考虑到相关性有正负之分，于是取这些相关系数绝对值最大值，称其为该时间窗口的最大绝对相关系数，作为该时间窗口与 PMI 数据相关性程度的简单表示，结果如图 1 所示。

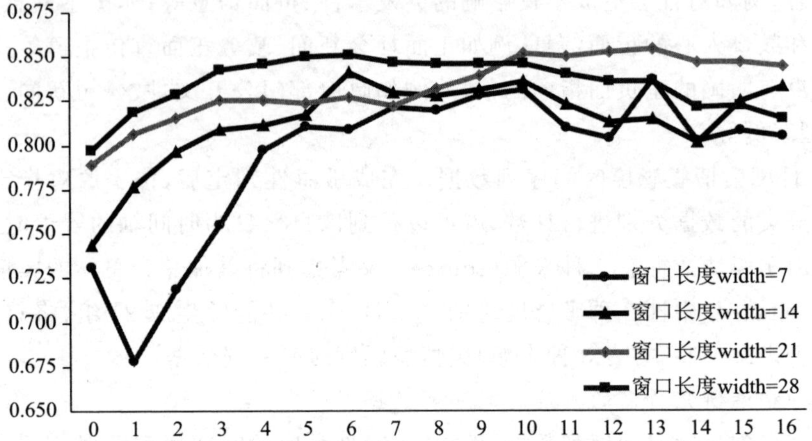

图 1　不同时间窗口舆情数据与 6 组 PMI 相关系数绝对值的最大值

从图 1 中可以看出，当窗口长度取 7 时，在 days 小于 6 的情况下，其最大绝对相关系数都比较小。窗口长度取 14 时与其情形类似。这很有可能是由于 PMI 采样时间为每月 22－25 日，当 days 值较小时，长度为 7 和 14 的时间窗口与 PMI 采样时所反映的经济状况有所差异，造成相关性较小。同时可以发现，较短的取样窗口也可能会造成相关性不稳定。窗口长度取 21 和 28 时，最大绝对相关系数相较 7 和 14 的窗口长度均有很大改善。若 days 值较小，也会使最大绝对相关系数变小，因为此时取值会记入一部分与 PMI 采样时不同的经济预期。但随着 days 的增大，直到取到 6 时，曲线开始平稳。不过，days 值亦不可无限增大，因为该值增大后，会使取样窗口向前远离 PMI 取样时间，与 PMI 采样覆盖时间的交集会进一步缩小，进而使其与 PMI 涵盖经济预期之间的关系变弱。

（二）相关性特征的若干解释

从以上分析可以看出，当 7＜days＜11 时，可以取得比较大的相关系数。因此，我们对(－7,21)时间窗口的时间序列数据进行相关性分析，并将相关系数以热图形式展示（见图 2）。图中正相关系数以原始值标注，负相关系数后加 * 符号进行标注，系数的绝对值越大，则颜色越深，可以比较清楚地对比。

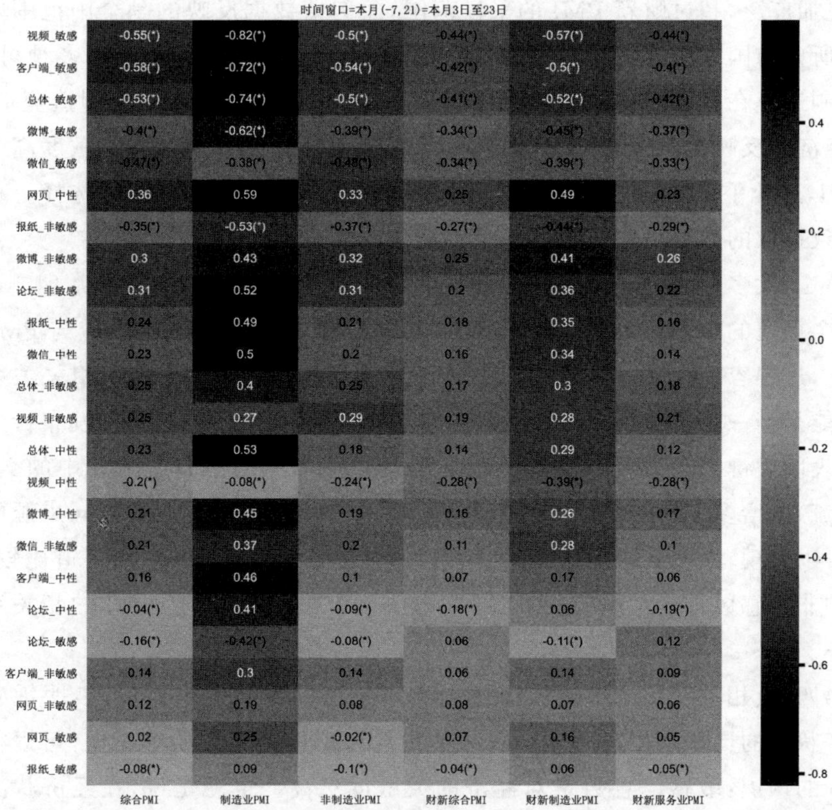

图 2　(−7,21)时间窗口数据的相关系数热力图大值

从图中可以发现以下几点：

第一，所有敏感度序列几乎都与任意 PMI 指数呈现出方向相同的相关关系，即，同为正相关或同为负相关。在此存在一个疑问：不同 PMI 指数很多时候并不相同，为何会对相同的舆情数据呈现出同样方向的相关关系呢？这是因为，尽管不同 PMI 指数在相同月份幅度有大小，景气有高低，但整体上的方向是一致的。而且，尽管相关性的方向相同，相关系数大小却有较大不同——这是因为不同 PMI 数据对整体经济的解释能力各不相同。无论如何，如此明显的特征，说明舆情敏感度数据确实与 PMI 指数之间具有内在的关联。

第二，从相关系数绝对值大小来看，总体符合对宏观经济数据的一般认识。一是舆情数据和国家统计局 PMI 数据的相关性大于和财新 PMI 指数的相关性，二是舆情数据与不同类别 PMI 指数的相关性大小排序是：制造业 PMI＞综合 PMI＞非制造业（服务业）PMI。对于第一点，主要原因是国家统计局 PMI 采样的范围更加广泛，超过财新PMI的采样范围，而舆情数据反映的是全国范围内经济情况，所以与国家统计局PMI指数相关性更强。对于第二点，存在多种可能性。其一，制造业在我国经济中起着举足轻重的作用。其二，可能因为制造业PMI指数对经济的反映更为灵敏——制造业PMI对经济的拟合程度和灵敏度高于服务业PMI，这几乎是各国PMI数据都存在的问题。其三，在关键词的选择上存在问题，导致提取的数据可能更多反映了制造业的情况。

第三，大多数来源的敏感度数据与PMI指数相关性的方向符合常理。通常来看，一个渠道的非敏感数据量与PMI指数成正比，而其敏感数据量应与PMI指数成反比，这很容易理解。大部分来源的中性信息量都与PMI成正相关关系的原因，可能是当一个舆论场谈论行业信息较多时，就意味着人们交流、发布行业信息增多，表明关键词所涉及行业的活力有增加——这类似于商业活动中的交易，交易(交流)量增多，对于经济活动来说是一个正向的推动力。观察不同来源的相关系数可以发现，大多数来源数据量符合以上认识。但是，报纸来源渠道比较反常。报纸的非敏感数据量与所有PMI指数均呈负相关，与制造业PMI的相关系数达－0.53。

第四，负相关系数的绝对值总体上大于正相关系数的绝对值，表明敏感信息对经济状况的灵敏度更高。比较负相关系数和正相关系数的绝对值，可以得到一个直观的认识：敏感信息数量对经济的灵敏度更高。也就是说，在经济状况比较好的情况下，敏感信息的数据量下降更快，而经济状况不好的情况下，敏感信息的数据量上升也更快，从而使其与PMI指数的相关性绝对值更大。但是，非敏感和中性信息则没有如此高的敏感度。我们姑且将其称之为“不对称的螺旋”：不同敏感度信息对实际经济情况反映不同。

四、基于支持向量机的PMI数据预测

(一)预测模型的构建

支持向量机(SVM)是一种在统计学理论基础上发展起来的算法，由于性能出众，被认为是十大数据挖掘算法之一，应用非常广泛。SVM专门研究有限样本预测，在很多小样本预测问题上表现优秀。由于目前能够使用的PMI数据为18个月，是一个典型的小样本问题，因此，选择SVM模型进行PMI预测。SVM的核函数取线性核函数(linear)。对于18个样本，划分前15个样本为训练集，后3个样本为测试集(2022年7—9月的数据)。

(二)SVM模型和主成分回归分析模型的预测性能比较

采用(−7,21)时间窗口数据，对SVM模型和主成分回归分析模型的预测效果进行了比较。其中，主成分回归分析模型的观察变量使用主成分变量，SVM模型使用所有的敏感度数据作为观察变量。预测变量均取综合PMI指数。在进行模型训练时，取前15个样本数据作为训练集，预测结果比较见图3。

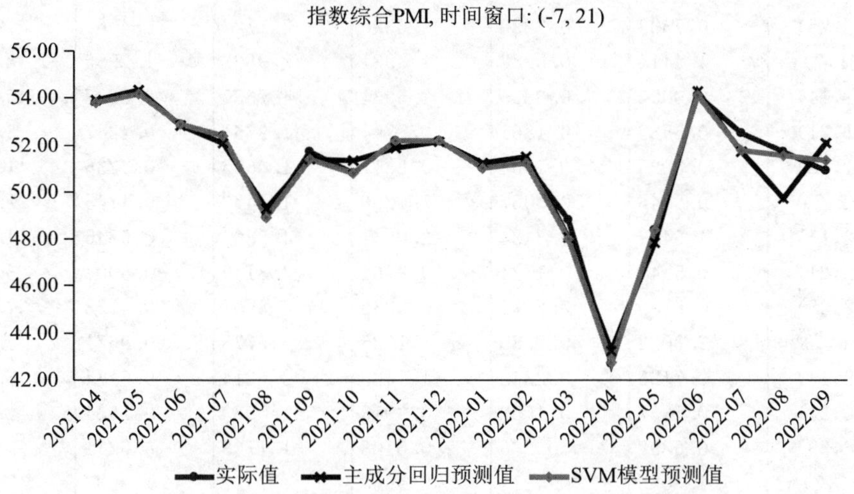

图3　SVM模型和主成分回归分析的预测结果比较

从图3中可以看出，SVM模型和主成分回归模型在训练集上的预测结果大致相同，但是，SVM模型在测试集上的预测结果与实际情况更为相近。

(三)SVM模型预测误差分析

在表1中列出了采用不同时间窗口数据对6个PMI指数预测的均方根误差。在表1中可以看出：

第一，(−7,21)和(−8,21)时间窗口数据预测结果最为理想。原因可能是该时间窗口与PMI实际采样时间更为相符。反观(−1,21)和(−0,21)时间窗口的结果则不够理想，是因为舆情采样窗口滞后于PMI采样时间；(−7,28)和(−8,28)时间窗口的预测效果也不够好，是因为舆情采样窗口超过了当前月，与当月PMI指数所显示的经济意义有了较大偏差。

第二，若单独比较−0日和−1日采样的舆情数据，−0日采样数据的预测效果略好于−1日。原因可能是PMI数据发布对当日舆情造成一定冲击，增强了舆情数据和PMI数据之间关联性。

表1　采用不同时间窗口的预测均方根误差比较

时间窗口	综合PMI	制造业PMI	非制造业PMI	财新综合PMI	财新制造业PMI	财新服务业PMI
(−0,7)	1.1469	0.3661	1.8539	2.6183	0.8443	3.352
(−0,14)	2.0459	0.2725	2.6533	3.9142	0.7212	5.2968
(−0,21)	0.7139	0.2485	0.948	2.1529	0.4013	2.7083
(−0,28)	0.7333	0.2229	1.0599	2.1727	0.4565	2.336
(−1,7)	1.4414	0.5288	1.9981	2.9622	1.2956	3.2418
(−1,14)	2.0052	0.3825	2.5031	4.7583	0.8607	5.7001
(−1,21)	0.5582	0.1861	0.8711	1.9751	0.4287	3.1558
(−1,28)	0.8096	0.1961	0.8817	1.0655	0.4236	1.5506
(−2,7)	0.5748	0.3057	1.0296	1.7479	0.4745	2.2085
(−2,14)	1.6439	0.3424	2.0541	4.5804	0.9246	4.8548
(−2,21)	0.5541	0.1721	0.8761	2.3149	0.6004	3.4016
(−2,28)	0.8159	0.2172	0.8238	0.8507	0.4323	1.4256
(−6,7)	2.3023	0.4689	3.1025	4.5778	0.9671	5.8655
(−6,14)	0.7125	0.2342	1.1126	2.6214	0.6174	3.6841
(−6,21)	0.1857	0.1552	0.3913	1.0963	0.2584	2.1331
(−6,28)	0.6898	0.286	0.8103	1.1765	0.8211	1.7629
(−7,7)	2.3055	0.4211	2.9668	4.7499	1.3088	5.4327
(−7,14)	1.0349	0.3117	1.0546	2.588	0.4652	3.4514
(−7,21)	0.2822	0.1573	0.2918	1.1709	0.3806	2.3899
(−7,28)	0.8636	0.2855	0.9088	1.1516	0.7731	2.1662
(−8,7)	1.5719	0.3033	2.401	3.6801	1.2067	4.6669
(−8,14)	0.8515	0.2423	0.8983	2.568	0.3544	2.7663
(−8,21)	0.4025	0.1208	0.5041	0.7877	0.5227	1.7535
(−8,28)	0.9931	0.3212	1.0724	1.5199	0.6759	2.4351
(−9,7)	1.3065	0.1775	2.4742	5.0847	1.2873	6.6817
(−9,14)	0.9525	0.328	0.8141	1.627	0.2689	2.7241
(−9,21)	0.8037	0.1361	1.1162	0.7056	0.6294	1.3293
(−9,28)	0.8574	0.2173	1.1797	1.6271	0.7433	1.9781
(−10,7)	1.4215	0.2256	1.9177	4.5957	0.929	5.1358
(−10,14)	0.9842	0.2849	0.9877	1.6682	0.2096	3.2397
(−10,21)	0.7301	0.1421	1.1358	0.9901	0.6717	1.4447
(−10,28)	0.7065	0.2679	1.2367	1.7579	0.6974	2.0346
(−15,7)	1.1	0.2368	1.2201	2.1377	0.7662	2.7864
(−15,14)	1.7669	0.3919	2.2327	2.2236	0.7424	3.2251
(−15,21)	1.2601	0.327	1.7697	1.8217	0.6139	2.6785
(−15,28)	1.0758	0.3848	2.0552	2.7208	0.8462	4.2022

第三，时间窗口长度为 7 和 14 天的预测结果，总体来说不如窗口长度为 21 和 28 天的结果。原因可能是取样窗口太短，计算出来的敏感度不稳定，影响到了预测效果。

第四，相对于其他 PMI 指数预测结果，对制造业 PMI 和财新制造业 PMI 的预测更为精确。这或许与制造业 PMI 指数对当前经济景气的反映更准确有关系，也可能是因为制造业景气度较为稳定，而非制造业（服务业）景气度相对不够稳定。

五、S-PMI：基于舆情大数据的经济景气先行指数

PMI 指数是研究人员进行经济分析的一个优秀指数，频度是每月一次。虽然在国家数据中已经算是较高频数据，但在一些时效性要求高的场合仍显不足。

根据相关性分析和对预测结果的分析发现，本文选择的舆情数据与 PMI 指数之间有很强的相关关系，在选择合适时间窗口后，利用 SVM 模型对 PMI 指数预测也符合一般预测要求。特别是对于制造业 PMI 来说，精度更高。考虑到舆情数据每天都可以产生，而且数据的产生机理都是相同的，因此我们可以采用舆情数据建立一个日度的经济舆情景气指数。

SVM 进行训练和预测的原理，实际就是建立舆情数据和 PMI 数据之间稳定的映射关系，以保证对于一个舆情数据向量能通过该映射关系生成合适的 PMI 数据。本节进行 SVM 预测的过程，实质上就是发现指定时间窗口的舆情数据和经济数据之间稳定关系的过程。因此，对于每一天产生的舆情数据，都能够利用已经训练完成的 SVM 模型生成一个对应的数据。由于生成这个数据时使用的映射关系与上述映射关系相同，而且使用的输入变量形成机理也相同，可以很自然地把其理解成 SVM 模型对舆情数据映射而成的景气数据。

因此，构建先行指数的过程非常自然而简洁：利用训练出来的 SVM 模型对每日产生的舆情数据进行预测，对于每日舆情数据都能够得到一个对应的值，就可作为当天基于舆情数据而得出的经济景气指数。由于这是一个利用舆情情感（sentiment of online public opinion）大数据构造出来的景气指数，因此，将其称为 S-PMI 指数。

按照这种思想，对后 12 个月所有日度数据都利用训练出来的 SVM 模型进行预测，最终得到如图 4 所示的每日指数序列。训练模型时采用的时间窗口为（－9，21），因此，图中绘制的制造业 PMI 实际值都落在每月的 21、22 日左右（取决于当月最后一天是 30 日还是 31 日）。

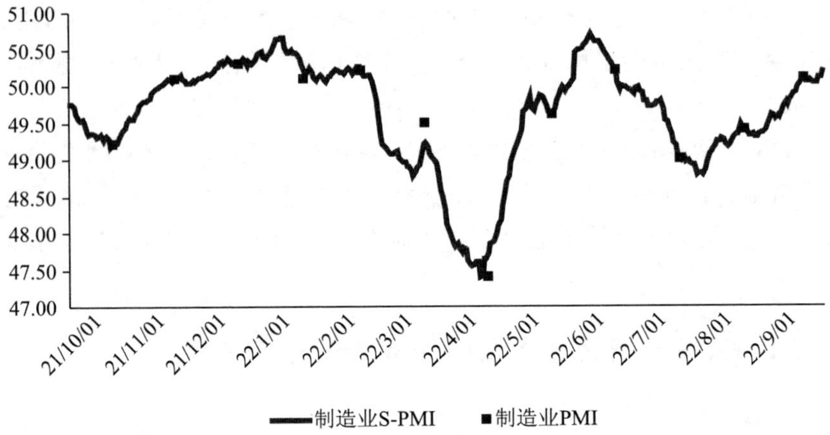

图4　2021年10月—2022年9月S-PMI景气指数

在图中,我们可以看出S-PMI先行指数有以下优点,一是反应灵敏且频度高,每天都能根据舆情数据得到一个景气数据;二是可以根据实际的PMI值进行修订,不断校准指数所采用的模型;三是指数是连续的,能够指示出经济在较短时间窗口内的波动。

该指数的优点是非常迅捷。比如,在图中2022年2月28日的时间点,虽然发布了一个相比平稳的2月制造业PMI指数,但是,通过S-PMI指数可以看出,发布数据指数以后,新构建指数所指示的制造业景气出现了大幅下滑,这也符合实际PMI指数接下来的趋势。而新的PMI数据,需要到1个月以后才能发布。再如,2022年5月31日发布的制造业PMI指数显示当月景气度有了大幅上升,但是,S-PMI指数显示,经济景气度在4月底和5月初就有了较大程度反弹。

六、主要研究结论

(一)经济状况对互联网上不同敏感度的信息产生巨大影响

在现实世界中,经济下行往往伴随着更多敏感事件发生,作为与现实世界联系越来越紧密的互联网,应该也会体现出同样的特征。本文正是基于该假设,将PMI作为经济景气程度的代理变量,利用与PMI相关的关键词检索全网信息并判定其敏感度后作为舆情变量,研究舆情和经济之间的相关关系。研究表明,舆情数据与PMI指数之间存在统计意义上的显著关系,并分析了这一显著关系符合经济逻辑。

（二）舆情数据与经济实际状况和经济指标之间，呈现出“不对称的螺旋”

具体来说，不同敏感度信息对实际经济情况反映不同，敏感信息对经济实际情况的反应更灵敏（在负相关的方向），非敏感和中性信息则对经济状况没有如此高的敏感度。因此，不同敏感度信息对于经济数据反应呈现出“不对称的螺旋”：敏感信息对现实经济的指示作用更强，而非敏感和中性信息对现实经济的指示作用较弱。不过，这种“不对称的螺旋”形成原因和演变机制，本研究无法给出解释力较强的结论。如，是社会心理常态化特征影响，还是近18个月经济景气度特征导致的暂时现象？如果拉长周期看，“不对称的螺旋”两翼会否发生方向上的变化？目前无法对其做出更严谨的分析。

（三）由于舆情数据与PMI指数之间存在统计意义上的显著关系，因此，利用舆情数据可以在较小误差范围内实现PMI指数预测

时间窗口和预测对象都对预测精度有较大影响。总体来说，模型对制造业PMI比对其他PMI指数预测效果好，对国家统计局PMI指数比对财新PMI指数预测效果好——舆情数据和这些指数存在不同的相关关系是导致这个结果的原因。影响不同时间窗口预测精度的原因在于，不同时间窗口实际上决定了舆情数据和PMI指数所涵盖经济预期的交集。在小样本情况下，利用SVM预测模型对国家统计局制造业PMI数据进行预测可以达到较小的均方根误差（0.11），对综合PMI和非制造业PMI指数进行预测也可以将均方根误差控制在0.3以内。

（四）利用PMI数据建立的日度经济景气指数，对于经济动态跟踪和分析具有一定的可行性

根据预测模型的理论基础和采用数据，建立一个日度的经济景气指数是比较合理的想法。我们以制造业PMI指数预测模型为例，分析了新指数的特点，认为建立的指数具有频度高、连续性强、可及时校正的优点。特别是新指数能够早于目前的PMI指数提示出经济景气的变化，在一些经济形势快速变化的情况下，有一定参考意义。

七、存在不足及下一步研究方向

（一）样本数据时间周期短

虽然基于5亿余条舆情数据开展的研究，但这些数据在时间维度上仅有18个月，这限制了对数据进行更深入的分析，亦无法跟踪更长历史时期内舆情数据和经济数据之间的关系。事实上，我们在研究过程中，对舆情敏感度数据和PMI指数进行了格兰杰因果关系检验。检验结果表明，部分舆情敏感度指标与PMI数据

之间存在不稳定的单向格兰杰因果关系。如果能够得到更多的数据,应该可以发现更多规律,得到更有启发的结论。

(二)经济景气指数的局限性及改进

本文所构造指数的理论基础是舆情数据和PMI数据之间存在稳定的映射关系,而SVM模型发现了这种映射关系,从而基于这种映射关系进行预测并构造S-PMI指数。但是,SVM得到的这种映射关系本质上是一个“黑箱”,不像PMI指数一样可以得到一些分项指数,给分析带来障碍。幸运的是,由于是利用舆情数据得到的这个指数,因此,通过进一步研究,可以利用丰富的舆情文本数据进行分析,得到一些启发性的结果。

互联网大数据在价格调查中的应用实践与思考

朱章勇　　潘　厉①

一、引　言

(一)研究背景及意义

随着数据规模的快速增长,数据特征日趋复杂,数据收集渠道多样,统计学相关领域研究已经进入大数据时代。如何推进大数据、云计算、人工智能等现代信息技术在统计中的应用,高效收集样本数据、挖掘深层规律,从海量数据中提取有用的信息特征,成为当前统计学研究的热点之一。

大数据与互联网的发展相辅相成,大数据是互联网发展到现今阶段的一种表象或特征,在大数据、智能化高度发展的时代,互联网产生了大量有关经济、社会、企业运行的数据,蕴含着经济社会各方面的信息。在以云计算、数据挖掘为代表的技术创新大幕衬托下,原本很难收集和使用的数据开始变得容易利用,为进行相关研究提供了宝贵的财富。而价格调查由于其直观性、数据易获得性、数据量庞大和关联数据品种丰富等特性,对于引入互联网大数据的应用有着天然的优势。本文以大宗商品交易市场电子商务数据作为实例,基于 Scrapy 框架自主开发爬虫脚本,采用智能化的方法对互联网大数据进行筛选和抓取,系统研究互联网大数据的挖掘、清洗、转换、利用,以及可视化呈现等技术特性,进而更加有效地评估、校验和分析 PPI、CPI、HPI 等价格调查数据,对推动大数据等现代信息技术与统计调查工作深度融合具有一定的理论意义和现实意义。

(二)研究现状综述

互联网大数据是在电子商务快速发展基础上提出的全新概念。目前较为成熟的几种互联网大数据价格指数有:阿里巴巴网购价格指数、麻省理工学院二十多国每日网上价格指数、链菜农业价格指数、贝壳二手房价格指数等。在大数据

① 作者简介:朱章勇,国家统计局浙江调查总队生产价格调查处副处长。
潘　厉,国家统计局浙江调查总队全球平台区域中心管理处干部。

政府统计应用领域,关于互联网大数据在价格调查应用的研究不断涌现,其中具有代表性的研究成果有:国家统计局课题组(2015 年)尝试以北京、上海、广州、南京、沈阳和西安 6 个大中城市的房产价格为研究对象,以百度搜索指数为数据基础,采用交叉验证技术,运用神经网络、随机森林、支持向量机等 8 种模型对 6 个城市的房产价格进行拟合和预测。王晓红(2016 年)通过对航空公司信息管理系统数据的抓取、计算和汇总,获得编制航空旅客运输价格指数需要的资料。余芳东(2018 年)对荷兰、英国、挪威等国外统计机构在 CPI 调查中应用网络抓取数据的试验性研究概况,及其取得的进展和存在的问题进行了介绍。朋琳、童泽圣(2017 年)等利用 GooSeeker 网页抓取软件从淘宝网抓取上百万条数据,对数据进行清洗、选择和处理后,基于网络大数据计算了 CPI。赵茂宏、刘建伟(2018 年)对《交通运输和邮政业价格统计报表制度》的建立和完善进行了回顾,指出互联网大数据的真实性和代表性有待检验,将之整合应用合成价格指数的风险不可忽视。陆婷(2019 年)探讨大数据在苏州 CPI 调查中运用的可行性,租房、租车、电影、住宿等 40 个左右的规格品实现了人工采集网络价格。

综上所述,既有的研究或停留在理论层面,或使用传统的方法开展互联网大数据应用,不足主要体现在:一是互联网大数据统计应用的理论研究空间亟待拓展,或拘泥于人工数据采集方式,或受制于免费软件的有限功能,缺乏一个通用的基于底层代码编写的研究和应用框架;二是多数研究以单一的指数编制或者规格品替代为着眼点,没有全面考虑互联网大数据的抓取、清洗、存储、评估、校验、呈现等技术特性;三是没有对大数据有关技术跨专业应用进行跟踪分析,缺少从方法论的角度去探索互联网大数据在价格调查中的瓶颈阻碍和应用路径。

二、Scrapy 框架下数据抓取策略设计

(一)Scrapy 框架的基本概念

Scrapy 爬虫框架主要用于对网络数据的挖掘和利用,其结构如图 1 所示,包括 5 个主要模块:

1. Scrapy Engine(引擎):负责 Spiders(爬虫)、ItemPipeline(队列)、Downloader(下载器)、Scheduler(调度器)之间的信息通讯和数据传递。

2. Scheduler(调度器):负责接受引擎发送过来的 Responses,并按照一定的规则放入队列中。

3. Downloader(下载器):负责下载 Scrapy Engine 发送的所有 Requests(请求),并将其获取到的 Responses(响应)交还给 Scrapy Engine,由引擎交给 Spiders

来处理。

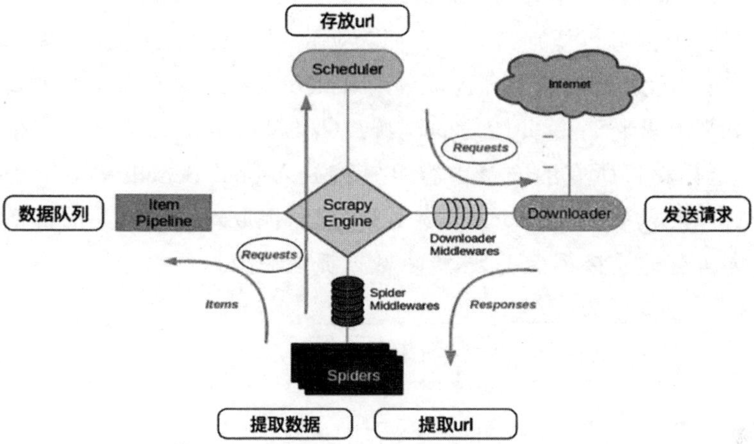

图 1　Scrapy 爬虫框架

4. Spiders：负责处理所有 Responses，从中提取数据，获取 Item 字段需要的数据，并将需要跟进的 URL 提交给引擎，再次进入 Scheduler。

5. Item Pipeline(传递器)：负责处理 Spiders 中获取到的 Item，并进行清洗、存储等处理。

Scrapy 的工作流程是：Scrapy Engine 启动并控制爬虫运行，首先由 Spider 根据编写的爬虫策略控制 Scrapy Engine 向 Scheduler 发送 Requests，Scheduler 将请求加入队列，依次向 Downloader 发送，Downloader 接收请求后将互联网数据下载到本地成为 Response，传递给 Spiders 处理后形成 Items，由 Pipeline 保存或输出。

(二)研究对象与方法思路

1. 数据来源和平台简介。本文数据源主要来源于"生意社"网站，部分数据取自"有色金属价格网"。"生意社"网站(http://www.100ppi.com/)是跟踪、分析和研究大宗商品的在线平台。网站共积累了 920 万条商品价格数据、1380 万条商品动态数据，近 50 个商品期货完整历史交易数据，全球 220 个国家的宏观经济数据；跟踪能源、化工、橡塑、有色、钢铁、纺织、建材、农副八大行业、500 多个商品的现货数据；构建各种产业链数据库、20 万条的流通链(生产商、经销商、下游用户)数据库；覆盖纽约商品交易所、上海期货交易所等全球 20 多个期货市场的数据情况。因此，本文主要以"生意社"网站的现货交易价格数据作为研究对象进行抓取和分析。

2. 爬虫特性和抓取流程。爬虫工作流程如图2，把相关网页的入口点加载到Scheduler中，Scheduler将任务分配给Downloader，Downloader将链接指向的网页下载到本地，根据解析规则判断该页面为文章列表页，从该页面获取文章列表，取出文章列表中标题指向的内容链接放入Scheduler，之后判断文章列表页是否有“下一页”，如果有就将下一页指向的链接放入Scheduler，依此循环，直至不存在“下一页”。这样就将所有的文章内容页链接放入到了Scheduler，当Downloader下载到文章内容页，就提交Pipeline做分析处理，提取对应规格品的价格数据。当Scheduler中所有的链接都被下载，价格数据抓取完成。

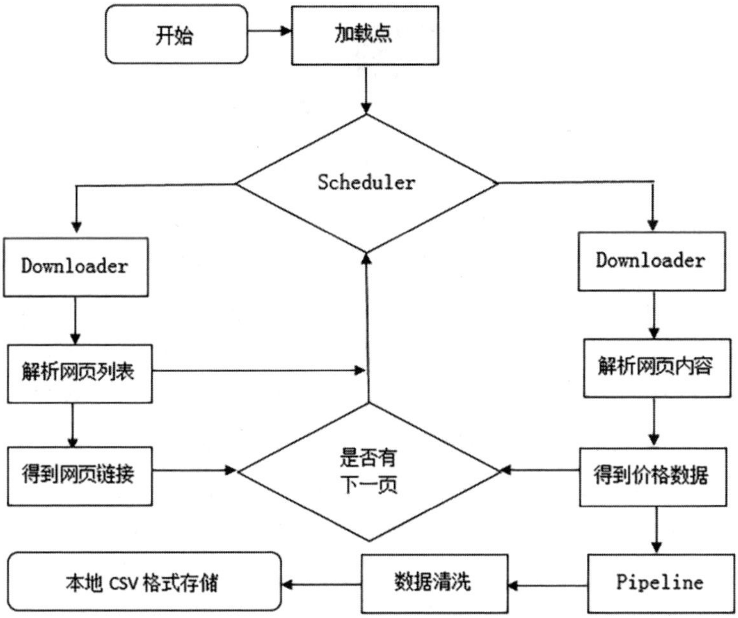

图2　互联网数据抓取流程

（三）网络数据抓取的具体步骤

步骤1：定义抓取对象。Web网页中包含诸多内容，包括导航栏、底栏、广告等无用信息，爬虫只抓取需要的内容。以“有色金属报价”为例，用PPIspidersItem定义抓取对象。主要包括：品名、材质、价格、单位、地域、规格、日期、备注等信息。

步骤2：网页内容抓取。Web网页是结构化的，网页中的任何内容都处于结构体中，因此可以在结构体的路径中查询到所需要的信息。如图3中上图所示，在Chrome浏览器中右键选择“检查”，可以看到网页的结构体，左侧方框显示网页中展示的有色金属价格网页列表,右侧方框为该条目在结构体中内容,其中包括文字信息和指向链接。进入网页后,如图 3 中下图所示,可以看到有色金属的相关信息。使用 LinkExtractor()函数的 allow 参数,可以根据结构体的路径正则匹配到文章链接,然后在回调函数中使用 Xpath()函数匹配价格信息。

图 3　在浏览器中查看网络结构体

步骤 3:抓取数据清洗。在 Pipeline 中对抓取的 PPIspidersItem 对象进行处理,形成按日期索引(每月的 5 日和 20 日,如当日未报价则采价日期逐次前推)的特定规格品价格数据。网页中的价格区间为文本格式,形式如“4600－4700”,需要对其进行进一步提取,以形成方便利用的价格数据。同时,有些字段内容包含有制表符、换行符和空格符,以及“%”“/”“－”等多余字符。因此,数据清洗的任务是:忽略多余文本内容,以及空格、符号等垃圾信息,提取出最高价和最低价,并自动计算出平均价。

步骤 4:规范化存储。由于抓取的规格品数量多且时间跨度大,因此抓取到的数据量也较大,本文使用 SqLite 数据库来存储抓取后的海量数据,存储结构如图 4 所示。Pandas 库是 Python 中处理数据的主要工具,借助其中的 DataFrame 可以存储二维表结构。根据需求利用 Pandas 库的 Read_Sql()函数将数据从 SqLite 数据库中读取到 DataFrame 中进行处理,最终使用 DataFrame 的 to_csv()方法保存为 CSV 文件, 如图 5。

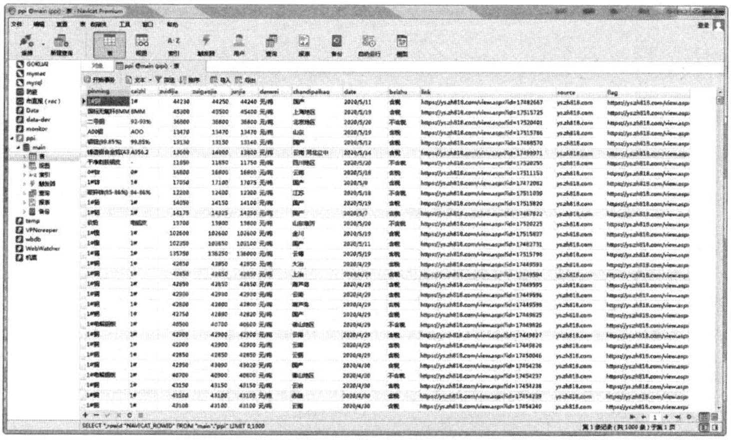

图 4　数据存储在 SQLite 数据库中

规格品	2019-0605	2019-0620	2019-0705	2019-0719	2019-0805	2019-0820	2019-0905	2019-0920	2019-1004	2019-1018	2019-1105	2019-1120
氧化钕(元/吨)	350000	367500	339500	304500	304500	309500	327500	324500	319500	307500	291500	281000
氧化镝(元/吨)	1975000	2000000	1945000	1910000	1915000	1930000	1925000	1890000	1865000	1705000	1515000	1565000
氧化镨(元/吨)	415000	405000	405000	395000	390000	382500	382500	382500	382500	372500	355000	335000
白银(元/千克)	3542.67	3618	3651	3903.67	3922.33	4116	4738	4357.33	4259.33	4265.67	4347.33	4121.33
金属硅(元/吨)	11750	11516.67	11191.67	10741.67	10633.33	10916.67	11300	11216.67	11158.33	11133.33	11516.67	11791.67
金属钕(元/吨)	455000	470000	435000	402500	382500	391500	411500	412500	407500	387500	365500	357500
金属镝(元/吨)	2325000	2400000	2400000	2400000	2300000	2300000	2325000	2325000	2325000	2175000	2005000	2045000
金属镨(元/吨)	710000	710000	710000	700000	700000	695000	695000	695000	695000	685000	660000	650000
钛精矿(元/吨)	1210	1215	1215	1215	1215	1215	1215	1225	1225	1250	1335	1335
钴(元/吨)	241333.33	239833.33	220500	221500	232333.33	264333.34	272000	295333.34	300333.34	279333.34	275166.66	267500
铅(元/吨)	16168.75	16137.5	16037.5	16500	16237.5	16737.5	17168.75	16862.5	16993.75	17018.75	16450	15625
铜(元/吨)	46648.33	46845	46465	47715	45941.67	46688.33	47138.33	47403.33	47286.67	46753.33	47205	47208.33
铝(元/吨)	14123.33	13930	13823.33	13940	13856.67	14400	14400	14296.67	14000	14016.67	14146.67	13993.33
锌(元/吨)	20890	20220	19730	19773.33	19556.67	19013.33	19326.67	19256.67	19040	19053.33	19266.67	18706.67
锑(元/吨)	38875	39625	39250	39250	39900	38000	37500	38750	39750	42000	42000	42000
锡(元/吨)	143387.5	143837.5	137150	136450	134912.5	132400	140075	137212.5	135712.5	139887.5	137137.5	135775
镁(元/吨)	16700	15933.33	15466.67	15966.67	15533.33	15866.67	15433.33	15100	15033.33	14933.33	14666.67	14275
镍(元/吨)	96841.67	100233.33	99250	118466.67	117116.67	124858.33	142416.67	137166.67	137166.67	130950	133950	122216.67
镝铁合金(元/吨)	1975000	2000000	1945000	1910000	1915000	1920000	1925000	1890000	1865000	1705000	1515000	1565000
镨钕合金(元/吨)	455000	470000	435000	402500	382500	391500	411500	412500	407500	387500	365500	357500
镨钕氧化物(元/吨)	345000	365500	337500	302500	302500	307500	325500	322500	317500	306500	289500	279000
黄金(元/克)	297.15	302.65	316.33	321.45	331.53	342.39	357.3	345.14	343.04	341.06	341.41	333.83

图 5　Excel 本地存储 CSV 格式的抓取数据(部分)

三、互联网大数据在 PPI 调查中的应用研究

(一)大宗商品价格指数(BPI)的编制

本文参照《工业生产者价格统计报表制度(2020 年定期统计报表)》的计算方法,设计了基本分类的月环比价格指数算法,相关指数通过几何平均方法计算,这样使 BPI 计算方法较为科学,也解决了本文计算的 BPI 与浙江 PPI 评估校验的可比性问题。

1. 代表产品月环比指数的计算。根据该代表产品下所属代表规格品价格变动相对数,采用几何平均法计算,计算公式为:

$$K_i = \sqrt[n]{G_{i1} \times G_{i2} \times \cdots\cdots \times G_{in}} \times 100\% \tag{1}$$

其中:G_{i1},G_{i2},……,G_{in} 分别为 i 代表产品下第一个至第 n 个规格品报告期(t) 价格与上期($t-1$) 价格对比的相对数。

2. 基本分类月环比指数的计算。

$$J_i = \sqrt[n]{K_1 \times K_2 \times \cdots\cdots \times K_n} \times 100\% \tag{2}$$

其中:K_1,K_2,……,K_n 分别为第 i 个基本分类下第一个至第 n 个代表产品的月环比价格指数。

3. 基本分类定基指数的计算。

$$I = J_1 \times J_2 \times \cdots\cdots \times J_t \tag{3}$$

其中:J_1,J_2,……,J_t 分别表示基期至报告期间各期的月环比指数。

通过同样的方式,将基本分类的价格指数加权平均,也可以计算出中类的价格指数,进而计算大类乃至全部的大宗商品交易价格指数。

(二)BPI 计算结果及与浙江 PPI 的比较

按照前文所述的环比指数计算方法,本文以“常用有色金属冶炼”和“贵金属冶炼”行业中类为例,利用铜、铅、锌、镍、铝、金、银等代表性商品,得到相应中类的 BPI,价格涨跌趋势与浙江 PPI 该中类的生产者出厂价格指数基本保持一致,见表 1 和图 6。

表 1 BPI 和 PPI 中类指数比较

中类	常用有色金属冶炼					
月份	2019—07	2019—08	2019—09	2019—10	2019—11	2019—12
BPI	98.8	101.2	104.1	99.8	99.1	100.9
PPI	99.0	99.1	102.4	99.6	99.9	100.4

续表

中类	常用有色金属冶炼					
月份	2020—01	2020—02	2020—03	2020—04	2020—05	2020—06
BPI	102.0	95.1	91.9	97.8	104.3	105.7
PPI	100.7	98.0	96.9	97.5	102.5	106.1
中类	贵金属冶炼					
月份	2019—07	2019—08	2019—09	2019—10	2019—11	2019—12
BPI	106.2	105.7	105.2	97.0	98.8	99.1
PPI	105.8	106.2	104.1	100.9	97.0	98.7
月份	2020—01	2020—02	2020—03	2020—04	2020—05	2020—06
BPI	103.4	102.9	96.5	104.3	106.1	101.2
PPI	103.5	101.8	102.6	101.3	103.4	102.0

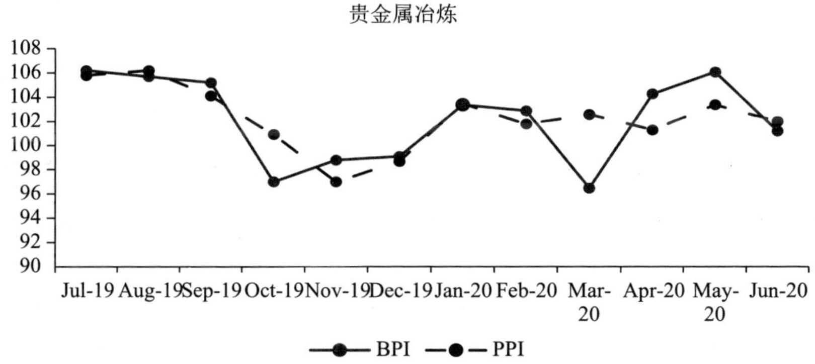

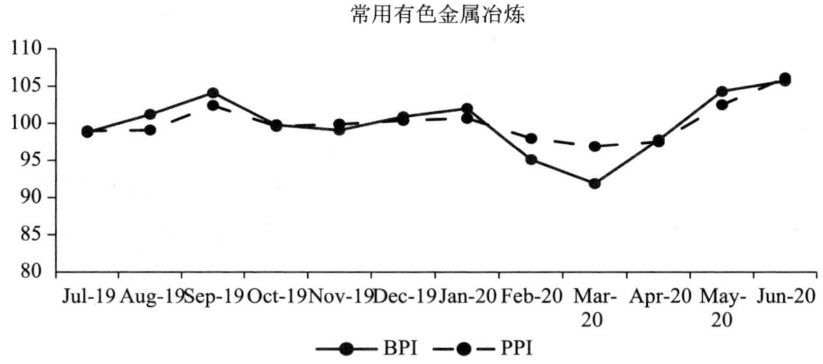

图 6　BPI 和 PPI 中类指数比较

（三）BPI 与 PPI 趋势的统计学检验

1. 单因素方差分析。通过单因素方差分析法（F 检验）比较两组数据之间的

差异。以“常用有色金属冶炼”中类为例,在95%置信度下分析结果如下:

组	观测数	求和	平均	方差		
行 1	12	1200.7	100.0583	15.52265		
行 2	12	1202.1	100.175	6.485682		
方差分析						
差异源	SS	df	MS	F	P-value	F crit
组间	0.081667	1	0.081667	0.007421	0.932128	4.30095
组内	242.0917	22	11.00417			
总计	242.1733	23				

注:SS代表平方和,df代表自由度,MS是均方,F是检验统计量,P-value是观测到的显著性水平,F crit是临界值。

当F<F crit 0.05、P-value>0.05,则F值在a=0.05的水平上差异不显著,可以判断两组时间序列数据不存在统计学上的显著差异。以“贵金属冶炼”中类相关数据作分析,也可以得到相同的结论。

2. 威尔科克森符号秩检验。可以看作是就成对观察值而进行的参数方式的T检验,非参数检验具有无需对总体分布作假定的优点。仍以“常用有色金属冶炼”中类为例,在95%置信度下推导过程和分析结果如下:

序号	BPI	PPI	PPI-BPI	[PPI-BPI]	再排序	秩	T+	T-
1	98.8	99.0	0.2	0.2	1.0	1.5	1.5	0.0
2	101.2	99.1	-2.1	2.1	10.0	10.0	0.0	10.0
3	104.1	102.4	-1.7	1.7	8.0	8.0	0.0	8.0
4	99.8	99.6	-0.2	0.2	2.0	1.5	0.0	1.5
5	99.1	99.9	0.8	0.8	6.0	6.0	6.0	0.0
6	100.9	100.4	-0.5	0.5	5.0	5.0	0.0	5.0
7	102.0	100.7	-1.3	1.3	7.0	7.0	0.0	7.0
8	95.1	98.0	2.9	2.9	11.0	11.0	11.0	0.0
9	91.9	96.9	5.0	5	12.0	12.0	12.0	0.0
10	97.8	97.5	-0.3	0.3	3.0	3.0	0.0	3.0
11	104.3	102.5	-1.8	1.8	9.0	9.0	0.0	9.0
12	105.7	106.1	0.4	0.4	4.0	4.0	4.0	0.0
						合计	34.5	43.5

假设BPI和PPI反映的生产者出厂价格趋势无显著差异,即检验:

H0:两种指数反映趋势无显著差异;H1:两种指数反映趋势有差异。

对于$\alpha=0.05$的双侧检验:

T　　　　　34.5　Min(T+,T−)

T(0.025,12)　17　95%置信度,有效样本12个

可见 T> T(0.025,12),则接受 H0。即 BPI 和 PPI 反映的“常用有色金属冶炼”中类价格变动趋势没有显著差异。以“贵金属冶炼”中类相关数据作分析,也可以得到相同的结论。

3. 统计学检验结论。F 检验和 T 检验均显示:BPI 和 PPI 所反映的价格变动趋势没有显著差异,可以认为 BPI 和 PPI 反映的趋势具有一致性。

4. BPI 的特点和优势。从图 7 和上述分析中可以看出,相对于 PPI,BPI 的变动幅度(方差)更大,而且在个别月份还表现出明显的趋势背离。通过分析原因,BPI 严格采用的是每月 5 日和 20 日现货交易市场的时点数据,而 PPI 采用的是调查企业距离 5 日和 20 日最近一次出厂销售规格品的价格数据,同时受交易数量、付款方式、客户差异、合同长短等多种非市场经济因素影响,造成 PPI 反映的价格变化趋势在时间上存在一定的滞后性,价格变动会因为调整时间变长而被平滑。如 2020 年 3 月的“贵金属冶炼”价格指数,PPI 表现为价格上涨,但实际上贵金属现货交易价格表现为 3 月份持续下降并触底、4 月份反弹的“V”型走势(见图 7)。由此可见,BPI 对价格变动更为敏感,比 PPI 能够更精准、及时地反映工业生产者出厂价格(主要品种)的变动趋势,尤其是短期内的价格剧烈波动。

图 7　2020 年贵金属冶炼主要规格品(黄金)的价格变化趋势

(四)BPI、PPI数据交互式可视化呈现

传统的数据可视化主要是对统计数据库进行指标查询,并以文字、二维表格、专题图表等简单形式表达。随着计算机图形技术的发展,通过数据建模、实时分析及自定义开发,将相关数据转换为连贯的视觉逼真的交互式见解,实现了对相互关联而又复杂的数据集的深入洞察。本文使用PowerBI工具,基于云和本地混合数据的集合,以可视化、交互式的方式,对PPI、BPI等在Web端和手机端予以呈现,包括总指数、大中类指数,以及重要规格品的价格、销量、流向、舆情等信息,满足不同服务对象对宏观、中观、微观等不同层面数据的需求。

四、主要结论及问题思考

从上文的应用实践看,利用网络抓取数据编制BPI的技术方法是可行的。而且与传统的采价方式相比,互联网大数据的优势主要体现在:减轻调查的人工成本,数据抓取、数据清洗、数据存储、指数编制直至可视化呈现等环节,藉由现代信息技术可以实现全程自动化、智能化;提高数据发布的及时性,由于采样时间更为灵活(不必拘泥于每月5日或20日,或者一段时期的平均数据),编制频率可以从月度提高到半月度、每周甚至每天;拓展调查成果的应用领域,价格变动趋势从宏观的指数层面细化至微观的每一个规格品,以交互式可视化的方式快速准确解读信息,揭示数据背后的规律,等等。但在实践中也面临着一些问题和挑战,而且在CPI、HPI等其他价格调查的应用中也会遇到相类似的情况,值得深入探讨。

(一)互联网大数据的数源问题

与统计调查数据不同,大数据是经济社会管理运行的副产品,尤其对于价格调查,商品价格、产地、成交量、移动支付、网络交易等数据往往为私营部门和居民个人所专有,因涉及数据转让、商业价值、个人隐私等敏感性问题,单靠政府统计机构和数据提供者建立的双边自愿性合作伙伴关系较为困难,并且难以长期有效维系。如付费的大宗商品交易价格咨询平台—卓创资讯的账号试用期仅为5天,强行破解将面临技术上和法律上的障碍。而开放式的免费平台又存在数据种类、数量和连续性不足的问题,无法满足可持续的统计调查数据生产需要。因此,实现大数据获取渠道常态化和规范化,制定长期互赢的战略性政企合作框架,增强大数据应用过程和目标的透明性,并建立必要的商业秘密和个人隐私保护机制,是当前促进价格调查大数据应用必须解决的首要问题。

(二)线上规格品选取和替换问题

以PPI调查为例,根据现行调查制度,由于每个规格品在工业经济中的地位

和作用不同，其价格变动对工业品价格中类、大类乃至总指数的影响程度也有所不同。不同于PPI等调查，从在线交易(咨询)平台上只能抓取到价格数据，但没有交易量数据，导致无法判别具体规格品价格的权重。而PPI是根据每个规格品的价格指数加权平均计算而得出的，虽然本文在计算BPI中应用了PPI调查的权重，但考虑到在线交易(咨询)平台上的规格品分类不是很严格，有时同《统计用产品分类目录》中的工业产品存在异质性，如原铝与铝锭、矿料产银与白银(Ag99.99)等。这就造成BPI虽然能够反映工业生产者价格变动的大趋势，但也不可否认在一定程度上会影响其精确性。上述问题在CPI调查大数据应用中同样存在，相对于传统采价中"同质可比"的概念而言，"同类(档)可比"的概念或许更适合大数据环境下价格调查规格品的替换、调整和归并。

(三)大数据应用质效的取舍问题

大数据思维方式的三个重要特征之一是"效率而非精确"。在实证研究中，将浙江省PPI调查"有色金属冶炼和压延加工业"大类目录下的规格品，与大宗商品交易(咨询)在线平台上的商品进行比对，能够识别、抓取、匹配到"常用有色金属冶炼""贵金属冶炼""有色金属合金制造""有色金属压延加工"等中类目录下的大部分规格品。但诸如"稀有稀土金属冶炼""稀有稀土金属压延加工""其他有色金属压延加工"等中类目录下的规格品，则无法找到相对应的商品及其在线交易价格数据。

通过对缺失规格品的权重进行分析，很容易可以看出这部分规格品的权重普遍偏小，意味着这部分规格品在全省PPI调查"商品篮子"中的代表性较小，对工业生产者价格总指数的贡献率较低。一方面，这可以解释难以抓取到相应的价格数据的原因。即由于这些规格品的销售占比相对较小，导致其未能纳入大宗商品交易的范畴。另一方面，也提出了一个假设：如果去除这部分小权重的规格品，在BPI能够反映工业生产者出厂价格指数总体变化趋势的前提下，能否容忍在大幅提高指数编发频率的同时忽略部分相对不太重要信息的缺失，这需要进一步在大类指数乃至总指数层面，通过大量的实证研究加以分析和验证。

(四)"大数据"与"小数据"的辩证问题

结合工作实践，从短期看，普查、抽样调查等传统统计调查仍是政府统计数据的主要来源，而大数据则是政府统计的重要辅助来源；从中长期看，大数据源将部分(而不是全部)替代传统调查项目，大数据与传统调查数据(小数据)将长期共存，并实现优势互补、相互融合。

在这个渐进式的过程中，以人工智能、分布式计算、数据挖掘、可视化呈现为代表的大数据技术，在价格调查中的应用前景广阔。比如将网络抓取数据应用于机票、火车票、长途汽车票等传统消费领域，以及外卖、网约车等新兴消费领域的CPI调查；从区域性营销总部数据库中提取数据，直接应用于连锁、加盟等批发零售行业的价格采集，或从企业ERP系统中直接提取所需的出厂(购进)生产资料价格数据；从政府房地产网签平台几十万条行政记录中提取数据，细化测算不同区域、不同板块、不同结构间住宅价格水平的差异及不同时期的价格波动情况。

可以预见，通过“大数据技术”将企业ERP系统、公共归集数据、统计数据仓库、互联网数据等“大数据” 提取、清洗后，转化为易于处理、分析、理解和呈现的“小数据”，将会成为价格调查大数据应用的重点。本文所设计的基于Scrapy框架的数据抓取策略，则为连接混沌的“大数据”和有用的“小数据”提供了一种有效的应用范式。

五、不足之处及努力方向

(一)不足之处

鉴于研究人员精力有限，本文构建的网络数据抓取策略、自动化程序和BPI编制方法，虽然具有一定的应用和参考价值，但仍有较大的改进空间。

1. 编制规模还需进一步扩大。本文仅基于“常用有色金属冶炼”和“贵金属冶炼”行业中类编制相应的指数，虽对互联网大数据的挖掘、清洗、转换、利用，以及可视化呈现等技术特性进行了论证，并建立了评价方法，从实证分析角度探讨了PPI为代表的传统调查方式和BPI为代表的大数据采集方式的关系及其优劣势。但在互联网上，抓取2000多个规格品的历史数据，与20个、200个时相比复杂程度呈指数型上升，在数源、存储、算法、编码、安全等方面都将面临着截然不同的挑战，必须搭建分布式的大数据应用平台。如数源方面，将面对多源异构非结构化数据的传输、清洗和整合；存储方面，以BPI全指数编制(2200余个规格品)为例，按数据处理量分析，基础存量为2TB，预估每年的数据存储量为20GB左右，给出0.8的工程冗余量，则数据存储量为2.2TB×1.8＝3.96TB，5年后的数据存储量需求为(2＋0.2×5)×1.8＝5.4TB。

2. 方法技术还可进一步改进。互联网大数据虽然具有海量、多样性的特征，但也具有数据不规则的问题，无疑对数据抓取、数据挖掘、数据清洗、数据整理等方法技术提出了更高的要求。本文仅仅采用了网络爬虫、数据清洗、统计建模等方法进行数据抓取、挖掘和分析，但仍有一定的局限性，随着人工智能、深度学习等大数据处理方法技术的不断改进，还可运用更加丰富、有效的技术开展研究。

（二）下一步努力方向

1. 依托可信合作开拓稳定数据源。数据是整个互联网大数据生态系统的源头。如生产资料价格数据主要来自于大宗商品交易（咨询）平台，生活资料批发零售数据主要来自于电子商务交易平台，房产挂牌、交易数据主要来自于贝壳、链家等中介平台。在大数据应用实践中，应始终将通过合法渠道获取稳定数据源作为第一选项，针对大区营销总部、大型在线平台、数据资源服务商等进行重点公关，前期的合作方式包括提供数据资源目录、数据资源有限交换、重点课题联合研究，等等，逐次深入直至成为可信合作伙伴。2020 年 8 月中旬，课题组协同国家统计局大数据应用中心（筹），与卓创资讯就大宗商品交易数据应用合作进行了第一轮磋商。

2. 依托专家团队开展深度研究。互联网大数据应用要从价格调查改革发展的实际需求出发，以工作中存在的痛点、堵点、难点问题为主攻方向，促进现代信息技术与统计业务的深度融合。大数据应用作为跨学科的前沿领域，仅依靠统计机构内专业干部与技术干部的联合是远远不够的，还应邀请高校科研院所、大数据技术公司等专业人士组成联合项目组，就互联网大数据大规模应用于价格调查的安全性、科学性、可行性、存在问题以及实施方法进行全面论证，兼顾专业划分层面与数据流向层面对组织架构和方案修订的需要。

3. 依托国家平台推进系统建设。大数据应用平台建设项目具有前期投资大、建设周期长、技术要求高等特点，而且在后续运营期间，还要不断进行运维、扩容、更新和改造等工作。要充分利用国家统计局已（在）建的平台推进大数据应用研究，在获取硬件支撑的基础上，得到相应平台的技术支持。在国家统一平台下，探索以省为主体建立互联网大数据的交换、清洗、挖掘、分析以及面向决策支持的智能化大屏展示系统。

4. 依托虚拟技术实现数据共享。现行法律和商业利益的障碍往往阻碍数据共享，而数据共享是大数据应用的最根本的组成部分。数据虚拟化有助于减轻或消除数据拥有方对数据泄露的担忧，其核心理念是将分布式数据和数据处理保持在源头，同时通过单一逻辑层将分析结果提供给使用者。这种方法不需要持续的数据复制，并提供安全和隐私功能，让使用者只看到允许查看的数据。数据虚拟化应当成为下一阶段技术领域研究和应用的重点。

电子扫描数据在CPI统计中的应用研究

——以商超、医疗价格为例

杨　壮　李智沛　杨雪晴　赵书峰[①]

一、绪论

(一)研究背景与意义

随着现代信息技术的发展,新业态新型商业模式不断涌现,价格变动更加频繁。居民消费价格(CPI)作为反映消费市场变动的重要指标,在编制时仅依靠实地采价的传统数据收集方式已难以与消费模式、消费结构的变化相适应。积极稳妥地推进CPI调查由"人工采集"向"信息化采集"转变,能够有效提高统计效率、提升数据质量、提高指数编制的科学性、合理性,及时反映市场价格运行特点。

(二)国内外关于电子扫描数据应用的研究综述

国外学术领域主要就某一具体分类编制指数。Mick(1995)编制了英国市场上彩色电视机的价格指数。David H. Richardson(2003)运用扫描数据对美国纽约大都市区的谷物类早餐价格编制了实验性物价指数。国外统计机构既编制指数又研究采集方法、构建权数等。美国劳工统计局从1993年起,根据零售商数据分析产品项目和网点的选择来减少抽样误差。荷兰统计局从2002年6月开始把在超市的扫描数据引入到CPI的编制中,其价格数据和根据支出额计算的权重数据都来自扫描数据(Schut,2002)。国内研究主要是介绍国外的研究方法,并结合实际做了实证分析。高艳云(2008)对扫描数据在CPI编制方面的应用进行了概述,并对中国利用扫描数据提出意见。陈相成和乔晗(2012)介绍了世界各国利用扫描数据编制CPI的主要方法。

---

① 作者简介:杨　壮,国家统计局北京调查总队处长。
李智沛,国家统计局北京调查总队副处长。
杨雪晴,国家统计局北京调查总队干部。
赵书峰,国家统计局北京调查总队干部。

从相关文献中可以看出，国外学者对于扫描数据的研究集中在如何利用扫描数据编制 CPI 并且在部分领域尝试编制。国外统计机构对扫描数据的应用目前涉及较多方面，包括提高源头数据质量，提升数据采集效率，降低 CPI 编制成本，减少抽样误差，实际运用到 CPI 编制中。国内学者对于扫描数据的研究主要是介绍国外的研究方法，提出利用扫描数据编制 CPI 的可行性和方法，并结合实际做了实证分析。但国外对于扫描数据的应用集中在超市领域，国内研究主要停留在方法层面，实证研究相对较少。

本文基于相关研究并结合工作实际提出以下研究目的：一是对电子扫描数据进行深入研究，为在 CPI 编制和实际应用中提供理论和方法支撑。二是通过开展医疗、商超电子数据应用的实证研究，总结应用电子扫描数据的优势和问题，进一步改进工作方法，提高现有价格采集工作效率，推动传统统计数据的收集、处理和分析方法的发展。

二、传统 CPI 采集方式不足和电子扫描数据的优势

（一）传统 CPI 采集方式的不足

一是人工实地采价时效性不强。市场经济中商品价格变动频繁，但受人力、物力限制，无法做到实时采价。二是部分商品人工采价难度增加。采价员赴医院采价时如果采价日与节假日重合，部分医院停诊，采价员很难按时完成数据采集和上报。特别是遇到新冠肺炎疫情等重大突发公共事件，采价员自身安全也面临很大风险。

（二）利用电子扫描数据编制 CPI 的可行性及优势

一是具备较好的应用基础。北京大部分商场、超市、医院、4S 店等都实现了信息化管理，依靠技术手段定期提取价格资料是可行的。二是可以实现与现有价格数据采集系统的对接。标准化商品具有 13 位国条码，企业可以依据统计部门提供的商品清单，实现电子扫描数据与 CPI 采集规格品数据库衔接。三是提升采价效率和数据质量。依靠技术手段对接数据库，减少了人工采集中间环节，可有效避免人工采集、录入等过程中出现的数据遗漏和错误等问题。四是有效提高数据代表性和准确性。电子扫描数据中还包含商品销量和门店信息，可辅助统计部门更好地抽选代表规格品和调查点。

三、利用电子扫描数据编制 CPI 的思路

将电子扫描数据纳入 CPI 编制，发挥其特点可以从以下两个层面开展：一是

从基础应用层面，利用电子扫描数据替代人工采价。考虑工作实际，可以深入比对电子扫描数据与现行人工采价数据的差异，探讨在不改变现行抽样方法的基础上，直接利用电子扫描数据取代人工采价，降低人工成本、提高工作效率的可行性和存在的难点。二是从指数编制理论层面，利用电子扫描数据进一步提高CPI调查的代表性，提高指数编制的科学性。

（一）原始数据对比

不改变现有CPI调查的抽样和指数汇总方法，利用一定的技术手段，提取相关规格品的电子扫描数据价格记录，直接替代人工采价。具体来说应该从以下三个方面入手：

一是建立电子扫描数据在企业与统计部门间的交换渠道。电子扫描数据广泛存储于商场、超市等商业记录中，以及相关政府部门行政记录中。其存储格式和内容与统计部门需求有一定差异，例如目前统计部门采集的有关商品都会按照统计制度规定，赋予唯一的10位规格品编码，而企业对相应商品执行13位国家编码。这就需要双方建立良好的沟通对接机制，实现商品和服务有关信息的对接。统计部门可以依据相关制度规定，提出具有可操作性的需求，立足现行调查中抽选的规格品和调查点信息，明确需报送的商品信息内容、报送频率、报送时间等。

二是建立数据交换标准，便于数据获取。发挥电子扫描数据采价的优势，需要有力的技术支撑。统计部门需联合商家或部门，结合指数编制需求和企业实际情况，开发数据库和接口平台，实现大容量数据的自动提取和传输。

三是电子扫描数据的审核与应用。统计部门对获取的电子扫描数据进行审核后，将对应规格品价格数据导入CPI数据采集管理系统，并进行指数汇总计算。

（二）将电子扫描数据纳入CPI指数编制

在该思路下，首先要获取包含销售额、价格等资料的全口径电子扫描数据。立足电子扫描数据的海量资源，按照更加科学的抽样方法，设置调查规格品和调查点的个数，在基本分类指数计算中，利用扫描数据价格计算指数。

四、商超电子扫描数据应用于CPI调查的实证分析

为探索超市扫描数据应用与CPI的可行性，2019年，北京总队与某大型超市实现了基础数据的对接。根据CPI采价日期安排，该超市定时定期报送对应日期所有分店售卖的商品价格、销售额等信息。在此基础上，开展商超电子数据应用的实证研究。

(一)原始数据比对

步骤1:商超电子扫描数据与CPI代表规格品的匹配

选取该超市某店与CPI中现有调查点重合的电子扫描数据。现行在该店调查的规格品共130个。一是通过人工记录的方式,获取130个规格品的国条码等信息,据此实现电子扫描数据与CPI调查规格品的对应。二是根据提取的规格品的基本信息,提取采价日的相关价格资料。

步骤2:电子扫描数据与人工采价数据的结果比对

提取每个采价日电子扫描数据记录资料,逐一与人工采价记录比对,每月采集的130条价格记录,其中,79条能够实现完全对应,31条数据电子扫描数据无记录,20条存在数据不一致。

数据完全匹配的规格品主要为有固定品牌的商品如乐事薯片、雀巢咖啡、老才臣酱油、伊利牛奶、金龙鱼大米等。

电子扫描数据无记录的情况主要是采价日无货的商品。按照CPI调查制度,规格品采价日无货时,鲜菜、鲜果等生鲜食品两次无货后需进行价格推算,其余规格品暂时性无货需进行价格沿用。

数据不一致的规格品主要存在于部分生鲜和日杂用品(粘钩、衣架、塑料盆、毛巾等)。按照现行CPI统计调查制度,为确保指数编制的科学性和准确性,一般将规格品包装、计量单位等变化引起的价格波动归为“非价格变动因素”,由统计部门专业人员按照制度进行折算、虚拟等,消除这部分影响,这也导致与超市直接扫描的价格数据存在差异。具体如下表所示:

表1 人工采价与超市扫描数据比对结果差异分析

影响因素	人工采价	电子扫描数据
商品促销	根据采价现场具体情况判断是普遍现象还是特殊现象。如果是特殊现象(清仓甩卖、限量供应、断码断货、打折时间少于7天等),原则上应沿用其促销前的价格,只有是普遍现象时才采集其折扣价。对于买一赠一等情况还要具体区分,对于特殊情况要加以剔除	1. 直接反馈当天的促销价格 2. 买赠等情况无法体现
商品规格等发生变化	人工鉴别,如因品相、产地、含量等因素导致价格变动,则用对该商品价格数据沿用或推算,利用发生变动后的商品价格变动幅度推算其价格,而非直接采集当期绝对价格	新上货的商品直接使用原商品条形码或商品码,导致数据库中显示商品价格出现差异

续表

影响因素	人工采价	电子扫描数据
商品无货	人工查找近似商品并进行价格虚拟处理	直接显示无货
计量单位	采价商品规格与要求不一致，统一规定为千克、ML等，需要进行人工折算	没有统一规范，部分商品计量单位为“袋”“瓶”等，未标明具体重量或容量值
特殊情况	——	部分生鲜商品外包摊位，使用唯一的一个条码进行结算，商品价格由商家手动输入，超市数据库中反映不出商品的实际售价

（二）将电子扫描数据应用于CPI编制

1. 基本步骤

步骤1：选择代表商品

目前我国的CPI编制把居民消费支出分为8个大类。每一个大类可以划分为多个中类（如食品等），每一个中类可以划分为多个小类（如粮食等），小类可以进一步划分为基本分类（如大米、面粉等）。基本分类的权数可以根据某个产品的消费支出在同类产品总支出中所占的比重获得。基本分类以上的权数等于其对应分享的权数之和。我国采用固定产品篮子，随着产品市场的动态变化，样本代表性很容易被削弱。而扫描数据具有信息量大，频率较高的优势，可以有效提高商品代表性。

建立抽样框。本研究的数据来自于某大型连锁超市每5日的电子扫描数据，数据信息包含商品单价、销量、折扣价、销售总金额等，时间跨度为2019年10月1日至2020年6月30日。

本研究采用序列概率与规模成比例抽样法抽选代表规格品，规模尺度为历史销售额。规格品入样的概率公式为：

$$\gamma_{hi}=n_h\frac{x_{hi}}{\sum_j x_{hj}} \tag{1}$$

其中：n_h 是 h 基本分类中的样本量，x_{hi} 是规格品 hi 的交易额，如果 $\gamma_{hi}\geqslant 1$，这个规格品将作为必选样本；如果 $\gamma_{hi}<1$，则要计算序列变量。序列变量计算公式为：

$$Q_{hi}=\frac{R_{hi}(1-\gamma_{hi})}{\gamma_{hi}(1-R_{hi})} \tag{2}$$

其中：R_{hi} 是一个均匀分布(0,1)中的永久随机数。规格品按 Q_{hi} 进行排序，决定入选样本。

步骤 2:调查点的选择

为提高调查代表性,应根据北京各大超市门店数量占比,结合考虑超市在各区实际分布情况,确定各大型超市在各区所抽选的调查点个数。在此基础上,将各超市门店按照销售额等参数进行等距抽样。

由于本研究数据来源有限,目前只获取一家大型超市经营信息,拟在研究中将抽中规格品的所有调查点价格数据全部纳入汇总计算。

步骤 3:缺失价格的处理

价格采集中经常出现当期无成交或缺货的状态,造成价格观察值的缺失,其中可以分为暂时性缺价和永久性缺价。暂时性缺价的因素有季节性等(如水果)。永久性缺价的产品要选择相似产品进行替代。对于暂时性缺价的产品,可以直接略去缺失价格数据,或沿用上期价格,或根据相近产品价格进行推算。

步骤 4:计算分类指数。采用现行 CPI 报表制度中规定的方法来计算分类指数

(1)计算代表规格品平均价格。代表规格品的月度平均价采用简单算术平均方法计算,首先计算规格品在一个调查点的平均价格,再根据各个调查点的价格算出月度平均价:

$$P_i = \frac{1}{m}\sum_{j=1}^{m}\frac{1}{n}\sum_{k=1}^{n}P_{ijk} = \frac{1}{m}\sum_{j=1}^{m}P_{ij} \tag{3}$$

其中:P_{ijk} 为第 i 个规格品在第 j 个价格调查点的第 k 次调查的价格;P_{ij} 为第 i 个规格品第 j 个调查点的月度平均价格;m 为调查点的个数,n 为调查次数。

(2)计算基本分类指数。代表规格品价格变动的相对数为:

$$G_i = \frac{P_{tj}}{P_{(t-1)j}} \times 100\% \tag{4}$$

其中:G_i 为第 i 个代表规格品在报告期(t) 价格与上期($t-1$) 价格对比的相对数。根据所属代表规格品变动相对数,采用几何平均法计算各基本分类的月环比指数,计算公式为:

$$K_i = \sqrt[n]{G_{t1} \times G_{t2} \times \cdots \times G_{tn}} \times 100\% \tag{5}$$

其中:G_{t1}、G_{t2}、…、G_{tn} 分别为第 1 个至第 n 个规格品在第 t 期与上期价格对比的相对数。

2. 大米分类指数计算实例

利用上文述方法和步骤对基本分类大米下的规格品进行抽样,并计算价格指数。

利用概率比例规模抽样方法，根据现有已获得的数据资料，以 2019 年 11 月—2020 年 6 月的销售额为规模尺度，在全部 481 个大米的规格品中，抽取了 88 个代表规格品。计算该基本分类的月度环比价格指数。结果如下：

表 2　两种方法计算的大米类环比价格指数对比(%)

计算方法	2020 年 1 月	2020 年 2 月	2020 年 3 月	2020 年 4 月	2020 年 5 月	2020 年 6 月
现行调查方法	99.3	100.3	100.4	101.2	99.1	101.1
扫描数据计算	100.0	102.8	99.2	101.4	99.7	98.2

3. 结果对比

(1)两种方法计算的结果比对

通过将电子扫描数据计算得到的价格指数与现行报表指数进行比较分析，两种方法指数结果走势存在差异，其中，2 月、4 月均为上涨，5 月均由升转降，走势一致；1 月、3 月、6 月趋势相反。

电子扫描数据计算出的环比指数波动幅度较大。从各月环比指数看，扫描数据计算结果波动幅度更大，如 2 月份受春节等因素影响，两种方法价格均呈现上涨态势，但扫描数据计算的环比涨幅更高。

(2)两种方法计算的结果差异分析

一是规格品选取的差异。电子扫描数据计算选取的规格品有 88 种，而北京现行 CPI 调查中规格品只有 5 种。因此电子扫描数据抽中的规格品对市场价格的敏感性更强。

二是调查点的差异。受数据资料的限制，本研究电子扫描数据的调查点集中在一家大型超市，没有全面兼顾北京市场的消费情况。而现行调查点的范围基本涵盖了各大超市、以及农贸市场，一定程度上造成了计算结果的差异。

五、医疗行政电子数据应用于 CPI 调查的实证分析

为在医疗价格领域探索电子扫描数据应用的可行性，2019 年，北京总队与北京市药品阳光采购平台实现了基础数据的对接。并在此基础上开展医疗行政电子数据应用的实证研究。

市药品阳光采购平台(以下简称平台)是北京地区医疗机构集中采购的平台。除部队、武警、部分民营之外的全市所有医院基本都通过该平台采购药品。通过平台交易的药品以中成药、西药为主，涵盖除计生、疫苗、中药饮片、毒性药品、麻醉药品、精神药品、放射性药品之外的全品种。2019 年，北京总队与北京市医保局

沟通,实现与该平台所有采购交易的基础数据库的共享,包括每月所有发生采购的医院的全部信息(数据主要字段有:订单明细 ID、产品 ID、产品名称、剂型、规格、转换比、单位、包材、生产企业、供应价、数量、医院 ID、医院等)。

该平台数据具有以下几个特点:

一是均为采购数据。采购活动具有较强的随机性,同一医院不是所有月份都有采购,也会出现单一月份无采购的情况。二是平台数据量大、随机性强。平台是全口径数据,初步观察,每个月平台产生近百万条数据记录。三是当期不同医疗机构采购价基本一致,采购价与零售价基本一致,但存在时间差。四是缺少药品分类,标准与统计制度不一致。

由于取消药品加成后"采购价=零售价",理论上,平台药品价格代替人工采价是可行的。但由于采购与零售环节存在时间差、批次差,直接用采购价格代替零售价也必然出现一定误差。由于缺少商品分类,对某一类产品进行计算存在困难。本研究将电子扫描数据与现行采价的原始数据进行详细比对。

步骤 1:医疗平台数据与现行调查规格品编码的匹配

目前我市居民消费价格统计调查中的中成药和西药归属于第七大类(医疗保健类)。共调查规格品 114 个,实际操作中,对无法采集到规定规格品,采价员会寻找相近规格品进行替换,如"双黄连口服液 10ml * 10 支 河南太龙药业",部分医院或者药店的"双黄连口服液 10ml * 10 支三精制药"或者"双黄连口服液 20ml * 10 支 河南太龙药业",考虑该因素后,实际调查产品数量约 280 个。共有采价点 54 个,其中医院 32 个。CPI 调查的产品、采价点编码是按照国家统计局制度要求设置的,与平台设置规格差异很大。经逐一比对,共 183 个药品和 29 家医院编码实现对接。具体见下表。

表 3 CPI 中成药和西药调查基本情况与平台对比结果(个)

分类	CPI 规格品	可与平台对应的规格品	CPI 采价点	其中:医院	可与平台对应的医院
中成药	38	31	43	31	28
西药	244	152	53	32	29

注:医院有 3 家无法实现匹配。分别为 2 家部门医院和 1 家私立民营医院。

由于现行调查的大部分规格品和医院都可以与采购平台实现编码对应,本研究直接将其代替人工采价数据进行汇总,并将进行结果对比分析。

步骤 2:阳光采购平台与现行 CPI 采集管理平台原始价格数据进行对比

利用规格品和医院对应码关系，将阳光采购平台中的29家医院固定规格品的2019年各月价格数据提取出来，并进行对比分析。发现以下两个方面的问题：(1)部分医院销售的药品全年或部分月份在阳光采购平台无采购记录，原因可能是采购与销售时间的差异。(2)部分平台价格数据和现行采价原始数据记录不一致，但这种情况所占比重相对较低。

表4　采购平台与实地采价原始数据比对结果

月份	29家医院应采笔数	全年无采购商品数	部分月空缺商品数	价格不一致笔数
201812	1943	657	150	0
201901	1943	657	138	144
201902	1943	657	353	141
201903	1943	657	183	231
201904	1943	657	150	151
201905	1943	657	172	136
201906	1943	657	187	132
201907	1943	657	166	298
201908	1943	657	168	178
201909	1943	657	138	151
201910	1943	657	216	146
201911	1943	657	197	140
201912	1943	657	174	139

注：由于2018年12月份为年报期间，和2019年的规格品采价点及对应关系略有不同，因而2018年12月数据有些偏差。

将匹配成功的数据与对应的CPI数据采集管理系统中数据进行差异性分析，单因素方差分析结果如下：

方差分析：单因素方差分析						
SUMMARY						
组	观测数	求和	平均	方差		
列1	13267	461912.6	34.81666	947.8256		
列2	13267	463581.9	34.94248	945.2458		
方差分析						
差异源	SS	df	MS	F	P-value	F crit
组间	105.0141	1	105.0141	0.110946	0.739073	3.841809
组内	25113485	26532	946.5357			
总计	25113590	26533				

利用单因素方差分析两组数据差异性，上述结果表明 $\alpha=0.05$ 时，F 小于 F crit 值，P-value 值明显高于 0.05，因而两组数据无明显差异。

步骤 3：将平台价格代入现行 CPI 指数计算汇总程序，评估与实采指数之间的差异

按照筛选出的 183 个药品和 29 家医院，逐月从平台上找出当月发生采购的订单，计算当月订单平均价，代替人工实地采集的原始价格，并进行指数汇总，计算出各类别环比指数。与实地采价数据汇总指数进行比对。结果如下：

阳光采购平台缺失价格的处理：(1)对于全年无采购价格，利用 CPI 采集平台数据填充。(2)对于某月份空缺价格，利用上月采购价格或者临近月份采购价格填充。

表 5　2019 年平台数据与实地采价数据测算结果差值比对(%)

分类	1月	2月	3月	4月	5月	6月	7月	8月	9月	10月	11月	12月
1. 药品及医疗器具	−0.2	0.0	0.3	−0.2	0.2	0.0	0.1	−0.1	0.0	0.0	0.0	0.0
(1)中药	0.3	0.0	0.0	0.2	0.0	0.0	0.2	0.0	0.0	0.1	0.0	0.0
中 药 材	2.0	0.0	0.0	0.0	0.0	0.0	0.0	0.0	0.0	0.0	0.0	0.0
中 成 药	−0.5	0.0	0.0	0.3	0.0	0.0	0.3	0.0	0.0	0.1	−0.1	0.0
(2)西药	−0.9	0.0	0.9	−0.7	0.6	0.1	0.2	−0.2	0.0	0.0	0.0	0.0
抗微生物药	−1.6	0.0	0.1	−0.1	0.0	0.0	0.0	−0.1	−0.6	0.0	0.0	0.0
消化系统用药	1.1	0.0	−0.2	−0.6	0.0	0.1	0.4	−0.1	−0.1	0.0	−0.2	0.0
呼吸系统用药	−2.5	0.0	0.0	0.0	0.0	0.0	0.0	0.0	0.0	0.0	0.0	0.0
解热镇痛药	−0.9	0.0	0.0	0.0	0.0	0.0	0.0	0.0	0.0	0.0	0.0	0.0
抗肿瘤药	−0.4	−0.1	0.3	0.5	0.9	0.1	0.4	−0.2	−0.1	0.0	0.0	0.0
激素及影响内分泌药	−0.2	0.0	0.0	−0.3	0.0	0.0	0.1	−0.1	0.0	0.0	0.0	0.0
心血管系统用药	−0.2	0.0	1.5	−1.0	2.0	0.2	0.4	−0.1	0.0	0.0	0.0	0.0
血液系统用药	−2.4	0.0	9.5	−7.7	0.3	0.0	0.0	0.0	0.0	0.0	0.0	0.0
治疗精神障碍药	2.7	0.0	0.9	−1.9	−0.4	0.2	0.0	0.0	0.2	0.0	0.0	0.0
神经系统用药	−8.9	0.0	0.1	0.0	0.0	0.0	0.0	0.0	0.0	0.0	0.0	−0.1
消毒防腐及创伤外科用药	−1.6	0.0	0.0	0.0	0.0	−0.1	−1.7	3.4	0.1	0.0	0.0	0.0
泌尿系统用药	−0.1	0.0	0.0	0.0	0.0	0.0	0.0	−0.2	0.0	0.0	0.0	0.0
维生素、矿物质类药	0.0	0.0	0.0	−0.2	0.0	0.0	0.0	−1.5	1.7	−0.3	−0.2	0.1
调节水、电解质及酸碱平衡药	−2.9	0.0	0.2	−0.3	−0.1	−0.2	−0.1	−0.3	−0.3	−0.2	0.0	0.0

从测算结果来看,差异较大的月份集中在2019年1月、3月、4月、5月、7月、8月。其中,每年1月份,规格品会进行集中调整,导致1月份环比指数差值较大。3月、4月、5月、7月、8月主要是由于采购平台与CPI原始数据价格差异笔数较多有关。

造成差异的原因分析:一是CPI平台原始数据对无货药品做沿用或者虚拟处理。二是CPI平台当期销售的是前期采购商品价格,造成销售价格滞后于医院当期采购价。三是CPI平台所采规格品做过替换,和该医院实际采的不同厂家或者规格,造成价格不一致。

六、难点与建议

(一)应用电子扫描数据面临难点

一是电子扫描数据获取存在难度。不同企业电子扫描数据存储方式不一,给对接数据接口增加了难度。另外,电子扫描数据是企业的商业数据,商家可能会对提供大量数据存在抵触心理。二是难以准确把握"同质可比"原则处理特殊情况。电子扫描数据应用过程中非价格变动因素的辨别较为困难,遇到特殊情况时,"同质可比"原则难以有效执行。三是超市商品编码规则存在一定灵活性。超市进销存系统主要依靠全国统一的13位条形码对商品进行识别,对于没有13位条形码的商品,超市自行编制商品码,"换商品不换编码""多种商品共用编码"等情况较为常见。四是药品采购价和当期售价不一致。医院采购药品的随机性强,单一月份,同一医院同一药品会采购多笔订单,导致医院在售药品价格与当期采购价不一致的情况。

(二)建议

一是先从标准化程度较高的品类入手,采用人工采价和电子扫描数据并行的方式,并持续对比研究电子扫描数据对CPI指数的影响,循序渐进推进超市电子扫描数据的应用。二是政府统计部门应完善电子扫描数据应用制度及处理办法,规范这一新型采价渠道特殊情况下的数据处理。三是继续从工作实际出发,探索利用全品类超市扫描数据进行CPI指数测算的方法,将其更好的纳入CPI调查和指数编制。

大数据扫码工具在CPI调查中的探索应用

——以商品条码和结构化产品描述为例

钱劲松　李　颖[①]

一、引言

随着新产业、新业态、新商业模式不断涌现，互联网、大数据等现代信息技术手段与实体经济深度融合，大数据在居民消费领域广泛得到深入运用，呈现出爆发型增长趋势。大数据不仅包含了大量线下交易记录，也包含了不少线上交易信息，能够丰富居民消费价格指数（CPI）统计的调查数据来源，提高数据代表性，是当前价格统计的重要拓展方向。以2020年为基期的居民消费价格调查开展以来，大数据的应用不断发展完善，调查数据中网络交易数据占比进一步提高，超市扫码数据也开展试点运用。

当前对于大数据在CPI调查中的探索已经在与传统统计调查方法的融合、相关网络成交数据采集方法等领域有了较为丰富的论述，在实践中主要集中于规格品价格网络采集和指数编制计算层面，相较于前述研究，本文仅从调查开展的实施操作层面，结合商品条码和结构化商品描述等扫码工具，聚焦CPI调查中规格品管理、数据采集和价格质量调整等环节，对流通和消费价格调查领域的大数据应用进行探讨。

二、数据源和扫码工具

（一）商品条码和商品注册信息

1. 商品条码

在日益蓬勃的居民消费市场，存在种类繁多并不断更新迭代的商品，代表商品自身属性的分类、编码、描述也形成了海量的“大数据”。在全球范围内，商品条

① 作者简介：钱劲松，国家统计局无锡调查队副队长。
李　颖，国家统计局无锡调查队干部。

码被主要零售商和在线市场、食品服务运营商和医疗机构广泛使用,商品条码是指包含厂商识别代码在内的对零售商品、非零售商品、物流单元、位置、资产及服务进行全球唯一标识的一种代码。由于其广泛性和唯一性特征,不同种类、不同规格、不同尺寸、不同包装的商品对应不同的商品项目代码,因此商品条码在价格采集工作中最适于作为标准化的辅助工具使用。目前我国市场流通中,EAN－13、EAN－8 和 UCC－12 等全球贸易项目代码(GTIN)数据结构的标识代码被广泛使用采用。其中,EAN－13 条码最为常见,其码制的存储内容为 13 位的零售商品编码(GTIN－13)。

图 1　常见零售商品编码的条码表示结构

2. 商品注册信息

凡是在中国流通零售的商品在上架前制定标准化商品编码的,其信息也在中国物品编码中心进行注册,其制码和分类规则根据《零售商品编码与条码表示》(GB 12904－2008)等标准实施。通过条码识别符或图片,可以通过物品编码中心的条码追溯移动 APP 上查询注册信息,也可根据条码或商品名称,在中国商品信息服务平台网页(http://www.gds.org.cn/)进行查询。公开的商品注册信息包括产品名称、商品条码、生产企业、品牌、产地和规格等详细内容。

(二)规格品和结构化产品描述(SPD)

当前 CPI 调查中对调查规格品目录中各个基本类在制度方案中通过定义法、枚举法等进行指标解释,各地在确定调查规格品时遵循代表性原则,结合本地消费市场情况和居民消费习惯,选择符合指标解释的调查商品及服务。由于区域性差异,各地在选定"调查篮子"里的规格品不尽相同,即便是同种商品,其品牌、产地等基本属性也并不全然一致。因此,在开展调查时,各地在对规格品的名称进行设置录入时会尽量细化，一般多以“品类名＋品牌＋规格”等命名，但字段长短有限制，此外也会收集产品图片作为规格品信息库资料。

结构化产品描述（SPD）的广泛使用肇始于国际比较项目（ICP），在测算购买力平价（PPP），编制调查规格品采价清单时，规格品清单及其采价特征确定后，相关内容均被记录于结构化产品描述表中，以确保规格品在各国之间同时具备可比性和代表性。

由于两项调查都对采集的规格品具有代表性和可比性要求，因此在此引入SPD规范化描述工具，可对CPI调查规格品的商品信息进行整理归集。以CPI调查中“食用植物油”基本分类下某一规格品为例，利用商品条码获得注册信息，描述中将基本商品属性由非结构化向结构化提取，建立标准化的规格品信息模板，保证规格品信息的完整准确。

表1　调查规格品结构化描述例表

基本分类	规格品名称	指标解释	注册信息
食用植物油	调和油（金龙鱼二代调和油5升）	指以植物果实为原料榨取的油料，既包括以单一植物果实为原料提取的油料，如橄榄油、玉米油、花生油、菜籽油、大豆油、亚麻籽油、核桃油、葵花籽油等，也包括由几种植物果实为原料混合加工提取制成的食用调和油、色拉油等。	商品条码 6948195807551 产品名称 食用植物调和油 UNSPSC分类 50151513（食品、饮料和烟草＞＞可食用的油和油脂＞＞可食用的蔬菜、植物油和油脂＞＞可食用的蔬菜和植物油） 品牌名称 金龙鱼 规格型号 5升 宽度 159毫米 高度 325毫米 深度 158毫米 原产地 中国大陆 是否为转基因 否

市县级调查队业务人员开展价格采集和规格品管理时，可结合本地线上线下采价的实际需求，利用“Label mx”“诺动条码”等APP，使用通用条码标签设计、条码图文转换等功能实现CPI调查规格品扫码标签条的制作，同时将条码、图片、文字与Excel表格中的数据源字段进行连接，实现标签信息批量整理排版和采集管理。建立调查规格品的商品条码标签集合，有助于更加高效采集价格，使不同采

价点采集商品实现通用化。目前扫描标签主要集中在识别符起始符为690—699的国内商品，涉及食品、饮料、日化等领域。由于生鲜、散称商品、地区性流通品、店内码商品等条码不满足制码通用条件，不在采集范围内。

图2　调查规格品扫码标签条

三、扫码工具的应用场景

（一）规格品管理

常规的指标解释、规格品名称等文本性描述，缺乏数字化条码的结构性、简洁性，确认规格品前后可比主要依赖于语义的比对，批量提取关键字段相对耗时。利用拍摄规格品照片与信息库比对，进行图像识别在现阶段需要花费大量的人工成本，机器学习也依赖于前期大量的高质量的数据来训练模型。由于商品条码和商品具有一一对应关系，利用条码将规格品信息数字化，也方便在调查实施环节对同一区域内各调查点采集商品进行规范统一。在确定规格品时，只需对应商品条码，即可得到规格品描述信息，在规格品信息获取环节，与传统的调查员现场抄录价牌信息相比，人为录入性误差也会有所降低。另外，注册商品信息中的邓白氏编码（UNSPSC）作为成熟的商业标准化分类体系在全球贸易和电子商务领域已被广泛使用，通过UNSPSC码可以定位调查规格品对应分类，通过回溯信息了解当前商品及同类商品销售信息，有助于评估选定规格品的代表性，对拓展网络采价和网络价格指数编制也具有一定参考意义。

（二）价格质量调整

价格特征法是一种基于商品参数描述性特征进行数学建模的质量调整方法，又称Hedonic模型法和效用估价法。此类数据质量调整方法利用商品描述性信息，将产品特征变化进行量化，来估算特征价格函数，具有操作性强的优点，最大程度避免了主观原因引起的测量误差。通过规范化的商品信息描述，借助于公开的商品注册信息和价格调查中收集的海量历史数据，将结构化描述的价格特征函数作为样本匹配时的重要参考，可对家电数码等商品进行构建回归模型，了解影响商品价格构成的主要参数因子，有利于调查时更加科学、高效地筛选匹配代表规格品（产品），不仅能够满足同一规格品前后“同质可比”要求，也有利于对“一篮子商品”的价格变动影响因子和定价机制进行拓展性研究。

（三）辅助价格采集

随着商超和电商平台的发展，在价格采集实践中，可通过大型商超的商品管理系统、终端扫描枪、自助结账机、扫码结算小程序，将商品条码作为快速识别规格品信息、调取价格的辅助手段。调查员在终端“扫一扫”规格品条码或者利用数字编码作为索引值在数据库中搜索，便能实现快速获取调查规格品是否在售、当前价格以及折扣信息。大型超市需要采集的商品通常在百种以上，与传统的柜台货架遍历式搜索采价相比，以商品条码为媒介获取价格，在采集环节更节省人工，降低调查成本。此外，作为一种“不接触”价格采集手段，商超条码扫描数据可在特殊时期或突发情况下有效发挥应急作用。

（四）区域间价格比较

尽管 CPI 作为宏观经济重要指数（Index Number），最终反映价格变动的是相对数，但是作为原始数据和指数测算中间产品的价格资料对于统计监测服务仍具有重要参考意义。商品条码的数字字段也能够快速、直观确认各地区调查规格品是否为相同商品，确保同种规格品的基本参数的一致性，为开展国内区域间乃至 ICP 的价格比较奠定了基础。在价格调查以外的领域，商品条码也有广泛应用空间，如进一步优化住户调查现有“e 记账”手机 APP 中的“条码记”模块等，同时也可根据住户记账的商品资料完善消费权数测算评估手段，实现专业间的互联互通。

四、优势及制约因素

商品条码和结构化描述在内的直接或衍生大数据的应用，在数据来源领域扩大了 CPI 调查的取数途径，丰富了数据类型；在价格采集环节，极大地解放了价格采集的人力，降本增效；在统计基层基础建设方面，扫码工具也有助于不断提升调查源头数据的规范性、准确性和及时性，通过降低主观性误差，也利于基层调查力量 AB 岗、工作交接等队伍管理优化，其优势和积极作用不言而喻。但在现阶段，从尝试探索到普遍适用，相关大数据使用还受到使用确权、适用基础和信息化配套等因素制约。

(一)源头数据的确权授权

《中共中央 国务院关于构建数据基础制度更好发挥数据要素作用的意见》中指出,"对各级党政机关、企事业单位依法履职或提供公共服务过程中产生的公共数据,加强汇聚共享和开放开发,强化统筹授权使用和管理,推进互联互通,打破'数据孤岛'。"目前商品注册信息和条码资料的数据源为中国物品编码中心等公共信息平台,在统计法治层面,在严格遵守《中华人民共和国统计法》第七条、第九条规定前提下,此类数据相较于行政数据,其开发、加工和应用还需要从源头明晰权责和使用范围,相关公共数据的数据确权、授权机制尚未建立,部门间的信息共享渠道有待拓宽。此外,从商超等零售行业实体获取商品信息和价格资料时,将商品条码作为关键索引,直接调取企业销售数据信息,需要流通商贸企业开放数据库接口,在实现上依赖企业的配合,由于企业数据合规管理、各类商业性购销存系统数据库兼容性等原因,目前基础数据获取仍以企业报送或调查员远程采集为主,尚不能实现相关数据的直接调用。

(二)调查样本的适用基础

由于居民消费的类别和品种成千上万,为观察其总体价格变动情况,CPI调查选取的都是所在地区消费量较大、最能代表多数人日常消费行为的商品和服务。由于城乡地区发展差异、各地消费习惯不一,商品条码并不适用于全部调查样本。一是商品码注册具有一定的限定门槛,部分调查商品仅在区域性流通,选取的规格品并非都在编码监管平台注册并制码,生鲜农产品、散装的商品也缺少统一条码无法纳入;二是调查点的基础差异,连锁商超、大型百货、品牌直营门店等具备相应货品、管理数据库和终端设备,对应扫码利用条件较为成熟,而农贸市场、服务网点、农村市集等调查点无法适用。因此在不同地区、同一地区不同调查点能否方便使用商品条码,受限于各因素"取约"而非总体"博观"。

(三)统计信息化配套

经过多年发展完善,CPI调查建立了成熟完备的数据上报、管理及汇总程序体系,包括手持数据采集器(采价手机)、数据采集管理平台以及数据汇总程序。采集管理平台和汇总程序能够快速方便地实现调查规格品价格信息的"即报即审",但从数据采集终端来看,对于网上采集或是通过扫描商品码取得的规格品信息和价格仍需要通过调查员手工录入或是数据表中间过录,尚未实现大数据的批量即时读取,或是接入调查点联网直报。此外,在数据安全方面,相较于以往直接采价的获取的纸质台账资料相比,对公共数据和商业数据等大数据传输、处理、存储等环节的分级分类管理提出更高要求。

五、结论与展望

2021 年国家统计局印发的《"十四五"时期统计现代化改革规划》中指出,"提升统计工作网络化、数字化、智能化水平,打造创新引领、安全高效的智慧统计,为加快推进统计现代化改革提供坚实有力支撑",面对新时代统计调查新要求,大数据使用将成为新征程上统计现代化改革的重要环节,在商品流通和服务贸易全球化、全国统一大市场加快构建背景下,商品条码等流通领域大数据的使用将迎来越来越广阔的前景。

商品条码和结构化信息为进一步拓展商场超市扫描数据的应用范围提供了坚实基础,数据标准化管理是拥抱大数据应用的先决条件和必然要求,对于下一步应用层面仍有深化空间。从技术层面看,以信息传感为媒介的物联网技术和图像自动识别的 OCR 技术的广泛使用,为提高 CPI 数据采集终端的智能化提供了成熟的技术储备。在顶层设计层面,推进统计调查工作现代化离不开依法行政的法治基础和信息化建设,未来开展实施相关调查时需把关于大数据的基础制度建设等纳入考量,积极开展跨部门合作,以法治化、系统化、国际化视角更好服务高质量发展。

大数据在房租价格调查中的应用

——以江苏扬州为例

季　杰　王座山[①]

一、房租类价格现行调查方法

房租类价格主要包含私房房租和自有住房两部分，在 CPI 中权数占比近 20%，即房租价格指数出现 1.0 个百分点的涨跌，会连带 CPI 变动 0.2 个百分点，是影响 CPI 高低的重要指标之一。根据现行的制度方法要求，扬州目前调查的私房房租和自有住房指标共 9 个，从档次层面分为高档、中档、低档，从面积层面分为大户型、中户型、小户型，两组指标分别组合，成为 9 种不同类型。由于各地经济情况、住房习惯等有较为明显的差别，房租类价格调查方式方法难以在不同城市之间达成一致，具有一定的主观性，价格趋势难以把握。

近年来，国家局和总队对房租类价格调查提出更高要求，并把房租价格作为统计执法检查、数据质量督查的重要内容之一，因此提高自有住房及私房房租价格调查准确性，提高数据评估的科学性和客观性至关重要。

二、房租调查的难点

（一）原始数据难取得

以扬州为例，由于缺少大型工业企业以及高校毕业生支撑，且年轻人群存在外流，因此，住房租赁市场需求量总体较少，租赁市场较为分散。由于房屋租赁收取佣金较少，主流中介企业只是在销售业务之余兼顾租赁业务，精力投入较少。

从部分中介了解到，企业对租赁成交情况进行简单统计，主要用途为发放业务员佣金，并不定期对成交数据进行整理、分析，成交数据零散，部分中介甚至不对租赁成交情况进行电子化汇总，因此无法完整提供房租调查需要的详细

① 作者简介：季　杰，国家统计局扬州调查队价格调查处副处长。
王座山，国家统计局扬州调查队干部。

信息。

（二）划分标准难明确

调查的租赁房源需要划分为高档、中档、低档，以及大户型、中户型、小户型，由于各地住房租赁市场情况差别较大，没有明确的档次、面积划分标准。

中介在划分租赁房源的档次时，一般是按照装修档次“豪装”“精装”“简装”等，档次之间的边界较为模糊，且有一定随意性；划分租赁房源大小时，一般不对面积进行精确划分，而是根据租房人的入住需求，划分为“合租”“整租”，其中“合租”房源根据是否带独卫、带阳台等进行划分，“整租”房源划分为“一居室”“二居室”“三居室”等。如果采用不同的划分标准，同一套房源会被分入不同组别，导致在汇总测算房源数据时出现偏差，甚至会对当月的房租价格指数产生直接影响。

（三）同质可比难实现

“代表户型法”中，需要固定小区、面积、楼层、装修档次、租期长短等变量，每月采集符合以上条件的住房的租赁价格，作为房租类调查数据来源。

居民租房的周期一般为 3 个月起，因此一套房子一旦出租后，下个月不会再次出现在市场上，距离下一次成交的时间间隔有数个月。在这期间，需要挑选另一套小区、面积、楼层、装修档次、租期长短等指标与之完全一致的房源进行替换，而扬州由于房屋租赁市场体量较小，且缺乏部分大城市专业租房机构所掌握的标准化房屋，各套房源的属性难以完全一致，很难满足“同质可比”原则的要求，可能会对前后月份的数据走势产生影响。

三、房租大数据来源

为弥补前期房租调查中存在的一些不足之处，扬州调查队在房租类调查上先后采取多种办法，不断扩大调查数据来源，促进房租调查源头数据质量提升，提升数据测算评估科学性。

（一）中介成交数据

扬州队与住建部门沟通，获得扬州市大型连锁中介名单，筛选出房屋租赁业务开展较为稳定、成交量大、统计基础较好的大型连锁中介作为调查点，目前包含中广置业、卓杰地产等，明确一名负责人作为调查员，每月 25 日，由调查员对本中介企业的全部租赁成交数据进行整理，报送给扬州队业务人员，每月成交数据约 400—600 条。

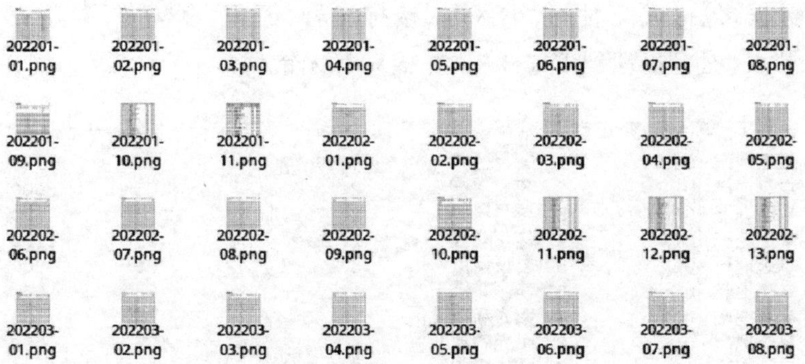

图 1　中介上报原始记录

（二）线上平台数据

由于本地中介能提供的成交数据存在一定不足，仅包含成交日期、房号、面积、金额等，缺少户型信息；此外，目前通过对各套房源的租金折算价（每平米租金）对房源进行档次划分，可能会出现同一小区的房源，同时出现在高档、中档、低档的情况，为弥补以上不足，扬州队在中介上报数据基础上，增加线上平台数据作为档次及面积划分的补充和参考依据。

通过与中介人员交流，发现影响房租高低的首要因素为地理位置，次要因素为居住环境，包括所在地段、小区档次、周边配套设置、交通条件等，而地理位置、小区环境与房价高低直接相关，因此，各小区的二手房均价对于租赁房源的档次划分有较强的参考价值。通过租赁房源提供的户型资料，确定一居室、二居室、三居室的面积段特点，可能起到修正完善房租调查面积段划分阈值的作用。

（三）线上平台的选取

根据对市面上主流网站所提供的房价数据和租赁房源信息进行对比，包括房天下、安居客、新浪乐居等房产网站和贝壳、链家、58 同城等租房平台，发现在扬州市场上，各网站及平台所提供的房价信息基本一致，部分租房平台虽然房源数量较多，但经过仔细甄别，存在同一租赁房源重复出现和虚假房源等问题，难以保证数据质量，房天下网站租房栏目中的个人房源数据质量较高，因此在数据质量过关、网站运行稳定、操作页面友好的考虑下，选择房天下网站作为数据抓取来源。

四、数据采集及审核

（一）中介成交数据

中介负责人每月 26 日通过系统截图、电子表等方式上报本中介全部门店的租赁成交数据，包括成交时间、小区名、楼栋房号、面积、金额等，专业人员将成交信息逐笔录入，统一整理到 Excel 中，并核对有无错误。

中介代码	页码	序号	位置	户号	面积	成交金额
卓杰地产	01	1	翠月西苑	[illegible]	98	1205
卓杰地产	01	2	鸿大花园	[illegible]	125	3000
卓杰地产	01	3	翠月东苑	[illegible]	90.5	670
卓杰地产	01	4	佳家北园	[illegible]	95	2100
卓杰地产	01	5	君悦蓝庭	[illegible]	120	900
卓杰地产	01	6	佳家花园	[illegible]	98	600
卓杰地产	01	7	阳光新苑北区	[illegible]	85	800
卓杰地产	01	8	阳光新苑北区	[illegible]	125	500
卓杰地产	01	9	富川瑞园	[illegible]	124	1800
卓杰地产	01	10	汇金谷	[illegible]	40	1340
卓杰地产	01	11	院东街7号	[illegible]	75	1100
卓杰地产	01	12	宝带小区南宝带	[illegible]	75	1600
卓杰地产	01	13	尚城	[illegible]	50	1200
卓杰地产	01	14	富川瑞园	[illegible]	41	1250
卓杰地产	01	15	蓝山庄园	[illegible]	40	1000

图 2　中介数据整理录入

1．剔除车库数据

对所在户号一栏进行检查，剔除商铺、合租、单间以及含“车库”“CK”或其他异常标识的数据。

2．剔除错误数据

及时将中介上报数据进行汇总，形成数据总表，方便随时查询历史价格。将本月数据与历史数据总表中显示为同一小区、同一户号的房源进行逐个对应，如有面积信息显示与历史数据有出入的，标记为错误数，与中介进行核实，如果为错误值，及时进行剔除。

3．剔除不合理面积数据

为避免错误数据和车库改造房、房东自建房等特殊情况，需要对面积过小的房源数据进行剔除，通过对小面积段房源的审核，发现 30 平米以下房源需要剔除，30—35 平米房源需要着重审核房号及楼层信息。

4．剔除不合理价位数据

由于成交数据中存在少量租金畸低的毛坯房或其他特殊成交情况，具体表现为房源为中等或中等偏大面积，但租金仅 500—800 元/月。此部分房源如果混入价格测算中，会导致房租数据偏低，因此需要精准剔除。计算出折算价（金额/面积）后进行排序，对折算价低于 10 元/平米・月、高于 60 元/平米・月的房源进行检查，在历史价格总表中倒查同小区其他房源价格，如与历史成交价格偏差明显，幅度超过 30%的，酌情进行剔除。完成“原始表”数据的审核、清洗后，形成“应用表”。

位置	户号	面积	成交金额	折算价	备注1-
竹西新村	[illegible]	1000	1400	1.40	剔除
金地艺境	[illegible]202	128	400	3.13	剔除
金地艺境	[illegible]02	128	500	3.91	剔除
阳光新苑北区	[illegible]09	125	500	4.00	剔除
依云城邦	[illegible]202	172	700	4.07	剔除
中海运河丹堤	[illegible]01	120	500	4.17	剔除
富川瑞园	[illegible]03	123	600	4.88	剔除
康馨花园	[illegible]03	120	600	5.00	剔除
湖滨名都	[illegible]2	120	600	5.00	剔除
中海运河丹堤	[illegible]01	113	600	5.31	剔除
杉湾东苑	[illegible]06	100	550	5.50	剔除
依云城邦	[illegible]03	135	800	5.93	剔除
佳家花园	[illegible]03	98	600	6.12	剔除
金地酩悦	[illegible]	92	570	6.20	剔除
金地酩悦	[illegible]1	93	600	6.45	剔除
扬子万象都汇	[illegible]06	120	800	6.67	剔除

图 3　租赁数据应用表

（二）线上抓取数据

由于住宅小区数量庞大，采用编写爬虫程序方式，自动抓取房天下平台数据。

1. 抓取范围

根据数据测算需要，抓取的数据包括查房价页面的小区名称和单价，以及个人租赁房源页面的小区名、房屋结构、面积、户型、租金等，每月抓取 1 次。为了方便数据处理，在数据抓取过程中，把主城区不同行政区的房价及房租数据整理汇总到不同表格中。

1	名称	价格	房型
2	邗江万达广场[illegible]123平方米3室2厅2卫	2600	整租|3室2厅|123㎡|朝南
3	广陵区文昌中路[illegible]平方米4室2厅1卫	2900	整租|4室2厅|160㎡|朝南
4	邗江万达广场[illegible]160平米4室2厅2卫	2500	整租|4室2厅|160㎡|朝南
5	邗江京华城[illegible]85平方米1室1厅1卫	1600	整租|1室1厅|85㎡|朝南
6	邗江五台山大桥[illegible]28平方米3室2厅2卫	4500	整租|3室2厅|128㎡|朝南
7	邗江美琪[illegible]平米3室2厅1卫	2500	整租|3室2厅|138㎡|朝南
8	邗江美琪[illegible]138.74平方米3室2厅1卫	2500	整租|3室2厅|138㎡|朝南
9	邗江大润发邗江店[illegible]25平方米3室2厅2卫	2500	整租|2室2厅|125㎡|朝南
10	邗江八里九[illegible]方米3室2厅2卫	2300	整租|3室2厅|120㎡|朝南
11	邗江施桥中海[illegible]平方米3室2厅1卫	2000	整租|3室2厅|90㎡|朝南北
12	邗江红星美[illegible]平方米2室1厅1卫	1500	整租|2室1厅|90㎡|朝南
13	邗江江阳创业园[illegible]城130平方米3室2厅1卫	1800	整租|3室2厅|130㎡|朝东
14	[illegible]平方米3室1厅1卫	2600	整租|3室1厅|95㎡|朝南北
15	京华城御[illegible]车位)整租2室2厅1卫90平米(个人)	3000	整租|2室2厅|90㎡|朝南
16	邗江京华[illegible]平方米3室2厅1卫个人	3200	整租|3室2厅|124㎡|朝南

图 4　线上抓取租赁数据

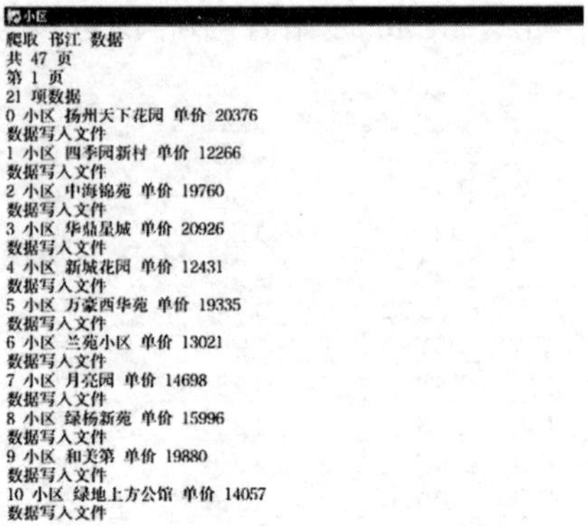

图 5　线上抓取小区房价数据

2. 数据处理

(1)重复值剔除

房天下网站数据是动态的,在抓取过程中可能会出现重复,首先对重复项进行剔除。

(2)完整性检查

部分小区由于长期未出现成交,房价一栏缺失,对此部分小区,通过对往期抓取数据进行回溯,以日期距离目前最近的一次价格作为补充。完成抓取数据的审核、清洗后,形成“小区信息表”。

(三)数据匹配

在“应用表”和“小区信息表”整理完成后,即可开始两套数据的综合运用。

1. 数据初步匹配

使用 vlookup 函数,将经过审核整理的中介数据“应用表”的小区名称与“小区信息表”中的房价进行对应。

2. 异常数据检查

由于中介和房天下网站对同一小区可能采用不同的名字,为了便于数据交叉对比和资源整合,将小区名称进行标准化处理,统一调整为房天下网站“查房价”栏目的小区名称,并将调整名称整理为“标准化名称表”。

fx =VLOOKUP(M2,C$2:E$1134,3,FALSE)

行政区	小区名称	房屋单价	位置-标准化	房屋单价-精
邗江区	锦苑誉府别墅	32180	紫阳苑	17665
邗江区	金阳苑别墅	18615	中集紫金文昌	27799
广陵区	京杭融园	16918	中海玺园	19378
邗江区	恒通北湖蓝湾小区	11613	中海嘉境观园	16567
广陵区	锦旺巷	21778	运河一号公馆	19602
邗江区	鸿舜御峰	16016	优步花园	17393
邗江区	金轮星城	15490	阳光美第	19936
广陵区	皇宫花园	19902	扬子颐和苑	16328
邗江区	安兴苑	15315	扬州万达广场	20500
邗江区	碧水栖庭	14584	扬州万达广场	20500
邗江区	顾庄新村	11966	扬州万达广场	20500
邗江区	加州庄园住宅	8727	扬州天下花园	19749
邗江区	华利珑庭	13481	扬州天下花园	19749
邗江区	金鑫花苑	12135	扬州天下花园	19749
邗江区	金汇118	7369	扬州美的城	17185
广陵区	汇展阁酒店公寓	13931	扬州美的城	17185

图 6　小区名与房价匹配

序号	原始名	标准化
106	紫阳西苑	紫阳苑
105	紫金文昌	中集紫金文昌
104	运河水府	运河水庭
90	雅居乐兰庭公馆	雅居乐兰亭公馆
88	新盛花苑	新盛花园
54	香寓	润茂国际广场公寓
6	香榭里8号	边城香榭里8号
84	西郡188	西郡188花园
32	西锦名邸	金汇118
63	西城上筑	树宏西城上筑
79	文华苑	旺庭公馆
80	文昌府公寓	文昌府
95	万象世家	扬子万象都汇
78	万马1919	万马滨河城
77	万科运河湾	万科运河之光
34	万科金色梦想+	金色梦想+
94	万达广场	扬州万达广场
72	同泰花苑	同泰花园
69	唐悦国际	唐悦国际社区

图 7　小区名称标准化处理

3. 数据再次匹配

继续使用 vlookup 函数，对“应用表”中的小区名称进行标准化调整。将小区名称不一致问题解决后，可以实现“应用表”中小区名称与房价的对应。

(四)档次划分与调整

1. 初步划分

将“应用表”中房租数据按照折算价(金额/面积)从高到低进行排序,划分为高、中、低三档;按照所在小区的房价高低,将“应用表”中租赁房成交数据进行排序,划分为高、中、低三档。

2. 档次对比

将划分出的高、中、低档分别赋值为3、2、1,把“应用表”中的依据租金折算价和房价划分出的档次进行对比,对差值为2的数据进行核查。依据核查结果,租金折算价和房价划分出的档次差异主要集中于学区房与公寓。重点学区内,由于购入住房产权后能享受相应学区内的学位,即使为老旧小区,售价依然较高,但租房不能获得入学资格,因此老旧学区房租金较低;而公寓由于产权限制,在市场上的售价普遍比一般住宅要低,但公寓一般位于重点商圈附近,生活配套较为完善,因此租金一般较高。

fx =ABS(Z2-V2)

M	R	S	T	U	V	W	Y	Z	AA
位置	面积	成交金	折算价	档次	房价档次赋值	房屋单价	档次划	折算价档次赋值	比较
宝龙金轮广场	52	1666	32.04	高	3	8507	低	1	2
缤格汇公寓	70	2416	34.51	高	3	9585	低	1	2
缤格汇公寓	50	1700	34.00	高	3	9585	低	1	2
通运商贸城公寓	44	1200	27.27	高	3	6438	低	1	2
宝龙金轮广场	50	2600	52.00	高	3	8507	低	1	2
幸福小区	81	1500	18.52	低	1	17156	高	3	2
泰达Y-MSD	48	1500	31.25	高	3	9840	低	1	2
庆松清华园	47	1400	29.79	高	3	11946	低	1	2
东方银座	39	1350	34.62	高	3	11020	低	1	2
缤格汇公寓	52	1700	32.69	高	3	9585	低	1	2
环球金融城公寓	35	1400	40.00	高	3	9326	低	1	2
东方银座	42	1500	35.71	高	3	11020	低	1	2
幸福小区	79	1400	17.72	低	1	17156	高	3	2
幸福小区	108	1900	17.59	低	1	17156	高	3	2
蓝山庄园	47	1600	34.04	高	3	12022	低	1	2
庆松清华园	48	1500	31.25	高	3	11946	低	1	2
东方银座	40	1300	32.50	高	3	11020	低	1	2
万马铂金公寓	39	1150	29.49	高	3	9086	低	1	2

图8 房源档次划分结果对比

3. 档次调整

根据扬州房价特点,育才学区房和梅岭学区房价格较高,在“小区信息表”中,以上两个学区范围内的小区进行学区房标记,对档次赋值进行−1处理;在小区列表筛选出公寓项目,对档次赋值进行+1处理,其中个别公寓项目对赋值调整后达到4,依然记为3。

序号	名称	重点学区/公寓
1	宝龙金轮广场	1
2	缤格汇公寓	1
3	财富广场	1
4	昌建广场	1
5	东方银座	1
6	凤凰东巷	−1
7	荷花池小区	−1
8	环球金融城公寓	1
9	联发君悦华府	1
10	南门街	−1
11	扬州万达广场	1
12	润茂国际广场公寓	1

图 9　重点房源档次调整

4. 调整效果

以 2021 年 7 月份，剔除部分错误后，当月有效数据有 519 条，通过租金折算价与小区房价划分出的档次赋值绝对值相差达 2 的有 128 条，占比为 24.7%，对重点学区和公寓项目进行档次调整后，档次赋值绝对值相差达 2 的有 28 条，占比降至 5.4%。28 条中，有 14 条为面积 41－66 平米的小户型，由于总面积小，因此租金折算价高于同小区其他房源；有 10 条为简装，仅含基础家具，无空调冰箱等电器，租金较低，因此租金折算价低于同小区其他房源。

总体看来，通过房价进行档次划分，并根据小区类型进行调整，基本能够准确划分出各小区的档次。

五、房租价格测算与上报

（一）“大数据－中位数”法

采用“大数据－中位数”法，对“应用表”中的房租数据的大、中、小户型与高、中、低档两组条件分别组合，计算出 9 种组合数据的中位数，并与往期数据进行对比。

	⊟低	低	低	⊟高	高	高	⊟中	中	中
行标签	大	小	中	大	小	中	大	小	中
2022年1月	17.35	22.00	20.22	33.33	36.17	33.33	24.58	27.78	24.71
2022年2月	17.48	17.27	17.35	31.45	35.23	34.29	23.37	26.83	25.40
2022年3月	17.84	16.25	18.86	31.37	34.62	33.33	25.00	27.66	25.00
2022年4月	17.48	20.20	18.54	31.06	34.81	33.71	24.26	27.54	25.56
2022年5月	17.39	20.00	18.04	32.59	38.40	34.62	25.13	27.91	24.37
2022年6月	18.08	18.18	20.00	34.66	35.11	32.03	24.50	27.39	24.42
2022年7月	17.08	20.00	19.12	31.65	35.42	34.72	24.43	26.67	24.32
2022年8月	19.09	20.00	19.39	32.65	35.56	34.32	25.34	27.03	25.80
2022年9月	18.82	20.00	19.22	32.63	34.04	31.25	24.24	26.73	24.69
2022年10月	18.36	19.39	19.79	33.66	35.29	36.88	24.53	26.15	26.88
2022年11月	17.50	16.67	19.02	36.00	35.71	32.96	25.97	26.32	23.75
2022年12月	17.82	20.00	19.10	34.17	32.20	27.93	23.15	23.81	23.53
2023年1月	18.97	22.22	20.70	31.25	33.87	33.82	25.18	27.31	25.69
2023年2月	20.19	20.83	20.22	34.35	35.68	33.58	26.56	28.05	25.56
2023年3月	19.04	21.67	19.44	37.17	35.78	34.29	24.65	27.14	24.92

图 10　分类中位数

	低			高			中		
行标签	大	小	中	大	小	中	大	小	中
2022年3月	102.06%	94.08%	108.71%	99.75%	98.26%	97.22%	106.96%	103.09%	98.44%
2022年4月	97.98%	124.33%	98.34%	98.98%	100.56%	101.12%	97.04%	99.58%	102.25%
2022年5月	99.52%	98.99%	97.26%	104.93%	110.31%	102.72%	103.57%	101.32%	95.36%
2022年6月	103.94%	90.91%	110.89%	106.35%	91.43%	92.52%	97.51%	98.13%	100.18%
2022年7月	94.47%	110.00%	95.61%	91.34%	100.88%	108.39%	99.70%	97.37%	99.61%
2022年8月	111.78%	100.00%	101.42%	103.15%	100.39%	98.83%	103.76%	101.35%	106.07%
2022年9月	98.59%	100.00%	99.09%	99.91%	95.74%	91.06%	95.65%	98.89%	95.70%
2022年10月	97.56%	96.95%	102.98%	103.16%	103.68%	118.00%	101.18%	97.86%	108.87%
2022年11月	95.32%	85.96%	96.12%	106.96%	101.19%	89.38%	105.90%	100.62%	88.35%
2022年12月	101.85%	120.00%	100.42%	94.92%	90.17%	84.75%	89.12%	90.48%	99.07%
2023年1月	106.45%	111.11%	108.37%	91.45%	105.18%	121.08%	108.78%	114.70%	109.17%
2023年2月	106.42%	93.75%	97.70%	109.92%	105.35%	99.28%	105.49%	102.71%	99.49%
2023年3月	94.30%	104.00%	96.14%	108.22%	100.27%	102.11%	92.81%	96.75%	97.49%

图 11　分类环比

（二）平均值法

由于数据总量不大，部分月份会出现波动幅度过大的情况，因此在采用中位数法之外，再对分类平均值进行计算，作为对价格趋势的补充判断依据。

将各条数据的折算价进行平均，得出简单平均数 A1；将全部数据的总金额/总面积得出算数平均数，记 A2；按折算价从低到高排序，得出中位数 A3；将未进行数据筛选的原始数据计算平均值为 A0。将四组数据与上月进行对比，把握当月房租变动整体趋势及幅度。

				本月	趋势	上月	幅度
A3	中位数			22.60	降	24.36	92.78
A1	去极值平均值			24.32	降	25.02	97.20
A0	简单平均值			23.79	降	24.92	95.47
A2	算数平均值	9932.19	226796.00	22.83	降	22.87	99.83
	固定区域对照						
	平均成交价	1829.00					
	中介费用	914.50	1985.72	92.11			

图 12　总体平均值对比

将大、中、小户型与高、中、低档两组条件分别组合，计算出 9 种组合数据的算术平均数。

			本期	上期	趋势	幅度
低档-小	213	3600	16.90	17.57	降	96.20
低档-中	1398	23300	16.67	17.02	降	97.91
低档-大	2060	29583	14.36	15.79	降	90.94
中档-小	653	15600	23.89	24.38	降	97.98
中档-中	1515	32680	21.57	23.64	降	91.25
中档-大	1309.19	29500	22.53	24.99	降	90.17
高档-小	1187	43700	36.82	36.00	涨	102.25
高档-中	561	18433	32.86	31.44	涨	104.52
高档-大	1036	30400	29.34	30.78	降	95.34

图 13　分类趋势对比

（三）数据上报

在掌握各类型及总体租赁房源的价格变化趋势及幅度的情况下，在成交数据中选择相符的数据进行上报。将 2017 年以来收集的房租数据进行汇总，对大、中、小户型和高、中、低档进行分类后，筛选房源的位置及面积特点，根据众数原则确定房源位置,根据中位数原则确定房源的面积。在符合条件的成交数据有多条的情况下,优先选择与上月同片区、同面积段的房源上报。

高档大户型，西北片区，120平米左右户型
高档中户型，西区，80平米左右户型
高档小户型，西区，41平米左右户型
中档大户型，东区，116平米左右户型
中档中户型，西区，86平米左右户型
中档小户型，南区，50平米左右户型
低档大户型，东南片区，117平米左右户型
低档中户型，西南片区，82平米左右户型
低档小户型，东南片区，55平米左右户型

图 14　上报数据标准

六、大数据在房租调查应用中的思考

(一)提升数据质量

与住建等部门加强联系,获取本地租赁市场最新政策,对租赁行业形成较为充分的了解。通过住建部门,获取本地中介企业清单,从中选择业务稳定、成交量大的中介作为调查对象,确保原始数据质量。在确定调查的中介企业后,与中介企业负责人和业务人员做好沟通,明确数据的用途,打消企业对数据隐私等问题的顾虑,并告知统计对象需要承担的法律义务,确保上报的原始数据真实、准确、完整、及时。

(二)优化技术应用

网络数据资源丰富,在工作中可以"因地制宜",有针对性地开展网络数据的应用。对于租赁业务体量较小的城市,可以通过网络平台上的租赁数据对房租价格调查来源进行补充,对于租赁业务体量较大的城市,网络平台上的数据也可以用作对现有数据的检验和对照。在数据的处理和测试过程中,运用信息技术手段,可以简化工作流程,扩大数据来源,提升数据处理效率,避免数据处理过程中的人为误差。

(三)做好评估分析

在应用大数据的同时,要加强数据的审核评估,以及因果关系的研究,除了获得"是什么"的结果,还需要进一步探寻"为什么"的过程。定期召开评审会,向相关部门了解政策变化,向相关从业人员了解市场情况,对数据趋势的准确性、科学性进行论证,深入分析数据变动背后的成因,与房价专业加强合作,共同探索房价与房租之间的关系,全面提高数据质量,做好统计服务。

电子扫描数据在CPI调查中的探索应用

刘文卿[①]

当今社会，世界迈进了大数据时代，现代信息技术、"互联网＋"、云计算带来的大数据时代已经不是什么新事物，政府统计部门作为权威的数据生产部门，适应大数据环境，利用大数据资源，为政府管理提供参考。居民消费价格调查是政府宏观调控的重要参考指标，在交易信息日益丰富的大数据时代，如何运用大数据来采集价格数据并计算CPI，是值得我们统计人员深入研究探讨的课题。本文重点从大数据中的电子扫描数据入手，探索电子扫描数据在CPI调查价格采集和规格品选取方面的应用。

一、现行CPI价格采集面临的主要困难

（一）规格品辨识难度增加，价格信息获取受限

选取合适的商品或服务作为代表规格品，并在持续性的调查过程中质量前后可比，是保证CPI数据质量的要点之一。市场经济条件下，市场主体生产经营活动复杂多变，如调整商品的包装、数量、克数、主成分和陈列位置等，增加了采价员对规格品的辨识难度。定期数据质量检查显示，采价员由于商品更换包装、调整重量等采错规格品情况偶有发生，影响调查数据质量。同时受相关价格法律、法规不断健全和企业现代化经营管理需要的影响，大量调查点实行明码标价、自助购物。使得人工实地采价对采价员工作流程"一看、二问、三还价"的规范化要求，实际只存"看"的步骤，调查中直接获取规格品库存、销量、价格调整及促销周期等辅助信息获取不足，难以把握整体价格走势，对代表规格品确定和替换、异常数据审核等工作带来不便。

（二）部分规格品实地采价不易，精准采价难度大

实地采价过程中，采价员面对多品牌、多规格、多数量和多档次的消费品市

① 作者简介：刘文卿，国家统计局淮南调查队办公室主任。

场,准确采集有代表性、同质可比的规格品难度越来越大。消费品中常常出现吊牌价与实际成交价不一致的问题,采价员取得实际成交价难度越来越大。商场超市促销活动频繁,折扣花样繁多,有的商品甚至一天一个价格。复杂变化的消费品市场,对采价员素质要求越来越高,人工采价成本越来越高,有限的统计资源难以支撑。

二、电子扫描数据的主要优势

(一)进一步提升数据采集准确性

运用电子扫描数据,可以大大减少内生错误的发生,实地采价中,对于外观相似的规格品,采价员可能因业务不够熟悉或粗心导致采错规格品,相比于肉眼识别,条形码和货号具有唯一性,只要条形码和货号与实物相对应,价格采集的准确性就不足为虑;同时外生性错误也更少,运用电子扫描数据,避免了由于实体店价格签更新不及时或价格签放置错误等带来的外部干扰,使数据采集的准确性更有保障。以超市为例,除因商品营销状态发生改变、促销活动临时增加或取消、或因冻结商品出库导致的短暂货号条形码查价异常外,日常情况下均可准确查询到所选规格品的实时价格情况,采价日实地采价和扫描数据查价存在差异的价格仅有个别。

(二)进一步增强规格品代表性

运用电子扫描数据,可以尽可能多地获取商品的辅助信息,通过超市的核心商品库,商品库存、销量、调价情况、促销情况等信息,对确定规格品代表性提供了大量的数据支撑;同时电子扫描数据联络员作为超市的内部人员,对超市的营业状况、价格变化及原因、消费热点和消费结构信息掌握更为全面,日常工作中只需将所需分类和相关要求告知后,联络员便可快速通过分类查找、信息对比选出销售量较高、代表性较强的商品作为CPI代表规格品,使规格品选取和替换的代表性更强。以超市为例,基于超市核心商品库、商品库存销量情况及价格变动情况,综合选取或替换的规格品稳定性较强,有效避免了因实地采价信息掌握不充分导致的"替换——缺货"情况,同时针对超市各品类主流销售商品的选取面也进一步加大,有效提升的规格品选取代表性。

(三)进一步提高采价工作效率

运用电子扫描数据进行采价,可以通过系统导出信息,快速高效筛选出采集规格品的相关价格信息及其他辅助信息,打破了传统的通过采价员赴超市对照采集的规格品逐一进行价格采集的过程,减少了从规格品寻找——核对信息——采集价格——商品缺货寻找新品的过程。以超市为例，每个采价日通过电子扫描数据完成超市采价工作，辅调员从导出相关信息，到完成信息筛选填报价格，再到科室专业人员整理价格信息并完成上报，平均时间不到半小时，而实地采价时间则多高于1小时，工作效率提升了一倍。

（四）进一步丰富数据质量评估依据

长期以来，针对规格品所属CPI基本分类的价格趋势判断，一直是困扰CPI调查的难题，由于各基本分类规格品数量选取的有限性，以及通过以往“一看二问三找”的方式确定规格品的代表性如何值得商榷，一旦调查的规格品价格促销力度较大或异常调整，可能导致本类价格趋势偏离。以超市为例，选取的代表规格品价格异常变动导致指数异常后，可通过超市系统导出的相关分类所有商品销售价格情况计算出月度平均价格，从而评估基本分类的价格走势，同时可通过查看价格异常变动规格品的销售状态和库存销量情况，再次评估其代表性，从而达到评估规格品代表性和价格走势的目的。此外电子扫描数据可以获得单一商品的价格和对应的销售量，为编制基本分类指数相应权重提供参考信息。

三、电子扫描数据在CPI调查的实证探索

（一）实证探索基本情况

淮南调查队自本轮基期开始，为充分检验电子扫描数据采价和实体采价的价格一致率、分析汇总指数差异、探索电子扫描数据在规格品选取方面的应用，结合前期的调研情况，以CPI调查的超市价格采集为突破口，开展实证研究。笔者选取本地销售额较大的大润发超市和苏果超市，为期10个月开展扫描数据与实地采价实证对比工作。由于大润发超市销售系统限制，无法批量导出所选规格品的相关价格信息，采用人工实地采价的方式进行。苏果超市的电子销售系统功能较为完备，按照《扫描数据应用与管理办法》要求，一是通过苏果超市电子销售系统获取所选规格品采价日的实际销售价格、销售状态、库存、销量、销售额等相关信息，同时月度获取全部商品的销售数据；二是每月选取20％的规格品进行现场核价，对比扫描数据与现场采价数据的一致性和误差情况。

在规格品选取方面，运用实地采价的大润发超市继续按照传统方法选取代表规格品，运用扫描数据采价的苏果超市，通过获取超市核心商品清单、销售商品各级分类及商品销售模式、商品年度销售量情况，通过超市分类与CPI基本分类比对，选取可在超市采集的基本分类，此次实证探索涉及奶类、糖果糕点类、调味品、其他食品类、茶及饮料类、酒类、家用纺织品、家庭日用杂品、个人护理用品等（以

上涉及小类和中类)，选定基本分类后，结合超市核心商品清单和年度销售量情况，选取满足制度要求的规格品。

将各基本分类选取的代表规格品逐一记录货号、条形码，并在实体店现场核对相关信息，确定无误后，制作价格调查表，调查表主要包含三大信息：一是基本信息，主要包含“指标名称”+“货号”+“条形码”，用于确定在超市采集的唯一规格品；二是价格信息，主要包含“原价”+“促销价格”+“调价情况”(原价调整前后价格及调整时间)+“促销周期”(促销的开始和结束时间)，用于准确获取规格品在采价日的准确价格；三是供销信息，主要包含“库存”+“销量”+“销售状态”(正常或冻结)+“销售模式”(自营或联营)，用于评估规格品及其价格的代表性情况。

价格采集方面，两种采价方式均按照采价日历执行，采集采价日的时点销售价格，大润发超市由采价员赴实地注意核对商品信息并采集价格，苏果超市由超市辅调员根据价格调查表中的商品货号和条形码信息，通过超市系统中的“进销存”模块、“标价签打印”模块和“调价明细”模块导出相关信息，通过 vlookup 函数对应比对规格品的价格情况、促销情况、供销存情况及商品销售状态，填写价格调查表的相关指标内容，交由专业人员进行整理折算后记录价格。

遇到商品缺货、下架、价格异常波动等异常情况，实体采价仍按照传统方法进行核实替换；扫描数据采价，如发现价格异常波动，优先作为现场核价的规格品，同时业务人员如发现个别商品出现长期库存销量均为 0、销售状态由正常变动冻结、价格长期大幅促销、商品原价查询值“#N/A”等情况，则说明商品已停止销售或失去代表性，则重新选取规格品。同时对于环比涨跌幅超过 3%的基本分类，认真核对其价格情况是否属实，如均无误则通过超市相应分类所有商品的月度平均价，通过月度平均价格涨跌评估价格趋势，适时替换代表性不强的规格品。

(二)两种采价方式的对比结果分析

1. 价格一致性对比。此次实证探索苏果超市采取了以扫描数据采集价格，月度抽样核价的方式，每月需采集数据 270 笔，每月现场核价数量约 70 笔，从价格对比情况看，10 个月核查的 700 笔价格中，不一致价格为 12 笔，数据一致率高达 98.3%。扫描数据采价与现场核价过程中发现，出现不一致的主要原因有：一是系统调价标价签未及时更新；二是商品品类折扣或买赠促销，现场标牌不清晰，系统为折扣价，现场记录原价；三是商品限时折扣，由于扫描数据上报时点与现场核价时点有时间差，价格变动；四是商品销售装填发生改变，商品处于非正常销售状态，系统价格异常。

2. 价格指数的差异性对比。为消除相同基本分类下由于规格品不同造成的价格涨跌误差，选取同时在大润发超市和苏果超市采价的规格品，计算其所属基本分类指数进行对比，验证实体采价与扫描数据采价汇总指数的差异，选取的规格品如表1：

表1　基本分类下采集规格品一览表

分类名称	规格	指标名称
食用植物油	1	花生油 鲁花5S压榨一级花生油 5L/桶 山东
	2	菜籽油 多力浓香菜籽油 5L/桶 上海
	3	大豆油 福临门一级非转基因大豆油 5L/桶 上海
鲜奶	1	桶装鲜奶 卫岗巴氏鲜牛奶家庭装 1.5L/桶 南京
	3	盒装鲜奶 蒙牛特仑苏纯牛奶 250ml*12盒 内蒙古
瓜果制品	1	话梅 溜溜梅乌梅 160g/袋 芜湖
	3	水果罐头 欢乐家黄桃罐头 800g /瓶 湖北
食糖	1	红糖 甘汁园女生红糖 350g/袋 南京
	2	白糖 福临门优质白砂糖 808g/袋 北京
酱油	1	酱油 海天草菇老抽 500ml/瓶 湖南
	3	酱油 鲁花自然鲜酱香酱油 500ml/瓶 山东
食醋	1	香醋 金山寺金标香醋 500ml/瓶 镇江
	3	陈醋 恒顺陈醋 500ml/瓶 镇江
方便食品	1	方便面 康师傅红烧牛肉面 109g 昆山
	3	水饺 湾仔码头三鲜水饺 720g/袋 上海
	5	汤圆 思念宁波风味黑芝麻汤圆 1000g/袋 郑州
固体咖啡	1	速溶咖啡 雀巢咖啡醇品(瓶装) 200克/瓶 东莞
	3	速溶咖啡 麦斯威尔三合一经典原味咖啡 91g/盒 广州
饮用水	1	矿泉水 农夫山泉饮用天然水 550ml 杭州
	3	纯净水 雀巢优活饮用水 5L/瓶 上海
果汁饮料	1	橙汁 美汁源果粒橙 420ml 东莞
	3	苹果汁 汇源100%苹果汁 1L/盒 北京
白酒	1	国产名酒 52度四防伪五粮液(新)500ml/瓶 四川宜宾
	3	盒装白酒 古井贡酒原浆酒(献礼版)40.6度 425ml/瓶 亳州
	5	低档白酒 53度红星二锅头八年陈酿 500/瓶 北京
其他酒类	1	鸡尾酒 锐澳RIO白兰地预调酒(水蜜桃味) 275ml 广东佛山
	3	花雕酒 古越龙山金5年绍兴花雕酒 14.0% 500ml 浙江绍兴

可以看出，以上商品均是比较知名的品牌，各大超市基本均有销售的商品，通过采集以上商品时点价格计算月度平均数和月度价格相对数，再计算月度环比，为消除超市之间由于商品促销频率和周期不同步的情况，计算 10 个月的累计新涨价，计算结果如表 2：

表 2　两家超市调查基本分类累计新涨价对比

分类名称	1—10 月累计新涨价(大润发)	1—10 月累计新涨价(苏果)	差值(苏果—大润发)	差异率	趋势
食用植物油	104.4	106.1	1.7	1.66%	一致
鲜 奶	93.8	94.9	1.1	1.15%	一致
瓜果制品	103.1	102.6	—0.6	—0.54%	一致
食 糖	100.4	103.2	2.9	2.85%	一致
酱 油	98.7	95.3	—3.4	—3.46%	一致
食 醋	99.6	96.3	—3.3	—3.31%	一致
方便食品	101.1	100.9	—0.2	—0.19%	一致
固体咖啡	99.1	99.7	0.6	0.61%	一致
饮 用 水	97.6	95.5	—2.1	—2.19%	一致
果汁饮料	101.0	101.2	0.2	0.20%	一致
白 酒	101.0	102.6	1.6	1.58%	一致
其他酒类	97.5	100.3	2.8	2.88%	不一致

从计算结果看，涉及的 12 个基本分类，趋势一致的有 11 个基本分类，趋势一致率为 91.7%，从指数差异情况看，差异率超 3%的基本分类为酱油和食醋，通过回溯 10 个月的价格情况，指数差异较大的主要原因由于两家超市采集商品的原价有所差异，同时由于促销时间长短和促销优惠幅度的不同，造成了整体差异值较大，但总体来看，多数差异率在 2%以下，通过扫描数据采集时点价格的方法是可行的。

3. 电子扫描数据在规格品选取上的探索应用。现行制度下，主要采集采价日的时点价格，但由于超市促销周期的不同，极有可能造成采价日连续采集促销价格或原价的情况，造成指数偏离，同时从规格品的代表性角度，主要以销售量为第一前提，但销售量的高低与销售价格的高度也有着密不可分的关系，为验证当前采集的时点价格能否代表该商品的价格走势，同时通过时点价格与月度销售均价的拟合度来确定代表规格品，笔者选取鲜奶中采集规格品的时点平均价格与月度平均价进行相关性研究。

通过扫描数据，获取鲜奶中4款规格品的采价日时点价格，按照采价次数进行简单平均，计算时点平均价，再通过获取月度销售额和销售量情况，计算月度平均销售价格，考虑到每年1月、2月为春节，超市打折促销力度较大，但可能与采价日不重合的实际情况，故剔除1、2月的平均价格，用3—10月的月度平均价和时点平均价做相关系数，具体用Excel中的Correl函数，计算结果如表3：

表3　相同规格品不同采价方式的价格相关性

月份	卫岗巴氏鲜牛奶家庭装1.5L/桶 南京		蒙牛特仑苏纯牛奶250ml*12盒 内蒙古		蒙牛现代牧场鲜牛奶1.5L/桶 内蒙古		伊利金典纯牛奶(礼箱)12盒*250ml/箱 内蒙古	
	月度平均价	时点（采价期）平均价	月度平均价	时点（采价期）平均价	月度平均价	时点（采价期）平均价	月度平均价	时点（采价期）平均价
3月	11.9	13.7	16.2	19.3	13.1	13.9	16.5	19.2
4月	12.3	12.7	14.6	19.3	13.6	13.9	16.1	18.6
5月	11.0	10.8	14.8	17.1	12.8	12.5	16.7	20.7
6月	12.6	13.4	14.9	22.0	13.3	13.9	17.6	19.8
7月	10.4	11.4	14.6	17.1	12.5	11.6	16.1	20.1
8月	12.2	12.2	16.6	16.6	13.7	13.9	16.8	19.7
9月	11.0	11.9	16.8	19.3	13.0	13.6	18.5	19.8
10月	12.5	13.7	16.7	17.5	14.7	14.6	18.0	19.8
相关系数	0.80		−0.20		0.82		0.21	

一般相关系数值越接近1，说明价格的相关性越高，越接近0，则说明价格的相关性越低，正值代表正相关、负值代表负相关。从结果看，第1、3号规格品的时点平均价与月度平均价相关性较高，可以准确反映该款商品的月度整体价格走势，2、4号规格品的相关性较低，2号规格品还是负相关，可以看出，蒙牛特仑苏和伊利经典有机奶都是家喻户晓的规格品，代表性较强，从月度平均价来看，两款牛奶各月间均在促销期间销售量较大，而时点平均价可能在具体采价日采集到了商品原价，导致在个别月份未能反应商品的实际价格水平。而卫岗巴氏鲜牛奶和蒙牛现代牧场鲜牛奶采集的时点价格基本与各月月度均价相似、价格走势相同。

从实证结果分析，如规格品选取的代表性不强，或由于超市活动导致时点价格与实际价格走势拟合度不够，采集时点价可能导致部分商品月度价格失真，不能完全反映月度间的价格变动水平，但在年底规格品轮换的过程中，可以通过获取基本分类下年度销售量较高的相关产品，通过时点价格和月度均价的相关性测试，确定拟合度较高的规格品作为代表规格品，从而进一步弥补由于超市活动变化带来的价格走势失真的情况。

四、当前遇到的主要困难和问题

（一）政企配合度制约扫描数据的长期应用

CPI 调查是一项连续的工作，需要有长期、连续、稳定的数据供给，这就需要企业长期的配合和支持，但实际工作中由于企业负责人、联络员的调整，对 CPI 调查工作重视程度的变化及企业基于对数据库资源的保密性和安全性考虑等综合因素的影响，极有可能造成停止供给数据的风险，造成扫描数据中断，对于扫描数据的长期应用存在不确定性。

（二）商家系统功能性制约扫描数据应用效率

实践中发现，不是所有的商家系统均可以导出 CPI 调查所需的相关价格信息和其他辅助信息，有些大型连锁企业为了提升数据的安全性，地市级登陆账号部分功能受限，导致无法批量获取高频的海量数据，只能通过商品条形码、店内货号等方式逐一查看，这就无形中增加了获取价格信息的时间和精力，降低了应用效率。

（三）扫描数据不可能完全替代人工采价

目前电子扫描数据的适用范围还有限，一方面，仍有多数代表规格品，尤其是服务性商品，如家政、维修、美容美发等，没有电子扫描数据；另一方面，一些传统的市场（如农贸市场）无法提供电子扫描数据。这些服务项目和农贸市场的调查仍然离不开人工采价。此外，由于当前部分大型企业存在多模式经营的情况，只有针对自营商品才可在系统查价，而通过租赁联营方式经营的规格品可能存在系统查价不准确的情况。

五、相关建议

和传统的价格采集方式相比，扫描数据能够从数据的覆盖范围和精准性等方面，提高价格数据的采集质量，并为 CPI 的编制提供更为丰富的辅助信息。基于实证分析可以看出，通过扫描数据获取的价格信息与实体采价一致率高，准确性有保障，同时为商品的代表性检验、规格品选取替换提供了较为详实依据，同时编制的指数与实体指数差异性小，运用扫描数据开展超市价格采集的可行性较高，采集的数据纳入正式报表汇总，不会造成 CPI 大幅偏离。但与此同时，当前通过采集时点价格的方式并不能完全反应部分商品月度间的价格变动水平也客观存在，笔者建议，在基于扫描数据开展 CPI 调查的大背景下，是否可以将采集时点价格调整为采集月度平均价，运用获取的销售量、销售额等数据计算商品的月度平均销售价，以此计算出的价格指数，更加贴近居民消费实际。

当前电子扫描数据的应用主要集中在具备完备数据库的大型商超企业，其调查对象的支持配合程度、网络平台及商家系统程序的数据支撑程度直接关系到大数据应用的质量，因此笔者认为有必要建立与大型网络交易平台和大型商超综合体的数据共享机制，通过完善相关法律法规和 CPI 调查制度，明确数据直报的主要单位及法律地位，进一步降低获取大数据的技术成本和人力成本，从而提升取数质量。针对扫描数据应用方面，基于当前商超销售的主要产品省级定价且市县两级数据库系统功能受限的情况，建议建立以省为总体，以大型商超综合体为成员的扫描数据应用合作框架，对大数据应用工具选取、数据收集、数据应用、操作流程、数据保护等环节明确规范，进一步提升规范化水平和调查数据质量。

大数据在价格调查中的应用研究

林守群[①]

一、引言

随着大数据时代的迅猛而至，海量的大数据不断被搜集与挖掘，并不断推动各个领域和行业进行深刻变革，无论企业或是政府均受到大数据思维和模式的影响。《信息技术大数据术语》[②](GB/T 35295－2017)指出大数据是“具有体量大、来源多样、生成极快且多变等特征并且难以用传统数据体系结构有效处理的包含大量数据集的数据”，包含4个层面特性：数据量大(Volume)、数据类型繁多(Variety)、处理速度快(Velocity)、价值密度低(Value)。作为与数据“打交道”最为密切的政府统计工作，首当其冲便受到大数据浪潮的冲击。余芳华(2018)指出，大数据对于政府统计是一把“双刃剑”，一方面，大数据以其高频率、细粒度、多样化的优势，为政府统计开辟了新的数据源，成为政府统计数据的重要补充来源，提升了统计服务能力；另一方面，大数据获取难度大、数据质量问题多、统计应用难度大，作为政府统计数据源表现出较大的脆弱性，面临着技术、方法和实际操作层面上的诸多困难和瓶颈。

近年来，国家统计局陆续颁布了一系列推进大数据应用的重要举措，深入研究探索大数据在统计调查工作中的应用，倾力打造统计基础数据“第二轨”收集渠道，加快推进大数据与政府统计工作的深度融合。特别是国家调查队系统承担的房地产价格调查(HPI)和工业生产者价格调查(PPI)等价格调查工作正在接受来自房天下、大宗商品交易平台等提供相关价格数据资讯网站的挑战，亟待大数据的融合应用发展。徐小乐(2013)指出，从大数据应用来看，其更偏向民生与社会方面，而政府统计重点落在国民经济统计方面，两者可以相辅相成，互相补充，但

① 作者简介：林守群，国家统计局汕头调查队副科长。

② 中华人民共和国原国家质量监督检验检疫总局和中国国家标准化管理委员会于2017年12月29日并于2018年7月1起正式实施发布。

从数据产生的背景,大数据对政府统计的调查方法、计算方法、数据发布等方面造成冲击,倒逼政府统计改革升级。所以为了更好地应对大数据时代给政府统计工作带来的机遇与挑战,必须对大数据怀有“大胆尝试,谨慎使用”的态度,在某些统计调查领域积极尝试应用大数据,对大数据应用的理论方法进行系统可行性论证,以维护政府统计数据的权威性和公信力。因此,利用现代信息技术手段进一步丰富价格调查的搜集渠道,并建立多维的数据审核架构,使政府统计工作能够与时俱进,具有重要的意义。

二、基于 Python 语言的价格调查大数据爬取应用

(一)采集范围

本文主要涉及房地产价格调查(HPI)和工业生产者价格调查(PPI)等两个价格调查领域。其中,HPI 调查所需要的数据来源于高德地图,高德地图 API 面向开发者提供 HTTP 接口,开发者可以通过这些接口使用各类型的地理数据服务。其中的“地理编码 API”功能是通过 HTTP/HTTPS 协议访问远程服务的接口,提供结构化地址与经纬度之间的相互转化能力。结构化地址是一串字符,内含国家、省份、城市、区县、城镇、乡村、街道、门牌号等建筑物名称,按照由大区域名称到小区域名称组合在一起。HPI 调查则需要将网签数据中网签的项目名称转为高德地图中结构化地址,并根据需要提取结构化地址的“街道”信息。

PPI 调查所需的数据来源于国家统计局网站,网站每个月会发布三次流通领域重要生产资料的市场价格变动情况,分别是每月 4 日、14 日、24 日发布上一旬数据。发布内容包括重要生产资料经营企业的批发和销售价格,囊括黑色、有色金属、化工产品、石油天然气、煤炭、非金属建材、农产品、农业生产资料、林产品等 9 大类共计 50 种产品的价格,爬取后汇总到 Excel 表中,方便日后汇总。

(二)采集方法

本文大数据采集方法是利用 Python 语言编写代码,对目标网页进行数据爬取。Selenium 属于 Python 库中一个项目,它包含了一组使用工具以及一套 API 函数,Webdriver 是 Selenium 项目中的一个套件,支持浏览器自动化测试,可以为不同浏览器提供驱动,从而开发人员可以使用 Python 语言来编写自动化测试脚本。本文是基于 Chrome 浏览器,使用 Driver 函数分别抓取高德地图和国家统计局网站中的相关数据。

(三)采集过程

1. 爬取 HPI 调查所需的数据

结合汕头历年二手房的成交量、地理位置、商圈分布等因素，本文对汕头市龙湖区、金平区、潮阳区、澄海区四区按照街道划分片区，如表1。利用 Python 语言编写数据爬取的程序，接入高德地图 API 中“地理编码 API”功能，以房地产主管部门提供的二手楼盘交易项目名称为标的，爬取该项目名称对应高德地图中的结构化地址，解码地址获取对应的街道名称。再以项目名称对应的街道名称为标的，匹配表1中对应的片区，实现了对项目名称的划片区方法。

表1　汕头市街道划分片区及片区范围表

区域	街道	所属片区	片区范围
龙湖区	新海街道	东海岸新城片区	黄山路以东，中山东路东海岸路段以南
	龙腾街道		
	金霞街道	城市广场周边片区	中山东路以北，黄河路以南，金环南路以东，泰山南路以西
	珠池街道		
	新津街道		
	鸥汀街道	珠池片区	黄河路以北，松江路以南，泰山中路以西，梅溪河以东
	龙祥街道		
	外砂街道	合胜片区	韩江西溪以东，中山东路东海岸路段以北
	龙华街道		
	新溪街道		
金平区	石炮台街道	小公园片区	汕樟路以西，金凤东路以南，海滨路以北，西港以东
	大华街道		
	光华街道		
	小公园街道		
	金砂街道	东厦片区	汕樟路以东，金环南路以西，中山中路以北，金凤东路以南
	东方街道		
	广厦街道	广厦片区	金凤东路以北，金新北路以南，乐山路以西，梅溪河以东
	金东街道		
	岐山街道	牛田洋新城片区	梅溪河以西，金凤东路以北
	鮀莲街道		
	鮀江街道		
	月浦街道		

续表

<table>
<tr><th>区域</th><th>街道</th><th>所属片区</th><th>片区范围</th></tr>
<tr><td rowspan="13">潮阳区</td><td>文光街道</td><td rowspan="4">潮阳区政府片区</td><td rowspan="4">金寿生态园以西，潮阳海关缉私分局以东，交警考场以南，潮海路以北</td></tr>
<tr><td>棉北街道</td></tr>
<tr><td>城南街道</td></tr>
<tr><td>金浦街道</td></tr>
<tr><td>海门镇</td><td rowspan="9">潮阳火车站片区</td><td rowspan="9">练江以西，潮海路以南</td></tr>
<tr><td>河溪镇</td></tr>
<tr><td>和平镇</td></tr>
<tr><td>西胪镇</td></tr>
<tr><td>关埠镇</td></tr>
<tr><td>谷饶镇</td></tr>
<tr><td>贵屿镇</td></tr>
<tr><td>铜盂镇</td></tr>
<tr><td>金灶镇</td></tr>
<tr><td rowspan="11">澄海区</td><td>凤翔街道</td><td rowspan="3">奥飞广场片区</td><td rowspan="3">外砂河、冠山路以东，莲阳河以西</td></tr>
<tr><td>广益街道</td></tr>
<tr><td>澄华街道</td></tr>
<tr><td>上华镇</td><td rowspan="8">澄城片区</td><td rowspan="8">莲阳河以西</td></tr>
<tr><td>隆都镇</td></tr>
<tr><td>莲下镇</td></tr>
<tr><td>莲上镇</td></tr>
<tr><td>溪南镇</td></tr>
<tr><td>东里镇</td></tr>
<tr><td>盐鸿镇</td></tr>
<tr><td>莲华镇</td></tr>
</table>

2. 爬取 PPI 调查所需的数据

在运行编写好的代码前，直接输入所需的日期，如“2022 年 6 月下旬”，便可以利用 WebDriver 函数自动链接到国家统计局相关的网站页面，爬取需要的产品名称、计量单位和本期价格，并将其存储在 Excel 表中，该表能够实现逐月累计的功能，并确保每个月的数据能够及时更新。

2022年6月下旬流通领域重要生产资料市场价格变动情况

产品名称	单位	本期价格（元）	比上期价格涨跌（元）	涨跌幅（%）
一、黑色金属				
螺纹钢（Φ16-25mm，HRB400E）	吨	4203.2	-299.4	-6.6
线材（Φ6.5mm，HPB300）	吨	4460.7	-302.8	-6.4
普通中板（20mm，Q235）	吨	4666.7	-315.9	-6.3
热轧普通板卷（4.75-11.5mm，Q235）	吨	4393.1	-322.5	-6.8
无缝钢管（219*6，20#）	吨	5724.1	-165.2	-2.8
角钢（5#）	吨	4611.3	-354.7	-7.1
二、有色金属				
电解铜（1#）	吨	65729.3	-5124.9	-7.2
铝锭（A00）	吨	19412.9	-560.4	-2.8
铅锭（1#）	吨	15021.4	146.4	1.0
锌锭（0#）	吨	24722.9	-1190.4	-4.6
三、化工产品				
硫酸（98%）	吨	932.5	5.9	0.6
烧碱（液碱，32%）	吨	1191.0	-11.1	-0.9
甲醇（优等品）	吨	2533.9	-116.8	-4.4
纯苯（石油苯，工业级）	吨	9575.4	-187.4	-1.9
苯乙烯（一级品）	吨	10437.5	-441.9	-4.1
聚乙烯（LLDPE，熔融指数2薄膜料）	吨	8706.0	-249.3	-2.8
聚丙烯（拉丝料）	吨	8566.9	-170.0	-1.9
聚氯乙烯（SG5）	吨	7571.1	-682.1	-8.3
顺丁胶（BR9000）	吨	14364.3	-199.6	-1.4
涤纶长丝（POY150D/48F）	吨	8785.7	-589.3	-6.3

图 1　国家统计局网站中流通领域重要生产资料市场价格变动情况页面

三、大数据在房价调查中的实证研究

二手住宅销售价格调查是 HPI 调查的一部分，原始数据由房地产主管部门提供，但原始数据中的项目名称命名较为混乱，没有固定命名格式，例如有些项目名称不含街道名称，或是使用街道简称，导致无法提取项目名称中的所属街道，单纯使用人工查询费时费力。以 2021 年为例，需要处理的 HPI 调查二手房网签数据为 16443 条，平均每月 1370 条，单靠人工查询工作量较大。而利用 Python 语言爬取高德地图中的结构化地址，即可快速完成分划片区工作。

（一）数据预处理

爬取结构化地址后，需要检查单元格中内容与爬取的内容是否匹配。由于原始的项目名称和高德地图汇总获取的结构化地址均为中文组成的，需要使用辉耀软件开发的匹配率函数 GetMatchingDegree（Text_a，Text_b，Macth_mode），在该函数中，Text_a 和 Text_b 是两个需要比较的因子，Macth_mode 是匹配模式，其中 0 代表按字符匹配，适用于中文；1 代表按单词匹配，适用于英文。将项目名称和结构化地址分别作为 Text_a 和 Text_b 因子，Macth_mode 设置为 0，即可计算出两者间的匹配率。

计算匹配率之后发现，平均匹配率为 19.2％，匹配率最高值是 82.3％，最低值

0%,中位数是27.2%,对照发现匹配率低于10%的结构化地址基本与项目名称不对应。此外,汕头市下辖的六个区由于划分标准不同,匹配率发挥的作用也不尽相同。潮南区和濠江区由于交易数量少,没有进行分区,不需要计算匹配率;潮阳区和澄海区由于交易区域集中在区政府地段,划片区方法以街道和镇来拆分为中心地段和非中心地段,匹配率方面也较高;金平区和龙湖区占汕头总交易量的80%,每个区划分四个片区,匹配率较低的基本集中在该两区中。

(二)匹配结果分析

根据匹配结果和匹配率的高低,将分析数据划分为有效匹配数据、无法匹配数据、错误匹配数据三类。

1. 有效匹配数据。这一类是指项目名称与结构化地址相对应,例如项目名称"樱花园13幢301号房全套",在高德地图中结构化地址为"广东省汕头市金平区广厦街道金新北路239号广厦新城樱花园",所以提取的街道和片区属于有效数据。

2. 无法匹配数据。这一类是指项目名称无法检索,例如项目名称"泰星路9号怡轩壹品湾二区",高德地图无法找到结构化地址,属于无效匹配,故无法提取对应的街道和片区数据。

3. 错误匹配数据。为提高匹配率,进一步对数据进行处理,由于高德地图中的结构化地址都以"省+市+区+街道"的信息开头,但实际项目名称中并不完整,导致提取的结构化地址会比实际项目名称长。如小区名称"樱花园13幢301号房全套",对应的高德地图中爬取地址为"广东省汕头市金平区广厦街道金新北路239号广厦新城樱花园",直接计算匹配率为17.9%,将省、市、区和街道名称去

表2 高德地图检索出对应的高德名称、街道和片区表

项目名称	结构化地址	街道	片区
樱花园13幢301号房全套	广东省汕头市金平区广厦街道金新北路239号广厦新城樱花园	广厦街道	广厦片区
民族路68号901号房全套	广东省汕头市金平区小公园街道民族路68号08	小公园街道	小公园片区
泰星路9号怡轩壹品湾二区	无		
仁和街20号全座	广东省汕头市潮南区陈店镇仁和街	陈店镇	潮南区
潮阳市棉城龙井城南二路南四幢406号	汕头市潮阳区城南一诺空间设计工作室	城南街道	潮阳区政府片区

掉之后,匹配率提升为33.3%,说明匹配率的计算仅能作为匹配是否成功的参考依据之一。删除省、市、区的信息后再进行匹配,匹配率低于10%的样本中,项目名称匹配的内容基本跟结构化地址的内容无关,属于错误匹配数据。例如小区名称“仁和街20号全座”属于金平区的地址,但匹配的高德结构化地址显示为“广东省汕头市潮南区陈店镇仁和街”,属于潮南区的地址,其对应的街道和片区名称属于无效匹配。

(三)无效匹配的原因分析

无法匹配数据和错误匹配数据均属于无效匹配,通过分析,发现它们存在以下原因:

1. 没有符合条件的地址。无法匹配数据主要原因是高德地图API中没有符合条件的地址,有两种情况:一是二手交易的楼盘年代较新,高德地图API中尚未更新其楼盘信息,这些主要集中在新建楼盘项目;二是地址太简短、偏僻。有些项目地址直接以小巷命名,如“左一横巷”“竞长二巷”等,但高德地图中没有与此对应的地址。

2. 地址名称不规范导致匹配错误。错误匹配数据主要有三种情况:一是项目名称年代久远。广东省于2003年3月撤销县级潮阳市,分设潮阳区和潮南区,划归汕头市管辖。但项目名称中还会出现“潮阳市”,其地址与当前地址有出入,导致出现错误匹配。二是街道重新规划导致片区划分混乱。根据《汕头市人民政府关于同意龙湖区部分街道行政区域调整的批复》(汕府函〔2019〕291号)文件精神,2019年汕头调整了龙湖区部分街道行政区域:外砂街道分拆,新设置外砂、龙华2个街道;新溪街道分拆,新设置新溪、新海2个街道;珠池街道分拆,新设置珠池、龙腾2个街道,以及将金叶岛社区从原新溪街道划归珠池街道管辖。而高德地图尚未更新项目名称对应的新的街道,所以获取的街道名称与实际街道名称不匹配;三是同名小区、同名道路等导致获取位置偏移,如金平区和濠江区都有“第四人民医院”,金平区和潮南区都有“仁和街”,这些相同名称会导致检索的地址不匹配。

(四)程序修正

根据对大数据的评估和分析,决定在进行大数据爬取之前,建立一个住宅小区名称数据库《二手关键字库》,将无效匹配和错误匹配中修正的数据存入数据库中,进行一次匹配后,再将剩下的数据通过Python程序进行爬取。

深入分析可知,大部分无效匹配数据属于新建楼盘,而房地产主管部门提供的新建商品住宅预售证中含有楼盘名称和地址,将其标注街道名称后导入数据库，以楼盘名称作为关键字匹配，如果成功匹配则会进一步自动匹配其所属片区。少部分以街、巷命名的项目，则将该街、巷名称作为关键字录入数据库中。梳理2019年以来汕头市新建商品楼盘的预售证，将其分别归入所属片区后存入数据库，如图2。

二手关键字库.txt - 记事本
文件(F) 编辑(E) 格式(O) 查看(V) 帮助(H)
御海阳光花园:东海岸新城片区
凯旋门:东海岸新城片区
御海禧园:东海岸新城片区
金叶岛:东海岸新城片区
天合名门豪庭:东海岸新城片区
山海豪庭:东海岸新城片区
天合名轩:东海岸新城片区
海璟天翡花园:东海岸新城片区
壹品湾:东海岸新城片区
观海居:东海岸新城片区
愉珑湾:东海岸新城片区
君悦海湾:东海岸新城片区
柏嘉半岛花园:东海岸新城片区
锦峰珑湾:东海岸新城片区
璟玺园:东海岸新城片区
锦峰珑湾:东海岸新城片区
海湾一城时代花园:东海岸新城片区

图2　二手关键字库

将《二手楼盘详细名称》中的项目名称与《二手关键字库》进行匹配。项目名称中包含关键字中的，如项目名称为“泰星路9号怡轩壹品湾二区8幢1302号房全套”，而《二手关键字库》中有“壹品湾”关键字的，则会识别为“东海岸新城片区”，直接匹配到对应片区中。

部分项目错误匹配是街道重新划分的缘由导致的，但高德地图中仍然保留其旧的街道名称信息。在划分片区的时候也结合政策中所重新划分的新街道，可以发现，虽然原外砂街道拆分成外砂和龙华两个街道，但在划分片区时均归入合胜片区，所以其街道拆分对片区划分没有影响，不用进行调整。而新溪街道分拆为新溪、新海，珠池街道分拆珠池、龙腾2个街道，新海和龙腾两街道划为东海岸新城片区。通过对比历史数据发现，新海街道和龙腾街道这两个新划分片区的楼盘大部分都是属于无效匹配项目，因此通过上述对无效匹配项目的完善，可以将大部分的新街道划分出来，剩下存在争议的项目名称则需要人工进行调试。

表 3 新街道划分后对应划分片区

原先街道名称	新街道名称	划分片区
外砂街道	外砂街道	合胜片区
	龙华街道	合胜片区
新溪街道	新溪街道	合胜片区
	新海街道	东海岸新城片区
珠池街道	珠池街道	城市广场周边片区
	龙腾街道	东海岸新城片区

此外，如果不同区出现同名的街或建筑名称时，则需要分段记录不同区域内对应的片区名称，在后期检查过程中直接进行修改即可。如表 4 所示。

表 4 关键字对应片区备注表

关键字	备注 1	备注 2
第四人民医院	广厦片区（金平区）	濠江区（濠江区）
仁和街	东厦片区（金平区）	潮南区（潮南区）

最后，将已匹配成功的项目名称剔除后，对未匹配成功的项目名称导入高德地图 API 中，利用"地理编码 API"中的功能获取对应的结构化地址，在地址中提取"street"参数，在与表 1 的片区划分对应后，即可获得该街道所属片区名称。

四、大数据在工价调查的实证研究

大数据时代背景下，政府统计调查数据的审核方法有了更多更快捷的改革思路。PPI 调查对象是工业企业，其购进和出厂的规格品价格与大宗商品价格走势息息相关，可以运用 Python 语言爬取流通领域重要生产资料的市场价格。且其价格分为上中下旬，与 PPI 采集期 5 日、20 日单价非常接近，二者数据有较强可比性。

(一)数据预处理

收集大宗商品价格后，将其与 PPI 样本企业上报的规格品价格进行对比，这里考虑时间跨度和产品属性两个因素。一是时间跨度方面，由于 PPI 制度规定，企业上报的购进价格为当前使用的原材料采购价，但企业一般是大批量采购原材料，在原材料消耗完前填报的购进价格均是上次大批量采购的价格，所以短期内价格波动不大。而大宗商品价格为期货价，价格波动较频繁，二者之间对比需要使用跨度较长的一段时间来比较。本次对比提取时间跨度为 2021 年 1 月上旬至

2021年12月下旬的部分大宗商品价格涨幅，与PPI样本企业填报的原始报表中对应的2021年1月份5日单价与2021年12月20日单价的价格涨幅进行比对。二是产品属性方面，由于爬取大宗商品价格一般是初级工业品的价格，而企业填报的购进价格是大宗商品加工后的原材料价格，二者之间产品属性发生改变，同时叠加加工费、运费、税费等费用，导致存在差异，需要进一步结合产品的代码、型号、价格等因素，挑选属性相近的规格品进行对比。

（二）价格波动幅度对比

根据时间跨度的需要，设计代表规格品价格的2021年价格涨幅计算公式如下：

$$G_t = P_{t12}/P_{t1} - 1$$

其中，P_{t12}为规格品在2021年12月份最后一个报告期（PPI样本企业的最后报告期是20日，大宗商品的最后报告期是下旬）的单价，P_{t1}为规格品在2021年1月最初的报告期（PPI样本企业的最初报告期是5日，大宗商品的最初报告期是上旬）的单价，G_t为规格品在12月份和1月份单价对比的相对数。

通过对比原材料产品的价格波动幅度，发现企业采购的产品与大宗商品名称高度相似，说明其采购的原材料绝大部分以该大宗商品为主，其价格走势与大宗商品的价格波动基本一致。

表5　部分规格品与大宗商品对应的价格波动幅度

企业上报规格品名称	G_t	大宗商品名称	G_t
电解铜	24	电解铜（1＃）	18
铝卷	26	铝锭（A00）	26
水泥	16	普通硅酸盐水泥（P. O 42.5散装）	16
聚丙烯 H3035	4	聚丙烯（T30S）	2

收集所有样本企业上报的与大宗商品相关的规格品，发现企业采购的产品如果含有该大宗商品，其价格走势也会受到大宗商品价格的影响，但由于是加工后的产品，受到其他因素的影响较多，价格走势也不会体现出较强的相关性。以表6中的为例，收集样本企业采购的有关“铜”的规格品，将其2021年价格涨幅与大宗商品中“电解铜”价格涨幅比较，发现与电解铜价格涨幅最接近的是铜球，而差异最大的是敷铜板0.14＊36＊48。其原因是铜球仅是外形的改变，原材料基本都是铜，而敷铜板是由电木、纤维编织布加环氧树脂胶压制而成的绝缘板材，再镀上一层铜作为导电层，其原材料较多，工艺复杂，所以2021年价格涨幅跟大宗商品中

“电解铜”有较大差异。

表6　样本企业中采购商品包含铜的规格品表

产品规格名	G_t
铜球	19
电解铜	24
铬锆铜	43
紫铜板	2
FR4 铜 HH 厚 1.500mm40X48“S1000－2MC(张)	39
铜箔－铜厚 18um	22
敷铜板 0.14 * 36 * 48(张)	48

五、主要结论及建议

(一)主要结论

1. 本文基于 Pyhotn 语言爬取网络大数据，旨在解决房地产价格调查和工业生产者价格调查中遇到的瓶颈问题，进一步加强对基层基础数据的审核把关力度，以此提高价格调查数据的真实性和准确性。实践证明，本文爬取高德地图中的结构化地址，与房地产主管部门的项目名称匹配效果较好，爬取大宗商品价格与 PPI 上报规格品的价格走势基本相符，说明使用大数据进一步丰富价格调查的渠道是可行的，深入探索大数据在价格调查中的应用迫在眉睫。

2. 网络大数据在政府统计调查中发挥的作用主要体现两个方面：一是帮助完善统计调查方法。HPI 调查中从项目名称提炼街道名称进行划片区的方法要求原始数据中需标记街道名称，但从房地产主管部门获取的原始数据较为混乱，难以提炼。利用大数据将其转化为对应的结构化地址后格式相对统一，有利于深入开发调查数据。此外，这些都是属于重复性工作，平均每月需要处理上千条数据，利用 Python 语言爬取数据即可够快速完成数据采集工作，极大提高工作效率。二是构建大数据审核体系。PPI 调查中原始数据是由调查对象企业上报的，仅汕头 84 家调查样本中就涉及到 36 个行业大类，还划分出中、小类。部分大类分配到的规格品仅有一两个，难以从该价格中推断是否符合市场行情。利用国家统计局每旬公布的大宗商品价格数据构建一套对重要生产资料价格进行长期跟踪的审核体系，可以在某些规格品上报价格出现较大波动，但所属大类的其他规格品又缺乏对比性时，将其与爬取的大宗商品价格进行对比，从而推断该规格品的价格波动情况是否符合市场行情。

3. 本文基于 Python 语言探索网络大数据在价格调查中的应用，虽然取得一定的效果，但仍然存在以下不足之处。一是第三方平台数据延迟。大数据来源于第三方平台高德 API，由于是针对开发者个人的端口，且数据较为延迟。所以出现了无法查询部分新楼盘位置信息、新成立的街道名称信息等缺陷，对房地产调查工作造成较大的影响。而且国家统计局网站上的大宗商品市场价格的公布时间为每月三次，一般延迟一旬的时间公布数据，而工业生产者价格调查的上报日期是 20 日开始，所以一般无法查询当月中旬和下旬的价格；二是房价项目名称命名不规范。房地产主管部门提供的原始网签数据，项目名称没有严格按照“省市区街道”的标准格式去命名，导致在爬取高德 API 大数据过程中，对于不同区同名地址则会出现错误匹配，需要人工去完善修正，降低了网络爬取的正确率。

(二)相关建议

1. 加强与数据提供方的合作。数据获取是大数据统计应用的主要挑战之一，作为个人开发者，除社交媒体数据、网络抓取数据、部分网络搜索数据可公开免费获取以外，难以获取全面和及时的原始资料。这需要政府机构与高德地图等大数据提供方建立数据合作伙伴关系，签订数据共享机制协议，或者从大数据公司、信息技术公司等第三方直接购买数据，确保数据及时准确。

2. 加强专业人才培养。大数据的“四性”特征，决定了它具有很大的不确定性，事先无法设置确定的变量关系模式，因此大数据应用不能再现传统统计生产过程，也不能运用传统的统计方法来处理，而需要依赖各种算法来挖掘发现大数据的规律特征，通过建模方法进行统计估算和推断。大数据统计推断的技术可行性、方法合理性以及结果的有效性，是评估判断大数据在政府统计调查工作中的应用是否成功的重要依据，而这些评估要依托专业人才去实现。建议政府部门要加强大数据应用人才的引进与培养。

3. 规范调查源头数据。本次在高德地图中爬取数据过程出现的错误匹配等问题，部分原因是房地产主管部门提供的原始数据不规范导致的。因此需要房地产主管部门制定相关的政策，进一步完善源头数据管理，规范数据填报方式，确保原始数据完整准确，从而为后期统计数据处理提供便利。

互联网大数据在房租价格调查中的应用

——以房地产中介数据应用为例

胡美琼　米文婷　廖　琴　钟　神　廖奕煌[①]

一、研究背景及意义

(一)房租价格调查进入信息化建设

"十三五"时期,统计调查信息化采集改革深入推进,尤其是统计制度方法的改革创新,联网直报、大数据和云计算等现代信息技术应用,不断创新部门统计调查方式和手段,政府统计系统已开启并逐步深入"大数据"领域的应用探索。在统计信息化改革推动下,房租价格调查不断发展完善:2018年底,房租调查方案制度的改制,提出"大数据中位数采价法"及"代表户型成交法"两种具有实际指导意义的采价方法。2019年6月后,调查方法进一步明确,规定以行政区作为划分方式,抽选租房较多的板块(商圈)开展房租价格调查,并按照当地租房结构确定主要租赁户型作为代表规格品,房地产中介机构成交信息成为价格采集的主要源头数据。

(二)统计大数据运用顺势而为

在"十四五"统计现代化改革规划中,明确指出提升大数据等现代化技术手段辅助治理能力,推进统计现代化改革。为实现这个目标,需要从健全完善部门综合统计报表制度着手,拓宽数据收集渠道,加强部门行政记录应用研究,规范获取部门统计数据,推动大数据在政府统计工作中的应用。具体而言,就是将商业记录、生产记录、社交记录等大数据作为政府统计基础数据的重要来源,不断完善交易价格采集方式,积极发挥大数据在价格指数编制中的作用,加快信息技术在统

① 作者简介:胡美琼,国家统计局北海调查队副队长。
米文婷,国家统计局北海调查队价格调查科科长。
廖　琴,国家统计局北海调查队住户调查科科长。
钟　神,国家统计局北海调查队干部。
廖奕煌,国家统计局北海调查队干部。

计工作中运用,实现统计调查服务水平提升。

二、当前房租价格抽样调查存在的问题和挑战

在大中型城市人口流动大,住房租赁市场发展较为完善,现行《私房房租价格调查操作办法》可行,但是在三四线小城,人口流动有限,房屋租赁市场发展相对滞缓,房租价格抽样调查受到一定的局限性。

(一)存在问题

一是同质可比要求高,规格品选取难。现实中,任何一套房的都具有唯一性,即使是同样居室同等面积的房屋,也会因为配套(物业、装修、家电配备程度等)、周边环境(学校、商圈地段、交通便利等)差异造成租金价格差。二是成交主观因素多,实际价格难采集。由于在房屋租赁交易市场,房屋租赁价格虽是按行情标定,但是除托管房外,房屋租赁都是以租赁双方直接洽谈为主,房主与租客谈好价格后直接签订合同。如果短期内未联系到交易双方,或遇到不配合的调查对象,所采集的挂牌价格可能会偏离实际成交价格。三是客观评估情况多,价格换算难。房租调查与CPI调查的其他规格品不同,难以找到完全复制的规格品,若代表规格品相应特征的户型当月没有实际成交,应由临近区域价格变动情况对其进行估算。目前对同样居室不同面积采集尚未有明确的折算指导,加上还需要对房屋实际情况进行评估、剔除不可比价格,精确采集数据的难度更大。

(二)面临挑战

一是代表房源成交不均衡,影响源头数据的及时性。以北海为例,外来人口主要为季节性候鸟人群及随着产业转移的企业管理群体,租赁业务相对少。加上房屋租赁佣金较销售少,中介机构不重视租赁业务,对成交信息缺乏整理、分析,导致成交数据零散,部分中介甚至没有数据处理系统,由于平台信息更新不及时、数据滞后,容易误导走势分析。二是调查对象不重视,影响数据获取的稳定性。房地产中介交易信息中,各种超限、无效数据参差其中,需要根据调查要求及口径进行辨认梳理。部分房屋租赁中介业务人员由于思想认识不到位,认为每月填写调查表是额外负担,延迟甚至随意提供价格,造成源头数据异动,影响调查质量。三是传统调查数据存在局限性,一定程度上影响评估质量。各家房地产中介的房屋特征信息不统一,部分指标涉及企业、个人隐私,具有一定的敏感性,数据采集不齐全。由于交易数据的取得、应用没有缺乏规范性指导,加上数据处理缺乏系统科学分析,特别是对于同一租赁房源重复和虚假房源等问题,难以保证数据质量,易出现数据风险。

三、房租调查大数据应用的必要性研究

(一)从中介平台取数,可以弥补房租价格调查短板

一是房屋中介公司房源多、渠道稳定,可优化样本框建设。在电子商务时代,房屋租赁交易信息网上发布趋向主流。房屋中介的挂牌房涵盖各种类型、多种户型,遍布各个行政区。从中介平台取数,能满足样本多区域各类型的选择要求,有效降低地区特征差异的造成的数据不合理,避免片区经济社会发展不均衡带来的偏差及指数异常波动。

二是信息内容丰富、数据量大,能够弥补趋势评估偏失。就北海房租价格调查的实际,样本量仅为 30 个,分别从世华地产、优居、贝壳三个房产中介取数,信息量有限。为了更全面地掌握当月成交情况,甄别出填报样本房源是否有代表性,除了按量填报规格品信息外,要求中介将当月成交的所有租赁成交信息全部上报,每月 200 多条的数据,增加了 7 倍的样本,给调查提供更丰富的参考依据,业务员能更精确把握租房市场整体形势,科学地评估价格波动趋势。

(二)大数据应用提升房租价格调查数据质量

一是扩大调查范围,提升指数时效性。随着信息时代发展,信息交流的平台日渐增多,安居客、贝壳等房地产网站设置日渐成熟,人们更倾向在网络上交流和获取信息,因此房产中介机构汇聚大部分房屋交易信息。借助各房产中介平台的大数据,可以在短时间内,迅速扩大调查范围,确保调查数据源自各个行政区域,做到规格品价格全覆盖,全面反映出各个调查报告时间内房屋租赁价格的变动情况,体现住房租赁市场的发展变化,再综合平台上大量信息佐证,能够验证样本量数据结果,增进数据质量,提升指数时效性。

二是提高调查效率,保障数据准确性。在价格采集环节,从平台调取数据,不仅提升数据使用效率,也能避免数据采集过程中的人为误差,能够实现简化工作流程、扩大数据来源预期目标。网络大数据资源丰富,可以根据调查需要进行筛选、有针对性地应用。对于租房成交量较大的一二线城市,中介数据可以用作调查结果的对比和检验。对于租房成交量相对少的三四线城市,可以有效补充房源、对样本量起到纠偏消差的作用。不仅量上有增加,质上也有提升,极大提高规格品数据准确性。

三是信息化发展技术日趋成熟,数据更可靠。随着“互联网+”发展,网上租赁平台凭借进入成本低、运营模式先进、市场广阔等优势,成为规范有序的发展业态。平台的线上数据查询服务,为网络采集房租价格提供了基础条件。部分规模

房企更是拥有成熟的数据管理系统，数据汇总高效便捷、传输方便。在数据处理过程中，依据数据整理汇总、转换输出等功能，可以为后期数据的分析测算打下坚实的基础，因此通过大数据采集的方式，能够提高数据的代表性和精确度，将成为传统采价方式的有益补充和发展方向。

四、中介成交数据的分析

对贝壳、世华地产、优居两年来(2020.7－2022.6)的租赁业务数据进行清洗和整理，与编制的指数进行对比分析。

(一)数据预处理

1. 梳理归并数据。将三个房屋中介机构2020年7月至2022年6月共24个月份的房屋租赁成交数据，包括成交时间、成交价格、成交面积、楼盘名称、户型、装修程度等，按标准调整格式，统一整理到Excel中，并核对有无错误。

2. 异常数据剔除

(1)剔除干扰数据。对装修程度一栏进行检查，剔除含有商铺、商住两用、别墅、毛坯、未知、空房、土地、写字楼等标识的数据。

(2)剔除不合理面积数据。为避免错误数据和车库改造房、房东自建房等特殊情况，需要对面积过小的房源数据进行剔除，通过对小面积段房源的审核，发现10平米以下房源需要剔除。

(3)剔除不合理价位数据。由于数据中存在成交价格为0元/月和1元/月的明显错误数据，对其进行精准剔除，另外数据中也存在成交价格与成交面积极为不匹配的畸形数据，具体表现为：房源为中等或中等偏大面积，但租金仅500－800元/月或房源面积偏小但租金超过2500元/月，此部分房源如果混入价格测算中，会导致房租数据产生较大偏差，因此需要精准剔除。计算出折算价(金额/面积)并利用箱线图对折算价中过高或者过低的异常值进行筛选与剔除。

3. 三西格玛准则

准则的基本原理可以简单描述为：若数据服从正态分布，则异常值被定义为一组结果值中与平均值的偏差超过三倍标准差的值。即在正态分布的假设下，距离平均值三倍(为标准查)之外的值出现的概率很小(如式(1))，因此可认为是异常值。若数据不服从正态分布，也可以用远离平均值的多少倍标准差来描述。

在统计上，68－95－99原则是在正态分布中，距平均值小于一个标准差、二个标准差、三个标准差以内的百分比，更精确的数字是68.27%、95.45%及99.73%。若用数学用语表示，其算式如下，其中X为正态分布随机变数的观测值，μ为分布的平均值，而 σ 为标准差：

$$P(|x-\mu|>3\sigma)\leqslant 0.003 \tag{1}$$

(二)租赁特征分析

1. 数据划分

由于不同居室类型的房子的租金有较大不同，本文将异常值筛选后的数据以面积为主要特征进行整理，把收集到的三家地产公司租赁面积划分为一居室（$60m^2$ 以下）、二居室（$60-90m^2$）、三居室及以上（$90m^2$ 以上），整理后整体情况如下表所示：

表 1　以面积划分后各地产公司房屋租赁成交数量基本情况(个、%)

分类	贝壳		世华		优居	
一居室	20621	16.67%	69	20.29%	325	15.51%
二居室	64668	52.27%	218	64.12%	1065	50.84%
三居室	38434	31.06%	53	15.59%	705	33.65%
总计	123723	100.00%	340	100.00%	2095	100.00%

由上表可知，以面积为主要特征划分后，贝壳和优居的总体成交数量从大到小分别是二居室、三居室、一居室的数量特征，选择二居室的租赁数量达到一半，而世华的总体成交数量则表现为二居室最多，一居室次之、三居室最少的特点。

2. 描述性分析

经过数据的筛选清理最后整理得到每个房屋租赁的特征属性数据，下表为做相应的描述性统计观测样本的整体特征情况。

表 2　北海市房屋租赁的描述性统计

变量	地产公司	数量	最小值	最大值	均值	标准差
折算价(元/平方米)	贝壳	123723	0.49	113.38	7.72	2.94
	优居	2095	1.35	34.88	11.26	3.53
	世华	340	5.13	16.22	9.58	1.88
成交面积(平方米)	贝壳	123723	14	1230.66	85.39	31.85
	优居	2095	27.35	506.3	86.07	30.55
	世华	340	32	300	79.46	24.35
成交价格(元)	贝壳	123723	120	12000	627.75	258.12
	优居	2095	300	5000	924.64	320.58
	世华	340	350	4000	740.62	251.04

由表 2 可知，北海市贝壳、优居和世华三家地产公司租赁住房的平均面积分别为 85.39、86.07 和 79.46 平方米，反映租客更偏向于选择二居室的房屋，选择中等舒适的空间。对比三家地产公司，就各月的单位面积租金来说贝壳的平均价格最低，为 7.72 元/平方米，且能够以较低的价格购买到中等的住房空间，从而平均的月成交价格在三者之中贝壳是最低的，为 627.75 元，这也一定程度上解释了贝壳的租赁成交数量远远大于优居和世华；优居的租赁数量位于第二，其月单位面积价格最高，达到 11.26 元/平方米，但其相应的租赁面积也是最大，从而月成交价格最高，说明优居提供的住房空间档次更高，价格也更高；世华地产的租赁数量和租赁的面积都位于第三，但各月单位面积租金和价格都排在第二，就价格来说不够其他两家地产公司划算，所以在同样价位下满足不了大多数租客的要求。总之，贝壳地产是大多数租客更乐于选择的中介机构，能够提供中等舒适的居住空间以及较为低廉的价格，优居所提供的则是更为高档的住房环境。

对贝壳、优居和世华在 2020 年 7 月到 2022 年 6 月两年间的租赁成交数量和面积做分析有利于把握他们在地产行业的地位和大致情况。

由图 1 和图 2 可知，在这两年当中，贝壳和优居的起伏波动较为平稳且趋势相近，呈现周期性的规律，每年的 8 月份左右成交数量会出现显著下降的情况，持续到次年的 1、2 月份，接着波动上升，持续达到峰值，而世华的趋势表现为下降。在每一整年当中，贝壳、优居和世华地产公司的成交数在 1、2 月的时候最低，在 2021 年的时候分别为 909、11 和 3 个，7 月份贝壳和优居成交数量最大，为 8092 和 142 个。

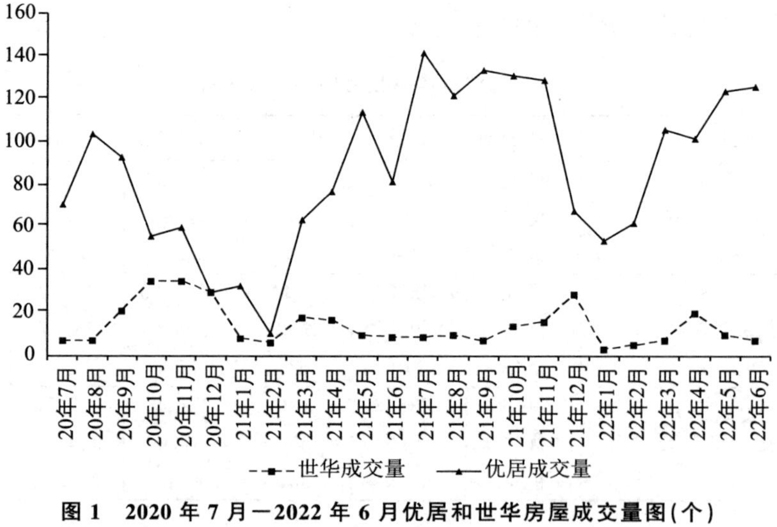

图 1　2020 年 7 月—2022 年 6 月优居和世华房屋成交量图(个)

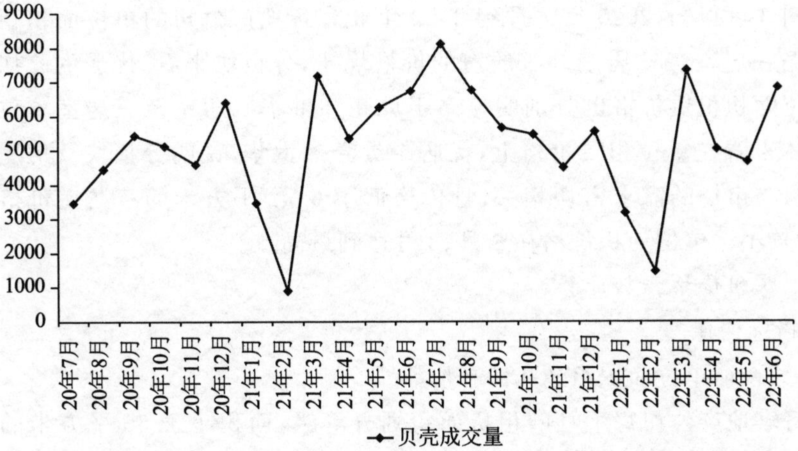

图 2　2020 年 7 月—2022 年 6 月贝壳房屋成交量图(个)

因此可大致得出每年的 7、8 月份是成交数量的高峰期,1、2 月份是低峰期。由于世华成交数量较小,因而起伏较小。而在 2 月份,房屋租赁单位面积价格高,一定程度上导致了成交数量的减少,在 7 月份左右,房屋租赁单位面积价格降低,达到租客可接受范围之内,因此成交数量在一定程度上增加。

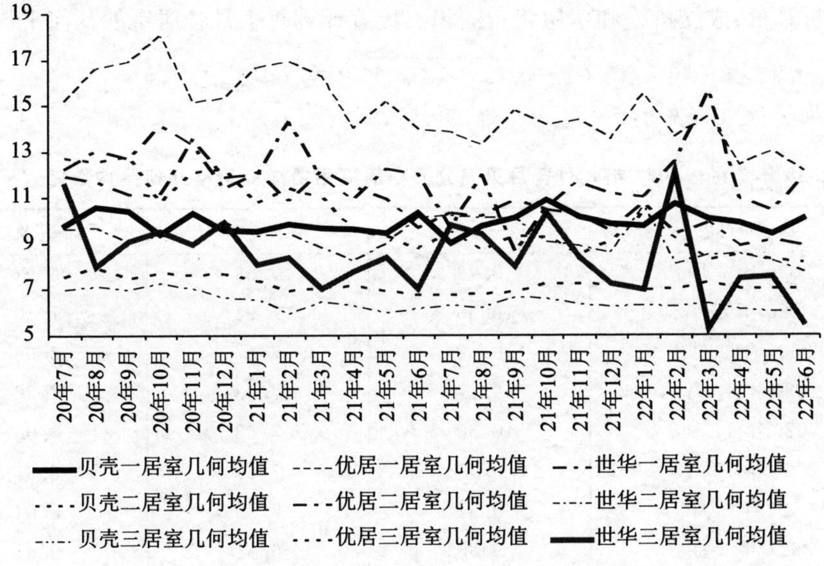

图 3　2020 年 7 月—2022 年 6 月优居、贝壳和世华成交房屋单位面积价格

(元/平方米)

从图 3 可得知,2020 年 7 月到 2022 年 6 月各地产公司的单位面积租赁价格基本遵循一居室>二居室>三居室的价格规律,分板块来看,优居的二居室及三居室单位面积租赁价格也分别明显高于贝壳和世华二居室及三居室单位租赁价格。总体来看在单位租赁价格上,优居>贝壳>世华,说明分板块及房屋面积的成交价格与市场的需求密切相关,且价格低于 9 元/平方米的三居室价格整年平稳,波动较小。单位面积价格在 2 月、8 月达到最高点。

(三)房租价格指数计算

1. 指标构建

(1)分特征单位面积租金几何平均数

将每家地产公司每个月的租赁面积划分等级,面积小于 60 平方米的为一居室、60 到 90 平方米之间为二居室,面积大于 90 的则划分为三居室及以上。

针对面积划分后历月房屋租赁成交价格,根据它们的单位面积房租价格得出分特征单位面积租金价格的几何平均数。首先计算每个月单位面积租赁价格:

$$t_{imn} = \overline{S_{imn}} \tag{2}$$

其中 $i=1,2,\cdots,24$,分别对应 2020 年 7 月到 2022 年 6 月,$m=1,2,3$,对应一居室、二居室和三居室及以上,t_{imn}、P_{imn} 和 S_{imn} 分别表示第 i 个月 m 居室的第 n 个样本数据的折算价、成交价格和房屋租赁面积。接着计算每个月各居室的几何平均值:

$$t_{im} = \sqrt[n]{t_{im1} \times t_{im2} \times \cdots \times t_{imn}} \tag{3}$$

结果见表 3—表 5:

表 3　2020 年 7 月—2022 年 6 月各月贝壳分面积房屋租赁成交价格几何平均数(元/平方米)

成交时间	一居室	二居室	三居室及以上
2020 年 7 月	9.77	7.53	6.97
2020 年 8 月	10.56	7.94	7.10
2020 年 9 月	10.38	7.47	6.96
2020 年 10 月	9.37	7.73	7.26
2020 年 11 月	10.30	7.63	7.00
2020 年 12 月	9.57	7.67	6.61
2021 年 1 月	9.51	7.39	6.54
2021 年 2 月	9.83	6.91	5.91
2021 年 3 月	9.67	7.06	6.45
2021 年 4 月	9.62	7.13	6.29
2021 年 5 月	9.43	6.91	5.98

续表

成交时间	一居室	二居室	三居室及以上
2021 年 6 月	10.30	6.74	6.16
2021 年 7 月	8.98	6.74	6.28
2021 年 8 月	9.75	6.81	6.20
2021 年 9 月	10.10	6.89	6.63
2021 年 10 月	10.90	7.22	6.58
2021 年 11 月	10.14	7.22	6.33
2021 年 12 月	9.82	7.21	6.24
2022 年 1 月	9.76	6.98	6.26
2022 年 2 月	10.72	7.02	6.22
2022 年 3 月	10.05	7.28	6.36
2022 年 4 月	9.87	7.02	6.09
2022 年 5 月	9.38	7.04	6.00
2022 年 6 月	10.04	7.02	6.02

表 4　2020 年 7 月—2022 年 6 月各月优居分面积房屋租赁成交价格几何平均数(元/平方米)

成交时间	一居室	二居室	三居室及以上
2020 年 7 月	15.16	12.25	12.74
2020 年 8 月	16.60	13.03	12.53
2020 年 9 月	16.88	12.66	12.82
2020 年 10 月	18.02	14.11	10.80
2020 年 11 月	15.14	13.31	12.10
2020 年 12 月	15.30	11.37	12.26
2021 年 1 月	16.63	12.13	10.73
2021 年 2 月	16.89	10.84	11.40
2021 年 3 月	16.23	12.17	11.03
2021 年 4 月	13.98	11.46	9.53
2021 年 5 月	15.13	10.93	9.30
2021 年 6 月	13.95	9.66	8.72
2021 年 7 月	13.84	10.33	9.48
2021 年 8 月	13.26	10.19	8.70
2021 年 9 月	14.74	10.83	9.28
2021 年 10 月	14.14	10.45	9.26
2021 年 11 月	14.36	10.24	8.51
2021 年 12 月	13.53	9.51	9.07
2022 年 1 月	15.48	10.72	10.30
2022 年 2 月	13.62	9.37	9.19
2022 年 3 月	14.48	9.86	8.24
2022 年 4 月	12.36	8.88	8.53
2022 年 5 月	12.98	9.12	8.30
2022 年 6 月	12.11	8.90	8.15

表 5　2020 年 7 月—2022 年 6 月各月世华分面积房屋租赁成交价格几何平均数(元/平方米)

成交时间	一居室	二居室	三居室及以上
2020 年 7 月	11.95	9.60	11.55
2020 年 8 月	11.69	9.65	8.00
2020 年 9 月	11.13	9.04	9.07
2020 年 10 月	11.11	9.33	9.51
2020 年 11 月	13.56	8.99	8.94
2020 年 12 月	11.90	9.90	9.91
2021 年 1 月	12.01	9.32	8.09
2021 年 2 月	14.29	9.39	8.40
2021 年 3 月	11.84	8.77	7.02
2021 年 4 月	10.90	8.19	7.78
2021 年 5 月	12.26	8.93	8.40
2021 年 6 月	12.01	10.08	7.02
2021 年 7 月	9.62	10.19	9.78
2021 年 8 月	11.97	10.07	9.38
2021 年 9 月	8.60	10.05	8.00
2021 年 10 月	10.57	9.02	10.33
2021 年 11 月	11.69	8.87	8.40
2021 年 12 月	11.14	8.55	7.22
2022 年 1 月	11.00	10.59	6.96
2022 年 2 月	12.57	8.08	12.09
2022 年 3 月	15.63	8.45	5.26
2022 年 4 月	10.94	8.53	7.46
2022 年 5 月	10.42	8.19	7.55
2022 年 6 月	11.86	7.72	5.53

(2)分面积环比指数计算

根据当月和上月各类户型的单位面积平均租金,分别计算出 2020 年 8 月—2022 年 6 月一居室、二居室、三居室的价格指数:

$$z_{im}=\frac{t_{im}}{t_{i-1,m}}\times 100\% \tag{4}$$

其中 z_{im} 表示第 i 个月 m 居室的环比指数，这里 $i=2,\cdots,24$，$z_{1m}=100$，结果如表 6 所示：

表 6　2020 年 7 月—2022 年 6 月各月贝壳分面积房屋租赁成交价格环比指数(%)

(上月＝100)

成交时间	一居室	二居室	三居室及以上
2020 年 7 月	—	—	—
2020 年 8 月	108.00	106.00	102.00
2020 年 9 月	98.00	94.00	98.00
2020 年 10 月	90.00	103.00	104.00
2020 年 11 月	110.00	99.00	96.00
2020 年 12 月	93.00	101.00	94.00
2021 年 1 月	99.00	96.00	99.00
2021 年 2 月	103.00	93.00	90.00
2021 年 3 月	98.00	102.00	109.00
2021 年 4 月	99.00	101.00	98.00
2021 年 5 月	98.00	97.00	95.00
2021 年 6 月	109.00	98.00	103.00
2021 年 7 月	87.00	100.00	102.00
2021 年 8 月	109.00	101.00	99.00
2021 年 9 月	104.00	101.00	107.00
2021 年 10 月	108.00	105.00	99.00
2021 年 11 月	93.00	100.00	96.00
2021 年 12 月	97.00	100.00	99.00
2022 年 1 月	99.00	97.00	100.00
2022 年 2 月	110.00	101.00	99.00
2022 年 3 月	94.00	104.00	102.00
2022 年 4 月	98.00	96.00	96.00
2022 年 5 月	95.00	100.00	98.00
2022 年 6 月	107.00	100.00	100.00

表 7　2020 年 7 月—2022 年 6 月各月优居分面积房屋租赁成交价格环比指数(%)

(上月=100)

成交时间	一居室	二居室	三居室及以上
2020 年 7 月	—	—	—
2020 年 8 月	109.52	106.42	98.34
2020 年 9 月	101.67	97.10	102.34
2020 年 10 月	106.73	111.47	84.21
2020 年 11 月	84.04	94.34	112.07
2020 年 12 月	101.03	85.39	101.32
2021 年 1 月	108.69	106.73	87.57
2021 年 2 月	101.60	89.37	106.21
2021 年 3 月	96.08	112.22	96.75
2021 年 4 月	86.11	94.15	86.42
2021 年 5 月	108.23	95.42	97.55
2021 年 6 月	92.22	88.34	93.75
2021 年 7 月	99.23	106.93	108.76
2021 年 8 月	95.81	98.73	91.75
2021 年 9 月	111.13	106.28	106.70
2021 年 10 月	95.93	96.49	99.77
2021 年 11 月	101.55	97.94	91.86
2021 年 12 月	94.21	92.85	106.67
2022 年 1 月	114.41	112.80	113.57
2022 年 2 月	87.98	87.41	89.21
2022 年 3 月	106.31	105.15	89.60
2022 年 4 月	85.39	90.05	103.60
2022 年 5 月	104.98	102.70	97.22
2022 年 6 月	93.33	97.66	98.28

表 8　2020 年 7 月—2022 年 6 月各月世华分面积房屋租赁成交价格环比指数(%)

(上月＝100)

成交时间	一居室	二居室	三居室及以上
2020 年 7 月	—	—	—
2020 年 8 月	97.82	100.53	69.26
2020 年 9 月	95.21	93.64	113.38
2020 年 10 月	99.82	103.22	104.85
2020 年 11 月	122.05	96.37	94.01
2020 年 12 月	87.76	110.09	110.85
2021 年 1 月	100.92	94.11	81.63
2021 年 2 月	118.98	100.82	103.83
2021 年 3 月	82.86	93.32	83.57
2021 年 4 月	92.06	93.40	110.83
2021 年 5 月	112.48	109.08	107.97
2021 年 6 月	97.96	112.86	83.57
2021 年 7 月	80.10	101.10	139.32
2021 年 8 月	124.43	98.82	95.91
2021 年 9 月	71.85	99.81	85.29
2021 年 10 月	122.91	89.74	129.13
2021 年 11 月	110.60	98.29	81.32
2021 年 12 月	95.30	96.39	85.95
2022 年 1 月	98.74	123.89	96.40
2022 年 2 月	114.27	76.30	173.71
2022 年 3 月	124.34	104.53	43.51
2022 年 4 月	69.99	101.00	141.83
2022 年 5 月	95.25	96.08	101.21
2022 年 6 月	113.82	94.17	73.25

2. 权重计算

由于没有 2020 年 7 月以前的数据做基期权重，当下采用各月房租租赁总面积作为权重，因此首先根据式(5)分别计算出北海市每个地产公司各月一居室、二居室、三居室加权成交面积占比：

$$\omega_{im}=\frac{s_{im}}{\sum_{m=1}^{3}s_{im}}=\frac{s_{im}}{s_i} \tag{5}$$

其中 ω_{im} 表示每家地产公司第 i 个月 m 居室的面积权重，s_i 表示每家地产公司第 i 个月成交租赁面积总和，计算得到的结果如下表所示：

表 9　2020 年 7 月—2022 年 6 月各月贝壳三家地产公司房屋租赁成交面积占比(%)

	贝壳			优居			世华		
	一居室	二居室	三居室及以上	一居室	二居室	三居室及以上	一居室	二居室	三居室及以上
2020 年 7 月	8.69	46.67	44.64	7.91	47.96	44.14	12.23	31.91	55.85
2020 年 8 月	7.09	55.46	37.45	7.39	43.38	49.23	0.00	66.89	33.11
2020 年 9 月	8.29	50.39	41.32	7.56	57.17	35.28	15.18	53.30	31.52
2020 年 10 月	10.36	48.76	40.89	8.84	28.34	62.82	12.70	69.91	17.39
2020 年 11 月	9.88	56.20	33.92	10.01	45.62	44.37	11.88	73.50	14.62
2020 年 12 月	10.78	56.07	33.15	8.56	43.09	48.35	12.68	68.63	18.69
2021 年 1 月	9.18	57.84	32.99	14.96	39.14	45.91	15.38	52.31	32.31
2021 年 2 月	13.98	51.46	34.56	16.81	58.82	24.37	9.29	90.71	0.00
2021 年 3 月	10.26	45.44	44.30	4.78	41.38	53.84	20.84	61.53	17.62
2021 年 4 月	9.55	49.97	40.48	6.17	56.28	37.54	13.55	46.44	40.01
2021 年 5 月	10.41	45.57	44.02	12.10	54.72	33.19	11.57	88.43	0.00
2021 年 6 月	10.44	42.68	46.88	8.80	44.93	46.27	14.86	53.51	31.64
2021 年 7 月	9.78	47.82	42.40	7.85	55.87	36.27	15.95	69.94	14.11
2021 年 8 月	7.58	50.16	42.26	7.33	48.13	44.54	18.86	64.14	17.00
2021 年 9 月	7.03	49.43	43.55	8.34	50.35	41.31	20.39	60.00	19.61
2021 年 10 月	9.59	49.88	40.53	12.91	51.89	35.20	14.03	64.84	21.13
2021 年 11 月	11.43	54.70	33.87	6.80	47.78	45.41	0.00	100.00	0.00
2021 年 12 月	7.20	49.22	43.58	8.56	40.70	50.75	10.14	79.19	10.68
2022 年 1 月	9.25	50.57	40.18	9.47	45.76	44.77	13.79	36.64	49.57
2022 年 2 月	7.94	49.42	42.64	8.14	43.98	47.88	13.55	61.79	24.66
2022 年 3 月	7.75	50.01	42.24	7.51	54.46	38.03	15.74	42.58	41.68
2022 年 4 月	9.27	50.03	40.69	8.13	44.99	46.88	1.96	63.31	34.72
2022 年 5 月	10.46	48.86	40.68	6.73	46.88	46.39	11.12	57.59	31.29
2022 年 6 月	7.80	48.53	43.67	9.14	45.19	45.67	25.31	29.95	44.74

3. 指数构建

(1)基于各居室租赁面积加权的计算每个月的环比指数：

$$z_i = \sum_{m=1}^{3} \omega_i m z_{im} \times 100\% \tag{6}$$

其中 z_i 就是每家地产公司第 i 个月的价格指数，基于租赁面积加权的各居室环比指数计算得到结果如下表 10 所示：

表 10　2020 年 7 月—2022 年 6 月各月三家地产公司房屋租赁价格指数(%)

(上月=100)

成交时间	未加权房租价格指数			加权房租价格指数			现行房租价格指数
	贝壳	优居	世华	贝壳	优居	世华	
2020 年 7 月	—	—	—	—	—	—	99.80
2020 年 8 月	105.00	104.76	89.21	104.64	104.76	90.17	98.50
2020 年 9 月	97.00	100.37	100.74	95.98	100.37	100.10	100.00
2020 年 10 月	99.00	100.80	102.63	102.06	100.80	103.07	100.00
2020 年 11 月	102.00	96.82	104.14	99.07	96.82	99.08	100.00
2020 年 12 月	96.00	95.91	102.90	97.82	95.91	107.40	100.50
2021 年 1 月	98.00	101.00	92.22	97.26	101.00	91.13	99.90
2021 年 2 月	96.00	99.06	107.88	93.36	99.06	102.51	100.00
2021 年 3 月	103.00	101.68	86.58	104.69	101.68	89.42	100.40
2021 年 4 月	99.00	88.89	98.76	99.59	88.89	100.19	99.10
2021 年 5 月	97.00	100.40	109.84	96.22	100.40	109.48	98.00
2021 年 6 月	103.00	91.44	98.13	101.49	91.44	101.38	98.70
2021 年 7 月	96.00	104.97	106.84	99.58	104.97	103.14	98.50
2021 年 8 月	103.00	95.43	106.39	100.76	95.43	103.15	98.00
2021 年 9 月	104.00	108.04	85.65	103.82	108.04	91.26	99.20
2021 年 10 月	104.00	97.40	113.92	102.86	97.40	102.71	99.60
2021 年 11 月	96.00	97.11	96.74	97.85	97.11	98.29	99.80
2021 年 12 月	98.00	97.91	92.54	99.35	97.91	95.16	99.90
2022 年 1 月	99.00	113.59	106.34	98.39	113.59	106.79	98.50
2022 年 2 月	103.00	88.20	121.43	100.86	88.20	105.47	100.20
2022 年 3 月	100.00	100.35	90.79	102.38	100.35	82.21	99.50
2022 年 4 月	97.00	93.01	104.27	96.19	93.01	114.57	99.40
2022 年 5 月	98.00	101.63	97.51	98.66	101.63	97.59	99.20
2022 年 6 月	102.00	96.42	93.75	100.55	96.42	89.78	99.40

(2)权重计算

通过前面的描述性统计分析可知,贝壳、优居和世华三家地产公司在北海市的成交租赁面积和总金额有较为明显的差异,因此需要对他们的各月价格指数做加权平均计算,本文选择以各月成交租赁面积作为权数。首先分别计算出北海市市各地产公司各月成交面积占比:

$$w_{ij}=\frac{s_{ij}}{\sum_{j=1}^{3}s_{ij}}=\frac{s_{ij}}{s_i} \tag{7}$$

其中 s_{ij} 表示第 i 个月第 j 家地产公司的总成交面积,$j=1,2,3$,表示贝壳、优居和世华三家地产公司,计算结果见表 11:

表 11 2020 年 7 月—2022 年 6 月各月三家地产公司房屋租赁成交面积占比(%)

成交时间	贝壳	优居	世华
2020 年 7 月	97.7414	2.0071	0.2515
2020 年 8 月	97.4923	2.3500	0.1577
2020 年 9 月	97.9706	1.6641	0.3653
2020 年 10 月	98.1566	1.2027	0.6407
2020 年 11 月	97.9178	1.3753	0.7069
2020 年 12 月	99.0782	0.4701	0.4517
2021 年 1 月	98.9126	0.8658	0.2216
2021 年 2 月	98.3177	1.0848	0.5975
2021 年 3 月	98.8735	0.9165	0.2100
2021 年 4 月	98.2319	1.4562	0.3119
2021 年 5 月	98.1971	1.6698	0.1331
2021 年 6 月	98.6731	1.2040	0.1229
2021 年 7 月	98.2375	1.6718	0.0907
2021 年 8 月	98.1018	1.7735	0.1247
2021 年 9 月	97.6152	2.2847	0.1001
2021 年 10 月	97.5250	2.2410	0.2340
2021 年 11 月	96.7184	2.9460	0.3356
2021 年 12 月	98.3070	1.2526	0.4404
2022 年 1 月	98.3174	1.5987	0.0839
2022 年 2 月	95.4254	4.2890	0.2857
2022 年 3 月	98.4793	1.4339	0.0869
2022 年 4 月	97.5875	2.0380	0.3745
2022 年 5 月	97.1578	2.6276	0.2146
2022 年 6 月	98.0433	1.8642	0.0925

(3)总环比指数计算

基于前面用简单平均法和加权法分别得到的每家地产公司房租价格指数，以每个月房屋租赁总面积为权重，分别求出房租价格总指数：

$$I_i = \sum_{j=1}^{3} w_{ij} I_{ij} \times 100\% \tag{8}$$

其中 I_{ij} 为第 j 家地产公司第 i 个对应月份下的价格指数，根据公式(8)计算得到的结果如下表所示：

表 12　2020 年 7 月—2022 年 6 月各月北海市房屋租赁价格总指数(%)

成交时间	未加劝房租价格指数	加权房租价格指数	现行房租价格指数
2020 年 7 月	—	—	99.8
2020 年 8 月	104.97	104.62	98.5
2020 年 9 月	97.07	96.07	100
2020 年 10 月	99.04	102.05	100
2020 年 11 月	101.94	99.04	100
2020 年 12 月	96.03	97.85	100.5
2021 年 1 月	98.01	97.28	99.9
2021 年 2 月	96.10	93.48	100
2021 年 3 月	102.95	104.63	100.4
2021 年 4 月	98.85	99.44	99.1
2021 年 5 月	97.07	96.31	98
2021 年 6 月	102.85	101.37	98.7
2021 年 7 月	96.16	99.67	98.5
2021 年 8 月	102.87	100.67	98
2021 年 9 月	104.07	103.91	99.2
2021 年 10 月	103.88	102.73	99.6
2021 年 11 月	96.04	97.83	99.8
2021 年 12 月	97.97	99.31	99.9
2022 年 1 月	99.24	98.64	98.5
2022 年 2 月	102.42	100.33	100.2
2022 年 3 月	100.00	102.33	99.5
2022 年 4 月	96.95	96.19	99.4
2022 年 5 月	98.09	98.74	99.2
2022 年 6 月	101.89	100.46	99.4

4. 房租指数对比分析

基于中介大数据采用不同方法得到各地产公司的房租价格指数，其中包括简单平均法和加权平均法计算指数，把得到的处理结果与传统方式发布的房租价格环比指数进行对比，分析其中的差异，有利于进行初步的应用。

(1)三家地产公司房租指数之间的对比分析

由表 12 可以看出，加权房租价格指数和未加权房租价格指数两者指数相近，结合图 4 和图 5 可知，在加权情况下直接计算得出的各地产公司房屋租赁环比指数显然比未加权下情况下波动的幅度更小，更贴合现行房租价格指数。而波动幅度一定程度上是由样本数据量造成的。两种情况下三家地产公司的价格指数趋势大体一致，从 2021 年 3 月到 8 月都呈现环比上涨的特点，2022 年 1 月到 3 月环比下降。

贝壳与现行租赁价格指数的偏差最小，最小的偏差仅为 0.1%，分别是加权和未加权情况下的 2021 年 4 月和 2022 年 1 月；优居地产的平均偏差次于贝壳，与现行租赁价格指数偏差最小为 0.37%(2020 年 9 月)，而最大偏差为 15.09%(2022 年 1 月)；世华与其他三条指数背离的次数较多，比如 2021 年 8 月、2021 年 2、9 月和 2022 年 4 月，与现行价格指数偏差程度也是三者中最大的，尤其是 2022 年 2 月高达 21.23%(未加权)和 2022 年 3 月的 17.29%(加权)。

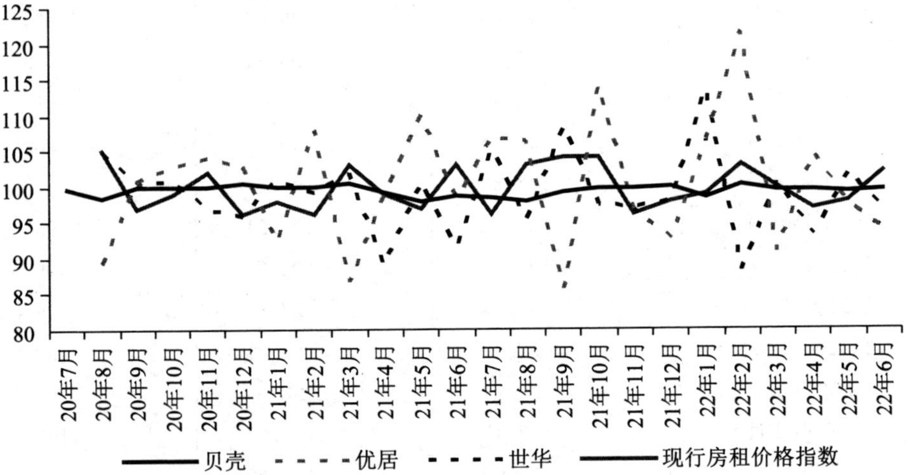

图 4　2020 年 7 月—2022 年 6 月各月三家地产公司未加权房屋租赁价格指数与现行房租价格指数对比(%)

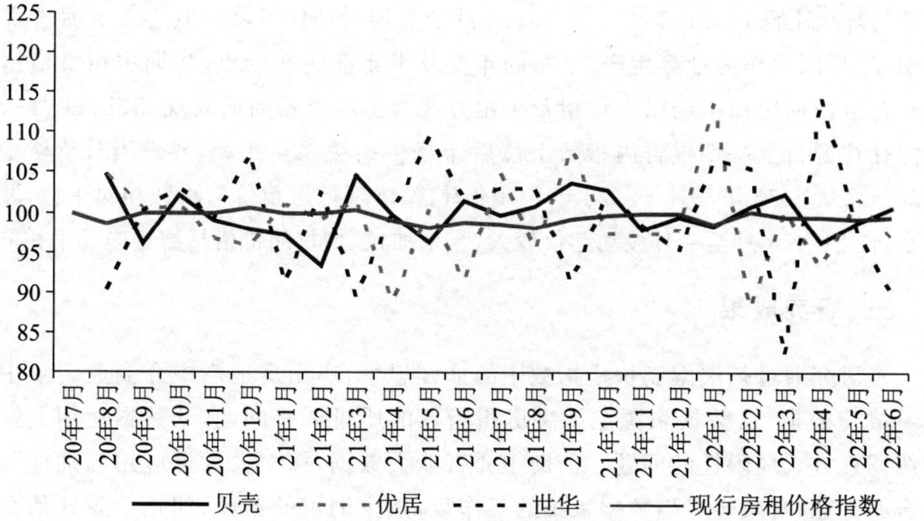

图 5　2020 年 7 月—2022 年 6 月各月三地产公司加权房屋租赁价格指数与现行房租价格指数对比(%)

(2)三家地产公司房租总指数与传统采价方法的对比分析

本文将三家地产公司房租总指数与传统指数的对比分析,结果如图 6 所示。从整体上看,未加权和加权得到的房租价格指数波动趋势相差不大,基本保持一致,从 2020 年 7 月到 2022 年 6 月始终保持平稳波动。同现行房租价格指数相比,2020 年 8、10 月、2021 年 3、6、8、9、12 月、2022 年 2、5、6 月未加权和加权的房租价

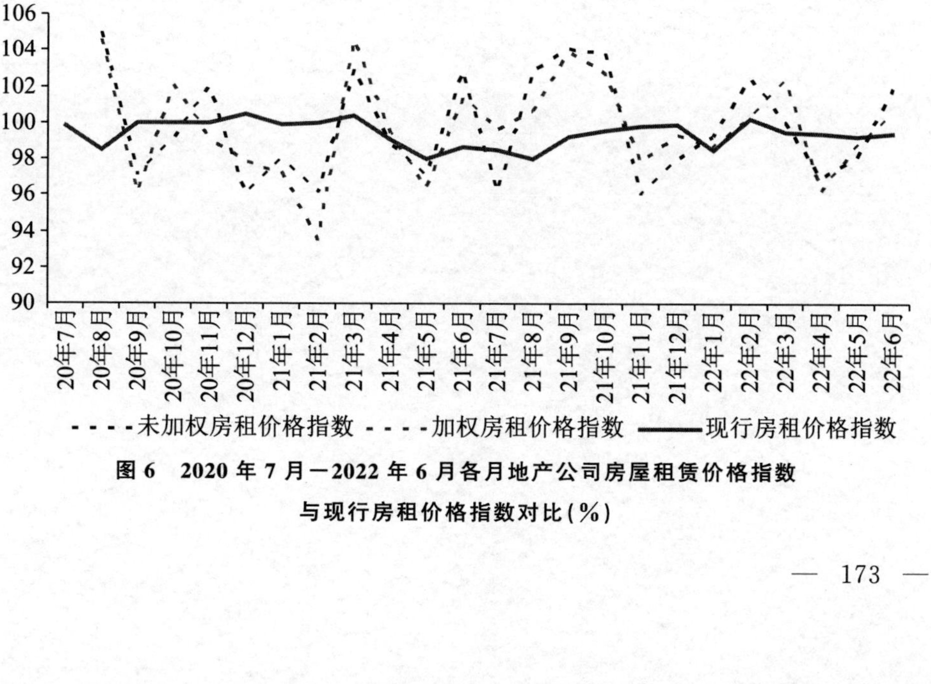

图 6　2020 年 7 月—2022 年 6 月各月地产公司房屋租赁价格指数与现行房租价格指数对比(%)

格均为环比上涨，2021 年 4、5、7、10、11 月指数均为环比下降。其中 3、9 月上涨最为明显，是因为作为社会生产、学习的年度及半年度的起始点，当期房租价格指数趋势符合当前房租市场以半年租及年租方式为主的市场周期表现，5、7、11 月指数下降往往源自上一期报告内指数上涨后市场供需关系再平衡，导致当月价格指数下降。而从 2020 年 7 月—2022 年 6 月来看，整体现行房租价格指数相对平稳，波动较小，在 21 年 3 月至 9 月波动起伏较大，与未加权、加权的价格指数走向几乎相同。

五、研究成果

本研究通过拓展编制价格指数中的抽样思维，应用房地产中介商业记录中的大量成交数据，从数据来源上解决房租指数的质量调整问题，从数据运用上解决传统调查方式局限性的问题。借助中介行业大数据，探索大数据应用与抽样调查融合的方法，既减轻房租数据采集的工作量，减少询价的错误，纠正主观评估在数据采集中的问题，推动房租价格调查方法改革。在实际操作中，拓宽房租调查大数据的广度与浓度，扩展房源信息，优化评估，提升数据质量，为准确反映房租价格趋势建立一条新的有效参考路径。

遥感数据应用

高分遥感在投资领域统计应用的探索

翟善清[1]

一、高分遥感投资统计应用示范背景情况

投资高分遥感应用示范项目(以下简称本项目)是国家高分统计专项(二期)的重要组成部分,2022年2月—2023年8月,本项目以高分卫星影像为基础,探索研究了建筑面积信息提取、深度神经网络训练、建筑目标识别和变化监测、数字表面模型构建等关键技术,在此基础上集成开发了高分遥感统计应用示范系统——投资统计调查大数据子系统,并在浙江省宁波市、陕西省汉中市选择具有典型代表性的在建投资项目共120个开展实地应用示范。

(一)国家高分统计专项

国家高分统计专项是国家高分专项重点支持发展的行业应用科研项目,由国家国防科技工业局通过高分统计专项提供经费和相关影像数据等技术支持,旨在推进国产高分遥感影像及相关技术在统计业务中的应用发展。高分统计专项分为先期攻关、应用示范(一期)及应用推广(二期)三个阶段。

(二)高分统计专项先期攻关阶段

高分统计专项先期攻关阶段是高分遥感在投资统计中应用的探索研究阶段,主要任务目标是在高分1号、2号卫星遥感数据的基础上完成示范系统的总体方案设计,在统计方面进行高分数据先期模拟应用研究,突破关键技术,建立示范原型系统。其中在投资领域统计通过判断投资项目所在区域是否存在大型建设设备、项目所在区域是否存在变化图斑等,来实现投资重大项目的真实性检验。研究结果显示,以高分七号卫星影像3.2m分辨率多光谱数据和0.8m分辨率的全色数据为基础,通过影像处理获得高分辨率的多光谱影像,可以准确识别固定资产投资项目中的大型设备以及固定资产投资项目所在区域的图斑变化,此外,通过GoogleEarth影像等多源数据验证的结果也显示高分遥感对固定资产投资重大

[1] 作者简介:翟善清,国家统计局固定资产投资统计司司长。

项目的真实性检验效果良好。

(三)高分统计专项应用示范阶段

高分统计专项应用示范阶段在先期攻关的基础上，利用高分 1—5 号卫星遥感数据，实现投资统计遥感调查中涉及的关键技术研发，着重开展高分统计应用示范系统建设，推进投资项目立体空间估计应用测试。在河南、重庆等地开展应用示范过程中，本项目利用高分遥感图像数据综合获取在建建筑物的表面信息特征，实现对投资项目的在建面积监测、建筑物高程监测，进行投资项目进度的立体估计。结合其他成果资料及野外查证数据，通过多种方法进行验证的结果显示，高分遥感对重大项目的进度监测有良好的适用性。

(四)高分统计专项应用推广阶段

高分统计专项应用推广阶段在先期攻关阶段和一期应用示范阶段项目成果基础上，以高分 6—7 号卫星遥感数据为主，融合高分 1—5 号卫星遥感数据，进一步深化投资统计调查有关研究和系统建设，探索基于高分数据的投资项目投资进度高精度监测技术，重点解决投资项目进度监测的关键技术应用，为高分遥感的推广应用打下基础。在浙江省宁波市和陕西省汉中市开展应用示范过程中，本项目利用高分 7 号卫星立体成像数据、激光测高数据和地面三维立体拍照数据，实现对投资项目的立体空间的高精度监测，利用深度学习、数字表面模型等关键技术手段推算建筑物的建设面积和建设高度，并在此基础上构建高分遥感数据驱动的投资项目投资金额估算模型，实现投资项目进度和投资额进度的双重估计。

二、投资统计调查大数据子系统研发应用情况

本项目在突破基于高分数据的投资项目进度高精度监测关键技术的基础上，对照投资项目进度高精度监测业务需求，进行了专题产品研制和软件模块开发，集成开发了高分遥感统计应用示范系统——投资统计调查大数据子系统。该系统通过利用高分遥感技术开展固定资产投资项目统计调查和监测，实现了监测信息、投资项目信息和地理数据库的集成，对投资项目有无判别、项目规模动态、项目建设进度、项目投资金额估计等投资进度信息的遥感识别，最终方便统计相关各级主管部门掌握真实的投资动态，提高重大(重点)投资项目管理与监测水平。

(一)投资统计调查大数据子系统介绍

1. 系统技术框架。整个投资统计调查大数据子系统的架构分为基础设施、数据层、服务层以及应用层四个部分。

2. 系统主要功能。系统的核心功能包括四个部分:遥感监测、项目管理、系统管理、一键报告等功能。其中遥感监测功能包括项目详情、加载影像、一键识别、交叉分析、预览照片、时序播放等,支持按照行政区、项目名称、开工日期和竣工日期对项目信息进行快速过滤。一键报告功能可就单个项目生成遥感监测分析报告,内容包括项目概述、项目照片、遥感识别分析、进度分析、风险评估等。

(二)投资高分遥感应用关键技术介绍

中国科学院空天信息创新研究院负责本项目的关键技术研究及应用示范科研,在先期攻关阶段和一期应用示范阶段项目成果基础上,探索基于高分数据的投资项目投资进度高精度监测技术,重点探索突破投资项目进度监测相关的关键技术。

1. 建筑面积等信息提取技术。在高分统计专项(一期)研究的投资进度监测技术基础上,结合高分1、2号卫星高分辨率数据和高分6号卫星数据,借鉴了HSD特征分类法和随机森林分类器的优势,并基于两种方法提出了新的建筑物提取算法,进行建筑面积识别估算。利用高分7号卫星立体成像数据以及激光测高数据,通过多角度阴影模型、立体像对模型,进行建筑物高度估算。高分7号卫星在轨测试期间,分别利用高分7号卫星0.8m分辨率全色立体像对数据进行DSM的提取且通过对DSM的分析计算,以及利用高分7号的倾斜观测和太阳高度产生的建筑阴影分析计算,可以准确地提取固定资产投资项目中建筑物的高度信息。

2. 基于频域尖峰神经分割网络改进的建筑物提取技术。项目科研团队提出了全新的频域尖峰神经网络(SNNFD)来提高投资项目建筑面积的识别精度,通过频域和空间域的综合学习来增强模型的可移植性和对不同大小建筑的特征能力。在频率学习模块中采用脉冲卷积,通过模仿人脑的学习过程来增强模型的学习能力。将学习到的频率特征进行拼接并变换到空间域,并利用卷积网络生成建筑物提取结果图像。对逆变换到空间域后的频率特征进行卷积,可以准确地保持详细的特征图,帮助保持建筑的内部形状细节。SNNFD不但增强了模型的适应性,还保持了建筑物提取中形状和细节信息。研究对比结果显示,SNNFD较其他方法存在优势。

3. 基于深度学习的建筑物识别和建设变化监测技术。项目科研团队以高分遥感影像数据为基础,对样本进行旋转和切片等增广的形式扩大了训练集,通过HRNet深度迁移学习、DeepLabv3plus深度迁移学习等方式,实现深度神经网络训练、建筑目标识别和变化监测,进而实现局地分割、建筑斑块提取、建筑变化监测等功能。

4. 数字表面模型建筑高度和进度监测技术。数字表面模型(Digital Surface Model,DSM)是包含了地表建筑和树木等地物高度的地面高程模型。项目科研团队通过高分 7 号立体像对的两幅前后视全色波段影像,利用 PCI Geomatica/Catalyst 软件生成 DSM,通过分别提取屋顶和路面高程相减,来得到建筑的高度,并利用建筑的高度的变化来监测项目进度。项目研究突破了高分系列数据支持下的建筑高度识别技术,结合高分 7 号立体观测的数据的 DSM 高度提取和高分 1、2、6 号数据支持下的基于阴影法的建筑高度估算技术,经示范区试验目前选中投资项目建设进度估计精度较高。

5. 360 全景地面走航与建筑高度测量技术。为方便实地采集投资项目的建筑高度情况,项目科研团队研发了 360 全景地面走航设备支持下的建筑高度快速估算技术,通过 360 全景地面走航观测设备,耦合超高分辨率 360 全景相机、电动走航观测车、GPS 定位系统、图像传输和存储系统,实现城市三维空间快速动态监测,为估算建筑物实际高度提供技术支撑。研究结果显示,随机样本的统计学拟合优度 R2 达到 0.86,偏差均值为±4.3m,说明建筑高度测量算法与真实参考值拟合效果较好,能够侧面反映算法的准确程度,预测模型可以满足现实场景的快速准确测量要求。

三、高分遥感投资应用示范情况

本项目针对投资统计调查大数据子系统关键技术应用,在浙江省宁波市、陕西省汉中市开展高分遥感投资应用示范工作。本项目在浙江省宁波市、陕西省汉中市各选择具有典型代表性的在建投资项目 60 个,项目类别涵盖道路、产业园区、房地产、污水处理厂、生态改造带等多种投资类型。

(一)数据采集

1. 高分遥感数据采集。2022 年 8 月至 2023 年 5 月,以 2 次/月的频度采集高分 1 号卫星、高分 2 号卫星、高分 6 号卫星和高分 7 号卫星影像数据,共采集卫星影像数据 32 景(约 218GB),基本满足对示范项目进行月度监测的需求。

2. 项目实地数据采集。2023 年 1 月、3 月、6 月开展了三次项目实地调研,利用无人机等方式实地采集项目数据,以辅助完成项目建筑面积、建筑物高度等数据的验证工作。

3. 项目统计数据采集。通过利用浙江省投资数据监测平台、联网直报平台等途径采集项目信息,包含项目基本情况,如 GPS 四至边界、项目名称、建设单位、建设时间及工期、建设内容、施工进度等；以及项目投资数据情况，如项目计划总投资、月度投资数据等，以辅助完成项目投资统计数据验证。

（二）投资统计调查大数据子系统应用

以宁波示范区项目为例，本项目通过收集汇总宁波市各项目区的多源多时相的高分系列卫星数据，经过融合裁剪处理后导入至投资统计调查大数据子系统平台，同时构建了项目建设指标（面积、高度、体积）和累计投资指标的投资模型。通过对宁波市 2022 年 10 月份的高分辨率遥感影像和 2023 年 2 月份的遥感影像开展变化对比分析，并对 2 期 4 个项目的建设进度指标（面积、高度和体积）和累计投资指标进行无量纲化处理，生成无量纲面板数据，通过进行相关性分析和回归模型构建，探索项目工程建设与累计投资间的关系。结果显示，建设体积与累计投资间存在统计意义上的相关性，且项目建设体积的变化与投资变化间的相关性更为显著（R2 达到 0.97），通过分析体积的变化可以为制定项目建设投资预算提供指导。示范应用结果显示，投资统计调查大数据子系统不仅能有效验证投资项目的真实性，还能实现投资项目更为精准的进度监测。

（三）应用示范经验总结

从投资高分遥感应用示范的关键技术及示范应用情况看，高分遥感在投资统计的应用会持续深入，不断为投资统计调查工作赋能增效。

1. 辅助统计调查，提高统计工作效率。高分辨率对地观测数据，可以为遥感支撑的对地抽样调查提供高精度样本，并为野外调查提供有效辅助信息，降低对实地人工调查的依赖、降低作业强度、减少工作环节、加快数据传递，尤其是对人工难以进入的困难地区有不可比拟的优势，从而提高统计工作效率。

2. 强化国产高分数据使用，促进高分统计业务发展。通过高分统计专项先期攻关和一期建设，实现统计领域国内高分卫星数据占有率达到 90%以上，使高分统计专项卫星数据得到充分共享和应用，从而掌握统计领域高分信息资源自主权。目前统计领域的部分卫星数据仍依靠国外数据，计划通过高分统计专项（二期）应用推广，进一步提高国产使用率和统计领域空间数据自给率。

3. 拓展统计调查方式，丰富投资统计形式。在实际工作中，由于人力不可及，或缺乏有效数据源，一些统计调查业务的开展受到了一定程度的阻碍。遥感技术具有客观性、时效性和全覆盖的特点，特别是高分辨率对地观测数据，可以增强统计调查的时空特性，对传统统计调查方法形成有益的补充。通过投资统计调查大数据子系统及其相应数据产品的研建，可以将卫星遥感数据、矢量地图数据、数字高程模型数据、多源数据融合，构建时空框架，推动实现对投资项目可视化展示和远程监管。

（四）存在的困难和问题

虽然在示范应用过程中高分遥感技术展现了其在投资统计中的应用能力和巨大潜力，但是目前在与业务衔接过程中还存在一定的困难和问题。

1. 高分遥感数据获取受云雨天气影响较大，获取周期不稳定。自 2022 年 8 月至今开展应用示范以来，共获取高分系列数据 32 景。但自 5 月至今进入雨季以来，宁波市还未能获取质量好的高分数据影像，并且在前期数据中，受到多云天气的影响，数据质量并不稳定。针对南方多云雨地区，需要考虑具备穿云透雨能力的雷达卫星数据或更为灵活的高分卫星获取模式。

2. 免费高分系列卫星数据以 2m 分辨率为主，在部分项目识别中精度稍显欠缺。目前获取的免费高分系列卫星数据以 2m 分辨率为主，对比商业卫星 0.3m、0.5m 左右的分辨率水平，在投资项目建筑面积识别精度方面还存在一定的差距，特别是在项目建设初期，对在建的小型工程的识别精度影响更大。

3. 高分 7 号数据重访能力有限，获取长时序建筑高度需要结合其他数据和方法。在实践过程中，高分 7 号卫星在特定区域的空间覆盖度仍有局限，虽然在建筑高度提取精度上有很大提升，但在多时相变化提取上存在空间覆盖的不确定性，在短期内需要其他数据源的辅助支撑。例如，在宁波建筑高度提取过程中，能够有效覆盖示范区域的影像仅有 1 景，在示范应用过程中需要通过多源数据源融合进行补充以应对数据覆盖问题，在尽可能降低图像信息损失的条件下，能够实现多期投资进度监测，并将误差控制在合理范围。

四、结论及展望

与以往传统的投资监测手段不同，高分遥感把项目投资价值量传统监测方法代表性有限的信息扩展为更加符合空间客观世界的“面”信息，这使得利用投资地表参数进行空间定量化监测和分析成为可能。投资统计调查大数据子系统可以根据需求直接实时采集卫星影像数据，并根据历史卫星影像数据比对，实现对投资项目进展变化的监测，实现了从投资项目“真实性”验证，到投资项目立体空间估计，再到投资项目工程进度监测的不断进步，能有效推动投资统计调查从传统的“项目调查”向“天空地”立体化全方位多角度监测转变。

随着我国高分辨率对地观测系统（高分 1—9 号卫星）的从低轨至高轨的有效载荷发展战略不断推进，我国在遥感数据乃至多源遥感数据（光学、雷达）的理论研究也持续深入，遥感数据的应用领域更加广泛。作为统计遥感业务的重要组成部分，高分遥感在投资统计中的应用研究也不断深入，利用遥感技术开展主要项目投资进度监测，为构建现代化投资统计调查体系、进一步提升数据质量奠定了基础。

畜牧业统计调查大数据应用的实践与思考

卢 山 赵兰香 孙瑞玲 李婧涵 刘腾飞[①]

近年来，随着大数据技术飞速发展，统计现代化改革面临着新的机遇与挑战。推动大数据在统计调查工作中的深度融合应用，不断改革创新调查手段，丰富拓展数据来源渠道，优化完善统计调查方法，切实提高统计调查数据质量，更好地服务于经济社会发展，已成为统计调查工作当务之急。本文结合国家统计局山东调查总队在畜牧业统计调查现代化改革方面的实践和经验，对大数据在畜牧业统计调查中的应用进行思考和研究。

一、推进大数据应用于畜牧业统计调查的必要性

目前，畜牧业统计调查仍沿用传统的“入户调查、手工记账、定期收账”的数据采集方式，尤其非洲猪瘟疫情发生后，调查工作“进场难、数清难”等问题突显。虽然现行统计调查方法能够满足基本工作需要，但随着经济社会发展变化，对畜牧业统计调查数据的及时性、准确性提出了更高的要求，加快推进大数据在统计调查中的应用，变革数据采集处理方式已迫在眉睫。

（一）源头数据采集需投入大量人力和时间成本

畜牧业数据采集需要辅助调查员入户填写纸质报表，受环保政策限制，畜禽养殖场户地理位置多较为偏远且相对分散，辅助调查员入户调查和上门收取纸质报表费时费力，数据采集传送效率低。如莱西市望城街道后褚河村，现有猪牛羊养殖户 10 户，均坐落在村周边，辅助调查员完成所有养殖户入户调查需要耗费较长的时间。目前，传统的畜牧业数据采集手段已无法满足基层调查人员需要，辅

---

① 作者简介：卢 山，国家统计局山东调查总队党组书记、总队长。
赵兰香，国家统计局山东调查总队一级巡视员。
孙瑞玲，国家统计局山东调查总队农村调查处处长、一级调研员。
李婧涵，国家统计局山东调查总队农村调查处副处长。
刘腾飞，国家统计局山东调查总队农村调查处干部。

助调查员大多希望通过信息化设备(电脑、PAD、手机等)采集、审核、传输数据,有效节省调查时间。

(二)基层统计人员数据录入审核任务繁重

传统的纸质报送方式需要基层统计人员将调查数据录入联网直报平台,并对数据逻辑性和合理性进行审核,再将发现的问题反馈至辅助调查员,由辅助调查员向调查对象进行核实,每次需录入审核调查数据近万笔。按照畜牧业统计报表制度要求,目前畜牧业调查市县级数据审核时间仅 3 天,由于畜牧业报表涉及指标多、逻辑关系复杂,辅助调查员人工审核能力有限,仅通过纸质报表进行现场临时审核,很难做到全面准确地即录即审,导致大量审核工作积压至县级,时间紧张,压力较大。

(三)养殖行业特点增加数据质量核查难度

畜牧业调查普遍存在"进场难、数清难"等问题,源头数据现场核实困难,成为影响调查数据质量主要风险隐患。一方面,受动物疫病影响,养殖场加强疫情防控措施,严格限制外来人员进场,现场查看养殖情况存在困难。基层调查人员普遍反映,部分养殖户因害怕场区疫病传染和生产信息泄漏,统计调查配合度不高。另一方面,中小养殖户财务、管理制度不健全,部分养殖户缺少规范的生产记录,开展数据质量核查时,往往缺少过硬的支撑材料,通过调拨单、饲料购买单、检疫证明等核实数据很难做到精准及时。

二、畜牧业统计调查大数据应用的实践探索

为加快推进大数据在畜牧业统计调查工作中的应用,国家统计局山东调查总队深入推进数据生产流程再造,积极探索遥感大数据、行政大数据和视频监控、电子耳标等大数据技术应用,形成了独具特色、富有成效的经验做法,为推进统计现代化改革提供山东智慧。

(一)推进数据生产流程再造,研发畜牧业调查电子台账和手持终端数据采集系统

通过大数据、云计算等带来的技术革新,改变传统统计调查工作的方式方法,逐步实现数据收集、整理、存储、分析、发布等调查数据生产流程再造,进一步提升畜牧业统计调查工作质效。2022 年,国家统计局山东调查总队联合青岛调查队积极探索信息技术在畜牧业调查中的应用,启动了畜牧业调查电子台账和手持终端数据采集系统试点工作。系统程序研发于 2022 年 11 月份全部完成,分为手机端"鲁畜 E 调查"APP 程序和电脑端"鲁畜 E 调查"后台管理系统两大板块。

1."鲁畜 E 调查"APP 程序。用于大型养殖户、辅助调查员登录,可实现调查户电子记账和辅助调查员现场采集数据等功能。调查户按照"随动随记"原则,如实记录畜禽生产变动情况,在调查截止日,终端自动汇总生成基层调查表数据。对于不能实现电子记账的调查户,由辅助调查员利用"鲁畜 E 调查"程序,到调查户现场采集数据,终端自动生成基层调查表。生成的基层报表可直接导入国家统计局联网直报平台。

2."鲁畜 E 调查"后台管理系统。市级、区县级管理员登录"鲁畜 E 调查"后台管理系统 PC 端,可实现查看业务数据和审核结果,查看业务流水、导出业务数据,管理辅助调查员、调查户相关信息,进行系统管理等操作。

2023 年 1 月起,在青岛市即墨区、胶州市、莱西市 3 个区市组织开展试点应用,3 月份,增加青岛市西海岸新区、平度市,目前试点应用范围扩大至青岛市 5 个区市。每个区市选取了 2 个大型生猪养殖户和 2 个生猪样本村,对数据填报、数据审核、系统管理、数据导入等功能模块进行了全面测试,测试情况良好。

(二)推进遥感大数据应用,启动生猪调查高分卫星遥感试点

《"十四五"时期统计现代化改革规划》指出,加快推进大数据在统计工作中应用,进一步推进遥感大数据等在农业统计调查中的应用,完善现代空间信息技术在农业统计调查中的应用技术规范。2021 年 8 月,国家统计局在山东启动了生猪调查高分卫星遥感试点项目,研究生猪养殖空间分布精准识别技术,构建生猪养殖场光谱数据特征标准库和潜在最大养殖量估算模型,用于统计调查数据评估核查。山东调查总队积极配合国家统计局试点工作,确定曹县、莱西、邹平、济阳 4 县作为示范区,收集大型、中型养殖场经纬度坐标信息,登记年末存栏、全年出栏、从业人员、养殖场占地总面积、生猪生产用房面积等辅助调查信息,为提高软件模块测算的精确度提供有力数据保障。从试点结果看,高分数据较高的空间分辨率和时间分辨率能充分获取生猪养殖空间的光谱信息等特征,可以满足生猪养殖空间识别和潜在最大养殖量估算对于遥感数据源的需求,能协助畜牧业统计部门及时获取畜牧业养殖的空间分布、养殖量及养殖量上限风险,提高畜牧业统计数据质量。通过示范应用验证了基于高分辨率数据的生猪养殖空间提取和养殖量估算技术的可行性、产品的精度,及高分数据支持下的生猪养殖统计遥感业务能力,为后续系统的推广应用奠定了基础。

(三)推进行政大数据应用,构建山东智慧畜牧大数据平台

按照畜牧业统计调查业务需求及未来发展方向,对相关部门行政记录等进行收集、整合、挖掘和分析,为政府统计提供及时有益的补充和验证,进一步丰富数

据产品，拓展服务范围。2019 年 12 月，国家统计局山东调查总队、山东省统计局、山东省畜牧局、山东省市场监管局、山东省商务厅等多个部门联合建立了“山东智慧畜牧大数据平台”，综合采用 5G 通信、大数据、云计算、区块链、物联网和人工智能等新一代信息技术，实现畜牧全产业链 5 大数据链互通共享，即养殖数据链、屠宰加工数据链、流通数据链、监管数据链、服务数据链。在畜牧业生产形势分析和数据评估时，充分利用智慧畜牧大数据平台，通过统计调查数据与市场价格、检验检疫、调入调出、饲料生产、屠宰加工、进出口等多方行业数据的横向对比，深刻剖析影响畜禽生产的主要因素，探究畜禽养殖生产规律，研判发展趋势。若统计调查数据与行业主管部门的数据，或与掌握的生产情况存在较大差异，须核实查明原因，将统计数据与原始调查数据、规模养殖场户数据、生猪调出大县监测数据等进行对比分析，相互印证和评估，确保畜牧业统计调查数据符合生产实际和市场行情，切实提升各项统计指标数据间的匹配性。

（四）汇聚外部大数据资源，积极探索视频监控、电子耳标等信息化技术应用

《农业农村部关于印发〈“十四五”全国农业农村信息化发展规划〉的通知》（农市发〔2022〕4 号）明确要发展智慧畜牧，推进智慧牧场建设，加快规模养殖场数字化改造，推进环境感知、精准饲喂、粪污清理、疫病防控等设备智能化升级，推动生产全过程平台化管理。大数据时代，可以尝试利用好新型数据源和数据处理方法，改善传统统计调查方法“进场难、数清难”的问题，进一步提升统计调查服务质效。

1. 视频监控大数据技术应用于统计调查的可行性。生猪视频大数据统计调查项目，是以养殖场视频监控影像和手持移动端 APP 智能采集影像为数据源，运用人工智能和大数据智能统计手段，实时查看养殖场的圈舍视频情况，智能识别统计生猪存出栏等数据，提高统计工作效率，提升统计服务的能力。为深入探索视频监控大数据技术应用于畜牧业调查的可行性，山东调查总队与行业主管部门进行了座谈交流，经了解，目前省畜牧兽医局已联系部分视频监控系统较为完善的规模养殖企业，开通了外网 IP 端口，实时调取企业视频资料用于日常监管。可与部门建立信息共享机制，探索利用畜牧部门已掌握的部分企业视频监控系统资料定期核查生产数据，了解生产形势。此外，类似手段还包括红外线热成像技术，利用红外线技术监测养殖场内牲畜的体温，通过热成像结果判断养殖场养殖的数量变化情况，也可作为数据核实的辅助手段。

2. 电子耳标、智能项圈等在统计调查中的应用设想。电子耳标和智能项圈都是搭载了传感器和通信技术的一种智能设备，具有标识牲畜身份和记录个体信息

的功能，用于跟踪监控牲畜出生、生长、屠宰、加工、销售全过程。通过牲畜信息的获取，可对养殖场的用料管理、免疫管理、疾病管理、出栏记录等日常信息数据进行维护及分析。近年来，牛只养殖大多佩戴新型电子耳标或智能项圈，用于监测牛只发情、配种、产奶等，尤其在奶牛养殖中广泛推广应用，因此，现阶段借助电子耳标、智能项圈等采集数据信息，仅对于牛生产调查数据质量核查具有一定的可行性。

三、大数据在畜牧业统计调查应用中的难点

(一)电子记账程序推广难度较大

一方面，对于部分中小养殖场户和辅助调查员来说，熟练掌握一款新APP需要一定的接受时间。特别对于年龄较大、不会使用智能手机的来说，让其熟练掌握操作流程更是难上加难。目前，山东畜牧业辅助调查员队伍结构老化，50岁以上人数占44.3%，40岁以下仅占26.4%。50岁以上的辅助调查员倾向于使用信息化设备开展调查的仅占47.9%，低于40岁以下人员19.4个百分点，辅助调查员不具备信息化设备操作技能是调查手段现代化改革的最大阻力。另一方面，大型养殖场户需按照“随动随记”的原则，独立记录生产变动情况，数据填报工作量较大，且养殖企业通常建有信息完整的生产管理台账，导致统计台账、企业生产台账、畜牧部门台账重复登记，一定程度增加调查对象负担。

(二)高分卫星遥感数据精度有待优化

高分卫星遥感技术在畜牧业调查的应用能够在一定程度上解决数据现场核实困难，但从目前试点情况来看，还存在一定局限性。一是卫星遥感技术采集的数据分辨率存在一定限制，无法对小范围的地理信息进行细致的获取和分析，无法识别养殖场各功能区。同时，由于受气象因素的影响，图像清晰度难以保证。二是畜禽养殖场多为由多种类型地物组成的综合体，对于养殖空间提取易造成偏差。由于散养的养殖户大多分布在民舍周围，且光谱、几何特征与民舍差异不大，空间提取难度较大。三是遥感监测需要获取养殖户的养殖信息，尤其是猪舍中不同大小猪的存栏数量，需要加强与养殖户的合作与对接，协商有效的数据核查方法，以保障养殖空间分布量的真实性和安全性。四是遥感数据标注需要一定的时间和人力成本，而由于养殖场的相对封闭性质，需要解决在场地内进行数据标注的复杂性问题。

(三)现阶段视频监控大数据技术应用可行性受限

一是视频监控功能单一。当前，大部分规模养殖场均布设了朝向不同角度的

视频监控设备，场区内基本可实现视频监控全覆盖，但视频监控的主要作用是监督现场工作条件、维护生产秩序、做好防盗工作等，无法监测存、出栏数据。二是养殖场配合程度不高。若通过自建数据处理平台，连接或安装养殖场内部视频监控系统，可能涉及企业商业秘密，养殖企业普遍心存顾虑，配合度较低，实行难度较大。三是红外线、电子耳标普及率偏低。调研发现，大部分养殖场未使用过红外线或电子耳标，仅少数生猪规模养殖场表示，前期使用过红外线监测生猪的健康状况，由于监测数据不准确，目前已改用电子耳标监测生猪数量，但生猪活动导致耳标脱落、仔猪因耳标感染疾病等情况时有发生，准确性仍然达不到预期，监测数据质量不高。四是投入成本过高。另据了解，生猪视频监控大数据技术需项目经费800余万元，后期维护也需要大量资金。在目前经费资金紧张的情况下，项目成本过高，进一步增加了项目实施难度。

（四）网络安全和数据安全仍需关注

随着信息技术在数据生产各环节的融合程度不断提高，网络安全和数据安全也面临新的问题。基层统计调查人员工作重心侧重于完成业务工作，在网络安全和数据安全方面重视不足，防范能力有限。如果工作设备感染病毒、木马，或者数据传输过程中被泄露、篡改，将会影响调查业务工作正常开展。同时，调查对象对个人信息和相关数据的重视程度也日益增加，在探索大数据在畜牧业统计调查应用过程中，如何界定可获取的数据范围，在保障网络和数据安全的情况下获取所需数据，也是信息技术在畜牧业统计调查工作中应用的重点和难点。

四、几点思考

（一）把握好顶层设计与基层探索的关系

统计调查现代化改革是一项综合性、系统性工程，要从顶层加强统一规划设计，紧扣统计现代化改革总目标，从基层统计调查工作中的难点堵点寻找改革切入点，在业务、制度、技术、安全等多维度形成统一标准规范，自上而下解决基层实践中面临的共性体制机制障碍。各级统计机构要结合具体实际，主动融入到全国统计信息化数字化建设的体系之中，开拓创新，敢为人先，特别是加强对改革未知领域的实践探索，主动寻求有效解决新矛盾新问题的思路和办法，努力创造可复制、可推广的新鲜经验。

（二）把握好统计调查与畜牧生产的关系

要立足统计调查对象，以养殖企业为主体、生产需求为导向，切实提升统计信息化服务水平。优化电子台账功能，整合统计电子台账和企业生产台账，通过电子台账终端向调查对象推送惠农政策、养殖技巧和市场行情信息等，最大程度发挥台账作用，更好地服务调查对象。要加强与行业监管部门的协作，建立健全信息共享机制，尝试在畜牧部门推广的智慧牧场、电子耳标、智能项圈等信息化设备中增加数据统计模块，在促进畜牧业智慧化监管的同时，充分挖掘畜禽全生产周期电子记录，拓宽大数据汇集渠道。

（三）把握好信息共享与数据安全的关系

数字化改革既要推动党政机关乃至全社会各类主体之间信息共享，又要在技术、制度、法律等各维度同步加强数据安全保障。要树牢底线思维，筑牢安全防线，明确安全责任，增强忧患意识，强化网络安全和数据安全管控，加强新型安全防御技术的应用，建立“零信任”安全体系，做好数据信息全方位、立体化保护。严格落实统计调查网络与数据安全管理制度，经常性开展安全教育和培训，强化对调查工作各环节全流程的风险管控，有效保障调查数据安全。

遥感监测在兵团草原牧区畜牧业调查中的应用

王　萍　刘　俊　刘　毅　张冀希[①]

党的二十大报告指出：加快建设农业强国，扎实推动乡村振兴。畜牧业是兵团传统基础产业，是广大农牧区职工赖以生存的重要依靠和经济来源，是切实改善民生，提高人民生活质量的关键所在，对于新疆经济发展和长治久安具有重大意义。

为真实、准确、及时反映兵团畜牧业生产发展情况，2023 年，国家统计局兵团调查总队（以下简称兵团调查总队）根据兵团草原牧区放牧特点，探索利用高分遥感影像、无人机空间遥感、人工智能和大数据分析、AI 个体智能识别等现代信息技术，通过纵横固定翼无人机 CW-15、大疆多旋翼热成像 M3T、多光谱 M3M 等设备，在兵团第十四师一牧场（以下简称一牧场）开展草场分布提取、草原畜牧总量估算等应用研究。为进一步制定面向草原畜牧放牧的新型统计调查技术方法及标准规范，最终形成草原畜牧放牧统计调查新模式打好坚实基础。

一、开展遥感监测试点的必要性

（一）提高畜禽调查数据质量的需要

当前畜牧业调查主要依靠基层调查员，通过上门询问和入圈清点的方式采集数据，由于基层畜牧业调查员多身兼数职，放牧点偏远分散，联系不便，调查员无法每月对牲畜进行上门清点，对畜禽数据质量造成一定影响。为提高数据质量，就需要引进一种更加科学、高效的调查手段。

（二）减少人为干扰的需要

由于畜禽调查以间接调查为主，调查环节较多，受人为因素影响较大。调查

---

① 作者简介：王　萍，国家统计局兵团调查总队党组书记总队长。
刘　俊，国家统计局兵团调查总队农业农村处处长。
刘　毅，国家统计局兵团调查总队农业农村处干部。
张冀希，国家统计局兵团调查总队农业农村处干部。

户的配合程度、调查员的素质、指标的理解偏差等都会对调查结果造成干扰。养殖户出于自身利益等方面的考虑，在申请畜牧业补助、发展项目、奖励等政策时，存在虚报畜禽存栏数、能繁母畜等指标的动机；在开展养殖污染治理、草原生态保护调查时，又存在瞒报或少报，不愿提供真实的统计数据和资料的情况。要减轻人为因素对数据的影响，需要尽可能在调查中减少人为干扰。

（三）加强数据核查的需要

由于兵团草原牧区地广人稀、交通不便，羊群数量庞大、流动性强，为核查清楚一地的畜牧数量往往需要派很多人到现场核实，费时费力、成本高、准确度低，实施难度较大。

二、遥感监测试点的基本情况

（一）一牧场基本情况

一牧场位于和田策勒县境内，南接昆仑山，北连塔克拉玛干大沙漠，场域总面积 126.6 万亩（840 平方公里），东西长约 110 公里，南北宽约 40 至 45 公里，地势总体南高北低，海拔高程 2300 至 4500 米，平均气温 12.2℃，属暖温带干旱荒漠气候。是兵团贫困团场和少数民族聚居团场之一。

一牧场现有天然草场面积 118.7 万亩，以畜牧业为主。根据《2023 年兵团统计年鉴》显示：2022 年末一牧场牲畜存栏 7.12 万头，其中羊存栏 7.06 万头，是兵团有机羊生产基地，也是新疆最大的种羊扩繁基地。

（二）试点时间及组织方式

一牧场共有 4 个连队 67 个放牧点，均为山区牧业，分为夏场、秋场、冬场三种类型草场，根据草场类型不同，制定了不同的调查时间及组织方式：

1. 夏场调查时间和调查方式

夏场在海拔 3200 至 3800 米，天气晴朗，羊群分散，露天活动，6—8 月为最佳调查时间。普通旋翼无人机搜寻、航拍羊群难度较大，适合挂载红外摄像头的固定翼无人机开展航拍识别。

2. 秋场调查时间和调查方式

秋场为过渡草场，海拔略低于夏场，正常放牧时，羊群早出晚归，每年 9—10 月是最佳调查时间。10 月会对羊进行聚集药浴，药浴及夜晚回圈，飞行难度适中，适合多旋翼无人机挂载可见光摄像头采集羊群数据。室内羊群无法使用无人机采集数据的，可利用拍照计数软件记录结果。

3. 冬场调查时间和调查方式

冬场远离雪山，海拔最低，每年10月至来年4月为最佳调查时间。积雪期间羊群聚集，活动范围小，但冬季大雪封山，道路不通，可利用视频拍照软件开展远程识别。

三、遥感监测试点流程

为做好本次试点工作，试点流程主要包含6个阶段：确定空间信息、数据采集、建立AI训练样本库、智能识别模型训练、建立AI识别模型、成果可视化展示。

（一）确定空间信息

通过空间遥感信息技术，结合当地草原牧场管理信息，确定牧区放牧片区范围及调查区基本情况，主要应用的数据源为十四师林草部门提供的确权区域范围，迅速定位牧场的空间分布及权属信息。

（二）数据采集

在完成第一阶段工作后，分别确定了不同草场的位置和范围，联系养殖户，确定调查路线，到达目标草场，通过无人机对牧区羊群分布点进行航拍采集，获取整个羊群的分布影像及视频信息，获得牧场羊群的完整影像。

一是根据不同环境采用不同设备采集影像：多光谱数据对植被特征识别极为敏感，可排除植被对识别的干扰；热成像相片对温度识别极为敏感，羊的体温与周围环境温度形成反差，可排除积雪、石块等物体干扰；可见光相片作为AI机器智能识别的主要数据，选取可见光相机拍摄的具有代表性的不同地形不同品种羊群作为AI机器学习的训练样本，验证识别效果后可进入自动化识别阶段；全景拍摄成果拍摄范围大，可360°查看地面情况，用于补足正射拍摄盲区。综合使用热成像与多光谱验证可见光AI识别结果的多源数据方案可更加准确、高效、客观得出识别区域羊的养殖总数。

二是采用不同采集模式采集环境数据：飞行高度120米、100米、80米、60米的情况下，无人机通过正射拍摄、倾斜45°拍摄、全景拍摄、视频拍摄等模式，分别建立相应的图层数据库，为AI训练样本标注做准备，并从而探索最佳标准化采集规范。

（三）建立AI训练样本库

基于获取的无人机影像，建立适合兵团草原牧场羊群的AI训练标注样本库。从数据采集阶段，规范无人机飞行高度、飞行拍摄方式、角度等参数，并确保样本选取得尽可能全面和具有代表性。

对基于不同场景的无人机采集数据进行标准化整理，建立相应的标注训练样本库，通过模型训练及成果分析，确立标准化AI训练样本库。

（四）开展智能识别模型训练

通过建立并采集标准化标注样本，选取实时对象检测算法模型，通过深度学习模型训练，获得最佳模型算法，并不断进行模型算法的验证和优化，以达到最佳模型效果。

同时，需要对训练模型的域适应和泛化迁移学习能力进行优化，使训练模型达到可推广，对类似应用场景具有可泛化迁移适应的目标。

（五）建立 AI 识别模型

通过标准化识别流程及操作，利用实时对象检测算法，将无人机采集的数据实时输入智能识别模型，对采集到的羊群数据进行快速自动识别，实现所拍即所得，所得即识别。

（六）成果可视化

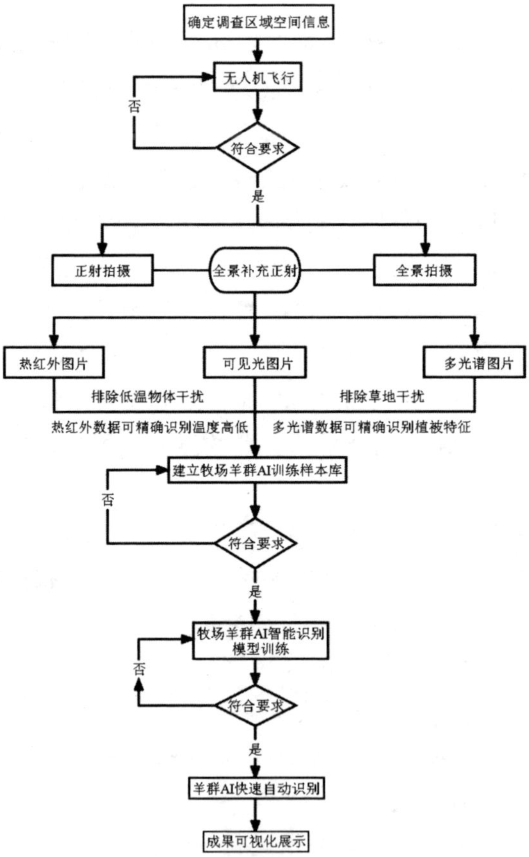

图 1　技术路线图

通过现有的无人机快速调查系统，将识别后的羊群调查数据直接上传到总队后台，实现调查方式由牧民上报到无人机实时采集的重大转变，真正实现源头调查成果直接上报，从而达到源头数据成果可视化。

四、遥感监测试点成果

通过空间遥感信息技术，结合一牧场当地草原牧场放牧点的空间分布及权属信息，对一牧场4个连队的67个放牧点羊群进行了航拍、算法优化和计算识别，结果如下。

(一)羊群分布情况

一牧场羊群分布呈现很强的季节性，夏季羊群以放养为主，活动范围广，沿海拔3000米及以上等高线点状散射分布，几乎涵盖了大部分放牧点，在放牧点内不同羊群相对集中在0.5平方公里内，呈“大散居，小聚集”的特点。

秋冬牧场羊群活动范围相对集中，大多采集圈养及圈养和放养相结合的方式。

(二)算法模型

为了做好此次试点工作，总队融合无人机遥感影像、地理信息和人工智能技术，基于不同场景的无人机采集数据，建立相应的标注训练样本库，通过模型训练及成果分析，确立标准化AI训练样本库。形成了一套标准化的操作流程及数据规范，对于数据采集、数据处理、数据存储及标志库建设，形成了一套标准化的成果数据，并以此形成了泛化性、普适性较强的智能识别模型，可以较好地适应畜牧业调查、草原中牛、羊、马等典型重点目标的自动化快速智能判读与识别，业务操作流程标准、数据规范、算法智能、识别自动，具有广泛的适应性和可靠性。

通过比对AI识别和询问养殖户及现场人工识别结果，模型总体识别精度达到了92.5%。具体见表1：

表1　识别精度(差一连)

单位	识别羊群数	识别数量	人工复核数量	识别精度
一连	交通不畅，需要穿越雪线，所乘车辆无法通行，故没有采集到数据			
二连	17	11940	11230	93.7%
三连	20	11066	12525	88.4%
四连	11	5289	4435	73.9%

五、遥感监测试点工作存在的问题

(一)放牧点位置对遥感监测结果的影响

一牧场现有天然草场面积118.7万亩,只有不到300户牧民,平均每户牧民拥有的草场面积超过3000亩,大多数时间牧民逐水草而居,每年因转场放牧到夏场、秋场、冬场,或就近防疫、繁育和交易等,放牧点经常发生变化,平均每年要转场三到五次。放牧点的频繁变化对准确定位羊群范围带来很多不确定性。

(二)羊群位移对遥感监测结果的影响

在无人机航拍的过程中,总会遇到部分在运动中的羊被重复识别的情况,尤其在羊群分布较广,一张照片无法拍全,需要拼图的情况下,更容易出现同一只羊分别出现到两张图上的情况。

(三)自然环境对遥感监测结果的影响

在识别过程中发现部分区域羊群识别精度不高,经排查,一是部分地区地面裸露的山石较多,部分山石颜色与羊群接近,存在误识别为羊群的情况;二是部分放牧点羊群过于集中,有部分小羊隐藏在大羊身下,不易被发现。

(四)技术设备对遥感监测结果的影响

一是多旋翼硬件不支持短时间全区域大面积飞行。一牧场的羊饲养于昆山北麓,海拔高程2300至4500米。高原草场空气稀薄,温度较低,牧区面积、地形起伏较大,对无人机续航和图传提出巨大挑战。

二是基础收集资料还不够充分。项目组虽然于2023年6月前往一牧场进行了野外调研和实际可行性研究,但其处于牧区夏场时间节点,虽针对其他季场有理论研究,但未能进行实际验证,试点正式开展时处于转场时期,情况复杂,羊群寻找困难,不是最佳调查时间。

六、今后的改进方向

(一)改进无人机采集方式

1.充分利用羊群的生活习性

羊天性胆小,被惊扰后会有聚集效应。利用这一点,在无人机采集数据时,可通过无人机绕飞整个羊群,快速将羊群“合围聚拢”,在很短时间内,就可将整个羊群聚集在一起,再通过无人机对聚集在一起的羊群拍摄全覆盖的照片,解决了羊群跑动的虚影、多张照片重复计算、羊群分散不好计数等问题,对后续数据处理及精准识别,也提供了最佳数据源。

2. 探索不同类型传感器对数据采集的影响

通过无人机采集正射多光谱影像、正射热成像影像、正射可见光影像以及全景影像成果。一是多光谱数据对植被特征识别极为敏感，可排除植被对识别的干扰；二是热成像相片对温度识别极为敏感，羊的体温与周围环境温度形成反差，可排除积雪、石块等物体干扰；三是可见光相片作为AI机器智能识别的主要数据，选取可见光相机拍摄的具有代表性的不同地形不同品种羊群作为AI机器学习的训练样本，验证识别效果后可进入自动化识别阶段；四是全景拍摄成果拍摄范围大，可360°查看地面情况，用于补足正射拍摄盲区。使用热成像与多光谱验证可见光AI识别结果的多源数据使用方案可准确、高效、客观得出识别区域羊的养殖总数。

3. 探索不同飞行高度对数据采集的影响

探索飞行高度120米、100米、80米、60米的情况下，无人机通过正射拍摄、倾斜45°拍摄、全景拍摄、视频拍摄等模式，分别建立相应的图层数据库，为AI训练样本标注做准备，并从而探索最佳标准化采集规范。

(二)完善智能识别模型

在牧场羊群AI训练样本库的基础上，通过建立并采集标准化标注样本，选取实时对象检测算法模型，通过深度学习，获得最佳模型算法，并不断进行模型算法的验证和优化。

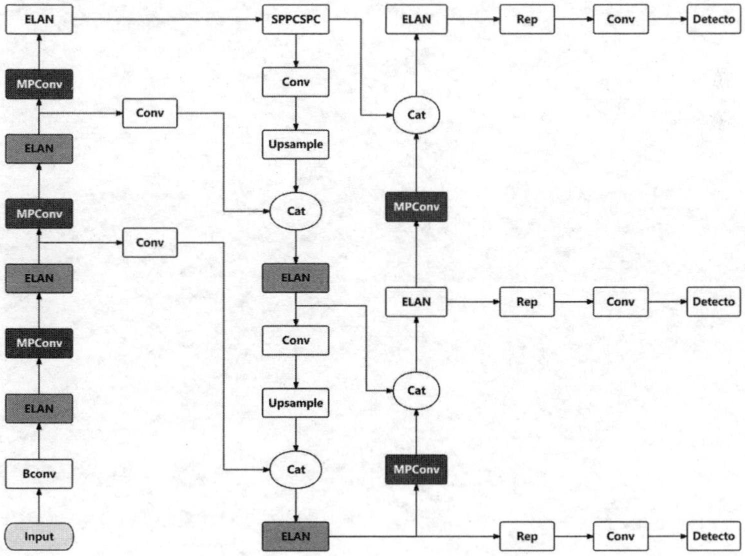

图2　牧场羊群AI智能识别模型

同时,需要训练模型的域适应和泛化迁移学习能力,需要训练的模型可推广,对类似应用场景具有可泛化迁移适应的能力。力争通过目标识别实时对象检测算法,建立有效的标签分配方法,达到95%以上的识别精度。

(三)建立快速调查和成果展示系统

通过整合数据采集端和后台处理端,建立规范化数据采集处理流程,实现“三快”,即调查任务的快速部署、快速调查和快速呈现结果,真正实现一键部署、一键识别、一键上传。完善制作专题产品,以数据安全为核心,建立能够分层管理、成果可塑、资产监管、实时指挥的无人机智慧草原平台。

卫星空分遥感大数据在水稻面积解译和产量估算中的应用

黄加才　梁玉均　张友才　李朝建　林　俊[①]

一、研究背景及意义

民为国基，谷为民命。粮食是人类繁衍生息最基础、最重要的生活资料，在人类社会生存和发展中占据着非常重要的地位。党的十八大以来，以习近平同志为核心的党中央把粮食安全作为治国理政的头等大事，提出了“确保谷物基本自给、口粮绝对安全”的新粮食安全观，确立了以我为主、立足国内、确保产能、适度进口、科技支撑的国家粮食安全战略，走出了一条具有中国特色的粮食安全之路。

传统的农作物播种面积和产量统计主要是通过基层行政单位对本地区农作物播种面积和产量进行测量，然后统计汇总并逐级上报的方式来实现。该方法主观性较强，耗费人力财力，受非自然因素干扰较大，统计精度有待考证，特别是大范围统计农作物播种面积和产量调查的应用效果不够理想。近年来，四川在全省范围推广卫星空分遥感测量，探索遥感大数据在水稻面积解译和产量估算中的应用，逐渐摸索出一套适应四川粮食生产特点的统计调查方法制度。该方法主要发挥卫星空分遥感测量范围大、覆盖广的优势，实现在丘陵山地、耕地破碎条件制约下的大范围全面、高效、准确的遥感监测，汇总形成了遥感测量、播种面积和单产海量数据。四川总队结合多年积累的大量实割实测数据，深度挖掘遥感大数据在农作物播种面积监测、种植类型识别、作物长势监测、产量预估等方面的应用。

本研究以水稻为例，旨在从农作物空间分布遥感测量和农作物遥感估产两个方面，探索卫星空分遥感大数据在对地农作物测量中的应用。首先介绍了数据来

① 作者简介：黄加才，国家统计局四川调查总队副总队长。
梁玉均，国家统计局四川调查总队农业调查处处长。
张友才，国家统计局四川调查总队农业调查处副处长。
李朝建，国家统计局四川调查总队农业调查处二级调研员。
林　俊，国家统计局四川调查总队农业调查处副处长。

源和处理，介绍了主要使用的研究方法，继而重点探索水稻播种区域分布遥感解译、水稻产量估测等相关的方法和结果，最后对研究工作进行总结和展望。

二、数据来源与处理

（一）卫星影像来源

本研究使用的遥感卫星有高分 1 号、高分 6 号、北京 2 号、Landsat 8 以及 Sentinel-2 号等。

高分 1 号是中国自主研发的高分辨率遥感卫星，于 2013 年发射，该卫星搭载光学成像仪和多光谱成像仪，具有 0.8 米的空间分辨率。高分 1 号影像广泛应用于土地利用、城市规划、资源调查、环境监测等领域。

高分 6 号是中国自主研发的高分辨率遥感卫星，于 2020 年发射，该卫星搭载多光谱和超光谱成像仪，具有 0.8 米的空间分辨率。高分 6 号影像在农业、林业、水资源、环境保护等领域具有广泛应用，可以为资源管理、灾害监测等提供精准数据支持。

北京 2 号是中国自主研发的高分辨率遥感卫星，于 2019 年发射，该卫星搭载多光谱和超光谱成像仪，具有 0.5 米的空间分辨率。北京 2 号影像广泛应用于土地规划、城市建设、交通管理等领域，可以提供高精度的地理信息数据，支持城市发展和管理决策。

Landsat 8 卫星是美国国家航空航天局（National Aeronautics and Space Administration, NASA）和美国地质调查局（U. S. Geological Survey, USGS）合作研发的一颗遥感卫星，于 2013 年发射。Landsat 8 卫星搭载操作 Land Imaging 设备和热红外传感器，可以获取多光谱和热红外数据，可提供 15 米空间分辨率影像，主要用于土地利用和土地覆盖的分类和监测，识别和区分不同类型的植被覆盖，如森林、草地、农田等，还可用于水资源管理，如监测湖泊、河流和水库的变化，评估水体质量等。

Sentinel-2 号是欧洲空间局（European Space Agency, ESA）开发的一颗多光谱遥感卫星，于 2015 年发射，搭载高分辨率成像仪，主要获取多光谱数据。其中，Sentinel-2A 和 Sentinel-2B 卫星分别于 2015 年和 2017 年发射，它们共同组成了 Sentinel-2 卫星系列。Sentinel-2 号卫星的高分辨率成像仪可提供 10 米空间分辨率影像，主要用于土地利用和土地覆盖的分类和监测，帮助识别和区分不同类型的植被覆盖，如森林、草地、农田等，可以用于监测城市扩张、土地利用变化等，也可用于水资源管理和环境监测，监测湖泊、河流和水库水质变化，评估水体污染和水资源利用情况，监测海岸线和海洋生态系统变化。

(二)卫星影像处理

卫星影像处理，也称卫星遥感影像解译、判读或判释，指从卫星获取的图像中提取信息的过程。主要的工作过程是根据业务需求，运用解译标志和实践经验与知识，从卫星遥感影像上识别目标，定性、定量地提取目标的分布、结构、功能等有关信息，并把它们表示在地理底图上，通过对卫星遥感图像上的各种特征进行综合分析、比较、推理和判断，最后提取出各种地物目标信息。

卫星遥感影像解译的主要步骤如下：

1. 遥感数据的获取：获取卫星遥感影像数据，如高分辨率的光学影像、合成孔径雷达影像，主要从卫星或其他遥感平台获取。

2. 遥感影像预处理：对获取的遥感影像进行预处理，包括辐射校正、几何校正、大气校正等。预处理的目的是消除影像中的误差，提高图像质量和可用性。

3. 特征提取和分析：在影像解译过程中，提取一些特定地物特征和指标，如建筑物、水体、植被覆盖率等，通过对这些特征进行量化和分析，了解地表特征和变化趋势，为后续研究和应用提供依据。

4. 影像解译分类：根据业务所需，选择合适的分类方法进行影像解译，主要的目的是将影像中的像素分配到不同的类别中，常见的分类方法包括像元分类、目标识别和面向对象分类。通过影像解译分类，可对地表及附着物进行土地利用/覆盖分类、植被类型分类等。

5. 结果验证与精度评价：对解译结果进行验证和评价，评价指标一般有准确性、精度、完整性等，主要通过野外调查、空中摄影等方法进行比对。

(三)地面数据

地面数据如耕地数据、行政边界等由国家统计局下发，野外样方数据由国家统计局四川调查总队提供，DEM 等数据通过公开免费渠道获取。

三、研究方法

本研究涉及的研究方法主要包括面向农业统计调查任务的标准化遥感影像处理、基于决策树的主要农作物播种面积分类提取和卫星空分遥感水稻估产三部分。

(一) 面向农业统计调查任务的标准化遥感影像处理

首先对国家统计局下发的原始遥感影像进行接收、初步检验和处理；同时，根据播种面积监测的需要，进一步补充和处理 Landsat 8 卫星 (15 米分辨率)、Sentinel-2（10 米分辨率）等共计 608 景。获取影像之后，对获得的多时相卫星遥感影像进行正射校正、图像融合、投影转换等处理，最后按照县级边界进行裁剪处理，得到标准化的遥感影像。

（二）基于决策树的播种面积分类提取

采用决策树分类算法进行主要农作物播种面积分类提取，获取四川省主要农作物空间分布成果数据。在分类之前，选取训练样本作为先验知识，选取一定数量的样本作为精度验证数据，用来对分类结果进行评价。

（三）卫星空分遥感水稻估产

在水稻播种面积提取的基础上，使用 NDVI 及其衍生植被指数，在实割实测样本数据的支持下，建立 NDVI 指数与粮食作物亩产之间的关系模型。所建立的产量估产模型用如下公式来表示：Y = Function（X）。其中，X 为 NDVI 指数，Y 为估计产量；Function 指函数类型，通常用线性函数、对数函数、多项式函数等常用形式。

四、研究区概况

本研究选取四川省为研究区。四川省地跨青藏高原、横断山脉、云贵高原、秦巴山地、四川盆地几大地貌单元，地势西高东低，由西北向东南倾斜。地形复杂多样，以龙门山—大凉山一线为界，东部为四川盆地及盆缘山地，西部为川西高山高原及川西南山地。山地为主要特色，地貌按平原、台地、丘陵、山地分为 4 类，分别占全省行政区域面积的 5.93%、3.52%、11.03%、79.52%。

四川省东部属亚热带湿润气候区，该区全年温暖湿润。年均温 16－18℃，日温≥10℃的持续期 240－280 天，积温达到 4000－6000℃，气温日较差小，年较差大，冬暖夏热，无霜期 230－340 天。川西南山地属亚热带半湿润气候区，该区年均温 12－20℃，年较差小，日较差大，早寒午暖，四季不明显，但干湿季分明；降水量较少，年降水量 900－1200 毫米，90%集中在 5－10 月；云量少，晴天多，日照时间长，年日照多为 2000－2600 小时。川西北高山属高原高寒气候区，该区海拔高差大，气候立体变化明显，从河谷到山脊依次出现亚热带、暖温带、中温带、寒温带、亚寒带、寒带和永冻带；总体上以寒温带气候为主，河谷干暖，山地冷湿，冬寒夏凉，水热不足，年均温 4－12℃，年降水量 500－900 毫米；天气晴朗，日照充足，年日照 1600－2600 小时。

四川河流众多，以长江水系为主。黄河一小段流经四川西北部，为四川和青海两省交界，支流包括黑河和白河。长江上游金沙江为四川和西藏、四川和云南的边界，在攀枝花流经四川南部，在宜宾流经四川东南部，较大的支流有雅砻江、岷江、大渡河、理塘河、沱江、嘉陵江、赤水河。

四川省水稻、玉米、小麦等主要农作物的种植制度如表1所示。从表中可以看出，水稻、玉米的生长期主要在春、夏季，小麦的生长期主要在冬季和春季。

表1　四川省主要农作物种植制度

主要农作物	播种时间	收获时间
水稻	4月上旬	9月中下旬收割
玉米	4月下旬至5月上旬	8月下旬收割
小麦	9、10月	次年4、5月收割

五、基于决策树的主要农作物播种面积分类提取

（一）水稻播种面积提取

本研究选取高分1号2米、高分6号2米、北京2号2米等高分辨率遥感影像以及Landsat 8、Sentinel-2等中分辨率卫星遥感影像，利用多年积累的海量数据及构建训练样本库，结合决策树分类算法和人工解译手段，解译出了2022年四川省内水稻的播种区域分布。

表2　2022年四川省水稻播种区域区县分布表

区县名称	区县代码	2022年种植面积(万亩)
合江县	510522	57.14
达川区	511721	56.51
渠县	511725	56.10
岳池县	511621	55.99
大竹县	511724	54.86
安岳县	512021	53.42
仁寿县	511421	51.78
泸县	510521	51.61
东坡区	511402	50.27
宣汉县	511722	49.56
三台县	510722	43.32
邻水县	511623	42.42
富顺县	510322	42.14

续表

区县名称	区县代码	2022 年种植面积(万亩)
叙州区	511521	41.93
翠屏区	511502	41.75
广安区	511602	35.93
中江县	510623	35.88
绵竹市	510683	35.47
武胜县	511622	35.42
营山县	511322	34.60
广汉市	510681	34.21
仪陇县	511324	34.03
苍溪县	510824	33.97
荣县	510321	33.92

从表 2 中可知,2022 年四川全省水稻种植主要分布在四川东部与南部地区。分区县来看,主要分布在合江县、达川区、渠县、岳池县、大竹县、安岳县等,其中合江县种植面积最大,达 57.14 万亩。

(二)精度评价

为定量评估本研究所提出的主要农作物播种面积遥感提取方法的有效性,使用总体精度(Overall Accuracy,*OA*)、用户精度(User's Accuracy,*UA*)和生产精度(Producer's Accuracy,*PA*)三个指标全面评价农作物播种面积提取精度。具体而言,总体精度用于评估总体识别精度,即正确识别的正负数量与总样本数量的比值;生产者精度用于评估识别结果中正确识别样本的数量与样本总量的比值;用户精度用于评估识别结果中正确识别样本的数量与所预测结果总量的比值。

其计算公式分别如下所示:

$$OA = \frac{TP + TN}{TP + TN + FP + FN} \tag{1}$$

$$UA = \frac{TP}{TP + FP} \tag{2}$$

$$PA = \frac{TP}{TP + FN} \tag{3}$$

其中:TP 为正样本中预测结果为正类的数量;TN 为负样本中预测结果为负类的

数量；FP 为负样本中预测结果为正类的数量；FN 为正样本中预测结果为负类的数量。

根据实地调查结果对省级主要农作物种植空间分布数据进行精度评价，基于定量化评估指标计算，得出水稻的遥感提取精度结果如表 3 所示：

表 3 2022 年四川省水稻遥感提取精度

作物季节	作物品种	作物遥感提取精度		总体精度
		用户精度	生产者精度	
秋收	水稻	86.22%	84.91%	85.92%

精度评价表明，水稻提取面积总体精度达 85.92%，比国家统计局要求的精度高 5.92 个百分点，用户精度和生产者精度分别高 16.22 和 14.91 个百分点，表明本研究所采取的方法生产的数据精度有保障。

（三）对比分析

将 2022 年与 2021 年空间分布测量面积与野外调查数据进行对比评估，水稻播种面积的增减比例如表 4 和表 5 所示：

表 4 2022 年空间分布测量面积与 2021 年空间分布测量面积数据对比（万亩、%）

作物品种	2022 年	2021 年	增减幅
水稻	2685.59	2642.97	1.61

表 5 以省为总体的样方野外调查面积对比（亩、%）

作物品种	2022 年	2021 年	增减幅
水稻	20102.49	19377.83	3.74

通过对比分析得出 2022 年四川省水稻的卫星遥感解译结果和野外调查情况增减趋势基本一致，证明了本研究方法的可靠性。

六、水稻产量估算

（一）估产最佳时相选择

与水稻同期生长的作物主要有玉米、大豆和薯类作物，通过对水稻与当地同期生长农作物物候、各生长阶段和群体结构光谱特征的差异分析，找出水稻与其他农作物光谱差异最大的时段来进行水稻识别估产。

从物候历角度来看，水稻与其他作物生长阶段的差异是选择水稻识别估产最佳时相的常用依据。在选择最佳时相时，通过对比同一地点水稻与其他作物的物候历，确定该地水稻识别估产的最佳时相。从群体光谱特征来看，对当地同期生长的主要作物（玉米、大豆、薯类）来说，从播种到黄熟之前，随着生长阶段的更替，红光反射率因作物覆盖度和叶面积指数的增大而减小，近红外波段反射率逐渐增大，在某一特定时间段上，因不同作物的生长阶段和种植结构差异使得不同作物在影像上具有明显差别。由此可见，水稻识别最佳时相应选择水稻与其他作物的光谱差异大的时段。

为充分反映农作物不同生长时间的产量趋势，选择在水稻作物生产关键时期开展调查，如表 6 所示。

表 6　水稻生产期

测量作物	抽穗期	灌浆期	成熟期
水稻	7 月下旬	8 月中旬	8 月下旬

（二）卫星空分遥感估产

卫星空分遥感估产原理：作为农作物生长的主要背景的土壤光谱反射率在红光波段（RED）比农作物高，到了近红外（NIR）部分又比农作物低。因此，反映在卫星遥感资料上的光谱反射特征是：农作物长势越好，NIR 取的反射越强，RED 反射越弱；农作物长势越差，NIR 的反射越弱，RED 的反射则越强。利用农作物与主要背景土壤之间的这一光谱反射特性，把 NIR 和 RED 反射数据组合成各种植被指数，以扩大不同长势农作物的差异，来实施农作物遥感估产。

在众多植被指数中最为常用的是归一化植被指数（Normalized Difference Vegetation Index，NDVI），NDVI 指数通过测量 NIR 和 RED 之间的差异来量化植被状况，它能够精确地反映植被绿度、光合作用强度、植被代谢强度及其季节和年季变化。本研究所用的遥感指数主要为 NDVI，在实割实测样本数据的支持下，建立 NDVI 指数与粮食作物亩产之间的关系模型。所建立的产量估产模型用如下公式来表示：Y＝Function(X)。其中，X 为 NDVI 指数，Y 为估计产量。Function 指函数类型，通常用线性函数、对数函数、多项式函数等形式，即：Y＝a＋b＊X、Y＝a＋b＊lnX、Y ＝a＋b＊X＋c＊X。

本研究选取邛崃市、双流区、新都区三个市区开展水稻产量估算工作。通过卫星空分遥感估产模型测算 2022 年水稻产量，以遥感测产数据为 x 变量、实割实测数据为 y 变量绘制二维散点图，分析两者之间的相关性，结果如图 1 所示。

1. 从整体上看，卫星空分遥感估产数据与实割实测数据的拟合效果较好，即在水稻作物不同物候期两种数据均存在线性的正相关关系。

2. 三个物候期散点图趋势线的斜率基本一致，表明水稻在不同物候期上的卫星空分遥感估产结果具有相似的变化特征。

3. 卫星空分遥感估产数据与实割实测数据的拟合效果较好，水稻卫星空分遥感估产结果在三个物候期的拟合精度（R^2）分别为 0.7071、0.7976、0.6923，均属于较高拟合度。

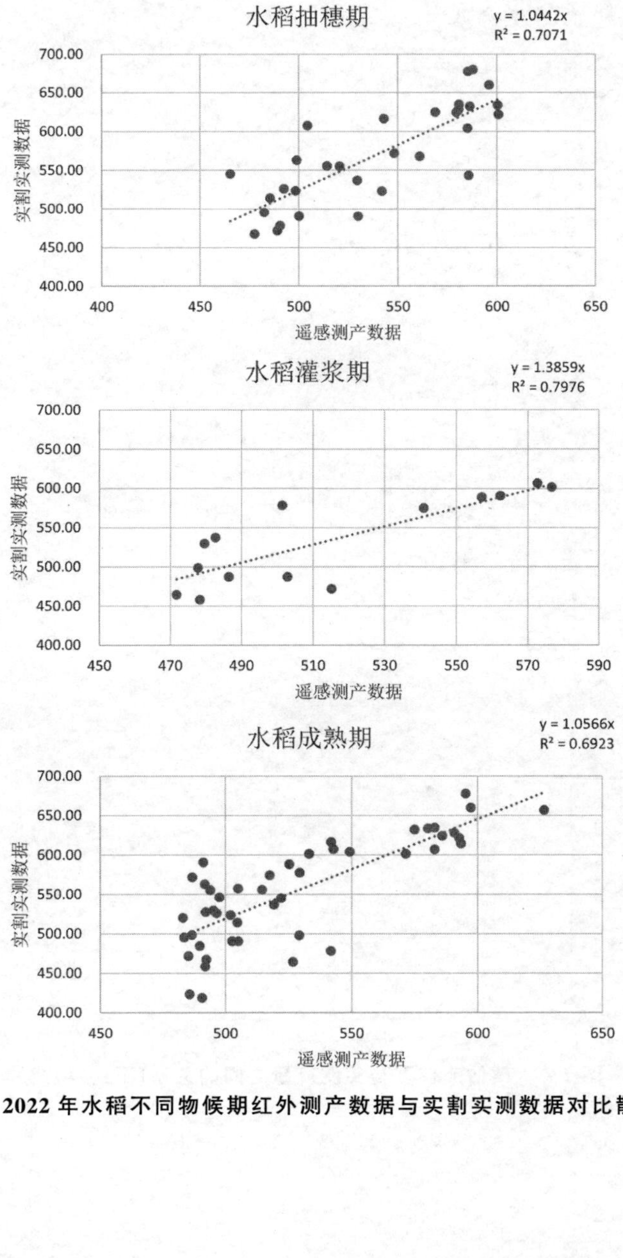

图 1　2022 年水稻不同物候期红外测产数据与实割实测数据对比散点图

以水稻关键生育期 NDVI 值与实割实测数据的相关性建立三种估产模型，拟合情况如图 2 和表 7 所示。可以看出，三种模型中水稻多项式决定系数最大（$R^2=0.7452$），线性函数的决定系数最小（$R^2=0.6023$），说明利用多项式模型进行水稻产量估产的可靠度最高。

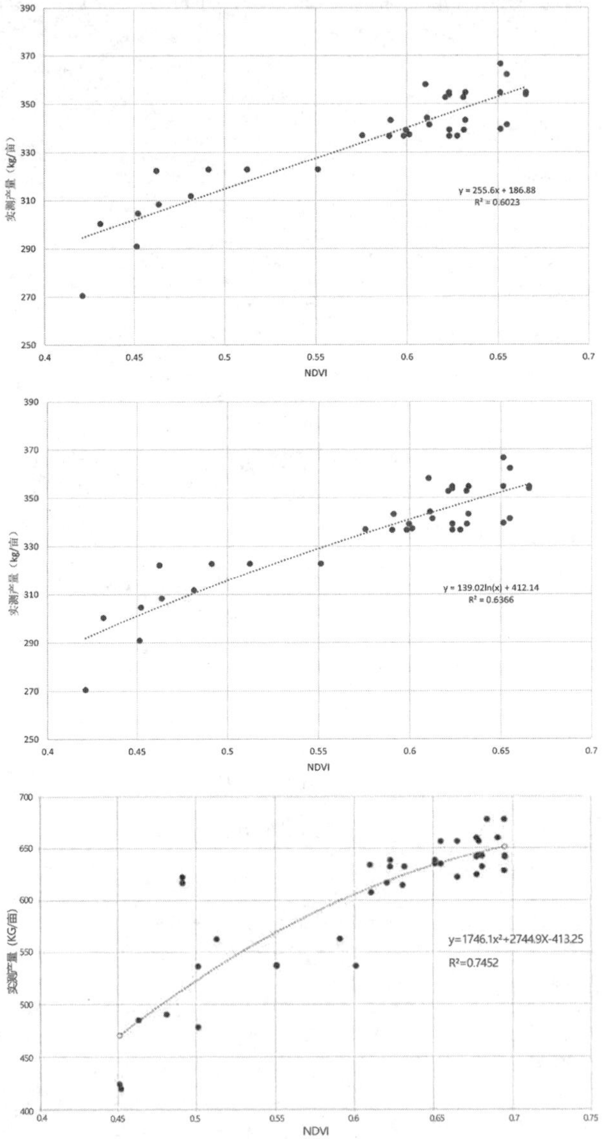

图 2　水稻估产模型与实测产量之间的关系(下:多项式)

表 7　水稻三种估产模型精度

估产模型	R^2	最大值	最小值	均值	平均绝对误差	平均相对精度
线性函数	0.6023	823	401	612.95	3.21	96.23
对数函数	0.6366	703	391	605.35	21.89	94.05
多项式函数	0.7452	698	411	583.26	31.54	97.82

（三）多光谱红外估产

在作物关键生长期内，采用多光谱无人机外业飞行作业模式，获取作物超高分辨率的无人机影像，通过目视解译得到目标作物的种植区域。调查人员通过红外手持测产设备到作物目标探测点位，获取作物的生长参数，快速获取地面点的产量信息。然后结合通过遥感影像获得的作物的种植面积，实现试验区全域范围内目标作物的产量分布测量。

本研究选取邛崃市、双流区、新都区三个市开展水稻产量估测，对作物三个生长关键的抽穗期、灌浆期和成熟期进行红外测量，得到三组离散数据，以红外测产数据为 x 变量、实割实测数据为 y 变量绘制二维散点图，分析两者之间的相关性关系，估产结果如图 3 所示。

1. 从整体上看可见，2022 年水稻红外测产数据与实割实测数据的拟合效果较好，即三期的红外测产数据与实割实测数据均存在正相关关系；

2. 水稻三个物候期散点图趋势线的斜率基本一致，表明相同作物在不同物候期上的红外测产结果具有共性（具有相似的变化特征）；

3. 水稻红外测产数据在三个物候期的拟合精度（R^2）分别为 0.6633、0.7976、0.7515，空分遥感测产调查在三个物候期的拟合精度（R^2）分别为 0.606、0.79、0.75，均属于较高拟合度，可见红外测产具有一定可行性。

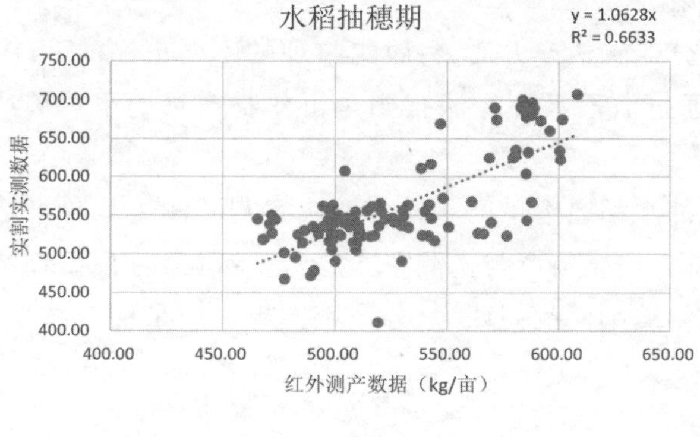

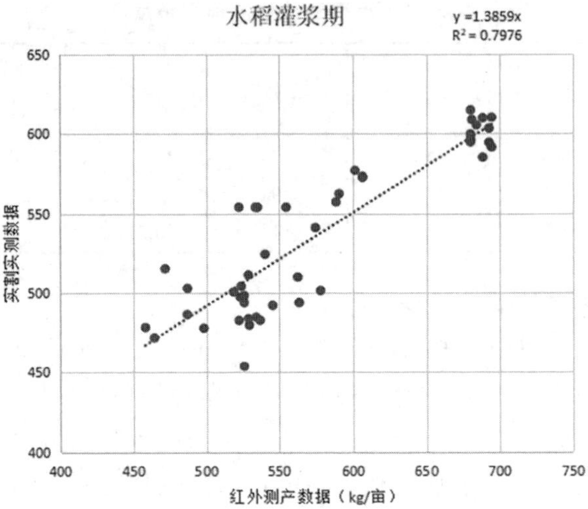

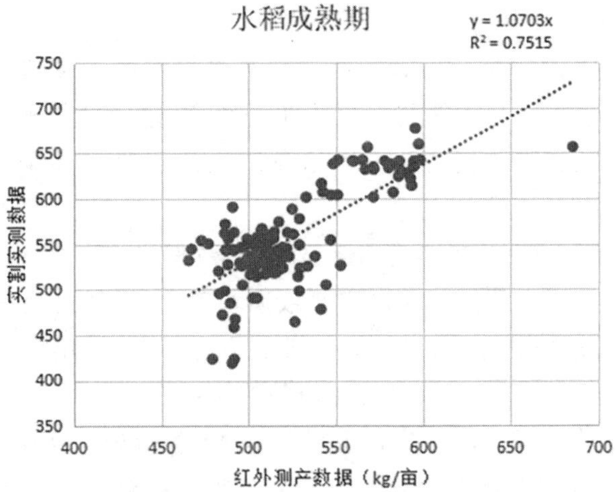

图 3　2022 年水稻不同物候期红外测产数据与实割实测数据对比情况

（四）估产结果分析

根据卫星空分遥感估产方法，将收集整理的不同亩产的 NDVI 数据输入作物产量估产模型，通过波段运算方法得到全市作物产量的平均单产，制作粮食估产的分布图。

将近三年成都水稻遥感单产和样本地块实割实测平均单产数据进行比较，如表 8 所示可以看出，遥感估产与实测单产趋势一致，经过模型训练优化，估产结果与实测差值正逐年缩小。我们认为，分区域的粮食产量估产结果可作为评估全市粮食产量的依据。

表8　成都水稻遥感和实测单产数据比较（公斤/亩）

作物品种	2020年			2021年			2022年		
	实测	遥感	差值	实测	遥感	差值	实测	遥感	差值
水稻	539	520.36	18.64	541	525.71	15.29	537	527.95	9.05

通过卫星空分遥感估产数据和实割实测调查数据对比，可以发现卫星空分遥感估产方法虽然在数据精度上弱于实割实测调查，但两者之间误差正逐年缩小。由遥感估产精度评价结果可知：运用卫星空分遥感估产方法是可行的，该方法得到的估产结果是准确可信的。

七、研究总结与展望

（一）研究总结

卫星遥感影像，尤其是中、高分辨率遥感影像日益增加，影像可及性大大提高，为大范围、动态、精细化地提取农作物播种区域提供了有效的技术手段。本研究面向四川省农作物播种面积业务化调查统计的实际需求，针对遥感影像上农作物播种面积的大范围、高效提取问题，选取高分1号2米、高分6号2米、北京2号2米等高分辨率遥感影像以及Landsat 8、Sentinel-2等中分辨率卫星遥感影像，以水稻为目标作物，结合决策树分类算法和人工解译等手段，开展了2022年四川省卫星空分遥感对地农作物测量方法的探索与实证应用研究。

通过2022年四川省农作物面积遥感测量工作的顺利开展实施，验证了本研究方法的有效性。研究成果有助于提高农作物播种区域提取精度、估产精度和效率，推进农作物大面积遥感监测应用具有重要意义。

（二）研究特色

1. 现有的基于遥感技术的农作物播种面积估算大多停留在理论方法层面，实验验证的区域往往有限，缺乏省级尺度的大范围实践验证。本研究通过2022年四川省农作物面积遥感测量工作的顺利开展实施，总结了一套基于卫星遥感技术、适用于四川省农作物播种面积业务化调查统计的方法技术体系。

2. 传统的播种面积遥感分类方法未充分利用农作物的物候信息，物候特征的引入将有助于农作物的提取。本研究在方法设计上，充分考虑了水稻农作物的物候特征，提高了数据精度。

3. 使用卫星空分遥感估产方法对水稻进行估产得到了较好的精度，由此得到水稻遥感估产的基本模式，为今后相同区域大面积水稻遥感估产打下了基础，并为农业生产管理和决策提供了科学的依据。

（三）研究展望

四川省种植结构复杂，地块破碎，影像质量受云雨天气影响较大，对不能满足遥感监测的区域，需要扩展影像数据源，尽量选择云层干扰较小、时相更优的遥感影像，可使用雷达影像作为补充，采用多源数据融合的方式提升数据的可获取性。

未来需进一步优化遥感智能算法，摸索天空地一体化主要粮食作物遥感解译体系，完善精度验证体系，为提高测量精度奠定基础。

基于无人机智能调查系统的村级粮食作物面积调查方式研究

吴　楚　林景华　陆泽雁[①]

一、研究背景和意义

“重农固本，是安民之基”，粮食产量统计数据直接反映粮食生产成果，为国家粮食安全政策的制定提供基本依据。早稻、晚稻是广东省的主要作物品种，多年以来水稻种植面积占广东省粮食作物面积的75%以上，自2016年第三次全国农业普查以来，广东调查总队严格按照国家统计局相关制度开展农作物面积遥感测量工作，结合遥感识别结果以及实地调查数据进行作物种植面积推算，为各级党委政府和有关部门制定农业生产相关政策提供了准确的数据参考。

按照现行制度规范，粮食统计调查工作分为抽样调查和全面统计两部分，其中抽样调查又分为以市为总体抽样调查和以县为总体(共26个粮食大县)抽样调查两大块，主要由调查队及部分地方统计局采集和上报数据；现行的农作物面积遥感测量技术体系中，需要获取覆盖作物生长季且质量较好的遥感影像进行作物识别，然后结合对地抽样调查成果进行面积推算，需要一定的时间方能获得全省以及分市县的农作物面积数据，对于除样本村以外的村级单位而言，主要依靠村级起报、逐级审核汇总的方式，数据质量难以把控，缺乏有效、客观的技术手段获取或核定分村的各作物播种面积。

传统的无人机测绘方式能够获得村级范围内的作物播种面积，但因无人机操作难度大、数据处理过程复杂、作业周期较长，一般需要专业技术团队才能完成，因此不具备在市县级常态化开展此项工作的条件。

2022年2月，国家统计局印发《国家统计局关于开展农作物对地抽样调查样

① 作者简介：吴　楚，国家统计局广东调查总队副处长。
林景华，国家统计局江门调查队科长。
陆泽雁，国家统计局广东调查总队干部。

本轮换工作的通知》,正式开展农作物对地抽样调查样本轮换,轮换对象是所有抽中调查村(或公里网格)和抽中样本村网格,然后根据实地调查结果和抽样权数计算得到全省或产量大县的分品种作物面积,未对村级农作物面积调查提供抽样或调查方案,因此本项目研究具有一定开创性。

2021 年 10 月,广东调查总队建设了智能化的农业调查无人机系统,能够实现无人机在指定范围内的自动航拍、自动拼图处理,为市、县调查队自行开展指定范围内的高精度航片采集和数据分析提供了基础数据采集的工具系统。通过本研究探索市县调查队在总队无人机系统支持下开展村级单位的高清航片采集、无人机航片数据处理、目标作物分布解译和面积统计,能够实现对指定村级单位内农作物种植情况的高现势性、高精度采集,在现行的抽样调查制度基础上,有效提升各级调查队及时、准确获取一定范围内农作物种植情况的能力。

二、研究目标

以江门市为研究区,探索在市县队农业统计业务人员和配备的小型旋翼无人机条件下,由市、县队业务人员自行使用无人机和调查系统完成试点村内水稻种植面积的测量工作,分析不同面积规模的试点村的无人机航片采集方案和投入情况,并完成水稻空间分布解译和面积统计,建立一套可操作的村级粮食作物调查技术规范,为及时、准确获取分村粮食播种面积提供技术参考,并为下一步研究村级单位抽选、村域范围内抽样航拍和面积反推建立数据基础。

三、研究内容

(一)研究区概况

江门市位于珠江口西岸,江门是水稻种植大市,是大湾区重要的粮食产地,也是全省优质米最大的产区之一。地处华南亚热带,属亚热带低纬地区,海洋性南亚热带季风气候,常年绿色植被,四季常春,年均降水 2000 毫米,年均温度 21.8℃。全市有 285 公里的海岸线,受海洋性季风影响,气候特征是温暖多雨,日照平均在 1700 小时以上。气候温暖湿润,适宜种植水稻和各种经济植物,无霜期在 360 天以上。其中台山水稻年播种面积 7.2 万公顷,覆盖率达到 99.86%,年产大米 25 万多吨,是广东省水稻种植面积最大、优质稻种植面积最大的县级市,也是国家优质商品粮基地之一,素有“广东第一田”的美誉。

(二)技术路线

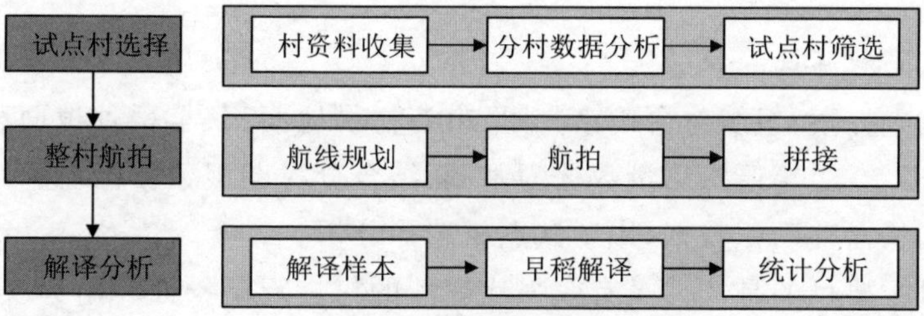

图1　总体技术路线

立足于研究区市县调查队现有人员和设备配置情况，本项研究主要技术路线包含试点村选择、整村航拍和早稻解译分析等几个步骤。

第一步，收集江门市分村耕地面积、早稻种植规模以及村边界等数据，分析不同耕地面积规模的村所占比例情况，选择具有代表性的村作为本研究试点村。

第二步，将试点村边界数据导入 AI 慧飞调查系统，并根据系统规范完成航线规划、自动航拍以及航片拼接等处理，得到覆盖试点村耕地范围的高精度正射航片。

第三步，分析正射航片数据并建立早稻识别知识库，完成分村早稻空间分布解译和数据统计，得到各村精准的早稻面积数据。

另外，选择个别试点村开展以耕地地块为单元的样本抽选和早稻面积推算，为后续开展更进一步抽样和推算提供前期探索。

四、项目执行情况

为顺利完成本项课题，总队农业处于 2022 年 3 月制定课题技术方案并选择江门作为研究区；由江门调查队于 4 月完成各区县分村基本情况调查、并结合江门市水稻种植特征具体选择台山市、开平市不同耕地规模的 7 个村作为开展课题数据采集和分析的试点村；5 月至 6 月分别完成整村航片试飞及试点村航片采集，7 月至 8 月探索解决了利用 AI 慧飞系统完成村级航片拼接和导出航片进行地块矢量勾画等问题，初步建立了早稻地块解译、整村水稻面积核实的技术流程，并进一步完成抽样反推实验；9 月根据数据整理情况，论证了村级粮食作物面积无人机调查方法的科学性、可行性，并完成课题总结报告的撰写。

五、研究过程及结果

(一)试点村筛选

按照试点方案,组织对台山市、开平市各村耕地面积、早稻种植面积进行基础数据统计,以2021年遥感测量数据为基础、结合分村上报数据汇总整理研究区分村主要农作物播种面积数据,用于试点村选择分析。

本项目主要目的是选择具有较强代表性的村进行早稻面积解译实验,因此排除农作物种植用地面积规模特别大的村,采用统计描述的方法进行筛选,对试点范围内各村的耕地面积进行分析,具体过程为统计得到上四分之一分位(a)、下四分之一分位(b),按偏离值标准上线,即 $a=k(a-b)$,取 $k=3$,确定超大单元。

统计结果如图2所示,研究区范围内耕地面积为2000亩左右的村所占比例最高,耕地面积为5000亩以下的村占比超过90%,因此本研究将各村按照耕地面积0—1000亩、1000—2000亩、2000—3000亩、3000—5000亩进行分层划分,然后再分别进行试点村抽选,最终抽选7个村开展分村早稻面积无人机调查实验,能够为在不同面积规模的村开展农作物面积调查提供参考。

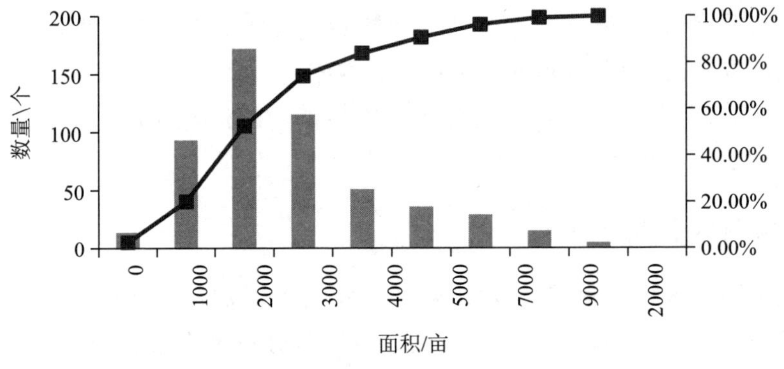

图2　村耕地面积统计

原则上试点村抽选设计的前提是研究区作为整体符合二相样本的特征,因此在选择试点村样本前,首先对研究区范围内村级单位的早稻种植结构一致性进行评估,计算公式为:早稻种植强度(%)=早稻播种面积/农作物种植用地面积×100%。

然后比较初选试点村与研究区总体在种植强度上的差异。一是将试点村与研究区的种植强度相减,得到差异百分数;二是将试点村与研究区的种植强度相除,得到种植强度比,对这两项进行比较。

试点村与研究区的种植强度的差异百分数小于3，并且种植强度比处于0.8—1.2之间，则反映所选试点村与研究区早稻种植情况一致，符合二相样本的特征，研究结果能够代表研究区情况。

（二）整村航片采集及处理

1. 无人机航拍准备

参照采用无人机开展样方调查的技术规范和无人机调查系统的作业要求，根据不同试点村面积和耕地分布情况完成无人机设备准备。

2. 分村航线规划

根据试点村边界以及耕地集中分布情况合理划分单架次航拍范围，并完成飞行高度、航向/旁向覆盖率、航线角度等参数设置，确保覆盖所有试点村内耕地范围并且符合小型旋翼无人机单架次作业能力。

3. 航片采集及拼图

总队建设的AI慧飞调查系统针对农业统计调查提供了无人机自动飞行、航片自动拼接、数据自动传输等智能化功能，能够根据航线规划情况自动完成试点村各范围的高精度航片采集，并由总队服务器完成正射航片拼接，解决了传统拼图软件需要较多参数输入、手动转移数据的问题，提高了基层调查人员的调查效率。

（三）早稻面积解译

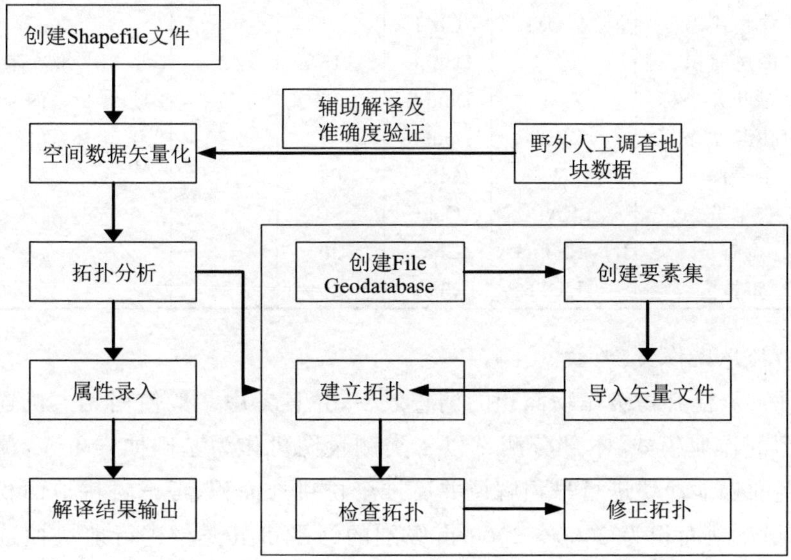

图3　解译流程

根据江门市早稻物候特征，本研究于6月中下旬完成全部试点村的航片采集工作，生长较为旺盛且与其他作物光谱特征差异明显。结合实地调查结果和航片特征建立早稻解译样本库，依据样本库航片地物特征，结合1∶1万的耕地地块数据和野外调查中获取的地面验证样方数据，对研究区内无人机影像中早稻的种植范围进行矢量化，首先，根据地块的光谱颜色和纹理判别早稻；然后，根据地块的实际边界进行矢量化，当大片水稻地块中出现小于2米的道路、沟渠、田埂等地物时，不用单独勾画出，但是大于等于2米时需要剔除。最后建立拓扑数据集，进行拓扑检查和修改。

参照国家统计局现行制度规范，制定地块解译成果矢量规范如表1所示。

表1　成果矢量字段规范

序号	字段名称	字段代码	字段类型	字段长度	小数位	备注
1	地市名称	DSMC	Char	64		
2	区县名称	QXMC	Char	64		
3	乡镇名称	XZMC	Char	64		
4	村级行政区名称	CUNMC	Char	64		
5	村级行政区代码	CUNDM	Char	64		
6	自然地块编号	YFDKBH	Char	64		
7	作物名称	ZWMC	Char	64		
8	作物代码	ZWDM	Char	64		
9	图斑面积	TBMJ	Double	15	2	平方米
10	中心点X坐标	XZB	Double	15	8	2000坐标系的经纬度坐标
11	中心点Y坐标	YZB	Double	15	8	2000坐标系的经纬度坐标
12	主要作物	ZW	Char	64		
13	年份	YEAR	Char	8		
14	调查员	INVESTIGA	Char	30		
15	审核人	AUDIT	Char	30		

(四)抽样反推实验

为进一步提升村级作物面积的调查效率，并且考虑一般使用无人机连续航拍一定范围的作业模式，本部分测试以二类测量图斑作为基础抽样单元，测试抽选一定比例的耕地地块进行早稻解译并反推全村耕地面积，考虑村耕地面积代表性情况，选择耕地面积为2000－3000亩级别的开平市五龙村进行地块抽选和面积估算实验。

依据农作物面积遥感测量二类测量成果，五龙村总耕地面积为2500.93亩，耕地图斑共24个。随机抽选25%、50%和75%比例的耕地地块,然后统计该范围耕地地块内早稻种植面积,使用比率估计方式反推全村早稻面积。

$$\hat{Y}_{RS} = N\bar{y}_{RS} = \hat{R}_s X \tag{1}$$

$$Y_i = R_i \sum_{0}^{j} X_{ij} \tag{2}$$

式中,Y_i 为 i 村估计值,即该村早稻的种植总面积;R_i 为估计比率;$\sum_{0}^{j} X_{ij}$ 为抽选耕地范围内早稻种植面积之和。

估计比率公式为:

$$R_i = Y_i / \sum_{0}^{m} y_m \tag{3}$$

式中 Y_i 为该村耕地总面积,$\sum_{0}^{m} y_m$ 为抽中耕地地块总面积。

采用以下公式计算估计值与实际种植面积之间的差异:

$$P = (Y_i - Y)/Y \tag{4}$$

式中 Y 为该村早稻种植面积。

两种抽选比例进行面积反推得到的结果如表2所示,此次抽选的6、12和18个耕地地块中耕地占全村耕地总面积比例分别为9.01%、59.87%和61.90%,反推面积与该村早稻种植面积偏差比例分别为-29.66%、-16.37%和-17.66%,总体偏差较大,抽选耕地面积比例越高,反推结果精度越高,抽选中耕地的面积相近时,推算结果也较为接近。

基于本次初步实验,验证了在全村耕地基础上按照一定单元进行不同比例抽样,能够对全村的作物种植面积进行推算,且推算精度与抽选比例存在相关关系。后续可以选择更多试点村进行航拍和作物面积解译,应用更丰富全面数据分析不同抽样比例对推算精度的影响,建立精度满足统计调查要求的村级单位抽样技术体系。

表2　面积反推结果

抽中地块数	6	12	18
抽中耕地面积(平方米)	150166.67	998150.00	1032095.24
耕地比例	9.01%	59.87%	61.90%
抽中耕地内水稻面积(平方米)	68565.31	541856.54	551630.80
反推总面积(平方米)	761276.05	905106.67	891127.80
偏差	-29.66%	-16.37%	-17.66%

（五）工作量分析

经测算，使用现有配置的小型旋翼无人机（御 2 专业版），每架次 20 分钟可航拍约 800 亩范围，因此 3 到 5 架次即可完成大部分村（4000 亩以下）的航拍任务，另外加上航片拼接、作物解译等数据后期处理，基本 1 个调查人员，1 台无人机的条件下，2 天可以完成一个行政村的水稻面积调查工作，方案的可执行性比较高，市、县队完全有能力在依靠目前已配备的软硬件以及人力前提下对一些重点村的水稻面积进行现场核实。

六、创新点

立足于市县队人员和设备配备的现实情况下，由市县队业务人员利用小型四旋翼无人机完成了以早稻为例的分村粮食面积调查工作，建立了对不同面积规模的村级单位应用无人机进行整村航拍的技术规程，以及基于拼接航片的分地块作物空间精细测量技术方案，并且验证了通过抽选一定比例的耕地地块进行面积反推，能够得到一定精度范围内的全村早稻种植面积。技术方案可操作性强且数据成果精度高，能够满足市县调查队及时获取指定村范围内农作物面积数据的需要，可以作为农作物面积遥感测量技术体系的有效补充，可以为获取分村农作物面积数据提供经验参考。

七、结论

本研究通过市县调查队利用现有无人机设备和总队建设的 AI 慧飞调查系统，完成了具有代表性的不同面积规模的试点村航拍和早稻面积测量，解决了农作物面积遥感测量技术体系中难以及时获得非样本村农作物面积信息的问题，本项目所建立的无人机航拍和作物解译技术流程可以由市县队调查人员独立完成、可操作性强，为科学、客观确定村级粮食作物面积提供了技术支撑。

在完成全村早稻面积解译的基础上，本项目通过抽选一定比例的耕地地块进行全村早稻种植面积的推算实验，初步验证了在村级范围内抽样反推全村早稻种植面积的可行性，下一步可以针对不同面积规模的村研究抽选不同比例的耕地地块进行航拍测量进而反推全村作物面积进行研究，以便在保证村级农作物面积精度的情况下进一步提升工作效率，并考虑不同区域、不同地形特征情况下完善整村无人机航拍、地块勾绘的技术流程，并制定操作规范，为进一步推广做好基础。

粮食产量智慧统计探索与实践

——以广西壮族自治区为例

钟日辉　张锦水[①]

2023年6月，国家统计局局长康义在智慧统计工作启动会上指出："智慧统计是推进统计现代化事业的抓手。要坚持以习近平新时代中国特色社会主义思想为指导，将做好智慧统计作为检验学习贯彻习近平新时代中国特色社会主义思想主题教育成效的重要举措，把握好"再造、赋能、驱动、安全"的要求，坚持解放思想、深入调查研究，集众智、聚合力，以时不我待、争分夺秒的精神姿态做好智慧统计的顶层设计，为推动统计现代化事业谋好篇、布好局"。

国家统计局广西调查总队近年来积极探索遥感技术、人工智能技术、自动控制技术在粮食产量调查（包含农作物面积对地调查及单位面积产量抽样调查）中的应用，与北京师范大学专家团队一道，于2019年11月成功研发"基于无人机高分影像的农作物高精度智能识别系统"（以下简称"e农调"系统），并在全区范围内投入使用。2023年还完成了"e农调"系统二期研发，新增单位面积产量调查数据采集、面积产量数据处理汇总等功能，使粮食产量抽样调查一个系统就"搞定"，调查业务自动化、智能化大大提升，有效保障源头数据质量。"e农调"系统的研发与应用，重塑了粮食产量抽样调查业务流程，具有较强的应用和推广优势，可以为国家统计局智慧统计提供有益经验。

一、打造农作物面积对地调查自动高精度智能统计

（一）现行农作物面积对地调查方法特点及不足

2016年，随着"3S"空间信息技术在统计业务中的应用，我国农作物面积测量方式实现了由传统的目录统计逐渐向以空间对象为基本统计单元的空间统计转

---

① 作者简介：钟日辉，国家统计局广西调查总队农业调查处处长、一级调研员。
张锦水，北京师范大学地理科学学部教授、博士。

化(余新华,2016)。我国现行农作物面积对地调查是利用第三次全国农业普查农作物面积遥感测量成果构建对地抽样总体,在每个抽中的样本村(网格)中选取3个200m*200m小网格样方,采用带有卫星导航功能的高精度PDA人工调查(王文鹏,2017)或无人机测量(刘俊杰,林晓龙等,2017)的调查方式,准确及时地获取样方压盖的全部自然地块的种植情况,最后进行数据推算取得。如采用人工手持PDA调查,需要基层调查人员到调查样方逐个地块核实情况填入PDA中,效率低下,往往一个调查样方需耗时1—2个小时,而且顶烈日、冒高温酷暑,甚至爬山涉水,调查人员耗费大量体力精力,有时安全也是难以保障(钟日辉等,2021)。

而采用第三次全国农业普查配备的无人机开展调查,也存在两个方面的问题。其一,由于无人机硬件技术还不够成熟,飞控技术不够稳定,操控无人机飞行复杂,需要操作人员全程值守"照看"空中的无人机飞行;其二,业务操作流程复杂,每个环节需要人干预才能够完成,需要操作人员具有较好的遥感、地理信息系统专业知识和技能。第三次全国农业普查配备的无人机方式测量,需经过利用遥感影像资料制作无人机飞行任务包、精细控制无人机飞行、摄影测量软件进行拼接、操作ArcGIS等专业图像软件人工处理无人机影像、数据导入Excel电子表格进行汇总等步骤开展工作(见图1),这虽实现了无人机飞行替代人工使用PDA踏田采集数据,但是飞行及影像后期处理流程异常繁琐,对基层调查队人员素质要求较高,往往只是压缩了其踏田时间,却加重了后期数据处理时间,整体调查效率并未得到显著提升,仍处于"半人工"调查状态,且由于各个程序之间均由人工操作、人工审核数据,容易出现错漏,每个阶段处理过程割裂,形成"数据孤岛",不利于数据质量的提升。

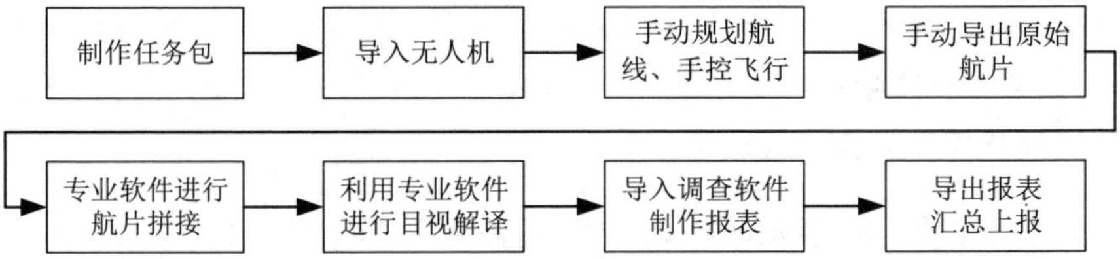

图1　采用第三次全国农业普查配备的无人机开展面积对地调查流程

(二)"e农调"系统打造农作物面积对地调查新模式

1."e农调"系统设计兼具创新与实用

根据国家统计局《农林牧渔业统计报表制度》并结合广西实际,"e农调"系统确立了全流程自动化、智能化运行的目标,最大限度提高调查效率,最大限度减少人工参与、提升数据质量。其中功能设计遵循以下原则：

（1）标准化与规范化

系统作为农作物面积对地调查业务系统，需要实现对各级调查部门多样化需求的支撑，因此在系统设计开发中，严格遵循国家调查制度、外业样方测量技术规范以及系统建设目标，建立了统一标准和规范，包括系统业务流程标准、用户界面设计标准、系统内部接口调用标准等。

（2）创新性与先进性

系统是在充分分析当前信息系统技术发展的现状以及发展趋势的基础上，采用人工智能、遥感大数据等先进技术，并结合实际应用的业务需求进行了自主创新及重点突破，确保了系统在技术上的先进性。同时兼顾技术和行业发展趋势在设计和开发上具有一定的前瞻性，使系统具有较强的可扩展能力。

（3）经济性与实用性

系统在硬件和软件配置、系统开发和数据库设计上充分考虑在实现系统全部功能基础上尽量节约经济成本，充分利用已有的软硬件环境，在便捷实用的基础上做到经济节约，以尽量小的投入完成系统建设。

（4）开放性与合作性

农作物面积和单产对地调查业务规范在随着技术革新和社会经济进步而发展变化，因此“e 农调”系统在设计和开发过程中预留了硬件设备和功能升级扩展接口，以适应业务过程和表现形式的革新，确保系统流程和输出成果与最新调查制度保持一致。

（5）易用性与完整性

“e 农调”系统坚持以用户为中心的原则，在充分考虑用户的计算机操作水平以及操作习惯的前提下，对系统界面和操作方式进行了尽可能简洁的设计，由系统自动执行专业化的数据运算，便于用户能够专注于业务调查，提升数据成果精度。

（6）安全性与稳定性

系统采用 AES 加密传输、指纹锁等安全技术对账号及数据进行加密，以保证数据不被非法访问、窃取和破坏；且系统操作安全可靠，不让非法用户操作系统，同时具备足够容错、备份能力，以保证合法用户操作时不至于引起系统出错，充分保证系统数据的逻辑准确性。

（7）整体性与渐进性

根据现有的软硬件环境并结合农业调查信息化的长期规划，按照统筹规划、分步实施原则，按照主要工作内容，先作好总体规划和设计，搭建好整体框架，然后有计划进行分期建设、逐步扩展。同时在设计中兼顾系统的对接接口以及系统未来的联调测试等方面，预留数据管理、模型升级、功能升级等扩展接口，为实现全链条农业调查工作的信息化奠定基础。

2.“e农调”系统架构科学、完善和高效

“e农调”系统采用“四层两翼”设计方案，分为数据层、组件层、业务层和用户层。从业务流程看，县调查队主要任务是接收任务包、数据采集、数据审核、生成报表并上报市调查队，市调查队主要任务是审核县级数据、反馈县队或上报省调查总队，调查总队主要任务是下发任务包、接收市调查队上报数据并再次审核、导出并汇总分析全省数据上报国家统计局。

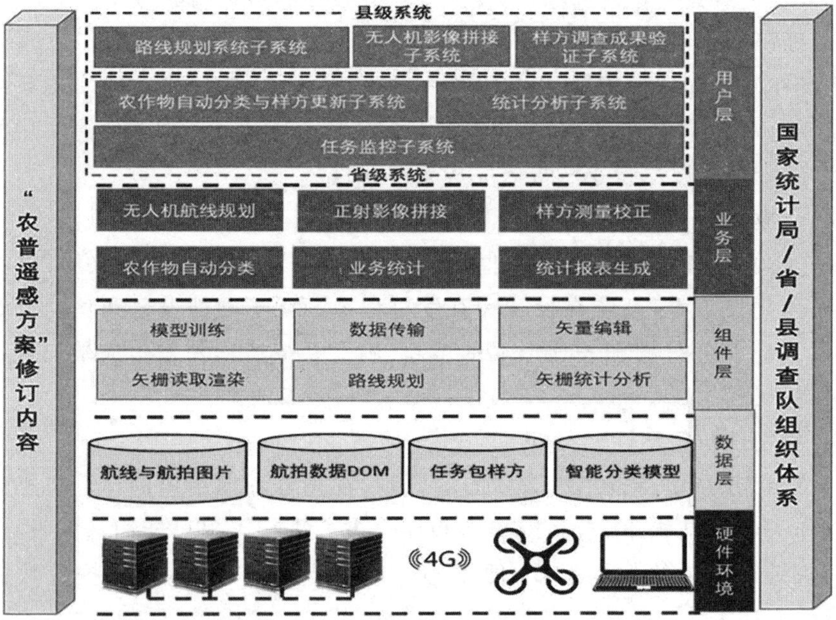

图2 “e农调”系统架构

3.“e农调”系统“五个自动”功能让调查工作便捷高效

(1)自动飞行。“e农调”系统支持按照调查样方或者自定义任意范围进行无人机飞行航线规划。系统预置航线规划参数能够适应本地区绝大部分样方调查工作需要，调查人员也可以调整飞行高度、航行重叠度、旁向重叠度、飞行速度等参数以满足特殊环境。同时，系统支持多个样方的航线规划以进一步提升调查工作效率。移动端APP可自动控制无人机完成样方航拍任务并在任务完成后自动降落至起飞位置,航拍过程中实时对无人机飞行状态进行监控。

(2)自动传输、拼接并校准影像。"e农调"系统开发了基于高分辨率航拍图片的自动化配准算法。在无人机执行样方航拍任务中,"e农调"系统实时地将样方图片接收、显示并上传至自动拼接系统。待样方航拍图片全部上传至服务器后,系统可自动执行航拍图片拼接处理,并将拼接结果实时推送至APP显示,便于调查人员现场浏览拼接效果以及进行地块信息核查。同时,"e农调"系统还将自动分类结果与国家基准影像之间的高精度匹配,保证统计结果准确,提高农田地块的更新精度。

(3)自动识别作物属性。"e农调"系统利用人工智能技术构建深度卷积神经网络,基于往年调查获得的航拍图片及调查成果建立了标记样本数据集,利用深度学习大数据驱动和非监督特征学习的优势,研发了泛化性强的农业统计二类调查、春播作物、夏播作物和冬播作物识别模型,能够适应主要品种农作物在不同播期、不同生长状况下的生长特征,从而实现在时间尺度、空间尺度上农作物类型的高效提取,作为辅助信息支撑外业填报,降低调查人员的工作量和工作强度,实现高效便捷、精准可靠的支撑农作物面积外业调查自动化流程。经验证,水稻、玉米等主要粮食作物识别精度达到85%以上。

(4)自动填报地块数据。"e农调"系统提供手动填报以及智能分类模式进行地块农作物信息解译。其中手动填报提供灵活、便捷的作物类型和面积信息填报,通过输入作物代码即可实现作物类型填报,且提供批量填报、套种地块填报、次要作物类型填报。

系统支持自动将智能识别的结果与已有的地块属性信息进行对比分析,并针对自动化分类结果进行数据质量评估,自动识别的地块作物类型信息统计到自然地块数据中,并将结果自动推送至无人机识别APP中,便于调查人员现场对自动识别的结果进行确认或修正。

系统根据广西农作物种植特点预置了信息校验规则,根据调查季、不同作物的播种区域、多季作物的种植规律等对填报和地块更新进行逻辑判断,对于不符合校验规则的地块进行提示或驳回核查,降低调查人员的审核工作量、提高成果精度。

系统支持由县级调查队(县级统计局)、市级调查队和调查总队的三级逐级审核方式,可实时将质量不符合要求的成果数据驳回县级调查人员进行复核或现场核实修正,以保证成果质量满足制度规范要求,确保成果质量。

(5)自动生成基层报表。农作物遥感测量和对地调查样方自然地块调查表是

《农林牧渔业统计报表制度》规定的关键成果形式之一,“e农调”系统按照报表制度和业务流程研发了规范、便捷的成果导出功能,各级调查人员一键即可导出上报所需的矢量成果、A202报表、联网直报表格等,业务数据在系统内部自动化流转,使用一套系统就能完成全部调查和成果上报工作。

农作物遥感测量和面积调查样本点地块调查

2022年夏播-南宁市-上林县-上林县大坡村委会/3-450125200202003

自然地块编号	作物名称	作物代码	播种面积（平方米）	是否夏收	是否设施农业	设施农业用地类型
1	双季晚稻	106	323.89	0	0	
2	双季晚稻	106	117.35	0	0	
3	双季晚稻	106	657.67	0	0	
4	双季晚稻	106	334.20	0	0	
5	双季晚稻	106	227.13	0	0	
6	双季晚稻	106	862.84	0	0	
7	双季晚稻	106	422.03	0	0	
8	双季晚稻	106	480.17	0	0	
9	双季晚稻	106	279.67	0	0	
10	双季晚稻	106	294.04	0	0	
11	水域	500	70.99	0	0	
12	双季晚稻	106	233.98	0	0	
13	双季晚稻	106	625.64	0	0	
14	草地	400	360.66	0	0	
15	双季晚稻	106	417.44	0	0	
16	双季晚稻	106	155.37	0	0	
17	草地	400	1628.53	0	0	
18	双季晚稻	106	554.59	0	0	
19	草地	400	333.58	0	0	
20	双季晚稻	106	511.13	0	0	
21	夏玉米	102	151.36	0	0	
22	双季晚稻	106	492.74	0	0	
23	双季晚稻	106	300.86	0	0	
24	双季晚稻	106	80.41	0	0	
25	双季晚稻	106	768.44	0	0	
26	夏玉米	102	451.01	0	0	

图3　自动生成基层报表

4.“e农调”系统融合大数据、人工智能等先进技术

系统采用深度卷积网络模型框架ResNet,是基于ResNet和PSPNet设计而成。ResNet是一个典型的深度卷积神经网络模型,ResNet-50、ResNet-101是常用的ResNet模型。采用4层金字塔模型(从全局到局部)卷积后通过上采样与预训练的特征图连接起来,从而实现新的调查区或调查期调查样方中农作物的智能分类。“e农调”系统使用了深度卷积神经网络DCNN训练网络,加深了神经网络的网络层次,利用更多层次的神经网络,实现从"抽象"到"语义"特征的逐步学习过程,达到"端一端"学习目的。这种方法不需要人为特征选择,非监督的特征学习方式降低了遥感影像处理的技术门槛。此外,大数据标记样本支撑下的学习方式,可以学习大量的特征知识,在时间维度、空间维度上提高所训练的神经网络的学习能力和泛化能力。

广西调查总队经过2016—2018年的抽样调查数据积累,已经形成了海量的高分辨率遥感影像标记样本,这种农作物遥感特征知识库覆盖全区,具有广泛性和全面性,因此适合建立的海量的样本库,训练深度学习模型,并能够结合航拍图片数据进行训练模型,将训练后的识别模型知识迁移到其他区域或下一年的农作物遥感分类中,只需要少量样本的微调(fine-tuning),形成“知识迁移+有限样本

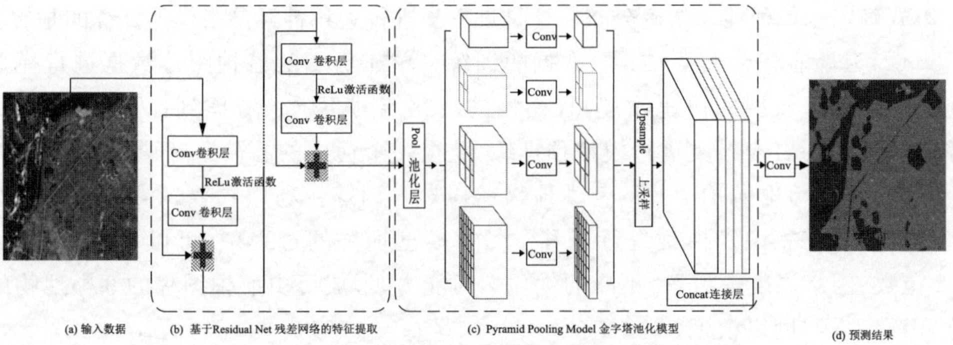

图 4　ResNet 网络架构示意图

微调(fine-tuning)"的大尺度农作物遥感分类模式，降低样本采集的投入，保证航拍图片进行农作物识别的精度和效率。

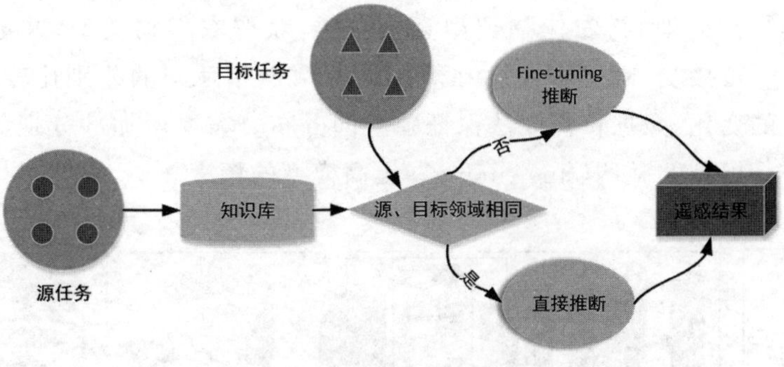

图 5　知识迁移的基本模式

"e 农调"系统的核心目标是从航拍图片上提取出精细的土地覆盖和作物类型。分类体系包括两个层次：第一级别：调查区地物（农业用地、设施农业用地、园艺果树、林木、草地、水域、建筑物、道路、其他用地等九大类型）；第二级别：主要品种的粮食作物（早稻、中稻、晚稻、玉米）、其他主要农作物（蔬菜、大豆、红薯和花生）。针对上述的分类体系，进行基于航拍图片的精细化地表要素提取。

(1)标记样本库构建。在本系统中，大数据驱动学习的标记样本库来自于两个方面：第三次农业普查二类和历史航拍图片数据。农业普查二类作为海量的标记样本，能够提供一个基础模型；历史航拍图片（2016 年、2017 年、2018 年）和对应的标记类型作为 9 类地物类型、农作物分类的基础。数据清洗主要是对模型有误标记样本进一步的修正。通过深度学习的方式对航拍图片结果进行预训练，结合图斑作物类型的比例知识来确定图斑内的各种地物的分布，然后需要通过目视修正的方式确定每一种地物精确分布。这是进一步进行卷积神经网络模型训练的基础。

(2)卫星遥感9大类(二类)数据的训练。单靠历史的航拍图片数据进行模型训练难以保证模型的快速收敛,且模型的泛化能力不强。考虑到广西实际情况,系统首先利用农普二类进行模型预训练,获得一个通用的高分遥感识别模型。

(3)基于历史航拍图片的9类地物迁移学习训练。利用农普二类进行模型对通用的高分遥感识别模型进行迁移学习。模型训练的过程中,可以调整学习率、L2范数、网络深度等设置,不断的优化学习能力,形成历史航拍图片的9类地物的卷积深度学习网络模型。

(4)基于历史航拍图片的农作物类型迁移学习训练。在二类土地覆盖模型的基础上,调整学习率、L2范数、网络深度设置,分析两种迁移模型的精度与效率,最终确定基于航拍图片的农作物类型分类模型。

(5)基于现势航拍图片的9类地物、农作物类型迁移学习训练。利用历史的航拍图片进行9类地物、农作物类型直接分类,获取农作物类型,并进行精度评价。若精度不可接受,问题多发生在航拍图片数据年际间的差别比较大,地物类型发生剧烈的变化,数据特征无法保证独立同分布。需要增加部分现势的农作物标记样本进行模型的微调(fine-tuning),提高模型的精度。

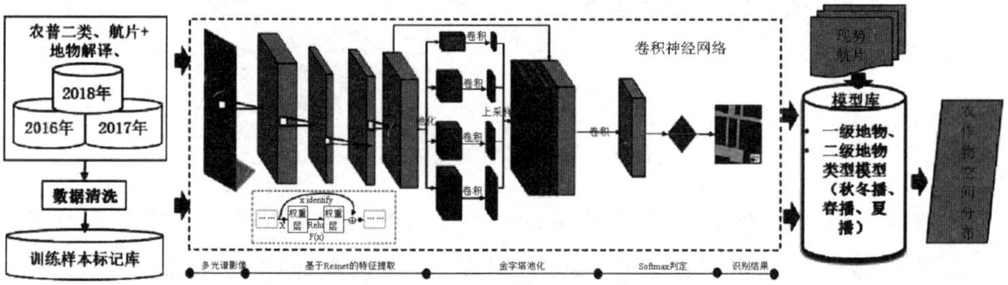

图6　基于深度学习的农作物分类技术流程图

(三)"e农调"系统软硬件配置较高、应用成效显著

1. 硬件配置较高

得益于国家统计局数据灾备中心落户广西调查总队的便利条件,通过添置必要设备,"e农调"系统的硬件配备齐全,性能较高,较好满足调查需要。

硬件设施情况:

(1)GPU主、从服务器各一台,每台配置6块RTX 2080ti图形计算显卡;

(2)4台"三农普"国家划拨服务器作为计算节点;

(3)2 台“三农普”国家划拨服务器作为计主从数据库;

(4)1 台“三农普”国家划拨 30T 存储硬盘阵列作为数据存储;

(5)为提高计算速度,总队划拨 6 台服务器作为动态并行计算节点;

(6)1 台支持 24 硬盘位的存储阵列卡;

(7)6 块存储硬盘阵列,2 块备份硬盘,容量共 30T。

网络配置情况:

“e 农调”系统在野外调查使用中需通过移动通讯网络连接总队服务器进行数据交互传输、通讯,因此需配置独立外网环境,通过防火墙和行为管理等系统,接入广西调查总队内网,网络安全通过二级等级保护评测。广西调查总队目前配备 100M 带宽上下行互联网接入(每年在调查期提速到 300M),可满足调查期数据传输要求。数据采集端向服务器传输数据,使用混淆指纹、随机切片等加密方式传输数据到服务器端进行解密处理,防止数据传输被抓包等安全风险。

无人机和操作人员配备情况:

截至 2022 年末,广西调查总队、市县级调查队以及粮食大县统计局共配备各种型号大疆无人机 131 架,持证无人机操作手 294 人。其中 AOPA 驾驶员证书 35 人,机长证书 2 人,大疆 UTC 无人航空器操作手证书 257 人。

2. 应用效果显著

目前,“e 农调”系统已实现在广西所有市县调查队、粮食大县统计局使用。在春播、夏播面积调查期样方覆盖率逐年提升,到 2022 年已达 97%。五年来累计飞行 1.8 万架次,飞行样方 1.5 万个,测量面积达 89 万亩。

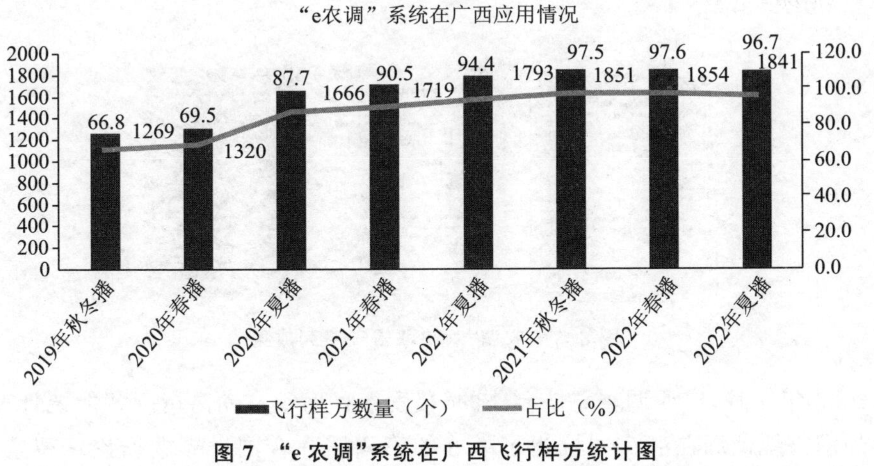

图 7 “e 农调”系统在广西飞行样方统计图

2022 年起，广西市县调查队还利用“e 农调”系统的自定义飞行功能开展大豆玉米带状复合种植和再生稻面积核验工作，极大提高工作效率，保障数据质量。

经过总结，我们认为“e 农调”系统应用主要取得四个成效：一是人力投入大幅减少。原来采用人工手持 PDA 调查，做一季面积调查，一个县队至少投入 8 人，现在使用“e 农调”系统只需 2 人。甚至 1 个人拿无人机开车下乡就可以开展调查，人力投入较以往减少了七成；二是工作效率大幅提升。原来采用人工手持 PDA 调查，一个调查样方至少耗时 1 小时，一天仅能完成 3—4 个样方，现在使用“e 农调”系统只需 15 分钟，一天能够完成 9—12 个样方，工作效率提升了 3—4 倍。三是节省费用。以国家统计局阳朔调查队为例，2019 年该队采用人工手持 PDA 开展夏播面积调查，下乡差旅等费用需 3150 元，2020 年使用“e 农调”系统后仅花费 1348 元，节省经费 42.8%。国家统计局桂林调查队也专门做了统计，该市在使用“e 农调”系统后，在 2020 年夏播调查工作中，参加调查的工作人员数量较 2019 年同期减少 77.7%，工作时间减少 43.2%，调查费用减少 38.9%。四是数据质量得到保障。原来采用人工手持 PDA 调查，存在调查员随意填报、随意修改、上级难以及时审核和监控等问题，使用“e 农调”系统后，能够做到数据全过程留痕、实时监控进度、省市县三级审核，数据真实性、准确性得到有效保障。

广西调查总队还积极围绕“e 农调”系统申报科技成果，2020 年 5 月，“e 农调”系统 V1.0 成功获得国家版权局颁发的《计算机软件著作权登记证书》；2021 年 5 月，成功获得广西壮族自治区科学技术厅颁发的《广西壮族自治区科学技术成果登记证书》；2021 年 11 月，V2.0 升级版再次获得国家版权局颁发的《计算机软件著作权登记证书》。

图 8　“e 农调”系统取得一系列成果

2023 年 4 月，广西调查总队制作的《粮食播种面积自动高精度智能统计》视频片参加国家统计局在浙江省杭州市举办的第四届联合国世界数据论坛智慧统计展示。

此外，经广西调查总队和研发方推荐，“e 农调”系统及研发成果在全国获得关注，部分省调查总队开始测试或投入使用，“广西经验”已渐成燎原之势。

二、实现农作物单位面积产量抽样调查信息化采集处理

2023 年，广西调查总队完成了“e 农调”系统二期建设，增加单位面积产量调查数据采集功能，以及面积、产量数据审核、汇总、推算和评估功能。

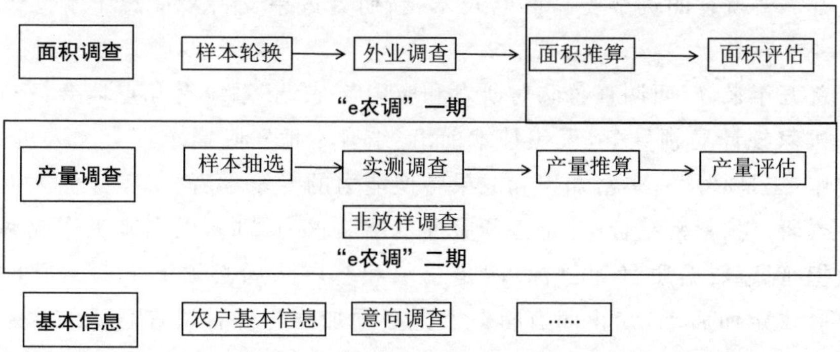

图 9 “e 农调”系统二期功能示意图

在产量调查模块，“e 农调”系统实现了按主要作物进行省级/县级实测村抽样、发布实测村、开展踏田估产、抽选实测地块、实割实测填报、数据逐级审核并导出基层报表等功能，实现了单位面积产量抽样调查业务流程的信息化、规范化，做到数出有据、工作留痕，有效保障源头数据质量。

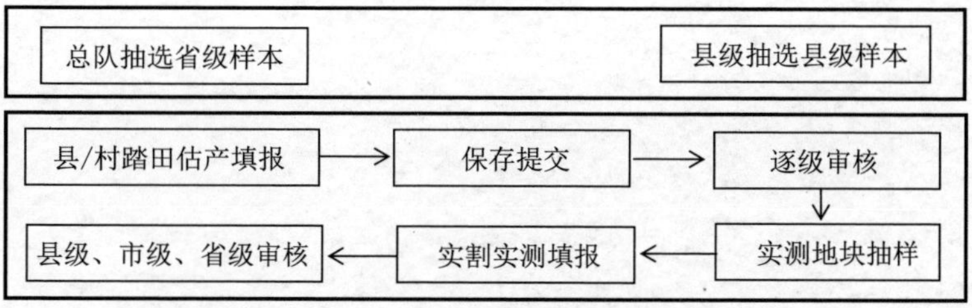

图 10 单位面积产量调查流程示意图

在数据推算和评估模块，“e 农调”系统实现了面积数据与单位面积产量数据的贯通，一键推算省级及粮食大县的面积、产量数据，并就数据质量进行市级、省级评估。

三、广西调查总队粮食产量智慧统计展望

目前,“e 农调”系统还存在一些问题:一是各个功能模块之间还需不断磨合、完善;二是培训力度还不够,基层调查队、统计局在调查期对无人机操作、系统功能模块不够熟悉,在线提问的问题较多;三是无人机型号更新较快,有些新型号没有开放 API 接口,导致“e 农调”系统无法适配;四是系统研发、无人机配备、操作员培训等都需要持续的资金支持和新技术、新研究成果支持,对“想干事又干成事”的能力要求较高。

回首五年来,广西调查总队对研发和应用“e 农调”系统有几点体会:一是必须坚持在国家统计局领导下,聚焦技术前沿、结合本地实际需求探索无人机遥感等技术应用;二是必须有丰富知识和成果转换能力的专家学者、工程师们大力支持,做到“学、研、用”紧密结合;三是必须服务基层需求为导向,以提升工作效率、减轻基层负担、保障数据质量为目标;四是总队和基层队局必须上下一条心,相互配合,做到“谋定而后动,知止而有得”;五是必须加强与各省调查总队的联系交流,互通有无,做到“走出去、引进来”,不断提升新技术应用水平。

下一步,广西调查总队将在国家统计局智慧统计工作引领下,继续探索遥感大数据、人工智能在粮食产量调查领域的应用,比如研发调查样方作物长势监测、粮食产量调查工作管理、粮食产量数据信息深度挖掘、数据可视化展示等功能,进一步完善“e 农调”系统功能,还计划探索应用卫星遥感雷达数据测量广西主要作物播种面积,作为对地调查数据的有力参考。

大数据综合应用

基于手机信令数据的常住人口测度

庞江倩　杜明翠　陈　缇　张　菁　李国娟　伍毅敏　王　良[①]

一、研究背景

(一)问题提出

随着互联网、计算机技术的发展,尤其是数据挖掘技术的进步,基于手机信令大数据对人口分布、交通出行等的分析研究已逐渐成为国内外的研究热点。相比传统的人口统计调查,大数据内容体现出大样本量、实时动态、微观详细等特征,且增加了研究对象地理位置的坐标定位信息,对于呈现人口的空间分布特征具有明显优势。与此同时,手机信令大数据也有一些突出的劣势,需要解决手机数据为非定制数据,需要通过扩样解决无手机、一人多机、不同市场占有率、不同运营商之间数据壁垒等问题。

当前已衍生出丰富的基于大数据进行人口定量研究的研究体系,涉及实有人口、职住分布、人口迁徙等多种研究主题。以城市实际服务管理人口的大数据分析为例,国内城市研究领域在此方面已有诸多探索。既有研究以北京、上海、深圳、杭州等大城市为实证案例,对实际服务管理人口的分布与活动特征进行分析总结。例如,施澄等(2018)对杭州市的短期驻留人口空间活动特征规律进行了挖掘,王德等(2019)分析了上海市实有人口的空间分布和流动性构成,伍毅敏等(2020)比较了常住居民与游客、就医者、商务访客等北京典型短期访客人群的时空分布特征差异,并对各类公共设施提出了考虑实际服务管理人口需求的人口服务保障系数建议值。

---

① 作者简介:庞江倩,北京市统计局党组成员、副局长。
杜明翠,北京市统计局设计管理处处长。
陈　缇,北京市经济社会调查总队调查五处副处长。
张　菁,北京市统计局人口和就业统计处四级调研员。
李国娟,北京市统计局干部。
伍毅敏,北京市城市规划设计研究院规划研究室高级工程师。
王　良,北京市城市规划设计研究院数字技术规划中心工程师。

然而，当前研究普遍将大数据技术方法与传统统计调查方法获得的人口数据作为独立的两套数据体系来看待，尚未突破大数据与传统数据之间建立联系的路径，缺乏相应的换算标准。由于大数据与传统统计调查方法分别有各自的优势，在实践中对于二者融合应用的需求日益增加。因此，本研究拟利用北京市第七次全国人口普查（以下简称“七人普”）中的常住人口详细结构数据，与手机大数据监测结果进行比对，拟运用科学的数理分析方法，在市、区、街道等层级进行分析，建立手机大数据与人口数据的关系模型，并在充分考虑季节、区域和年龄等因素的基础上，形成一整套基于大数据时间序列推算常住人口的算法体系，探索利用手机大数据方式替代传统人口调查方法的可行性与具体路径。

（二）研究目标及意义

本研究旨在建立可验证、可信赖、可操作、可应用的手机大数据与人口数据的关系模型，形成一整套基于大数据时间序列推算常住人口的算法体系，提出利用手机大数据方式测算常住人口的模型方法。

一是结合传统人口统计数据、信息化人口大数据以及空间边界，拓展人口统计空间范围。利用信息化人口大数据可实现网格级精度的优点，基于规划部门的各类空间边界数据，未来在通过行政边界进行统计基础上，还可实现特定地区的人口统计，如分环路、分南北、分平原山区、北京城市副中心、“三城一区”、“两区”、城乡结合部等空间范围的人口规模。

二是通过与不同区域经济社会发展相结合，使研究成果服务于城市精细化管理。基于对城市不同空间圈层人口属性的深入理解和对区域发展规划政策实施重点的研判，实现对不同区域系数设置判定，确保研究结果符合特定发展阶段人口分布变化的科学规律、与北京的人口调控政策实施导向一致、可应用于北京市的实际工作。

二、研究综述

在信息通信技术的支持下，利用手机信令大数据补充人口普查和抽样调查的不足具有重要意义。胡英（2018）认为，在现行的人口统计调查方法体系中，人口普查存在无法满足非普查年份数据需求、投入成本和产出效果不相称、未能与日常人口行政记录有效结合等问题，人口变动情况抽样调查则存在调查出生/死亡人口的优势性减弱、难以满足政府管理服务决策的精准性需求、不易直接掌控调查样本质量、抽样调查方法的科学应用不足等问题。吴松（2014）提出了基于手机信令数据的实时人流量算法，并基于北京移动信令处理基础平台实现了人口数据的生成。刘涛(2020)通过对比传统数据和大数据呈现的人口流动视角中国新冠疫情扩散的时空动态规律,认为传统数据和大数据对疫情传播的解释和预测具有同等效力,二者优势的结合是深化定量社会研究、提升社会治理能力的有效途径。

在国内各城市的研究应用实践方面,王德(2016)用上海手机信令数据推算出来的 2014 年常住用户密度与第六次人口普查的常住人口密度具有较高相关性(R＝0.904)。钟炜菁(2017)利用手机信令数据得到上海城市人口的空间动态分布特征,并分析了其折射出的上海城市空间结构、城乡发展差异等诸多特征。周垠(2021)发现城镇化进程导致人口迁移呈现圈层式的空间扩张趋势,将成都市六普与 2017 年手机信令数据相比较,认为应分圈层或分区县计算系数,并采用居住建筑面积与人均住房面积的比值推算区域人口总量,与手机信令推算数据的校核结果较理想。伍毅敏(2021)开展对北京实际服务管理人口规模特征的分析。发现 2019 年全国各城市 3 个月口径稳定居住人口的排名与传统半年以上常住人口排名存差异,如北京在传统统计中排名第 3 而大数据排名第 1,反映出北京作为首都中短期(3—6 个月)到访停留的人口和商务差旅、教育培训等短期停留人口规模较大。

从国际研究机构利用通信大数据研究人口的案例来看。20 世纪 90 年代美国马里兰大学等机构就通过仿真和实地测试验证了手机定位技术对于人口职住数据采集的作用。Nobuaki Ohmori(2005)应用 GPS 手机数据进行活动日志调查,认为与传统的基于纸张的活动日志调查收集的数据相比,由智能软件收集的活动数据更为精确可靠。日本国土交通省联合东京大学、通信运营商开展的对大数据和传统交通出行调查比对分析,结果表明,整体上大数据与传统数据的一致性较高;在繁华区域大数据推算的人口规模高于传统调查数据;而在以居住功能为主的区域大数据推算值在白天时段高于传统调查结果,而夜间两者差异较小;差异的主要原因包括传统调查对流动状态的人口统计遗漏、老年人的手机普及率偏差、传统调查不同时间段的统计效果差异等;同时大数据手段对人口密集地区(人口密度在 4000 人/平方公里以上)的监测应用可靠性更高。

从相关行业技术标准制定来看,我国自然资源部信息中心制定了《手机信令数据在自然资源领域的应用技术指南》,并于 2022 年 4 月公开发布征求意见稿。该《指南》通过指标定义、测算时点、应用方法、数据要求和扩样方法,对常住人口大数据测算方法提出了参考标准,具有一定参考价值。

三、考虑因素

(一)大数据人口识别口径

以联通手机信令数据为例,通过不同的人口识别标准比较,认为在月度数据中取15天(50%以上)作为稳定居住用户的识别标准较为合适。该标准规模适中,可通过模型重新修正扩样系数来与统计数据达到更好的拟合效果。同时,该标准目前已应用于北京市发改、统计、规划等多部门工作中,有利于推进全市各部门使用统一的数据标准。

居住人口定义规则:(1)监测区域内,当日至少捕捉到一条信令、去掉非人且做单网去重后的用户为该区域的活跃用户。(2)监测区域内,活跃用户中,驻留时长≥10小时的用户为该区域的服务用户。(3)服务用户中,本月内累计≥15个自然日(其中春节、国庆所在月,月内累计为扣除假日后自然日的50%及以上),在某个区域累计驻留时间最长且天数最多,则为该区域的稳定用户。(4)稳定用户中,在某个区域累计≥15个自然日(其中春节、国庆所在月,月内累计为扣除假日后自然日的50%及以上),每日21:00至次日7:00之间驻留时间最长且天数最多,则为该区域的居住用户。

(二)大数据与统计数据换算的结构因素

换算模型拟选取年龄、性别、空间位置、职住比例等人口属性特征作为备选参数,通过演绎归纳、横向比较确定最合适的参数项。

1. 年龄因素

考虑到手机用户中老人、儿童未使用手机或者手机号由家中年轻人代办等原因造成的人群性遗漏问题最为突出,应针对老人儿童进行算法调整,并结合历年统计调查实际结果进行参数调试。

具体来说,通过对全市分年龄段人口规模进行联通用户规模和七人普、2021年抽样统计结果的比较,发现手机用户中0—14岁人口数据几乎完全缺失,因此判断无法用于模型。与此同时,老年人,尤其是65岁及以上老年人的遗漏比例较高,为提高模型准确性,应与劳动年龄人口区分开。因此,模型拟设计为年龄分段式,按照0—14岁、15—64岁、65岁及以上人群三段分别进行计算。其中,0—14岁人群规模可采用人口预测模型方法,15—64岁、65岁以上分别利用大数据和七人普数据进行回归分析。

2. 性别因素

根据以往对联通和百度等手机数据的研究经验,手机数据中男性用户规模普遍高于女性用户。从本研究使用数据来看，七人普全市男女性别比为 1.04：1，同期联通大数据性别比为 1.587：1。这主要是由于同一家庭中男性为女性成员代办卡的比例较高。因此模型设计中有必要将性别比作为重要的参考因素，可将性别比（大数据）和性别比（统计）作为回归方程中的变量，以达到用七人普数据中较为准确的性别比来修正大数据在这方面误差的效果。七人普和联通大数据在性别比的空间分布相对关系上基本一致。

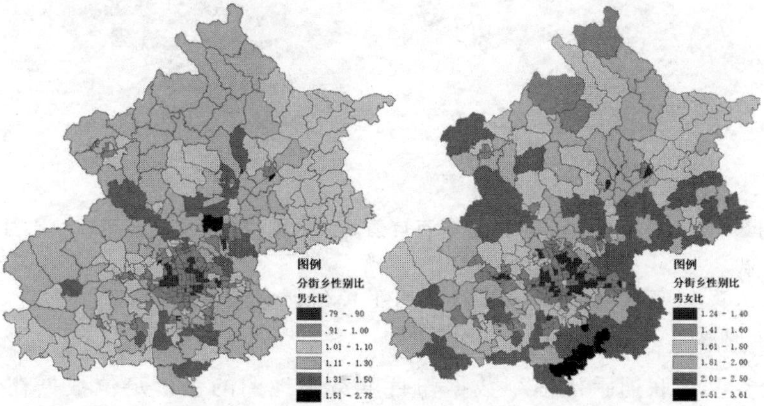

图 1　七人普（左）和联通大数据（右）分街乡性别比数据比较

3. 空间因素

手机大数据和传统人口调查数据在市、区、街道等空间层级上的统计特征差异是模型设计的另一个基础因素。国内外的经验都表明，大数据在不同人口密度的空间上数据代表性和扩样系数准确性差异较大，同时，不同人口结构在空间上的分异也十分显著，例如全市范围内生态涵养区和核心区的老龄化程度远高于其他地区，因此，在构建换算模型时将充分考虑空间单元的选取和调整。

4. 职住因素

有研究经验表明，以就业为主、以居住为主、职住均衡等主导功能不同的地区，大数据对人群的覆盖程度有显著差异。这主要是由于居住主导型地区更高的老人儿童占比对应更低的手机覆盖率，以及就业人群规律性的通勤行为有利于手机时空定位变化的精准捕捉和居住地就业地识别。因此，模型中将以职住主导类型作为重要的考量因素来进行空间分类。

从全市分街乡的职住人口比分布来看，中心城区七人普与大数据的职住比结果一致性好于郊区，远郊区大数据准确性较差。模型测算中应重点考虑远郊区的大数据可用性，远郊区可采用自然增长主导的人口预测方法与大数据形成比较方案。

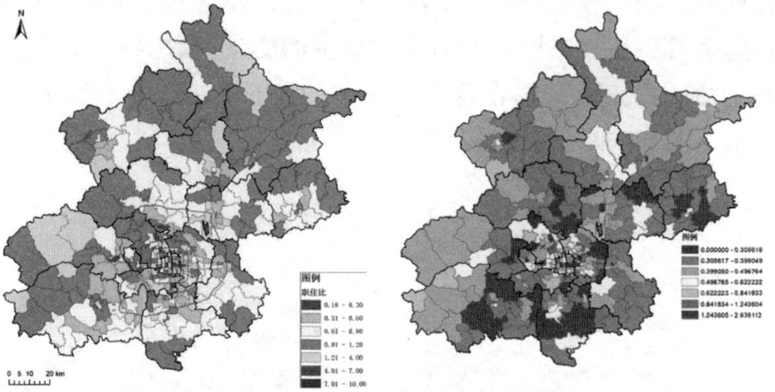

图 2　七人普数据(左)与 2021 年百度慧眼大数据(右)分街道乡镇职住比对比

(三)大数据与统计数据换算的空间单元研究

1. 数据最小空间单元

本研究利用联通手机信令数据与百度慧眼地图的手机定位数据在各个尺度对数据进行校核，综合考虑使用较小网格细化数据颗粒度性以及使用汇总数据提升数据精确性的需求，采用 500m * 500m 网格的大数据作为原始数据，在模型计算中的输入数据则使用汇总到街道乡镇一级的数据，即网格数据拟合到七人普 339 个街乡边界上的数据，与七人普的街乡级常住人口规模数据做回归分析。

2. 市—区级数据校核

从全市总规模来看，按照既有扩样方法计算，2020 年底中国联通手机信令数据和百度数据的全市稳定居住人口规模约为七人普统计规模的 1.1 倍。

从区级的比较结果来看，手机大数据结果呈现“城区偏高、郊区偏低”的整体特征，与前述其他城市的分析结果一致。大数据比七人普数据规模增加比例最多的为朝阳区、丰台区、东城区，大数据约为 110%—130%，比七人普数据规模减少比例最多的为平谷区、怀柔区、房山区，大数据约为 90%—97%。考虑到手机用户分布及运营商在不同地区的覆盖情况导致大数据在高人口密度和低人口密度地区的显著特征差异，在模型中应考虑细分不同的空间圈层。

3. 空间单元划定初步方案

综合考虑，初步将全市细分为 6 类空间分别在模型中进行测算：(1)核心区两区；(2)朝海丰石四区；(3)一副多点(通州、大兴、房山、昌平、顺义五区)的新城主要涵盖街乡；(4)一副多点的新城以外街乡；(5)生态涵养区(门头沟、怀柔、密云、平谷、延庆)的新城主要涵盖街乡；(6)生态涵养区的新城以外街乡。在此基础上，结合年龄、职住等参数项在空间分布上的特征，进一步对空间单元划分进行多种方案的尝试和比选。

按照全市各区最新控制性详细规划确定的街区控规的引导方向，拟合到街乡界上，形成四个圈层六类街乡划分如下：

第1类——核心区(32个街道)；

第2类——朝海丰石(102个街乡)；

第3类——一副多点－增长引导地区(70个街乡)；

第4类——一副多点－非增长引导地区(48个街乡)；

第5类——生态涵养区－增长引导地区(26个街乡)；

第6类——生态涵养区－非增长引导地区(61个街乡)。

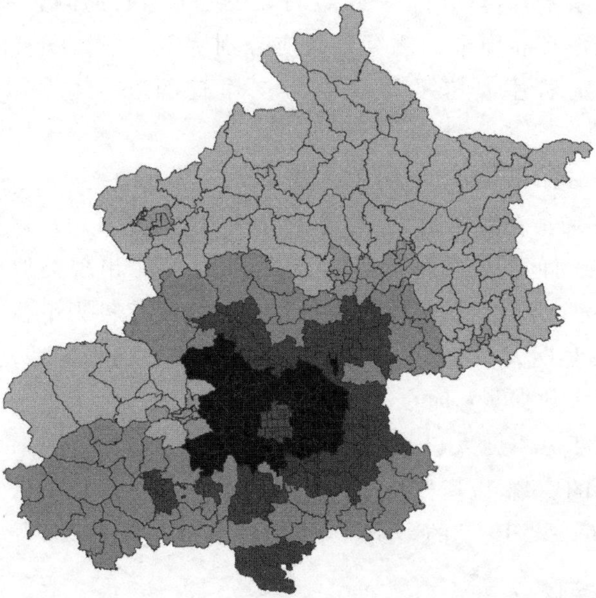

图3 全市六类街乡划分

4. 数据换算路径

形成"底层网格大数据—街乡汇总大数据—建立回归方程—推算网格统计数据—根据不同边界汇总"的数据应用路径。将每类空间利用街乡级数据做回归分析，6类空间分别形成6套回归参数结果，将回归参数分别赋予给相应的底层网格点，即每个网格点都获得了 1 个推算统计数据的公式，输入大数据即可输出统计数据推算结果。未来各种统计边界均可在网格上汇总。例如，需推算北京城市副中心人口规模时，用北京城市副中心的空间边界来提取落在边界内的网格点，将数据加总即可。

（四）大数据与统计数据换算的时间因素研究

从季节因素来看，手机活跃用户规模的全年变化总体呈现出第二、三季度规模较大，第一、四季度规模较小的特征。根据近年经验，全市层面季节性因素带来 1.1 左右的人口系数影响，即在无疫情等特殊因素扰动的增长型年份，手机大数据的年中人口规模约为上年年末人口的 1.1 倍。以 2018－2019 年为例，按照 2018 年末 2191.7 万的统计常住人口计算，2191.7×1.1（联通自有扩样方法的结果约为统计结果 1.1 倍）×1.1（年中加权）＝2652 万，与联通实际识别的 2019 年 5 月居住人口（15 天标准）结果 2640 万差距不大。

从节假日因素来看，春节、十一黄金周等法定节假日的测算系数应分别确定。同一空间单元工作日和周末的测算系数应分别确定。根据既有的手机大数据测算，全市周末稳定居住人口平均规模为工作日的 99.84％，节假日为工作日的 97.05％。

因此，在大数据的时点选取方面，考虑到人口普查的统计时点为 2020 年 11 月 1 日零时，观察联通信令数据情况，发现 2020 年 10－12 月用户规模均保持在较低水平，判断与特定时间的疫情形势影响有关，2021 年未出现类似情况。与之相对的是，采用连续 6 个月数据的百度大数据用户规模变化较为平稳。考虑到常住人口反映此前一段时期人口的变化规律，综合时间和数据稳定性，在初始模型中选取 9 月作为联通大数据测算时点。

针对模型对于分季度人口数据的需求，考虑分别采用 3、6、9、12 月的大数据作为各季度换算的底数，以避开 1－2 月春节、7－8 月暑假以及人口流动规模较大的主要节假日“五一”“十一”的影响。

四、测算模型

（一）模型设计

基于七人普与手机大数据的对比结果，运用 Logistic 等回归模型、Leslie 人口增长模型等方法构建一套基于大数据时间序列推算常住人口的算法体系。

1. 模型整体架构

总体上，以手机大数据人口作为输入数据，以空间分布、年龄结构等普查确定的属性结构作为制约条件，输出微观空间单元的常住人口测算结果。模型设计成下述的分段函数形式：

$$\begin{cases} f_{\text{统计}}(t+1)=Lf_{\text{统计}}(t) & if\ age\leqslant 14 \\ f_{\text{统计}}=a_2x_{\text{大数据}}+b_2rate_{\text{大数据}}+c_2rate_{\text{统计}}+d_2 & if\ 14<age<65 \\ f_{\text{统计}}=a_3x_{\text{大数据}}+b_3 & if\ age\geqslant 65 \end{cases}$$

年龄为 0—14 岁时，使用 Leslie 人口增长模型；

年龄为 15—64 岁时，以大数据用户规模、大数据性别比、七人普性别比作为输入数据，以七人普常住人口规模为输出数据，建立 Logistic 回归模型；

年龄≥65 岁时，以大数据用户规模为输入数据，以七人普常住人口规模为输出数据，建立回归模型。

2. 基于 Logistic 模型的 15 岁及以上人口测算

将年龄 15—64 岁劳动力人口及 65 岁以上老年人在四个空间圈层、6 类区域进行回归分析，其中劳动力人口段，结合大数据和统计数据的人口总数和性别比例，从而得到不同分段函数大数据和统计数据的回归系数，进而推算不同地区不同年龄段的人口数。

3. 基于 Leslie 人口增长模型的 0—14 岁人口测算

Leslie 人口增长模型是将人口按年龄大小间隔地划分成 m 个年龄组(比如以每 10 岁为一组)，模型要讨论在不同时间人口的年龄分布，对时间也加以离散化，其单位与年龄组的间隔相同。模型通过考虑不同年龄段女性的生育率和死亡率，设第 i 年龄组女性生育率为 r_i，女性死亡率为 d_i，记 $s\_i=1-d\_i$，从而进一步研究总人口数等指标的变化规律。

利用统计结果的各年龄段人口数，结合近年来北京市不同区域的出生率和死亡率及变化趋势，计算北京市该年龄段人口数，其中 L 表示 Leslie 矩阵，其表示式如下：

$$L\begin{bmatrix} r_1 & r_2 & \cdots & r_{m-1} & r_m \\ s_1 & 0 & \cdots & 0 & 0 \\ 0 & s_2 & \cdots & 0 & 0 \\ \vdots & \vdots & \ddots & \vdots & \vdots \\ 0 & \cdots & \cdots & s_{m-1} & 0 \end{bmatrix}$$

其中第 i 年龄组女性生育率为 r_i，女性死亡率为 d_i，记 $s\_i=1-d\_i$。

(二)模型初步结果

1. 基于 Logistic 模型的 15 岁及以上人口测算结果

应用 Logistic 模型，对 6 类空间进行多元回归分析，得到其拟合参数如下：

第 1 类：

$y = 18050.849812x_1 + 2.406191x_2 - 26277.873013x_3 + 22544.613608$ ($R^2 = 0.960$)

$f(x) = 5.982490337883496\ x + 589.2650928480234$ ($R^2 = 0.947$)

第 2 类：

$y = -8942.980183x_1 + 1.896493x_2 - 259.803014x_3 + 22965.540060$ ($R^2 = 0.714$)

$f(x) = 4.7877767268444416\ x + 4059.376718685815$ ($R^2 = 0.636$)

第 3 类：

$y = -16144.939717x_1 + 2.673506x_2 + 7250.167953x_3 + 14770.706126$ ($R^2 = 0.852$)

$f(x) = 7.65644626116791\ x + 808.7551731002804$ ($R^2 = 0.842$)

第 4 类：

$y = -15694.410356x_1 + 2.946597x_2 + 2207.373408x_3 + 16432.093267$ ($R^2 = 0.965$)

$f(x) = 6.397067540320549\ x + 2049.075382057734$ ($R^2 = 0.833$)

第 5 类：

$y = -7666.681590x_1 + 1.905188x_2 - 5387.157283x_3 + 33376.382163$ ($R^2 = 0.784$)

$f(x) = 4.997371259012173\ x + 1630.7652073659965$ ($R^2 = 0.822$)

第 6 类：

$y = -6718.780983x_1 + 2.772362x_2 + 2286.440264x_3 + 4936.625039$ ($R^2 = 0.917$)

$f(x) = 7.811643930095783\ x + 889.6988876527159$ ($R^2 = 0.702$)

以第 3 类空间（多点一区一政策引导人口增长型地区）为例，多元回归分析拟合得到七人普常住人口与联通大数据居住人口的关系：

$$y = -16144.94x_1 + 2.67x_2 + 7250.17x_3 + 14770.71 \qquad 14 < x < 65$$

$$f(x) = 7.66\ x + 808.76 \qquad x \text{ 大于或等于 } 65$$

其中 y 表示 15－64 岁七人普常住人口数，x_1 表示七人普数据中，不同街道的 15－64 岁常住人口比例，x_2 表示联通大数据中 15－64 岁居住人口总数，x_3 表示联通大数据中 15－64 岁居住人口性别比例，其决定系数 $R^2 = 0.735320$。f(x)表示 65 岁及以上七人普常住人口数，x 表示联通大数据中 65 岁及以上居住人口数，其决定系数 $R^2 = 0.720083$。

2. 基于 Leslie 人口增长模型的 0—14 岁人口测算结果

由于经典 Leslie 模型未考虑机械增长的影响，而在北京育龄妇女规模的机械增长对于 0—14 岁儿童规模有重大影响，故育龄妇女人数采用上述 15—64 岁劳动力人口模型中的推算结果，该结果每年根据大数据变化推算而来，可以适度考虑机械增长的影响。

具体测算过程：(1)用当年分年龄段育龄妇女数和生育率推算当年出生人口；(2)当年 0—14 岁人口＝当年出生人口推算数＋上年 0—13 岁人口数。对 2010—2020 年期间的测算结果及其校核显示，实际值与推算值的关系较为稳定，主要在推算值的 105%—115%之间浮动，平均约为推算值的 110%。

五、实证研究：基于大数据推算 2021 年北京常住人口

(一)初步测算结果

利用联通大数据 2021 年 9 月的 15 岁以上居住人口数据，通过空间分析得到 2021 年不同街道 15—64 岁、65 岁及以上的居住人口，利用上述 6 类街道空间模型的不同参数，基于联通大数据推算 2021 年全市常住人数，分成以下两个步骤：

(1)推算 2021 年 0—14 岁常住人口数，其原则：当年 0—14 岁人口＝当年出生人口推算数＋上年 0—13 岁人口。(2)应用多元回归模型计算 2021 年各街道 15—64 岁，65 岁以上人口数据推算结果。

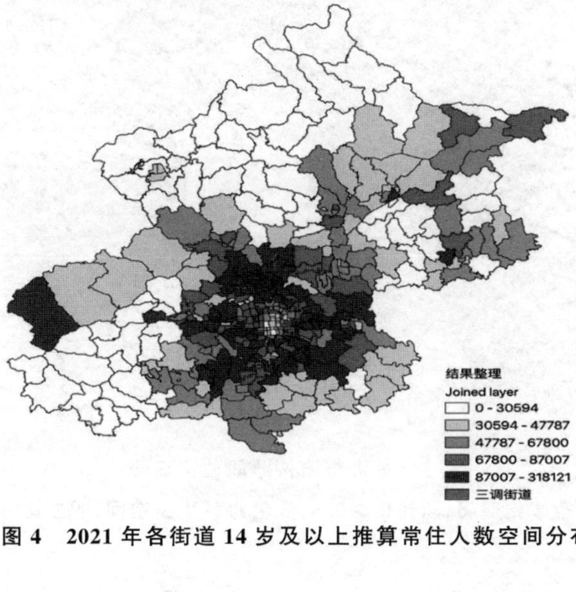

图 4　2021 年各街道 14 岁及以上推算常住人数空间分布

结果显示，模型推算结果为调查实际值的104.6%。其中0—14岁、15—64岁和65岁及以上三个年龄段人口模型推算值分别为调查结果的96.3%、106.3%和102.9%，可进一步调整优化。

（二）模型调整优化

1. 进一步细分空间单元

模型v1的6类空间中，第2类空间的15—64岁人口决定系数$R^2=0.714$，65岁及以上人口决定系数$R^2=0.636$，显著低于其他几类空间的拟合效果。第2类空间包含朝海丰石四区的全部102个街乡，数量较多，有必要进一步通过空间细分来优化拟合效果。

根据前述分析，北京的职住比在空间分布上具有显著差异，既有实践也充分证实了其对于大数据特征的显著影响，可以作为空间单元划分的参考因素。因此按照联通大数据职住人口比（以0.5为分界值），制定细分方案，将第2类空间进一步划分为2种类型，记为第2类、第3类，原第3—6类空间序号顺延。

图5　朝海丰石按照职住比细分

（深色为第2类空间，职住比＞0.5，浅色为第3类空间，职住比≤0.5）

按照职住比方案，新的7类空间多元回归分析拟合参数如下：

第1类：

$y=18050.849812x_1+2.406191x_2-26277.873013x_3+22544.613608$ ($R^2=0.960$)

$f(x)=5.982490337883496x+589.2650928480234$ ($R^2=0.947$)

第2类：

$y=6028.95303451x_1+2.111142334x_2-14131.435348x_3+19595.2021067$ ($R^2=0.889$)

$f(x)=5.164732919954497x+2614.276815$ ($R^2=0.854$)

第3类：

$y=-37667.7764923x_1+1.638926517x_2+7485.998770x_3+50340.99867$ ($R^2=0.536$)

$f(x)=4.49390799321x+5379.924756841723$ ($R^2=0.483$)

第4类：

$y=-16144.939717x_1+2.673506x_2+7250.167953x_3+14770.706126$ ($R^2=0.852$)

$f(x)=7.65644626116791x+808.7551731002804$ ($R^2=0.842$)

第5类：

$y=-15694.410356x_1+2.946597x_2+2207.373408x_3+16432.093267$ ($R^2=0.965$)

$f(x)=6.397067540320549x+2049.075382057734$ ($R^2=0.833$)

第6类：

$y=-7666.681590x_1+1.905188x_2-5387.157283x_3+33376.382163$ ($R^2=0.784$)

$f(x)=4.997371259012173x+1630.7652073659965$ ($R^2=0.822$)

第7类：

$y=-6718.780983x_1+2.772362x_2+2286.440264x_3+4936.625039$ ($R^2=0.917$)

$f(x)=7.811643930095783x+889.6988876527159$ ($R^2=0.702$)

通过推算，2021年9月北京市常住人口数为调查实际值的102.5%，其中，0—14岁，14—65岁和65岁以上人口数分别为调查结果的96.3%、103.3%和103.7%。

2. 问题空间单元合并

在模型 v2 中,第 3 类空间的 15—64 岁人口决定系数 $R^2=0.536$,65 岁及以上人口决定系数 $R^2=0.483$,拟合效果较差。经数据检查,发现丰台区部分街道存在显著的数据波动,主要包括南苑地区、新村街道、卢沟桥街道、长辛店街道、大红门街道。主要原因为丰台区于 2021 年 4 月进行行政区划调整,前后差异较大,2020 年七人普开展期间的统计划分边界与行政区划调整前和调整后均有差别,故与大数据采用的边界有一定差异。

为减少这一影响,对部分范围不明确、对照关系有错位的街道乡镇进行合并处理。包括:(1)将新村街道、花乡地区、马家堡街道数据合并。(2)将卢沟桥街道、卢沟桥地区数据合并。(3)将长辛店街道、长辛店镇数据合并。(4)将南苑街道、南苑地区数据合并。(5)将西罗园街道、大红门街道、东铁匠营街道数据合并。形成的模型 v3 拟合结果如下。

第 1 类:

$y=18050.849812x_1+2.406191x_2-26277.873013x_3+22544.613608$ ($R^2=0.960$)

$f(x)=5.982490337883496x+589.2650928480234$ ($R^2=0.947$)

第 2 类:

$y=6028.95303451x_1+2.111142334x_2-14131.435348x_3+19595.2021067$ ($R^2=0.889$)

$f(x)=5.164732919954497x+2614.276815$ ($R^2=0.854$)

第 3 类:

$y=-7407.00196525x_1+2.2307313384x_2-1437.27013325x_3+18250.9846149$ ($R^2=0.965$)

$f(x)=6.795411122x+1595.52332147$ ($R^2=0.954$)

第 4 类:

$y=-16144.939717x_1+2.673506x_2+7250.167953x_3+14770.706126$ ($R^2=0.852$)

$f(x)=7.65644626116791x+808.7551731002804$ ($R^2=0.842$)

第 5 类:

$y=-15694.410356x_1+2.946597x_2+2207.373408x_3+16432.093267$ ($R^2=0.965$)

$f(x)=6.397067540320549x+2049.075382057734$ ($R^2=0.833$)

第 6 类：

$y=-7666.681590x_1+1.905188x_2-5387.157283x_3+33376.382163(R^2=0.784)$

$f(x)=4.997371259012173x+1630.7652073659965(R^2=0.822)$

第 7 类：

$y=-6718.780983x_1+2.772362x_2+2286.440264x_3+4936.625039(R^2=0.917)$

$f(x)=7.811643930095783x+889.6988876527159(R^2=0.702)$

按照该方案推算，2021 年北京市常住人口为调查实际值的 100.6%。其中，0－14 岁，14－65 岁和 65 岁以上人口数分别为实际值的 96.3%、101.4% 和 100.2%。

(三)其他方案

1. 年龄结构：儿童和老年人采用自然变动递推

(1)0－14 岁儿童递推方案：考虑到当前生育率呈现快速变化趋势，尤其是疫情后不确定性增加，故对于较近年份的人口预测，可以设定一种对比方案，以当年实际出生人口数作为 0 岁人口规模，以七人普各年龄儿童数和其后各年出生人口数作为基数，递推获得 1－14 岁人口规模。

(2)老年人递推方案：模型中 65 岁及以上人口的 7 类空间拟合相关系数 R^2 值普遍低于 15－64 岁人口，反映大数据对于老年人的代表性整体差于劳动年龄人口，可见对于老年人口规模变化的估计，当前大数据的可靠性仍然不够理想，仍有必要探索利用非大数据的其他方案。

因此，作为对比方案，采取与儿童类似的 Leslie 模型方法，以各年龄段老年人口的上一年度规模和死亡率来推断本年度规模。从 2010－2020 年期间的推算结果与实际结果比较来看，实际值基本在推算值的 95%－110%之间浮动。

按此方法，根据 2020 年七人普的老年人口规模和存活率数据，推算 2021 年 65 岁及以上老年人口规模为实际值的 99.6%。

2. 空间结构：生态涵养区采用过去十年增长率递推

(1)各区各圈层比较：根据模型 v3 的拟合结果，计算各区 15－64 岁人口的 2021 年推算值，与 2021 年抽样统计结果进行比较，发现各区层面的拟合效果差异较大，实际值与推算值差距在 15%以上的包括门头沟区、密云区、延庆区、昌平区，主要集中在生态涵养区。

从四个圈层的结果来看，核心区数据差距不大，朝海丰石四区模型推算值较实际统计值高，一副多点地区模型推算值较实际统计值低，符合大数据“城区偏高、郊区偏低”的整体特征。朝海丰石四区作为中心城区经济活力较强的地区，较多容纳流动性较强、在人口抽样统计时不易覆盖的外来务工人口，如从事快递、外卖、网约车等业态的人口，以及在京居住地点变化较为频繁的人口等，因此大数据高于统计值较为合理。一副多点地区因涵盖一些通信基站覆盖率较低的乡村地区，模型推算值低于实际统计值也较为合理。

生态涵养区地处远郊，发展相对独立，人口以自然增长为主，年度变化较为稳定，模型推算值与实际统计值差距大反映模型结果仍不够理想，大数据在应用于远郊乡村地区、山区等人口密度较低的地区时，即使排除老人儿童，对劳动年龄人口的推算仍不够精准，有必要为生态涵养区设置其他方案。

(2)生态涵养区递推方案：生态涵养区 5 个区的 15—64 岁常住人口规模变化总体较为平稳，具体趋势各个区之间有一定差异。分别以六人普和七人普数据来计算各区 15—64 岁人口 10 年间年均增长率如下：门头沟区为 2.39%，怀柔区为 1.13%，平谷区为—0.22%，密云区为 0.41%，延庆区为—0.04%。按此推算 2021 年生态涵养区 5 区 15—64 岁人口为实际统计值的 102.1%。

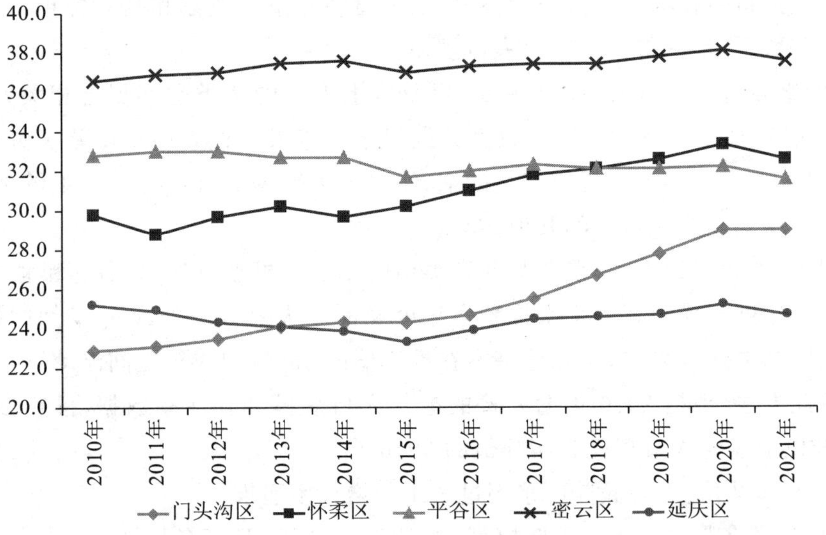

图 6 生态涵养区各区历年 15—64 岁人口数据

值得注意的是，2021 年生态涵养区各区实际统计值均低于推算值，反映疫情后的人口增长逻辑可能已发生重大变化，因此以 2010—2020 年期间的年均增长率来递推 2020—2030 年期间的数值准确性未知。目前仍难以预测“后疫情”时代的人口规模变化趋势，因此本递推方案只能代表未来多种发展情景中的一种。

(四)人口合成方案

根据上述分析，最终推荐的2021年末人口合成方案为：0－14岁人口规模按照递推值，15－64岁人口规模生态涵养区按照递推值，其他区按照模型v3的推算值，65岁及以上人口规模按照递推值，总人口规模为实际值的99.8%。

其中生态涵养区以外11个区的15－64岁人口采用多元回归模型推算，涉及到5类空间，回归公式如下：

第1类：$y=18050.849812x_1+2.406191x_2-26277.873013x_3+22544.613608$ ($R^2=0.960$)

第2类：$y=6028.95303451x_1+2.111142334x_2-14131.435348x_3+19595.2021067$ ($R^2=0.889$)

第3类：$y=-7407.00196525x_1+2.2307313384x_2-1437.27013325x_3+18250.9846149$ ($R^2=0.965$)

第4类：$y=-16144.939717x_1+2.673506x_2+7250.167953x_3+14770.706126$ ($R^2=0.852$)

第5类：$y=-15694.410356x_1+2.946597x_2+2207.373408x_3+16432.093267$ ($R^2=0.965$)

六、结论与展望

(一)主要结论

手机信令数据在人口动态分析的研究领域具有重要意义和价值，利用手机信令大数据在人口样本量和高分辨率时空间识别的优势，可以与统计调查数据形成良好的校核与互补关系。本研究的主要结论分为以下三部分。

一是对于大数据测算常住人口的考虑因素进行了多维度分析。提出：手机信令数据的使用以在月度数据中取15天(50%以上)作为稳定居住用户的识别标准较为合适。大数据与统计数据的换算中人口结构性因素十分关键，包括年龄因素、性别因素、空间因素、职住因素等。年龄结构方面，手机用户中0－14岁人口数据几乎完全缺失，无法用于模型，同时65岁及以上老年人的遗漏比例也较高。性别结构方面，由于家庭中男性成员为女性成员代办手机卡比例较高的大数据独特特征，模型中可将统计性别比和大数据性别比作为回归方程中的变量，以拟合由于数据获取方式差异导致性别结构差异的影响。空间单元方面，综合考虑细化数据颗粒度以及提升数据精确性的需求，可采用500m＊500m网格大数据作为底层原始数据，汇总到 339 个七人普街乡边界上作为模型输入数据，与七人普的分街乡常住人口规模数据做回归分析。职住结构方面，大数据在不同职住人口比的地区人群覆盖特征有显著差异。

二是对于大数据与人口普查统计数据的内在科学规律进行了建模解析。利用七人普数据与联通手机大数据，基于多元 Logistic 回归、Leslie 人口增长模型等方法构建了一套基于大数据时间序列推算常住人口的算法体系。通过不断调整模型和对比结果发现，大数据用于推算一定人口密度以上地区的劳动年龄人口规模最具可行性和可靠性，在北京不适用于推算全市 0—14 岁儿童、65 岁及以上老人以及生态涵养区 15—64 岁劳动力人口规模，上述三类人群宜采用自然变动递推或往年增长率递推，由此形成最终的人口规模合成最优方案，与统计值数据一致性为 99.7%。

三是对于模型的分区应用进行了探索。各区合成人口规模在统计值上下浮动约 10%以内，相较联通大数据直接扩样，与统计值的近似度显著提升，尤其是中心城区的近似度显著提升。

（二）未来进一步工作方向

本研究积累了 2020 年和 2021 年两年的北京市人口统计数据，并同步获取了两年的中国联通手机信令大数据，但对模型应用效果的实际观测仍属起步阶段，且由于疫情形势变化，2023 年及以后的人口变化趋势可能与近两年有较大差异。而且本模型对于分区人口测算结果，与统计结果仍有较大差异。未来可持续收集人口统计数据和大数据，持续修正现有的多元回归模型结果，更好地预测全市分年度、分季度、分空间范围的人口规模变化。此外，还可以进一步拓展大数据来源，进一步比较修正模型系数变化情况和适用情况。在模型稳定运行后，建立模型动态维护机制，定期与小范围的验证性统计调查结果相比对，进一步深化大数据在人口统计工作中的应用。

基于机器学习算法的劳动力调查基础数据人工智能审核方法研究

杜洪策　刚守慧　李东岗　杨浩然[①]

一、研究背景与意义

(一)就业多元化对数据精细化审核提出新要求

随着经济转型升级步伐不断加快,特别是以互联网为依托的新产业新业态的迅猛发展,新的就业形态不断涌现,居民就业方式趋向多元化,灵活就业人员逐年增多,对劳动力调查基础数据审核工作质量提出了新要求。天津市劳动力调查样本每月涉及近3万人,涵盖各类就业形态人口,为确保源头数据真实准确完整,数据审核工作必须做到精细化。天津调查总队自扩样以来在直报平台审核功能外,建立完善"三批查"审核办法,结合调查定位、音频、时间等行为数据,逐条查验原始数据和文字备注,确定需要与调查对象进行核实的数据查询清单,及时发现和修正错误数据。第一批查询内容包括调查社区整体情况、本月调查数据、月度间调查数据、年度间调查数据,共60多项审核条目。第二批查询内容为重点人群求职就业情况。第三批查询内容为行职业文字和编码,涉及80多种常见问题。

(二)人力不足迫切需要数据审核由精细化向精准化转变

实施数据审核精细化要求以来,天津劳动力调查基础数据质量得到了更加有效的保障,数据质量始终保持在较高水平,但也带来了新矛盾,主要表现在基层调查人员工作负担明显加重。当前,各区统计局、调查队承担劳动力调查工作任务的人员力量比较少,除滨海新区调查队外,最多为2人,有的区只有1人,需同时兼顾多项工作,平均每人负责二三十个调查社区。以2023年5月为例,平均每个区

---

① 作者简介:杜洪策,国家统计局天津调查总队总统计师。
刚守慧,国家统计局天津调查总队劳动力调查处原处长。
李东岗,国家统计局天津调查总队劳动力调查处副处长。
杨浩然,国家统计局天津调查总队劳动力调查处四级主任科员。

需要与调查对象核查132条数据，而三批查询清单从下发到上报仅有2天时间，基层调查人员时间紧任务重，工作负担和压力非常大。从核查结果总体情况看，下发的核查清单中最终确认为数据错误的占比不高，如2023年2季度，月均下发查询2057条，核实修改310条，修改率仅为15.1%。这说明，精细化审核的精准度很低，影响了人员力量使用效率，基层人员付出与效果不匹配。推动审核由精细化向精准化转变，既是基层调查人员的呼声，也是提高审核质量和效率的必然要求。

（三）大数据技术为推进精准化的人工智能审核提供了有效工具

以大数据技术为基础的人工智能已经广泛应用于多个领域，推进统计基础数据人工智能审核应用是大势所趋，统计工作者必须做到与时俱进、守正创新。为此，天津调查总队今年初决定将推进劳动力调查基础数据人工智能审核作为统计改革创新方向，将《基于机器学习算法的劳动力调查基础数据人工智能审核方法研究》列为系统重大科研选题。充分利用近年来积累的丰富的劳动力调查基础数据审核核实大数据，运用机器学习算法，推动智能审核方式替代人工审核方式，推进智慧统计，以期提高基础数据审核精准度，既保证基础数据质量，精准发现和修正错误数据，又大幅度减少下发的核查清单条目，减轻基层工作负担，提高调查效率。

二、研究思路

（一）以三批次核查修改率情况确定研究内容

从近年来的核查结果看，第一批核查的调查社区整体情况、漏人情况以及年度间数据比对等查询修改率较低，如月均下发社区整体情况核查条目为580条，修改率为0.4%。第二批查询涉及核心指标且数量适中，不宜删减数量。第三批核查的行职业文字代码，月均下发的核查条目为185条，错误修改率平均为89.2%，很高。以上核查均不适宜运用机器学习算法。第一批核查的本月调查基础数据，月均下发的核查条目为673条，错误修改率平均为13.9%，适宜运用机器学习算法。因此，将第一批核查本月调查基础数据内容确定为人工智能审核方法研究对象。

（二）以多种机器学习算法应用效果确定最优算法

以核查数据是否修改为因变量，以调查对象其他信息数据为自变量，将样本数据分为训练集和测试集，分别使用决策树、支持向量机、BP神经网络等三种分类算法建立模型，测试选出最优算法。

(三)以守正创新为原则确定可行性

本次研究坚持守正创新,守正就是要保障模型发现的错误条目对人工审核发现的错误条目的覆盖率尽可能高,力求达到90%左右,使人工智能审核对错误数据的丢失率尽可能低;创新就是通过改进方法最大可能地减少下发核查清单条目数量,减轻基层负担,提高发现错误数据的精准度。

三、机器学习理论知识及主要算法介绍

机器学习是人工智能的一个分支,其基本思想是机器根据已有数据不断学习并积累经验,挖掘出数据间蕴含的内在规律,利用规律对未知数据进行预测。机器学习的发展可以追溯到20世纪50年代,早期的符号主义,试图模拟人类的思维过程。20世纪80、90年代,伴随一些重要算法的提出,机器学习发展取得突破。近年来,深度学习的兴起使得机器学习取得了更加显著的进步,已经成为一个包括概率论、统计学、人工智能的交叉学科。随着技术发展创新,机器学习在诸多领域发挥着重要作用,主要应用方向有:文本处理、语义理解等自然语言处理,人脸识别、图像生成、物体检测等图像和视觉识别,音乐、短视频、商品等推荐系统,自动驾驶、机器人学习等强化学习。

机器学习常用的方法为有监督学习和无监督学习。有监督学习是指在训练过程中,训练集提供了标签供模型学习,模型根据输入数据和对应的标签训练,目的是使模型能预测未标记数据的正确输出。有监督学习又可分为分类问题和回归问题,分类问题数据离散,回归问题数据连续。无监督学习是在训练过程中没有标签的学习方式,模型根据数据间的结构、模式,自主进行学习并发现隐藏的规律或特征。无监督学习包括降维、聚类、关联规则挖掘等。

(一)算法介绍

1. 决策树

决策树(Decision Tree)是一种常见的机器学习方法,多用于分类问题。给定训练样本,通常包含多个特征,可按照不同特征进行划分,得到不同的分类结果。一般来说,一棵决策树包含一个根节点、多个内部节点和多个叶节点,叶节点对应于决策结果。决策树的目标是选择最优划分属性,即通过划分使得分支节点所包含的样本尽可能属于同一类别。决策树的构建过程包括选择最佳分割和修剪决策树。

选择最佳分割的原则是使分割后的每一类纯度最大化,通常用信息熵度量样本纯度,纯度越高,意味着样本越有可能属于同一类。假设第 k 类样本在样本集

合 D 中所占的比例为 $p_k(k=1,2\cdots,|r|)$，则可以定义样本集合 D 的信息熵为：

$$Ent(D)=-\sum_{k=1}^{|r|}p_k\log_2 p_k$$

$Ent(D)$ 的值越小，D 的纯度越高。ID3 决策树算法采用熵值计算每个特征分割带来的同质性变化，并用信息增益来定义这一变化。对于特征 α，信息增益用分割前数据集 D 的熵减去分割后生成的新数据集 D^v 的熵来计算。

$Gain(D,\alpha)=Ent(D)-\sum_{v=1}^{V}\frac{|D^v|}{|D|}Ent(D^v)$，$\frac{|D^v|}{|D|}$ 为特征 α 在分支节点 v 处的权重。信息增益越大，说明特征 α 分割后的分组属于同一类的可能性越大。若特征 α_1 的信息增益等于 0，则表明特征 α_1 分割后的熵不会减小。若最大信息增益与分割前熵值相等，表明决策产生了完全同质的分组结果。

由于信息增益准则对可取值较多的属性有所偏好，为减少不利影响，C4.5 决策树算法使用增益率代替增益选择最优划分，克服了 ID3 算法的不足。增益率的定义为：

$$Gain\_ratio(D,\alpha)=\frac{Gain(D,\alpha)}{IV(\alpha)}，其中\ IV(\alpha)=-\sum_{v=1}^{v}\frac{|D^v|}{|D|}\log_2\frac{|D^v|}{|D|}$$

$IV(\alpha)$ 被称为特征 α 的固有值。特征 α 可取值数量越多，$IV(a)$ 值越大，与信息增益偏好相反，增益率会向可取值数量更少的特征倾斜，进而选择出增益率最大的特征。

CART 决策树使用基尼指数来选择划分属性。数据集 D 的纯度用基尼值定义为：

$Gini(D)=-\sum_{k=1}^{|\gamma|}\sum_{k'\neq k}p_k p_k{}'=1-\sum_{k=1}^{|\gamma|}p_k{}^2$。$Gini(D)$ 是指数据集 D 中任取两个样本，得到类别标记不一致的概率。$Gini(D)$ 越小，说明数据集 D 纯度越高。对于特征 α，基尼指数可定义为：

$$Gini\_index(D,\alpha)=\sum_{v=1}^{V}\frac{|D^v|}{|D|}Gini(D)$$

上述基尼指数最小的属性是最优特征分割：

$$\alpha_*=\frac{\arg\ \min}{\alpha\in A}Gini\_index(D,\alpha)$$

决策树可以根据特征不断细分，次数越多，意味着分支越细，模型在训练集上拟合程度越来越好。但模型往往在测试集上表现不佳，出现过拟合现象，可通过修剪决策树减少分支，提高测试精度。常见的剪枝方法有预剪枝法和后剪枝法。

2. 支持向量机

支持向量机(SVM)是一个二分类模型,给定训练样本,该算法会输出一个最佳分隔超平面,该超平面能够在特征空间内将不同类别的样本划分开来,并使这些样本到平面的间隔最大。

该算法的本质是找到最优分割超平面,使得训练数据的间隔最大化。超平面表达式定义为:

$$f(x)=\beta_0+\beta^T x$$

其中 β 是权重向量,β_0 是偏置。

习惯上,使用 $|\beta_0+\beta^T x|=1$ 表达最优超平面。x 称为支持向量,指那些离超平面最近的点。此时的超平面称为 canonical 超平面。支持向量对发挥分类作用的超平面起到决定性的作用,因为前者决定了后者的位置所在。此外,当模型训练结束后,大多数的训练样本是无需保留的,最终模型仅与支持向量有关。

根据几何学知识,可求得支持向量即点 x 到超平面 (β,β_0) 的距离为:

$$distance=\frac{|\beta_0+\beta^T x|}{||\beta||}$$

值得注意的是,对于 canonical 超平面,最近距离为:

$$distance_{supportvector}=\frac{|\beta_0+\beta^T x|}{||\beta||}=\frac{1}{||\beta||}$$

间隔用 M 来表示,M 的取值是 2 倍的最近距离,即:

$$\mathrm{M}=\frac{2}{||\beta||}$$

想要获得最大间隔分割超平面,即 M 最大,等价于在已有约束条件下将函数 $||\beta||$ 最小化。约束条件指的是超平面需要能够把所有的训练样本 x_i 都分类正确,即 $\min ||\beta||^2,\ s.t.\ y_i(\beta^T x_i+\beta_0)\geqslant 1$。

y_i 表示训练样本 x_i 的类别标记。这是拉格朗日优化问题,最优分割超平面的权重向量 β 和偏置 β_0 可采用拉格朗日乘数法求解。

3. BP 神经网络

BP 神经网络应用广泛,是一种基于误差反向传播训练的多层前馈神经网络。模型从海量输入—输出模型中学习映射关系,不需要预先给出映射关系表达式。模型由输入层、隐藏层和输出层组成,特点是信息由“输入层→隐藏层→输出层”正向传播和误差由“输出层→隐藏层→输入层”反向传播。

给定训练集 $D=\{(x_1,y_1),(x_2,y_2),\cdots,(x_m,y_m)\}$,$x_i\in R^d$,$y_i\in R^l$,即输

入为 d 维，输出为 l 维。假设网络各层神经元个数为：输入层 d 个、隐藏层 q 个、输出层 l 个，θ_j 表示输出层第 j 个神经元的阈值，r_h 表示隐藏层第 h 个神经元的阈值，v_{ih} 为输入层第 i 个神经元与隐藏层第 h 个神经元之间的权数，w_{hj} 为隐藏层第 h 个神经元与输出层第 j 个神经元之间的权数。

隐藏层第 h 个神经元接收到的输入表示为 $a_h=\sum_{i=1}^{d}v_{ih}x_i$，输出层第 j 个神经元接收到的输入表示为 $\beta_j=\sum_{h=1}^{q}w_{hj}b_h$，其中 b_h 代表隐藏层第 h 个神经元的输出。

对训练样本 (x_k,y_k)，假设 BP 神经网络的输出为 $y_k^{'}=(y_1^{'k},y_2^{'k},\cdots,y_l^{'k})$，即 $y_j^{'k}=f(\beta_j-\theta_j)$，则网络在 (x_k,y_k) 上的均方误差为 $E_k=\frac{1}{2}\sum_{j=1}^{l}(y_j^{'k}-y_j{}^k)^2$。

BP 神经网络共有 $(d+l+1)q+l$ 个参数需确定，通过一次次迭代学习，不断地调整优化参数。算法基于梯度下降法，将被测样本负梯度方向作为下降方向来调节模型参数，即利用反向传播方法，对神经网络权值和阈值进行调节，使得网络均方误差达到最小化。算法主要流程为：将训练样本信息输入到输入层，并逐层传递至输出层，产生输出结果；计算输出层误差，将误差反向传递到隐层神经元和输入层，不断对网络权重和阈值优化调整。直至误差小于某个值或达到一定次数迭代停止。

（二）性能度量

通常选取一些指标度量机器学习模型的运行效果。在二分类问题中，根据样本真实情况与预测结果不同组合，分为真正例（True Positive）、假正例（False Positive）、真反例（True Negative）、假反例（False Negative）四种情况，分别用 TP、FP、TN、FN，显然 TP＋FP＋TN＋FN 之和等于样例总数。分类结果混淆矩阵如下。

表 1　分类结果混淆矩阵

真实情况	预测结果	
	正例	反例
正例	TP（真正例）	FN（假反例）
反例	FP（假正例）	TN（真反例）

1. 准确率和错误率

准确率是指预测结果和真实情况一致的样例占全部样例的比重，错误率是指预测结果和真实情况不一致的样例占全部样例的比重。二分类问题中，准确率为

(TP+TN)/(TP+FP+TN+FN),错误率为(FN+FP)/(TP+FP+TN+FN),显然准确率与错误率之和为1。

2. 查准率、查全率与F1

查准率 P 是指预测为正例的样例中真实为正例的比例。定义为:

$$P=\frac{TP}{TP+FP}$$

查全率 R 是指预测为正例的样例占全部真实正例的比例,定义为:

$$R=\frac{TP}{TP+FN}$$

查准率和查全率是一对矛盾的度量,一般来讲,查准率高时,查全率往往偏低;而查全率高时,查准率往往偏低。通常使用指标F1综合考量两个指标度量性能,具体定义为:

$$F1=\frac{2\times P\times R}{P+R}=\frac{2\times TP}{\text{样例总数}+TP-TN}$$

四、数据来源及预处理

(一)数据来源和变量说明

表2 月度查询部分待核实问题

近两年大学毕业生但无就业和求职行为,核实是否有兼职或找工作。
应届大学毕业生但无就业和求职行为,核实是否有兼职或找工作。
本月调查参考周工作时间小于10小时或大于80小时。
F27选2,但结合职业文字可能选1。
F30.2选1,核实是否已确定工作岗位且在3个月内到岗。
F36选11,但包含可以归并到前面选项或文字内容不合理。
F36选6且想工作能工作的非劳动力,核实是否找过工作。
不能工作原因选4,但文字不合理或可向前归并。
不找工作原因选4有生活保障且年龄小于50岁。
不找工作原因选6,但文字不合理或可向前归并。
处于休业的无合同私企雇员。
处于休业的自由职业或灵活就业人员。
非学生、非丧劳且未找过工作的16—24岁青年,是否找过工作或等待原岗位恢复。
就业身份为雇员且工资超过30000元,核实工资和就业身份。
签订劳动合同但工资不足800元,核实收入。
全户非劳动力且有16岁以下需抚养孩子,家中青壮年是否有求职、就业、兼职。
核实是否找过工作,是否等待原有工作岗位恢复。

使用 2021 年 5 月份以来即劳动力调查全面扩样后天津调查总队各月下发的 16146 行查询反馈数据进行机器学习。每行数据包含一个调查对象基本情况、就业或未就业状况、待核实问题以及修改情况。因变量为查询修改情况，分为是、否两种状态。查询修改情况除与核实问题有关以外，还与被调查对象诸多特征相关。不同特征对查询修改情况存在较大差异，特征过多会加重模型负担，应当保留有效特征，剔除无效特征。

使用方差过滤法从年龄、性别等基本情况中做特征选择，即按照特征在不同取值上查询修改率的方差由大到小排序，筛选出差异性较大的特征。经过筛选，自变量选取核实问题、住户类别等 10 个特征，详见表 3。

表 3 变量说明

变量类型	变量名称	变量性质	备注
因变量	是否修改	定性 （2 个类别）	修改为是、未修改为否
自变量	核实问题	定性 （26 个类别）	包括当月数据常见审核条目
	住户类别	定性 （2 个类别）	1＝家庭户，2＝集体户
	年龄段	定性 （11 个类别）	分别为 16—19 岁、20—24 岁、25—29 岁、30—34 岁、35—39 岁、40—44 岁、45—49 岁、50—54 岁、55—59 岁、60—64 岁、65 岁及以上
	婚姻状况	定性 （4 个类别）	1＝未婚，2＝已婚，3＝离婚，4＝丧偶
	户口类型	定性 （2 个类别）	1＝农业户籍，2＝非农业户籍
	音频核查结果	定性 （2 个类别）	0＝无问题，1＝有问题
	户口登记地	定性 （6 个类别）	1—5 为本市，7 为外省市
	受教育程度	定性 （9 个类别）	1＝未上过学，2＝小学，3＝初中，4＝高中，5＝中职，6＝高职，7＝专科，8＝本科，9＝研究生
	新老户标识	定性 （2 个类别）	0＝老户，1＝新户
	性别	定性 （2 个类别）	1＝男性，2＝女性

(二)数据预处理

1. 缺失值填充。机器学习前需要进行缺失值处理,通常根据样本的统计特征填充数据,例如均值、众数、中位数等。由于劳动力调查数据在采集时 PDA 带有审核功能,相关选项不能为空,调查数据不存在缺失值。但下发 excel 查询中,部分条目涉及住户中的多个成员,个别业务人员把家庭成员单元格合并后,以家庭为单位统一注明是否修改,使用 Python 处理时出现缺失值。通过拆分单元格,将家庭修改情况赋值给全部成员。

2. 样本平衡性处理。剔除 786 名 16 岁以下非劳动年龄人口,有效数据 15360 行。从查询修改结果看,有 2131 条修改,13229 条未修改,修改率为 13.9%。修改查询和未修改查询数量之比约为 1∶6.2,训练样本存在不平衡现象,容易导致机器学习过程中,模型为了提高准确率,倾向将查询结果预测为占比高的样例,进而降低查准率和查全率,遗漏较多待修改错误。

解决样本不平衡问题,通常有欠采样和过采样两种处理方式。欠采样是指减少占比高的样例数量,过采样是指从类别占比低的样例中随机选取一部分添加到训练样本中。本文采取欠采样处理方法,剔除 2021 年扩样改革初期和 2022 年疫情较重部分月份未修改查询。主要原因是扩样初期查询习惯尚在磨合,疫情期间查询难度明显加大,与当前开展查询的条件差别较大。剔除后用于机器学习的 16 岁以上人口数据共 10643 条,有 2131 条修改,8512 条未修改,修改率为 20.0%。

3. 变量处理。将具有多维特征属性的定性变量转化为使用二进制表示的多个特征。例如,性别是 2 维变量,将数据集性别列转化为 2 列,分别是性别_1 和性别_2,对应男性和女性。当性别为男性时,性别_1 取值为 1,性别_2 取值为 0。婚姻状况为 4 维变量,将婚姻状况列转化为 4 列,分别是婚姻状况_1、婚姻状况_2、婚姻状况_3、婚姻状况_4,对应未婚、已婚、离异、丧偶。当婚姻状况为已婚时,婚姻状况_2 取值为 1,婚姻状况_1、婚姻状况_3、婚姻状况_4 取值为 0。标准化后的自变量共 69 列,因变量 1 列。

五、模型建立和效果分析

(一)机器学习识别精度测算

将预处理后的数据集按照 7∶3 的比例拆分为训练集和测试集,即训练集 7450 条记录,训练集 3193 条记录。通过 sklearn 库,使用决策树、支持向量机、BP 神经网络等三种机器学习算法测试机器识别的准确率。

决策树算法调用 DecisionTreeClassifier 模型训练测试,分别建立基于 gini、

entropy 的决策树模型。支持向量机算法调用 SVM 模型训练测试，分别建立以线性、多项式、rbf、sigmoid 为核函数的模型。BP 神经网络算法调用 MLPClassifier 模型训练测试，分别使用 relu、identity、logistic、tanh 作为激活函数，使用 adam、lbfgs、sgd 作为优化算法类型，设置不同隐藏层神经元数量和批大小 batchsize 数量综合测试。

经测试，决策树算法基于 entropy 时，模型拟合效果较好，识别准确率为 84.1%。支持向量机算法核函数为 rbf 时，模型拟合效果较好，识别准确率为 88.4%。BP 神经网络算法激活函数选择 relu，优化算法类型选择 sgd，隐藏层神经元个数设置为 300，批大小 batchsize 设置为 200 时，模型拟合效果较好，识别准确率为 88.5%。

根据不同模型最优参数运行结果，从 sklearn. metrics 中导入 confusion_matrix，将机器在测试集上识别的查询是否修改情况与实际是否修改情况比对，生成各算法混淆矩阵并计算模型识别精度。

表 4　决策树算法混淆矩阵

修改情况	机器判断需要修改查询	机器判断无需修改查询
实际修改查询	332	300
实际未修改查询	209	2352

表 5　支持向量机算法混淆矩阵

修改情况	机器判断需要修改查询	机器判断无需修改查询
实际修改查询	377	255
实际未修改查询	114	2447

表 6　BP 神经网络算法混淆矩阵

修改情况	机器判断需要修改查询	机器判断无需修改查询
实际修改查询	389	243
实际未修改查询	123	2438

表 7　三种算法识别准确率

算法类别	机器判断与实际核实结果一致	机器判断与实际核实结果不一致	机器识别准确率
决策树	2684	509	84.1%
支持向量机	2824	369	88.4%
BP 神经网络	2827	366	88.5%

从机器识别的准确率看，BP 神经网络算法略优于支持向量机算法，准确率接近 90％，优于决策树算法 4 个百分点以上。BP 神经网络算法识别精度最优，具备在实际中应用推广的基础。

从机器识别的查准率、查全率看，决策树、支持向量机、BP 神经网络查准率分别为 61.4％、76.8％、76.0％，支持向量机最高。决策树、支持向量机、BP 神经网络查全率分别为 52.5％、59.7％、61.6％，BP 神经网络最高。BP 神经网络比支持向量机多识别了 22 个需要修改且实际修改的错误，少漏掉了 12 个实际修改的查询，BP 神经网络对可能发生修改查询的识别精度优于支持向量机。

综上所述，使用机器学习识别查询精度较高，具有现实应用价值，BP 神经网络算法优于其他两个算法。

（二）模型优化与结果分析

1. BP 神经网络的缺点。BP 神经网络算法虽然具有较高识别精度，但也存在一定缺陷。假设 3193 条测试数据集是原来拟下发的查询数量，通过运行算法后，机器预测需要修改即需要下发的查询数量为 512 条，下发查询数量缩减为原来的 16.0％，明显减轻了基层负担。但只有 389 条实际发生修改的查询下发，还有 243 条机器认为无需修改但实际发生修改的错误将被遗漏，错误遗漏率高达 38.4％。通过机器学习减少下发查询数量，应当在使人工智能审核对错误数据的丢失率尽可能低的前提下，不能因单向减少下发查询数量造成数据质量明显下降。

2. 算法改进思路。为了使预测值和真实值最大限度拟合，机器学习算法会朝着使损失函数达到最小的方向优化。表 4—6 混淆矩阵中，三种算法都在试图将机器预测查询修改情况与实际修改情况不一致的数量即错误率降到最低。但混淆矩阵左下方机器预测不需修改但实际修改的查询对数据质量带来的影响远远大于右上方机器预测需要修改但实际未修改的查询。因此，解决应修改错误保留率过低的问题，关键在于控制混淆矩阵中机器认为不需修改但实际修改的查询数量，即提高机器学习的查全率。从程序运行过程看，如果出现混淆矩阵左下方的情况时，通过显著增大损失函数作为惩罚，程序为了达到损失函数最小，会朝着减少左下方查询出现数量的方向迭代，从而达到解决错误保留率过低的目的。

3. 程序设置和测试。导入 Python 中的 torch 库，创建包含 1 个输入层、1 个隐藏层、1 个输出层的神经网络模型。输入层到隐藏层、隐藏层到输出层均设置为线性层。隐藏层的输出使用 Relu 函数激活处理，结果返给输出层。使用上文 10643 条预处理后的数据集，按照 7：3 的比例拆分为训练集和测试集。输入层数量为 63，输出层数量为 2，隐藏层数量设置为 500。调用 torch. optim. SGD 优化器，设定学习率 lr 为 0.02，使用随机梯度下降优化算法更新网络参数，实现损失函数最小化。设置不同权数，当混淆矩阵出现左下方情况时，加大对交叉熵损失函数的影响，从而有效减少左下方查询出现的次数。经过多次测试，将左下方和右上方对损失函数大小的影响比例设置为 12∶1 时，运行结果较好。使用以上神经网络模型对训练集迭代 1000 次，逐步减小损失函数并提升神经网络性能。

4. 优化算法运行结果。程序运行结果显示，优化后的 BP 神经网络算法，机器预测需要修改的查询 1693 条，占原有查询的 53.0%。机器预测无需修改但实际修改的查询有 59 条，占实际修改错误的 9.0%，比优化前下降了 29.4%。优化后的算法，在应修改错误保留率达到 91.0% 的前提下，下发查询数量减少了 47.0%，达到了保障数据质量和减轻基层负担的双重效果。

表 8　优化后的 BP 神经网络算法混淆矩阵

修改情况	机器判断需要修改查询	机器判断无需修改查询
实际修改查询	599	59
实际未修改查询	1094	1441

（三）模型应用效果检验

6、7 月份将机器判断需要修改和无需修改的查询混合下发至各区，检验模型实际效果。核实结果显示，6、7 月份机器判断需要修改查询的实际修改率为 9.6%，明显高于机器判断不需要修改查询 1.1% 的实际修改率，也明显高于查询平均修改率。通过机器学习，下发查询的精准度显著提升。如果只下发机器判断需要修改的查询，错误保留率能达到 87.8%，较好地保证了数据质量，同时能减少 55.2% 的查询工作量，显著减轻了基层负担。

表 9　6—7 月下发查询测试

6—7 月查询	下发查询	实际未修改	实际修改	修改率	覆盖率	遗漏率
未经过机器学习	1511	1437	74	4.9%	——	——
机器判断需要修改	677	612	65	9.6%	87.8%	12.2%
机器判断无需修改	834	825	9	1.1%		

六、思考与展望

本文从劳动力调查基础数据审核工作实际出发，以提高下发查询有效性和精准度为切入口，将机器学习技术创新应用于调查数据审核。通过选取特征变量，使用三种算法验证了应用机器学习技术的可行性。借助 Python 功能强大的程序包，改进经典模型错误遗漏率过高的问题，在待修改错误保留率 91.0％的前提下，可有效减轻基层 47.0％的工作负担，明显提升了下发查询的精准度。实际结果进一步验证了使用机器学习提前识别查询的优势。改进后的模型还可对新添加查询条目进行训练测试，具有较好的扩展性。

同时，使用机器学习还存在一些不足。一方面，算法精度有待进一步提升。例如，调试参数显示，如果想把错误保留率维持在更高比例，那么下发查询减少数量不够明显，减轻基层负担的效果不够显著，需要继续优化完善。另一方面，机器学习在审核中的应用范围需要拓展。劳动力调查数据审核包括月度数据内部审核、月度间数据审核、年度间数据审核、调查社区审核等方面。但受查询修改结果比例关系和机器学习算法成立条件等因素限制，机器学习方法目前只应用于月度调查基础数据审核，在其他方面审核的应用需要不断尝试，以期发挥更大作用。

基于卷积神经网络的农作物地块自动分割方法研究

林嗣杰　游源然　林龚华　林　丹　王艳杰[①]

第三次全国农业普查首次运用遥感技术开展农作物播种面积遥感测量，是农业统计调查方式的一次重大革命，也是今后农业统计改革发展的方向。实现统计调查方式的转变，既是适应“三农”工作变化的迫切需求，也是适应国家粮食安全战略、提高农业调查公信力的切实需要。全面摸清种植用地的“底子”，准确掌握农业生产，尤其是粮食生产情况，有利于为今后开展对地调查核准“基数”。但现阶段农作物播种面积遥感测量工作中，农作物地块切割环节主要依赖人工绘制，人力需求大、耗时长，难以满足大面积、动态监测的需求。同时，不同绘图员由于主观经验不同，绘制的地块边界存在较大差异，使得地块数据集一致性较差。为实现农作物地块边界的自动化分割，本研究提出了一种基于卷积神经网络的遥感影像智能分割方法。相较于传统基于手工设计特征的图像处理方法，该技术实现了端到端的特征学习与优化，避免人工提取特征的复杂工作，提高了地块分割的自动化程度，提升农作物播种面积遥感测量工作效能。

一、研究区概况

浦城县位于福建省南平市西部，东连建阳区，南邻顺昌县，西北与江西上饶市万年县相连，地理坐标东经 117°25′－118°10′，北纬 27°20′－27°50′。县境大部属武夷山脉，海拔 500－1800 米，地势西北高东南低。属亚热带季风气候，光温适宜，年均气温 18℃。经济以农业为主，主产稻谷、薏米、茶叶等作物。

---

① 作者简介：林嗣杰，国家统计局福建调查总队党组成员、副总队长。
游源然，国家统计局福建调查总队农业调查处处长、一级调研员。（已退休）
林龚华，国家统计局福建调查总队农业调查处副处长。
林　丹，国家统计局福建调查总队农业调查处干部。
王艳杰，武汉珈和科技有限公司遥感算法工程师。

二、研究方法

(一)技术路线

根据遥感影像的空间和纹理特征,采用基于卷积神经网络(CNN)的 HED 边缘检测模型获取农作物地块边界矢量。工作流程大体分为五步:

第一步:制作具代表性的遥感影像切片和对应的地块边界图层作为训练样本。

第二步:基于卷积神经网络(CNN)对这些训练样本进行深度学习,从而训练出一个可以从遥感影像中提取地块边界信息的模型。

第三步:利用训练好的模型对新输入的遥感影像进行地块边界预测,输出边界概率图像。

第四步:设置适当阈值,获得地块边界二值化结果。

第五步:进行移除细碎图斑、多边形简化等矢量化后处理,输出地块边界矢量数据。

具体技术流程如下图:

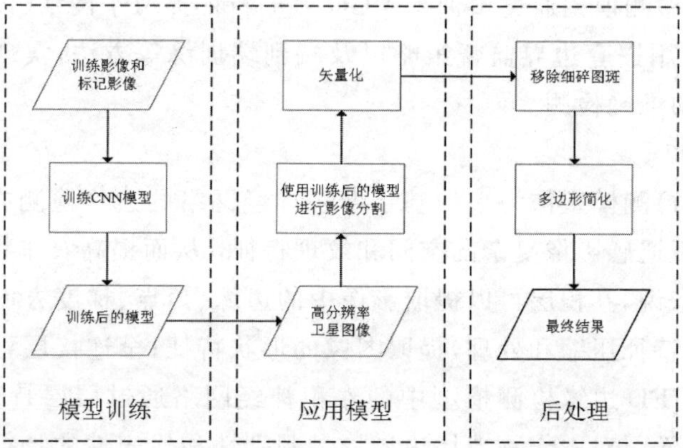

图 1　技术流程图

(二)HED 边缘检测网络模型

1. 模型架构

HED(Holistically-Nested Edge Detection)网络模型是一种利用深度学习进行图像边缘检测的方法,由 Berkeley Vision and Learning Center 在 2015 年提出。HED 边缘检测模型的创新之处在于提出了一种嵌套的边界监督机制,可以显著提高边缘检测的效果。下图为 HED 边缘检测网络基本架构示意图：

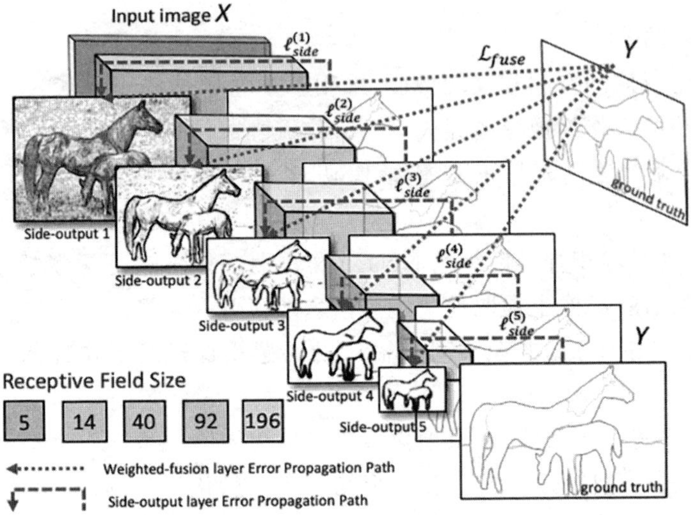

图 2　HED 边缘检测模型基本架构示意图

HED 边缘检测模型通过预训练 VGG16 的特征提取子网络、设计多分支边缘预测子网络、使用嵌套边界监督策略以及端到端训练等方法，实现遥感影像中农作物地块边界的准确检测。

2. 模型优点

HED 边缘检测模型作为一种基于卷积神经网络的边缘检测方法，其优势在于能够自动学习遥感影像复杂的空间和纹理特征，从而提高农作物地块边界识别的效果。具体来说，卷积层可以提取影像中的边缘、角点、梯度方向等低层视觉特征；池化层进行特征压缩和处理，提取图像的形状特征；全连接层可以学习更高级的语义特征。HED 边缘检测模型中的卷积神经网络通过层层特征提取、组合与训练，可以自动学习对农作物地块边界最具判别性和代表性的特征表达式。相较于传统基于手工设计和提取特征的图像处理方法，HED 边缘检测模型通过端到端的深度学习框架，依靠卷积神经网络层层抽象特征并逐步优化，实现更高效、更自动化地学习特征表达，避免人工提取特征的繁琐工作。同时，深度学习提取的特征也更加丰富和鲁棒，能够适应不同种类、不同场景和不同质量遥感影像下的变化。因此，HED 边缘检测模型成为农作物地块自动分割方法研究中最适合模型选择之一。这种端到端的深度学习方法，可以大幅提高地块边界提取的自动化程度和准确率，降低人工工作量，适应边界特征复杂多变的实际应用。

三、实验分析

（一）样本制作

本研究中，样本制作主要基于 Google Earth 提供的 0.8 米分辨率遥感影像。随机选择浦城县 10 个不同的矩形区域，总面积约为 108 平方千米，获取包含平原、丘陵等不同地形和地块类型的样本，利用 ArcGIS 软件精心绘制地块边界作为监督信息，并制作成包括遥感影像切片和对应的地块边界图层的约 6000 对 512 * 512 训练样本。

（二）模型训练

选择基于 Holistically-Nested Edge Detection（HED）算法的语义分割模型。HED 边缘检测模型专门用于图像边缘和轮廓检测。将原始图像作为输入，经过卷积和下采样提取层次特征，然后上采样恢复空间分辨率，使用跳级连接传递细节信息，最后输出每像素的边缘概率预测。在预训练 VGG16 网络基础上，新增多分支结构，每支路学习不同层次特征。使用图像级全卷积网络，可以处理任意尺寸输入。采用交叉熵损失函数，使用增强数据集训练模型。

主要参数设置如下：

优化器：Adam，学习率为 1e－4，β1 ＝ 0.9，β2 ＝ 0.999

Batch Size：10

损失函数：结合交叉熵损失和边界损失

训练轮次：100

测试环境：Python 3.6，GPU RTX 2080Ti

（三）数据降维处理

为增强模型泛化能力，提升模型对地块的切割效果，在本次研究中，采用了将输入影像由多波段降维成单波段的灰度图像的数据降维处理策略。以浦城县篷尾村为例，利用同一训练好的模型预测每像素的地块边界概率，以 0.7 为阈值，输出二值的边界分割结果，使用降维成单波段灰度影像与直接使用多波段影像相比，切割效果有明显提升。

（四）地块边界噪声控制

模型在进行地块边界预测时，除了正确的地块边界线以外，还有可能误检测出了一些错误的、无意义的边界信息，这些错误的边界就是噪声。噪声产生的主要原因有两个，一是模型难以完美区分地块间微小的灰度变化；二是遥感影像自身的质量问题。如不进行有效处理，会导致最终矢量化得到的地块边界矢量不准确。为进一步优化地块分割结果，本次研究中，使用算法完成地块初步分割后，还采用非最大化等抑制策略，对偏小的地块进行抑制，将碎小图斑与附近的大图斑进行合并。

四、实验成果

(一)分类结果

为检验模型分类效果，随机选取了锦城村、大游村等 17 个随机分布在浦城县农村区域的谷歌影像(1 米)作为模型验证的基础数据，并通过模型对这些影像中的农作物地块进行了自动分割。经检查，目视效果总体较好。

(二)精度评价

为了评估地块边界提取的精确度，我们使用了池家村和永平村人工绘制的地块边界矢量数据作为独立的验证数据，与模型提取的地块边界进行比较。我们将使用以下指标来评估模型的精度。

准确率(Precision)：正确识别的地块边界数占所有被模型识别为地块边界的比例。

召回率(Recall)：正确识别的地块边界数占实际存在地块边界的比例。

F1 分数(F1－score)：准确率和召回率的调和平均数，用于综合评估模型的性能。

$$Precision = \frac{TP}{TP + FP}$$

$$Recall = \frac{TP}{TP + FN}$$

$$F1-Score = \frac{2 * Precision * Recall}{Precision + Recall}$$

无人工干预情况下，地块面积吻合度≥80%的地块视为识别正确的地块，分别对预测的和人工绘制的地块矢量进行栅格化，利用上面的公式计算得到模型的 Precision、Recall 和 F1－Score 分别为 0.72、0.76 和 0.74，表明模型有非常高的图像分割精度。

(三)算法效率

在实验中，一张 860MB 的 0.5 米分辨率影像的地块识别计算时间为 693 秒(约 11.55 分钟)。而如果采取传统方法使用人工对地块进行绘制，在同样的计算机硬件配置下，勾画该幅影像农作物地块需耗时 5 天，为机器识别的 600 余倍。并且随着计算机硬件性能的不断提升，自动化算法的计算效率还有进一步提高的空间。

五、几点不足

（一）对于复杂地形中的农作物地块识别能力较弱

由于山区等复杂地形中，农作物地块识别的难度较大，容易发生错分、漏分，模型对复杂地形中的农作物地块识别能力较弱。

（二）对地块内部子边界的识别效果仍有欠缺

目前模型对农作物地块外部整体边界的识别能力较强，但对其内部子边界的识别效果仍有欠缺。

（三）对于弯曲边界识别能力较弱

现有模型识别的农作物地块边界以直线为主，而实际农作物地块边界常有弯曲，在识别过程中，边界易被模糊、简化。

（四）工程化应用水平有待提升

一是单幅图像处理时间过长，难以快速处理大规模数据；二是高分辨率图像及模型占用存储空间巨大，海量数据对存储条件要求较高；三是现有模型泛化能力有限，在与训练样本地形有较大出入的区域难以适用；四是遥感影像条件不佳时，模型识别能力有限。

六、延伸与展望

（一）提升样本数量、种类和质量

一是增加样本数据量，以提升模型对不同地形、地貌的适应性。目前样本以平原、丘陵地区为主，需要收集更多山地、高原等复杂地形区域的样本数据。尤其要增加覆盖不同地貌类型的样本，如森林、灌木、水田等地块类型。扩大样本种类和地理覆盖范围，能提升模型对全省各类复杂地形和地貌的适应性；二是采集更多精细绘制农作物内部结构边界的样本数据。增加覆盖地块内部路径、水系等结构边界的样本，强化模型对地块内部复杂边界的学习能力；三是提高样本制作和标注质量，减少标签错误。手工制作高质量样本耗时耗力，需要优化流程、平衡效率与质量。还可研究半自动或弱监督样本制作方法，降低人工标注量，并通过迭代训练不断提升样本质量。

（二）融合多源遥感影像数据

一是引入哨兵系列、海丝一号等雷达遥感影像数据。与光学图像相比，雷达影像能提供农作物地块的结构和表面信息，可弥补光学图像在多云遮挡条件下的不足。将雷达影像的结构特征与光学图像的纹理颜色特征进行融合，可以使模型融合不同模态数据的优势，提升对关键地块边界的识别能力；二是引入高分系列、吉林系列等多光谱或高光谱遥感影像数据。多光谱和高光谱遥感影像数据可以提供农作物生长情况或地质地形信息。将这些数据与光学影像结合，可以丰富模型输入的特征表示，有助识别植被类型、地表特征等与地块边界相关的信息。

（三）引入更多算法完善模型

一是在后处理阶段增加 Bezier 曲线、样条曲线等拟合手段，使模型生成的边界曲线更加平滑、自然，贴合实际地块边界形状；二是在分割结果后处理中使用分水岭算法、标记传播等方法进一步优化提取的边界，使边界线更加连续、精细、闭合，去除零散和过度片段化的分割结果；三是在模型结构设计上，引入注意力机制、空间金字塔池化等模块来增强模型对遥感影像全局和局部关键信息的学习与理解能力。注意力机制可以使模型更聚焦于地块边界的可判别特征。与此同时，也可以设计更强大的上下文模块，扩大模型的感受野，以便更好地学习遥感影像的全局信息，从而增强整体语义理解能力。四是进一步深入研究与遥感影像处理相关的其他算法，如 Registration 方法解决图像外推准确率偏低的问题等。综合运用多类算法的优势，可以有效增强模型在遥感影像地块分割任务各个方面的表现。

基于深度学习的住户调查智能编码方法研究

刘　巍[①]

住户调查应用系统平台建成推广后，住户调查信息化进程步伐加快，基础数据采集效率日益提升，特别是电子记账方式的普及，使住户调查工作模式进一步优化。通过由记账户直接电子记账，住户调查平台系统自动编码的方式，极大地提高了数据采集效率和质量；对于未能直接编码的账目，则由基层统计工作人员依据《居民收支与生活状况方案》及调查员手册，按照记账编码分类进行手工编码。但随着居民消费模式和经济活动逐步丰富，人工编码难度也随之增加。从本质上看，编码工作是对文本进行分类处理，并进行标准化编码的过程。文本分类是自然语言处理领域中的经典问题，将提供的各种文本语句按照一定处理流程自动分类到事先确定的类别中，主要需要是高效快速地进行文本数据的区分和表示，解决好信息无序和冗余性的问题。近些年来，基于深度学习的文本分类技术备受瞩目，其应用前景极其重要和广泛。本文从为基层最大限度减负赋能视角出发，以基于深度学习的自然语言处理技术与统计工作的跨领域结合为设计思想，以住户调查平台的 15 万条人工编码数据为研究对象，提出一种融合 CNN、RNN、Attention 的混合神经网络的文本分类方法，推动编码工作向自动化、智能化迈进，进一步提高住户调查工作效率。

一、当前住户调查平台编码模式

（一）住户调查编码的基本概念

住户调查通过日记账和问卷调查相结合的方式采集基础数据，但这些原始资料是侧重于从采集方面的角度出发进行考虑设计的，很难直接反映居民的整体收支状况。尤其是日记账数据内容繁杂，首先需要进行编码，将其标准化；然后再进行录入和审核，按照通行的收支标准、口径及方案要求，将日记账和问卷数据计算

① 作者简介：刘巍，国家统计局江西调查总队副处长。

生成分户报表数据。

“编码”是指将住户记的每一笔原始账目，按照住户调查账页编码体系进行正确归类并赋予相应编码。编码正确与否直接关系到数据的准确性，是整个数据处理工作的基础。编码人员一般为基层调查员，必须熟悉住户调查编码体系，了解账页编码的内涵和外延，掌握编码的类别和归类使用方法。

（二）住户调查编码的总体流程

当前住户调查编码工作可以分为3个步骤。

一是前期准备工作。分别对记账户和调查员进行业务培训，记账户通过记账APP录入记账收支数据。

二是结合方案编码。编码又分为两种情况：

1. 当记账户电子记账内容存在于编码字典库时，系统自动进行编码。基本操作是：记账户记录一笔账后，根据个人理解，在e记账app的下拉框中选择认为符合规范的编码。

2. 对于无法自动编码的记账内容，住户调查平台上显示未编码，由基层业务工作人员手动进行编码。基本操作是：准确判断记账户品名描述内容，检索方案中的编码分类。选择对应的编码并手动录入。如果不能明确记账户录入的品名内容，则需要和记账户再次进行核实。编码完成后，将数据录入系统平台并储存。

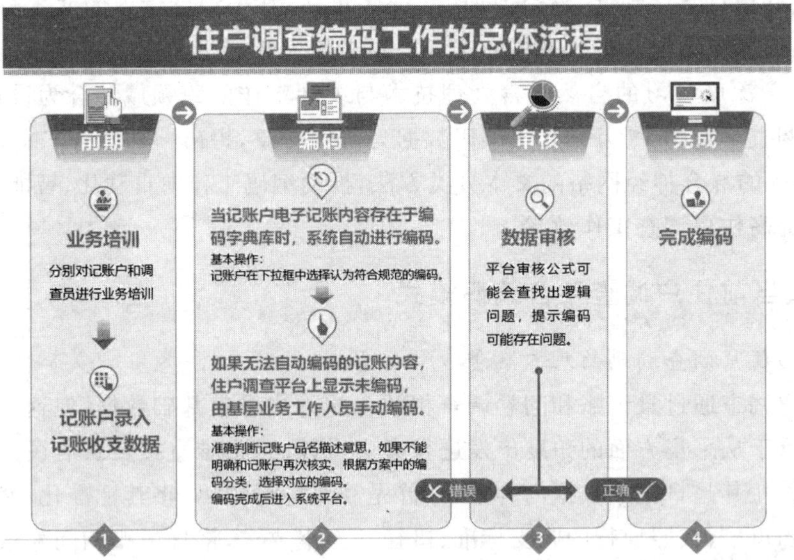

图1　住户调查编码工作总体流程

三是开展数据审核。主要是通过住户调查平台的“账页复核”功能及审核公式对录入数据进行再次复核。选择相应的问卷、账页审核公式，对采集库当前季度的数据进行审核。逻辑审核则根据审核公式文件、审核问卷及账页数据的逻辑关系，由审核公式确定，可能会查找出逻辑问题，提示编码存在的问题，包括账目超限、账目问卷逻辑关系不对应等情况。

（三）人工编码工作的基本内容

住户调查编码工作的核心内容，就是将记账户品名反映的记账分类，根据《居民收支与生活状况方案》及调查员手册，按照记账编码分类，编制成6位的标准分类代码及对应的指标名称。在住户调查平台建成前，记账户的记账工作完成之后，需要各调查员收集账本并按照包点责任制分配，然后利用住户调查数据处理软件(iHaps)进行编码、录入、审核等数据处理工作；住户调查平台建成后，人工编码工作主要在平台的账页复核模块中进行。

（四）目前编码模式存在的问题和弊端

虽然目前基于住户调查平台的编码模式相较以往全部手工编码有了较大改进，但仍然存在一定的问题和弊端。

一是编码录入“要求较高”。账目编码要严格按照《住户收支与生活状况调查方案》和调查员手册的要求进行，所有涉及的项目必须清晰、准确，因此需要查阅、记忆大量的内容，同时要具有一定的生活常识，遇到含糊不清的账目还需要与记账户进行沟通、确认。因此，做好账本编码、录入，需要调查人员具备较强的业务素质、责任意识和敬业精神。

二是工作任务“压力较重”。通过对某省100个县当前月份的未编码数据进行统计，发现每月每个区县的人工编码量达到1000笔以上，再加上账页复核、审核等工作，可以说基层工作人员任务艰巨繁重。

三是输入识别“偏差较大”。电子记账户在收支项目输入时，经常出现以下问题：将产品的品牌记录为品名，比如将“娃哈哈矿泉水”记录为“娃哈哈”；使用收支项目的地方方言名称记录；干菜鲜菜果类消费支出混淆，如鲜香菇和干香菇，鲜枣和干枣等；住户装潢或维修与建造住户材料或雇工未准确区分；畜牧业与宠物用饲料用途未说明清楚等等。这些记账项目的名称会导致系统难以自动识别和生成编码，直接导致编码错误。还有的时候，调查人员手工编码出现错误，也成为数据采集阶段影响数据质量的风险点。

四是理解把握“问题较多”。人工识别是一项调查员运用生活常识和业务知识进行居民家庭收支项分类和编码的智能活动，如果在人工识别的开始阶段就产生认识偏差，势必导致编码错误。特别是调查员人工识别电子记账项目有误，又未和记账户核对确认，出现的错误会对整个数据质量造成较大风险。如归还房贷支出，应分为归还贷款本金和归还利息两项支出，分别记账及编码。调查员如果不能准确理解这一记账项目，将记账金额全部编入本金支出或全部编入利息支出，则会导致加工后数据失真。

二、深度学习在住户调查编码工作的实现

由于住户调查平台的人工编码工作存在的种种弊端问题，我们探索通过基于深度学习构建模型的方式，实现智能推荐编码，从而提高工作效率。

（一）主要思路

主要针对住户调查平台字典库不存在的记账内容，对品名进行分词，然后通过分词检索可能的编码，按照计算的概率进行推荐，基层业务人员在账页复核时可以通过下拉框选择等方式即可完成编码。这里的关键词检索主要通过住户调查平台中现有的手工编码记录中提取，也可以从《调查员手册》中编码对应解释中添加。

主要步骤是：根据前期人工编码记录提取记账品名和编码，基于深度学习算法进行训练，进行分词处理，建立概率字典。对于未编码的账目，对品名对进行分词，与概率字典结合进行计算，按照概率大小进行排序，推荐 3－5 个编码作为候选，默认选择第一个，调查员可根据实际情况确认。

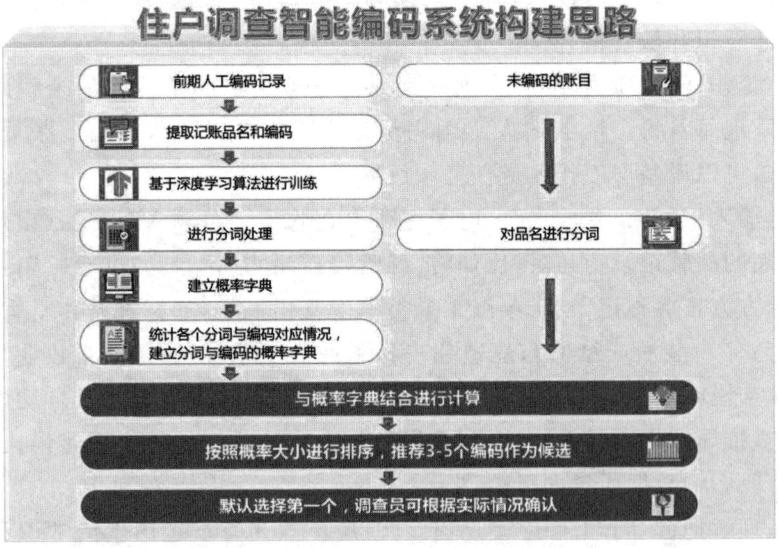

图 2　住户调查智能编码系统构建思路

（二）相关理论介绍

对文本内容进行准确分类是大数据时代的重要课题，文本分类有利于提高数据应用价值，也是自然语言处理的基础工作。伴随着统计学习方法的发展，文本分类模型可以划分为基于传统机器学习和深度学习两个方面，传统方法利用词汇频率信息对文本进行分类，模型结构相对简单，容易导致出现精度不高等方面的问题。当前，基于深度学习的模型较为流行，卷积神经网络（Covolution Neural Networs，CNN）、循环神经网络（Recurrent Neural Network，RNN）等神经网络模型在自然语言处理方面的应用成为热点。在统计工作中，针对住户调查传统人工编码中存在的效率不高等方面问题，本文在编码工作中创新地结合深度学习算法，提出智能编码分类处理技术的实现。

CNN 具有较强的特征概括能力，广泛应用于图像处理等视觉领域当中，在文本处理中能够较好的获取文本结构的局部特征。通过文本信息的上下文连接，RNN 可以捕获文本长距离的全局结构信息。将这两种模型进行融合，能够提升分类成效。但是缺点是不能较好地表示各个分词文本中的重要性，不能有效地取得文本中需要表达的关键字。注意力机制在自然语言处理方面有强大的适应性，可以将最关键的信息内容提取出来，学习到文本的部分信息对整个文本意义信息的贡献比率，尤其是重要分词或词组会被赋予更高的权重。因此，可以更好地提取文本中关键信息，但是它对语句顺序处理不够到位，无法获取整体结构信息。基于这些模型存在的问题，本文对 CNN、RNN 和 Attention 模型进行了综合分析探索，提出了基于 LSTM-Attention-CNN 的文本分类方法，结合注意力机制对文本进行处理，提取各分词的注意点。在模型网络构建中，对关注度高的单词分配相对更大的权重，从高提高分类精度和效果。

1. 文本分类方法研究综述

目前，文本分类传统方法主要包括支持向量机、朴素的贝叶斯、决策树、K 近邻算法等。随着深度学习方法的研究不断深入，2013 年，Mikolov 等提出了 Word2 vec 词向量模型，在训练中提出了多个优化方法，极大提高了模型的训练速度。2014 年，Mnih 等分析了注意力机制模型的构建，主要目标是对重要关键信息进行提取。2015 年，Kim 提出 TextCNN 神经网络模型，表明 CNN 网络模型可以较好地应用于文本分类工作，将语句分割成语句级别进行处理，确认了 CNN 网络还可以应用于自然语言处理区域，但是缺乏与上下文的联系。同一时期，Zhoo 等探索了长短期记忆网络 LSTM 对语句进行分类，一定程度上对 CNN 没有上下文信息问题进行了解释，但对于长度过长的句子，训练耗时较多，效率不高。2020

年，李志杰等提出了 LTSM 和 TextCNN 结合的中文文本分类模型，分别能获取文本长距离和局部特征，两者结合可提升分类的准确性。

随着注意力机制的改善和模型效果的提高，基于注意力机制的模型得到更广泛的应用。2016 年，Yang 等使用神经网络逐层对语句和文档进行建模，在各个层相互结合注意力机制进行处理，训练的精度进一步提高。在同一时期，Yin 等提出注意力机制结合不同的 CNN 信道，确认了两者结合能够提升效果。注意力机制从图像领域逐渐应用于自然语言处理，并应用到话题追踪、情感分析、舆情监测等实际任务中。鉴于 CNN 和 LSTM 对整个文本进行处理，对关键内容提取不足，本文提出了基于 LSTM-Attention-CNN 混合神经网络的模型。使用 LSTM 网络，分别学习当前词语上的表示和以下表示，并获得当前词语的更深含义向量。结合注意力机制，计算概率的所占比重，更加关注权重大的分词，这些词也往往影响到文本分类任务中的最终效果。同时，连接到 CNN 的网络模型分析词句的类型，进行文本分类。

2. 模型结构

注意力的机制可以理解为人脑对外界信息处理的流程，快速对视觉信息和文本信息进行扫视，寻找到应该主要关注的关键领域。LSTM-Attention-CNN 模型包含 5 个组成部分：

① 嵌入层：将词映射到低维向量；

② LSTM 层：利用 LSTM 网络，取得各词更深的意义向量表示；

③ 注意力层：计算每个词的注意力权重；

④ CNN 层：提取词向量，输入 CNN 网络等处理，分析语句的特点；

⑤ 输出层：用 Softmax 方法对从步骤④获取到的特征向量进行分类处理。

(1)嵌入层

词句的嵌入是文本分类中词向量的显示方法，在模型构建中，利用 Word 2 vec 模型对各个词句进行了提前训练，避免了维度可能存在拟合过度的问题。其中的 Skip-gram 模型是通过当前词语来预测该词的上下文的词向量显示，利用中间语向量的条件概率值来解析上下文字向量。该模型结构图如图 3 所示。

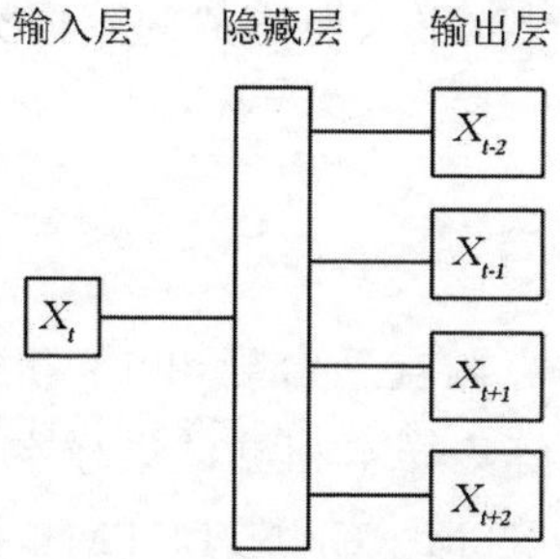

图 3　Skip-gram 模型

(2)LSTM 层

LSTM 层可以使用长短期记忆网络 LSTM 来获得单词的更深含义向量,并且该结构可以与所需要处理分词的上下文信息进行充分结合,从而解决 RNN 中的后面词句的影响消弭前面语句的问题。比如,记账户输入的“冰糖心红富士苹果”品名中,CNN 有可能提取特征语“冰糖”,但这里的“冰糖”具体含义不明,与 LSTM 结合后,这里的“冰糖”是苹果的种类,可以推测出并不是可以食用的“冰糖”。

(3)注意力层

在自然文本处理任务中,文本是由不同的分词组成的,基于此,我们需要对分词进行训练和处理。本文对分词文本中的注意力进行计算,注意力愈大,这个词越受关注,在整个词句中的所占权数更大,能够在分类工作起到更重要作用。我们构建注意力机制提取注意力相对更高的词语,就能够高效准确对文本进行分类,进而在住户调查编码中,按照分类将文本归于不同的编码指标及对应的名称。

(4)CNN 层

CNN 层通过构建 TextCNN 模型对文本的特征进行卷积提取。该神经网络的第一层是输入层,输入每个句子的分词数及对应的词向量维度;第二层是卷积层,每次卷积处理意味着一次特征向量的提取,对于输入的字向量定义不同的窗口,构成卷积层的输出;第三层是池化层,从每个特征向量中提取出一个最大的特征,通过池化重构新的特征向量。

(5)输出层

输出层基于全连接层分类器网络构建,可以定义为:

$$y = w_3 y + b_2$$

其中:w_3 为权重矩阵;b_2 为偏置项。把卷积和池化层等提取到的特征,输入到

Softmax 全连接分类口实现分类，最大概率值的分词类别即是预测结果。

三、模型构建情况

（一）模型构建总体说明

模型构建的流程是：从住户调查平台导出 15 万条经调查员手工校准之后的编码数据，随机选择若干个训练集样本和测试集样本。导入相应的 Python 包，制作数据集，分别构建 LSTM、LSTM＋CNN、LSTM＋CNN＋ATTENTION 模型，选取编码数据进行训练，进行模型评估，对测试集数据进行预测，并导出预测结果。具体过程如图 4 所示。

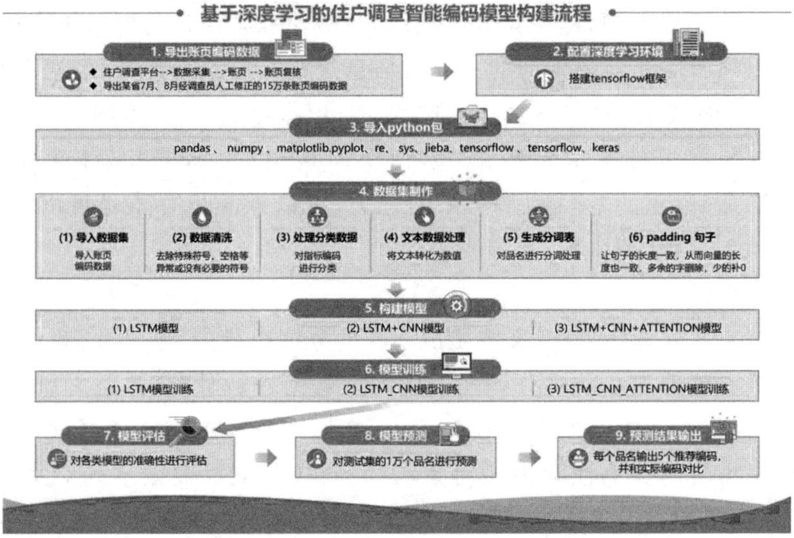

图 4　基于深度学习的住户调查智能编码模型构建流程

（二）模型构建过程及分析

1. 导出账页编码数据

（1）进入住户调查平台相关模块导出账页编码数据，具体菜单位置是：住户调查平台 → 数据采集 → 账页 → 账页复核。

（2）导出某省 7 月、8 月经调查员人工修正的 15 万条账页编码数据，关键列为品名、指标名称、指标编码。

（3）由于部分指标分类条数较少，数量不足不适宜进行模型训练。因此对条数低于 1000 条的指标分类进行了删除，最后保留 32 条编码，共 127788 条数据。

2. 配置深度学习环境

操作系统为 Windows10，内存为 16GB；CPU：IntelCore i7；使用深度学习框架 Keras 开发，其底层支持为 tensorflow。

3. 导入 Python 包

本文模型中使用并导入的 Python 包有：pandas、numpy、matplotlib. pyplot、re、sys、jieba、tensorflow、tensorflow、keras。

4. 数据集制作

(1)导入数据集

导入住户调查平台 127788 条经手工校准之后的编码数据，并生成数据集。

(2)数据清洗

由于记账户在记录品名时，会录入特殊符号、空格等异常或没有必要的符号，影响模型训练效果，因此对这些异常值进行清洗。

(3)处理分类数据

根据数据集中的品名，提取 32 个指标编码及对应的指标名称。

(4)文本数据处理

主要任务是将文本转化数值，利用 jieba 分词实现，输出结果为一个生成器，把生成器转换为列表的数值。

(5)生成分词表

对记账户输入的 12 万个品名进行分词处理，并生成分词表。

(6)padding 句子

让所有品名的句子长度一致，从而向量的长度也一致，多余的字删除，少的补 0。

5. 参数及评测标准

对编码数据进行批量训练，本文使用的评价标准是自然文本中通常使用的准确率，可以理解为准确分类的语句和全部语句的比值，可以反映出模型构建的效率。参数设置为：

max_len ＝ 20

voc_size ＝5000

embedding_dim ＝ 100

class_num ＝ 32

LSTM 及 CNN 的相关参数如表 1、表 2 所示。

表 1　LSTM 网络参数

参数	值	参数	值
词向量维度	100	优化函数	Adam
隐藏层值	128	Epoch	4
学习率	0.001	Batch_size	64
损失函数	交叉熵		

表 2　CNN 网络参数

参数	值	参数	值
词向量维度	100	激活函数	Relu
卷积核值	5		
损失函数	交叉熵		

(1)LSTM 模型

相关程序代码为：

```
model_lstm.add(Embedding(voc_size, 128,input_length=20))
model_lstm.add(LSTM(128, dropout=0.2, recurrent_dropout=0.2))
model_lstm.add(Dense(class_num))
```

模型输出结果如图 5 所示。

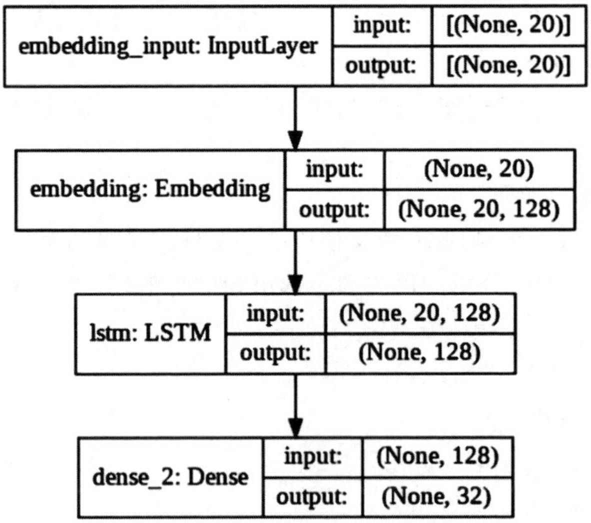

图 5　LSTM 模型输出结果

(2)LSTM＋CNN 模型

相关程序代码及设置为：

```
model_lstm_cnn = Sequential()
model_lstm_cnn.add(Embedding(voc_size, 128,input_length=20))
model_lstm_cnn.add(layers.Conv1D(10, 5))
model_lstm_cnn.add(LSTM(128, dropout=0.2, recurrent_dropout=0.2))
model_lstm_cnn.add(Dense(class_num))
```

模型输出结果如图 6 所示。

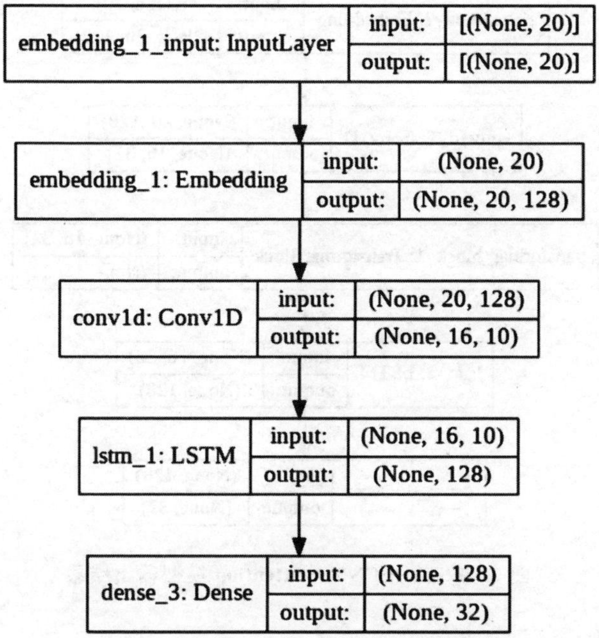

图 6　LSTM＋CNN 模型输出结果

(3)LSTM＋CNN＋Attention 模型

在 LSTM＋CNN 模型的基础上，进一步加入注意力机制，相关程序代码设置为：

```
model_lstm_cnn_transformer.add(Embedding(voc_size, 128,input_length=20))
model_lstm_cnn_transformer.add(layers.Conv1D(32, 5))
```

model_lstm_cnn_transformer.add(TransformerBlock(embed_dim, num_heads, ff_dim))

model_lstm_cnn_transformer.add(LSTM(128, dropout=0.2, recurrent_dropout=0.2))

model_lstm_cnn_transformer.add(Dense(class_num))

模型输出结果如图 7 所示。

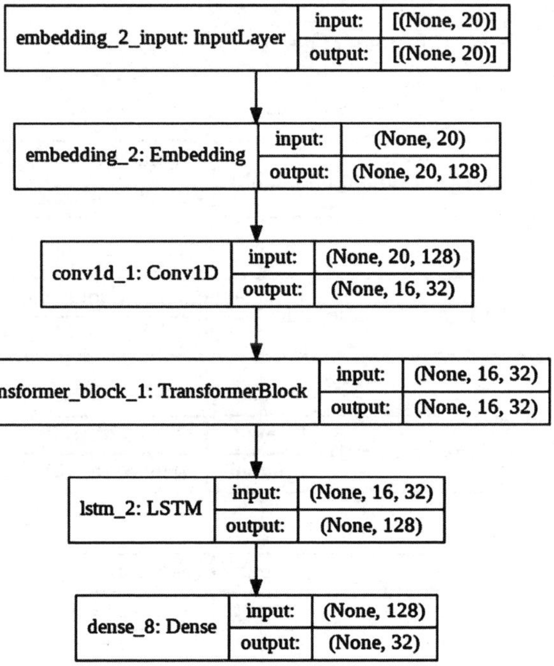

图 7　LSTM＋CNN＋Attention 模型输出结果

6. 模型训练

(1)LSTM 模型训练

对导出的 12 万条训练集数据进行模型训练，epochs 设置为 4 次。相关程序代码为

model_lstm.fit(X_train[:120000], y_train[:120000], batch_size=50, epochs=4, validation _data=(X_evl, y_evl))

四次训练的准确率分别为 0.6380、0.6890、0.6777、0.7083。

(2)LSTM＋CNN 模型训练

在 LSTM 的基础上，再引入 CNN 模型，同样训练四次，准确率分别为0.6299、0.6378、0.6474、0.6555。

(3)LSTM+CNN+Attention 模型训练

在 LSTM 和 LSTM+CNN 训练的基础上，再引入基于注意力机制的模型，同样训练四次，准确率分别为 0.8434、0.8500、0.8547、0.8587。可见，本模型的分类准确率相较更高，同时收敛迅速，效率更高。基于 LSTM、CNN、Attention 构建的多层神经网络效果更优，不同于 CNN 侧重于特征、LSTM 侧重于上下文联系，本模型进行了综合考量、融合、连接，集合了各个神经网络模型的优点，更为全面高效，解析力更强。

7. 模型评估

根据 12799 条测试集数据，对 LSTM+CNN+Attention 模型的准确性进行评估，相关结果如表 3 所示。support（各分类样本或测试集样本的总数量）为12779 条。precision（精确度）方面，即正确预测占全部预测的比例平均值为0.85。recall(召回率)方面，正确预测占全部实际为正的比例平均值为 0.84。f1－score (f1 值)方面，精确及召回率的调和平均值为 0.84。模型的总体准确率(accuracy)为 0.84。模型计算结果充分表明注意力机制的优势，对于关键信息的学习提取效率和准确性更高，可以对不同的特征计算出合适的权重，对于不同的自然语言处理有更好的适应性，模型的性能和效率较高。

8. 模型预测

首先，我们对单个样本进行测试。比如输入文本“买鱼”，模型输出的结果如下：

'鱼类','其他日用杂品','卷烟','猪肉','其他肉类及制品'。

再输入文本“茄子”，模型输出的结果如下：

'鲜菜','自产自用露地蔬菜','调味品','鲜瓜果','其他食品'。

对单个测本的测试结果显示，均与实际手工编码相符。

其次，我们对测试集的 1 万余个品名进行预测，并输出预测结果，所有品名均由记账户录入。

9. 预测结果输出

每个品名输出 5 个推荐编码，并和实际编码对比。我们随机选取 20 个品名，与实际指标名称对比。实际结果显示，模型准确性较高，在实际工作中有较高的实用性。

表 3　不同指标分类训练结果情况

类别	precision	recall	f1-score	support
0	0.86	0.71	0.78	220
1	0.82	0.87	0.84	685
2	0.87	0.76	0.81	771
3	0.74	0.73	0.74	403
4	0.71	0.48	0.57	229
5	0.65	0.50	0.56	239
6	0.68	0.74	0.71	249
7	0.90	0.82	0.86	502
8	0.69	0.61	0.64	416
9	0.96	0.95	0.95	229
10	0.99	0.97	0.98	153
11	0.95	0.93	0.94	178
12	0.72	0.63	0.67	205
13	0.68	0.41	0.51	219
14	0.99	0.96	0.98	173
15	0.87	0.94	0.91	160
16	0.92	0.95	0.94	1208
17	0.99	0.96	0.98	198
18	0.98	0.94	0.96	230
19	0.99	0.80	0.89	533
20	0.83	0.73	0.78	211
21	0.79	0.63	0.70	215
22	0.85	0.91	0.88	207
23	0.72	0.75	0.74	440
24	0.99	0.89	0.94	167
25	0.95	0.90	0.93	331
26	0.98	0.96	0.97	206
27	0.97	0.90	0.93	757
28	0.75	0.96	0.85	2151
29	0.98	0.98	0.98	440
30	0.77	0.83	0.80	244
31	0.79	0.85	0.82	210
accuracy	0.84			12779
macro avg	0.86	0.81	0.83	12779
weighted avg	0.85	0.84	0.84	12779

表 4　20 个住户调查品名预测名称与实际指标名称对比

序号	品名	实际指标名称	预测指标名称
1	买鸭掌	鸭	['鸭' '鲜菜' '鲜瓜果' '其他食品' '其他杂项用品']
2	米果	其他谷物制品	['其他谷物制品' '面粉制品' '其他在外饮食' '其他食品' '其他水产品及制品']
3	购冬瓜	鲜菜	['鲜菜' '其他日用杂品' '鲜瓜果' '其他食品' '其他杂项用品']
4	做泥工工资	不按月发放的工资（含奖金、津贴、过节费等）	['按月发放的工资(含奖金、津贴)' '不按月发放的工资(含奖金、津贴、过节费等)' '离退休人员养老金' '(五)批发和零售业' '其他杂项用品']
5	猪肉	猪肉	['猪肉' '其他肉类及制品' '购买农药' '鲜菜' '罐装液化石油气']
6	交电费	电	['电' '其他日用杂品' '鲜瓜果' '其他食品' '其他杂项用品']
7	出售露天蔬菜	出售露地蔬菜	['鲜菜' '出售露地蔬菜' '鲜瓜果' '其他食品' '其他杂项用品']
8	买绿豆	其他豆类及制品	['其他豆类及制品' '鲜菜' '鲜瓜果' '其他食品' '其他杂项用品']
9	打零工收入	不按月发放的工资（含奖金、津贴、过节费等）	['不按月发放的工资(含奖金、津贴、过节费等)' '离退休人员养老金' '按月发放的工资(含奖金、津贴)' '其他食品']
10	薯叶	鲜菜	['鲜菜' '自产自用露地蔬菜' '干菜及菜制品' '猪肉' '其他豆类及制品']
11	牛排骨	牛肉	['牛肉' '其他日用杂品' '鲜瓜果' '其他食品' '其他杂项用品']
12	粉干	其他谷物制品	['其他谷物制品' '面粉制品' '其他在外饮食' '其他食品' '其他豆类及制品']
13	买酥饼	糕点	['鲜菜' '其他日用杂品' '鲜瓜果' '其他食品' '糕点']
14	白菜	鲜菜	['鲜菜' '自产自用露地蔬菜' '干菜及菜制品' '其他豆类及制品' '猪肉']
15	八一战友聚餐	其他在外饮食	['鲜菜' '其他日用杂品' '其他在外饮食' '其他食品' '其他杂项用品']
16	买麻球	其他谷物制品	['其他食品' '其他在外饮食' '其他谷物制品' '面粉制品' '其他豆类及制品']
17	买生鸡	鸡	['鲜菜' '其他日用杂品' '鸡' '其他食品' '其他杂项用品']
18	买甲鱼	鱼类	['鱼类' '鲜菜' '鲜瓜果' '其他食品' '其他杂项用品']
19	西瓜	鲜瓜果	['鲜瓜果' '鸡' '服装' '鲜菌' '其他液体饮料']
20	月工资	不按月发放的工资（含奖金、津贴、过节费等）	['按月发放的工资(含奖金、津贴)' '不按月发放的工资(含奖金、津贴、过节费等)' '离退休人员养老金' '(五)批发和零售业' '其他肉类及制品']

10. 总体评估

通过深度学习模型计算出的编码，得到的最佳推荐编码方案与调查员人工编码的匹配准确率达 85% 以上(未得到最佳结果的编码中,也可能是住户调查平台人工处理时没有正确编码,本文没有逐一比对),如果考虑 5 个推荐编码,匹配率超过 90%以上,从实际工作来看,正确率普遍高于手工编码。从理论上说,只要用来训练的原始人工编码库数量足够大、编码准确度高、训练充分,模型匹配的结果也将更加准确。

四、对加强智能编码技术应用的建议

经过数据验证,基于深度学习的智能编码模式具有较大的可行性、准确性和高效性,通过添加推荐编码模式功能,可以形成以平台基于指标字典的自动编码模式为主、分词推荐智能编码模式为次、剩下极少数记账项目人工编码的电子记账编码体系。如果深度学习模型算法在住户调查平台得到广泛应用,未来的编码工作模型不再依赖反复查阅编码本及繁琐的账页复核,凭借深度学习算法技术,实现自动化、智能化。在住户调查实际工作中,基于深度学习的智能编码方法一是可以提高统计工作的效率,降低业务人员人工编码工作的技术门槛;二是极大地节省住户调查业务的人力物力,将宝贵的时间精力放在提高数据质量、加强访户、做好数据分析等工作上来;三是减少人工编码因业务不熟或操作疏忽导致的错编码情况的出现,提高编码准确率;四是一定程度上弥补现有自动编码模式中的字典库不够灵活的问题。

在住户调查工作,以深度学习模型进行智能编码是一个全新的理念,在今后具体的实施过程中,可以从以下几个角度进行优化。

(一)建立完善智能编码系统微服务

在"统计云"系统等项目建设中,构建完善基于深度学习的智能编码微服务,作为技术中台之一,可供各类系统调用。首先设立通用编码规则,适用于普遍情况下的编码需求。其次根据价格调查、人口统计、劳动力、住户调查等统计调查专业的数据特点及需求建立配置不同的编码规则。加强对智能编码系统及相关规则的测试,拓展智能编码的内容和规则,进一步减轻基层编码压力。此外,充分考虑国产计算机设备的匹配性。

(二)优化编码系统的前端显示

进一步研讨智能编码模式的可行性,优化编码系统的前端显示,更加智能和便捷。包括使用 JavaScript 实现字典推荐的前端显示、推荐数量和形式、字典更新方式等,进一步探讨实现的可行性。

(三)持续完善更新智能编码字典库

把存在多种编码的关键词手动加入到推荐字典中,帮助调查人员进一步判断选择编码,并应用到深度学习模型的训练中,提高编码推荐结果的准确率和效率。

(四)探索将模型应用到住户调查数据审核工作中

在记账过程中,记账户根据自身理解选择指标编码,可能和实际情况不符,造成编码错误,可以探索利用本文构建的深度学习模型计算出推荐编码,和记账户选择的指标编码进行对比,在账页复核工作如发现存在差异,可以返回记账户进一步提醒核实。

此外,由于部分编码指标的人工编码数量有限,不能满足数据训练要求,本文对两个月的12万多条人工编码数据作为数据集,仅保留32个分类,分词字典库的涵盖范围不够广;分词字典库只使用了历史人工编码记录来训练制作,没有进一步通过对编码解释分词进行扩充,也没有进行人工添加来完善分词字典库;同时由于是在单机上进行训练,设备性能有限,处理时间相对较长。今后在条件允许的情况下,在基于云计算的分布式平台上进行训练测试,并对不同的参数设置进行更多的实验,以达到最优效果。

基于支持向量回归模型的小麦单产估算研究

赵兰香　杨　芳　张　宁　潘　磊　周　玲　郭　皓[①]

一、概述

(一)研究背景及意义

习近平总书记指出,粮食安全是"国之大者",中国要靠自力更生,自己养活自己。受国际局势变化影响,部分国家开始禁止出口粮食,国际粮食贸易日趋紧张。我国粮食虽然连年丰收,但粮食供给紧平衡将是一个长期状态。小麦是我国的主要粮食作物之一,小麦年产量占全年粮食总产量的20.1%。开展小麦长势监测,及时、准确地预估小麦产量,为政府相关部门科学地制定粮食政策、调整国家粮食储备以及制定粮食进出口计划提供重要信息,具有重要的现实意义。

随着遥感技术的发展,遥感数据在植被监测领域得到广泛的应用。遥感技术的覆盖范围广、探测周期短、数据源丰富等特点,使其在作物估产方面具有其他传统数据所不能比拟的优势。利用遥感数据与统计数据、气象数据、农学数据相结合建立模型估算作物单产为遥感估产的主要方式之一。虽然遥感技术在农业信息统计方面的应用尚处于起步阶段,但在第三次农业普查农作物分类及面积统计中已初步显现出了范围广、成本低、数据精确等优势,因此,推进遥感技术在农业统计工作中的应用,进一步发挥其在长势、估产方面的工具作用势在必行。

(二)国内外研究进展情况

传统的农作物估产方法主要采用实地观测、抽样调查、统计回归等方式开展,这些方式不仅耗时耗力,需要整理统计大量资料,且部分数据(如气象、农情、田管

① 作者简介:赵兰香,国家统计局山东调查总队一级巡视员。
杨　芳,国家统计局山东调查总队处长。
张　宁,国家统计局山东调查总队副处长、三级调研员。
潘　磊,国家统计局山东调查总队副处长。
周　玲,国家统计局山东调查总队干部。
郭　皓,国家统计局济南调查队干部。

等）获取困难，不适用于大范围的作物估产，也不利于作物生长的时空动态监测。遥感影像具有覆盖范围大、非接触性、性价比高、时间连续性强等特点，在大面积作物长势及其空间变异分析中具有非常大的优势，所以在农作物长势监测、早期估产以及灾害预报等领域应用广泛。

农作物遥感估产始于欧美发达国家。美国于 1974—1977 年实施了“大面积农作物估产试验（LACIE）”，用于监测美国、加拿大和前苏联地区以小麦为主的农作物长势信息，并对产量进行估算；1980—1986 年开展了“农业和资源的空间遥感监测计划（AGRISTARS）”，并于 1986 年建立了全球农情监测运行系统，实现了对本国、加拿大和墨西哥主要粮食产出国的小麦、水稻、玉米等 8 种粮食作物的长势监测和产量预估；同时，由 NASA、USDA、马里兰大学和南达科他州立大学联合启动了新一代的“全球农业监测项目”GLAM 计划，该系统能够根据高空间、时间分辨率的遥感数据进行全球尺度作物的长势监测及估产。欧盟于 1988 年启动“农业遥感监测项目（MARS）”，通过 MARS-Food 和 MARS-Stat 两个计划分别实现对全球和本土的农情监测，该监测系统综合考虑卫星遥感数据、气象数据以及区域农业生产数据，获取产量预测数据及包括降水、辐射、温度等影响农作物长势的因子监测结果。

我国农业遥感估产应用始于 20 世纪 70 年代，从国家“六五”规划时期开始，我国相关部门及学者开始尝试将遥感技术应用于农情监测及产量预报中，并在局部区域进行试验。1984 年，国家气象局组织开展了“全国冬小麦遥感综合测产”项目，利用卫星遥感数据对北方 11 个省市的冬小麦进行遥感监测和产量预报，研究发展了基于不同气象卫星数据实现大面积冬小麦长势监测的方法和技术，并于 1999 年建立“北方冬小麦气象卫星遥感动态监测及估产业务系统”，同年投入运行，产量预报精度达 95%。国家“八五”规划期间，由中国科学院主持的遥感攻关项目“重点产粮区主要农作物遥感监测计划”，在以往研究成果基础上，以小麦、玉米、水稻为主要研究对象，进行大尺度作物遥感估产方法的研究，充分利用“3S”技术，探索了重点产粮区作物的类型识别、估产方式划分与基于多种遥感数据的作物面积综合估算技术、农作物长势动态变化监测技术、遥感作物估产机理与单产模型，并进行了大面积农作物遥感估产的试验，有力地推动了农业遥感监测与估产技术的发展。1998 年，中国科学院遥感所开始筹建“中国农情遥感速报系统”，旨在开展全国尺度的主要粮食作物长势监测与估产，此后，随着系统监测范围的扩展，发展成“全球农情遥感速报系统（CropWatch）”，该系统能够提供包括中国在内的全球 26 个主要粮食作物生产国每旬的苗情和旱情监测信息，满足不同受众对作物长势、单产、种植面积、旱情、种植结构等农情信息的需求，是一个高度运行化的监测系统。

遥感估产主要是通过建立作物的光谱信息和产量之间的关系实现的。现有遥感估产模型主要包括四大类:经验统计模型、光能利用率模型、作物生长模拟模型和耦合模型。

1. 经验统计模型。主要通过数理统计法建立光谱数据与作物生物量之间的函数关系。这类模型数据获取容易、原理简单、适用范围广，但相对而言稳定性不够。如闫岩(2006 年)等通过遥感影像反演获取叶面积指数(LAI)，建立作物生长模型，实现对冬小麦长势的监测。黎锐(2009 年)等基于多时相 Landsat TM 影像得到 NDVI 数据，运用支持向量回归方法构建模型，预测冬小麦产量。李冰等基于多生育期 MODIS-NDVI 数据，与小麦产量数据分别建立单变量及多元回归模型，并通过主成分分析对多元回归模型参数进行改进，对小麦产量进行预估，取得了较好效果。王恺宁(2017 年)等应用 Landsat 卫星遥感数据，基于不同波段信息获取 4 种植被指数，基于多种植被指数组合与小麦实测产量建立回归方程和 SVM 模型进行估产，综合考虑不同植被指数对估产精度的共同影响，提高了估产精度。

2. 光能利用率模型。又称参数模型，从叶片光合作用、植被光能利用率的角度对植被生产力、干物质的积累过程进行描述，代表模型有 CASA 模型、GLO-PEM 模型等。这类模型具有原理相对简单，适用于多尺度范围的优点，但受地域限制大、精度较低。如陈艳玲基于 HJ-CCD 影像数据，通过改进作物生长模型(WOFOST)参数，定量预测区域冬小麦单产水平。刘真真等(2017 年)等选取光能利用率模型 CASA，通过改进原始模型参数计算小麦净初级生产力 NPP，实现冬小麦单产估算。

3. 作物生长模拟模型。该类模型在构建时考虑植物的光合作用、呼吸作用、蒸腾作用等生理过程，是基于作物生长发育、生理生态以及生态系统的内部功能的仿真模型。代表性模型有 TEM 模型、GENTURY 模型等。生理生态模型只有在空间范围较小时较为实用，应用到区域中时一般将相对均质的板块上的模拟数据差值模拟。此外，虽然此类模型具有机理清楚、影响因子多重兼顾的优点，但由于模拟过程相对复杂、参数涉及太多、资料获取困难、应用尺度范围相对局限等原因，实用性不高。

4. 耦合模型。通常把两种或者两种以上不同类型的模型结合起来，对作物产量进行估算。该类模型主要为克服原模型的缺点，提高估产精度，但存在模型构建复杂、所需参数较多的缺点，目前耦合原理和方法有待进一步研究和完善。

通过对多种小麦预计产量遥感估算方法进行对比分析，综合考虑估产区域范围、各类参数获取情况以及模型的可行性、实用性等因素，本文选取基于小麦实测数据与遥感植被指数建立估产模型的方法用于山东本次小麦估产技术研究。

（三）研究思路与技术路线

本文在研究区内选取多个小麦地块，在小麦收获期进行实割实测，获取地块小麦实测单产数据；利用同时期遥感影像提取小麦种植面积，同时计算 NDVI 等多个植被指数数据。尝试基于植被指数数据、小麦产量实测等数据，通过构建多元线性回归模型及机器学习模型进行区域单产估算，通过对比不同模型精度，确定最优估算方法，获取区域内小麦估产数据，为及时获取山东主产区区域内小麦单产信息，制定生产政策提供技术支持和信息参考。本文技术路线如图 1。

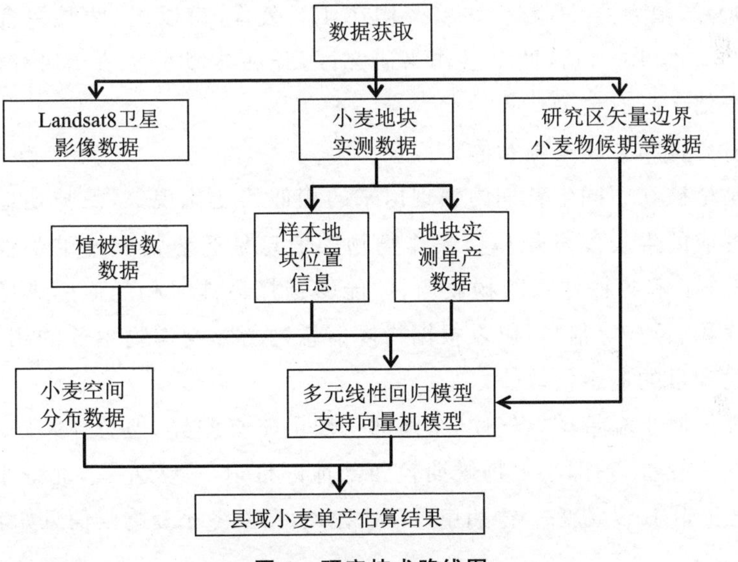

图 1　研究技术路线图

二、研究区概况及数据介绍

（一）研究区概况

山东地处北半球中纬度地带，属于暖温带季风气候，四季分明，雨量集中，光照充足，年平均气温 11—14℃，年平均降水量在 550—950 毫米之间。温和的气候适宜小麦、玉米、稻谷、甘薯等多种农作物生长。山东大部分地区主要实行一年两熟轮作制度，主要粮食作物以小麦、玉米为主，是我国冬小麦主产区。夏粮以小麦为主，产量占山东夏粮产量的 99%以上。因此在山东开展小麦遥感估产监测，建立一套科学、有效、可行的遥感估产方法,预测小麦产量,及时获取小麦产量数据,具有重要现实意义。

德州位于山东西北部,介于东经 115°45′—117°36′、北纬 36°24′25″—38°0′32″之间,属于华北平原,全市地势西南高、东北地,总体平坦。德州市为温带季风性气候,具有显著的大陆性气候特征,四季分明、冷热干湿界限明显,年平均气温 12.9℃,平均降水量 547.5 毫米,日照时数长、光照强度大、光照资源充足,且多集中于作物生长发育的中长期,有利于作物光合作用的进行。粮食作物为一年两熟制,以种植小麦、玉米为主,是山东省粮食主产市,其下辖的陵城、齐河、夏津、平原等 11 个县(市、区)全部为产粮大县。近年来,德州市小麦产量占全省总产量一直保持在 14%左右,在 16 市中排第二位。齐河、平原两个县区分别位于德州东南部和中部,均为产粮大县,小麦平均单产均在 470 公斤/亩以上,两县粮食产量占全市产量的 25%以上。以这两个县作为研究区,开展县域小麦估产研究,对于山东主产区小麦估产具有典型代表性。

(二)研究区小麦物候期信息

物候是植被在不同生育期内表现出来的相似的变化现象,是长期适应气候环境变化而形成的生长发育规律。农作物物候信息是遥感估产的重要辅助信息之一,只有充分了解各种作物的物候历,才能够选择最佳时相的遥感影像数据获取作物种植面积、长势等信息,以及根据物候信息判断影响作物生长的相关因素,从而进行作物产量的遥感估算。

山东整体属于温带季风气候,东西部气候虽略有差异,但总体差距不大,从各地统计物候信息看,东部小麦物候期较西部地区推迟 10 天左右,北部小麦物候期较南部地区推迟 10 天左右。德州市位于山东西部,其冬小麦物候信息如表 1 所示:

表 1　德州冬小麦物候信息表

<table>
<tr><td rowspan="2">作物名称</td><td colspan="3">10 月</td><td colspan="3">11 月</td><td>12月</td><td>1 月</td><td colspan="3">2 月</td><td colspan="3">3 月</td><td colspan="3">4 月</td><td colspan="3">5 月</td><td colspan="2">6 月</td></tr>
<tr><td>上旬</td><td>中旬</td><td>下旬</td><td>上旬</td><td>中旬</td><td>下旬</td><td>全月</td><td>全月</td><td>上旬</td><td>中旬</td><td>下旬</td><td>上旬</td><td>中旬</td><td>下旬</td><td>上旬</td><td>中旬</td><td>下旬</td><td>上旬</td><td>中旬</td><td>下旬</td><td>上旬</td><td>中旬</td></tr>
<tr><td>冬小麦</td><td>播种</td><td>出苗</td><td colspan="3">分蘖</td><td colspan="5">越冬</td><td colspan="2">返青</td><td>返青起身</td><td colspan="3">拔节</td><td>挑旗抽穗</td><td>开花</td><td colspan="2">灌浆</td><td>成熟</td><td>收获</td></tr>
</table>

（三）数据获取及预处理

1. 遥感数据源介绍

根据山东小麦种植季节、遥感估产影像需求分析、影像空间分辨率高低及获取途径等，综合考虑，最终选择 Landsat 8 30 米分辨率影像数据。

Landsat 8 是美国陆地卫星计划发射的第八颗卫星，主要用于探测地球资源、研究自然植被及地貌分布、监测农作物长势等。该卫星搭载陆地成像仪和热红外传感器，陆地成像仪包括 9 个波段，成像宽幅为 185 * 185km，为太阳同步轨道卫星，轨道高度为 705 公里，倾斜角为 98.2 度，重访周期为 16 天，每天可至少获取 400 幅影像，是免费面向全球使用的主要卫星资源之一。该卫星有效载荷技术指标见表 2。

表 2　Landsat 8 卫星有效载荷技术指标

传感器	波段号	波谱范围（μm）	空间分辨率（m）	幅宽（km）	重访周期（d）
作战陆地成像仪（OLI）	1	0.43—0.45	30	185 * 185 km	16
	2	0.45—0.51			
	3	0.53—0.59			
	4	0.64—0.67			
	5	0.85—0.88			
	6	1.57—1.65			
	7	2.11—2.29			
	8	0.50—0.68			
	9	1.36—1.38			

结合德州市小麦生长物候、齐河与平原二县地理位置信息及 Landsat 8 卫星回访周期及过境时间，选取影像时相如表 3 所示。

表 3　研究区 Landsat 8 遥感影像数据表

覆盖地区	影像时相	条带号
齐河县	2020 年 4 月 22 日	122034、122035
平原县	2020 年 4 月 29 日	123034

2. 遥感数据预处理

受大气散射吸收、地球自转、地球曲率以及遥感监测系统、搭载传感器的遥感平台飞行姿态变化等因素影像，遥感影像往往存在辐射失真及图形几何位置畸变。为确保遥感估产数据精度，应用遥感影像计算获取相关植被指数前，需要先对影像进行几何校正和大气校正，消除几何畸变和大气辐射造成的误差。

(1)辐射定标。为了正确评价地物的反射特征及辐射特征，需要对这些依附在辐射亮度里的各种失真进行校正，此过程即为辐射校正。由于遥感器本身的光电系统特征、太阳高度、地形以及大气影响等因素，造成从遥感器得到的电磁能量值与地物反射或光谱辐射亮度等物理量不一致的现象称之为辐射失真。影像辐射校正就是将图像的数字量化值(DN)转化为地标真实反射率的处理过程。本文利用 ENVI 软件影像数据进行辐射定标。

(2)大气校正。为了使遥感图像能更加准确地表征地物的物理特征(光谱反射率、光谱辐射量度等)，提高植被指数的动态变化范围，采用大气校正的方法来消除大气对地物辐射的吸收和散射等影响。大气校正前原始影像地类的光谱曲线与实际相差甚远，大气校正后各种地类的光谱曲线更趋于接近真实情况。本文利用 ENVI 软件对影像数据进行大气校正。

3. 作物空间分布测量数据

根据德州市小麦物候期信息，选取 2020 年小麦返青期或孕穗期前后 Landsat8 影像为数据源，对原始影像进行辐射定标、大气校正等预处理后，基于遥感影像的光谱信息及纹理特征，结合样本点野外实地调查结果，构建德州市小麦空间分布解译样本库，利用 ENVI 软件非监督分类下的基于支持向量机分类方法对研究区小麦空间分布信息进行识别和提取，获得 2020 年齐河县、平原县冬小麦空间分布结果，如图 2 所示。

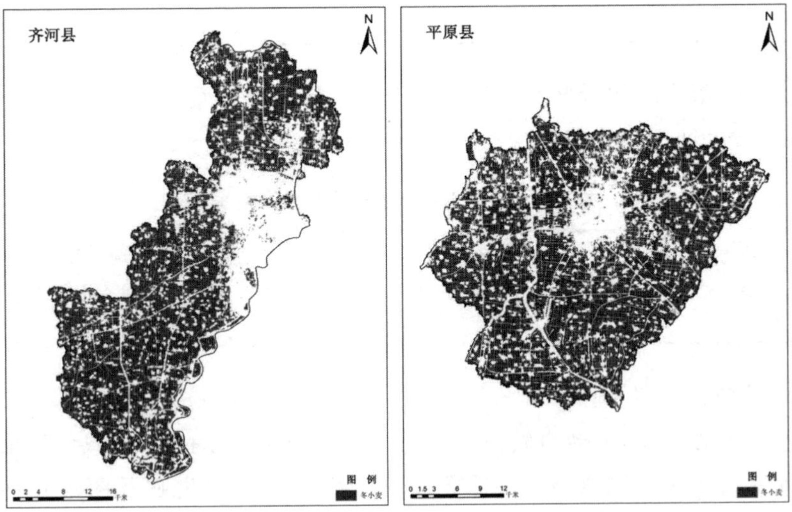

图 2　研究区 2020 年小麦种植空间分布图

4. 实测数据获取及预处理

根据农作物单位面积产量抽样调查方案要求，在齐河县、平原县分别抽选 25 个地块进行小麦实割实测。通过收割、打杂、脱粒、晾晒、称重等测产环节，可以获取样本实割实测数据，基于实割实测数据计算小麦地块亩产，为构建小麦遥感估产模型以及大面积遥感估产提供实地测产数据支撑。

5. 其他基础辅助数据

(1)基础地理信息数据。包括行政区划或监测区边界、样本点边界等，主要用于遥感数据的选择、裁切、拼接、几何校正等。

(2)卫星及卫星传感器参数。包括卫星的轨道高度、观测天顶角和方位角、观测时间、太阳天顶角和方位角、遥感器的绝对辐射定标系数、相机光谱响应函数等，主要用于遥感数据的辐射定标、几何校正、大气校正等。

(3)控制点数据。地面实测或其他方式获取的地面控制点数据，主要用于几何校正及精度检验。

三、遥感估产模型构建

(一)估产植被指数的选取

基于遥感影像数据计算植被指数一直以来都是量化地表覆盖情况的生长状况的一个简单而又直接的参考指标。植被指数的计算在本质上是两个或多个波谱范围内的地物反射率组合运算，以增强植被的某一特性或者细节。植被指数的定量测量可表明植被活力，而且植被指数比单波段用来测量生物量有更好的灵敏性。植被指数有助于增强遥感影像的解译力，并已作为一种遥感手段广泛应用于土地利用覆盖探测、植被覆盖密度评价、作物识别和作物预报等方面。

遥感植被反射率数据与作物产量有着密切的关系，根据植被光谱反射率变化规律，并结合植被生长发育阶段、植被覆盖等因素，可以对农作物生长状态进行监测。不同波段的光谱信息可以有效地突出植被信息，通过对不同波段的光谱进行组合计算，可以得到不同的植被指数，这些植被指数是遥感估产的重要指标参数。根据植被在不同波普的反射率特性及不同植被指数的侧重点不同，选定 NDVI、SAVI 等 10 种植被指数作为估产因子，计算公式如表 4。

基于植被指数计算结果，对相应植被指数数据与产量数据进行相关性分析，从中选取与产量数据拟合较好的指数构建估产模型。根据分析结果，最终选取相关程度相对偏高的归一化植被指数 NDVI、改进简单比值指数 MSR、结构加强色素植被指数 SIPI、作物氮反应指数 NRI、改进三角植被指数 MTVI 等 5 个植被指数作为估产植被指数。五类植被指数结果如图 3 所示。

表 4　遥感植被指数计算公式表

植被参数名称	英文缩写	计算公式
归一化植被指数	NDVI	$NDVI = (\rho_{NIR} - \rho_R)/(\rho_{NIR} + \rho_R)$
调整亮度植被指数	*SAVI*	$SAVI = (\rho_{NIR} - \rho_R)/(\rho_{NIR} + \rho_R + 0.5)(1 + 0.5)$
优化土壤校正植被指数	*OSAVI*	$OSAVI = (1 + 0.16)(\rho_{NIR} - \rho_R)/\rho_{NIR} - \rho_R$
作物氮反应指数	*NRI*	$NRI = (\rho_G reen - \rho_R)/(\rho_{Green} + \rho_R)$
结构加强色素植被指数	*SIPI*	$SIPI = (\rho_{NIR} - \rho_{Blue})/(\rho_{NIR} + \rho_{Blue})$
绿色归一化植被指数	*GNDVI*	$GNDVI = (\rho_{NIR} - \rho_{Green})/(\rho_{NIR} + \rho_{Green})$
改进三角植被指数	*MTVI*	$MTVI = 1.2[1.2(NIR - G) - 2.5(R - G)]$
改进简单比值指数	*MSR*	$MSR = \dfrac{\frac{NIR}{R} - 1}{\sqrt{\frac{NIR}{R}} + 1}$
改进的土壤调节植被指数	*MSAVI*	$MSAVI = \dfrac{2 * NIR + 1 - \sqrt{(2 * NIR + 1)^2 - 8 * (NIR - R)}}{2}$
增强植被指数	EVI	EVI=2.5 * (NIR1−RED)/(NIR1+2.4 * RED+1)

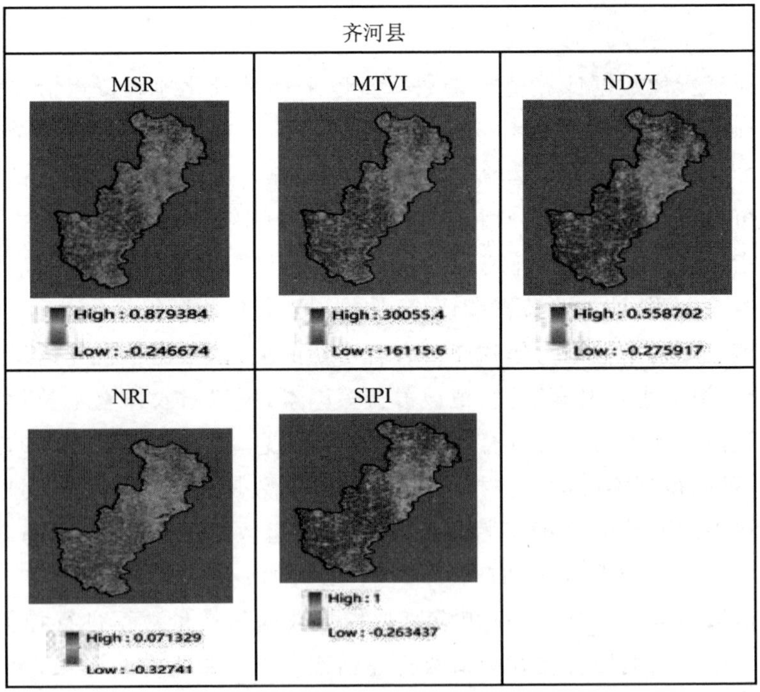

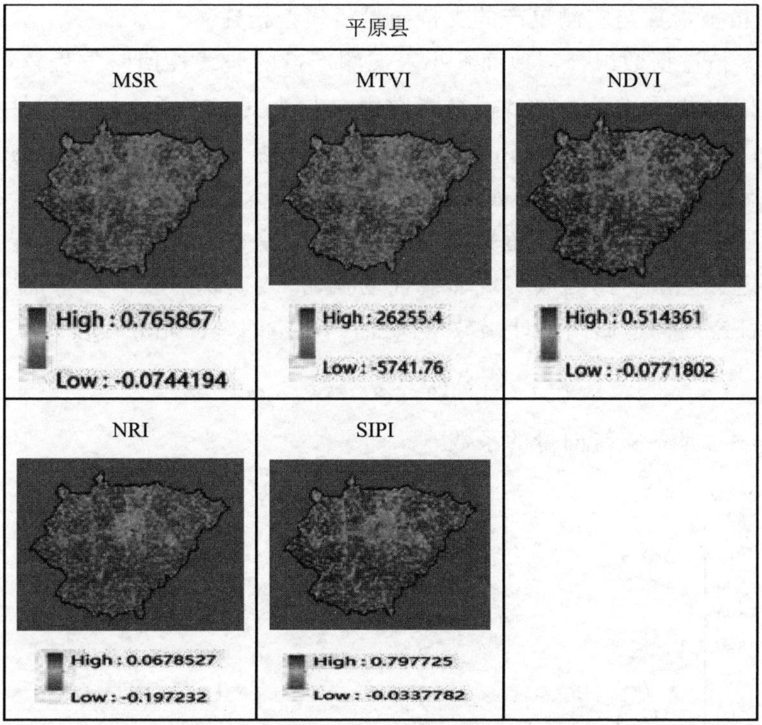

图 3　研究区五种遥感植被指数结果图

（二）样本点实测数据与植被指数的匹配

大量研究表明，小麦抽穗期前后的长势与最终产量相关性较高，本文以研究区小麦抽穗期前后 Landsat 8 影像为数据源，计算植被指数，根据样本地块位置信息，将样本地块测产数据与植被指数数值进行匹配，得到每个样本点对应的相关植被指数数值。

（三）遥感估产模型的构建

1. 多元线性回归模型构建

基于齐河县、平原县各 25 个小麦实测地块采样点的实测单产数据及对应的 5 类植被指数值，建立多元线性回归方程，分别得到遥感估算模型如表 5：

表 5　研究区多元线性回归估产模型

县名称	多元线性回归估产模型
齐河县	$Y=8654.03\ NDVI-420.83NRI-853.06SIPI+0.006\ MTVI-3595.33MSR-786.75$
平原县	$Y=1267.51\ NDVI+380.12\ NRI+214.98\ SIPI+0.002\ MTVI-630.44MSR+199.45$

2. 多植被指数与实测单产的支持向量机模型构建

由于多植被指数组合与地面冬小麦实测产量的非线性回归方程较难确定，本文应用支持向量机模型确定多植被指数组合与小麦实测单产的非线性关系。支持向量机（support vector machine，SVM）是一种基于统计学习理论的机器学习法，包括支持向量分类（SVC）和支持向量回归（SVR）。支持向量回归（SVR）的基本思想是通过寻找最优划分超平面，忽略小于偏差 ε 的样本，对其他样本进行回归。通过定义适当的核函数实现非线性变换，将数据映射到高维特征空间，然后在高维特征空间构造回归估计函数，再映回到原空间。回归方程为：

$$f(x)=\sum_{i=1}^{l}(\alpha_i-\alpha_i^*)k(x,x_i)+b$$

式中 $(\alpha_i-\alpha_i^*)$ 是各支持向量的系数。

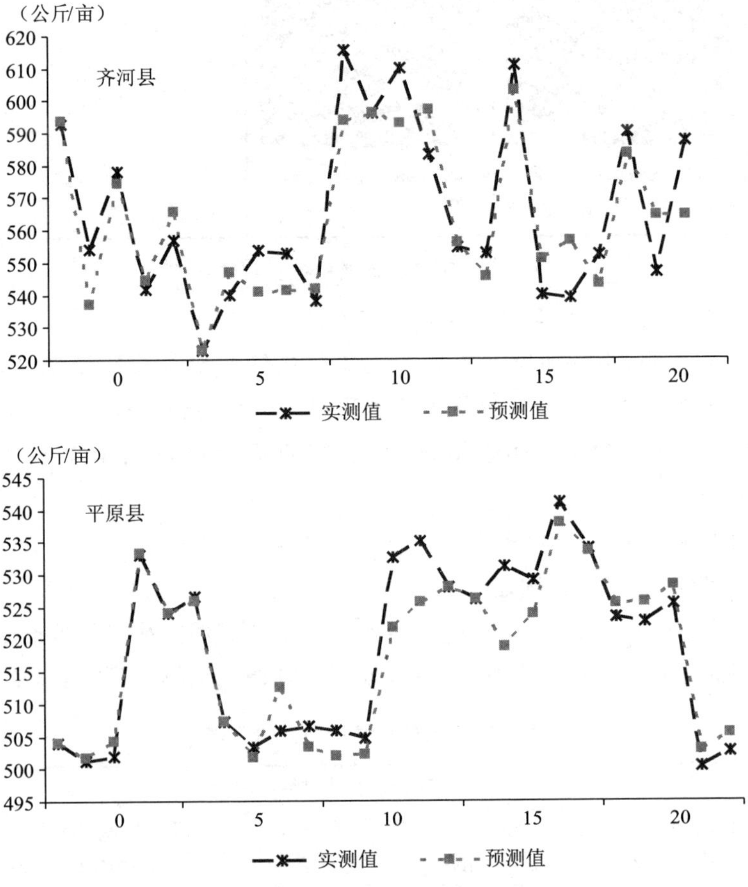

图 4　SVR 估产模型样本点实测值与回归估算值对比

支持向量回归模型中常用的核函数有多项式核函数、径向基(RBF)核函数(高斯核函数)、Sigmoid 核函数等,选用不同的核函数可以构造出不同的支持向量回归模型。相关研究表明,当缺少先验知识时,选用径向基核函数训练建模的效果较好,所得模型的总体性能较高,所以本文选择径向基(高斯核函数)作为模型核函数。在确定模型核函数基础上,应用样本点实测单产及对应植被指数进行多次样本训练,确定模型最佳参数惩罚因子 C。

本文应用 Python 实现 SVR 小麦估产模型的构建,应用样本点实测数据进行模型训练,样本点实测单产与回归模拟单产对比如图 4 所示,可以看出模型估算单产值与对应实测单产值走势基本一致。

(四)模型验证方法

本文选取决定系数(Coefficient of Determination,R^2)、均方根误差(Root Mean Square Error,RMSE)两个指标作为模型拟合程度的评价指标,通过对比多元线性回归模型与支持向量回归模型(SVR)的拟合精度,确定适用于主产区小麦估产的最优模型。

1. 决定系数 R^2。决定系数 R^2 表示相关模型的拟合优度情况。相关系数 R 表示两个变量之间的线性关系,正数表示两个变量呈正相关,负数表示呈负相关,其绝对值越接近 1,相关性越强。同理,R^2 越靠近 1,表示拟合优度越高,两个变量相关性越强;R^2 越靠近 0,表示拟合优度越低,两个变量相关性越弱。计算公式如下。

$$R^2=\left[\frac{\sum_{i=1}^{n}(Y_i-\bar{Y})(E_i-\bar{E})}{\sqrt{\sum_{i=1}^{n}(Y_i-\bar{Y})^2}\sqrt{\sum_{i=1}^{n}(E_i-\bar{E})^2}}\right]$$

式中,Y_i 表示第 i 个样本点实测单产,E_i 为根据估产模型估算得到的对应样本点小麦估产值;$\bar{Y}$ 为实测单产的均值;$\bar{E}$ 为模型估算单产均值,单位为公斤/亩。

2. 均方根误差 RMSE。均方根误差 RMSE 表示样本离散程度,用于对模型精度的度量。值越小,表示精度越高。RMSE 能够灵敏反映小麦单产估算值与实割实测数据的极大、极小值,反映估产模型预计单产的计算精度。计算公式如下。

$$RMSE=\sqrt{\frac{1}{n}\sum_{i=1}^{n}(Y_i-E_i)^2}$$

式中,Y_i 表示第 i 个样本点实测单产,E_i 为根据估产模型估算得到的对应样本点小麦估产值,单位为公斤。

四、结果与分析

（一）多元线性回归模型和 SVR 估产模型精度验证

分别对多元线性回归估产模型和 SVR 估产模型进行拟合精度计算，得到两种模型 R^2 和 RMSE，指标相关数据如表 6 所示：

表 6　两种估产模型拟合精度指标

区县名称	多元线性回归估产模型		SVR 小麦估产模型	
	R^2	RMSE	R^2	RMSE
齐河县	0.868	15.87	0.835	10.81
平原县	0.814	6.57	0.893	4.35

由表 6 可知，基于研究区小麦抽穗期植被指数建立的多元线性回归估产模型和 SVR 小麦估产模型决定系数 R^2 均大于 0.8，呈现较强正相关性，模型可信度较高，其中平原县 SVR 小麦估产模型相关性最强，决定系数 R^2 达到 0.893。两种模型均方根误差 RMSE 数值较小，模型精度较高，齐河县、平原县 SVR 小麦估产模型的 RMSE 均小于对应多元线性回归模型，因此 SVR 小麦估产模型单产估算效果相对较好。因此本文选择拟合精度更高的 SVR 小麦估产模型对研究区小麦进行单产估算。

（二）小麦估产结果分析

以齐河县、平原县 NDVI、NRI、SIPI、MSR、MTVI 五种植被指数作为输入参数，利用 SVR 小麦估产模型对研究区小麦进行估产，并应用研究区小麦空间分布成果对估产结果进行裁剪，最终得到研究区冬小麦 SVR 估产结果空间分布如图 5 所示。

在两个县区分别选取 5 个样本点实测数据作为验证数据，同时在 SVR 估产模型估产结果中提取对应点估算值。以实测单产值和 SVR 模型估算单产值分别为横纵坐标绘制散点图如图 6，可见验证点实测数据与对应估算数据线性相关性较高，线性决定系数 R^2 分别达到 0.9633 和 0.9814，进一步验证了 SVR 估产模型的估算精度。

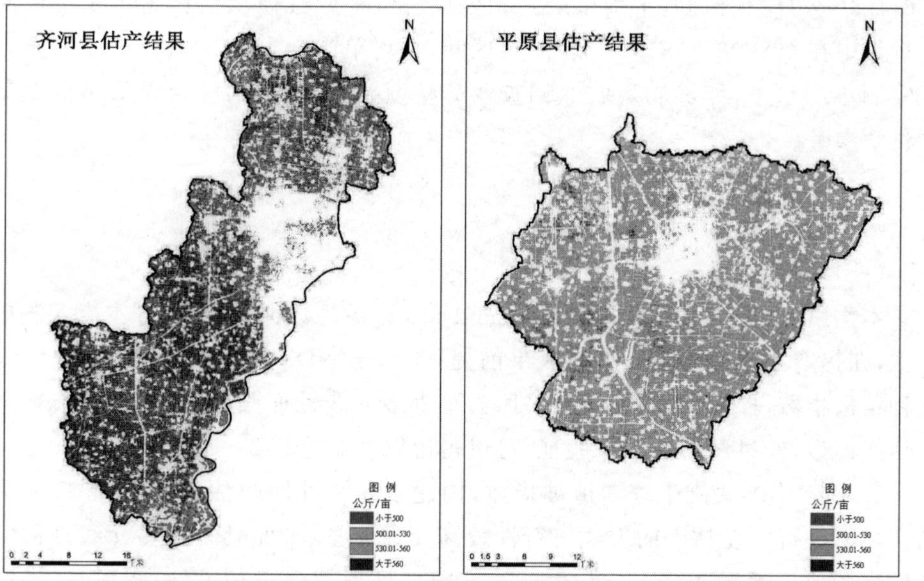

图 5　SVR 估产模型冬小麦估产结果空间分布图

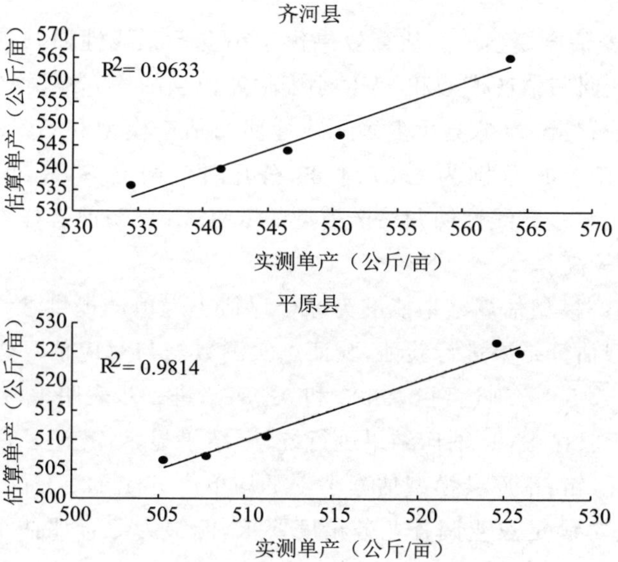

图 6　验证样本点实测值与 SVR 模型估算值散点图

基于研究区冬小麦 SVR 估产空间分布结果，分别对两个县区 SVR 估产结果进行统计，结果显示，齐河县模型估算 2020 年冬小麦单位面积产量集中在 314.93

—611.50 公斤/亩区间，平均单产 535 公斤/亩；平原县模型估算冬小麦单位面积产量集中在 488.08—481.72 公斤/亩区间，平均单产 524.12 公斤/亩，基本符合小麦实测单产水平，能够满足农业调查业务精度要求，能够为综合评估小麦单产提供科学参考。

五、结论与讨论

(一)结论

本文以研究区小麦关键生育期 Landsat8 影像为数据源，结合样本点实测单产数据，在提取小麦种植空间分布成果前提下，基于 NDVI、NRI、SIPI、MTVI、MSR 五种植被指数，探索构建齐河县、平原县小麦多元线性回归估产模型以及 SVR 小麦估产模型，经过试验和结果验证，可以得出以下结论。

1. 基于小麦关键生育期植被指数，构建多元线性回归估产模型和 SVR 小麦估产模型进行小麦估产的方式可行性较高。齐河县、平原县小麦多元线性回归估产模型的决定系数 R^2 分别为 0.868、0.814，呈现较强正相关性；齐河县、平原县 SVR 小麦估产模型的决定系数 R^2 分别为 0.835、0.893，同样呈现较强正相关性。两种模型的可信度均较高。

2. SVR 小麦估产模型单产估算效果优于小麦多元线性回归估产模型。齐河县小麦多元线性回归估产模型和 SVR 小麦估产模型的均方根误差 RMSE 分别为 15.87、10.81 公斤/亩；平原县小麦多元线性回归估产模型和 SVR 小麦估产模型的均方根误差 RMSE 分别为 6.57、4.35 公斤/亩，两县 SVR 小麦估产模型的 RMSE 均小于小麦多元线性回归估产模型的 RMSE，表明前者样本离散程度相对较低、精度相对较高。

3. SVR 估产模型估算结果能够为综合评估小麦单产提供参考。一是选取实测点数据对模型估算结果进行验证，验证点实测数据与对应估算数据表现出较高相关性，决定系数 R^2 分别达到 0.9633 和 0.9814，进一步表明模型估算精度较高；二是分别对两个县区 SVR 估产结果进行统计，结果显示，齐河县模型估算小麦平均单产 535 公斤/亩；平原县模型估算小麦平均单产 524.12 公斤/亩，符合小麦实测单产水平，基本满足农业调查业务精度要求，能够为综合评估小麦单产提供有效参考。

(二)讨论与展望

本文对基于遥感影像数据的作物估产模型构建方式进行了初步探索，对综合评估区域小麦单产具有一定的参考价值，但仍受样本数据数量、影像数据质量、估算区域范围限制以及建模方式本身存在的局限性等多方面因素的影响，下一步可从以下几点进行改进和完善。

1. 引入水光温等环境影响因子。农作物的最终产量受降水、光照、温度、病虫害、田间管理等多方面外部条件影响，且作用于小麦生长的整个生育期。本文构建小麦估产模型时仅基于小麦关键生育期的苗情来估算可能产量，下一步可探索引入气温、降水、光照、灌溉等多种影响因子，提高估产模型单产估算精度。

2. 探索更多估产模型构建模式。本文构建的小麦多元线性回归估产模型和SVR小麦估产模型建模参数较为单一，存在一定的局限性。目前学者专家对基于植被光能利用情况、植物生长生理过程等多种思路的作物估产模型均有探索，下一步可探索不同类型遥感估产模型在山东地区的适用性。

3. 不断充实样本数据库。一方面要加强实测数据采集的规范化力度，减少人为操作过程中工作人员数据采集方式方法差异导致的偶然误差。二要扩大样本库数量，对构建的模型进行再训练再验证，实现对估产模型的优化改进，进一步提高模型可信度及估算精度。

视频大数据及人工智能技术在畜禽调查中的研究

——以广东生猪示范区为例

王日强　陈仲鸿　何燕玲①

一、引言

生猪养殖业是我国农业的重要组成部分，猪肉产品的安全可靠供应，关系到国家经济稳定和国民生计。当前生猪养殖正在向规模化、品牌化、集团化经营模式迈进，养殖企业技术能力不断提升，智能养殖技术日益得到重视与应用。生猪数量的快速高效统计调查，在生猪产业的产前、产中、产后各环节中都具有重要的意义。

作为国家生猪统计数据的法定发布部门，国家统计局开展生猪数量统计的方法主要是抽样调查，取得了大量的扎实可靠的定期统计数据，但随着封闭无人化的智能养殖技术的推广，传统的主要畜禽抽样调查面临新形势、新挑战，存在“到达难、进入难、数清难”等问题。一是调查样本分散，路程遥远，调查员到达难。由于环保和养殖用地要求，多数养殖场远离居住区，大部分养殖场在山里，路途遥远，交通不便，到达困难。二是调查对象配合度下降，调查员入户核实难。非洲猪瘟疫情暴发以来，养殖场加强疫情管控力度，很多猪场采取封闭式管理方式，禁止外来人员进入养殖圈舍，部分养殖户配合程度有所下降。调查员不能进入圈舍清点和核查数据，只能通过询问或查看监控视频掌握畜禽圈舍养殖情况，很多没有监控的养殖场核查十分困难，受新冠疫情暴发影响，养殖户抵触情绪愈加明显，进入养殖场难上加难。三是养殖量大而复杂，实际养殖数量难清算。畜禽养殖往往量大、分散，都是活动的个体，养殖量几十万的养殖场也屡见不鲜，存在一定的重叠性，且不断有畜禽出栏、补栏等动态变化，非人力能数清。

---

① 作者简介：王日强，国家统计局广东调查总队二级巡视员。
陈仲鸿，国家统计局广东调查总队干部。
何燕玲，国家统计局清远调查队副科长。

目前使用较为广泛的技术主要集中在拍照视频识别、估重、RFID身份识别、环控、溯源等智能化领域，如何利用新技术，实现对生猪调查数据的有效开发和利用，实现统计调查核心指标的精确调查，为科学预测畜牧产业市场发展前景，做好市场判断，是一直以来探索的重点。随着大数据和人工智能技术的快速发展，利用新型数据源和智能化数据分析技术，可以改进传统统计调查存在的问题，提升统计服务的能力和效率。当前生猪大型养殖场均布设了不同角度的视频监控，利用现有的监控视频图像或手持终端拍摄图像，利用人工智能算法可以挖掘图像中的生猪活体信息，实现生猪养殖数量实时统计，另外随着手机的普及，通过简便易操作的手持终端APP，指导饲养人员定期上报拍摄生猪养殖照片具备可行性。因此，构建基于人工智能算法的生猪图像快速计数系统，对于指导生猪产业平稳发展和养殖企业动态调控具有重要的指导意义。

本文主要研究通过人工智能、大数据技术完善并丰富传统调查指标系；通过智能识别、模型方法等增加抽样调查数据验证方法，提高调查结果的真实性；建立科学、稳定的业务系统，实现对数据的高效采集及成果分析。通过对这些问题的研究解决，形成稳定的生猪数量智能化采集识别统计业务系统，结合人工智能和大数据分析手段，进一步提升统计的数据分析应用能力，为政府决策提供服务，为“十四五”全省畜牧业现代化建设、高质量发展开好局、起好步，促进小散养殖向标准化规模养殖转型、粗放养殖向绿色科学养殖转型、小型屠宰厂(场)向现代化屠宰企业转型、调畜禽向调肉品转型，为加快构建畜牧业全产业链发展体系提供新思路、新技术。

二、研究方法

(一)研究思路

本研究基于人工智能在时空大数据背景下，从当前畜牧业统计调查中存在的问题分析，需要解决几个问题：第一，通过梳理国内外关于畜牧业大数据应用技术的相关动态，全面分析利用大数据手段分析、挖掘、开发数据利用现状，探讨大数据时代带来的技术变革对畜牧业信息化的创新发展途径；第二，如何利用新技术视频图像数据流等新型非传统数据源，解决“三难”问题，通过新技术对生猪固定摄像头或手持终端APP采集数据，能够自动识别数量统计，减少人工录入搜集的时间，形成自动采集业务化系统；第三，建立广东生猪智能统计管理应用平台，将为养殖场逐步接入形成未来的“全国养殖统计监测大数据平台”。本研究建立起远程数据采集、现场图像采集，快速识别个体数量，通过不同时间周期采集获得相关类别、圈舍的生猪数量,从而获得所需的定时统计数据和不同类型生猪统计数据的方法,具体研究思路如图 1 所示。

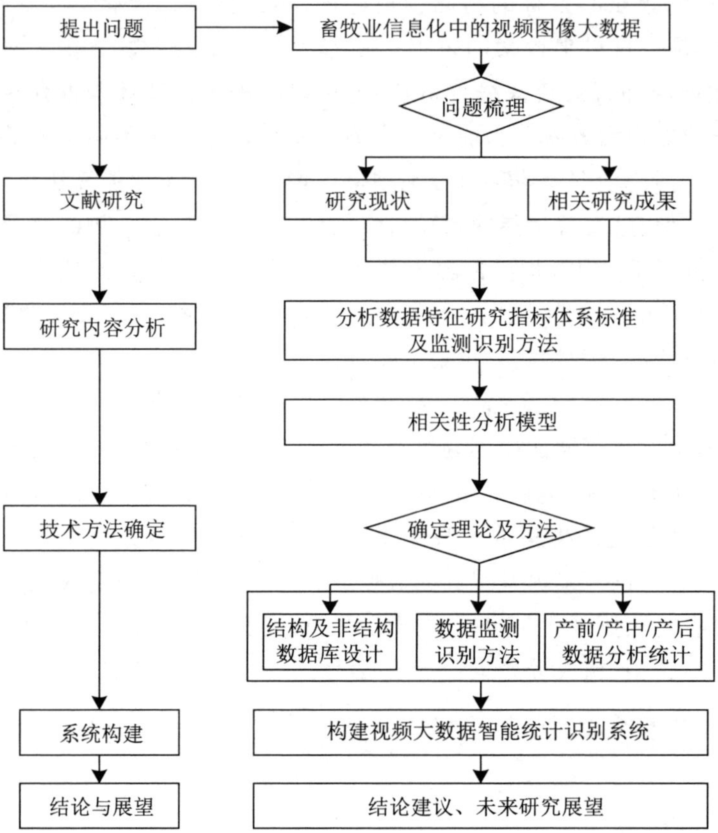

图 1　研究思路

(二)技术流程

整个研究思路中,核心是解决当前生猪统计调查面临的"到达难、进入难、数清难"的问题。因此本研究重点是建立起远程数据采集、现场图像采集,快速识别个体数量,通过不同时间周期采集获得相关类别、圈舍的生猪数量,从而获得所需的定时统计数据和不同类型生猪统计数据的方法,技术流程如图 2 所示,具体技术流程包括:

1. 分别在不同的养殖场,分别利用固定式监控设备和手持式图像采集设备,采集各类生猪饲养现场的图像。对采集到的所有图像,进行筛选、分类整理,得到不同场景、不同生猪类型的图像,并对图像中的生猪进行标记,得到生猪识别模型训练数据。

2. 利用上一步得到的生猪识别模型训练数据，对标准 SSD 模型进行改造升级。通过大量训练及模型优化，最终得到本研究所使用的生猪个体识别模型。

3. 业务化开展利用固定式监控设备和手持式图像采集设备的生猪饲养监控图像的采集，得到持续的生猪饲养监控图像。根据生猪个体识别模型的要求，对采集到的监控图像进行过滤，得到有效的生猪监测识别图像。

4. 利用训练好的生猪个体识别模型对有效的生猪监测识别图像进行识别分析，得出生猪个体识别结果，并统计生猪饲养数量。

5. 将最终的识别结果及饲养数量统计结果，上报生猪智能统计监测平台，用于支撑生猪统计调查业务工作。

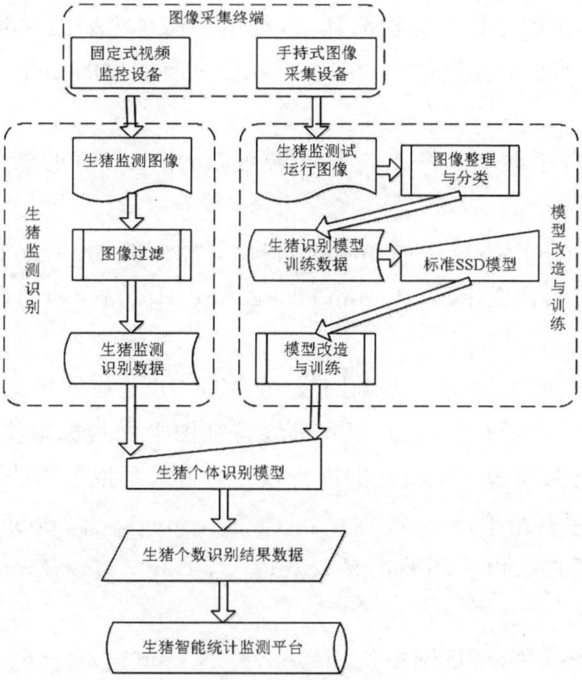

图 2　技术流程

（三）SSD 目标检测神经网络算法

针对当前生猪统计调查面临的“到达难、进入难、数清难”的问题，综合利用视频图像数据和人工智能技术，可以有效解决，快速准确地从监控系统采集到的图像数据中识别并计算出图像内生猪是准确数量，解决“数清难”的问题。因此，本文的总体方法是利用SSD(Single Shot MultiBox Detector)目标检测神经网络算法,对监控视频图像中生猪个体进行检测,并计算图像内生猪个数,最终提交生猪统计调查大数据平台系统,服务生猪畜情统计调查业务工作。总体方法流程如图3所示。

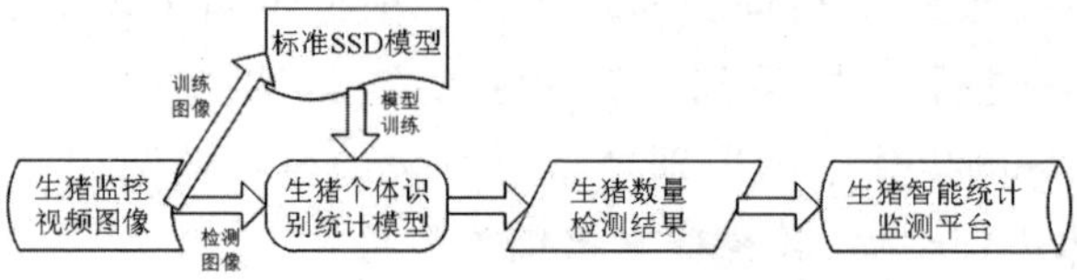

图3 总体方法流程图

SSD(Single Shot MultiBox Detector)目标检测神经网络算法,是Wei Liu在ECCV 2016上提出的一种目标检测算法,截至目前是主要的检测框架之一,相比Faster RCNN有明显的速度优势,相比YOLO又有明显的mAP优势。SSD算法的主要特点如下:

(1)从YOLO中继承了将detection转化为regression的思路,同时一次即可完成网络训练;

(2)基于Faster RCNN中的anchor,提出了相似的prior box;

(3)加入基于特征金字塔(Pyramidal Feature Hierarchy)的检测方式,相当于半个FPN思路。

(4)SSD使用VGG16作为基础网络,在VGG16基础网络上添加的特征提取层。SSD与YOLO不同之处是除了在最终特征图上做目标检测之外(conv7),还增加了5个特征图,对这6个特征图进行预测。也就是说上图的(conv4_3, conv_7)是VGG16的原有结构,(conv8_2, conv9_2, conv_10_2, pool_11)是SSD网络增加的网络,最后进入预测环节的是(conv4_3, conv_7)+(conv8_2, conv9_2, conv_10_2, pool_11)。

(5)对于一张图片,SSD网络使用(conv8_2, conv9_2, conv_10_2, pool_11)+(conv4_3, conv_7)的特征图进行检测,可以增加小目标被检测的概率。

(6)在网络的最后需要对所有的feature map进行分类和box坐标的预测。

(7)对于特征图,特征图的每个点上面会有预测k个box坐标和k个分类值。

SSD采用了特征金字塔结构进行检测,即检测时利用了conv4_3,conv_7(FC7),conv6_2,conv7_2,conv8_2,conv9_2这些大小不同的feature maps,在多个feature maps上同时进行softmax分类和位置回归。

与常见的 Object Detection 模型的目标函数相同，SSD 算法的目标函数分为两部分：计算相应的 default box 与目标类别的 confidence loss 以及相应的位置回归。

$$L(x,c,l,g)=\frac{1}{N}(L_{conf}(x,c)+\alpha L_{loc}(x,l,g))$$

其中 N 是 match 到 Ground Truth 的 default box 数量；而 alpha 参数用于调整 confidence loss 和 location loss 之间的比例，默认 alpha=1。

位置回归则是采用 Smooth L1 loss，目标函数为：

$$L_{loc}(x,l,g)=\sum_{i\in pos}^{N}\sum_{m\in\{cx,\ cy,\ w,\ h\}}x_{ij}^{k}smooth_{L1}(l_i^m-\hat{g}_j^m)$$

$$\hat{g}_j^{cx}=(g_j^{cx}-d_i^{cx})/d_i^m\hat{g}_j^{cy}=(g_j^{cy}-d_i^{cy})/d_i^h$$

$$\hat{g}_j^{w}=log\left(\frac{g_j^w}{d_i^w}\right)$$

$$\hat{g}_j^{h}=log\left(\frac{g_j^h}{d_i^h}\right)$$

confidence loss 是典型的 softmax loss：

$$L_{conf}(x,c)=-\sum_{i\in pos}^{N}x_{ij}^{p}log(\hat{c}_i^p)-\sum_{i\in Neg}log(\hat{c}_i^0)where\hat{c}_i^p=\frac{exp(c_i^p)}{\sum_p exp(c_i^p)}$$

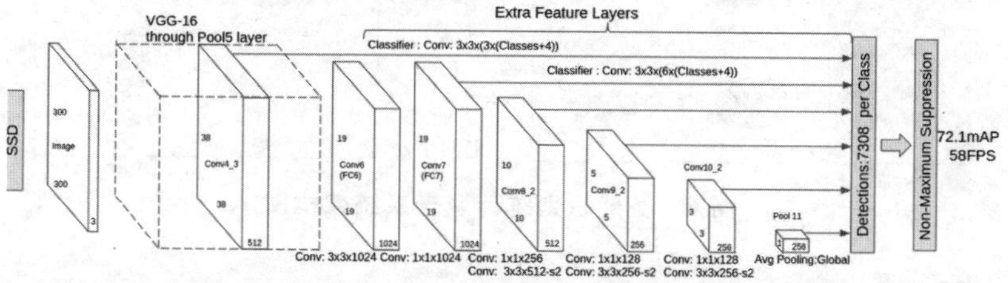

图 4　SSD 目标检测神经网络算法流程图一精简版

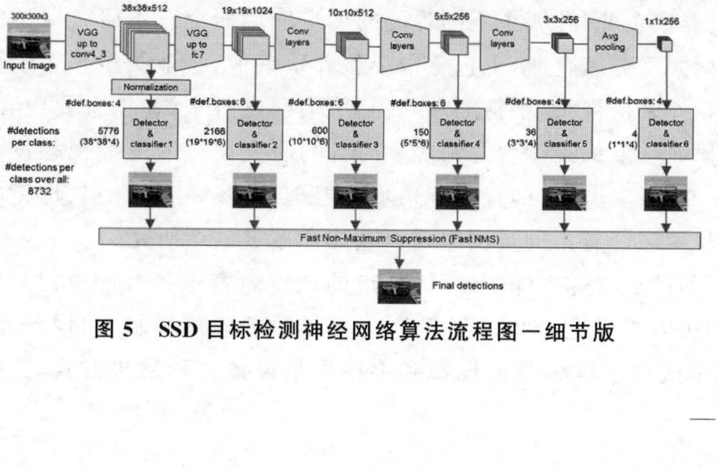

图 5　SSD 目标检测神经网络算法流程图一细节版

为了进行对比分析，本研究还利用了 Faster _ R-CNN-ResNet50-FPN、YOLOv3-DarkNet 两个目标检测神经网络算法进行了对比实验，以验证 SSD 算法的运行效率和识别精度水平。

（四）基于摄像设备的图像采集体系

生猪养殖企业类型较多，各企业基础设施条件也参差不齐。大型规模化养殖厂，养殖设备先进，具备完善的视频监控系统，图像采集能力强。小型养殖厂，养殖设备简单，往往不安装视频监控设备。综合考虑各种规模、各种厂区环境的养殖企业的生产条件，本系统采用两种拍摄设备，结合网络环境，共同组建图像采集体系。对于大型规模化养殖厂，通过对接厂区现有摄像监控设备，以现有软件及网络环境为基础（或者重新部署视频网络系统）采集帧图像。对于小型养殖企业，利用手持图像采集设备采集图像数据，通过移动网络链接上传至服务器，利用人工智能技术自动识别入库统计。智能识别统计调查系统的总体架构如图 6 所示。

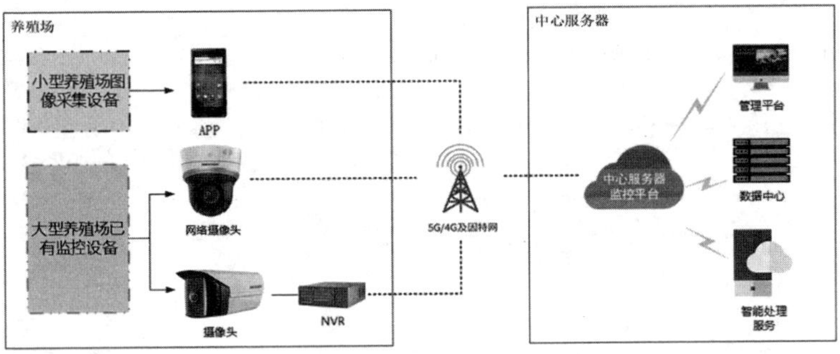

图 6　智能识别统计调查系统架构图

（五）示范区

本研究共选取了广东省的茂名、河源、江门、韶关、清远、汕头、梅州、肇庆 8 个市不同规模养殖企业，开展了不同程度的试点应用研究。本研究课题的参与养殖单位，既包括大型养殖企业，也包含中小型养殖单位，企业类型较为全面。针对固定摄像头，新安装摄像头，手持终端 APP 采集都进行了试点，主要包含 15 家养殖企业（户），研究选取的猪圈舍总共 2000 余间，研究共接入监控视频设备和手持图像采集设备 90 余套，涵盖纯育肥养殖场、自繁自养场，增加仔猪、母猪的图像拍照识别，已初步实现全省不同类型生猪企业的全覆盖试点研究。

在全省的试点研究工作中，不同地市的试点内容也各有侧重。其中，茂名、河源、江门、汕头以规模化企业试点为主，参加单位养殖规模较大、设备完善，试点条件良好，同步试点了视频监控设备和手持采集设备多种采集方式，其中茂名的设备状况条件最好，规模化集约化程度高，圈舍内栏的摄像头覆盖率高。韶关市重点探索了中小型个人养殖单位的调查试点工作，开展了以手持采集设备应用为主的试点工作。清远市和肇庆市，则综合开展了养殖企业和个体养殖户的同步监测试点，为多类型养殖单位混合监测调查探索了应用经验。汕头市试点安装了具有云台功能的摄像头，可以通过设置采集点位，定时定点采集，覆盖多栏，对之后加装摄像头有较高的参考价值。

整个试点针对固定摄像头安装的养殖企业，定时采集上报，手持终端 APP 试点企业按月上报的采集机制开展试点数据采集研究。

三、结果分析

(一)不同识别模型精度分析

本研究针对样本数据，包括视频图像、手机拍摄多角度多姿态图像等进行分组模型训练，提高识别精度，本研究创建了 7 个数据集(如表 1)，5 个生猪模型(如表 2)，模型训练采用 Faster_R-CNN-ResNet50-FPN、YOLOv3-DarkNet、SSD-MobileNet 三种神经网络方法。

表 1　生猪数据集样本量统计

序号	数据集	模型标签数	样本数量
1	生猪幼年	1085	35
2	实测数据误差较大数据	912	75
3	生猪手机拍摄	847	45
4	固定安装摄像头	2388	53
5	覆盖训练	1959	85
6	母猪	1096	40
7	仔猪	1085	73
8	合计	9372	406

FPN 的核心思想是使用卷积神经网络直接产生 region proposal，使用的方法本质上就是滑动窗口。RPN 的设计比较巧妙，RPN 只需在最后的卷积层上滑动一遍，因为 anchor 机制和边框回归可以得到多尺度、多长宽比的 region proposal。YOLO 之前的物体检测方法主要是通过 region proposal 产生大量的可能包含待检测物体的 potential bounding box，再用分类器去判断每个 bounding box 里是否包含有物体，以及物体所属类别的 probability 或者 confidence，通过 post-processing 来改善 bounding boxes，消除重复的检测目标，如 R-CNN，Fast-R-CNN，Faster-R-CNN 等，YOLO 不同于这些物体检测方法，它将物体检测任务当作一个 regression 问题来处理，使用一个神经网络，直接从一整张图像来预测出 bounding box 的坐标、box 中包含物体的置信度和类别 probabilities，由于 YOLO 的物体检测流程是在一个神经网络里完成的，所以可以 end to end 来优化物体检测性能。SSD 方法的核心就是 predict object（物体），以及其归属类别的 score（得分）。SSD 在 Yolo 的基础上主要改进了三点：多尺度特征图，利用卷积进行检测，设置先验框。这使得 SSD 在准确度上比 YOLO 更好，而且对于小目标检测效果也相对好一点。

本研究也对比了这三种方法不同的识别精度，以满足不同应用场景的使用，PC 端系统目标识别利用 Faster_R-CNN 对获取的生猪图片进行计数统计，Faster R-CNN 是由 Ren 等提出来用于进行目标检测的神经网络，至今仍是许多目标检测算法的基础并被应用到目标追踪、实例检测等领域。手持终端 APP 考虑识别的时效性，采用 SSD 模型算法。

研究采集其中 406 张样本照片，共标注 9372 个标签，含生猪幼年、母猪、仔猪、手机端拍照、固定摄像头拍照、实测误差较大数据集，如图 7—图 11。

图 7　仔猪样本勾画

图 8　母猪的样本勾画

图 9　手机端拍摄样本勾画

图 10 固定摄像头的样本勾画

图 11 实测误差较大数据集样本勾画

根据不同模型的精度(表 2)和性能差异(图 12),考虑终端设备的性能,平衡资源消耗和知识精度,为不同设备选择合适模型。

表 2 模型识别精度统计

序号	模型名称	样本数量	训练次数	SSD 精度(%)	YOLO3(%)	FPN(%)
1	倾斜摄像头	248	6	97.43	95.36	95.22
2	实测数据	87	8	98.52	97.06	97.01
3	手机端识别	173	6	96.90	96.34	95.64
4	上方与侧方合并训练	140	8	94.92	94.99	95.03
5	仔猪母猪	240	4	97.02	95.36	96.22

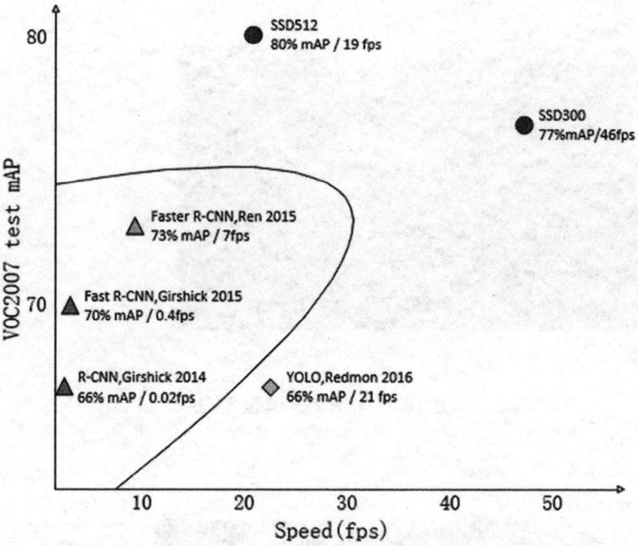

图 12　不同检测算法的性能对比

模型每次训练之后，需要根据模型精度评价报告中的提示修改样本重新训练，并上传测试图像测试精度。本研究每个模型采用 3 种不同的神经网络方法，对比分析，根据使用场景选择适宜的模型算法，如下图 13 至图 15 是生猪识别模型精度验证结果。

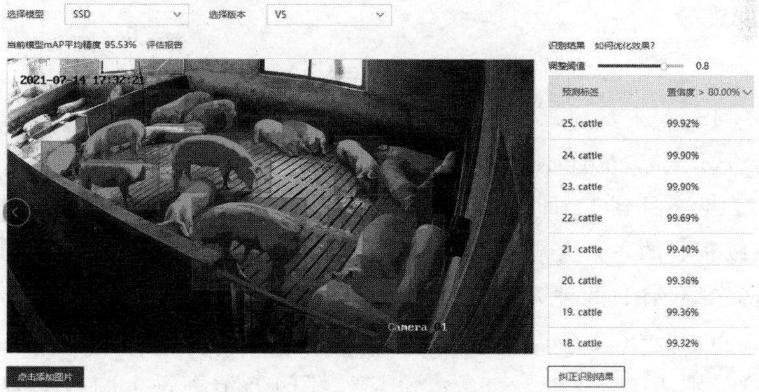

图 13　SDD 模型算法

图 14　YOLO3 模型算法

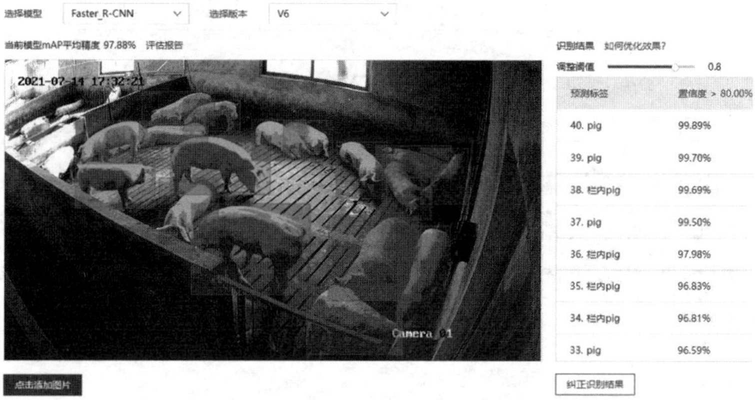

图 15　Faster_R－CNN 算法

(二)不同设备采集的识别精度分析

本研究选取了广东省 15 家养殖企业户的固定视频或手持终端 APP 采集图像。从 2021 年 3 月到 11 月,共收集 5500 余张(帧)视频采集或 APP 采集的生猪图像,其中以获取的 4 个大规模养殖企业和 6 家个体养殖户为例,对比分析固定摄像头和手持终端 APP 两种方式获取的图片生猪智能识别精度。

从表 3 可以看出,4 个规模化养殖企业(江门、汕头、茂名、清远)的生猪智能识别平均精度分别为 84%、97%、90%、89%。江门养殖场每个圈舍只有一个摄像头,布设位置拍摄猪只压盖严重(如图 16);茂名养殖场已有摄像头布设相对规范,覆盖率适中,每 4 个栏覆盖一个摄像头,其中 2 个栏可以识别(如图 17);汕头养殖场布设新的云台摄像头,根据预设点位置采集,栏的覆盖率高,且一个摄像头可以覆盖 4 个栏(如图 18),图像采集更符合标准,猪只压盖少,基本都能包含在镜头中，极大提高识别精度。另外清远提供的试点含黑猪，在使用纯白猪样本的模型识别时单张图像精度达到94.06%，经过针对性样本训练后精度达96.68%，如图19所示，整个养殖场的统计精度与实际上报相比平均精度在86%，跟摄像头的布局、数量关系较大。通过对比分析发现生猪人工智能计数的总体精度会受到养殖场监控摄像头的数量、图像分辨率和空间布局等因素的影响，针对精度较低的养殖场有必要进一步优化监控摄像头的布局。

表3　生猪养殖场及智能识别精度

序号	养殖企业	月份	圈舍量	栏舍量	摄像头数量	存栏量	智能识别存栏量	识别精度
1	江门一A产业园	9	24	720	24	12000	15312	78.37%
		10	24	720	24	14000	16240	86.21%
		11	24	720	24	13000	14952	86.94%
2	汕头一B有限公司	8	1	2	1	31	30	96.77%
		9	1	2	1	46	44	95.65%
		10	1	2	1	38	38	100.00%
		11	1	2	1	38	36	94.74%
3	茂名一C养殖场	5	5	195	40	5250	5073	96.63%
		8	5	195	40	3000	3392	88.44%
		9	5	195	40	4400	4704	93.54%
		10	5	195	40	4105	4856	84.53%
		11	5	195	40	4105	4807	85.40%
4	清远一D农牧养殖场	8	8	78	4	2887	2669	92.45%
		9	8	78	4	3269	2853	87.27%
		10	8	78	4	2996	2603	86.88%

图16　江门养殖企业

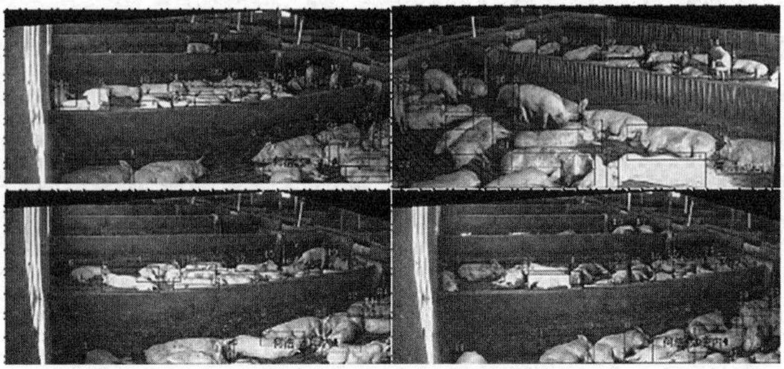

图 17　茂名养殖企业

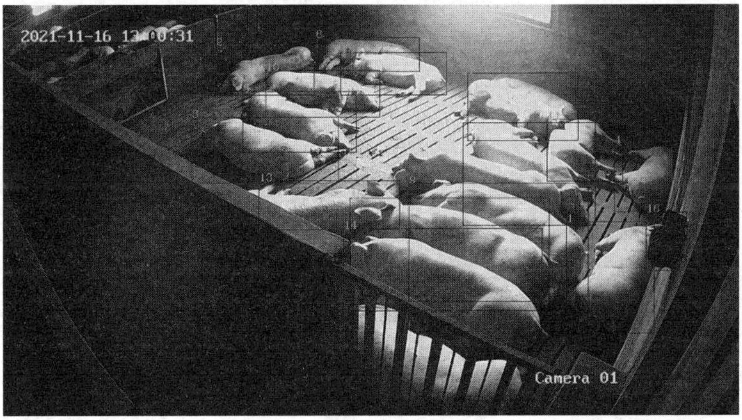

图 18　汕头养殖企业

图 19　清远养殖企业

手持终端 APP 采集数据试点企业上报后需要及时回传识别结果，因此手持终端 APP 识别采用计算效率较高的 SSD 算法。6 家小型个体养殖户通过手持终端 APP 获取的生猪智能识别精度分别如下表所示，表中的数值及精度均采用多上报测量的平均值。从图像识别精度来看，智能识别数据量对比人工审核存栏量，平均精度优于 97%，符合拍摄标准情况下单张图像的识别精度可达 100%。

通过表 4 在与上报数据的对比分析中发现，有养殖场精度低于 75%，调查人员核查后发现是上报数据与拍摄照片不符造成，主要原因是拍摄人员对某些栏漏拍等，出现智能识别与上报存栏之间较大偏差。部分上传数据拍到侧边栏的猪只造成自动识别数据比人工核查数据多，后续手持终端 APP 优化需要改进。在对比分析采集上报数据时发现通过手持终端 APP 采集数据光线对识别精度的影响较弱，按照拍摄标准要求的上传图像识别精度较高。

表 4　手持终端 APP 采集生猪养殖场及智能识别精度

序号	养殖企业	月份	圈舍量	栏舍量	上报存栏量	智能识别存栏量	人工核查存图像栏量	图像识别精度	上报量对比精度
1	韶关—A 养户	6	2	31	650	477	461	96.53%	73.38%
2	韶关—B 养户	6	2	41	916	832	845	98.46%	90.83%
3	韶关—C 养户	6	2	49	1065	1092	1095	99.73%	97.46%
4	韶关—D 养户	8	2	22	320	225	241	93.36%	70.31%
5	韶关—E 养户	10	2	36	650	679	687	98.84%	95.54%
6	清远—F 养户	9	2	37	402	362	351	96.87%	90.05%
		10	2	37	401	392	371	94.34%	97.76%
		11	2	37	96	96	92	95.65%	100.00%

通过对比分析固定摄像头和手持终端 APP 手持终端采集摄像头的图像识别精度和养殖场统计精度发现，通过手持终端 APP 获取的生猪智能识别精度明显优于摄像头获取图片的生猪识别精度，考虑到大型养殖场手持终端 APP 采集工作时效性，可以通过增加带云台功能的摄像头达到实时监控识别的目的。针对固定摄像头精度较低的养殖企业，可以通过增加摄像头覆盖范围，调整摄像头角度，增加有效覆盖提高有效识别区；针对手持终端 APP 采集精度较低的企业，找出数据差别主要原因，目前主要是拍摄不规范、统计上报数据与实测数据时效性有偏差造成，通过改正拍摄方式，针对性场景训练提高识别精度。

四、结论与创新

本研究依据视频大数据和人工智能技术，提出人工智能的识别方法，快速、精准地进行生猪养殖量智能统计，固定摄像头识别精度达90%以上，手持终端APP采集在符合标准的拍摄情况下，识别精度达95%以上。研究表明，基于视频大数据、人工智能、物联网技术对生猪养殖调查统计，可以实现科学性和客观性地精准识别统计数据。另外通过本研究发现，试点调查手段使畜禽饲养不仅仅停留在传统的统计数字，还可以通过长期稳定的监测数据分析，推算出畜禽饲养量的变化趋势，为存栏量调查提供了新的解决思路。

不同场景的案例分析表明，该研究方法可以实现不同数据源的生猪高精度识别和计数。该研究方法的设计和实现为生猪养殖业提供了有效的监测手段。该研究方法适用于当前规模化生猪养殖发展趋势，可有效解决传统统计调查存在的问题，提升统计服务的能力和效率。利用视频监控大数据的分析、挖掘、开发，可实现对生猪产业的客观统计和趋势预测，对于指导畜牧业发展的政策制定和相关企业调整发展策略具有重要的指导意义。

整理整个试点过程对于新技术应用于以及解决困难的方法探索，我们对新技术应用达到的基本效果比较满意，研究项目试点工作取得了阶段性成果。本研究项目整体从研究视角、模型方法、调查手段出发存在以下几个创新点：

1. 从研究视角创新：运用手持终端采集数据，系统自动识别、自动生成统计报表发送至管理部门，再根据视频图像数据采集智能分析软件，定期发送自动汇总生成的统计数据报表。全力攻关基于固定监控图像数据采集＋手持图像数据采集的远程人工智能识别统计调查和生猪养殖数据采集。

2. 研究模型创新：以计算机技术、统计学、经济学、社会学等学科的理论为基础，创建个体智能识别模型，通过使用计算机代替人工视觉的功能，理解、识别、跟踪目标对象，并利用深度学习图像处理技术进行处理分析，从图像或者多维数据中获取需要的数据及结果，实现所见即所得，提高统计调查数据质量，应用于畜牧业统计信息化的发展。

3. 调查手段创新：使用手持终端APP调查，数据由生猪养殖主体在手机上直接拍照上传，保证了数据源的一手性，避免了调查员人为评估带来的数据失真现象。同时，数据采集后实现实时传输，数据管理平台就能及时查看核查，为生猪数据核查提供新方法。

尽管项目取得一定的研究成果，本项目仍存在一些问题有待后续的研究中改进:(1)种猪、仔猪、育肥猪统计识别中,母猪与仔猪在保育舍中识别存在一定的困难,还需进一步探索区别两者的方法;(2)采集视频及照片的非标准化导致采集信息误差偏大,规范采集信息是接下来要研究的内容之一;(3)实际采集过程中,目前养殖户配合度不高,将进一步开发更为快捷灵活的手持终端APP来提高养殖企业的积极性,使其自发定期上报数据。

五、展望

当前畜牧养殖正在向规模化、品牌化、集团化经营模式迈进,畜牧养殖企业技术能力不断提升。在新冠肺炎与畜禽疫病交织之下,生猪监测调查工作面临入圈难、核实难等种种困难,对如何保障统计调查数据的真实性提出了新的挑战,对探索改进调查方式提出了更高要求。大数据应用是思维、理念、方法、能力的改变,大数据在畜牧业领域的全面应用,将驱动畜牧业生产、经营、管理出现新的发展变革,人工智能、视觉技术不断发展,给调查带来了新的机会和挑战,设计和开发基于畜牧业视频大数据分析应用平台,针对统计调查业务,整合视频监控、图像处理、人工智能、互联网、大数据分析等技术,基于如此多种类的数据如何建立自动稳定的业务化采集是本项目建设的重点,如何让企业自发地填报上传数据是本项目的难点,如何为农民、企业、政府提供多层次个性服务是本项目的关键。因此,视频大数据及人工智能分析应用平台设计与建设后期需要考虑业务的稳定运行及分析结果的可靠性可用性,以及手持终端APP操作的便利性,便于全市全省范围内开展调查,推广应用。未来五年通过人才队伍的培养,经验的不断积累,推广全省乃至全国范围内的应用。

大语言模型在住户调查中的应用前景初探

——以BERT模型对访户日志填写质量的AI判断为例

王　科①

自2022年11月GPT-3.5发布以来，以大语言模型(LLM)为基础的AI技术在具体应用层面取得了巨大突破与广泛应用，例如在医疗、法律等行业，用于药物发现、文件自动摘要等任务。随着语言模型由最初的统计语言模型(SLM)逐步演进为大语言模型，其在统计调查工作中的应用也由原来较为简单的数据清洗、分词处理、主题分析等领域，过渡到可以“仿人类”执行多种复杂的文本处理任务，获得人工智能化的工作成果。本文拟对大语言模型在住户调查中的应用前景进行初步探讨，并以BERT模型如何对访户日志填写质量进行AI判断为例，介绍一种在当前技术条件下能够部署落地的可行性应用，为大语言模型推动住户调查数据质量的提升提供一些启示。

一、大语言模型在住户调查中的应用

基于强大的语义理解能力与深度学习能力，大语言模型在住户调查中具备广阔的潜在应用前景。特别是在数据采集、自然语言理解、文本分析等方面，可以代替业务管理人员、基层调查员、记账户完成大量的工作任务，并且以其远超人类的计算能力，极大缩短任务处理时间，提升工作效率。同时，在某些逻辑较为简单、重复操作较多的任务中，大语言模型具备超越人工操作的精度。可以预见的应用领域主要包括以下几个方面。

(一)自动问卷填写

大语言模型能够对传统的问卷调查方式带来根本性变革。当前，住户调查主要由调查员上门分发填写纸质或电子问卷获得相应数据。使用大语言模型，可以

① 作者简介：王科，国家统计局南京调查队住户调查处处长。

在自然语言交流环境下自动生成并解析问卷内容。具体实现路径为：

第一步，定制化生成问题。在标准化问卷的基础上，针对不同受访者的特定情况，如年龄、就业、学历等，结合历史交流记录与沟通效果，自动生成若干备选的具体问题文本。

第二步，自然语言交流。由调查员结合自身经验，在备选文本中选取一条，向记账户提问。通过语音识别功能，记录调查对象给出的答案，或者排除不可能选项后自动生成问题选项，帮助调查对象更方便地进行选择。

第三步，问卷信息整合。将调查过程中生成的问题、答案或选项，AI 式整合为标准化文本与数据，形成最终的自动生成问卷。

总体而言，自动问卷填写利用大语言模型的自动生成和文本理解能力，可以加速住户调查的数据收集和分析过程，降低人工操作中难以避免的登记误差，提高数据采集的精确性和效率。

（二）自动账页编码

目前，住户调查管理平台所使用的自动账页编码功能基于“字典式检索”，对数据字典中不存在的记账项目无能为力，需要调查员人工补码，同时数据字典需要一定的日常维护。

使用预训练大模型，可以通过深度学习进行“任务迁移”，让大模型学会理解记账项目文本，将记账项目作为模型输入，使用预训练大模型提取其中包含的文本特征，捕捉项目名称中的语义和上下文信息。利用提取的特征，可以使用分类算法对项目名称进行分组，根据编码规则将项目名称分配到相应类别中，并根据编码规则，确定与其相应类别关联度最高的标准化 6 位编码。

（三）自动调查数据分析与可视化

大语言模型可以用于生成住户调查成果的摘要式分析，将原本“湖化”状态的调查数据转化为易于理解的文本语言，还可为调查结果生成图表、可视化等，以便更直观地展示数据和趋势。

先是开展数据预处理，对住户调查采集数据进行清洗、整理和标准化，包括收支账页、问卷调查、说明备注等量化数据与文本数据，将其转化为适合分析的结构化格式。再进行特征提取，将结构化数据输入到大语言模型，将文本数据转化为高维的语义特征向量，捕捉数据中的语义信息和关联性。最终根据数据特征和内容，自动生成数据摘要。摘要可以包括整体趋势、主要特点、重要发现等。

GPT-4 等“多模态”的生成式 AI 模型，可以自动对生成的摘要进行文本处理和排版，使其更易于阅读和理解，加入标题、段落、标点符号等，使摘要更具可读性。同时基于数据或摘要,选择适当的可视化方式来展示数据的特点、分布、关联等。

此外,在住户调查业务管理过程中,大语言模型在开展智能化数据审核、调查人员工作评价、日常监测预警等方面,都可以在原有机器学习模型的基础上得到不同程度提升。尽管大语言模型在住户调查中有很多潜在的应用前景,但也需要注意一些挑战,如隐私保护、样本代表性、模型偏差等。在应用过程中,需要仔细考虑如何平衡技术优势与合规性要求,确保模型的使用能够为住户调查带来真正的应用价值。

二、BERT 模型对访户日志填写质量的 AI 判断

2023 年以来,大语言模型相关技术蓬勃发展,进一步消除了相关理论研究与工程应用的界限,降低了使用大语言模型的门槛。尽管大语言模型参数众多,文件体积庞大,但经过开发人员的定制与简化,包括 GPT 在内的众多大语言模型,可以在普通 PC 上单机进行本地化部署,通过千元级别的 GPU 以较快速度建模运算。在熟悉住户调查业务与掌握大语言模型应用的前提下,相当一部分业务模块存在运用大语言模型加以辅助的潜在可能。下面仅以 BERT 模型为例,介绍该模型如何进行本地化部署,通过深度学习适应住户调查工作环境,并在实际应用中进一步提升模型精度。

(一)BERT 模型简介

BERT(Bidirectional Encoder Representations from Transformers)是一种自然语言处理中的预训练大语言模型,由谷歌在 2018 年发布并开源。BERT 与 GPT 这两个代表现代自然语言处理技术发展前沿的模型,均建立在引入注意力机制的 Transformer 架构上,但设计理念与功能有所不同。主要差别在于,BERT 的自然语言理解能力更加强大,但缺少 GPT 的自然语言生成能力,总体来看,BERT 和 GPT 各有千秋,适用于不同的应用环境与场景。

BERT 为双向语言模型,可以同时利用上下文信息进行预测,是自然语言理解任务中的基准参照模型,由多个层次的编码器构成。这些编码器使用多头自注意力机制和前馈神经网络,获取不同位置词汇之间的关系,并将输入的文本编码为一组能够上下文感知的向量表示。这种架构广泛应用于自然语言处理中,可以高效处理文本分类、情感分析、命名实体识别等多种任务。通俗而言,BERT 可以将词语“丈夫”和“妻子”映射为两个向量,其在向量空间中的距离应该与“男性”和“女性”之间的距离相近,以保留词语之间的语义关联。

BERT 的训练分为两个阶段：预训练（Pre-training）和微调（Fine-tuning）。在预训练阶段，BERT 在大规模的文本数据上进行自监督学习，通过“掩码语言任务”掩盖部分输入文本中的词，然后预测被掩盖的词，不断学习某一种自然语言（如中文、英文）的词汇和语法表示；采用“下一句预测任务”让模型能够捕捉上下文的复杂关系。在预训练完成后，BERT 可以在特定任务上进行微调，例如文本分类、命名实体识别等，微调阶段使用有标签的数据，通过在任务特定数据上进行训练，使模型适应特定任务，获得更好性能。

在实际应用中，经过预训练与微调的模型是开源的，可以通过互联网下载，适用于中文的基础模型为“Bert-Base-Chinese”，文件大小约 400M，使用了 12 层编码器，近 120 万参数，用于定义模型的各个层、注意力头、隐藏单元等结构。

BERT 模型的优势在于它能够生成丰富、上下文感知的语义联系，在多种自然语言处理任务中取得显著性能提升。它可以通过迁移学习，在小样本任务上表现出色，同时避免了以往需要从零开始训练的繁琐过程。由于 BERT 的开放性和强大性能，它成为自然语言处理领域的重要里程碑之一，产生了深远影响。

（二）使用 AI 判断访户日志填写质量的意义

根据国家统计局印发的《住户调查实施过程数据质量管理工作规范》，调查员与辅助调查员均需要定期入户，了解基本情况或辅导记账，并填写访户日志。这些访户日志可以通过住户调查管理平台上传至服务器加以保存、检索和导出。查看访户日志并确保其撰写质量，是对基层调查人员日常工作进行监督管理的重要手段，是了解记账户生活状况、心理状态与常见问题的重要窗口，是贯彻落实《工作规范》、提升源头数据质量的有效举措。

在传统工作模式下，设区市以上层级对访户日志的质量把控主要通过抽查进行，难以对某个细分地域或某个辅调员的访户日志进行全面、系统、综合的质量判断。主要原因在于，访户日志作为一种文本数据，用传统方法只能获得文本长度、标点数量等量化指标，不足以据此判断撰写质量。对日志质量的判定标准主要包括：完整性、实效性与可借鉴性，也就是说，一份合格的访户日志应包括具体的人物与相应的工作行为，应记录解决的实际问题，应记述具备一定特征的事件而不是简单复述本职工作。具体的样例、质量判断与原因解析，可参见表 1，这些样例均来自实际发生的业务数据。

从表 1 列举的样例来看，字数多寡不是访户日志质量判断的绝对依据，字数少却可能言简意赅而合格，字数多却可能是批量复制的不合格日志。判断访户日志是否符合完整性、实效性与可借鉴性要求，需要对语义的深入理解与一定的管理经验。业务管理人员可以轻松完成质量判断的任务，但由于记账户数量较多，无法对大批量的日志数据逐条判断。

表 1　判断访户日志撰写质量的样例

访户日志的质量要求	合格日志	不合格日志	原因解析
完整性	看到朱老师记了机票钱，提醒他要记“本月家庭旅游总支出”，朱老师的爱人是自己做旅游的，现在疫情放开了，出去的机会也多了。	核对被访户的具体住址、联系方式、家中情况等基本信息有无变更，同时临近月底，对方本月记账都挺好。	合格日志内容具体，细节丰富；不合格日志虽然看似详细，但完全没有具体的对象、内容与行为描述。
实效性	查看了小吴记的账，发现水费、电费这两项3、4、5三个月都没有记，赶紧提醒他把这两项全部记上，他说知道了，以后都会记全的，让我放心。	区里组织各街道住户工作互查，我们带检查人员来到王师傅家核对家庭基本情况和记账情况，他人不在家，检查人员在楼下打电话跟他核实。	合格日志记录了辅导记账户避免水电费漏记的过程与成果；不合格日志用大量文字描述上门核实的事件，却对核实的结果与成效只字未提。
可借鉴性	邀请住户参加《反诈骗》街道宣传片拍摄，通过拍摄增进住户与调查员感情。	核对调查户的住址、联系方式、常住人口等基本信息有无变化，季度末上门提醒漏记项及时补记。	合格日志记录了某次访户提升记账户配合度的过程；不合格日志只记录了应该定期开展的常规本职工作。

而 BERT 等大语言模型基于其语义理解特性，对此任务可以在一定程度上实现对人工操作的“替代”，在非常短的时间内，以较高的准确率，使用计算机完成对大批量访户日志的 AI 判断。也就是说，模型成熟后，可以对上传至住户调查平台的全国范围全部访户日志逐条进行判断，并将判断的汇总结果与明细情况反馈至各个层级，用于督促工作，提升日志撰写质量。值得一提的是，与其他大语言模型类似，BERT 模型可以对质量改善后的新生成日志数据进行再学习，从而不断提升其判断的实际效果。

（三）模型训练与完善过程

本文以某设区市 2023 年 6 月份全部 2615 条访户日志作为训练集，对已经完成预训练与微调的BERT模型进行任务迁移(Task Transfer),使其能够胜任AI判断日志质量的工作。具体过程包括以下几个步骤。

步骤一,部署工作环境。在PC上安装对应版本的Cuda驱动以确保能够使用GPU进行高速运算,安装Pytorch深度学习框架以保证BERT模型的正常运行,安装transformers、sklearn、pandas、numpy等常用的Python包。从开源网络社区下载Bert-Base-Chinese模型至本地硬盘。

步骤二,构建训练数据集。由于BERT模型已经完成了预训练,所以在进行任务迁移时,少量训练数据即可达到较好效果。为节省训练时间,本文从6月份的2615条访户记录中随机抽选400条记录。为避免单一人员判断的主观性,由3名工作经验丰富的管理人员组成评判小组,对这400条记录进行撰写质量的人工判断,为训练数据加入"1"或者"0"的两分类判断标签,用以代表"合格"或者"不合格"。

步骤三,编写Python程序对模型进行初步训练。导入事先下载好的Bert-Base-Chinese模型,根据BERT的官方应用手册,编写相应Python程序。程序的主要模块包括:一是定义一个用于设定数据集的类,用于加载访户日志文本与相应的质量标签,并使用模型中的Tokenizer工具将文本数据编码为模型可接受的输入格式。二是定义数据加载函数,用于将数据集批量加载到模型中进行训练或评估,同时定义一个类,作为基于BERT的文本分类器。三是设定训练函数,用以在一个训练轮次内对模型进行梯度下降、损失计算、权重更新等操作,同时计算准确率和损失值。四是设定模型评估函数,用于在验证集或测试集上对模型的判断性能进行评估。五是将以上模块整合在一起,对训练集进行深度学习,在每个训练轮次内对模型进行训练和评估,记录训练和验证的损失和准确率,并保存在训练过程中取得最佳准确率的模型权重。本文以此程序,将设定好标签的400条训练数据集按6∶4随机划分为训练集和验证集,进行100轮次的深度学习作为初次训练。由图1可见,模型训练在第9次后实现收敛,验证集的判断准确率基本稳定在96%以上,损失函数值稳定在0.25以下,最佳模型对验证集的判断准确率为98.1%,损失函数值为0.124。

步骤四,数据"扩容"并反复进行训练。初次训练得到的模型有必要继续提升,有以下几个原因:一是模型的验证数据只有160条,验证结果偶然性较大;二是240条训练集数据规模较小,可供BERT学习的特定语义信息相对有限;三是训练在一些轮次后迅速停止迭代,准确率与损失函数值均高度稳定,且模型收敛过快,提示存在较大可能过拟合。所以本文参照大语言模型自适应训练的思路,

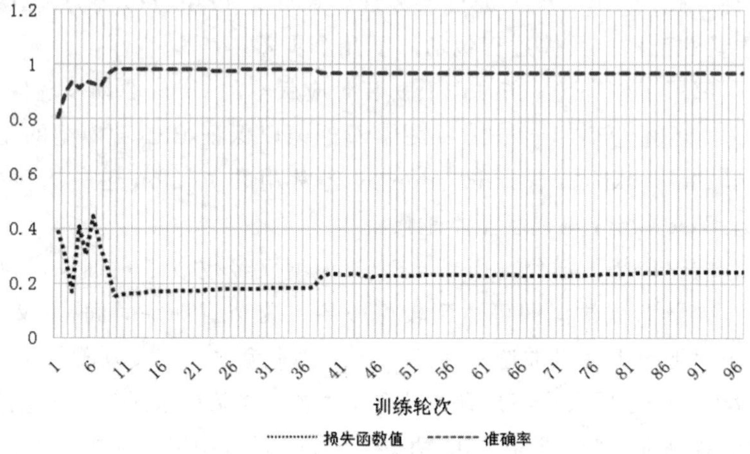

图 1　400 条数据 100 轮次的训练过程

以“滚雪球”方式形成更大规模的训练集。以二次训练为例，用 400 条数据训练得到的 BERT 模型，对 6 月份其余 2215 条访户日志的质量进行 AI 判断，并由 3 人评判小组对判断结果进行审视与评估，筛选出判断错误的记录并对相应标签加以订正，将 400 条数据扩容至全部 2615 条数据（2215 条＋400 条），然后在初次训练模型基础上进行二次训练。本文模型进行了两轮数据扩容，训练集数据由 400 条增加到 2615 条，再增加至 7743 条，分别对应初次、二次、三次训练模型。

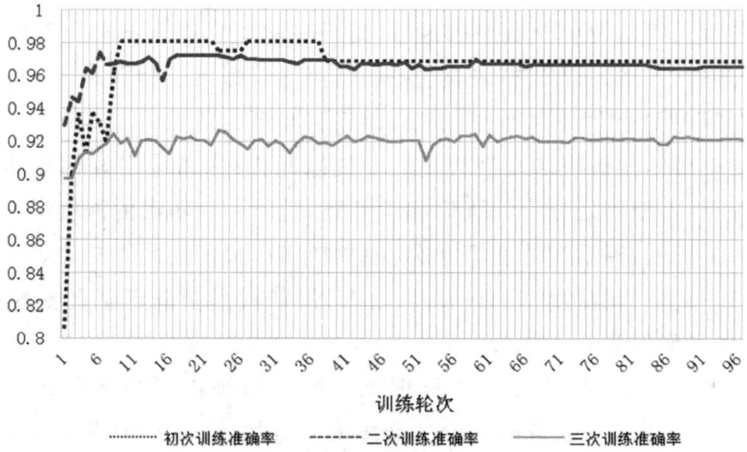

图 2　历次训练的准确率比较

图 2 展示了历次训练的准确率比较情况。由于初次训练与二次训练使用的均为 6 月份数据，同质性较强，所以准确率较为接近。二次训练在 20 轮次后的准确率收敛至 96.5%左右，收敛过程较为合理，提示模型较为稳健。三次训练模型虽然准确率有所下降，60 轮次后收敛至 92%左右，准确率最高为 92.7%，但模型经过较大规模数据集的验证，迭代收敛过程更加平滑稳定，对外部数据具备较强的适应性。在实际运用中，三次训练模型更加具备实践价值。

（四）模型应用与实际功效

图 3 给出了三次训练模型的混淆矩阵。在全部 7743 条访户记录中，随机抽取 40%（3098 条）验证模型的判断性能。对人工判断为合格的 1926 条日志，AI 判断其中的 1819 条合格，107 条不合格，准确率为 94.4%，结合应用场景，可定义为“合格确认率＝94.4%”；对人工判断为不合格的 1172 条日志，AI 判断其中的 1037 条不合格，135 条合格，准确率为 88.5%，可定义为“不合格检出率＝88.5%”。由于验证数据为随机抽取，该准确率与模型训练时的准确率不完全相同，但经多轮随机抽取验证，准确率的性能表现基本一致。整体来看，模型对不合格日志的 AI 检出率相对较为谨慎与保守。由于实际工作中的主要应用在于检测不合格日志并督促基层辅调员加以改进，所以高确认率与低检出率的保守策略组合在实践中具备一定价值，有效检出不合格日志的同时降低了 AI 对合格日志的误判，AI 认为“不合格”的合格样本仅占样本总数的 3.4%，降低了基层对 AI 判断结果产生争议的概率。

图 3　二次训练验证集的混淆矩阵

调用三次训练出来的BERT模型，对该市7月份2335条访户日志（为不参与模型训练与验证的外部数据）进行AI判断，再由3人评判小组对模型给出的结果进行审视，结果表明，人工判断与AI判断的结果高度一致。表2随机抽取部分样本列出AI判断结果，基本符合前文提出的访户日志"三原则"，即完整性、实效性与可借鉴性。

表2　BERT模型对某市2023年7月访户日志的AI判断示例

序号	访户日志内容	AI判断结果
1	提醒王大哥本月记录退休工资的同时，还有一笔政府一次性补发7个月的退休工资，如果收到了也要记录，王大哥确认后在e记账上做了登记。	合格
2	日常走访，指导记账。	不合格
3	刘师傅好几天没记账了，问他在忙什么，刘师傅说准备去香港，忙着办理相关手续，让他把这几天的账记好，到香港好要记得记好各项消费支出。	合格
4	上门核实几个月没记手机话费的情况，记账户说话费一次性充值几百块，不是每个月都交。	合格
5	上门发放记账户补贴，提醒及时更新字典库。	不合格
6	记账户有农业生产经营收入，但没有相应的成本费用，上门核实并指导记账户记录好化肥种子费用。	合格
7	询问记账户是否有记账方面的难题。	不合格
8	记账户有一人的工资6月份没有记，核实并提醒记录。	合格
9	帮助住户解决记账中的问题，现场更正了错误。	不合格
10	这一户主要是打零工，6月份没记收入，经了解没有结算工资，提醒他打零工期间发的生活费要记账。	合格

（五）模型的局限性与提升方向

模型的局限性主要体现在两个方面：一是地域限制，由于训练集、验证集与测试集数据均来自某市的访户日志，该模型在不同地区、不同城市的有效性有待进一步验证。二是语料限制，模型训练过程仅使用与住户调查工作相关的文本数据，导致模型对其他语境下的文本判断能力不足，也就是说，如果输入一条与住户调查完全不相关的文本，模型难以给出准确判断。

有鉴于此，模型后续的提升方向包括：一是扩大训练数据的搜集范围，进一步提升模型的适用性。二是引入微博、豆瓣评论等其他语料资源，并为其加入"不合格"标签，与住户调查访户日志数据共同进行训练，让模型尽可能适应各种类型的文本。

三、在住户调查中进一步加强大语言模型应用的建议

将大语言模型应用于包括住户调查在内的统计调查工作，是一个综合性的任务，需要在技术和实践层面做好多方面准备。与实际的调查工作密切合作，持续优化和改进模型应用，能够对统计现代化改革形成强大助推力。

第一，加强对应用大语言模型的探索。由于正处“风口”，初步应用大语言模型的技术门槛迅速下降，与常规深度学习模型大体相当，完全能够被专业调查管理人员所掌握。建议全面梳理住户调查业务流程中的文本信息，或把有用的语音信息转换为文本信息，探讨用大语言模型处理这些文本信息的意义、价值及实现方式，力争在更高精度的自动编码等方面实现突破。

第二，加强开发者与使用者的合作。向住户调查管理人员等模型的潜在用户提供必要的技术支持和培训，确保他们能够正确使用模型，遇到问题时能够得到及时解决。畅通模型使用者参与和反馈的渠道，了解他们的业务需求和实际使用中遇到的问题，参考用户反馈对模型不断改进，确保模型能够更好地满足实际需求。在模型应用过程中，定期监控模型的性能和预测结果，根据评估结果进行必要的调整，将模型由“可用”逐步推向更加“好用、适用、实用”。

第三，加强模型所涉数据安全防护。处理敏感数据时，确保数据的安全性和隐私保护，采取适当的加密、脱敏和访问控制等措施。确保模型应用符合相关的法律、法规与制度要求，严格避免相应风险。

基于无人机影像的农业统计调查中地面水稻自动分类模型研究

林 赟 何 竞 黄若兰[①]

一、引言

目前，福建省农业调查中的粮食调查，主要通过传统野外调查方式进行，这种方式不仅工作量大，耗时长，且由于福建耕地“小而散”的特点，调查底图与实际场景会有差距，导致数据精度降低，难以满足现代农业调查的需求。本文旨在通过实地采集水稻的无人机影像数据，充分利用水稻的空谱遥感特征，研究水稻的人工智能模型自动化识别模型，实现从数据到信息的自动化转化，打通农业统计外业调查中调查地块自动填报的技术环节，为农业统计调查提供了一种高效、便捷、准确的数据来源，降低野外工作强度，充分发挥无人机技术的应用价值。

二、无人机影像技术在农业统计调查方面的研究和应用现状

随着无人机影像技术的发展，国内外已有大量的研究和应用表明无人机影像技术在农业统计调查方面具有较高的效率和精度，并与传统的农业统计调查方法相比，无人机影像技术具有更快速、更高效、更经济的优势。

无人机影像技术可提供高分辨率的农田影像数据，通过机器学习和深度学习算法，利用这些影像数据构建各种地面水稻自动分类模型。并在分类模型的构建过程中，从不同的角度对模型进行优化。如通过不同的特征提取方法，提高模型的分类效果；不同的神经网络结构，提高模型的训练效率等。最后，还可以不断评估和比较各种地面水稻自动分类模型的分类性能，为决策者选择合适的分类模型提供依据。

---

① 作者简介：林 赟，国家统计局三明调查队执法监督科科长。
何 竞，国家统计局三明调查队综合科副科长。
黄若兰，国家统计局三明调查队干部。

目前，无人机在农业统计系统中主要有以下三种应用：

（一）底图参考模式：利用无人机飞行获得农田影像数据，通过拼图软件生产 DOM 数据，然后以无人机 DOM 底图作为参考运用在粮食调查 PAD 程序中进行数据填报，这种方法比较费时费力。福建部分地区采用此模式。

（二）影像辅助模式：利用无人机飞行获得农田影像数据，通过拼图软件中进行拼接，然后目视解译、填报、导出，此模式无法进行数据质量的审查和追溯。山东、辽宁、湖南、贵州等省份采用此模式。

（三）自动识别模式：县队工作人员采用智能化的无人机程序进行飞行、自动在无人机云端拼接和成图，并人工智能识别填报，最后进行数据质量审核，可进行数据质量的审查和追溯。广东、浙江、江苏、江西等 20 余个省份采用此模式。

三、地面水稻自动分类模型的构建

近年来，以深度学习为代表的人工智能技术迅速发展起来。Hilton 等 2006 年提出的深度信念网络，通过加深网络层次，提高了模型非线性特征学习能力。2012 年，Krizhevsky 等人公布的 AlexNet 卷积神经网络，该网络在当年的 ImageNet 大规模视觉识别挑战赛中夺得冠军，从此成为了图像分类领域最为先进的算法模型。当前，美国 Meta 公司推出的一个 AI 模型 Segment Anything Model（分割一切模型，下文均简称 SAM 模型）是一种基于卷积神经网络的大模型，在遥感领域一定程度上颠覆了传统基于“像元”为单元的分类方式，形成了一定尺度上语义特征“地块”为对象的识别策略，可运用此模型对无人机影像数据进行自动分割。

（一）Meta SAM 原理

在计算机视觉领域，图像分割是一种将目标物体与背景区分开来，从而便于进一步地分析和处理的关键技术。图像分割在许多应用场景中都有重要作用，如人脸识别等。如果想为特定任务创建准确的分割模型，通常需要进行高度专业化的工作，门槛极高。而传统图像分割方法通常专注于特定物体类型或场景，难以适应各种不同类型需求。如一个针对人脸分割的模型可能无法很好地处理动物或植物的分割。因此，研发一种能够广泛适用于多种物体和场景的分割模型具有重要意义，这正是 SAM 模型的开发动机。

SAM 模型旨在构建一个通用的物体分割模型，它可以适应不同的物体和应用场景。通过深度学习和大量训练数据，自动学习不同物体的特征，并实现高效、准确地分割。与传统图像分割方法不同，SAM 模型不需要预先定义要分割的物体类别，而是可以通过不同方式进行提示，例如文本、点、框等，来指定要分割的内容。这样，用户可以灵活地根据自己的需求来使用模型，而不受限于固定的类别或场景。此外，SAM 模型还具有零样本泛化能力，即可以在没有额外训练的情况下，对新颖或未知的物体进行有效地分割。

因此，利用 SAM 模型，通过搭载高分辨率相机快速获取大面积农田的影像数据，可以自动识别并定位农田中的不同种类的农作物，并对这些数据进行实时分析，实现高效、准确的农业监测。这对于提高农业生产效率、优化农业资源配置、预防农业灾害等方面都有重要意义。

（二）SAM 模型数据集 SA-1B

SAM 模型的数据集 SA-1B 是一个用于图像分割的大规模数据集，它包含了超过 1100 万张图像和 10 亿个掩码，涵盖了多种类别和场景的物体。既包括了常见的生活用品、交通工具等，也包括了一些罕见或特殊的物体，如艺术品、卡通人物等。这些图像来自于多个领域的图像数据，如农业、交通、城市景观等。在这个数据集中，每个图像都配有对应的像素级别的标签，标注了图像中各种物体的类型和位置。这些标签数据可用于训练和验证 SAM 模型的性能。SA-1B 是通过使用 SAM 模型在一个数据收集循环中构建的，即利用模型的分割能力来自动标注无标签图像，并不断更新模型和数据集。SA-1B 的掩码质量和多样性经过人类评估验证，与之前的小规模、完全手工标注的数据集相比，有些情况下甚至可以达到相同的质量水平。SA-1B 数据集为 SAM 模型提供了丰富而多样的训练数据，使其能够学习到一般的物体概念，并实现零样本分割。

（三）SAM 模型结构和训练方法

1. 模型结构：SAM 模型采用了一个强大的卷积神经网络（CNN）作为基本骨架，通常使用类似 U-Net、DeepLab 等高效的分割网络作为基础结构。这些网络具有编码器－解码器结构，其中编码器用于提取图像的高级特征，而解码器用于恢复空间信息并生成分割图。假设输入图像为 I，编码器函数为 $E(I;\theta\_E)$，解码器函数为 $D(E;\theta\_D)$，那么最终的分割输出为：

$$S=D(E(I;\theta\_E);\theta\_D) \tag{1}$$

其中，θ_E 和 θ_D 分别表示编码器和解码器的参数。

2. 元学习：SAM 模型使用元学习方法对模型进行训练。元学习的目标是使模型能够在学习到新任务时更快地适应，从而提高模型在少样本情况下的泛化能力。这是通过在训练过程中学习一个基本的网络参数初始化，使得对于新任务的微调变得更加容易。假设有一个任务分布 p(T)，每个任务 T_i 包括一个支持集

S_i 和一个查询集 θ_i。SAM 模型使用元学习方法学习网络参数的初始值 θ_0，使得在新任务上的微调更加容易。在训练过程中，每次采样一个任务 T_i，根据支持集 S_i 更新参数 θ_0，得到新的参数 θ_i：

$$\theta\_i = \theta\_0 + aV\_\theta L\_S(\theta\_0) \tag{2}$$

其中，L_S(θ_0)是支持集上的损失函数，a 是学习率。

3. 训练方法：SAM 模型的训练过程分为两个阶段。首先，在大量已标注的数据上进行预训练，训练一个基础分割模型。然后，在第二阶段，SAM 模型使用元学习方法进行微调。在这个过程中，模型通过在不同的任务之间迅速切换来学习如何适应新任务。这使得在面临新任务时，SAM 模型只需要少量的标签数据就能实现快速微调。在预训练阶段，使用大量已标注的数据进行训练。给定一个输入一输出对(I, S)，计算预测输出 $S' = D(E(I;\theta\_E);\theta\_D)$ 和真实输出 S 之间的损失 L(S′, S)。在元学习阶段，采用上述元学习方法进行模型微调。

4. 损失函数：SAM 模型使用了一种组合损失函数，该函数将像素级分类损失与其他辅助损失(例如，正则化损失)结合起来。这有助于在训练过程中保持模型的稳定性，并提高分割质量。SAM 模型使用组合损失函数 L_total，包括像素级分类损失 L_cls 和辅助损失 L_aux：

$$L\_total = L\_cls + \lambda L\_aux \tag{3}$$

其中，L_cls 是像素级分类损失，通常采用交叉熵损失；L_aux 是辅助损失，例如正则化损失；λ 是一个超参数，用于平衡两个损失项的权重。

(四)SAM 组件之可提示的分割任务、SAM 模型

如今 NLP 领域已经大规模的使用了提示学习技术，SAM 融合了提示学习技术，并尝试将 NLP 领域的提示转换为文本分割领域的提示。Meta 定义的一个提示可以是一个粗略的框、一组点、或者文本。

SAM 有三个组件：图像编码器、灵活的提示编码器和快速的遮罩解码器。

1. 图像编码器：受到可扩展性和强大的预训练方法的启发，使用一种经过最小改动的 MAE 预训练 Vision Transformer(ViT)，以处理高分辨率输入图片。图像编码器在每张图像上运行一次，并且可以应用于提示模型之前。

2. 提示编码器：稀疏提示(点、框、文本)和密集提示(遮罩)。通过与每个提示类型的学习 encodings 相加的位置编码来表示点和框，通过 CLIP 的现成文本编码器来表示自由格式的文本。密集提示(即遮罩)使用卷积进行 encode，并与图像嵌入逐元素相加。

3. 遮罩解码器：遮罩解码器可以有效地将图像嵌入、提示嵌入和输出 tokens

映射到遮罩。这种改进后的解码器块使用提示自注意力和交叉注意力在两个方向上(提示到图像嵌入和图像到提示嵌入)来更新所有嵌入。两个方向运行后,对图像嵌入进行上采样,MLP 将输出 tokens 映射到动态线性分类器,然后计算每个图像位置的遮罩前景概率。

(五)随机森林算法水稻标定

1. 随机森林(Random Forest)是一种基于决策树的集成学习方法,可以用于解决分类和回归问题。随机森林是由多棵决策树组成的,每棵决策树的训练数据集都是通过对原始训练数据集进行有放回的随机抽样得到,对应了它"森林"和"随机"的特点,每个类别的样本都能够得到充分的训练,可以处理不平衡数据集。每个决策树的训练过程中,对于每个节点,随机选择一个特征来进行划分,这样每个决策树都是基于不同的特征子集进行训练。最后将每个决策树的分类结果进行投票或取平均值来决定最终的分类结果。这样做可以有效地减少过拟合的风险,并且使得随机森林具有更好的泛化性能。

2. 随机森林的主要步骤如下:

(1)从原始数据集中有放回地抽取 n 个样本作为训练集,重复 B 次,得到 B 个不同的训练集。这种方法叫做自助采样法(bootstrap sampling),它可以保证每个训练集包含原始数据集中约 63.2%的样本,剩下的 36.8%的样本可以作为袋外数据(out-of-bag data),用于评估模型的泛化误差。

(2)对于每个训练集,构建一个决策树,每次分裂时从所有特征中随机选择 k 个特征,并从中选择最优的特征进行分裂。这种方法叫做随机属性选择(random feature selection),它可以降低决策树之间的相关性,增加模型的多样性。一般来说,对于分类问题,k 取 d,其中 d 是特征数;对于回归问题,k 取 $d/3$。

(3)对于新的输入数据,让 B 个决策树分别进行预测,并根据分类任务或回归任务采用多数投票或平均值作为最终的预测结果。

在随机森林中,通常使用基尼系数(Gini coefficient)、信息熵(entropy)和信息增益(information gain)等指标衡量样本的不确定性,从而选择最优的特征进行分裂,提高模型的准确性。基尼系数公式(4)、信息熵公式(5)、信息增益公式(6)如下:

$$Gini(X)=\sum_{i\in X}p(i)(1-p(i)) \tag{4}$$

$$Ent(X)=-\sum_{i\in X}p(i)\log p(i) \tag{5}$$

$$IG(X,A)=Ent(X)-Ent(X\mid A) \tag{6}$$

在公式(1)中,$p(i)$ 指事件 X 中,可能结果 i 出现的概率。式(6)中,$Ent(X\mid$

A）是条件熵，求解方法如式(7)所示。

$$Ent(X \mid A) = \sum p(a) Ent(X \mid a) \tag{7}$$

四、技术方法

(一)实验数据和方法

1. 实验数据

本文于福建省三明市2023年8月开展实验，影像使用去年部分县市无人机飞行数据，无人机飞行高度在100－150米，包括蓝绿红三个波段，一个飞行架次在覆盖统计的200米＊200米样方，飞行单片达到60－80张JPG照片，照片记录了飞行的经纬度、飞行三参数，将图片集合输入到专业的拼图软件进行拼图，得到正射的DOM影像，分辨率为10厘米，数学基础为CGCS2000-Albers。考虑到深度学习卷积神经网络需要考虑像素之间的关系，本研究选择了不同的农业场景8幅影像进行实验。8幅影像如下表(1)描述。对于卷积网络而言，景观特征直接影响着地物之间的相关特征，因此本文采用不同景观特征代表实际农田种植的不同情况，具有很强的代表性和典型性，为本文提取出的方法在实际中的应用奠定基础。

表1　耕地地块分类无人机影像数据相关信息

编号	景观类型	影像大小(高度＊宽度)
a	破碎型农业景观	2745＊2406
b	混合型农业景观	3260＊2519
c	规则型农业景观	3183＊3165
d	规模大但地块破碎农业景观	2491＊2299
e	地块破碎且混乱农业景观	2280＊2398
f	少量水稻农业景观	2619＊2489
g	少量水稻地块规整农业景观	2650＊2581
h	少量水稻地块混乱农业景观	2811＊3116

2. 技术方法

基于无人机影像进行水稻的识别分类两个部分，首先运用SAM模型进行分割，得到分割图斑，在此基础上以图斑为单元，进行作物类型的分类，得到图斑级的水稻地块分类。

(1)SAM模型分割

SAM模型经由目标检测器如ViTDet等输出目标检测结果，将这些结果的位置和类别信息作为输入来预测每个像素是否属于每个物体的分割掩码，若属于则为目标前景，即分割出的目标物体；若不属于则为背景，即未分割出的物体。

将无人机影像直接输入至 SAM 模型中进行分割，提取细小图斑掩膜，将其转化为矢量图层后，剔除细小多边形。即筛选删除面积小于一定阈值的图斑，阈值根据耕地破碎程度确定，同时将明显的道路、地块间隙等非耕地地块的图斑删除，最终输出耕地地块分割结果。

(2)无人机影像分类特征

在分类任务中，将地块类型视为目标变量，分为水稻地块和其他类型地块。针对光谱、纹理特征设计可量化的特征变量，引入 HSL 颜色空间和 LBP 纹理算子更好地表达地块的光谱和纹理特征。HSL 颜色空间中的色调(Hue)、饱和度(Saturation)、亮度(Light)三分量，H 包含了所有颜色的取值，取决于物体反射光的频率，S 越大颜色越纯，所含灰色越少，L 反应了物体反射光的强度。在 HSL 空间中，由于阴影和植被在饱和度上有交叉，利用饱和度信息不易区分植被和阴影。因此，引入了利用色调和亮度构造的归一化色调亮度植被指数 NHLVI，应用于无人机可见光影像。NHLVI 计算公式如式(8)，取值范围[−1,1]。

$$NHLVI = \frac{H - L}{H + L} \tag{8}$$

LBP 纹理算子是一种局部纹理特征描述算子，它通过比较窗口内中心像元和周围像元的大小来决定返回值(0 或 1)。由于 LBP 算子是一种作差运算，因此具有不受图像亮度和对比度变化等优点。若不断旋转圆形域窗口得到不同方向的特征值，取最小值作为该窗口的最终返回值，则可得到中心像元对应的，具有旋转不变性的 LBP 纹理描述特征值。在圆形域窗口遍历全幅影像后便得到旋转不变 LBP 特征图。

表 2　水稻识别分类特征

特征名称	数学特性描述	物理含义
NHLVI 植被指数特征图	平均值为 0.56，标准差为 0.12，协方差为 0.04	植被指数反映了植被的生长状况，数值越高，表明植被越茂盛，地面越湿润
旋转不变 LBP 特征图	平均值为 0.32，标准差为 0.08，协方差为 0.02	旋转不变 LBP 反映了植被的纹理特征，数值越高，表明植被的群体越密集，分布越均匀

(3)精度评价

通过计算 NHLVI 图像和 LBP 特征图中每个地块的平均值、标准差、协方差等统计特征得到量化特征值，作为随机森林分类器的输入数据进行分类，对分类结果建立混淆矩阵，用制图精度、用户精度、Kappa 系数和总体分类精度 4 个指标对分类结果进行验证，其中 OA 和 Kappa 系数用于比较整体分类精度。

(二)实验设计

本研究中利用 SAM 模型进行航片的分割，在此基础上进行多特征的水稻分类，建立随机森林水稻识别模型，验证自动分类的适用性。再验证这种分类方法的适用性。

在 SAM 分割中，设计了两个实验情形：一是不同农业景观全图分割结果对比，分析 SAM 在不同情况下的分割精度差异，并探究解决办法；二是在 0.1m，0.3m，0.5m，0.7m，0.9m，1m，2m，3m，5m 共 9 个尺度下，分析不同影像分辨率对 SAM 分割的影响。

在随机森林地块分类中，设计了两种水稻图像类型：一是水稻相对纯净型；二是水稻混合难分型。

五、结果与分析

(一)SAM 航片分割结果

针对不同景观类型对耕地地块内的无人机影进行 SAM 分割，将分割得到的掩膜结果矢量化，提取出耕地内的分割结果。从实验结果来看，水稻地块均被分割准确地出来，地块规则完整，其他的地物类型由于异质性比较强，边界分割不规则。

从结果来看，有些地块从光谱、纹理等我们目视特征来看，应该被区分开来，形成独立的地块，但是这种图斑没有单独分割地块，分析其原因可能是由于 SAM 的分辨率和感受野大小有限，当目标过小或过模糊时，SAM 可能无法将其正确分割出来。为了验证这一思路，我们把分割不完善的区域单独提取出子区图斑，生成新的图片进行分割，其结果是在全幅影像上未完全分割开的地块，当图像变小聚焦到局部的时候，均得到很好的分割。因此可以看出，少数局部地块的分割结果与全幅地块分割边界结果存在些许出入，这是因为 SAM 将图像分成一系列重叠的锚点，并在每个锚点处进行分割预测，当尺度发生变化时，锚点的数量和大小可能会有相应的变化，比如无法完整地覆盖整个物体，或者会将物体分成多个部分，可能导致分割结果的精度下降，因为 SAM 不能完全捕捉物体的所有细节和形状。

我们使用手工分割地块与 SAM 分割地块的对比，可以看到除却地块边界非直线外，分割效果基本一致。SAM 的分割结果中可以明显看到双边界特点，是由于地块间间隙明显、细节清晰，模型将其识别为背景，而地块作为前景被单独分割。此外，我们还探究了影像分辨率对 SAM 地块分割效果的影响，以混合型地块无人机影像为例，分别对影像进行双线性插值重采样得到包括原始数据 0.1m，0.3m，0.5m，0.7m，0.9m，1m，2m，3m，5m 共九幅影像的 SAM 分割结果。当分辨率在 0.1m—0.5m 时，影像细节较清晰，耕地地块分割结果相差不大，非耕地区如林地、草地等地块未完全分割，分辨率 0.5m 共分割效果最佳；分辨率 0.7m—1m 时，影像纹理细节相对失真，部地块未分割，或形成"像素形"不连贯边界；而当分辨率 2m—5m 时，无人机水稻影像纹理细节完全失真，目视可以判断，当影像是这个尺度时，图像不足以清晰地表达出情形的地块，自然 SAM 模型无法有效地分割出地块。

（二）水稻识别结果

采用随机森林分类器进行分类。首先将图像进行色彩归一化拉伸，减少光照、阴影等干扰，然后根据无人机影像水稻地块的光谱、纹理特性，以地块为单位计算各个地块对应的地块内绿色植被占比，NHLVI 像元平均值、标准差、协方差以及旋转不变 IBP 纹理像元平均值、标准差、协方差，将这六个特征统计量作为随机森林的输入数据。表地块图像数据中，每幅随机于用户 20%地块及标签作训练数据，训练完成后将模型反预测这五幅图像的其他地块，分类结果准确率极高。相对纯净地块影像全部分类正确；混合难分地块中，有部分地块分类错误。训练完成后将剩余地块数据作预测数据检验模型预测精度，分类结果如表 3 所示。从精度评价表来看，总体分割精度达 88.46%，制图精度 90.00%，用户精度 81.82%，Kappa 系数 0.7926。

表 3　水稻地块分类精度

OA	PA	UA	Kappa
88.46%	90%	81.82%	0.7926

整体精度接近 90%，说明耕地内整体的分类精度比较高；因此本文方法中的识别单位为地块，精度是代表地块级的精度，其中制图精度高于用户精度，说明用于评价的地精度评价地块均被识别出来，用户精度说明了一些其他耕地内的作物被识别了出来。

从水稻的分类结果来看，样方中展示了水稻能够被精确的识别出来。其中一半样方内中水稻的识别完全正确，分析原因这几个样方内水稻地块比较明显，水稻虽然少，但地块比较均一，能够通过纹理和光谱特征将水稻准确地区分出来，这种识别精度高的样方在农业统计调查中可以高效地赋值地块，提高野外调查的效率。但样方内也有识别困难的地块，有部分分块分类错误，其中最复杂的水稻图错分了 4 个地块（该幅影像中预测数据有 96 个地块），从光谱上分析，地块为非水稻，但细化的地块相仿，基于图像可以清晰表达出水稻地块。三明市水稻种植也比较复杂，会存在与水稻种植光谱比较接近的地物。但从整个结果来看，即使有其他少量的地物混入进来，水稻还是能够被准确地识别出来。从地块的整体结果来看，在 SAM 分割的基础上，进行水稻的提取，这是以地块为单位进行信息提取，地块统一赋值为水稻。基于 SAM 分割形成的地块，是以地块为单元进行分类，可以有效解决椒盐现象（椒盐现象即在一个小区域内，同种地物被分类成不同的类别，原本均一的地块被“打碎”）。这种摆脱像元分类不足的方法，完全符合人为数字化的过程，所以我们看到基于本文方法得到的每个水稻地块跟人为数字化的结果是一样的，这样既保证了面积精度，又保证了水稻识别位置精度。

六、结论与展望

（一）结论

本文的工作为无人机遥感影像水稻分类识别提供了一种新的思路和方法。

1. SAM 模型能够准确地将水稻地块分割出来，地块规则完整，分割地块的形状特征准确，与人工数字化的地块相仿，基于图像可以清晰表达出水稻地块。当分辨率在 0.1m—0.5m 时，影像细节较清晰，耕地地块分割结果相差不大，非耕地区如林地、草地等地块未完全分割，当分辨率 2m—5m 时，无人机影像水稻纹理细节完全失真，目视可以判断，当影像是这个尺度的时候，图像不足以清晰地表达出情形的地块，SAM 模型无法有效地分割出地块，因此在破碎地区进行分割分辨率不宜过低，研究证明分辨率 0.5m 时分割效果最佳。

2. 基于地块的水稻自动化分类精度较高。研究整体精度接近 90%，说明耕地内整体的分类精度比较高；地块级制图精度高于用户精度，超过 90%，说明用于评价的地精度评价地块均被识别出来，用户精度说明了一些其他耕地内的作物被识别了出来，出现有少量的其他作物光谱纹理特征与水稻相似，被分成了水稻地块。

（二）存在的不足

综上所述，本文为无人机遥感影像水稻分类识别提供了一种有效的元学习方法，但仍有许多值得探索和改进的方向。主要集中在两个方面：

1. 受高空间分辨率影响，基于无人机影像的 SAM 模型分割结果容易导致目标物体内部的“孔洞”图斑、“双边界”图斑等，目前设置面积阈值直接剔除这些图斑，但为提高分割准确度，应进一步在矢量基础上自动判断这类图斑是否合并，减少 SAM 模型自动分割后的人机交互处理。

2. 无人机影像特征信息丰富，异质性强，“同物异谱”和“同谱异物”现象广泛，当前采用的随机森林地块分类方法在处理这类问题上有所欠缺，依赖特征覆盖全面的训练数据，应进一步挖掘目标本身纹理、空间信息等不变特性，提高模型泛化能力，减少人工标注、筛选训练数据的负担。

3. 本文使用的水稻数据集是由无人机遥感影像经过预处理后得到的，这种数据集虽然具有较高的空间分辨率和光谱分辨率，但是也存在一些问题，例如数据量较小、数据分布不均衡、数据标注不准确等。因此，未来可以考虑使用其他类型的水稻数据集，如基于卫星遥感影像、基于地面传感器等，来增加数据量和数据多样性，并且利用半监督学习或弱监督学习等技术来提高数据标注的质量。

（三）应用展望

使用 SAM 模型对无人机影像进行分割和随机森林分类，提取水稻地块，实现了水稻识别近 90%的精度，相比传统方法极大提高了水稻识别的质量，也缩短了填报时间，1 个调查样方从原来的 1—2 小时缩短到 10 分钟。并提供了两种填报模式供用户选择：一是辅助填报模式，即用户可以查看 SAM 模型生成的水稻识别结果，并进行修改或确认，然后提交填报表格；二是自动填报模式，即用户可以直接使用 SAM 模型生成的水稻识别结果作为填报数据，并通过一些规则和算法进行自动验证。

虽然本文采用影像数据仅为 2022 年三明市部分县（市）无人机飞行影像，农业种植特点对整个福建省具有很好的代表性，可以在全省进行推广。同时，水稻人工智能自动化识别技术进一步支撑了基于无人机外业智能化调查模式，可实现无人机智能飞行、自动传图、自动成图、自动识别、自动填报的一体化流程，使用户只需简单地操作无人机和软件界面，就可以完成水稻统计调查的全过程，为基层减负。

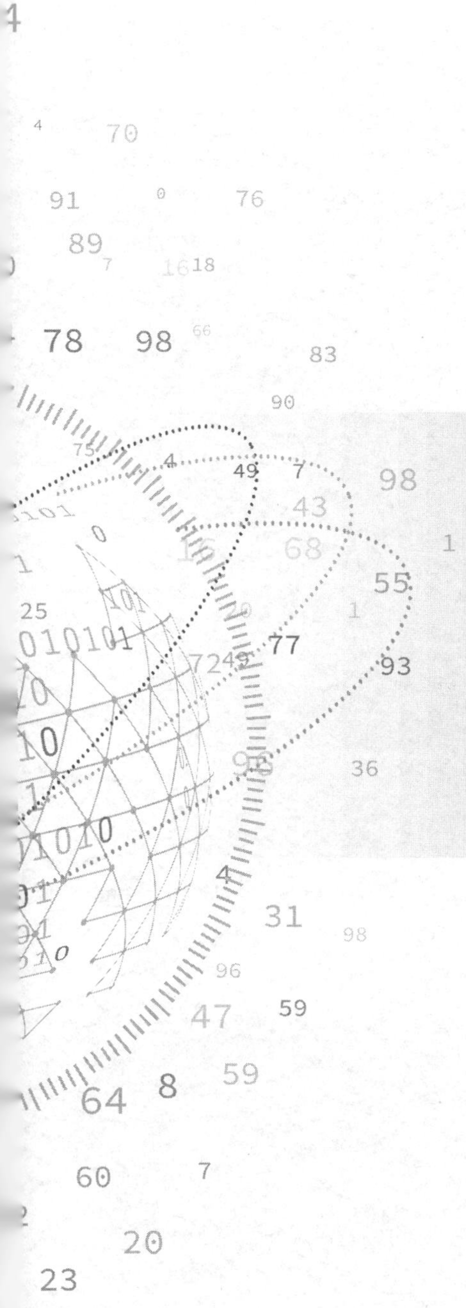

数字经济统计

数字经济统计监测的基本方法和中国实践

徐荣华[①]

自21世纪初以来,数字经济对经济社会的引领带动作用日益凸显,为经济社会持续高质量发展提供了强大动力,已成为世界各国推动可持续发展的新机遇、打造国际竞争力的新高地。中国政府高度重视数字经济的发展壮大,对数字经济发展格局和总体建设作出顶层设计,制定并实施《"十四五"数字经济发展规划》。国家统计局认真贯彻落实国家数字经济发展战略和相关工作部署,积极响应联合国关于开发应用新数据资源倡议,密切跟踪国内外数字经济最新研究进展,探索开展中国数字经济统计监测工作,为国家数字化战略的制定和实施提供精准数据支撑。

一、科学界定数字经济活动

数字经济作为一个新的概念于20世纪90年代中期首次被提出。伴随着现代信息技术和经济社会发展日益呈现的动态演进态势,数字经济与传统经济紧密交织在一起,其所涵盖的内容日渐丰富,使得数字经济的概念更加模糊和宽泛。到目前为止,理论界尚未对数字经济的定义和内涵给出高度凝练的权威性表述。纵观全球,现有对数字经济的观察大多围绕三个层面展开,第一个层面是生产数字产品和提供数字服务的相关活动,可等同于信息与通信技术产业(ICT[②]);第二个层面是电子化数字交易,即电子商务活动;第三个层面是应用数字技术和信息显著提升生产效率的生产活动,即被数字赋能的传统国民经济行业。

美国是较早开展数字经济或数字化对经济影响研究的国家之一。为测算数字经济增加值,美国经济分析局(BEA)对数字经济的概念和范围作了大致的界定,主要包括三个部分:一是ICT产业,二是电子商务,三是数字内容。经合组织

① 作者简介:徐荣华,国家统计局统计设计管理司司长。

② ICT: Information and Communications Technology,信息与通信技术。

(OECD)将数字经济划分为四个层次，即"核心层""狭义层""广义层"和"附加层"，其中"核心层""狭义层""广义层"分别对应上述第一、第二和第三层内容，"附加层"是指免费数字服务等目前尚未或难以计入GDP的数字化交易和活动。中国信息通信研究院将数字经济划分为四个部分：一是数字产业化，二是产业数字化，三是数字化治理，四是数据价值化。

基于不同标准和口径测算的数据不仅给国际比较分析增加了难度，也给国内外社会公众了解各国数字经济发展水平带来了困扰。中国国家统计局将制定数字经济产业统计分类标准作为开展数字经济统计的首要任务，在深入研究和广泛论证的基础上，于2021年出台《数字经济及其核心产业统计分类(2021)》。该分类将数字经济划分为数字产品制造业、数字产品服务业、数字技术应用业、数字要素驱动业、数字化效率提升业等5大类别。前4个类别统称为数字产业化部分，又称"数字经济核心产业"，它们是数字经济发展的基础。第5大类为产业数字化部分，是指应用数字技术和数据资源为传统产业带来产出增加和效率提升的各类活动总和。

我们认为，与其他相关分类比较，中国《数字经济及其核心产业统计分类(2021)》具有以下几个显著特点。一是博采众长，覆盖全面。《数字经济及其核心产业统计分类(2021)》，紧扣《二十国集团数字经济发展与合作倡议》关于数字经济的内涵定义，充分吸收借鉴国内外关于数字经济研究的经验成果，从"数字产业化"和"产业数字化"两个方面框定数字经济的基本范围，力求最大程度反映与数字技术和数据要素紧密相关的各种经济活动。二是严谨规范，便于操作。《数字经济及其核心产业统计分类(2021)》，按照同质性原则，对国民经济行业分类中符合数字经济特征的相关行业类别进行再分类，保持与现行统计调查高度衔接，为基于现有统计数据进行数字经济核算奠定了基础。三是兼顾各方，国际可比。《数字经济及其核心产业统计分类》，在完全包含了OECD和BEA界定的数字经济活动内容的基础上，还对产业数字化相关活动进行了明确界定和具体分类，并建立了与联合国《国际标准产业分类》(ISIC)的对应转换关系，可为各个层级数字经济统计核算的国际比较提供支持。

很显然，中国数字经济统计分类较美国BEA的界定范围要广，其中第1大类"数字产品制造业"和第4大类"数字要素驱动业"中的"信息基础设施建设(0405)"中类合并，相当于BEA分类的ICT部分；第4大类"数字要素驱动业"中的"互联网平台(0401)""互联网批发零售(0402)"两个中类合并相当于BEA分类的"电子商务"；第4大类"数字要素驱动业"中的"数字内容与媒体(0404)"中类合

表 1　数字经济统计分类的国际比较

名称	数字经济分类
中国国家统计局	将数字经济归纳为数字产业化和产业数字化两部分。第一部分:①数字产品制造业,②数字产品服务业,③数字技术应用业,④数字要素驱动业;第二部分:⑤数字化效率提升业
BEA	将数字经济划分为以下三类:①计算机网络存在和运行所需要的数字化基础设施;②使用该系统进行的数字交易,即电子商务;③与计算和通信相关,向消费者收取费用的服务,即定价数字服务。
OECD	将数字经济行业划分为以下六类:①数字驱动行业;②数字中介平台;③电子零售商;④其他数字业务行业;⑤依赖中介平台的行业;⑥其他行业。
欧盟	数字经济和社会指数包括以下五个维度:①宽带;②人力资本;③互联网的使用;④数字技术应用;⑤数字化公共服务。
澳大利亚	将数字经济活动分为以下三类:①数字赋能基础设施:包括形成和促进计算机网络使用的计算机硬件、软件、电信设备和支持服务;②数字媒体:可以在数字设备上创建、访问、存储或查看的数字音频、视频和广告广播服务;③电子商务:零售和批发服务以及数字订购或平台支持的在线交易的利润。
加拿大	将数字经济划分为以下三类:①数字化基础设施;②数字化订单交易(电子商务);③数字化交付产品。
中国信通院	将数字经济划分为四个部分:①数字产业化;②产业数字化;③数字化治理;④数据价值化。

并可与 BEA 分类中的“数字内容”相对应。与 OECD 的数字经济分类相比,中国数字经济统计分类中第 1 大类“数字产品制造业”和第 2 大类“数字产品服务业”,可与 OECD 分类中的“核心层”完全对应;第 1 至第 4 大类合并,可与 OECD 分类的“狭义层”基本对应;第 1 至第 5 大类合并,可与 OECD 分类的“广义层”对照。长期以来,中国信息通讯研究院每年都按自己的标准测算中美两国的数字经济增加值。据他们测算,中国数字经济增加值占 GDP 比重,2019、2020、2021 和 2022 年分别为 36.2%、38.6%、39.8%和 41.5%;同时期同口径美国数字经济增加值占 GDP 比重分别为 61.0%、65.0%和 65.6%(无 2022 年数据)。而据 BEA 测算,2019、2020、2021 年美国数字经济增加值占 GDP 比重分别为 9.6%、10.2%和 10.3%,这与中国国家统计局内部测算的数字经济核心产业增加值结果基本

一致。

表 2 中美数字经济增加值占 GDP 比重(%)

名称	2019 年		2020 年		2021 年		2022 年	
	中国	美国	中国	美国	中国	美国	中国	美国
中国信通院	36.2	61.0	38.6	65.0	39.8	65.6	41.5	
BEA		9.6		10.2		10.3		

二、系统设计数字经济指标

统计指标是连接统计数据和研究对象之间的桥梁和纽带。为了全面反映数字经济发展的速度、规模、结构和效益等方面情况，中国国家统计局坚持客观、全面、可比和可操作的原则，对数字经济统计指标体系进行系统设计。力求选取的指标在普遍意义上反映数字经济的发展水平，能够全面覆盖数字经济发展各领域各行业情况。指标之间既相互独立又密切关联，形成逻辑严谨的完整指标体系。同时，又充分借鉴其他国家和国际组织已有的研究成果，确保统计指标具有国际可比性。此外，我们还结合统计核算工作实际，统筹考虑统计指标的必要性和数据的可获得性，对于目前不具备收集数据条件或没有纳入 GDP 核算的指标，例如免费的数字内容服务等，暂不纳入数字经济统计指标体系。

中国数字经济统计指标体系框架由四个纬度、三个层级的若干统计指标构成。第一个维度是数字经济发展规模，也是第一层级指标，是整体评价数字经济发展情况的综合性指标。该维度下的主要指标有数字经济增加值、数字经济核心产业增加值、数字经济企业单位个数、数字经济从业人员、数字经济单位固定资产投资额、数字经济单位收入、成本和利润等。第二个维度是数字经济基础设施，包括信息网络基础设施、新兴领域配套基础设施和传统基础设施智能化改造建设三个方面。该维度下的主要指标有：5G 基站数、光缆线路长度、IPv6 地址数、浮点运算能力、固定宽带下载速度、移动通信网络下载速度、智慧交通设施、新能源设施等。第三个维度是数字技术创新，反映创新要素聚集优势和技术前沿领域发展情况。该维度下的主要指标有企业 R&D 投入强度、数字经济相关领域 R&D 人员数量、企业数字化研发设计工具普及率、企业关键工序数控化率、核心产业发明专利授权量等。第四个维度是数字化应用，反映国民经济各行业各领域数字化转型推进情况。该维度下的主要指标有：农业、工业、建筑业、批零住餐业、教育、卫生、政府部门等国民经济行业和重要领域数字化应用情况，具体包括智能灌溉面积、数字化车间、电子商务交易、远程医疗人数、远程教育人数、在线政务服务等,此外还设计了5G移动电话用户数、千兆宽带接入用户数、宽带用户普及率、互联网普及率等家庭和个人数字化应用指标。

表3　中国数字经济统计监测指标体系

维度(一级指标)	二级指标	三级指标
产业发展规模	数字经济规模	数字经济及其核心产业增加值
	数字经济单位数量和从业人数	数字经济企业单位个数、数字经济从业人员数
	数字经济经营情况	数字经济总收入、成本、利润
	固定资产投资	数字经济固定资产投资完成额
基础设施建设	网络基础设施	5G基站数、光缆线路长度、IPv6地址数
	算力基础设施	浮点运算能力、固定宽带下载速度、移动通信网络下载速度等
	融合基础设施	传感器数量、充电桩数量
数字技术创新	数字创新投入	R&D投入强度、R&D人员数量、数字化研发工具普及率、关键工序数控化率
	数字创新产出	发明专利申请数、发明专利授权数、新产品销售收入
数字化应用	农业数字化应用	农机作业面积,智能灌溉面积,自动化畜禽养殖数量,远洋捕捞产量
	工业和建筑业数字化应用	数字化车间、工业机器人、智能建造工程项目合同额、算力基础设施建设总产值
	批零住餐业数字化应用	通过自建网站或APP实现的电子商务销售额、电子数据交换(EDI)类型的商品或服务销售额
	教育数字化应用	上网课程数,多媒体教室数
	医疗卫生业数字化应用	远程诊疗医院数、远程诊疗人次数
	政府数字化应用	法院在线调解数、法院在线立案数、在线政务服务
	家庭数字化应用	5G移动电话用户数、千兆宽带接入用户数

OECD数字经济统计测算指标体系从“智能基础设施”“创新能力”“社会推进”“促进经济增长与增加就业岗位”4个维度展开,与中国指标体系大体一致。例如,OECD指标体系中的“智能基础设施”相当于我国指标体系中的“数字经济基础设施”“创新能力”相当于我国指标体系中的“数字技术创新”,“社会推进”相当

于我国指标体系中的“数字化应用”,“促进经济增长与增加就业岗位”大致相当于我国指标体系中的“数字经济发展规模”。但在具体指标的设置上存在差异,例如,OECD 没有设置“数字经济增加值”来综合反映数字经济发展规模,而是通过“ICT 产业增加值”“ICE 相关产业增加值”“数字密集型产业增加值”等分项指标协同反映。

三、全面收集数字经济数据

收集统计指标数据首先要明确向谁采集,换句话说就是要找到相应的统计单位或者调查对象。由于数字经济活动的界定与划分是基于国民经济行业分类的,因此,数字经济的统计单位或调查对象也就是我们常规国民经济统计的基本单位。尽管数字经济深入渗透到国民经济各行各业,但并不是所有经济统计的企业单位都是数字经济的统计调查对象。我们首先要从全国近 4000 万的除农业以外的第二、第三产业企业法人单位中找出符合数字经济特征的统计调查对象,然后再根据这些调查对象从事数字经济活动的具体情况采用不同的方法来收集相关统计数据。

第一步,将企业单位信息化调查结果,即企业单位信息化管理、数字化转型、网站建设、电子商务以及物联网、云计算、人工智能技术应用等信息,与统计基本单位名录库对接,对每个第二、第三产业企业是否从事数字经济活动以及从事何种数字经济活动赋予相关标识。第二步,对于从事数字产品制造业、数字产品服务业、数字技术应用业、数字要素驱动业等 4 大类核心产业的企业单位,直接利用已有常规调查结果,不再开展新的调查。其中,仅有部分活动属于数字经济的企业,例如,电线电缆制造业企业,其产品既有属于数字经济范畴的“用于声音、文字、图像等数字内容传播”的电线电缆,也有普通电线电缆产品,还要利用其销售收入的分项数据测算相关数字经济指标数据。诸如此类的还有新闻业企事业单位,也要按照相同的办法测算其数字经济的相关指标数据。第三步,对于从属于第 5 大类,即数字化效率提升业的调查对象,涉及国民经济行业分类的 91 个大类、1256 个小类,其中农业、金融业、教育、医疗、快递、法律服务等相关数字经济指标数据要通过有关部门的统计资料和部门行政记录资料获取。其他第二、第三产业企业数字化效率提升情况,要开展补充调查,并参考企业单位 ICT 从业人员工资占比情况,测算相关数字经济指标数据。

推进数字经济统计监测已成为当前全球统计界关注的焦点和政府统计工作的重点,也是提升国家政府统计能力建设的重要方面。在这方面虽然我们取得了一些进展，但在数字经济特别是产业数字化基础数据收集方面仍有很大难度，在数据资产、免费产品和服务的核算方面还有很多难题亟待破解，因此加强和改进数字经济统计监测是一项长期的任务。中国国家统计局要在巩固和拓展现有工作成果的基础上，不断丰富完善政府统计调查基础数据，加强双边、多边国际交流合作，与世界各国特别是东盟国家一道合力推动数字经济统计核算取得新成效，为推进全球数字化转型，推动国家治理体系和治理能力现代化提供有力支撑。

美国数字经济核算实践及其与我国的比较

谷亚丽[①]

近年来，数字技术持续快速发展，数字经济对国民经济的拉动作用不断增强，许多国家将数字经济发展列入重要发展战略议程。经济合作和发展组织（OECD）提出“走向数字化”的国际议题，明确数字经济促进宏观经济增长和福利提升的战略地位。美国等发达经济体也将数字经济作为发展战略的重点。在我国，伴随着数字技术的迅速发展及其与传统经济的不断融合，数字经济已经成为推动我国经济增长和高质量发展的“新引擎”。党的二十大对加快建设数字中国作出重要部署。《“十四五”规划纲要》明确将数字经济核心产业增加值占 GDP 比重作为衡量经济社会发展的重要指标。

作为全球最大的两个经济体，中美数字经济发展状况的国际比较受到各界关注。本文将从数字经济统计核算的角度对比研究中美数字经济核算的概念界定、核算范围、核算方法和数据结果。同时，结合我国数字经济核算现状，探讨美国数字经济核算实践对我国的启示。

一、美国数字经济核算

美国在 2018 年发布了名为《数字经济的定义与测度》(Definingand Measuring the Digital Economy)的工作报告，对数字经济概念界定和核算方法进行了较为详细的介绍。此后每年会进行更新，扩展核算范围，完善核算方法，拓展资料来源，修订并发布历史数据等。最新的报告是 2022 年 11 月发布的《更新的数字经济测度》，此次报告美国将数字经济活动分类由原来的三大类扩展为四大类，并重新测度了 2005—2021 年美国数字经济数据。

（一）概念界定

美国在经济合作与发展组织（OECD）数字经济概念框架下，对数字经济进行

① 作者简介：谷亚丽，国家统计局国民经济核算司产业核算处处长。

界定。美国数字经济定义为以信息通讯技术(ICT)为依托,以数据为重要生产要素,以互联网为重要载体的经济活动。但是,由于数字技术的不断进步,数字经济的概念范围也会随之变化。理想情况下,数字经济的定义是开放式的,可以根据经济发展变化不断进行更新。

(二)核算范围

美国数字经济核算范围包括四个类别的生产活动:一是基础设施;二是电子商务;三是付费的数字服务;四是政府数字服务(非国防)。

1. 基础设施。基础设施是数字经济的基础,指支撑计算机网络和数字经济存在和运行的基本物理材料、组织结构和建筑物,主要是与ICT相关的货物和服务生产活动。具体包括三类:①硬件,也就是构成计算机系统的物理元器件,如显示器、硬盘驱动器和半导体等;②软件,即个人计算机和商用服务器等设备使用的程序和其他操作信息,既包括企业为销售营利而开发的软件,也包括企业内部开发自用的软件;③建筑物,指数字经济生产者提供数字货物和服务时所需的建筑物以及为数字产品提供支撑服务的建筑物,例如数据中心,半导体装配工厂,光导纤维电缆安装间等。在实际测算中,美国包括了几乎全部的与①硬件和②软件相关的生产活动,对于"③建筑物",虽然概念界定是清晰明确的,但由于基础资料难以获得,目前尚未对其开展测算。

2. 电子商务。指基于计算机网络进行的交易活动,通过在计算机网络上发起订单和接受订单而实现。具体包括:①企业对企业的电子商务(B2B),主要是制造商、批发商和其他企业通过电子交易方式购买的货物和服务;②企业对消费者的电子商务(B2C),使用互联网等电子途径进行的企业与消费者之间的货物和服务交易,又称为零售电商。实际测算中,包括了美国制造业、批发业、零售业和服务业等行业从事的所有电子商务活动。

3. 付费数字服务。包括云服务,通信服务、互联网和数据服务、数字平台服务、其他付费服务。具体来看:①云服务,指基于数字资源,可以通过灵活、按需的方式访问并提出服务请求的云计算服务,服务内容包括远程和分布式托管、存储、计算和安全服务等;②通信服务,指通过电缆、广播、卫星等方式远程传播信息的服务;③互联网和数据服务,包括支持数字经济运行的服务,例如计算机维修服务和数字咨询服务等;④数字平台服务,通过数字平台提供交易信息并精确匹配买卖双方的服务,收取中介费用,例如行车调度,住宿租赁、闪送快递、食品外卖服务等;⑤其他付费服务,除上述服务之外的,所有其他付费数字服务。实际测算中,由于基础资料所限,尚未对"④数字平台服务"这部分内容开展核算。

4. 政府数字服务(非国防),政府机构提供的非国防性质数字服务。目前美国选择了联邦通信委员会(FCC)、国家电信和信息管理局(NTIA)、教育部教育技术办公室和美国数字服务局共四个政府部门提供的公共服务作为政府数字服务的核算范围。

美国数字经济核算范围根据经济发展和基础资料情况不断调整和扩展。梳理美国 2018—2022 年数字经济报告,可以发现美国数字经济核算范围由早期的三个类别:基础设施、电子商务和数字媒体,扩展为现在的四个类别:基础设施、电子商务、付费数字服务和政府数字服务。其中电子商务核算范围也进行了扩展,早期美国电子商务测算范围只包括北美行业分类(NAICS)中的 B2B 电子商务(425110)、电子购物(454111)和电子拍卖(454112)三个小类,后面逐渐扩展为企业对企业的电子商务(B2B)、企业对消费者的电子商务(B2C)和消费者对消费者的电子商务(P2P),自 2021 年起,又将 P2P 即数字平台服务归入付费数字服务大类中。另外"通信服务"早期是在第一大类基础设施中,后来调整至第三大类付费数字服务类别中,主要考虑是通信服务与计算机信息服务有关,并且向消费者收取费用。

(三)核算方法

美国数字经济核算是在供给使用表基础上分三个步骤开展的。第一步,界定数字经济范围,美国以 ICT 为起点定义数字经济概念范畴;第二步,确定数字产品[①],根据数字经济概念在供给使用表的 5000 多种产品分类中依靠专家分析选择约 300 种数字产品(产品部门)类别,作为数字经济的实际测算范围;第三步,确定数字经济行业,运用供给使用表确定生产数字产品的行业,测算产出,并假设数字行业增加值率与全行业增加值率相同,利用增加值率法计算增加值。对于第三步测算,需要说明的是,测算"部分数字化"行业(即行业对应部分是数字产品,部分是非数字产品)需要寻找比例系数提取其中数字化活动。例如汽车轮胎批发服务,其中包含了线上批发活动,属于数字产品,也包含线下实体店传统批发活动,不属于数字产品,这种情况就需要通过更多相关基础资料,获得其中线上活动的比例。下面以在传统批发零售业中提取电子商务活动为例,具体介绍其美国电子商务核算方法。

电子商务核算,美国是依据人口普查局的年度零售贸易调查(ARTS)和年度批发贸易调查(AWTS)资料,获得电子商务销售额占批发零售业销售额的比例系

① 文中产品包括货物和服务。

数,利用比例系数测算传统批发零售业中电子商务活动产出。以零售为例,美国通过年度零售贸易调查(ARTS),获得在北美行业分类(NAICS)三位码类别上的美国零售销售额和其中电子商务销售额数据,计算零售业电子商务销售额占零售业销售额的比例系数,将这个比例系数乘以传统零售业产出,计算得到传统零售业中电子商务产出数据。

(四)数据结果

根据美国网站显示,2021 年美国数字经济增加值 2.4 万亿美元,占 GDP 的比重 10.3%。

1. 从总量看,2021 年美国数字经济增加值占 GDP 比重 10.3%,与美国 GDP 门类行业增加值相比较,仅次于传统行业房地产(12.6%)、政府(12.1%)、制造业(10.7%),但高于金融和保险业(8.4%)等其他行业(见图 1)。

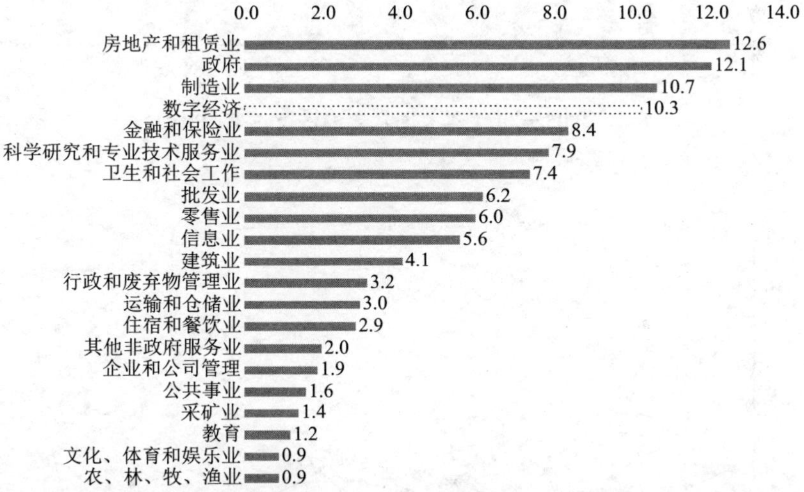

图 1　2021 年美国数字经济及其他行业占 GDP 比重(%)

资料来源:美国 BEA 网站。

数字经济增加值总量不断扩大,在 GDP 中占比不断提高。2005—2021 年,数字经济增加值从 1 万亿美元增长到 2.4 万亿美元,数字经济增加值占 GDP 的比重从 7.8%上升至 10.3%(见图 2)。

2. 从增速看,2021 年,美国数字经济增加值较上年同期增长 9.8%,高于 2021 年美国 GDP 增速(5.9%)3.9 个百分点。2005—2021 年,数字经济增加值增速均高于同期 GDP 增速(见图 3)。2005—2021 年数字经济增加值平均增速为 6.6%,较 GDP 平均增速 1.7%高出 4.9 个百分点,数字经济的快速增长缓解了美国在

2008 年和 2009 年经济衰退期间 GDP 的下滑。

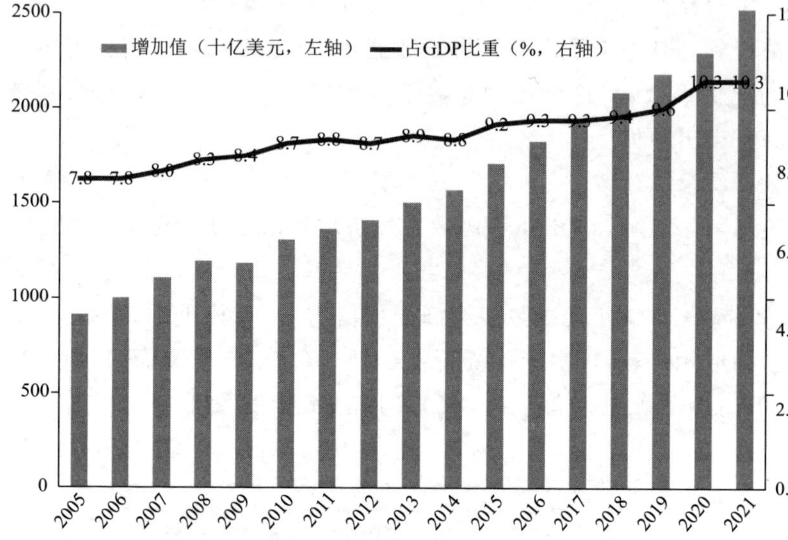

图 2　2005—2021 年美国数字经济及占 GDP 比重

资料来源：美国 BEA 网站。

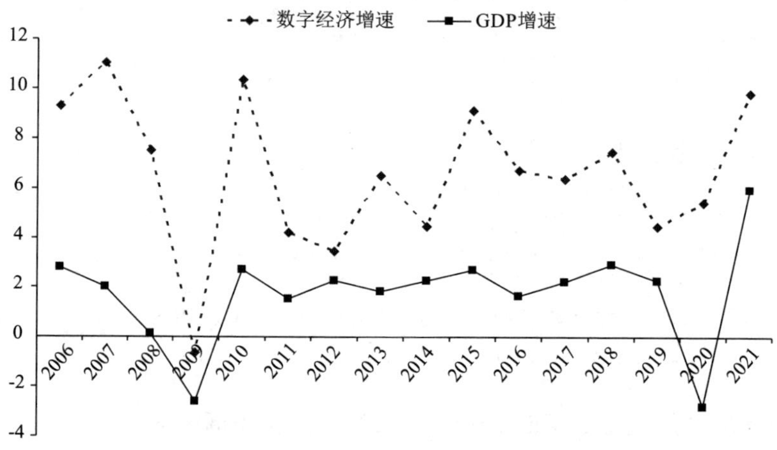

图 3　2005—2021 年美国数字经济增加值增速(%)

资料来源：美国 BEA 网站。

3. 从内部构成看，数字经济的四个活动大类中，2021 年付费数字服务占数字经济增加值比重最高，为 39.0%，基础设施占比为 37.8%，电子商务占比为 23.2%，政府数字服务占比为 0.01%(见图 4)。

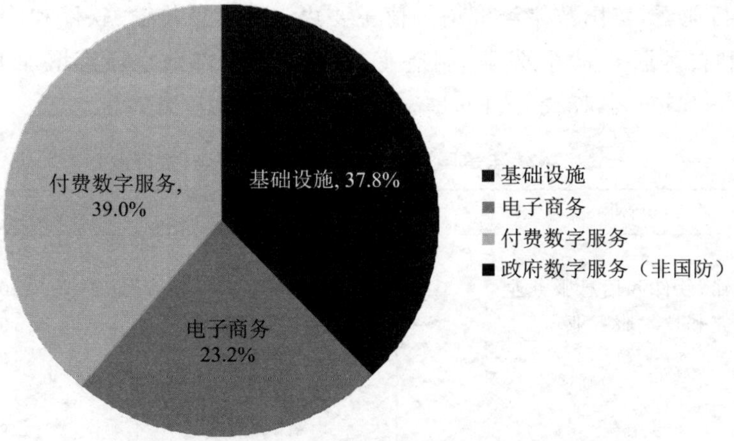

图 4　2021 年美国数字经济四个大类构成情况

资料来源：美国 BEA 网站。

4. 从发展趋势看，电子商务、软件、云计算服务占比持续上升，硬件和电信服务占比逐步回落。2005—2021 年，随着技术变革和数字经济发展，软件、电子商务、云计算服务占数字经济增加值的比重不断提高。电子商务增加值占数字经济增加值的比重由 15.3%提高至 23.2%，提高了 7.9 个百分点；软件增加值占比由 17.8%提高至 24.9%，提高了 7.1 个百分点；云计算服务增加值占比由 0.1%提高至 4.4%，提高了 4.3 个百分点（见表 1）。

表 1　美国数字经济增加值构成情况(%)

序号	类别	2005 年	2021 年	变化
1	数字经济	100.0	100.0	0.0
2	基础设施	40.1	37.8	−2.3
3	硬件	22.3	12.9	−9.4
4	软件	17.8	24.9	7.1
5	建筑物	…	…	…
6	电子商务	15.3	23.2	7.9
7	B2B	12.7	15.3	2.6
8	B2C	2.6	7.9	5.3
9	付费数字服务	44.6	39.0	−5.6
10	云服务	0.1	4.4	4.3
11	电信服务	29.1	17.8	−11.3
12	网络和数据服务	6.3	4.4	−1.8
13	数字平台服务	…	…	…
14	其他付费数字服务	9.1	12.3	3.2
15	政府数字服务(非国防)	0.0	0.01	0.0

5. 从行业看,美国数字经济增加值主要集中在信息传输、软件和信息服务业,科学研究和技术服务业,批发业,制造业,零售业占全部数字经济增加值的比重分别为 40.9%,19.5%,18.8%,10.1%,8.2%(见表 2)。

表 2　2021 年美国数字经济增加值数据表(按行业)　　(百万美元,%)

行业	增加值	占比
数字经济	2408072	100.0
信息传输、软件和信息服务业	984470	40.9
科学研究和技术服务业	470368	19.5
批发业	453681	18.8
制造业	243288	10.1
零售业	196335	8.2
其他行业	59930	2.5

资料来源:美国 BEA 网站。

二、我国数字经济核算概述

近年来,随着我国数字经济的蓬勃发展,国家统计局对数字经济的概念分类、调查和核算方法进行深入研究,开展了一系列统计核算实践,并取得了一些进展。

(一)概念界定

2021 年,国家统计局印发《数字经济及其核心产业统计分类(2021)》(以下简称《分类》),《分类》指出数字经济是指以数据资源作为关键生产要素、以现代信息网络作为重要载体、以信息通信技术的有效使用作为效率提升和经济结构优化的重要推动力的一系列经济活动。数字经济紧扣数据资源 、现代信息网络和信息通信技术三个要素,生产活动中具备至少一个要素即界定为数字经济活动。

(二)核算范围

我国数字经济核算以《分类》为依据,包括五个大类:01 数字产品制造业,02 数字产品服务业,03 数字技术应用业,04 数字要素驱动业,05 数字化效率提升业。其中,01—04 类属于数字经济核心产业,是指提供数字货物、数字服务、数字基础设施和解决方案的各类经济活动,以及完全依赖于数字技术、数据要素而进行生产的各类经济活动。05 类属于数字经济融合产业,是指应用数字技术和数据资源为传统产业带来的产出增加和效率提升,是数字技术与实体经济的融合。与美国数字经济核算范围相比,我国的数字经济核算范围更广,包含通过数字投入得到显著增强的经济活动,即数字技术与传统产业融合部分,而美国并未对数字技术融合的行业进行一一识别。

我国数字经济分类在《国民经济行业分类(GB/T4754－2017)》基础上制定,美国数字经济分类在北美行业分类(NISIC)基础上制定,为了对比研究中国和美国数字经济核算范围,我们将美国数字经济对应的NISIC行业和我国数字经济对应的国民经济行业分类,分别与国际标准产业分类(ISIC)在小类层面进行一一对照,在统一的ISIC基础上开展中国和美国数字经济核算范围比较(见表3和表4)。

表3　美国数字产品对应行业代码及其与ISIC对照

序号	产品名称	对应北美行业分类代码	与ISIC对照
1	半导体制造设备	333242	2829
2	半导体制造设备部件	333242	2829
3	数字电子印前系统和部件,包括彩色/黑白扫描仪、数字转换器、记录器	33329N	2815/2819/2822/2823
4	其他通用机械制造,他处未列明的修理活动	33399P	2819 *
5	多用户的主计算机(大型机/服务器、超级计算机、中级系统机、UNIX服务器、个人机服务器)	334111	2620
6	单用户计算机－微处理器主板、可驱动外设(个人计算机、工作站、便携计算机)	334111	2620
7	其他计算机,包括阵列式之类的模拟机、混合机、特殊用途机	334111	2620
8	未分类的电子计算机,总数	334111	2620
9	计算机存储设备(不包括零部件、附配件)	334112	2620
10	计算机存储设备的零部件、附配件	334112	2620
11	计算机存储设备,不按种类指定,总数	334112	2620
12	输入设备	334113	3575/3577/3578
13	击打式打印机	334113	3575/3577/3578
14	非击打式打印机	334113	3575/3577/3578
15	数字相机	334113	3575/3577/3578
	……	……	……
	……	……	……
	……	……	……
281	计算机培训学校的免税收入	61142N	8549
282	计算机培训学校(应税)	61142P	8549
283	直接出售(应税)计算机培训学校知识产权原创作品(应税)	61142P	8549
284	计算机培训学校知识产权使用权的许可(应税)	61142P	8549
285	其他技工学校(应税)	61159P	8549
286	用户电子产品的维修和保养	811210	3313/9512/9521
287	电脑及办公设备的维修保养	811210	3312/3313/9511
288	通信设备的维修保养	811210	3313/9512/9521
289	二手计算机硬件、软件和用品	961100	4774
290	二手计算机设备	961100	4774
291	二手电视	962000	4774
292	二手通信设备	962000	4774

表 4 我国数字经济核心产业统计分类及其与 ISIC 对照

大类	中类	小类	名称	说明	国民经济行业代码	与 ISIC 对照
★01			数字产品制造业			
	101		计算机制造			
		10101	计算机整机制造	指将可进行算术或逻辑运算的中央处理器和外围设备集成计算整机的制造,包括硬件与软件集成计算机系统的制造、来件组装计算机的加工	3911 计算机整机制造	2620
		10102	计算机零部件制造	指组成电子计算机的内存、板卡、硬盘、电源、机箱、显示器等部件的制造	3912 计算机零部件制造	2620
		10103	计算机外围设备制造	指计算机外围设备及附属设备的制造,包括输入设备、输出设备和外存储设备等制造	3913 计算机外围设备制造	2620
		10104	工业控制计算机及系统制造	指一种采用总线结构,对生产过程及机电设备、工艺装备进行检测与控制的工具总称;工控机具有重要的计算机属性和特征,如具有计算机 CPU、硬盘、内存、外设及接口,并有操作系统、控制网络和协议、计算能力、友好的人机界面;工控行业的产品和技术非常特殊,属于中间产品,是为其他各行业提供可靠、嵌入式、智能化的工业计算机制造	3914 工业控制计算机及系统制造	2620
		10105	信息安全设备制造	指用于保护网络和计算机中信息和数据安全的专用设备的制造,包括边界安全、通信安全、身份鉴别与访问控制、数据安全、基础平台、内容安全、评估审计与监控、安全应用设备等制造	3915 信息安全设备制造	2620
			……	……	……	……

续表

大类	中类	小类	名称	说明	国民经济行业代码	与ISIC对照
			……	……	……	……
			……	……	……	……
★04	406	40600	数据资源与产权交易	指对数据资源与数字产权的交易活动	7213 * 资源与产权交易服务	7020
	407		其他数字要素驱动业			
		40701	供应链管理服务	指基于现代信息技术对供应链中的物流、商流、信息流和资金流进行设计、规划、控制和优化，将单一、分散的订单管理、采购执行、报关退税、物流管理、资金融通、数据管理、贸易商务、结算等一体化整合的服务	7224 供应链管理服务	7020
		40702	安全系统监控服务	指各类安全系统监控服务活动，包括消防报警系统监控服务、治安报警系统监控服务、交通安全系统监控服务和其他安全系统监控服务。不包括公安部门的活动和消防部门的活动	7272 安全系统监控服务	无对应
		40703	数字技术研究和试验发展	指大数据、互联网、物联网、人工智能、VR/AR、边缘计算、异构计算、工业视觉算法等新兴计算关键技术，SDN(软件定义网络)、网络切片等关键技术研究应用，以及量子通信和其他数字技术的研发与试验发展活动	7320 * 工程和技术研究和试验发展	7210

通过对比研究发现，我国的01数字产品制造业大类和03数字技术应用业中的软件开发中类与美国的基础设施类别大致对应；我国的02数字产品服务业中数字产品批发零售业、04数字要素驱动业中的互联网批发零售业中类和05数字效率提升业中数字化批发、数字化零售两个小类与美国电子商务大致对应；我国03数字技术应用业、04数字要素驱动业（除软件开发和互联网批发零售业两个中类外）与美国付费数字服务大致对应；我国05数字效率提升业中数字政府中类的一部分活动与美国政府数字服务大致对应（见表5）。

表5　我国与美国数字经济分类对应情况

我国数字经济类别		美国数字经济类别
01.数字产品制造业	0101 计算机制造	基础设施
	0102 通讯及雷达设备制造	
	0103 数字媒体设备制造	
	0104 智能设备制造	
	0105 电子元器件设备制造	
	0106 其他数字产品制造业	
02.数字产品服务业	0201 数字产品批发	电子商务（部分）
	0202 数字产品零售	
	0203 数字产品租赁	付费数字服务
	0204 数字产品维修	
	0205 其他数字产品服务业	
03.数字技术应用业	0301 软件开发	基础设施
	0302 电信、广播电视和卫星传输服务	付费数字服务
	0303 互联网相关服务	
	0304 信息技术服务	
	0305 其他数字技术应用业	
04.数字要素驱动业	0401 互联网平台	
	0402 互联网批发零售	电子商务
	0403 互联网金融	付费数字服务
	0404 数字内容与媒体	
	0405 信息基础设施建设	基础设施
	0406 数据资源与产权交易	付费数字服务
	0407 其他数字要素驱动业	

续表

我国数字经济类别		美国数字经济类别
05.数字化效率提升业	0501 智慧农业	无
	0502 智能制造	
	0503 智能交通	
	0504 智慧物流	
	0505 数字金融	
	0506 数字商贸	
	0507 数字社会	
	0508 数字政府	政府数字服务
	0509 其他数字化效率提升业	无

(三)核算方法

我国数字经济核算依据《分类》和统计监测制度,利用统计调查资料开展数字经济核算。

数字经济核心产业核算。目前,国家统计局根据《分类》确定了数字经济核心产业范围,研究制定了我国数字经济核心产业增加值核算方法,并开展了数字经济核心产业增加值数据测算,数据结果尚未公开发布。数字经济核心产业是对划分全社会经济活动的国民经济行业分类中符合数字经济核心产业特征的活动的提取和再分类,数字经济核心产业分类的小类项都对应着行业分类的小类项。数字经济核心产业对应于《国民经济行业分类》中的 26 个大类、68 个中类、126 个小类。在开展数字经济核心产业增加值核算时,是基于国民经济行业小类开展增加值核算。根据基础资料状况,主要采用收入法、增加值率法、比例系数法、相关指标增速推算法等多种方法进行核算。

数字经济融合产业核算。国际上对数字经济融合产业核算的概念界定、资料来源和核算方法的文献都很少,也尚未有官方统计机构发布数据和方法。我国国家统计局是较早开展探索研究的官方统计机构,我们结合中国实际,以《分类》为基础,探索以数字产品为出发点,与国民经济行业相对应来确定核算范围,从行业角度采用生产核算方法进行产出和增加值的测算。

(四)核算结果

《"十四五"数字经济发展规划》中提到,2020 年我国数字经济核心产业增加值占 GDP 比重 7.8%,与美国 2020 年数字经济增加值占 GDP 的比重为 10.2%相比,我国占比较美国低 2.4 个百分点。

三、结论与启示

通过对比研究美国与我国数字经济概念分类、核算范围和核算方法等，得出如下主要结论和启示。

（一）国际比较时要注意口径范围差异与变化

中美数字经济国际比较要准确了解范围口径差异。美国数字经济核算范围会随着数字经济的发展变化进行修订，在美国2019发布的数字经济报告中显示，2017年美国电子商务和数字媒体现价总产出为3156亿美元，2021年数字经济报告中又指出，随着电子商务核算范围的扩展，美国修订2017年美国电子商务总产出为7838亿元，远超之前的估计值。目前我国数字经济核心产业与美国数字经济范围大体一致，但是随着美国数字经济核算范围的不断扩展，今后在进行中美数字经济相关统计数据比较时，准确了解双方数字经济及其构成项目的范围口径及其变化情况就非常重要，否则可能会得出错误的结论。

（二）加强对电子商务、云计算等重点领域统计核算

电子商务、云计算等是我国发展数字经济，建设数字中国的重点领域，也是国际比较的重要方面，美国将这些重点领域进行单独列示。目前我国《分类》是按行业角度进行分类，并未按领域进行分类。为了更好服务我国国家发展战略，可以对电子商务、云计算等重点领域开展统计核算工作，全面地反映数字经济各重点领域对宏观经济的贡献。

（三）研究制定我国数字经济产品分类目录

从美国实践看，开展数字经济统计核算的关键是确定数字经济产品目录，通过制定数字经济产品目录，可以清晰界定数字经济概念和口径范围。但是我国目前尚未制定数字产品目录，《分类》是在现行国民经济行业分类基础上，按照数字经济的概念重新组合形成数字经济统计分类标准，这种方式一定程度上会造成数字经济范围口径不够清晰，在开展调查时，对企业判定经营活动是否属于数字经济活动带来困难。建议参照联合国颁布的《主要产品分类目录（2010）》（CPC2.0版）和我国《统计用产品分类目录（2010）》，制定我国数字经济产品目录。同时，在此基础上，进一步完善我国数字经济统计分类标准，为数字经济统计核算提供基础支撑。

数字经济融合产业统计探索

刘晓燕　高雅洁　冯志方[①]

随着新一代信息通信技术快速融合创新，数字化、网络化、智能化在经济社会各领域加速渗透，数字经济正成为推动经济高质量发展的重要驱动力。为科学界定数字经济统计范围，满足数字经济统计需要，2021年国家统计局公布《数字经济及其核心产业统计分类(2021)》，并开展数字经济统计监测相关工作，特别是针对数字经济融合产业，通过深入研究数字技术与实体经济融合特点，调研典型企业，实施重点调查，进行了有益探索。

一、数字经济融合产业相关概念

(一)数字经济融合产业的概念

《数字经济及其核心产业统计分类(2021)》基于《国民经济行业分类》(GB/T 4754—2017)同质性原则，对国民经济行业分类中符合数字经济产业特征的和以提供数字产品(货物或服务)为目的的相关行业类别活动进行再分类，并给出了数字经济相关的概念界定和分类范围。

数字经济是指以数据资源作为关键生产要素、以现代信息网络作为重要载体、以信息通信技术的有效使用作为效率提升和经济结构优化的重要推动力的一系列经济活动。分类将数字经济产业范围确定为：01数字产品制造业、02数字产品服务业、03数字技术应用业、04数字要素驱动业、05数字化效率提升业等5个大类。

数字经济核心产业是指为产业数字化发展提供数字技术、产品、服务、基础设施和解决方案，以及完全依赖于数字技术、数据要素的各类经济活动，分类中01—

① 作者简介：刘晓燕，国家统计局服务业调查中心副主任。
高雅洁，国家统计局服务业调查中心新型经济处处长。
冯志方，国家统计局服务业调查中心新型经济处干部。

04 大类为数字经济核心产业。

数字经济融合产业是产业数字化部分，指应用数字技术和数据资源为传统产业带来产出增加和效率提升，是数字技术与实体经济的融合。分类中 05 大类为数字经济融合产业，从分类可以看出，数字经济融合产业包括数字经济核心产业以外的所有产业。

（二）数字技术的概念

数字技术是指借助一定的设备将各种信息转化为电子计算机能识别的二级制数字后进行运算、加工、存储、传送、传播、还原的技术，可以泛指包括移动互联网、物联网、大数据、云计算和人工智能等在内的诸多技术。与其相关的概念还有信息化技术和数字化技术。信息化技术则包括处理、存储、传输和管理信息的各类技术，比如传感技术、通信技术和计算机技术。数字化技术通常是指 5G、工业互联网、物联网、云计算、车联网、大数据、人工智能、区块链等新一代信息通信技术。从概念上看，数字化技术和信息化技术侧重点虽有不同，但在应用层面，二者相辅相成、密不可分的。信息化技术的发展，使得信息能够以数字化的形式存储、计算、编码、传输，从而形成数字资源，在这个过程中信息化技术和数字化技术环环相扣，为数字经济发展提供技术基础。因此，本文认为应用了数字化技术、信息化技术的经济活动都应属于数字经济相关活动，为便于表述，将二者统称为数字技术。

二、数字技术与实体经济融合的特点

（一）数字技术应用不断深入

传统产业应用数字技术是动态发展过程。随着数字技术的不断发展，企业数字化转型按照信息数字化、数据要素化、数据驱动赋能等三个阶段循序渐进、逐步推进。企业普遍认识到发展数字经济是大势所趋，尽管数字化转型进程参差不齐，但调研的企业均已通过基础设施信息数字化、生产过程信息数字化、经营管理信息数字化等方式，建立企业较为完整的数据库，进入甚至完成信息数字化的起步阶段。同时，调研的一部分企业已进入到数据要素化的重要阶段，这些企业将数据作为生产要素，与劳动力、资本、土地、技术等其他生产要素一起发挥作用，利用数据要素创造价值、实现效益。还有的企业充分认识数字经济的重要意义，进入到数据驱动赋能阶段。不仅利用数据实现企业创收，还利用数据赋能传统经济发展，为社会创造更多的财富和价值。

(二)数字技术应用场景多样化

传统产业生产经营特点存在明显差异,不同行业不同类型企业数字技术应用场景呈现不同特点。从服务业企业数字技术应用情况看,交通运输、仓储和邮政业企业使用车联网、RFID射频识别标签、大数据平台实时跟踪人员车辆和运输物品、开展电子商务获取在线订单并提供服务。信息传输软件和信息技术服务企业自建电商平台撮合交易、利用大数据和区块链技术保障数字版权。科学研究和技术服务业企业应用各类信息化系统提升内部管理效率、为客户提供数字技术产品和服务,如智能工厂解决方案。文化体育和娱乐业企业利用互联网创作数字内容作品、培养达人主播开展直播业务、通过第三方电商平台实现线上交易。租赁和商务服务业中,人力资源服务企业利用人力资源管理系统实现业务线上办理。安全保护服务企业利用物联网实现设备设施联网,利用云服务平台实时远程监控并提供远程+现场服务。旅游企业利用第三方电商平台获取在线订单。

多样化、个性化、定制化的技术应用既加大了企业数字化转型的难度,需要企业投入更多资金购买与业务相匹配的技术服务;又增加了数字经济统计监测的难度,难以用单个指标反映不同行业不同类型企业数字化转型进程。

(三)数字技术应用推动企业创新高效运营

传统产业在生产经营活动的多个环节应用数字技术,主要包括三类,一是将数字技术嵌入到传统的机械设备或其他生产资料中,提高企业生产效率。二是利用信息系统实现企业人力、物力和资金等资源数字化,实现研发设计、决策管理、办公管理等经营活动数字化管理,提高企业管理效率。三是利用数字技术开展电子商务,加强企业与上下游客户关系,全程跟踪物流配送,提高企业采购销售效率。

以调研的一家医药企业为例,企业在生产经营活动中应用了24种数字化、信息化系统。第一类管理各类型生产资料的系统有14种,对各项设备数据及运行情况进行采集及监控,实现生产过程的全流程管控。第二类管理经营活动的系统有5种,实现销售、仓库管理、质量、人事、生产管理、财务等各项模块的资源管理,提高研发、办公效率,并打通了各类信息化系统用于深度挖掘分析数据。第三类用于管理采购和销售的系统有5种,通过挖掘分析客户信息精准营销,进行产业链一体化协同管理,并实现运输配送全程跟踪和异常预警。

(四)数字技术助力企业降本增效

传统产业应用数字技术既是应对内外部压力的必要之举,也是实现企业高质量发展、提升竞争力的必由之路。数字经济统计监测工作开展以来,我们调研了8

个行业的23家企业，发现企业均认识到企业数字化转型升级势在必行，多是作为“一把手”工程来抓，自上而下进行推动。企业加强对数字技术的应用，提高企业的效率、创新能力和竞争力。调研的所有企业都高度认可数字化转型给企业带来显著的经济效益，主要表现为产能提升、人均产值提升、产品交检率提升，人力成本下降、生产存货下降、库存资金占用降低。以调研一家制造业企业为例，企业反映智能制造项目实施后，车间现场工人减少60%，产能提升1.5倍，人均产值提升150%，产品一次交检率达95%以上，年降本约1.9亿元。

三、数字经济融合产业统计监测探索

（一）数字经济融合产业的主要调查内容

数字经济融合产业是应用数字技术为传统产业带来产出增加和效率提升，涉及国民经济各个行业。对于数字经济融合产业的统计监测，需要将国民经济各行业中与数字经济相关的部分剥离出来，难点在于剥离系数的测算。目前数字经济统计调查，是调查法人单位数字技术影响的产出情况，对于不同行业，调查指标有所不同。如，工业企业调查数字化生产的产值，服务业企业调查利用数字化、信息化技术取得的营业收入。

（二）数字经济融合产业的统计工作遇到的难点

1. 数字技术相关的指标内涵外延不够明晰

如前所述，数字技术种类繁多，且不断发展变化。企业难以直接确定生产经营中利用的相关技术是否属于调查的“数字化、信息化技术”。一方面，不同行业企业对数字技术的理解存在差异。如在互联网广告、科技服务业等数字化融合程度较深的行业，企业多认为“云计算、物联网、人工智能、VR/AR”等应用算法、消耗算理的技术才是数字技术，而使用互联网或信息技术，仅是解决OTO问题（比如线上客户服务）不应算是数字技术。而货运代理、房地产等数字化融合程度较低的传统行业，只要业务在互联网上进行，即认为利用了数字技术。另一方面，同一行业内部企业对数字技术的理解也存在差异。以物流企业为例，有的企业使用了GPS系统，有的企业使用了物联网技术，二者均属于数字技术，但GPS系统属于较基础的信息化技术，基本所有货车已安装。如果企业利用GPS系统取得的营业收入均纳入统计，则可能会扩大调查的数字经济规模。

2. 分劈利用数字技术取得的营业收入难度大

数字技术应用到企业生产经营的三种类型，仅开展电子商务的收入能够直接体现在营业收入中，而利用数字技术提高生产、经营管理效率进而取得的营业收入则难以确定。

对于利用数字技术开展电子商务，企业通过网站或 APP 实现的销售额均属于利用数字技术取得的营业收入。电子商务是企业借助互联网平台，打通了生产、销售、仓储的各个环节，改变了传统经营方式，应全部纳入数字经济范畴。

对于利用数字技术提高生产或经营管理效率，则需要进一步分劈利用数字技术取得的营业收入。然而，企业分劈利用数字技术取得的营业收入难度较大。例如，调研的一家人力资源服务企业，企业在经营管理中使用了财务管理系统、客户关系管理系统、人力资源管理系统，但这些数字技术主要用于提高管理效率，并不直接产生收入，因此企业在分劈利用数字技术取得的营业收入时难度较大。

（三）数字经济融合产业统计探索

通过对数字经济融合产业统计调查中探索出的工作经验进行梳理总结，发现主要有两类方法，分别是从投入产出角度和确定行业分劈系数角度，能较为有效地测算企业利用数字技术提高生产或经营管理效率进而取得的产出。

1. 投入产出角度

投入产出角度的统计探索：首先假定属于同一行业的数字经济融合产业在投入产出结构上是同质的；数字经济融合产业中数字资本投入与其他资本投入对部门增加值的贡献无差异。进而从企业投入结构入手，计算出企业投入结构中数字化相关投入的比重，最后依据该比重，分劈出企业营业收入中数字化相关营业收入的比重。投入产出角度的统计探索采用以下三个处理步骤：

一是利用企业投入结构表确定数字化相关投入。利用投入产出调查中，各个行业企业投入结构表，确定与数字经济相关投入的各项费用明细。由于各个行业投入结构表包含不同的投入指标，结合各行业数字技术应用情况，确定不同行业数字化相关投入的各项成本费用。主要包括信息技术人员相关的人力成本，以及企业在信息化、数字化建设方面发生的硬件投入、软件投入和信息技术服务投入等。

二是确定数字化相关投入比例。计算数字化相关投入占企业成本费用的比例。结合企业投入结构表，企业成本费用主要包括主营业务成本、销售费用、管理费用、研发费用和财务费用。本文以交通运输业企业为例，列出道路运输业企业投入结构表中数字经济相关投入明细，见表 1。

表 1　道路运输业企业数字经济相关投入明细

指标名称	数字化相关投入
主营业务成本	1. 信息技术人员相关的工资、福利费、住房公积金、住房补贴、社保费、劳务费、差旅费、办公费 2. 数字经济相关的固定资产的折旧费、租赁费、修理费，包括： (1)通信设施、广播电视传输等基础设施 (2)光纤光缆、计算机整机、计算机零部件和外围设备、其他计算机及设备、通信系统设备、通信终端设备、广播电视设备和雷达及配套设备等 IT 系统设备 (3)使用物联网、人工智能、云计算等数字技术控制的交通运输设备、物料搬运设备、电子和电工机械专用设备、其他通用设备等数字化设备 (4)智能消费设备，如可穿戴智能设备、智能车载设备、智能无人飞行器、服务消费机器人及其他智能消费设备 3. 车辆卫星定位费 4. 平台交易服务费 5. 其他成本费用，如软件服务费、信息系统运行维护费
销售费用	1. 信息技术人员相关的工资、福利费、住房公积金、住房补贴、社保费、劳务费、奖金和补贴、年金、工会经费、差旅费、办公费 2. 邮政快递费、电话费、互联网费 3. 平台交易服务费
管理费用	1. 信息技术人员相关的工资、福利费、住房公积金、住房补贴、社保费、劳务费、奖金和补贴、年金、工会经费、差旅费、办公费 2. 邮政快递费、电话费、互联网费 3. 数字技术相关的技术服务费
研发费用	1. 数字技术相关的研发费用
财务费用	1. 数字经济相关的财务费用

三是确定数字经济营业收入。企业依据数字化相关投入比重，分劈出利用数字技术取得的营业收入。

2. 确定行业分劈系数角度

确定行业分劈系数角度的统计探索：首先假定同一行业数字技术应用情况较为接近，依据行业数字化转型进程，确定能够反映行业数字经济发展进程的分劈依据。进而从行业数字技术应用情况入手，确定不同行业数字经济分劈系数，计算出企业数字经济相关营业收入。确定行业分劈系数角度的统计探索采用以下三个处理步骤：

一是进行行业梳理。从行业小类入手,根据各行业小类的类别说明,综合考量各行业小类从事信息技术员工占从业人员平均人数比重、信息化投入占营业成本比重等定量指标,以及信息化管理系统、云计算、物联网、人工智能、工业互联网等数字技术在企业生产经营活动的应用情况等定量指标,确定上述定量指标和定性指标满足哪些条件,企业应填报“利用数字化、信息化技术取得的营业收入”。如某物流企业在物流管理环节使用了物联网技术,用于跟踪产品以及运输车辆,那么该“利用数字化、信息化技术取得的营业收入”指标不应为0。

二是确定分劈依据。发挥各行业主管部门以及行业协会掌握相应行业、领域数字化、信息化标准和进程的优势,结合行业数字技术应用情况,确定不同行业数字经济的分劈系数。以交通运输、邮政和仓储业为例,通过调研我们了解到,有关部门建议道路货运企业利用电商平台取得的营业收入算作数字经济部分,而仅使用数字化、信息化技术但并未改变传统经营方式的情况不应算作数字经济部分。表2为数字经济05大类中智能交通的分劈系数。

表2 智能交通行业梳理

类别	说明	细分行业筛选	分劈依据
智能铁路运输	借助数字化技术和互联网平台进行的铁路安全管理、调度指挥、行车组织、客运组织、货运组织,以及机车车辆、线桥隧涵、牵引供电、通信信号、信息系统的运用及维修养护等活动	531 铁路旅客运输	高速铁路收入 12306 平台交易额
		532 铁路货物运输	95306 平台交易额
		533 铁路运输辅助活动	通信信号运用及维护相关投入比重
智能道路运输	借助数字化技术和互联网平台进行的道路运输、经营及运输维护活动,包括公路智能管理、交通信号联动、公交优先通行控制、智慧停车场等	541 城市公共交通运输	网约车服务 地铁运营收入
		542 公路旅客运输	平台客票交易额
		543 道路货物运输	网约货运服务
		544 道路运输辅助活动	ETC 高速收费比重 智能停车场收费比重
智能水上运输	借助数字化技术和互联网平台进行的水上旅客运输、水上货物运输和水上运输辅助活动,包括智慧港口、数字航道	551 水上旅客运输	平台客票交易额
		552 水上货物运输	智慧航道覆盖率
		553 水上运输辅助活动	自动化码头收入

续表

类别	说明	细分行业筛选	分劈依据
智能航空运输	借助数字化技术和互联网平台进行的航空客货运输、通用航空服务和航空运输辅助活动，包括智慧民航等	561 航空客货运输	平台交易额
		562 通用航空服务	平台交易额
		563 航空运输辅助活动	流量管理系统使用率
其他智能交通	借助数字化技术和互联网平台进行的海底管道运输和陆地管道运输活动，以及由两种及以上的交通工具相互衔接、转运而共同完成的货物复合运输活动以及与运输有关的代理及服务活动	57 管道运输业	智慧管网覆盖率
		58 多式联运和运输代理业	平台交易额

三是确定数字经济营业收入比重。企业依据各行业数字经济分劈依据，推算出利用数字技术取得的营业收入。

四、数字经济融合产业统计下一步方向

随着数字经济统计监测工作从理论走向实践，统计调查、单位认定、数据分劈等工作也需要不断改进和完善，以期探索出做好数字经济统计监测工作的有效方法。

一是研究确定清晰明确的测算依据，尤其是对于仅利用数字技术提高生产或经营管理效率的企业，确定清晰可量化的分劈依据，让企业能够准确理解指标，并能够在其财务报表中确定对应的财务数据。同时，制作填报指南或问题答疑，规范企业填报标准，加大对统计系统人员和企业统计人员的培训力度。

二是进一步研究数字经济渗透协调系数。现有的方法假定数字经济融合产业中数字资本投入与其他资本投入对部门增加值的贡献无差异，然而数据要素具有渗透协同的特点，数据要素通过与劳动、仪器设备等生产要素相结合，提升生产过程中各要素的协同协作能力，提高生产效率。

三是进一步加强数字经济统计研究探索，加大对数字经济相关数据的挖掘力度，深入分析研究我国数字经济发展情况。

数字经济统计监测探索

——以江西省为例

康冬明　刘卫红　陈佳乐[①]

当今世界,新一轮科技革命和产业变革深入发展,全球进入到一个以新产业、新业态、新商业模式为核心的"新经济"时代。以数字经济为代表的经济发展新动能,对经济社会的引领带动作用愈加凸显。江西省委、省政府积极抢抓数字经济发展机遇,培育壮大数字经济,把数字经济发展作为全省高质量发展中具有战略性引领性突破性的重要工作来抓,加快打造数字经济发展高地。江西省统计局积极跟进省委省政府政策,聚焦数字产业化核心内容,自2019年起组织实施数字经济统计监测(调查),出台《数字经济核心产业企业认定办法》,深度分析数字经济发展现状和存在问题,为省委省政府决策提供参考,助力江西数字经济健康有序发展。

一、江西数字经济统计监测工作的探索历程

江西开展数字经济统计监测,从初期探索到自主认定企业评价发展态势经历了三个阶段:探索借鉴、持续优化和自主评价,数字经济统计监测工作更加有序、数据更加精准、成果更加丰富。

(一)探索借鉴阶段

2019年,根据省委省政府的工作部署,江西省统计局开展数字经济统计研究,经过六个步骤,探索形成《江西省数字经济统计调查制度(试行)》,完成基于第四次全国经济普查数据的首次数字经济统计调查,迈出了实施数字经济统计监测的第一步。

---

① 作者简介:康冬明,江西省统计局局党组成员、总统计师。
刘卫红,江西省统计局设计管理与三新统计处处长。
陈佳乐,江西省统计局设计管理与三新统计处副处长。

1. 理论研究。2016 年 G20 杭州峰会发布《二十国集团数字经济发展与合作倡议》,我国首次官方提出数字经济的概念,但时下并没有统一明确的定义,也无法准确概括数字产业化的内涵,统计上也尚未出台相关统计标准。江西省统计局组织开展理论研究,对国家发展数字经济重要文件、江西数字经济发展战略等进行学习,重点研究数字经济核心内涵及其统计测度,参考借鉴浙江、重庆开展数字经济统计工作情况,初步整理出数字经济统计框架。

2. 交流学习。为确保调查取得实效,赴重庆市统计局就数字经济统计分类、统计调查组织实施、增加值核算等数字经济统计调查存在的困惑问题进行交流探讨,为江西开展数字经济调查提供实操借鉴。

3. 初次试填。设计《数字产业法人企业调查表》、《数字产业企业发展情况表》,组织南昌市工业、服务业和批发和零售业企业各 2 家进行试填试报。通过试填试报,发现按照各产业领域均填报营业收入占比的方式可行性不高,明确了按照主营业务确定企业的产业领域并将企业全部营业收入计入该领域的统计方法。

4. 优化方案。根据初次试填的情况,经充分考虑,为减轻基层工作负担,采取由省统计局各相关单位利用一套表联网直报系统的数据自行试算数字经济统计全部指标的方式,不再向调查单位布置报表。同时,拟定出台数字产业统计分类方法,形成“12+1”产业领域,包含 13 个行业大类、209 个行业小类,综合反映江西数字经济产业规模和运行情况(见表 1)。

表 1　数字产业统计分类目录节选

类代码	产业领域分类名称	释义	国民经济行业代码	国民经济小类行业名称	备注
01	大数据与云计算产业				
	大数据核心业态	指围绕大数据关键技术和大数据核心业务形成的产业业态,包括大数据的采集、存储、处理、分析、交易、安全、服务、应用和云平台建设运营服务等业务活动	6421	互联网搜索服务	与软件服务业有交叉
			6429	互联网其他信息服务	与软件服务业有交叉
			6440	互联网安全服务	与软件服务业有交叉
			6450	互联网数据服务	与软件服务业有交叉
			6490 *	其他互联网服务	与软件服务业有交叉
			6550 *	信息处理和存储支持服务	与软件服务业有交叉
			6560 *	信息技术咨询服务	与软件服务业有交叉
			6571	地理遥感信息服务	与软件服务业有交叉

5. 可行性测试。利用第四次经济普查现有的数据，设计《数字产业增加值及增速》《数字产业发展情况》等2张综合表、《数字产业调查单位基本情况》等1张基层表，组织实施对2018年度数字产业发展情况的监测，初步核定了全省数字产业名录，测算了13大产业增加值和分专业测算规上、规下企业的数字产业增加值比重，确定了非普查年份规下企业的调查方案，并以此为基础确定2019年数字经济调查方案。

6. 形成制度。进一步丰富调查内容，补充了反映数字经济要素基础的部门统计调查指标，设计完成含《调查单位基本情况》(免报)、《数字产业增加值及增速》《产业数字化发展情况》、《数字经济要素基础情况》、《数字产业发展情况》等5张统计报表的《江西省数字经济统计报表制度(试行)》(2019年年报和2020年定报)并报送国家统计局审批。同年12月，国家统计局批复同意江西实施数字经济统计调查。

(二)持续优化阶段

在国家统计局的指导下，江西省统计局按照《数字产业统计分类目录》组织实施了2018—2021年数字经济统计调查，根据调查情况不断优化调整调查指标；同时鼓励并推动抚州市、赣州市开展试点、优化相关分类目录，数字经济统计调查工作进一步丰富完善。

1. 逐年完善《江西省数字经济统计报表制度》。持续优化数字经济统计报表制度，将涉及部门的《产业数字化发展情况》《数字经济要素基础情况》合并，删除获得性、可比性较差的调查指标，按照国家统计调查制度的变化修正部分指标名称，增加部分数字经济基础建设的指标，进一步丰富完善数字经济统计监测指标。同时，根据试行情况，调整调查频率。

2. 支持抚州市开展数字经济统计调查试点。支持抚州市统计局根据《江西省数字经济发展三年行动计划(2020—2022年)》，参考江西省统计局和浙江省统计局对数字产业领域的分类，探索建立《抚州市数字经济统计报表制度(试行)》，确定了VR产业、移动物联网产业、大数据与云计算产业、人工智能产业、集成电路及高端软件产业、5G产业、区块链产业、卫星导航产业、电子元器件及材料产业和新型显示及智能终端产业10大领域，27个行业大类，224个行业小类作为数字产业化统计范围。

3. 支持赣州市开展数字经济统计调查试点。支持赣州市统计局从有利于赣州市数字经济发展政策推进和评价考核、有利于产业规划衔接的角度出发，结合《赣州市数字经济三年行动方案》，探索建立《赣州市数字经济统计报表制度(试行)》。在《江西省数字经济统计报表制度(试行)》的基础上对行业分类进行了调整。新增集成电路、智能硬件、智能制造、大数据与云计算、物联网、其他数字产业六大产业21个行业小类。其中:工业新增集成电路、智能硬件、其他数字产业三大产业共14个行业小类,服务业新增物联网、大数据与云计算、智能制造三大产业共7个行业小类。

4. 探索开展产业数字化统计监测。拓展统计监测范围,探索开展产业数字化统计监测,采用增长核算账户框架(KLEMS)模型,综合评估资本投入(包括ICT投资和非ICT投资)、劳动力等要素对经济增长的作用,选择趋势相对吻合的"十三五"发展时间序列,根据产业数字化回归模型,采取几何平均增长的方式,引入信息技术资本弹性系数、信息人力资本弹性系数,使用道格拉斯生产函数通过索洛余值法测算信息技术资本和信息人力资本对经济增长的贡献度,得出数字经济融合应用部分的规模。

(三)自主评价阶段

2021年5月,国家统计局发布《数字经济及其核心产业统计分类(2021)》,江西省统计局组织南昌市统计局根据新标准进行数据测算。2022年初,江西省委省政府将数字经济列为"一号发展工程",省统计局按照省委省政府的工作部署,严格执行国家统计标准,重新设计《江西省数字经济统计监测制度》,坚持月度监测数字经济有关数据,研究出台核心产业企业认定办法、年度和季度增加值核算方案,运用江西方法开创性自主评价江西数字经济发展情况,数字经济统计监测工作日趋成熟。

1. 组织南昌市统计局开展数据测算。指导南昌市统计局先行先试,探索研究与国家统计局《数字经济及其核心产业统计分类》相适应的数字经济统计调查制度,严格按照新分类标准测算数字经济核心产业增加值并进行新旧分类标准的数据比对,为调整江西数字经济统计调查提供意见参考。

2. 构建"4+5+N"统计指标体系。成立数字经济统计监测领导小组,由局主要领导任组长,指导全省统计部门开展数字经济统计监测工作。围绕全国"十四五"数字经济发展规划和全省数字经济"一号发展工程"的重点任务、重点项目部署,出台《江西省统计局关于加强数字经济统计监测服务"一号发展工程"实施方案》,设计《江西省数字经济统计监测制度(试行)》,设置10张报表、236个统计监测指标,围绕数字经济核心产业增加值、财务状况、投资情况、人员情况、研发情况和发展情况进行监测。按照统计监测频率,构建了"4+5+N"统计监测指标体系,即月度监测4个重点指标、季度监测5个重点指标、年度监测若干指标。

3. 开展核心产业增加值核算方法研究。广泛征求各方意见，探索出台了《江西省年度数字经济核心产业增加值核算方法》，明确规上规下各口径的工业、建筑业、批发和零售业、金融业和其他服务业企业核算范围、资料来源和核算方法，以及对研发增加值、FISIM和进口税净额等特殊问题的处理方式，设置年度指标采集表，分经济普查年度和非经济普查年度核算数字经济核心产业增加值。在试行年度增加值核算方法的基础上，出台了《江西省季度数字经济核心产业增加值统一核算方案》，为2023年开展季度核算数字经济核心产业增加值做好准备（见图1）。

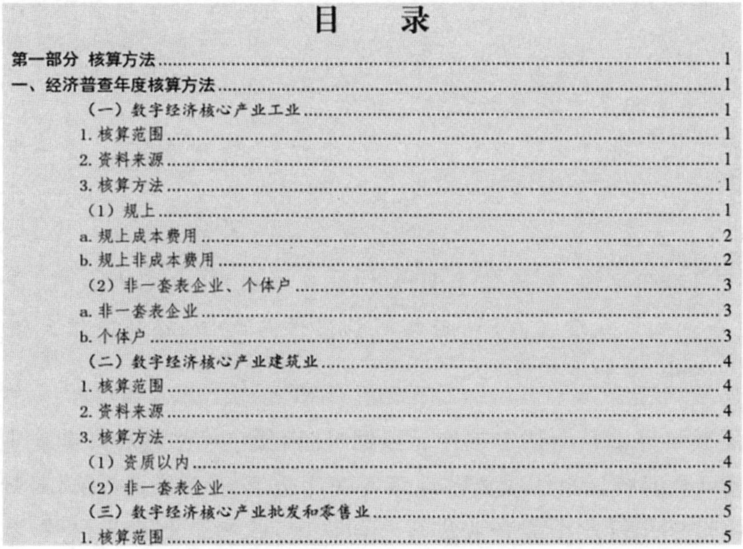
目　录

图1　江西省年度数字经济核心产业增加值核算方法目录

4. 出台核心产业企业认定标准及办法。为进一步准确界定统计范围，积极争取国家支持，参与第五次经济普查试点中的“数字经济统计调查专项试点”，在南昌市、九江市、鹰潭市、抚州市和婺源县开展了数字经济核心产业加星号行业小类企业的认定试点工作，设计《数字经济核心产业企业认定表》，研究解决加星号行业小类企业认定难问题。在试点基础上，构思数字经济核心产业认定办法主体框架，并积极与省数字办对接，会同省信通院、江西财大等研究机构探讨，强化理论支持，经三轮广泛征求意见，出台《江西数字经济核心产业企业认定办法（试行）》，在全国首创了数字经济核心产业企业的认定标准。

江西数字经济核心产业企业认定办法(试行)节选

第七条【工业企业认定标准】 (一)对国民经济行业代码为 39 大类、2330、2664、2665、3475、3491、3492、3493、3562、3563、3824、3825、3832、3833、3874、3891、4011 的企业全部认定为数字经济核心产业数字产品制造业企业,按照其行业代码纳入对应的数字经济行业小类。 (二)对国民经济行业代码为 2462 * 的游艺用品及室内游艺器材制造企业,进一步甄别企业的生产经营活动,如同时符合以下两个条件可认定为数字经济核心产业企业,否则不予认定:1. 产品主要安装在室内游乐场所;2. 属于电子游乐设备(通常指自身装荧光屏电子游戏机、投币式电子游戏机、其他电子游戏机等,其产品特点为设备中存在数模转换部件)。 (三)对国民经济行业代码为 3831 * 的电线、电缆制造企业,进一步甄别企业的生产经营活动,如符合以下条件可认定为数字经济核心产业企业,否则不予认定:生产的产品是在声音、文字、图像等信息传输方面所使用的电线电缆(通常指通信及电子网络用电缆、交通信号专用电缆、汽车线缆、机器人线缆、音影用阻燃软电缆、电子音响用线缆、CATV 射频同轴器件与附件、移动通信天馈系统射频同轴器件与附件、射频电缆等)。

5. 开展数字经济企业认定工作。根据《江西数字经济核心产业企业认定办法(试行)》,组织全省统计系统收集整理年度在库数字经济企业名单,对规上数字经济核心产业带星号行业小类企业进行全面认定,收集企业营业执照、数字经济核心产业相关活动的合同、产品照片,由企业出具数字经济和非数字经济营业收入构成和相关财务证明资料,强化审核,确定 105 家数字经济核心产业带星号行业小类企业纳入数字经济核心产业统计范畴。

6. 不断完善数字经济基础数据库。组织省统计局有关单位收集、整理、汇总、核算数字经济统计数据,与各设区市统计局核实数据畸值情况,完成 2018—2022 年全省数字经济核心产业增加值核算,2023 年开始试行数字经济核心产业季度增加值核算,进一步完善江西数字经济基础数据库。

二、江西数字经济统计监测成效

数字经济统计是新生事物,难度大、挑战大,江西省统计局自 2019 年起率先开展数字经济统计调查、监测,不断加强对数字经济统计监测的研究,取得了一些统计监测成效。

(一)出台认定标准保障监测工作顺利实施。《江西数字经济核心产业企业认定办法(试行)》的出台,是江西统计部门摸清数字经济核心产业企业数量的积极探索和有效举措,对带*号行业小类实施认定,建立了全面、完整的江西数字经济核心产业企业名录,确保数字经济核心产业统计监测的顺利实施。通过认定企业,开展新增企业数统计,反映数字经济企业规模变化和结构调整情况,能够有效助推各地积极引进、培育规上核心产业企业,带动相关行业领域发展。

(二)为党委政府决策提供重要信息支撑。江西省统计局通过开展数字经济统计监测,及时反映江西数字经济发展规模、速度、结构和效益,服务数字经济做优做强"一号发展工程",撰写了多篇优质统计分析、统计专报,获得省领导批示,并转行业主管部门阅研,为党委政府和有关部门制定数字经济发展政策、实施经济管理提供决策依据。

(三)为国家统计局实施数字经济监测提供参考。国家统计局《数字经济及其核心产业统计分类(2021)》出台以来,江西省统计局充分运用以往监测成果,建立了"4+5+N"统计监测指标体系,系统开展数字经济核心产业调查方法和核算方法的探索,努力完成江西数字经济统计监测的"最后一块拼图",积极为全国数字经济统计监测提供"江西方案"。

三、进一步做好江西数字经济统计监测的思考

尽管江西省统计局在数字经济统计监测上做了大量探索,但监测工作仍然存在一些问题,需要进一步加大探索,研究解决。

(一)加强产业数字化监测。数字经济由数字经济核心产业(或称"数字产业化")和产业数字融合(或称"产业数字化")两部分构成。数字经济核心产业(数字产业化)方面的监测已经十分成熟,尽管在产业数字化方面做过有益探索,但仍不具备推行条件,需要进一步优化完善。

(二)改进指标计算方法。基于投入产出或行业数据测算数字经济规模的数据结果,都存在很大局限性和片面性,还不能完全满足数字经济运行分析对指标数据的准确性、及时性、全面性的要求,亟待更加科学精准的方法开展统计测算。

(三)探索构建可比指标。由于各省在数字经济部分统计范围、统计口径、核算方法并不一致,且出结果时间各不相同,导致统计数据结果不具备可比性,仅能作为内部参考之用。指标一致、方法科学、口径可比、动态敏感的数字经济统计监测工作还待各界共同努力形成新的制度成果。

数字经济增加值核算方法探索

沈晓晨[①]

当前,数字经济已进入快速发展新阶段,各级政府高度重视,发展数字经济已上升至国家战略层面。2021 年,国家统计局出台了《数字经济及其核心产业统计分类 2021》,但是相关的统计方法制度及核算方法并未出台。苏州作为国家数字经济试点地区,对数字经济制定了全面的统计报表制度并实施调查。本文立足数字经济统计监测试点制度及获得的指标数据,借鉴相关统计经验,试图建立一套数字经济核算方法,探寻找出促进数字经济建设的路径。

一、数字经济增加值核算思路

(一)数字经济增加值核算面临的困难

1. 数字经济核算制度未建立。目前,国家统计局、江苏省统计局尚没有针对数字经济产业的具体核算办法,数字经济产业统计工作刚刚起步,核算方法制度有待制定,已借鉴的办法和经验不多。

2. 数字经济产业分类与行业分类不同。数字经济产业分类标准是对国民经济行业分类中符合数字经济产业特征的和提供数字产品(或服务)为目的的行业类别活动进行再分类,与传统经济行业分类具有一定交叉。

(二)数字经济增加值核算的思路

1. 适应性。需满足政府制定数字经济产业发展政策与规划的需要,准确反映各地数字经济发展总量与结构的需要。

2. 合规性。符合国家统计标准,国家统计局相关统计调查制度,国家统计局关于统计分类标准的相关规定。

3. 可实施性。数字经济以产业分类为基础,与国民经济行业分类交叉融合,增加值核算要以统计制度为依据,利用现有体系中相关指标数据,建立可实施性

---

① 作者简介:沈晓晨,苏州市统计局干部。

的数字经济增加值核算方法。

二、数字经济增加值核算方法探索

数字经济增加值核算从生产方进行，根据基础资料状况，主要采用生产法、收入法、增加值率法和相关指标推算法等多种方法进行核算。根据核算资料的来源，数字经济增加值核算方法分为经济普查年度和非普查年度两部分。

第一部分：经济普查年度核心产业增加值核算方法

数字经济核心产业增加值核算，主要使用统一核算 GDP 核算资料、全国经济普查资料和个体工商户资料，按国民经济行业小类，采用收入法核算各行业小类增加值，然后依据数字经济统计分类和国民经济行业小类的对应关系，汇总得到数字经济核心产业增加值。

（一）资料来源

1. GDP 核算资料

2. 全国经济普查资料

（1）规模以上工业财务状况（非成本费用调查单位填报）（B603－1 表）

（2）工业企业成本费用（成本费用调查单位填报）（B603－2 表）

（3）有总承包和专业承包资质的建筑业法人单位财务状况（C603 表）

（4）劳务分包建筑业法人单位财务状况（C604－3 表）

（5）限额以上批发和零售业财务状况（E603 表）

（6）规模以上服务业财务状况（F603 表）

（7）非一套表企业法人主要经济指标（611－3 表）

（8）行政事业单位主要经济指标（611－5 表）

（9）民间非营利组织主要经济指标（611－6 表）

（10）个体经营户抽样调查表（612 表）

3. 江苏省数字经济统计监测制度（试行）

（1）工业产品分类产值（JSSZ7103 表）

（2）服务业部分行业分类及营业收入（JS7104 表）

（二）核心产业四大类核算方法

1. 数字产品制造业

数字产品制造业大类包括计算机制造、通讯及雷达设备制造、数字媒体设备制造、智能设备制造、电子元器件及设备制造和其他数字产品制造业 6 个中类，进一步细分为 51 个小类，对应国民经济行业分类中 54 个小类，其中 52 个行业小类全部属于数字经济核心产业，2 个行业小类（2462 游艺用品及室内游艺器材制造和 3831 电线、电缆制造）部分属于数字经济核心产业。

数字产品制造业增加值核算：

第一步，对应的国民经济行业小类全部属于数字经济的，直接取自普查年度国家统一核算并反馈的工业行业小类增加值（包括成本费用、非成本费用、规模以下企业）；

第二步，对于 2 个行业小类（2462 游艺用品及室内游艺器材制造和 3831 电线、电缆制造）部分属于数字经济的，根据 JSSZ7103 表法人单位工业产品产值筛选数字经济产品产值，按产值比例划分数字经济增加值；

第三步，数字产品制造业中个体经济增加值，将普查年度分中类个体户增加值，结合工商个体户等相关资料按一定比例分劈到相关行业小类；

第四步，数字产品制造业中工业研发活动增加值，按照各行业研发支出数据占比分劈研发活动增加值；

第五步，分行业汇总结果。

2. 数字产品服务业

数字产品服务业大类包括数字产品批发、数字产品零售、数字产品租赁、数字产品维修和其他数字产品服务业 5 个中类，进一步细分为 10 个小类，对应国民经济行业分类中 10 个小类，这 10 个行业小类全部属于数字经济核心产业。

数字产品服务业增加值核算：

第一步，数字产品服务业中对应的国民经济行业小类的增加值，直接取自普查年度国家统一核算并反馈的行业小类增加值；

第二步，数字产品服务业中个体经济增加值，将普查年度分中类个体户增加值，结合工商个体户等相关资料按一定比例分劈到相关行业小类；

第三步，数字产品服务业中研发活动增加值，按照各行业研发支出数据占比分劈研发活动增加值；

第四步，分行业汇总结果。

3. 数字技术应用业

数字技术应用业大类包括软件开发、电信、广播电视和卫星传输服务、互联网相关服务、信息技术服务和其他数字技术应用业 5 个中类，进一步细分为 25 个小类，对应国民经济行业中 33 个小类，其中 32 个行业小类全部属于数字经济核心产业，1 个行业小类（8610 新闻业）部分属于数字经济核心产业。

数字技术应用业增加值核算：

第一步，数字技术应用业中对应的国民经济行业小类的增加值，直接取自普查年度国家统一核算并反馈的行业小类增加值；

第二步，对于8610新闻业部分属于数字经济，根据JSSZ7104表法人单位营业收入中网络采访服务、网络编辑服务、网络发布服务和网络新闻服务的占比划分数字经济增加值；

第三步，数字技术应用业中个体经济增加值，将普查年度分中类个体户增加值，结合工商个体户等相关资料按一定比例分劈到相关行业小类；

第四步，数字技术应用业中研发活动增加值，按照各行业研发支出数据占比分劈研发活动增加值；

第五步，分行业汇总结果。

4. 数字要素驱动业

数字要素驱动业大类包括互联网平台、互联网批发零售、互联网金融、数字内容与媒体、信息基础设施建设、数据资源与产权交易和其他数字要素驱动业7个中类，进一步细分为27个小类，对应国民经济行业中29个小类，其中23个行业小类全部属于数字经济活动，6个行业小类(4851架线及设备工程建筑、4910电气安装、4790其他房屋建筑业、4999其他建筑安装、7213资源与产权交易服务和7320工程和技术研究和试验发展)部分属于数字经济活动。

数字要素驱动业增加值核算：

第一步，数字要素驱动业中对应的国民经济行业小类全部属于数字经济的，直接取自普查年度国家统一核算并反馈的行业小类增加值；

第二步，对于4个小类行业(4851架线及设备工程建筑、4910电气安装、4790其他房屋建筑业和4999其他建筑安装)部分属于数字经济的，根据建筑业工程库中通信工程、智能化工程、电信工程、电子工程以及项目名称含信息中心、数据中心的建筑项目，汇总项目产值，根据其产值占比划分数字经济增加值；

第三步，对于2个小类行业部分属于数字经济的，7213资源与产权交易服务根据JSSZ7104表法人单位营业收入中电子、通信与自动控制技术研究和计算机科学技术研究的占比划分数字经济增加值；7320工程和技术研究和试验发展根据JSSZ7104表法人单位营业收入中环境排放交易活动、碳排放交易活动和节能量交易服务的占比划分数字经济增加值；

第四步，数字要素驱动业中个体经济增加值，将普查年度分中类个体户增加值，结合工商个体户等相关资料按一定比例分劈到相关行业小类；

第五步，数字要素驱动业中研发活动增加值，按照各行业研发支出数据占比分劈研发活动增加值；

第六步，分行业汇总结果。

第二部分：非经济普查年度核心产业增加值核算方法

（一）数字经济核心产业增加值核算

主要四上单位年报报表、普查年度的相关结构（或比例）数据、工资总额报表、年度 GDP 核算相关资料、数字经济基层年报等资料。按国民经济行业小类，采用收入法和增加值率法核算各行业小类增加值，然后依据数字经济统计分类和国民经济行业小类的对应关系，汇总得到数字经济核心产业增加值。

（二）数字经济核心产业四大类核算方法

1. 数字产品制造业

（1）收入法

收入法也称分配法，是从常住单位从事生产活动形成收入的角度来核算生产活动最终成果的方法。收入法增加值由劳动者报酬、生产税净额、固定资产折旧和营业盈余四个部分组成，称为收入法构成项。核算公式为：

增加值＝劳动者报酬＋生产税净额＋固定资产折旧＋营业盈余

（2）增加值率法

增加值率法首先要利用企业工业总产值等指标直接计算行业总产出，然后用增加值率乘总产出得出增加值。其中，增加值率采用核算期上年年度成本费用表得到，使用行业小类增加值率，如果没有行业小类数据，则使用所归属大类的增加值率。核算公式为：

行业小类增加值＝行业小类总产出×行业小类增加值率

第一步，规模以上单位增加值，直接取自上述两种核算方法测算的国民经济行业小类单位增加值（包括成本费用、非成本费用）；

第二步，使用普查资料中普查年度规模以上单位增加值占行业小类增加值的比重推算行业小类增加值；

第三步，对于 2 个行业小类（2462 游艺用品及室内游艺器材制造和 3831 电线、电缆制造）部分属于数字经济的，根据 JSSZ7103 表法人单位工业产品产值筛选数字经济产品产值，按产值比例划分数字经济增加值；

第四步，数字产品制造业中工业研发活动增加值，按照各行业研发支出数据占比分劈研发活动增加值；

第五步，分行业汇总结果。

2. 数字产品服务业

数字产品服务业增加值核算：

第一步，数字产品服务业“四上”单位增加值，直接取自对应的按收入法核算的国民经济行业小类单位增加值；

第二步，使用普查资料中普查年度“四上”单位增加值占行业小类增加值的比重推算行业小类增加值；

第三步，数字产品服务业中工业研发活动增加值，按照各行业研发支出数据占比分劈研发活动增加值。

第四步，分行业汇总结果。

3. 数字技术应用业

数字技术应用业增加值核算：

第一步，数字技术应用业“四上”单位增加值，直接取自对应的按收入法核算的国民经济行业小类单位增加值；

第二步，使用普查资料中普查年度“四上”单位增加值占行业小类增加值的比重推算行业小类增加值；

第三步，对于 8610 新闻业部分属于数字经济，根据 JSSZ7104 表法人单位营业收入中网络采访服务、网络编辑服务、网络发布服务和网络新闻服务的占比划分数字经济增加值；

第四步，数字技术应用业中工业研发活动增加值，按照各行业研发支出数据占比分劈研发活动增加值。

第五步，分行业汇总结果。

4. 数字要素驱动业

第一步，数字要素驱动业“四上”单位增加值，直接取自对应的按收入法核算的国民经济行业小类单位增加值；

第二步，使用普查资料中普查年度“四上”单位增加值占行业小类增加值的比重推算行业小类增加值；

第三步，对于 4 个小类行业（4851 架线及设备工程建筑、4910 电气安装、4790 其他房屋建筑业和 4999 其他建筑安装）部分属于数字经济的，根据建筑业工程库中通信工程、智能化工程、电信工程、电子工程以及项目名称含信息中心、数据中心的建筑项目，汇总项目产值，根据其产值占比划分数字经济增加值；

第四步，对于 2 个小类行业部分属于数字经济的，7213 资源与产权交易服务根据 JSSZ7104 表法人单位营业收入中电子、通信与自动控制技术研究和计算机科学技术研究的占比划分数字经济增加值；7320工程和技术研究和试验发展根据JSSZ7104表法人单位营业收入中环境排放交易活动、碳排放交易活动和节能量交易服务的占比划分数字经济增加值；

第五步，数字要素驱动业中研发活动增加值，按照各行业研发支出数据占比分劈研发活动增加值；

第六步，分行业汇总结果。

第三部分：产业数字化增加值核算方法

产业数字化，是应用数字技术和数据资源为传统产业带来的产出增加和效率提升，是数字技术与实体经济的融合部分。这一部分难以用常规的核算方法进行直接测算，对这部分增加值的测算研究，尚处于探索研究阶段。为准确反映数字经济对经济整体的影响和贡献，我们根据《江苏省数字经济统计监测制度（修订版）》中的基层年报表式资料，按照《数字经济及其核心产业统计分类（2021）》中数字化效率提升业所涉及的行业类别，依据相关经济学、统计学原理对产业数字化增加值进行试算。

（一）各行业产业数字化增加值核算

1. 工业

规模以上工业法人单位对应的国民经济小类行业代码不属于数字经济核心产业分类的，根据JSSZ7101表企业数字经济状况调查问卷已达数字车间标准的填报情况来认定是否为产业数字化工业企业，由此计算产业数字化中工业企业覆盖面。

按收入法或增加值率法计算产业数字化工业企业增加值，以产业数字化工业企业增加值占全部工业企业增加值的比重作为工业产业数字化占比。

2. 建筑业

有资质的建筑业法人单位对应的国民经济小类行业代码不属于数字经济核心产业分类的，根据JSSZ7101表企业数字经济状况调查问卷08项企业在建项目中智慧工地个数和10项企业在建项目是否使用BIM技术的填报情况来认定是否为产业数字化建筑业法人单位，由此计算产业数字化建筑业企业覆盖面。

按收入法计算产业数字化建筑业企业增加值，以产业数字化建筑业增加值占全部建筑业企业增加值的比重作为建筑业产业数字化占比。

3. 服务业

规模以上服务业法人单位对应的国民经济小类行业代码不属于数字经济核心产业分类的，根据JSSZ7101表企业数字经济状况调查问卷12项企业经营过程中是否使用数字化技术和信息化平台的填报情况来认定是否为产业数字化服务业法人单位，由此可以计算出产业数字化服务业企业，并据此计算产业数字化中服务业企业覆盖面。

按收入法计算产业数字化服务业企业增加值，以产业数字化服务业企业增加值占全部服务业企业增加值的比重作为服务业产业数字化占比。

4. 批发和零售业

限额以上批发和零售业法人单位对应的国民经济小类行业代码不属于数字经济核心产业分类的，根据 E104－1 表批发和零售业经营情况中通过非自营平台实现的商品销售额数据来认定是否为产业数字化批发和零售业法人单位，由此可以计算出产业数字化批发和零售业企业覆盖面。

利用收入法计算产业数字化批发和零售业企业增加值，以产业数字化批发和零售业企业增加值占全部批发和零售业企业增加值的比重作为批发和零售业产业数字化占比。

5. 住宿业

限额以上住宿业对应的国民经济小类行业代码不属于数字经济核心产业分类的，根据 S104－1 表住宿和餐饮业经营情况中通过公共网络实现的客房收入、通过公共网络实现的餐费收入和外卖送餐服务收入来认定是否为产业数字化住宿业法人单位，由此可以计算出产业数字化住宿业企业覆盖面。

按收入法计算产业数字化住宿业企业增加值，以产业数字化住宿业增加值占全部住宿业企业增加值的比重作为住宿业产业数字化占比。

6. 餐饮业

限额以上餐饮业对应的国民经济小类行业代码不属于数字经济核心产业分类的，根据 S104－1 表住宿和餐饮业经营情况中通过公共网络实现的餐费收入和外卖送餐服务收入来认定是否为产业数字化餐饮业法人单位，由此可以计算出产业数字化餐饮业企业覆盖面。

按收入法计算产业数字化餐饮业企业增加值，以产业数字化餐饮业增加值占全部餐饮业企业增加值的比重作为餐饮业产业数字化占比。

(二)产业数字化核算方法科学性分析

利用对产业数字化覆盖面的增加值测算，与对产业数字化效率提升测算方法比较，具有一定的优势。主要集中在以下几个方面：

一是有效避开了效率提升相应增加值繁琐的测算过程。利用对产业数字化覆盖面的增加值进行测算，能够在充分利用现行统计制度和现有统计数据基础上，对产业数字化所覆盖的增加值展开测算。测算思路和原理符合当前国民经济核算总体框架，能够有效避开产出增加和效率提升难以量化的情况，具有较强的实际可操作性。

二是有效避开了效率提升所对应基期不同。对产业数字化覆盖面的增加值测算结果为累计量，能够对各行业数字技术与实体经济的融合部分进行比较，能够有效避开产出增加和效率提升对应时期不同导致的结果不可比，具有较强的可比性。

三是有效避开了价格因素对产出增加和效率提升的影响。对产业数字化覆盖面的增加值测算结果可换算为可比价增加值，剔除价格影响因素，能够有效避开历年价格因素影响所导致的效率提升部分，更加符合经济社会发展实际。

数字经济统计与核算问题研究

张　政[①]

一、数字经济统计综合评价指标体系的构建

数字经济是指以数据资源作为关键生产要素、以现代信息网络作为重要载体、以信息通信技术的有效使用作为效率提升和经济结构优化的重要推动力的一系列经济活动。

当前,数字经济统计指标体系的研究多数仍局限于通讯产业、信息产业等数字产业化领域,将产业数字化和数字经济融合等结合起来进行统计监测指标体系的研究仍处于探索阶段。因此,要在借鉴相关典型指标体系的基础上,立足我国发展实际和现有统计体系,建立一套统一、科学有效的数字经济统计指标体系,从而全面、客观、准确地反映数字经济相关产业的发展状况。

(一)指标体系设计基本原则

1. 系统全面原则。数字经济发展相关领域较多,因此,相应指标体系应系统全面考虑各项涉及数字经济的重要决议、决定、规划和目标,系统、科学、全面地反映各类数字经济发展现状和问题。

2. 条块结合原则。数字经济统计涉及多个职能部门,数字经济的统计需要发改、经信、统计、商务、通信、科技等职能部门共同参与、各司其职。因此,在指标体系编制中,应将整合各部门统计数据列为首要任务,全面融入各部门与数字经济相关统计指标。在此基础上,深度挖掘部门数据潜在信息,实现统计法定数据与各部门行业统计的有机结合。

3. 量质兼顾原则。数字经济涉及智能硬件制造、软件信息服务、数字经济融合、创新发展水平等多个方面,面广、指标多。因此,统计指标选择需具有高度代表性,紧紧围绕产业发展、数字经济质量效益和社会各界关心的重点、热点展开,实现简洁与全面的统一。

① 作者简介:张政,山东省济宁市统计局高级统计师。

4. 特色鲜明原则。传统的数字经济统计多局限于单纯统计信息产业、智能制造产业,缺乏将数字融合部分综合进行监测分析。因此,在指标体系编制中,要体现数字经济既包括数字产业化,也包括产业数字化和数字应用的鲜明特征;既要体现数字经济的总量规模指标,又要体现数字经济的质量效益指标;既要突出总量共性指标,更要体现个性指标。

(二)指标体系设计思路

通过"数字产业化"来反映重点数字经济产业的总体规模和发展态势;通过"产业数字化"反映数字信息技术的应用对其他非数字经济产业的贡献;通过"数字经济要素基础"反映推动数字经济发展的人、财、物等支撑能力。

"数字产业化"是数字经济的基础部分,该指标用于反映与数字技术相关的产业集群以及数字产品产量情况。

"产业数字化"是数字经济与其他产业的融合部分,数字经济并非是独立于其他产业之外的,数字资源与数字技术的应用为其他非数字经济企业带来了产出的增加以及效率的提升,这部分新增加的价值是衡量数字技术对其他产业转型升级和社会民生改善贡献度的重要指标。

"数字经济要素基础"是保障数字经济健康、持续发展的根基,反映当前数字经济的基础设施、人才、科研、资金保障等方面情况,还可以作为判定数字经济未来发展潜力的重要参考。

(三)指标体系框架

按照以上指标体系设计原则和思路,数字经济统计监测指标体系具体包括数字产业化、产业数字化、数字经济要素基础 3 个一级指标。

1. 数字产业化

数字产业化统计监测是用数字行业的运行态势反映数字经济发展的产业基础,具体行业包括电子信息制造、电信通信、软件信息服务等。

表 1　数字产业化主要指标

产业名称	主要指标
大数据产业	指大数据采集、大数据存储、大数据处理和分析、大数据行业应用和大数据流通等大数据产业的企业数、业务收入、增加值等
人工智能产业	指专用芯片设计制造、软硬件开发、应用创新等人工智能产业企业数、业务收入、增加值等。主要分布在"软件开发(6510)""信息技术咨询服务(6530)""其他未列明信息技术服务业(6599)""数据处理和存储服务(6540)""呼叫中心(6592)"等行业

续表

产业名称	主要指标
集成电路产业	指集成电路技术研发、设计、封装测试、晶圆制造、原材料生产以及专业设备制造等与集成电路相关产业的企业数、业务收入、增加值等。主要分布在“集成电路制造业(3973)”“电子专用材料制造(3985)”“半导体器件专用设备制造(3562)”“电子测量仪器制造(4028)”等行业
智能超算产业	指智能超算中心共建、平台支撑软件研发应用、技术创新平台建设、高性能计算应用开发和培训服务等智能超算关联产业的企业数、业务收入、增加值等
软件服务产业	指软件关键技术研发和产业化,工业软件产品研发及应用,基于云计算、大数据分析的新型服务业务发展,大数据、物联网、云计算、人工智能等技术集成应用的行业云平台建设等软件服务业的企业数、业务收入、增加值等。包括:“研发设计与其他技术服务(11)”“软件开发(6510)”“软件运行维护服务(6540)”和“信息系统集成服务(6520)”等行业
物联网产业	指信息感知、网络传输、平台建设和应用示范、信息安全等物联网相关产业的企业数、业务收入、增加值等
汽车电子产业	指高性能传感器、数字仪表等汽车电子产业的企业数、业务收入、增加值等
智能机器人产业	指工业和服务业机器人整机生产,减速器、伺服电机、视觉系统等零部件、系统集成等智能机器人产业的企业数、业务收入、增加值等
智能硬件产业	指智能手机、智能穿戴、智能家居、智慧医疗、智慧娱乐等智能硬件制造产业的企业数、业务收入、增加值等
智能网联汽车产业	指智能网联整车制造,感知、控制、执行系统的研发运用等核心产品制造产业的企业数、业务收入、增加值等
智能制造装备产业	指精密齿轮磨床、金属3D打印机、智能机床、激光加工装备、智能传感与控制装备、智能检测与装配装备、智能物流与仓储装备等智能装备研发制造产业的企业数、业务收入、增加值等
数字内容	指动漫、游戏、网络文化、数字文化装备、数字艺术展示等数字内容产品生产、创作、设计、出版的相关产业的企业数、业务收入、增加值等
其他数字化产业	指其余未纳入12大重点产业领域的经济活动,但为国际上或国内普遍认同的数字化产业,如计算机及零部件制造、计算机外围设备制造、电子商务平台、数字交付服务和通信服务等相关产业的企业数、业务收入、增加值等
主要数字产品产量	包括各类计算机、智能手机、智能电视、集成电路、数控机床、机器人等产品产量

2. 产业数字化

产业数字化层面反映的是其他产业由于应用数字技术所带来的产出增加和效率提升。

表 2　产业数字化主要指标

指标名称	计量单位	指标解释
一、农业数字化		
数字农业企业数量	个	指纳入农业部门农产品产业链质量安全全程智能化追溯平台的企业
数字农业应用普及率	%	指通过数字化手段实现农田灌溉、农业种植的农户/总农户数量＊100%
智慧农场示范基地	个	指符合农业部门智慧农场示范基地评价标准体系的基地数
二、工业数字化		
两化融合发展水平指数	%	指依据《工业企业信息化和工业化融合评估规范》,采集企业 7 大类 157 项两化融合数据指标进行智能分析后得到的一个指数,反映企业两化融合发展水平
数字化研发设计工具普及率	%	数字化研发设计工具普及率＝应用数字化研发设计工具的规模以上企业数量/规模以上企业总数量
关键工序数控化率	%	指规模以上工业企业关键工序数控化率的平均值
智能制造就绪率	%	智能制造就绪率＝智能制造就绪企业/全部企业＊100%(智能制造就绪企业是指关键工序数控化率≥50%、实现管控集成、实现产供销集成、处于集成提升或创新突破阶段的企业)
数字化车间	个	指符合数控装备占生产装备总数 60%以上,全自动化生产线不少于 1 条等数字化生产线基本要求的车间
三、服务业数字化		
电子商务交易额	千元	指网络销售交易总额
企业电子商务数量	个	指使用电子商务的规上企业数量
数字银行数量	个	指可以提供全天候自助和远程人工服务模式的智慧型银行数量

续表

指标名称	计量单位	指标解释
数字文化创意企业数量	个	包括动漫、游戏、网络文化、数字文化装备、数字艺术展示、虚拟现实、全息成像、裸眼3D、交互娱乐、互动影视等行业
数字贸易企业数量	个	使用数字化信息为贸易标准企业数量
数字景区数量	个	指旅游部门评选的智慧旅游示范工程数
数字商业数量	个	指通过运用数字营销、大数据运营等方式商圈、大型超市的数量
数字共享率	%	指通过共享经济获益的人数/人员总数*100%
四、公共服务数字化		
政务服务一站式办理率	%	指在网上政务服务平台办理政务服务事项的占比。网上政府服务平台是由市政府电子政务办牵头，构建集行政审批、公共服务、政务公开、问诊咨询于一体的政务服务平台
数字环保监控数	个	借助物联网技术，把感应器和装备嵌入到各种环境监控对象中所涉及的点数
数字治理普及率	%	运用大数据、人工智能等手段实现政府治理的占比
数字校园数	个	指符合教育部门“智慧校园”评价标准体系校园数
数字医院数	个	指符合卫计部门“智慧医院”评价标准体系医院数
重点区域智能交通基础设施覆盖率	%	指依托交通部门综合信息平台、交通信息资源整合分析等智能化交通管理系统，实现在重点区域的覆盖率

3. 数字经济要素基础

要素基础层面从数字经济的基础设施、数据资源、创新能力、数字人才、资金保障等情况来反映支撑数字经济发展的基础能力。

表 3　数字经济要素基础情况主要指标

指标名称	计量单位	指标解释
一、基础设施		
每平方公里光缆长度	km/km^2	指地区每平方公里内平均铺设的光缆覆盖情况
每平方公里 4G 基站数	个/km^2	指地区每平方公里内平均 4G 基站的覆盖情况
服务器支撑能力	万台	指地区累计可支撑服务器运营的数量
光纤到户端口比	%	指地区光纤宽带接入端口占宽带总接入端口的比例
宽带平均接入速率	Mbit/s	反映宽带接入速度的指标
4G 用户普及率	%	指 4G 用户数占地区移动电话用户数的比例
移动互联网用户普及率	%	指移动互联网用户数占地区人口的比例
固定宽带家庭普及率	%	指固定宽带用户数占地区家庭户数的比例
IPv6 用户数量	千人	IPv6 用户总人数
网民用户数量	千人	网民用户总人数
手机流量资费水平下降率	%	指当前手机流量资费水平较前一年度资费水平的下降幅度
固定宽带资费水平下降率	%	指当前固定宽带资费水平较前一年度资费水平的下降幅度
二、数据资源		
绿色数据中心数量	个	数据中心的数量
云服务器使用容量	TB	云服务器是一种简单高效、安全可靠、处理能力可弹性伸缩的计算服务。其管理方式比物理服务器更简单高效。用户无需提前购买硬件,即可迅速创建或释放任意多台云服务器
三、创新能力		
数字经济领域创新平台	个	包括国家级、市级的企业技术中心、工程(技术)研究中心、重点(工程)实验室等平台
数字经济领域主导或参与制定的标准	个	包括主导或参与制定的国家级、市级、行业、团体标准
数字经济领域发明专利	个	包括智能制造、通信、软件和信息技术、互联网服务等相关领域的专利数

续表

指标名称	计量单位	指标解释
四、数字人才		
数字经济从业人员	千人	指从事数字经济领域及相关领域工作的人员数量
数字经济领域高端人才	千人	指符合高端人才资格认定的数字经济领域的专业人才数量
高校数字经济领域本科以上在校生	千人	指在地区高校，包括物联网、大数据及智能化相关专业本科以上毕业人数
五、资金保障		
数字经济产业发展引导资金	千元	由政府制定的对外引导资金额度
数字经济金融机构数量	个	指为数字经济领域企业提供借贷、融资金融机构数量
数字经济融资额度	千元	通过天使投资、风投等方式进行融资的企业的总额度

4. 数字经济发展水平综合评价体系

为整体反映数字经济发展水平，针对近年来省委省政府制定的《数字山东发展规划(2018—2022 年)》和《山东省支持数字经济发展的意见》等有关数字经济所涉及的各项工作目标，从以上指标中选取 37 项可量化、可评价的重点指标作为数字经济发展综合评价指标，设置了基础支撑、数字产业化、产业数字化、发展环境 4 个一级指标、10 个二级指标 37 个三级指标，初步形成了《数字经济发展水平综合评价体系》。

(四)指标权重的确定

数字经济指标体系涉及基础指标较多，每一个指标对总目标的影响程度是不同的，为科学测度和分析数字经济发展水平，需要给各指标确定相应权重。计算权重的方法较多，主要分为主观赋值法和客观赋值法，以及主观赋值法和客观赋值法相结合法。主观赋值法主要有层次分析法、专家打分法、网络分析法等，客观赋值法主要有因子分析法、熵值法等。数字经济属于新兴产业，对数字经济发展评价指标的权重应通过主观评价和客观反映相结合来综合度量，才能更加准确地计算指标权重。一级指标权重确定后，二级指标和三级指标的权重在一级指标所分得的权重下进行设置。其中，一级指标的赋权采用德尔菲法确定，三级指标权重采用德尔菲法和熵权法相结合的组合赋权法确定，二级指标权重为下属三级指标的权重之和。

1. 德尔菲法

德尔菲法是通过专家进行多轮次调查、综合各自匿名发表的意见进行预测并达成一致的结构性方法。本文根据 43 位专家德尔菲法打分结果，一级指标中，基础支撑、数字产业化、产业数字化、发展环境权重分别为 $W_{ai}=\{0.24,0.3,0.3,0.16\}$(权数总值设为 1)。

2. 熵权法

对比主观赋值法，熵权法能够剔除人为的干扰因素，客观评价各个指标在指标体系中的重要性，熵权法主要是根据指标变异的大小来确定指标权重，目前在经济研究领域应用较广。熵权法的原理是当某个指标的信息熵值越小，代表该指标的变异程度越大，即该指标提供的信息就更多，因此，在综合评价中该项指标的权重也就越大。反之，则权重较小。具体计算步骤如下：

(1)数据处理：

由于数字经济发展评价指标体系中的各项指标的量纲不同，且数量级相差较大，因此需对基础数据进行无量纲化处理，根据极值的差距大小，采用两种方式。

方式一：对数据较正常的指标，采用一般的标准化公式进行无量纲化处理。假设给定了 k 个指标 $X_1,X_2,\cdots,X_k$，其中 $X_i=\{x_1,x_2,\cdots,x_n\}$，假设无量纲化处理后的值为 $Y_1,Y_2,\cdots Y_k$，那么数据的标准化值为

$$Y_{ij}=\frac{X_{ij}-min\ (X_i)}{max\ (X_i)-min\ (X_i)} \tag{1}$$

方式二：对指标数据最大值与最小值差距过大(比值超过 100)或大多数据偏离均值较大的指标，采用对数方法进行无量纲化处理，即：

$$Y_{ij}=\frac{logX_{ij}-min\ (logX_i)}{max\ (logX_i)-min\ (logX_i)} \tag{2}$$

(2)求各指标的信息熵 E_j：

根据信息论中的信息熵的，一组数据的信息熵可以根据以下公式来计算：

$$E_j=-\frac{1}{\ln n}\sum_{i=1}^{n}P_{ij}lnP_{ij} \tag{3}$$

其中：$P_{ij}=Y_{ij}/\sum_{i=1}^{n}Y_{ij}$ ，

如果 $P_{ij}=0$，则定义 $\lim_{n\to 0}P_{ij}ln_{ij}=0$。

(3)计算各指标权重：

根据信息熵的计算公式，计算出各个指标的信息熵为 $E_1, E_2, \cdots, E_k$。通过信息熵计算各指标的权重：

$$W_{bi} = \frac{1 - E_i}{k - \sum E_i} (i = 1, 2, \cdots, k) \tag{4}$$

3. 组合赋权法

根据德尔菲法和熵权法的计算步骤，分别得出每个指标的主观权重和客观权重，然后利用乘法集成法将 2 种权重进行组合：

$$W_i = W_{ai} W_{bi} / \sum_{i=1}^{m} W_{ai} W_{bi} \tag{5}$$

式中：W_i 为第 i 个指标的组合权重；W_{ai}、W_{bi} 分别为 i 个指标的主观权重和客观权重。

4. 指标权重计算结果

根据上述方法，各级指标最终组合权重如下：

表 4　数字经济发展评价体系各项指标权重

一级指标及其权重	二级指标及其权重	序号	三级指标	单位	组合权重
基础支撑（0.24）	基础设施（0.14）	1	人均 5G 基站数	个/万人	0.035
		2	农村百兆宽带用户占比	%	0.025
		3	光纤入户端口数占比	%	0.025
		4	移动宽带用户普及率	%	0.015
		5	固定宽带家庭普及率	%	0.015
		6	窄带物联网基站数	个	0.025
	平台载体（0.1）	7	省级数字经济园区主营业务收入	亿元	0.03
		8	省级数字经济园区主营业务收入增速	%	0.02
		9	省级数字经济平台数量	个	0.03
		10	承办省级以上数字经济相关展会论坛活动数量	个	0.02
数字产业化（0.3）	发展水平（0.18）	11	规模以上数字经济核心产业增加值占 GDP 比例	%	0.05
		12	规模以上数字经济核心产业劳动生产率	万元/人	0.04
		13	规模以上数字经济核心产业固定资产投资额占固定资产投资额比例	%	0.04
		14	电子信息、软件及互联网百强企业数量	个	0.025
		15	大数据产业发展试点示范项目数量	个	0.025

续表

一级指标及其权重	二级指标及其权重	序号	三级指标	单位	组合权重
数字产业化(0.3)	发展潜力(0.12)	16	规模以上数字经济核心产业研发经费占营业收入比重	%	0.035
		17	规模以上数字经济核心产业研发人员占比	%	0.015
		18	人均拥有数字经济核心产业有效发明专利数	件/万人	0.03
		19	数字经济龙头企业数量	个	0.015
		20	数字经济毕业企业数量	个	0.015
		21	数字经济优秀案例数量	个	0.01
产业数字化(0.3)	工业数字化(0.12)	22	企业参与两化融合评估对标覆盖率	%	0.05
		23	设备上云创新示范企业数量	个	0.035
		24	工业互联网平台建设水平和数量	个	0.035
	农业数字化(0.09)	25	智慧农业应用基地数量	个	0.045
		26	益农信息社覆盖率	%	0.045
	服务业数字化(0.09)	27	电子商务示范企业(基地)数量	个	0.02
		28	实物商品网络零售额占社会消费品零售总额比例	%	0.04
		29	人均网上支付、移动支付业务量	笔/人	0.03
发展环境(0.16)	政务环境(0.06)	30	政务信息系统整体上云率	%	0.02
		31	政务外网覆盖度	%	0.02
		32	政务服务完备度	%	0.02
	数据支撑(0.04)	33	公共数据开放水平	%	0.025
		34	年度数据交易量	PB	0.015
	社会环境(0.06)	35	数字经济产业发展扶持引导基金规模	亿元	0.02
		36	省级数字经济园区撮合社会投资数量	项	0.015
		37	数字经济杰出人才数量	个	0.025

5. 数字经济发展总指数计算方法

数字经济发展总指数测算采用线性加权方法计算，公式如下：

$$DEI = \sum Y_i W_i \tag{6}$$

其中，Y_i 为第 i 个指标标准化处理后的值，为 W_i 的权重。

在评价应用中实际存在三级指标，因此，每一级指标(分类指数 Q)均采用以上方法进行加权计算，最后进行加权求和得到数字经济发展总指数 DEI。

二级分类指数：$Q_{ij} = \sum X_{ijk} W_{ijk}$ (7)

一级分类指数：$Q_i = \sum Q_{ij} W_{ij}$ (8)

数字经济发展总指数：$DEI=\sum Q_iW_i$ (9)

二、数字经济的统计调查

(一)数字经济统计范围及调查单位确定

1. 统计范围。包括规模以上和规模以下的全口径数字经济产业法人单位。其中,规模以上数字经济产业法人单位界定标准参照国家统计调查制度中关于"四上"企业界定标准;规模以下数字经济产业法人单位是除规模以上数字产业法人单位以外的数字产业法人单位。

2. 调查对象确定。按照"先进库再有数"的原则,统一确定纳入数字经济产业统计范围的调查单位,并建立《数字经济产业调查单位名录库》。调查对象确定步骤:根据《数字经济及其核心产业统计分类》的行业代码,在最新的基本单位名录库中提取全部法人单位,凡企业实际业务活动符合界定标准的企业认定为统计调查对象。

3. 调查单位名录库搜集、整理、更新、维护。由普查中心提供涉及全部行业的法人单位名单,工业、服务业和贸经专业负责组织有关部门共同搜集、整理、更新、维护《数字经济产业调查单位名录库》工作。新建单位,因改制、重新注册、合并或拆分发生变化的单位、名称变更的单位每季度调整一次;规模变动、破产、关闭等单位,行政区划跨地区变动或组织机构代码(统一社会信用代码)变更的单位每年调整一次;单位的其他信息变更每季度调整一次。申报新入统(入库)单位时应及时反映该单位是否属于数字经济调查单位。

(二)统计调查方法设计

1. 规模以上数字经济产业法人单位开展全面调查,由各级逐级汇总,按时按专业分别上报至工业、服务业和贸经专业。工业、服务业和贸经专业将最终汇总数据交核算专业核算 GDP。

2. 规模以下数字经济产业法人单位,工业、服务业和贸经专业先搜集企业单位名录后,然后根据规模以上企业的增速来推算其有关指标的总量。工业、服务业和贸经专业将最终数据交核算专业核算 GDP。

规模以下数字经济法人企业主要指标年度数据的推算方法:

(1)推算原则

采取总量推算和行业分劈的办法,对数字经济主要指标的总量及分行业数据进行推算。

(2)推算对象及指标

规模以下数字经济法人单位推算的指标包括:法人单位数、从业人员期末人数、资产总计、负债合计、营业收入(其中:主营业务收入)、营业成本(其中:主营业务成本)、税金及附加(其中:主营业务税金及附加)、利润总额等指标。

(3)推算步骤

第一步:总量推算。根据上年规模以下单位指标数据及当年同类别规模以上法人单位相同指标的增长速度推算当年规模以下相同(似)指标的总量数值。

某地区规模以下数字经济法人单位某指标的总量数值推算公式:

当年某指标总量=该地区上年规模以下单位的该指标数值×(该地区当年规模以上单位相同指标的增速+1)

说明:"该地区上年规模以下单位的该指标数值",初始年份数据以第四次经济普查数据替代。

例:某地区 2019 年规模以下数字经济工业总产值=该地区 2018 年四经普规模以下数字经济工业总产值×(该地区当年规模以上单位数字经济工业总产值的增速+1)

其他指标依此类推。

第二步:行业分劈。对推算出的当年规模以下主要指标总量数值,根据上一年的行业构成进行小类行业分劈,得到当年各行业小类数值,各行业小类数值加总后应等于推算总量。

某地区规模以下数字经济法人单位的某指标总量数值分劈公式:

某指标分行业数据该地区当年规模以下单位的该指标总量数值×上一年的行业构成

说明:行业构成指该地区在某类别中,该指标的某行业占总量的构成比重。

3. 产业数字化主要指标和数字经济要素基础情况有关指标为综合统计,由有关部门负责组织实施,由核算专业负责收集、审核、汇总。

三、数字经济的核算方法

建立健全与《中国国民经济核算体系(2016)》要求相适应的数字经济核算,必须加强统计制度方法的顶层设计。本文着眼于补齐数字经济统计调查制度短板,拟紧紧围绕实施数字经济核算统计工作的薄弱环节加快制度方法改革,建立科学、统一、全面、协调的数字经济统计调查制度方法,不断提高统计数据反映和监测数字经济发展状况的能力和服务国民经济核算的适用性,力求对建立健全实施数字经济核算相适应的统计制度方法做出理论和实践的思考。

（一）数字经济核算难点

1. 部分数字经济行为未能入统。从互联网购物到二维码支付到处都离不开数字信息工具服务的介入。当前统计制度对“四上”单位的数字经济活动有完整的统计，但是对“四下”单位抽样调查工作开展不力，而“四下”单位数字经济活动占比大于“四上”单位，这部分调查单位的统计制度有待完善。另一方面，数字工具因其广泛应用，使得大量个体参与到数字经济中，并使很多经济活动变得难以追踪，以“微商”为例，经济主体从发布商品信息到货币结算都采用平台工具，而平台在统计时很难区分这些资金流动，连使用者也难以区分每项资金背后的业务标签，加大了准确统计难度。此外，P2P 借贷金融作为一种融资方式，第三方机构平台将借款人的资金贷给贷款人，数字工具使原本的民间借贷打破原有地域限制，使其得到指数级扩大，其产业规模不容小觑，目前尚没有一套统计办法对这类参与金融业的经济行为开展区分核算。

2. 数字化背景下确定核算主体需要新办法。数字化经济使传统市场活动减少，对确定新的核算主体方法提出了挑战。比如数字时代线下的经济活动环节转移至线上，购买火车票、飞机票由原来实体店购买转为手机终端自行订票；传统的街边餐饮进入到互联网订餐；原本在市集卖艺的转为网络主播。通过传统方式开展的市场活动减少，却诞生了更多采用虚拟完成的经济活动，对于统计而言，一方面将面对线下核算主体减少的现状，而另一方面更多原本在线下难以追踪的核算主体，在虚拟网络集结，给精准统计创造了合适条件。比如通过对美团、饿了么平台数据整理，即可掌握区域餐饮行业规模，相比对每家每户上门统计的方式，进入互联网的一些经济行为反而更容易被捕捉，需要确定新的统计制度确定这些核算主体。

3. 盈利模式的创新加大了数字经济的核算难度。一是以共享单车等为代表的长期投资型经济行为，从投资到盈利有较长周期，这类单位在核算其增加值时，因其前期投入大、产出慢的特点，短期增加值可能会出现负值等特殊情况；二是在数字经济背景下，经济主体行为影响到另一个主体，却没有给与相应支付或者相应补偿，在经济学中亦称为外部效应、溢出效应，服务供应商提供免费的数字服务以吸引用户访问，另一方面服务供应商在提供免费服务的同时将用户大数据进行商业开发，例如免费视频 APP 为用户提供免费视频的同时，将广告植入，消费者并未直接向视频供应方支付费用，但却以观看广告内容向视频供应商进行了间接支付，消费者只是享受到了产品外部性和消费者剩余，这部分产品的价值应该如何核算？基于国民经济核算总供给与总需求相等原则，广告或者数据库价值属于生产方的估值，这可能与消费者的估值不相等，因此准确核算免费产品的价值难度大。

4. 数字经济相关单位的企业规模和经济规模不匹配。不同于工业经济有实体投入，数字经济的投入主要为技术，且数字经济的供求关系不同于传统经济学的线性供求关系，数字经济背景下数字产品的边际成本变化不同于传统经济。一般工业品的边际成本会随着规模效应先减少，随着产量超过一定限度（生产能力）后又增加。企业利润的提升建立在生产技术革新、组织管理水平提高等手段上。一般传统行业的企业规模决定了经济规模。而数字产品则有所不同，其虚拟性、可复制性导致其边际成本随着产品增加而大幅度减少，并且可能随着规模的扩大进一步减少。例如数字化的音乐专辑、游戏软件不需要以往磁带、光盘作为载体，在网上就可以发售，发售100万张和发售1000万张的成本相差不大。这往往使得数字经济的企业规模和经济规模不一定匹配。这在核算中需要有所关注。

5. 消费品与资本品的界限。数字经济快速发展，促成了大量的P2P交易，在这类交易中出现了很多用户将个人消费品为他人提供部分使用权，或者将消费品的部分使用权从事生产服务，在数字经济背景下，存在消费品兼具资本品作用的可能。比如滴滴打车，当前的统计实践是将汽车作为用户最终消费支出，但部分用户却将汽车作为了生产服务工具，应该将消费品作为资本品的那部分剥离出来并在核算中予以体现，如何剥离？剥离依据有哪些？这些问题都增加了核算的难度。

（二）数字经济增加值的核算

从核算增加值的角度看，数字经济增加值涉及的行业可以分为两部分：

第一部分是数字产业化，数字经济核心产业主要包括计算机通信和其他电子设备制造业、电信广播电视和卫星传输服务、互联网和相关服务、软件和信息技术服务业等，是数字经济发展的基础。数字产业化增加值可以通过相关产业企业填报基层报表汇总，运用生产法或支出法可以核算出核心产业数字经济增加值。增加值＝企业数字经济业务产值（或营业收入）×所属行业增加值率。其中，产值（或营业收入）数据来源于数字经济企业调查以及现有统计资料，行业增加值率来源于上年度统计年报。

第二部分是产业数字化，指应用数字技术和数据资源为传统产业带来的产出增加和效率提升，是数字技术与实体经济的融合。具体内容包括数字经济在经济社会各领域的融合应用情况等，是传统产业使用信息通信技术（ICT技术）提升了生产效率而新增的增加值，是信息通信技术(ICT 技术)与传统产业融合的边际增量产出，无法直接核算。产业数字化增加值测算，是测算数字经济的难点，我们提出该部分通过计量经济学方法计算。

基本原理为：经济产出(可以通俗理解为 GDP)是经济投入的结果，经济投入包括资本投入、劳动力投入、中间产品投入、自然资源投入等。每种投入对产出有一定比例的贡献。如，某一行业在保持其他投入不变的前提下，每增加一单位的信息产品投入，产出会增加相应的份额。加总全部行业数字信息产品、数字信息技术投入的边际贡献，从而得到一个国家或地区产业数字化部分的规模。

由于目前实行的五年一次的全国投入产出调查制度无法满足当前数字经济测算的时效性要求，我们对产业数字化经济总量的测算方法进行了简化，具体步骤：一是根据 2017 年投入产出表和数字经济行业分类标准，构建 42×2 部门的数字产业、非数字产业投入产出表；二是参考国家统计局投入产出延长表编制方法，构建数字经济投入产出 5 部门简表，部门分别是：第一产业、第二产业中的数字经济产业和非数字经济产业、第三产业中的数字经济产业和非数字经济产业；三是把非数字经济产业增加值按照各产业投入的贡献度进行分解，测算产业数字融合部分增加值。

由于第二部分产业数字化"间接贡献"数据来源的制约，建议对季度数字经济的监测和分析，以数字经济核心产业增加值为主。

(三)基于增长核算框架测度数字经济融合部分探索

根据上节分析，数字经济融合应用部分指各部门通过使用数字技术而带来的产出增加和效率提升的这部分增加值，无法直接核算，一般通过建立数学模型测算。浙江省经信委、省统计局联合浙江工商大学成立课题组，建立了数字经济融合应用规模评估体系。主要采用增长核算账户框架(KLEMS)模型，综合评估资本投入(包括 ICT 投资和非 ICT 投资)、劳动力等要素对经济增长的作用，进行评估测算后得出数字经济融合应用部分的规模。据此测算，与中国信息通信研究院测算的思路基本一致，测算结果基本接近。

数字经济融合应用部分(产业数字化)的增加值可定义为非信息通信技术(ICT)行业中因使用 ICT 资本而创造的增加值规模，包括 ICT 资本对 GDP 增长的贡献和对全要素生产率(TFP)的作用两部分。由于产业数字化带来的效率提升可以通过 TFP 增长加以表征，而 TFP 对 GDP 增长的贡献在测算实践中更为容易得到(蔡跃洲，2018)，因此可以按照先"先增量后总量、先贡献度后规模"的思路，基于增长核算理论框架间接测算得到效率提升对应的增加值的增量及其对

GDP 增长贡献。

1. 增量和贡献度测算。根据上述思路，可引入新古典增长模型，测算数字经济对 GDP 增长的贡献度。GDP 增长可分解为资本要素增长、劳动要素增长、TFP 增长三部分。通过增长核算，能计算出这三部分对 GDP 增长的贡献。其中，将资本要素中的 ICT 资本分解出来，可以得到 ICT 资本要素增长对 GDP 增长的贡献；将 TFP 增长中由 ICT 引起的效率提升部分通过计量方法进行测算，可以得到 ICT 资本要素对 GDP 增长的间接贡献；将这两部分相加，可以推算出特定时间段数字经济对 GDP 增长的贡献度，从而得到这部分数字经济对应的增加值的增量。

2. 规模测算。将上述特定时间段的起点确定为数字经济带来的产出增加和效率提升几乎为零的年份，特定时间段的终点设置为目标测算年份，此时测算得到的增量≈目标测算年份总量，即产业数字化增加值规模。回顾我国数字经济发展历程，互联网刚刚兴起的 1998 年至 2000 年之间的某个年份可以选择作为起点时间。

增长核算模型作为目前研究较多的方法之一，对目前数字经济融合部分的测度有一定参考意义，但也存在一定的局限性。一方面是数据获取未必合理。现有的统计体系缺乏 ICT 硬件和软件投资及其资本存量、相关产品价格序列等基础数据，目前已有的研究中采用了大量的替代性估算，缺乏可靠的依据；研究中使用的许多数据来源于我国投入产出表，而我国投入产出表并非每年编制，对于数据缺失年份，有学者利用年均增长率进行推算，缺乏严谨性。另一方面是欠缺可操作性。利用增长核算框架，是间接测算非 ICT 行业的数字经济规模的方法，其意义更多地体现在理论和学术层面，在政府统计工作中难以大范围推广和应用，不具备较强的操作性和科学性。

四、完善数字经济统计与核算的思考

（一）强化统计分类标准的运用

2021 年 5 月，国家统计局印发《数字经济及其核心产业统计分类（2021）》，首次从国家层面明确了数字经济统计范围，但是其中关于产业数字化部分的认定还比较模糊。建议进一步加强对该标准运用方面的推动和指导，尽快明确数字经济融合部分的测算方法和单位认定方法，在研究纳入数字经济融合部分的国民经济行业分类标准的基础上进行更为明确和细致的核算，发挥好分类标准对基层统计工作的统领作用，推动数字经济统计监测走向规范化、制度化。一是需要根据数字经济发展现实，逐步扩大国民经济核算口径，根据实际情况将日渐普及的新兴产品和经营模式纳入核算口径范围，特别是借助数据经济“平台效应”扩大核算主体的确立；二是不断完善数字经济测算模型，根据实际情况对数字经济进行准确测算；三是针对数字经济标准化的特点，在核算方法上可考虑将数字经济核算模块化与重组，深化数字经济在核算的细分汇总，达到更加精准测算的目的。

（二）创新数字经济数据收集方式

要改进传统统计调查方式，在现行统计调查制度基础上，结合大数据等信息技术建立新的统计调查方式，更好地记录与数字经济相关的生产、消费、支出、就业等信息，进一步完善与数字经济相关的基础数据统计工作。提升统计部门获取源数据的能力，加强统计部门、行业主管部门、企业间的数据共享与交流，用好日常统计调查、经济普查、住户收支与生活状况调查、投入产出及“三新”统计数据等，支持数字经济测度。通过设置卫星账户的形式，对居民、企业、政府参与数字经济情况，以及掌握数字经济投资情况开展专项调查，填制相关的供给使用表，根据调查数据开展数字经济增加值核算，以此来对国民经济部门对数字产品生产与分配有更加清晰的核算。卫星账户的专项调查可以与其他常规调查相结合。一是结合一套表调查，对有数字经济活动的企业进行识别并调查；二是结合规下企业与个体抽样，前者调查数字产品生产企业参与情况，后者调查与数字产品相关的活动和效益方面指标；三是在住户调查中增设数字经济指标，如是否从事网络直播、共享运输等工作。

（三）建立全面的数字经济核算体系

当前，数据生产要素统计核算试点工作已在深圳等地展开，这将有利于地区厘清数据资产状况，优化数据资源配置。要及时掌握试点中发现的问题、分析解决遇到的难题，加强数据生产要素核算试点成果在其他地区的推广与运用，发挥好先行先试地区的引领作用，早日将数据生产要素支出纳入国民经济核算体系，真正将数据变成财富。一是在数字经济背景下，统计部门应更加主动适应挑战，应妥善利用数字经济带来的便利，改进数据采集方式，普及网络取数、电子取数，提高数据采集效率。比如可以通过与大型互联网公司合作，合法挖掘个体行为的数据，作为调查数据的补充。二是数字经济显著加大了消费者剩余，提高了消费者福利，但 GDP 并未将这些纳入核算范围，经济社会发展考核时应参考各项福利指标，取消简单以 GDP 作为衡量指标的方式，制定出更加准确、符合趋势的经济发展政策。

数字经济创新提质发展监测评价体系研究[①]

——以浙江宁波市鄞州区为例

楼蓉蓉　张　婕[②]

一、数字经济创新提质的研究背景和开展监测评价的意义

(一)研究背景

2023年,中共中央、国务院印发《数字中国建设整体布局规划》,发展数字经济、建设数字中国已上升为国家发展战略。浙江省成立数字经济创新提质"一号发展工程"专班,全面建设"1358"数字经济创新提质发展体系,努力打造数字经济高质量发展强省。研究数字经济创新提质监测评价体系,有利于探索一条高水平数字发展的浙江路径。

(二)研究意义

从理论方面看,开展数字经济创新提质发展监测评价体系研究,通过指标设计、方法研究等,可以更好丰富和拓展数字经济理论体系,推动统计方法制度的改革创新。目前,在我国数字经济相关研究中,往往更关注其规模和增速,而对其效率和结构等方面的研究相对较少。另外,由于县域层面的指标数据相对缺乏,不及国家和省市层面的数据全面和详细,数字经济在全国、省市层面研究相对较多,更多研究倾向于关注更大范围的地区或更具代表性的城市,而在县域层面的研究相对较少。本文从结构"创"优、技术革"新"、效率"提"升、融合优"质"等4个维度构建指标体系,充分考虑选取指标的代表性、稳定性、客观性、县域可应用性等,使用熵值法计算权重对四大指标客观赋权,加强县域横向比较,分析部分县域在数字经济创新提质发展过程中优劣势。

从现实意义看,建立科学的监测评价体系,是全面评价数字经济创新提质发

① 本文数据和测算估算,代表作者个人观点。

② 作者简介:楼蓉蓉,浙江省宁波市鄞州区统计局副局长、党组成员。
张　婕,浙江省宁波市鄞州区统计局干部。

展水平的重要手段，通过科学度量发展进程，及时了解发展现状和问题，精准预判发展前景，提高数字经济的效益和竞争力，实现区域产业结构转型升级，推动数字经济健康发展。

二、数字经济创新提质发展监测评价体系的构建

(一)数字经济的定义

根据当前国家统计局对数字经济概念界定，数字经济是指以数据资源作为关键生产要素、以现代信息网络作为重要载体、以信息通信技术的有效使用作为效率提升和经济结构优化的重要推动力的一系列经济活动，包括数字产业化部分和产业数字化部分，可分为数字产品制造业、数字产品服务业、数字技术应用业、数字要素驱动业、数字化效率提升业 5 个大类。其中，数字产业化部分，即数字产品制造业、数字产品服务业、数字技术应用业、数字要素驱动业 4 个大类归为数字经济核心产业，是指为产业数字化发展提供数字技术、产品、服务、基础设施和解决方案，以及完全依赖于数字技术、数据要素的各类经济活动。

2018 年，浙江省统计局对信息产业行业分类进行调整完善，发布了《浙江省数字经济核心产业分类目录(2017)》，包括 19 个行业大类，128 个行业小类，简称省标。2021 年 5 月，国家统计局发布了《数字经济及其核心产业统计分类(2021)》，其中核心产业包括 126 个国民经济行业小类，其中超过 80%的行业与浙江省分类标准一致，另外增加了数字批发零售业和数字建筑业的部分行业，简称国标。目前在测算的数字经济核心产业增加值仍采用省标的界定标准，出于指标的可得性原则，本文数字经济核心产业相关指标数据采用的是省标口径。

(二)数字经济创新提质发展监测评价体系指标的选取

目前对数字经济评价体系的研究受到多方关注，比如江苏省从数字经济发展指数、数字产业化发展度、产业数字化成熟度、企业发展度、用户活跃度和创新发展度 6 大方面构建数字经济发展评价体系；浙江省以基础设施、数字产业化、产业数字化、新业态新模式和政府与社会数字化 6 大指标构建数字经济发展综合评价体系；福建省从数字发展基础、数字技术创新、数字社会应用、数字治理水平和数字产业发展 5 个方面构建数字经济发展评价体系。

本文从结构“创”优、技术革“新”、效率“提”升、融合优“质”等 4 个维度(即一级指标)，8 个二级指标，共选取 36 个三级指标对数字经济创新提质发展情况进行监测评价。限于数据可得性，本文选取了近 2 年宁波市 10 个区(县、市)为监测评价对象，各项数据通过历年《宁波统计年鉴》、部门统计资料等数据整理而得。

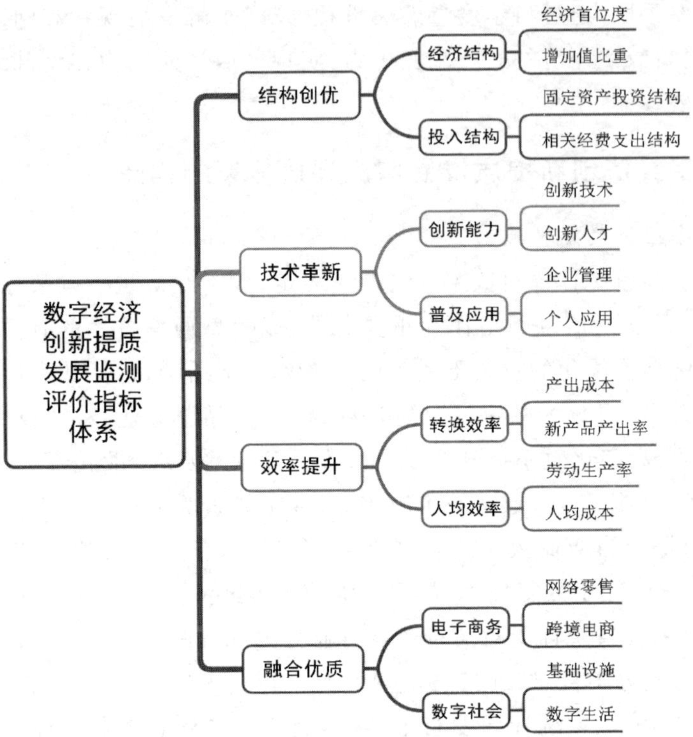

图1　数字经济创新提质发展监测理论框架

(三)数据预处理

1. 替代指标

个别指标理论上可以测算,但由于目前无法获取其他区(县、市)汇总数,暂时用部分可获得的指标数据代替。比如:数字经济核心产业从业人员数占从业人员比重、数字经济核心产业营业利润率等指标,暂时用数字经济核心产业规上服务业从业人员占规上服务业从业人员比重、规上服务业数字经济核心产业营业利润率代替;数字经济核心产业资本产出率暂时用规上工业营业利润率代替。

2. 数据填充

部分指标尚未反馈,比如研究与试验发展经费支出占GDP比重等指标,取前一年数据测算,即2022年采用2021年数据,2021年采用2020年数据。个别指标为新指标,暂时只有一年数据,缺少连续两年的数据的,比如数字经济核心产业人才比重、有电子商务交易活动企业比重等指标仅有2021年,2022年尚未反馈,跨境电商出口占出口比重仅有2022年数据,2021年数据暂时无法获取,两年暂时共用同一套数据。

3．删除指标

部分指标存在一定重复性，比如原电子商务销售额与人均电子商务销售额两个指标都是反映电子商务销售情况，相似度较高，因此取其一，选取更能体现发展质量的人均指标，删除更侧重规模的电子商务销售额指标；原规模以上工业全员劳动生产率与数字经济核心产业劳动生产率较为相似，且代表性不及后者，因此删除该指标。

表1　数字经济创新提质发展监测评价指标体系

一级指标	二级指标	三级指标	单位	指标类型
结构创优	经济结构	数字经济核心产业增加值占全市比重	%	正向
		数字经济核心产业增加值占 GDP 比重	%	正向
		数字经济核心产业制造业增加值占规上工业比重	%	正向
		信息传输、软件和信息技术服务业增加值占服务业比重	%	正向
	投入结构	数字经济投资占全部固定资产投资比重	%	正向
		教育科技经费支出占一般公共预算支出比重	%	正向
		信息化投入占营业收入比重	%	正向
		研究与试验发展经费支出占 GDP 比重	%	正向
技术革新	创新能力	数字经济核心产业研发强度	%	正向
		数字经济核心产业从业人员数占从业人员比重	%	正向
		数字经济核心产业人才占“四上”单位从业人员期末人数比重	%	正向
		信息服务业从业人员数	万人	正向
		人均拥有数字经济核心产业有效发明专利数	件/万人	正向
	普及应用	企业使用信息化进行购销存管理普及率	%	正向
		企业使用信息化进行生产制造管理普及率	%	正向
		企业使用信息化进行物流配送管理普及率	%	正向
		5G 套餐用户数普及率	户/百人	正向
		移动支付活跃用户普及率	%	正向
效率提升	转换效率	数字经济核心产业亩均税收率	万元	正向
		数字经济核心产业制造业新产品产值率	%	正向
		数字经济核心产业资本产出率	%	正向
		数字经济核心产业营业利润率	%	正向
		专利产出效率	件/万元	正向
	人均效率	数字经济核心产业劳动生产率	万元/人	正向
		人均地区生产总值	万元/人	正向
		生均教育信息化经费投入	元	正向

续表

一级指标	二级指标	三级指标	单位	指标类型
融合优质	电子商务	网络零售额占社会消费品零售总额比重	%	正向
		跨境电商出口占出口比重	%	正向
		有电子商务交易活动企业占“四上”单位比重	%	正向
		每百家单位电子信息采购额	亿元/百家	正向
		人均电子商务销售额	元	正向
	数字社会	人均移动互联网接入流量	GB	正向
		邮政行业业务收入	万元	正向
		每平方公里拥有移动电话基站数量	个	正向
		固定宽带端口平均速率	Mbps	正向
		区域医院门诊智慧结算率	%	正向

(四)评价方法

本文运用熵值法对数字经济创新提质发展水平进行客观综合测度,首先将指标初始值进行无量纲化处理,由于所选指标均为正向指标,公式为:

$$U_{ijk}=\frac{X_{ijk}-min\left[X_j\right]}{max\left[X_j\right]-min\left[X_j\right]}\times 0.99+0.01 \tag{1}$$

其中,X_{ijk} 表示第 i 个区(县、市)的第 j 项指标在年份 k 的初始值,U_{ijk} 表示 X_{ijk} 标准化处理后的无量纲值。

计算区(县、市)i 在年份 k 的观测值占第 j 项指标的比重公式:

$$p_{ijk}=\frac{U_{ijk}}{\sum_{i=1}^{10}\sum_{k=1}^{2}U_{ijk}} \tag{2}$$

其中,p_{ijk} 表示第 i 个区(县、市)在年份 k 的观测值占第 j 项指标的比重。

计算指标熵值公式:

$$e_j=-\frac{\sum_{i=1}^{10}\sum_{k=1}^{2}(p_{ijk}\times LNp_{ijk})}{LN20} \tag{3}$$

其中,e_j 表示数字经济创新提质发展监测评价第 j 项指标的熵值。

计算指标信息差异性系数公式:

$$d_j=1-e_j \tag{4}$$

其中,d_j 表示数字经济创新提质发展监测评价第 j 项指标的信息差异性系数,系数越大,对应指标权重越大。

计算指标权重公式：

$$w_j = \frac{d_j}{\sum_{j=1}^{36} d_j} \tag{5}$$

其中，w_j 表示数字经济创新提质发展监测评价第 j 项指标的权重，且满足 $\sum_{j=1}^{36} w_{ij} = 1$。

计算综合指数公式：

$$s_{ijk} = U_{ijk} \times w_j \tag{6}$$

$$S_{ik} = \sum_{j=1}^{36} s_{ijk} \tag{7}$$

其中，s_{ijk} 表示第 i 个区(县、市)的第 j 项指标在年份 k 的指数得分，S_{ik} 表示第 i 个区(县、市)在年份 k 的综合指数得分。

表 2　数字经济创新提质发展监测评价指标权重

一级指标	权重	二级指标	权重	三级指标	权重
结构创优	18.0	经济结构	9.7	数字经济核心产业增加值全市比重	4.6
				数字经济核心产业增加值占 GDP 比重	2.1
				数字经济核心产业制造业增加值占规上工业比重	1.8
				信息传输、软件和信息技术服务业增加值占服务业比重	1.2
		投入结构	8.3	数字经济投资占全部固定资产投资比重	3.1
				教育科技经费支出占一般公共预算支出比重	1.5
				信息化投入占营业收入比重	1.5
				研究与试验发展经费支出占 GDP 比重	2.2
技术革新	33.8	创新能力	19.6	数字经济核心产业研发强度	1.6
				数字经济核心产业从业人员数占从业人员比重	4.6
				数字经济核心产业人才占“四上”单位从业人员期末人数比重	2.1
				信息服务业从业人员数	8.3
				人均拥有数字经济核心产业有效发明专利数	3.0
		普及应用	14.2	企业使用信息化进行购销存管理普及率	1.2
				企业使用信息化进行生产制造管理普及率	2.6
				企业使用信息化进行物流配送管理普及率	5.2
				5G 套餐用户数普及率	2.7
				移动支付活跃用户普及率	2.5

续表

一级指标	权重	二级指标	权重	三级指标	权重
效率提升	17.1	转换效率	8.0	数字经济核心产业亩均税收率	0.8
				数字经济核心产业制造业新产品产值率	1.3
				数字经济核心产业资本产出率	1.4
				数字经济核心产业营业利润率	1.1
				专利产出效率	3.4
		人均效率	9.1	数字经济核心产业劳动生产率	2.1
				人均地区生产总值	4.2
				生均教育信息化经费投入	2.8
融合优质	31.1	电子商务	18.0	网络零售额占社会消费品零售总额比重	1.9
				跨境电商出口占出口比重	3.6
				有电子商务交易活动企业占“四上”单位比重	2.9
				每百家单位电子信息采购额	4.2
				人均电子商务销售额	5.4
		数字社会	13.1	人均移动互联网接入流量	2.4
				邮政行业业务收入	3.2
				每平方公里拥有移动电话基站数量	3.2
				固定宽带端口平均速率	2.8
				区域医院门诊智慧结算率	1.5

(五)评价结果分析

根据数字经济创新提质发展监测评价结果,2022年宁波市十个区(县、市)综合指数均有不同程度提高,其中奉化区、镇海区、海曙区、慈溪市、鄞州区综合指数发展速度相对较快。从近两年的全市排位变化情况看,奉化区提升2个位次,海曙区、江北区、慈溪市各提升1个位次,镇海区和鄞州区全市排位不变。从综合指数两年平均情况看,北仑区、江北区、鄞州区、镇海区、慈溪市相对靠前。分维度看,结构创优指数相对靠前的是余姚市、慈溪市、北仑区、鄞州区和江北区,技术革新指数相对靠前的是北仑区、江北区、鄞州区、镇海区和海曙区,效率提升指数相对靠前的是北仑区、镇海区、鄞州区、江北区和海曙区,融合优质指数相对靠前的是江北区、镇海区、海曙区、北仑区和鄞州区。

基于2022年数字经济创新提质发展监测评价综合指数情况,采用K—均值聚类分析法将宁波市十地划分为3个层次,江北区、北仑区、镇海区和鄞州区处于同一层次,综合指数相对较高;海曙区、余姚市和慈溪市处于同一层次;奉化区、象山县、宁海县处于同一层次。

表 3　数字经济创新提质发展监测评价得分

区(县、市)	2022 年					2021 年					两年平均	排名	发展速度	排名
	综合指数	结构创优	技术革新	效率提升	融合优质	综合指数	结构创优	技术革新	效率提升	融合优质				
海曙区	37.1	3.8	11.2	6.2	15.9	27.6	3.8	7.1	5.1	11.7	32.3	6	1.34	3
江北区	53.8	7.1	15.2	9.2	22.3	45.9	7.5	14.3	6.9	17.2	49.8	2	1.17	6
北仑区	53.7	10.7	18.7	8.2	16.1	49.1	10.3	18.2	10.2	10.4	51.4	1	1.09	9
镇海区	45.3	3.9	14.8	9.7	16.9	32.3	2.5	10.7	7.4	11.6	38.8	4	1.40	2
鄞州区	48.7	10.2	16.1	9.5	12.9	41.1	10.6	12.4	7.0	11.1	44.9	3	1.18	5
奉化区	23.1	3.3	9.0	4.0	6.7	15.7	2.2	6.1	4.1	3.3	19.4	9	1.47	1
象山县	18.2	4.3	5.0	3.5	5.4	16.3	4.2	4.8	4.3	3.0	17.3	10	1.12	8
宁海县	22.5	4.9	6.1	3.4	8.1	20.0	5.3	5.7	4.2	4.7	21.3	8	1.13	7
余姚市	30.4	11.3	5.7	4.6	8.7	29.4	14.7	4.4	4.7	5.6	29.9	7	1.03	10
慈溪市	37.4	12.6	8.2	5.6	11.0	28.2	9.8	6.5	4.0	7.9	32.8	5	1.33	4

表 4　聚类成员

区(县、市)	聚类	距离
海曙区	2	2.11
江北区	1	3.44
北仑区	1	3.29
镇海区	1	5.09
鄞州区	1	1.64
奉化区	3	1.78
象山县	3	3.04
宁海县	3	1.26
余姚市	2	4.59
慈溪市	2	2.48

表 5　K—均值聚类结果

聚类	区(县、市)	综合指数
1	江北区、北仑区、镇海区、鄞州区(4)	50.36
2	海曙区、余姚市、慈溪市(3)	34.96
3	奉化区、象山县、宁海县(3)	21.28

（六）完善评价体系的建议

1. 聚焦统一性，明确指标口径。基于统计数据建立数字经济创新提质发展评价长效机制，制定统一的指标口径标准和格式，加强统计业务指导，消除不同部门对同一类指标的理解差异，确保取自不同部门的指标数据具有可比性，为数字经济创新提质发展决策提供更加准确和可靠的数据支持。比如网络零售额占社会消费品零售总额比重，由于监测平台范围和测算方法不同，商务部门与统计部门对于网络零售的指标口径存在一些差异，而在该指标测算中，使用者往往是网络零售采用了商务部门口径数据，社会消费品零售总额采用统计部门口径数据，导致部分地区的网络零售额占社会消费品零售总额比重超过100%，即网络零售的规模超过了整个零售市场规模，不具备现实意义，需要进一步规范统计口径，完善统计方法。

2. 聚焦完整性，做好项目定性。在该监测评价体系中，不少指标用到了数字经济核心产业的口径范围，数字经济核心产业是数字经济的重要组成部分，但数字经济不局限于核心产业，而是涵盖了整个经济体系的数字化转型和发展，因此建议在用行业代码汇总测算数字经济核心产业的基础上，对于数字经济所涉及的单位或项目定期进行科学认定，及时增加标记符号，有利于更加全面地监测评价数字经济创新提质发展成果。

3. 聚焦连贯性，加强数据共享。数字经济渗透于社会经济发展的方方面面，数字经济创新提质发展监测评价指标涉及经信、商务、卫健、交通等多部门数据，因此需要各部门协同，破除信息壁垒、数据“孤岛”，建立健全部门间统计数据共享机制。在技术上，开发汇总数据，保护个体数据，采取数据“可用不可见”，加强数据安全措施；在组织上，建立专班机制，创新共享模式，深度挖掘部门统计数据信息，定期对数字经济创新提质发展开展动态监测和综合评价，客观可持续地衡量区域数字经济创新提质发展进程。

4. 聚焦科学性，提高报表质量。数字经济具有较强的渗透性、协同性，其社会价值体现在各行各业，增加值相关指标很难全面测度这方面价值和质效提升情况，因此要用好《信息通信技术应用和数字化转型情况（109表）》等相关年报指标数据，以及《电子商务交易平台情况（U201表）》《重点互联网出行平台基本情况（U202表）》《重点互联网医疗平台基本情况（U203表）》《重点互联网教育培训平台基本情况（U204表）》《重点互联网房屋共享平台基本情况（U206表）》《重点电子商务平台经营及发展情况（U207表）》《重点互联网旅游平台基本情况（U208表）》《重点互联网餐饮平台基本情况（U209表）》《重点互联网文化平台基本情况

(U210 表)》等相关月报指标数据，进一步完善报表制度，明确填报范围，规范填报要求，逐步建立区域数据汇总反馈机制，加大各类重点互联网平台指标数据监测力度，着手做好数据背后信息的挖掘分析，用已有的统计调查数据描绘各领域数字经济发展进程。

三、数字经济创新提质发展情况及问题——以鄞州区为例

(一)从结构创优维度看

2022 年，鄞州区结构创优指数为 10.2，在宁波市十地中位居第 4 位。总体发展基础比较好。作为宁波的“都市核心”以及行政、经贸、金融、文教、科技、会展、航运“七大中心”，2022 年鄞州区 GDP 总量首次位居全省第一，具备一定经济实力及数字经济发展基础等优势，且数字经济核心产业增加值的区位熵大于 1，具有一定的首位度优势。近 5 年来，鄞州区数字经济核心产业增加值规模不断扩大，从 2018 年的 123 亿元提高至 2022 年 211 亿元，占 GDP 比重从 6.1%提升至 7.7%，2023 年上半年比重进一步提升至 7.9%。产业优势发挥欠充分。2022 年鄞州区三次产业比重为 1.1∶27.5∶71.4，而数字经济核心产业增加值的内部结构以数字工业为主，并没有凸显鄞州区现代服务业等重点产业优势。2022 年鄞州区数字工业占数字经济核心产业增加值的 60.4%，且占比总体呈现上升趋势；信息传输、软件和信息技术服务业次之，占 32.7%；其他行业比重较低，占 6.9%，占比呈现不同程度的回落。投资结构有待改善。鄞州区数字经济投资绝对量较大，2023 年上半年占到全市的 19.5%，但与自身固定资产投资完成额规模来看，数字经济投资占全部固定资产投资比重为 5.5%，低于全市平均水平。

(二)从技术革新维度看

2022 年，鄞州区技术革新指数为 16.1，在宁波市十地中位居第 2 位。技术型人才密度相对较高。鄞州区数字经济核心产业人才比重居全市首位，信息服务业从业人员数 2022 年增长 6.4%。产业数字化普及率有待提高。2021 年鄞州区企业使用信息化进行购销存管理普及率为 59.8%，企业使用信息化进行生产制造管理普及率为 47.8%，企业使用信息化进行物流配送管理普及率为 12.2%，分别低于全市平均 13.0 个、9.3 个和 10.6 个百分点。

(三)从效率提升维度看

2022 年，鄞州区效率提升指数为 9.5，在宁波市十地中位居第 2 位。资源配置有待继续优化。2021 年鄞州区数字经济核心产业亩均税收率为 13.2 万元，低于全市平均 2.0 万元。人均产出具有比较优势。2021 年鄞州区数字经济核心产业

劳动生产率为33.5万元/人，是全市平均的1.52倍。

(四)从融合优质维度看

2022年，鄞州区融合优质指数为12.9，在宁波市十地中位居第5位。电子商务市场有待继续开拓。2022年跨境电商出口占出口比重、网络零售额占社会消费品零售总额比重分别位居全市第6位和第5位，2021年有电子商务交易活动企业比重位居全市第7位。数字化基础设施的软硬件均较为完备。2021年鄞州区人均移动互联网接入流量250.2GB，每平方公里有用移动电话基站数量19.9个，固定宽带端口平均速率283.7Mbps，分别是全市平均的1.46、2.58和1.41倍。区域医院门诊智慧结算率为89.4%，高出全市平均3.5个百分点。

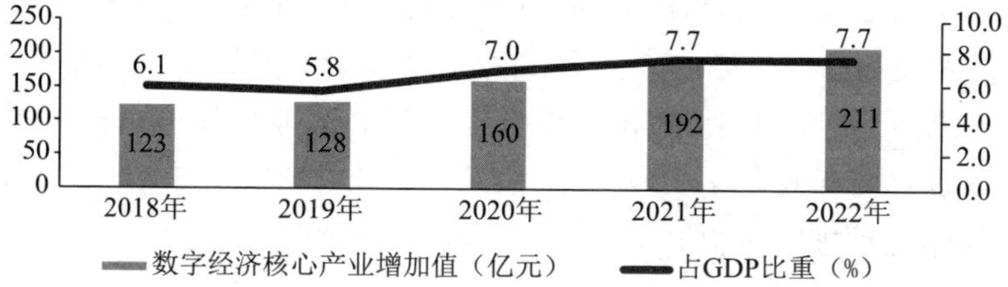

图2　鄞州区数字经济核心产业发展情况

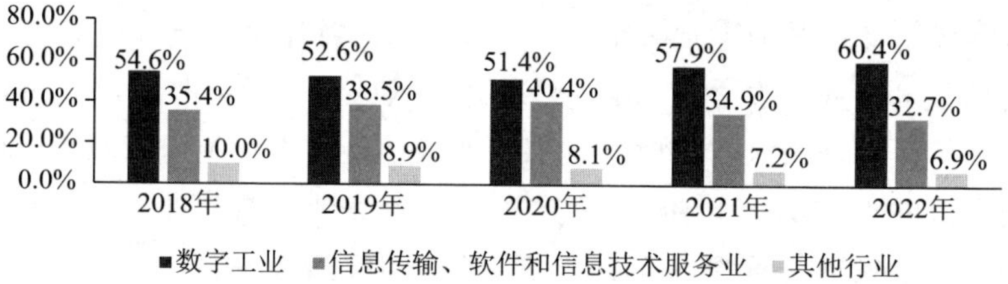

图3　鄞州区数字经济核心产业增加值结构

四、推动数字经济创新提质发展相关对策建议

(一)创新格局，从"积聚"到"集聚"加快发展数字经济产业

夯实数字经济核心产业基础。聚焦数字经济核心产业，壮大数字经济核心产业主体，培育一批数字经济龙头骨干企业，进一步优化企业梯队结构。对接数字经济发展现状和社会发展需求，抓好强链补链，引进高端制造业企业，推动传统产业转型，积极发展工业机器人制造、工业自动控制系统装备制造等行业主体。围绕区域特色，抓好"强二优三"，发挥优势产业链集聚效应，打造一批具有标杆效应的数字经济集聚区，如：依托微电子创新产业园，打造集成电路设计创新高地；依托宁波首个"元宇宙产业园"甬江软件产业园建设，招大引强一批软件和信息技术

服务业企业，发展元宇宙创新应用产业；依托南部商务区宁波国家级广告产业园，发展互联网广告等新业态；依托鄞州浅水湾影视文化产业园区打造上下游一体化的综合性服务产业，发展网络文学出版服务、数字阅读服务等数字出版服务业，以及影视节目制作等广播电视电影和录音制作业。加大数字经济核心领域投入。从投入领域看，虽然信息化投入整体增长较快，但主要集中在财务管理方面，占到“四上”单位家数的85.8%；其次是购销存管理、客户关系管理、人力资源管理，而生产制造管理，物流配送管理、产品研发管理、企业资源规划(ERP)等相对较少，需要大力实施数字经济投资倍增行动，进一步加大数字经济核心领域的投入，创优投资环境，通过增加政府投入、鼓励企业投资、吸引外资参与、拓宽融资渠道等，强化投资项目支撑，推动数字经济高质量发展。

（二）塑新优势，从“数字”到“数智”加快构建数字生态系统

积极打造数字经济人才高地。从四上企业数字化转型情况看，有37.8%的企业在生产经营中进行数字化转型，主要是使用云计算服务业、物联网技术等，自建或通过第三方网站、APP销售商品或提供服务相对较少；有62.2%的企业未进行数字化转型，主要是认为投入太高、缺少数字化转型专业人才。需要进一步深化政产学研用创新协作，构建数字产业人才生态。由政府牵头，深度推动校企合作，加强产教融合，加大合作力度，通过合作研发等方式获得更多研究成果。同时，优化人才政策，招引一批数字经济领域紧缺技能型人才、复合型人才、高端创业团队，加强本地数字经济人才培育，培养一批具有创新能力和专长的人才，为区域数字经济创新提质发展提供智力支撑。大力推动数字经济技术创新。搭建数字经济创新平台，设立并扶持数字经济创新实验室、产业园、研究院、孵化器等重大平台建设，推动大数据、云计算等技术的普及应用，鼓励企业采用相关技术，并进行创新应用，实现数字关键核心技术提升。

（三）开新赛道，从“提量”到“提质”加快提升数字经济品质

先行先试加快企业转型升级。鼓励支持企业数字化提升，通过参与数字化车间、智能工厂、自动化(智能化)成套装备改造、“5G+互联网”试点项目，进行企业智能化改造，提高生产质效，提升产品属性，打造数字化改造的样板。同时加强经验分享，从生产、研发、物流、销售等多角度推动企业数字化转型升级。雷厉风行布局产业未来赛道。随着宁波市首个人工智能超算中心项目建设，加速布局人工智能超算中心，推动算力产业发展，力争成为全国算力枢纽之一，为各行各业提供高效可靠的计算和数据处理服务，加快经济动能转换、产业智能升级。加快数据要素价值释放，引导培育大数据交易市场，打通数据生产和数据消费环节，加速数

据资源的流通，形成完善的数字产业链。

（四）树新标杆，从“叠加”到“迭代”加快数实深度融合发展

推动数字平台赋能实体经济。以数字化为驱动力，推动平台经济创新发展。深耕本地资源，汇聚一批各领域知名互联网平台企业，打造有鲜明特色的数字经济楼宇，赋能实体经济发展。目前互联网共享单车平台、物联网创新服务业平台、互联网直播平台、医疗教育平台等领域已拥有本土企业，但缺少大的新增企业，可以继续在互联网生产服务平台、互联网生活服务平台、互联网科技创新平台、互联网公共服务平台的细分领域寻找突破。比如：以打造全省数字贸易发展引领区为契机，加强电商平台建设，加快跨境电商创新发展，培育发展直播产业平台；通过建设宁波东外滩现代化服务业创新发展区，发展互联网法律咨询援助、互联网就业招聘平台经济，形成一批商务服务业数字化应用示范。同时，开拓外部市场，强化国际国内业务交流，承接高端服务业转移，引进一批高端区域合作项目，加速数字经济平台建设。推动数字经济赋能共富实景。加强数字化硬件和软件等基础设施建设，提高全民数字化素养，推动农村电子商务发展，拓宽农产品销售渠道，激活乡村文旅资源，推进农业、旅游业、餐饮业等行业发展，改善缩小城乡居民收入差距；发展数字普惠金融，提升金融数字化水平，通过提升覆盖广度和服务深度，加快推动发展成果全民普惠共享，促进共同富裕。

应用大数据开展数字经济结构的空间熵测度探索

陆　珏　赵　珂　俞佳慧　王佳萍[①]

一、引言

(一)研究探索的动机

随着统计系统信息化改革的不断深入,统计大脑的应用飞速发展。同时,得益于一套表系统的完善使用,这使得直接基于企业基础报表的分析研究成为可能。在第五次全国经济普查的试点阶段,绍兴市越城区承担省级数字经济产业专项试点工作。越城区人民政府在制定专项试点方案规划的同时,积极探索对调查数据的进一步利用,鼓励开展分析挖掘经济运行信息的研究工作。这既是对前期工作的充分肯定,也是对后期工作的殷切期望。

在当前普查数据的分析工作中,统计局及其他经济部门深感有必要从带有地理信息的企业原始数据入手来开展研究,从空间分布的角度来探索建立统计测度的可行性,用以监测和指导经济工作,这对推动经济高质量发展与数字产业化及产业数字化具有非常重要的支持作用。另一方面,当前我国的统计测度体系以规模和增速的指标为主,侧重经济发展微观分布状况的研究不多,而检测分布状况特别是不依赖于行政区域数据汇总的方法,可以从不同的角度来描绘中国式现代化发展的进程。

近年来,学术界逐渐关注数字经济的结构和空间分布问题。王方等人于2022年提出了数字经济高质量发展模型,通过该模型,可以从宏观角度评估全国范围内数字经济的协调发展情况。与此同时,张正荣等研究者在2023年从长三角地区宏观层面探讨了数字经济对制造业所带来的空间溢出效应。然而,目前尚缺乏深入挖掘微观层面企业报表数据的研究。因此,本文计划从这一尚未涉及的角度

---

① 作者简介:陆　珏,浙江省绍兴市越城区统计局副局长。
赵　珂,浙江省绍兴市统计局干部。
俞佳慧,浙江省绍兴市统计局干部。
王佳萍,浙江省绍兴市越城区统计局干部。

展开研究。通过分析微观企业报表数据，探索数字经济在企业层面上的空间地理分布和关联特性。这一研究方法的引入将使我们能够更准确地理解数字经济对企业决策和地区发展的影响机制。地理信息系统的引入为这一领域带来了巨大的便利，使得将数字经济的结构与空间分布相结合的研究成为可能。这样的研究有望为我们提供更全面的数字经济发展图景，并为地区经济政策的制定提供有力支持，促进数字经济在各个空间维度上的可持续发展。

（二）数字经济普查试点与一套表指标数据的选取

越城区数字经济产业普查省级专项试点工作覆盖的企业并非聚焦于数字经济核心产业与数字化效率提升业，样本中同样包含不少传统企业，涉及到的调查企业一共 252 家，其中数字化效率提升业 143 家，图 1 展示了涉及专业中数字化的企业占比，样本涉及 10 个镇街，图 2 展示了各专业样本企业的分布情况。我们选取了普查试点方案中三张报表的数字经济重要调查数据来开展研究，这三张报表分别是调查单位基本情况（701 表）、信息通信技术应用和数字化转型情况（709－1 表）、数字经济活动情况（709－2 表），涉及的企业均为一套表调查对象。以越城区第五次经济普查办公室工作规划为依据，开展普查数据的收集工作，调查对象通过浙江省民调平台完成数据填报。

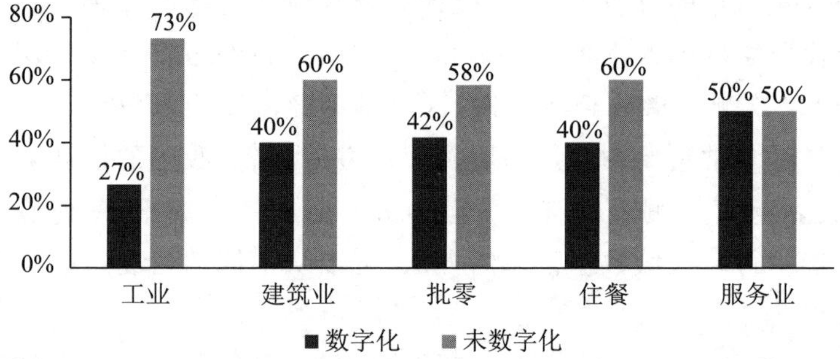

图 1　数字化企业占比

其中 701 表与一套表中的 101－1 表基本一致，记录了企业的基本信息，在我们的研究中，主要使用此表中的企业地址信息来生成经纬度坐标，709－1 表与 2022 年报一套表中的 109 表基本一致，709－2 表涉及的调查内容在本次普查试点中首次出现，一套表中没有类似报表。我们主要围绕 709－1 表和 709－2 表中的各项数字经济相关指标开展研究。

根据普查试点的填报内容，我们将反映数字经济的不同角度的变量用于描述数字经济结构，这有别于经济结构的传统宏观分类方式。根据 709－1 表，我们确立了16项用于描述数字经济结构的侧面，分别是：拥有计算机数量、信息技术员工数、全年信息化投入资金、信息化管理涉及面、拥有网站数量、通过网站或应用程序实现商品或服务交易、人工智能软件或者系统如何获取、人工智能软件或者系统开展了哪些业务、使用哪些人工智能技术、使用哪些云计算服务、哪些方面使用物联网、已进行数字化转型、数字化转型模式、应用了哪些工业互联网模式、未进行数字化转型的原因，其中未进行数字化转型的原因这一逆向指标表明了企业数字化转型的困境。我们在实地调查中注意到普查试点企业的这些数字经济变量在地理空间上的分布特点，因此我们采用空间熵技术来描述这种分布特点，用于研究数字经济的属性结构。

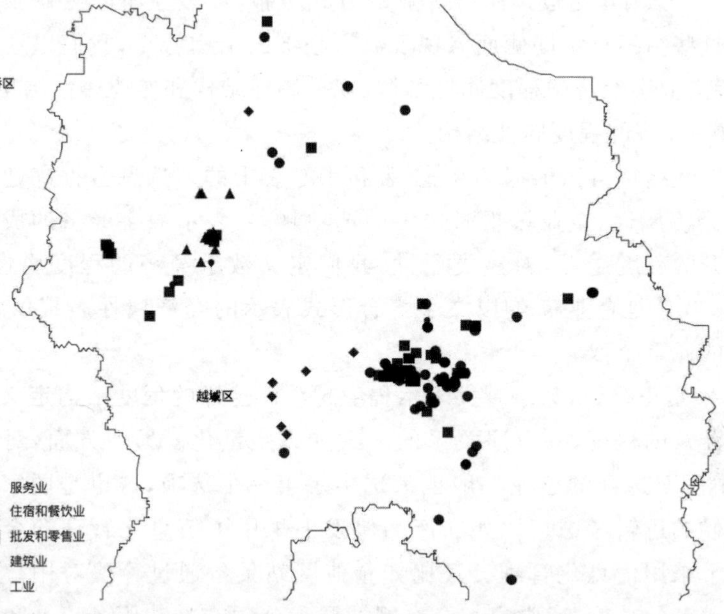

图2　数字经济普查试点方案样本企业空间分布

另外，我们选取了2019年到2022年越城区范围内所有一套表企业的109表（信息化和电子商务应用情况，2022年109表的名称改成信息通信技术应用和数字化转型情况）数据计算了空间多尺度熵，用于比较数字经济的不同侧面的空间熵随时间变化的情况以及空间尺度的变化情况。其中2019年109表包含1733家企业、2020年109表包含1812家企业、2021年109表包含1943家企业、2022年109表包含2162家企业，近四年109表数据总计包含企业7650家。由于2022年浙江省统计报表制度对109表作了较大幅度的完善，为了便于比对，研究的变量我们只选择了历年表格均包含的5项填报内容，分别为：拥有计算机数量、信息技术员工数、全年信息化投入资金、拥有网站数量、信息化管理涉及面。

二、数字经济结构与空间多尺度熵测度

(一)定义基于统计报表制度的数字经济结构

709—1表与109表中的数据主要呈现两种不同形式。第一种是通过多选题的方式，用属性覆盖面的特点来表示深入程度的数据。这种表示方法采用了文字集合的形式，表现出一种非结构化的数据形态。而第二种形式是以数值的方式呈现，用属性来表示规模程度的数据。这种数据表现形式则更具有结构化的特点。此外，709—2表则是通过按照分专业的方式填报，以覆盖不同专业领域的数字经济活动。这些指标从不同侧面展现了数字经济的结构特点，我们以这些指标为基础，可以定义数字经济的程度属性结构、规模属性结构和专业属性结构。

1. 数字经济的程度属性结构

程度属性结构可以依据709—1表和109表中的多选题数据来建立。对多选型的数字经济属性，企业填报时选中的选项越多，表示数字经济的成分越多或者数字化提升的程度越深，对这类属性，我们定义数字经济的程度属性结构 $Z_m = |q_m|$，其中 q_m 是企业 m 的以文字集合形式表示的经济属性表报值，$|q_m|$ 表示集合包含的元素个数。

这里 Z 是正整数，数字越大表示程度越深。这样的程度结构定义方式体现了数字经济涉及的程度，并以序关系的方式加以定量化。另一方面，对具体的调查内容，选中后面选项的企业一般也都选中了第一个选项，这也是国家统计局在设计报表时候的逻辑考虑。比如在产品研发上采用了信息化管理的企业也都会在财务管理上采用信息化管理。又比如企业网站具备通过算法对用户精准定位并提供特色服务的功能，通常也都会在网站展示公司产品和服务以及价格信息。因此，我们采用选中选项的个数即集合元素个数来表示程度类别，并忽略不同选项之间的差异。通过这样的定义，我们将数字经济的程度属性统一到相同的度量，具备了可比性。

2. 数字经济的规模属性结构

规模属性结构可以基于数值形式的数据构建。对数值型的数字经济属性，由于其通常表示为规模数量，我们以数量级来区分规模大小，从而可以用对数取整的方式定义数字经济的规模属性结构 $Z_m = \sqcup \lg(q_m)$，其中 q_m 是企业 m 的数值型数字经济属性报表值，符号 $\sqcup$ 表示向下取整。对拥有网站数量这一指标，我们

认为其值直接就代表了规模属性，因此我们对此采用了直接取数的方式。

通过这样的定义，我们将数字经济的规模属性统一到相同的度量，并且能够满足两个最低要求：①规模属性能够保持原来的序关系，即数量规模小的企业其规模属性结构的取值也较小，数量规模较大的企业其规模属性结构的取值也较大；②定义的通用性，即同样为数量规模的数字经济属性，不同的属性字段具有统一的标准。

3. 数字经济的专业属性结构

专业属性结构借助 709－2 表中的数据来构建。对于 709－2 表，由于调查表设计成不同专业填写到报表的不同位置，即属性字段细分到各个专业，而单个专业也填报到并不统一且更细分的属性字段，这导致每个字段上对应的样本量过少而很难体现程度属性结构和规模属性结构，因此我们设计了专业属性结构来体现 709－2 表的数字经济活动特点。其定义为 $Z_m = n \cdot \delta_{mn}$，其中指示函数

$$\delta_{mn} = \begin{cases} 1 & \text{有数字经济活动} \\ 0 & \text{无数字经济活动} \end{cases}$$

用来表示 n 专业的企业 m 是否存在数字经济活动，这里的专业 n 的取值不再具有序关系，只表示 5 类不同的专业分类。

（二）空间熵模型及其尺度

1. 分类 Batty 熵

Batty 在香农熵的基础上引入了空间概念，用随机变量 X 表示空间位置变量，Ω 为分布空间，Batty 熵可以表示为

$$B(X) = -\sum_{k} p(w_k) s_k \log p(w_k) s_k \tag{1}$$

其中 $\{w_k\}$ 为分布空间 Ω 的一个划分，s_k 表示 w_k 的划分尺度。

如果我们将空间依照尺度进行等距划分，同时我们又在有限大小的空间里进行研究，那么，只要知道空间大小，尺度信息可以完全被空间的等距划分所包含，这就给了我们一种可以对 Batty 熵作出适当变形的思路。因此我们在 Batty 研究成果的基础上添加进分类信息 $Z(X)$（即分布特点），后面均简写成 Z，再把有限空间的大小记为 1，划分尺度 s_k 就是 w_k 在全空间中的概率。又因为空间进行等距划分，因此总能够通过一个适当乘数，可以把 Batty 熵发展为带分类特征的形式

$$B(Z,W) = -\sum_{r}\sum_{k} p(z_r, w_k) \log p(z_r, w_k) \tag{2}$$

这里我们称 $B(Z,W)$ 为分类 Batty 熵，本文的空间熵均采用此定义。

2. 空间尺度

由于现实中的空间信息均为离散化的数字信息，对地理元尺度的选择会导致熵的计算产生偏差，而离散化的空间熵本身就带有尺度因素，因此我们需要考虑在多个不同的尺度下分别对空间熵进行计算。

分类 Batty 熵 $B(Z,W)$的计算依赖于空间划分 W。根据多尺度熵的理论，不同的划分尺度会导致熵的计算结果出现差异，并且存在一种适当的尺度，能够使得熵最大化，从而最有效地反映信息量。我们在文中使用了 grid_size 来表示尺度参数，以经(纬)度 1 度作为尺度基准，万分之一度作为最小的 grid_size 单位，对应的地面距离最小尺度变化量约为 $\Delta scale = 110 \times 10^3 \times 0.00001 = 11$(单位：米)，其中参数 110 千米表示经度 1 度跨越的地表距离，而以地面距离表示的尺度可以按照 $scale = grid\_sid \times 110 \times 10^3$ 计算(单位：米)。随着参数 grid_size 增大，用于计算空间熵的尺度也增大，即 grid_size 与尺度成正比。

如果能够找到一个合适的尺度，使得 $B(Z,W)$ 取得最大值，那就意味着这个尺度更能够充分反映研究对象的空间分布信息量。在这里，分类信息对应了前文所定义的数字经济结构。

三、绍兴市越城区数字经济的实证分析

(一)数字经济普查试点样本的分类 Batty 熵

我们对 709－1 表与 709－2 表中用于描述不同侧面的 17 项数字经济结构指标均计算了多尺度分类 Batty 熵，图 3 展示了 12 项程度属性结构指标的多尺度分类 Batty 熵计算结果，图 4 展示了 4 项规模属性结构指标与 1 项专业属性结构指标的多尺度分类 Batty 熵计算结果。图 3 和图 4 中，横坐标表示尺度变化参数 grid_size，纵坐标表示分类 Batty 熵的值，所有的结构指标在计算中均使用相同的 grid_size 参数区间[0.0001,1]，用于图中展示的参数区间选取了[0.0001,0.02]。表 1 展示了 17 项结构指标的最大熵与峰值尺度，峰值位置集中在[0.005,0.008]这一参数范围内。

1. 空间熵的尺度趋势

如图 3 和图 4 所示，709－1 表和 709－2 表包含的所有指标均显示出比较一致的趋势规律，随着尺度的增加，分类 Batty 熵呈现出先增加后减少的趋势，这表明合适的尺度确实能够最大化展示样本的空间分布信息，这与建立模型的理论预期相吻合。

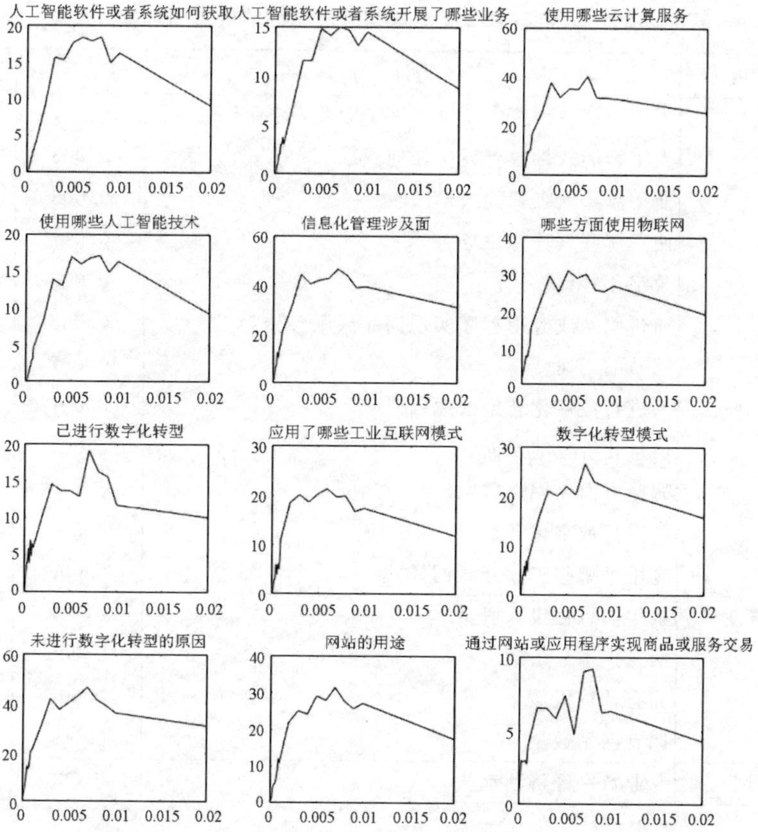

图 3　数字经济程度属性结构的多尺度分类 Batty 熵

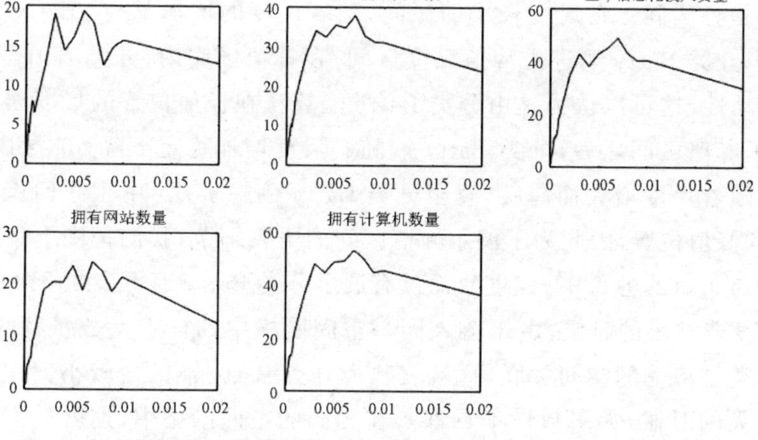

图 4　数字经济专业属性结构和规模属性结构的多尺度分类 Batty 熵

表 1　709－1 表与 709－2 表数字经济属性的最大熵与峰值尺度

结构维度	指标	峰值尺度	最大熵
程度属性	人工智能软件或者系统开展了哪些业务	0.007	15.0
	人工智能软件或者系统如何获取	0.008	18.4
	使用哪些人工智能技术	0.008	17.1
	使用哪些云计算服务	0.007	40.3
	数字化转型模式	0.007	26.6
	通过网站或应用程序实现商品或服务交易	0.008	9.2
	网站的用途	0.007	31.4
	未进行数字化转型的原因	0.007	46.5
	信息化管理涉及面	0.007	46.4
	哪些方面使用物联网	0.005	30.9
	已进行数字化转型	0.007	19.1
	应用了哪些工业互联网模式	0.006	21.3
规模属性	全年信息化投入资金	0.007	48.8
	信息技术员工数	0.007	37.8
	拥有计算机数量	0.007	53.7
	拥有网站数量	0.007	24.3
专业属性	专业数字经济活动	0.006	

从分类 Batty 熵与尺度关系的曲线图表现看程度属性结构、规模属性结构和专业属性结构三方面，数字经济的经济结构分类 Batty 熵随着尺度的变化均可以分为三段趋势区间。在尺度较小的区间，随着尺度的增加，分类 Batty 熵迅速攀升；接下来分类 Batty 熵进入峰值尺度区间，在峰值区间内，分类 Batty 熵表现出一定的波动性，这可以认为是由分类 Batty 熵算法在极值位置的尺度误差敏感性导致；过了峰值区间之后，分类 Batty 熵随着尺度增加稳定下降，分类 Batty 熵的下降速度随着尺度增大而趋缓，直至分类 Batty 熵趋于 0。由于我们更关心分类 Batty 熵的峰值位置，因此为了展示峰值区间的更多细节，我们把图上呈现的尺度范围缩小到 0.001 至 0.02(经度)，而没有展示分类 Batty 熵更多的下降趋势。

当尺度非常小的时候，由于落入同一空间网格中的样本点数量稀少，很难表现出不同类经济体的空间关联，这就表现为分类 Batty 熵的值较小；另一方面，当尺度非常大的时候，大多数样本点都落在相同的空间网格中，这就失去了空间分布的差异，也同样会表现为具有较小的分类 Batty 熵。

2. 空间熵的相关性

我们对数字经济的程度属性结构、规模属性结构和专业属性结构的各组多尺度分类 Batty 熵结果做相关性分析，尺度区间选取[0.001,1]，这样的尺度区间能够更好地覆盖分类 Batty 熵随着尺度变化的较完整结果。相关矩阵如图 5 表示，相关系数的最小值为 0.89，各数字经济属性结构指标的多尺度分类 Batty 熵具有高度相关性。这表明以分类 Batty 熵来测算数字经济结构的空间分布信息有较好的全局稳定性。

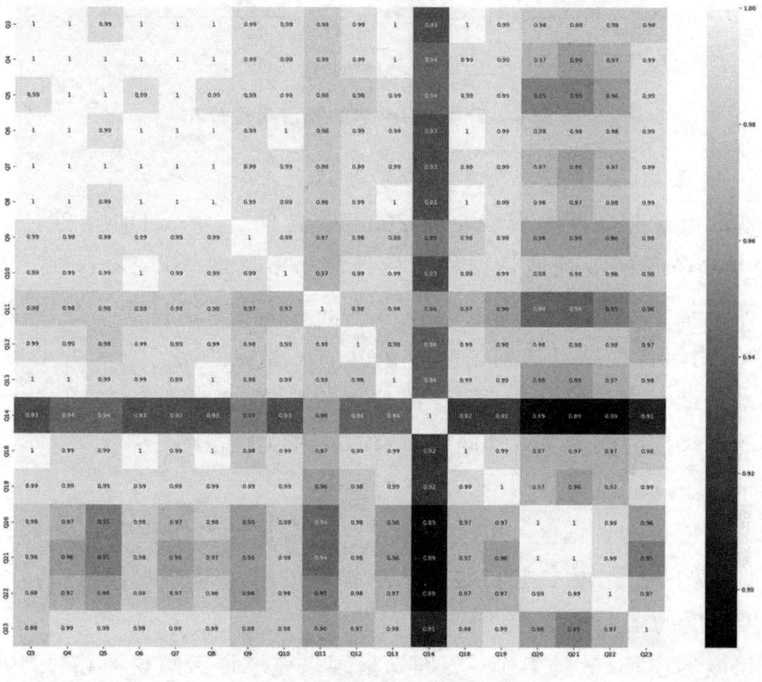

图 5　多尺度熵的相关矩阵

3. 峰值尺度

从图 3 和图 4 看各数字经济结构指标的分类 Batty 熵，其达到峰值的尺度区间比较一致，均大致位于[0.005,0.01]区间内，我们从计算空间多尺度熵得到的结果中提取空间熵的峰值及其对应的峰值尺度，表 1 展示了完整的峰值与尺度数据，分类 Batty 熵的峰值尺度最小值为 0.005、最大值为 0.008、极差 0.003，65%的最大空间熵在尺度为 0.007 时达到，图 6 展示了分类 Batty 熵的峰值尺度分布情况。这表明多尺度分类 Batty 熵具有较好的全局稳定特性。

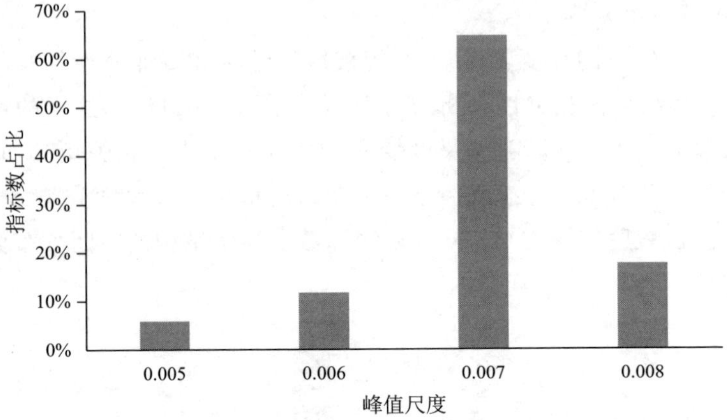

图 6　分类 Batty 熵的峰值尺度分布

(二)2019 至 2022 年 109 表样本的分类 Batty 熵

我们选取整个越城区一套表企业 2020 年至 2023 年(期别为 2019 年至 2022 年)109 表共同覆盖的 5 项属性结构指标计算了多尺度分类 Batty 熵,结果如图 8 所示。以横坐标表示尺度变化参数 grid_size 的值,纵坐标表示分类 Batty 熵的值,计算中采用与普查试点数据相同的 grid_size 参数区间。表 2 展示了 5 项结构指标四年来的最大熵与峰值尺度,峰值位置集中在[0.003,0.004]这一参数范围内。历年的多尺度分类 Batty 熵同样具有高度相关性。

1. 空间熵的尺度趋势

由 109 表覆盖的越城区一套表企业全样本数据计算所获得的分类 Batty 熵结果,在尺度趋势的变化形态上与普查试点样本的结果基本一致,这再次验证了分类 Batty 熵测度的全局稳定特性。

随着尺度的增加,分类 Batty 熵同样呈现出先增加后减少的趋势,这与普查试点数据的计算结果所体现的趋势一致,具有能够最大化展示样本空间分布信息的峰值尺度,符合测度模型预期。然而两者在具体的细节表现上略有差异,一方面,在峰值区间内,109 表数据的分类 Batty 熵的波动性明显更小,这可能是由于样本量的增加获得的优势,更大规模的样本量减弱了极值位置附近分类 Batty 熵对尺度误差的敏感程度;另一方面,最大化空间熵所对应的峰值尺度整体变小,随着尺度的增大,分类 Batty 熵更快速的达到峰值位置。

2. 空间熵的时间趋势

从时间维度看,总体上分类 Batty 熵随着时间的变化呈现出增长的态势,具体到每一项属性结构,变化态势略有差异。全年信息化投入资金和拥有计算机数量这两项规模属性结构的分类 Batty 熵每年均有所增长；信息技术员工数和拥有网站数量这两项规模属性结构以及信息化管理涉及面这一项程度属性结构的分类 Batty 熵在 2019 年到 2021 年的三年中连续增长，在 2022 年略有回落。

3. 峰值尺度

从图 7 看 109 表这 5 项数字经济结构指标的分类 Batty 熵，其达到峰值的尺度区间比较一致，均大致位于[0.002，0.004]区间内，我们从计算空间多尺度熵得到的结果中提取空间熵的峰值及其对应的峰值尺度，表 2 展示了这四年完整的空间熵的峰值与对应尺度，分类 Batty 熵的峰值尺度集中于 0.003 和 0.004 两个 grid_size 参数处，其中 75％的空间熵峰值在尺度为 0.004 处达到。这表明在具有更大规模样本量的情况下，多尺度分类 Batty 熵具的稳定特性更突出。两个 grid_size 峰值尺度参数 0.003 和 0.004 所对应的地面距离分别约为 330 米和 440 米。

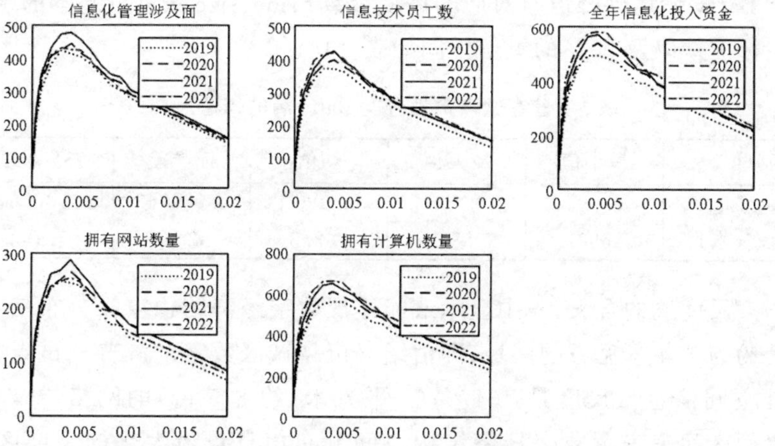

图 7　2019 年至 2022 年 109 表数字经济结构的多尺度分类 Batty 熵

表 2　2019 至 2022 年 109 表数字经济属性的最大熵与峰值尺度

指标	2019		2020		2021		2022	
	峰值尺度	最大熵	峰值尺度	最大熵	峰值尺度	最大熵	峰值尺度	最大熵
全年信息化投入资金	0.003	491.9	0.004	537.1	0.004	568.4	0.004	579.4
信息化管理涉及面	0.003	419.7	0.004	441.3	0.004	475.3	0.003	428.0
信息技术员工数	0.003	367.1	0.004	394.4	0.004	421.1	0.004	416.0
拥有计算机数量	0.004	563.2	0.004	612.5	0.004	654.4	0.004	666.7
拥有网站数量	0.003	247.6	0.004	266.0	0.004	287.3	0.004	254.1

四、结论与启示

我们以分类 Batty 熵作为计算数字经济结构空间熵的方法，计算了数字经济普查试点 709－1 与 709－2 表所反映的程度属性结构、规模属性结构和专业属性结构 17 项结构维度的空间熵，接着对近四年 109 表共同包含的 5 项结构维度展开研究，分类 Batty 熵展示了稳定的最大熵尺度区间，并表现出较强的相关性，这体现出这一空间熵测度指标的稳定效果。

（一）数字经济普查试点的启示

数字经济普查试点数据的多尺度分类 Batty 熵较稳定的峰值区间表明过大的尺度与过小的尺度都不利于空间熵的计算，即数字经济特征的空间信息展示需要用合适的尺度来度量，并且根据我们的结果，存在最佳尺度来最大化空间熵。我们将分类 Batty 熵达到峰值时对应的尺度参数 gride_size 数进行基本的统计，其最值、均值、标准差以及 95％的置信区间如表 3 所示。

表 3　普查试点数据分类 Batty 熵的峰值尺度

尺度单位	最小值	最大值	均值	标准差	95％的置信区间
gride_size	0.005	0.008	0.00694	0.000748	[0.00656,0.00733]
地面距离（米）	550	880	763.5	82.23	[721.3,805.8]

根据多尺度熵的含义，表中显示最能体现数字经济结构空间分布信息量的点估计尺度约为 764 米见方的区域，即由绍兴市越城区数字经济普查试点样本数据表明最佳空间信息量尺度是 764 * 764 平方米（约 875 亩）的网格。以置信度为 95％的置信区间来表示数字经济结构空间分布信息量最大化的尺度区间，应为 721 米见方到 806 米见方的区域，即土地面积约为 779 亩到 974 亩。

这次的普查试点样本企业有很大比重来自绍兴集成电路产业园高新区块，并且由于数字经济普查试点主要是要摸清数字经济效率提升的家底情况，这些企业多数来自传统行业而不是局限于数字经济核心产业。这为我们研究数字经济产业园对传统行业的数字化升级溢出效应以及和谐发展提供了数据上的研究契机。按照绍兴集成电路产业园的布局规划，高新区块规划面积 3367 亩，划分成创新设计中心、封装测试产业园、晶圆制造产业园、综合服务片区四个区块，平均每个区块园区占地约 842 亩。这一尺度规模与空间多尺度熵测度计算得到的最佳点估计尺度 875 亩非常接近，落入置信度为 95％的数字经济结构空间分布信息量最大化尺度区间 779 亩到 974 亩这一范围。这个结果的巧合显示，绍兴集成电路产业园在深化改革、加速创新驱动方面产生了显著的产业溢出效应。它不仅在数字经济的核心产业中发挥着重要作用,还积极推动着数字经济生态的互动发展。同时,它与传统产业之间保持着相互促进、共同成长、互惠共赢、共同繁荣的良好态势,为推动数字经济驱动型企业的融通发展做出了重大的贡献。

(二)109 表样本数据的启示

对 109 表分类 Batty 熵达到峰值时对应的尺度参数 gride_size 数进行基本的统计,表 4 是其最值、均值、标准差以及 95%的置信区间。

表 4　一套表企业数字经济结构的分类 Batty 熵峰值尺度

尺度单位	最小值	最大值	均值	标准差	95%的置信区间
gride_size	0.003	0.004	0.00375	0.000444	[0.00354,0.00396]
地面距离(米)	330	440	412.5	48.84	[389.6,435.4]

统计结果表明,最能体现绍兴市越城区数字经济结构空间分布信息量的点估计尺度约为 413 米见方的区域。换句话说,通过一套企业的数字经济结构指标数据,我们发现最适合揭示空间信息的尺度为 413 * 413 平方米(约 256 亩)的网格。

以置信度为 95%的置信区间来描述越城区数字经济结构空间分布信息的最大化尺度范围为 390 米到 435 米见方(相当于占地面积 228 亩到 284 亩)的区域。

我们认为,这种差异一方面源自两者样本范围的不同,另一方面,集成电路产业园对整个越城区范围数字经济活动的空间影响相对于试点企业样本而言较为有限。这也为我们更准确地理解试点样本结果提供了全局性的参考。

绍兴市越城区的全年信息化投入资金和拥有计算机数量这两项规模结构的空间熵逐年增加,这反映了反映资本和生产资料的变化特点;信息技术员工数、拥有网站数量这两项规模属性结构和信息化管理涉及面这项程度属性结构的空间熵在 2019、2020、2021 这三年逐年增加,而在 2022 年减少,这反映了经营与管理方面的变化特征。图 8 展示了这四年里越城区数字经济结构空间熵的变化情况。

全年信息化投入资金和拥有计算机数量的空间熵增加,意味着随着资本与生产资料投入的增加,在空间分布的表现上的随机性也增加了。这可能表明越城区的信息化投入水平在提高,同时在信息化管理的涉及行业或企业涉及面也在不断扩大,在方向、技术和产业的多元化与多角度方面更协调发展。

另一方面,信息技术员工数、拥有网站数量和信息化管理涉及面的空间熵前几年一直增加而在 2022 年减少,这可能反映了这些年份内企业或组织在信息技术员工配置和网站拥有方面的策略和实践发生了变化。2022 年的减少可能暗示着在这一年里，这些指标的分布变得相对集中，可能是因为在管理和经营方面出现了某种标准化或优化。一种比较合理的解释是随着三年疫情对远程工作、远程管理的深度影响，各行各业在经营管理上信息化水平发展较快，效率提升与优化整合正在悄然发生。

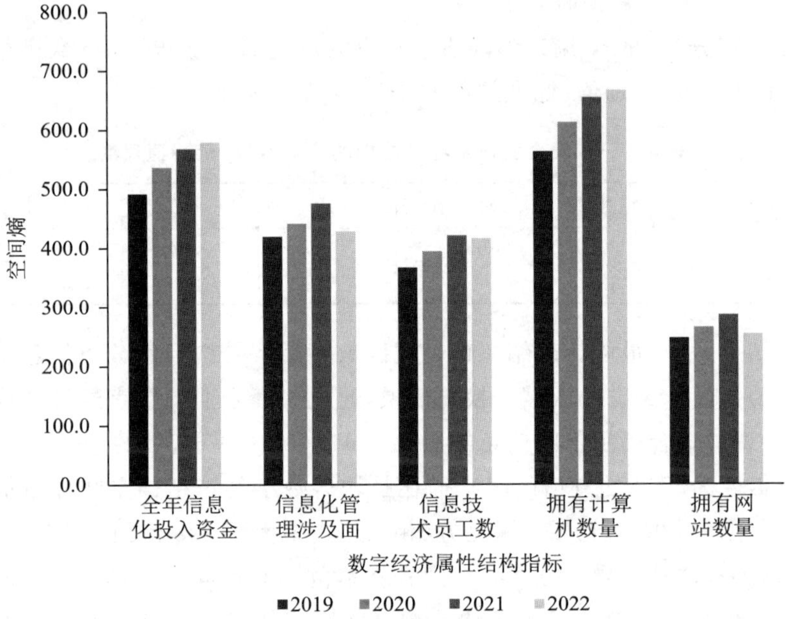

图 8　2019 年至 2022 年 109 表数字经济结构的空间熵

总的来说，这些数据表明绍兴市越城区在信息化方面取得了重大进展，但是在信息化管理方面也面临着更多挑战。空间熵作为数字经济空间分布的监测指标，为我们提供了一种与总量和增速不同的全新方法。

(三)数字经济园区规划的启示

我们认为，能够满足数字经济结构空间分布信息量最大化的尺度反映了数字经济发展的空间协同作用范围。因此，对数字经济园区的规模规划，将会极大地促进本地区不同企业数字经济的协同发展，并拓展其辐射范围。园区规模的大小实际上会成为周边传统企业数字化信息化发展的纽带，促使不同信息化程度的企业之间相互融通发展。这种协同效应将推动数字经济在整个区域的推广和提升。政府在规划阶段考虑这一点，对于类似绍兴市越城区的其他地区，可以成为借鉴，通过打造合适规模的园区，促进传统企业朝着数字化信息化的方向转型，从而在数字经济浪潮中保持竞争力。

对于希望通过数字化升级来带动传统行业发展的地区，可以考虑规划多个大约 260 亩的数字经济园区。这种策略可以将较大规模的产业规划分散到多个镇街，从而振兴乡村经济。另一方面，如果目标是通过数字化转型较大程度地替代传统产业，那么可以精心规划少数超大型数字经济园区。根据我们的测算，单个园区的规模可以在 1045 亩到 2158 亩之间。

我们认为，这些研究结论可以为浙江省甚至全国范围内的数字经济建设提供有关园区规模的宝贵经验。这种针对不同地区需求的灵活规划，将有助于推动数字化转型，并在数字经济发展方面取得积极成果。

(四)企业数据填报的启示

我们在普查试点中我们也发现了一些填报工作中的不足，主要是企业填报人员对统计报表中涉及到数字经济有关概念的内涵与外延不够清晰。

企业统计人员往往由财务人员兼任，他们擅长以财务报表为依据来填写统计报表，而对信息技术有关的概念理解不深。其他如物联网、人工智能、云计算等等这些更加专业的数字领域，由于概念本身难度较大，统计人员对概念的理解往往不够准确全面，从客观上造成了漏报的问题。

有的企业主和财务人员对设备的理解是“我们的机器有电脑板”这种几十年前的叫法，认为生产中“没有机器人在厂里走来走去”；有的企业有数控设备，但不联网或不使用人工智能技术，或者有智能算法但无法在使用中感知到，只感知到新设备比老设备好用，很少有真正去深入理解工作原理的情况。这些对数字化产品的模糊认识是漏报的主要原因。

接下来我们以试点填报中 709－1 表中填报“截至年底贵企业使用的计算机______台”这一项数据为例来说明存在的问题以及可能的解决方案。

我们在上门走访调研某渣土运输公司的时候，发现企业填报人员默认只有台式机和笔记本电脑算计算机，而对用于车辆调度管理的 PDA 或者 GPS 等只认为是一个汽配零件，这导致填报的时候只填了办公室使用的 3 台 PC 机而忽略了一百多辆运渣车上的物联网终端设备。这种类似的漏报情况发生在多家企业。传统行业的从业人员往往只关心一个设备能在工作中带来什么便利，而并不关心设备的技术原理和计算能力。在普查试点阶段，我们通过企业的走访、调研与沟通，使企业逐渐认识到在经营活动中提供算力的任何一种单独的设备都实现了计算机的功能，除台式机和笔记本电脑之外，用于信息沟通、远程管理、数据收集等作用的 PDA、GPS、手机等各种数字终端都应该被认定为计算机，而不只是简单地当作汽配零件或者电话机。

因此，我们认为让企业明确报表中的概念是重中之重。一方面，可以对“信息通信技术应用和数字化转型情况(109)”表提供详细的填写说明，明确各个概念的内涵和外延，特别是对概念的外延作尽可能多地罗列，这样可以为企业统计人员提供辨别的依据，减少由于理解差异导致的数据质量问题。另一方面，统计部门还可以协同经信、科技等部门，一起做好对企业数字化技术认定的沟通与指导，让企业的统计人员理解 109 表中的各项概念的界定范围，尽可能在业务上为企业提供指导和服务，让我们的统计工作更准确、更及时、更完整。

数字经济分析

产业管理数字化转型过程中的统计分析应用

付京波　陈子雄　鄂德盛　贾　佳[①]

一、产业管理数字化转型的目标

产业管理是在特定区域、特定产业领域内，组织通过所拥有的管理和领导权力，研判产业现状、发展趋势、引导产业规模增长、质量提升。产业管理能力直接决定区域经济发展水平，包括产业定位能力、市场分析能力、资源配置能力、风险预判能力、精准施策能力、公共服务能力等。我国产业领域广、种类多，分布于不同行业，管理体系涉及多级部门。在为各级政府提供统计监测支撑服务的实践中发现，地方政府、产业园区是产业管理的“第一线”，是构建现代产业体系的有效载体，也是优化经济结构、转变发展方式、拉动区域经济加快发展的战略支撑点。

随着新一轮科技革命的发展，物联网、云计算、人工智能等技术加快在各领域融合应用，智慧政务、数字政府、智慧城市建设如火如荼，无不冲击着传统的产业管理模式，精准分析、科学决策、有效反馈成为产业管理数字化转型的主要目标。

精准分析。自动化数据采集工具、传感器技术和物联网设备的普及，使得大规模数据的实时采集变得可能。一是有助于实时监测和响应业务环境变化，二是有助于拓展统计范围，实现统计时效性和完整性双提升。例如，对大型企业少、中小企业占比较大地区的产业管理，需要突破规上单位统计的局限，满足各地和产业园区对产业运营、重点企业经营、关键部件供应安全性等精准分析的现实需求。

科学决策。新一代信息技术在数据采集、挖掘、集成等场景中的广泛应用，促进数据质量、指标设计、统计方法等分析能力全面提升。数据质量监控和自动化数据清洗工具，能够识别和纠正数据中的错误或不一致性，有效提高分析使用数据的准确性；通过先进算法和机器学习技术，可以从海量数据中提取关键指标；计

① 作者简介：付京波，工业和信息化部网络安全产业发展中心主任。
陈子雄，工业和信息化部网络安全产业发展中心规划发展处处长。
鄂德盛，工业和信息化部网络安全产业发展中心业务主管。
贾　佳，工业和信息化部网络安全产业发展中心高级经济分析师。

算机视觉、分布式计算等提供了多样化的数据可视化和模型解释工具，更好地适应大规模、实时、复杂的数据环境。这为产业管理部门提供丰富准确的决策依据。

有效反馈。产业管理的数字化转型，可以对产业决策的有效性进行评估，帮助产业管理部门开展决策改进。通过创建模拟模型和预测分析，评估不同决策可能结果，有助于降低决策不确定性；通过构建政策绩效评估模型，帮助产业管理部门掌握现行产业政策的有效水平和进一步改进方向，对产业管理形成有效反馈。

二、面向产业管理数字化转型的统计分析工作新要求

产业管理数字化转型的重要目标是有效指导产业决策。这要求统计分析结果的精准性、统计分析数据的可靠性、统计分析指标的合理性、统计分析方法的科学性。数字经济时代的特点是数据量爆炸性增长，统计分析工作不仅是简单地汇总和分析这些数据，更要求通过挖掘和分析，发现隐藏在海量数据中的产业趋势、发展模式和关联性，帮助产业管理部门洞察技术产品创新态势、企业生存环境变化、市场供需变动等。这些新要求主要表现在：

第一，统计内容上要区分产业差异，把影响作用大的关键指标纳入进来。结合产业调研发现，一些产业或产业链要解决核心技术从无到有的问题，另一些产业则要实现从有到优、由优变强的高级化跨越；同时，对劳动密集型、技术密集型、资本密集型等不同要素依赖程度的产业，衡量其产业基础能力和现代化水平的关键指标不尽相同。因此，要依据产业链关键环节、重点产品、关键零部件（材料）、生产工艺等设计指标，并科学确定取值标准。

第二，统计分析方法上要拓展当前描述统计、抽样分析等通用方法。运用大数据技术，形成对文本、图像、音频、空间等多维数据进行统计分析的综合方法，并增加预处理、分类、聚类、维度变化、运筹规划等，帮助产业管理部门最大限度挖掘利用各类数据资源。

第三，统计分析应用上要从产业运行、发展预测向更智能化的个性定制、智能运营方向发展。各地产业定位和发展阶段各具特色，叠加各级产业管理部门工作需求和对统计数据要求具有差异，统计分析应用需聚焦差异化管理需求，在宏观管控、政策制定、供应链优化、风险预警、精准招商等不同需求上实现有效协同。

三、产业管理数字化转型过程中统计分析的机遇和挑战

大数据时代，产业管理数字化转型中的统计分析工作面临着前所未有的机遇和挑战。随着数据规模不断增长，数据采集、传输和存储技术加快发展，统计分析

方法、应用场景不断丰富;但同时在统计意识、数据质量和应用方面仍然存在一些挑战。

(一)统计分析工作的机遇

一是数据质量得到保障。物联网、光纤网络、人工智能、云计算等通信网络和集成的智能产品,为最小颗粒数据的高频化、多渠道采集、传输和存储提供了便捷、可靠条件。例如工业现场设备数据回传频率可低至秒级到毫秒级别;企业通过专用智能生产设备和通用控制设备等工业现场设备、制造执行系统(MES)等工业应用系统、智能穿戴产品和智能汽车等智能产品汇聚内外部数据,使数据种类从原来单一化数字形式扩展到文本等非结构化形式;云存储、分布式计算等技术的更新使统计数据以全新可靠的方式被管理。

二是分析能力得以提升。基于统计学、经济学、大数据技术等不同学科的交叉融合和实践过程为统计分析提供了新路径,指标体系、量化分析、图谱模型、统计预测、计算优化等多种统计分析方法层出不穷。在产业管理实践中,基于自然语言处理技术的政策强度计算器、基于地理信息系统(GIS)的产业地图绘制、基于人工智能的自动报告和图表生成等极大丰富了产业分析内容,有效提升了产业分析能力。

三是需求响应能力得以增强。生产、经营、服务等多环节数据的贯通衍生出更多统计分析需求,统计分析对象不再局限于企业财务活动、盈利预测、产业规模,扩展到供应链优化、客户群体行为、市场趋势、风险管理等场景。统计分析对生产供应高效协同、竞争市场定位、潜在风险识别等产业管理需求的响应速度和支撑能力不断提升,产业管理举措更具针对性和前瞻性。在产业管理实践中,通过对超高清视频、人工智能、物联网等产业链节点成熟度分析,能够快速判断各地在推动产业发展的优势、劣势环节,满足产业精准定位和施策。

(二)统计分析工作的挑战

一是传统统计工作认知亟待改变。结合对产业园区的调研发现,一种普遍共识是,统计分析工作是自上而下的一种管理方式。统计分析工作实际更多呈现为统计报送,人员花费较大精力投入到采集、整理和汇总数据的过程中,对本地区主导产业发展深入分析、服务于产业数字化转型升级的情况较少。

二是企业数据填报负担较大,多头报送现状有待改善。产业数据的统计套表专业性强,在开展产业调研过程中,不少企业表示对此不能准确理解。这一定程度对填报工作造成困扰,也成为掣肘数据质量的重要原因。

三是支撑地方城市、产业园区发展和产业决策能力仍显不足。在调研中发现，产业管理部门普遍认为当前的统计分析结果“不好用”，距离有效指导产业决策和目标制定仍有一定差距。一是各层级产业管理工作需求有差异，顶层管理部门立足宏观视角，出台产业指导性政策，统计分析更多需要综合性产业数据；而各地及产业园区等基层管理部门面向微观领域，拟定促进当地企业发展的落地举措，统计分析数据需下沉到产、供、销各环节、采集反映产品质量、企业市场竞争力的细化指标。二是行业统计制度和指标修订周期较长，产业转型升级的响应速度受一定影响。三是产业管理涉及多个国民经济行业，先进制造业集群化发展更是涉及多个地区，跨行业、跨地区对产业统计分析决策能力提出更大挑战。综合上述原因，各地及产业园区管理部门统计指标聚焦性、应用性不强，导致统计分析成果不落地，支撑地方产业发展决策能力不足。

四、产业管理数字化转型中统计分析工作要实现四大转变

大数据技术应用下，统计分析工作向全新的统计内容、量化方式、应用解析、管理形式迈进。要紧紧抓住新时代中国特色社会主义发展中的重大问题、新型工业化道路中的热点问题、数字经济核心产业中的难点问题，基于经济增长、区域发展、产业集聚等经济理论，运用大数据技术，打造面向产业管理数字化转型的管理服务平台，并总结一套基于统计分析促进产业管理数字化转型的实践经验。结合多地调研成果、落地项目实践和业务模型验证，建议面向产业管理的统计分析工作要实现四大转变。

（一）转变职能定位：让统计分析助推各级产业管理提质增效

统计分析工作职能定位要从报送统计结果、开展简单监测，向解决产业发展和管理工作实际问题转变。针对目前统计监测工作更多展现行业运行波动的现状，要转变统计思维，建立探索影响产业运行深层原因的职能目标，向活跃在供应侧、生产侧、经营侧、销售侧、管理侧等产业活动的“一线”做调研，开展主动服务，不断提升产业管理水平。

要围绕产业管理决策的现实需要，进车间、看产品、问需求，从产品生产全过程抓取关键指标、对接实际需求，借助科学有效的产业管理服务平台，加快完成产业管理数字化转型。通过全面汇聚经济增长数据、重点领域企业、产品数据，以做好宏观经济运行分析、中观产业研究和微观企业监测为目标，通过数据挖掘，辅助产业诊断、政策制定，形成经济发展、产业推进、企业培育和政策举措的全面联动，帮助各地产业管理部门形成从“怎么看”到“怎么干”“干的怎么样”“怎么干的好”的系列解决方案。例如，在对山东省威海市打印机的产业管理服务中发现，虽然

整体上产业基础高级化和产业链现代化水平位处全国第一梯队前列，但存在产业发展面临风险较大、产业附加值较低、园区运营能力有待提升等问题，通过对产业链关键环节、重点产品、工艺开展分析，提出做好产业分类定位、扶持本土有竞争力的企业、发挥生产制造优势进行延链等政策建议。

（二）转变监测机制：构建面向产业转型升级的专项指标体系

统计分析评估机制要从面向国民经济行业的指标体系，向面向产业融合、产业边界不断拓展、重构的指标体系转变。针对目前企业数据质量不高、分析依据性不强的问题，要坚持全国统计“一盘棋”，建立契合产业发展规律、满足各级产业管理需求的指标体系，形成各地区统计合力。一方面，根据数字经济和信息化发展战略的重大决策部署，结合产业定位、重点及配套环节界定、创新生态打造等管理需求，在新一代信息技术、电子信息、网络安全和数据安全等领域，厘清符合各地发展实际的产业统计范围，合理设置指标体系，全面统计发展规模、速度、结构，深入分析发展质量；另一方面，各级产业管理部门可结合自身需求，拓展统计调查领域，设置一定比例的个性化指标。这样一来，将统计分析工作和各级不同的产业管理需求有效融合，从数据采集源头上提升统计数据的精确度和完整性，有助于增强产业发展态势感知的监测能力，保证统计监测体系在产业管理工作中的有序、高效应用。

（三）转变方式方法：用数字技术和大模型应用驱动智能决策

统计分析方式方法要从传统数据采集、处理和分析方法，向新型数据技术和大模型应用转变。针对目前统计分析结果指导产业管理实践作用受限的问题，一是要充分利用好大数据技术规模性、高速性、多样性、准确性等传统数据所不具备的属性，采用新型数据需要的分析方法与工具，例如对文本数据的分析需采用词典方法、主题模型、词向量模型等自然语言处理方法；二是要顺应信息化、数字化的潮流，变革统计生产方式，在建立健全统计网络和数据安全制度基础上，研究推进大数据、卫星遥感、区块链等新一代信息技术在统计分析领域的创新应用，提升数据采集、溯源和处理的安全性和便捷性；三是要聚焦主要经济变量之间的因果关系建立业务模型，揭示产业运行的内在本质。

具体来看，可基于产业政策、关键产品、重点企业等基础数据，运用信息抽取、文本分类与标注、语言转换、机器学习等技术多层钻取数据，构建出投入产出模型、政策绩效评价模型、产业基础高级化、产业链现代化评估模型、产业链（节点）成熟度评估模型等业务模型，开展科学有效的产业统计分析诊断，提供原始数据科学量化、过程数据高效治理、业务模型支持决策的全链路服务，帮助产业管理实现从结构化数据到非结构化数据转变，从低频数据到高频甚至实时数据转变，从低维建模向高维建模转变，从人工分析到智能分析的转变，有力提升自动化、标准化、数字化产业管理能力和水平，直接支撑产业运行、精准招商、产业集聚等各项工作。

（四）转变驱动模式：搭建协同型平台强化产业管理赋能作用

统计分析工作资源配置要从依赖人力进行数据汇总计算，向技术、人才、数据等创新资源汇聚、迭代转变。针对各地统计人员多统计、少分析的问题，要借助创新实用的多元协同平台，基于数据高效应用，促进技术融合应用、人员学科交叉、二者相互迭代，实现以精准分析、科学决策、有效反馈为目标的产业管理数字化转型。统计分析人员要更加专注产业运行和企业经营过程中所产生的数据，一是思考采用何种统计方法处理复杂数据类型，如何设置合理的分类参数、如何确定贴合本地产业实际的指标体系和权重等一系列问题，进一步改进知识体系结构、优化人员资源配置；二是充分利用多元协同平台的统计分析结果，预判产业发展态势，参考重点地区靶标，适时调整发展目标。与此同时，以人力质量提升、人工智能技术应用不断加快业务模型训练和再学习，促进平台进一步升级，形成技术、人才、数据要素的不断迭代，持续增强统计分析内生动力。

开发大数据资源 推进智慧型统计

王　卓[①]

一、对智慧统计的理解

从农业时代到工业时代再到信息时代，技术发展的总体方向是提高生产力和效率，尽可能地解放人力，从体力替代逐步发展到脑力替代，在这个过程中积累和形成了大量知识，最终的表现就是越来越“智慧”，智慧是一个动态演进、与时俱进的概念。

统计是认识客观世界的有力武器，用数据呈现和汇聚最可能接近事物真相的答案，用数据为解决和认识不确定性事物提供依据，统计本身就是智慧形成和积累的过程。原始社会以结绳记事（计数）反映和记录人的活动及其相关数量关系，统计萌芽即是原始人类智慧行为的鲜明写照。后来，随着国情调查的开展，出现了明确的统计概念。最初的统计活动围绕有关国家事项的数据计算展开，在当时的背景下，以最为智慧的信息分类汇总方式，描述分析国情、国力和国家发展的态势，为国家管理服务。

现代统计科学的建立与发展，旨在通过收集分析大量的数据，用系统的和相互联系的观点来认识事物，从事物的整体、动态结构进行量化分析，找出事物发展内在规律，这是哲学思想运用于认识客观世界的具体实践。哲学被公认为智慧科学，作为哲学的具体应用，统计必然是一项智慧的工作。统计的智慧还表现在它能够根据经济社会发展形势的变化，与时俱进、自我完善。如抽样调查的兴起，计算机的应用，不仅大大解放了统计生产力，也有力推动了统计科学的发展，拓展了统计工作的应用范围，“用数据说话、用数据决策、用数据创新”的智慧理念已深入人心。

二、当下影响智慧统计的主要问题

随着大数据及其技术的发展与创新，它可能带来的巨大价值正渐渐被全社会

---

① 作者简介：王卓，国家统计局统计设计管理司副司长。

广泛认可，为人们认识数据、收集数据、分析数据、展示数据提供了一系列全新的思路和方法。统计部门要用极大的热情接受大数据、应用大数据，深入分析和查找当下不符合智慧统计要求的突出问题，自觉主动地、有针对性地加以解决。我认为这些问题主要表现在以下三个方面。

（一）数据采集笨拙

传统的政府统计主要是通过发送事先设计好的统计报表，由调查对象填报数据，采取“我问你答”的方式完成数据收集。目前我们的普查、抽样调查或者联网直报等都是采取这种传统的数据采集方式。然而，随着企业数字化转型，无论是农业还是工业、服务业，企业生产经营都在逐步转向以互联网技术为依托的企业数据平台新模式，企业内部数据处理由统计表向系统集成模式转变，而政府统计传统数据处理平台逐渐成为与企业数据生产相隔离的孤岛，数据采集“最初一公里”阻碍了数据流的智慧生成和高速流动。另外，在社会统计领域，当人的各种行为活动已通过电子终端设备、电子穿戴设备等时时刻刻生成汇聚的当下，仍要求调查户采用手工录入的方式记录每日收入和支出，费力又耗时，实在谈不上智慧。

与此同时，丰富的大数据资源为统计调查提供了新渠道。政府部门的行政记录，企业（单位）的财务管理和系统 ERP 系统（Enterprise Resource Planning），网络平台的交易数据，以及在线文本、图片、音频、视频等互联网信息，大大拓宽了统计机构的数据收集渠道。例如，统计部门可以利用市场监管部门经营主体登记注册记录，更新维护统计单位名录库；还可以基于税务部门的个人纳税行政记录，推算高收入者群体的收入数据，从而有效解决高收入户调查难的问题；运用爬虫技术网上抓取商品和服务交易价格信息，将大大提高 CPI、PPI 等价格指数统计调查工作效率。而在这些方面，政府统计仍处于探索阶段，尚未形成切实好用的智慧实践。

（二）数据处理粗放

一是数据存储能力跟不上形势发展的需要。数据存储载体从纸张发展到打孔卡，从磁性存储发展到固态硬盘和纳米存储，存储一直是数据生命周期的起点。当数据成为资源，进而上升为国家战略，数据存储作为数字基础设施的重要组成部分，成为数据应用发展的基石，直接影响数字化转型成效。政府统计传统的数据存储架构和存储容量已不能满足数据量激增和数据结构变化的需要，无法快速实现水平式横向扩展，传统的关系型数据库难以在单一数据平台中进行结构化、半结构化、非结构化数据以及不同字符集数据的混合存储。二是数据处理技术相对滞后。大数据时代，数据呈现规模庞大、增长迅速、类型繁多、结构各异的特征，如何把繁杂的大数据变成易处理的,有效的"小"数据,即针对研究问题构建一个干净、完备的数据集,显得尤为重要,对数据的清洗和过滤是一个复杂的过程,是一个不断发现问题并解决问题的过程,需要投入大量的时间精力,也需要大数据技术软硬件等配套支撑。相比之下,传统政府统计对数据的加工处理局限于直接审核、简单加工、查询汇总等基本处理,数据处理经验、方法和相关软硬件支撑显得粗放而落伍。三是数据挖掘备受挑战。随着大数据服务领域的拓展,数据挖掘技术的创新应用逐渐渗透拓展,甚至使政府统计的公共数据信息传统主渠道地位受到挑战。互联网行业中的领先企业,如阿里巴巴、百度、腾讯等已经通过大数据技术提取、挖掘、分析社会经济生活中各领域的海量数据,为用户提供预测、咨询服务,甚至越来越多的通过大数据方式收集整理发布与政府统计类似的统计产品,各种综合性指标指数鳞次栉比,并且具有时效性强、可信度高、发布频次快等优势。相比之下,政府统计数据沉默式、孤岛式存在的现象仍然突出,经济普查和常规统计调查生产的大量的、有价值的政府数据处于散乱和沉睡状态。传统政府统计成果在及时性、准确性、适用性和经济性等方面已难以满足现有经济社会发展的需求,官方统计的权威日益受到严峻挑战。

（三）数据分析单一

一是缺乏整体分析。政府统计惯用的传统数据处理思路倾向于以线性、因果关系思维去处理和探索事务发展的规律,在逻辑上将复杂事物抽象化,用概念构建联系,忽略复杂对象的背景关联性。面对海量数据,这样的数据处理思路显然无法适应需要,并已不再那么智慧。人类所产生的数据已无法用简单的单个关系加以描述,关注复杂事物之间实时、动态联系的大数据分析思路,才能揭示海量数据背景下事物发展的整体性和全局规律。二是缺乏动态分析。大量以物联网、传感器产生的图片、视频等非结构化数据,依托集群、分割、孤立点分析等算法处理实现了实时分析和超前预警,更强调数据的流动性和数据之间的关系不断变化的特点。而传统政府统计仍只能以月度、季度和年度频率生产数据并开展简要分析评价,频度滞后的状态与数据多样关联性和实时变化性矛盾突显。三是缺乏关联分析。传统观点中完全不可能有关联的数据,在大数据时代,通过发现数据之间的相关性,可能为决策提供重要支撑。看似不关联的相关性恰好体现了数据应用决策的跨界联系性。新一代计算机算法使用代码和汇众的模式,突破传统线性、序列的思维,大数据决策将打破原有专业性、行业性、时间性、空间性界限,实现决策范式的革新。而传统政府统计仍以报表为核心开展专业自成一体的精准分析,无论在数据资源的丰富性方面,还是在关联分析的技术创新性方面,都明显处于劣势。

三、推进智慧统计的几点建议

（一）从“我问你答”到“你有我取”

以预先设定需求，结构化报表收集的方式开展传统统计调查已无法适应信息技术蔚然成风的时代特点，电子化的企业生产记录、大量行政记录、GPS定位测度、商业交易电子记录等大数据资源亟待政府统计在统筹规划下开发应用。如果能使数据来源于信息技术自动记录下的原始信息，获取的方式来自于数据自动生成，采用“你有我取”的方式将有利于取得更及时、更真实的原始数据，统计人员的调查负担随之极大降低，由于减少了中间环节，数据质量的可控性也将相应得到增强。作为“十四五时期统计现代化改革”重点任务之一，企业电子统计台账改革已于2021年正式开展并在全国各省分步试点实施。通过在企业管理软件中内设电子统计台账模块或运行电子统计台账应用程序的方式，实现统计报表的自动生成并与联网直报系统自动对接。企业电子统计台账作为连接企业原始记录和统计数据的桥梁，是实现这一转变的重要途径之一。

（二）从“结构化”到“非结构化”

随着信息技术的进一步发展，物联网、云计算、网格化管理广泛存在于经济社会运行当中，尤其是物联网和网格化的应用使得对流动人口和常住人口的监测变得相对容易。网格员通过手持终端可以随时随地记录社情民意日志和人员流动情况大数据，为提高人口信息更新频次提供条件。传感器已在我国工农业生产、海洋探测、环境保护、资源调查等领域得到广泛运用。特别是近几年，生态环境部门积极推动物联网、传感器、人工智能等新技术在监测检测业务中的应用，生态环境监测自动化、智能化、信息化能力不断提升。这些成功实践也为政府统计远程自动获取非结构化数据提供了借鉴。

（三）从“统计表”到“云平台”

传统政府统计肇始于统计报表的编制，以统计表为依托开展数据收集、整理、汇总、分析进而形成统计成果，这些过程可能终将成为政府统计的昨日智慧。时至今日，大数据时代已经到来，为统计部门运用新技术、开发新资源、拓展新领域，从而为以更快、更准、更强方法生产统计数据提供了良好的发展机遇。政府统计要积极适应大数据应用需要，改进和优化现有数据采集、数据处理和数据存储技术能力和基础设施，根据统计工作特点和业务需求，营造构建大数据统计应用技术环境，在现阶段，关键是把握好“统计云”工程建设数字化改造契机，增强云平台大数据采集、计算、存储和安全服务技术保障。

(四)从“经验分析”到“智慧挖掘”

从数据中发现规律、找出关系进而做出评价,判断趋势,是统计工作者在长期应用数据的统计实践中发展形成的专长。人工智能和大数据技术的出现为此提供了全新的技术支持。面对更广泛、更多元、更复杂的大数据,应用人工智能技术帮助统计工作者实现更高效能、更优算法,更准推算,透过海量数据灵敏观察事物的本质和发展规律,更加准确地预见未来,更加智慧地支持决策。例如,通过机器学习和智能计算,为统计数据质量审核校验提供帮助,推动实现数据审核评估和分析应用智能化智慧化。还可以通过加强实时分析和关联分析,提高统计分析的时效性、趋势性和直观性,提升统计工作的分析水平和预测能力。特别是要采用大数据中的数据挖掘技术,大数据可视化技术等,挖掘隐含在海量数据中可能的新现象、新知识、新规律,以更加生动灵活的图形、图像、视频形式的可视化智慧化数据表达更加丰富多样的统计成果。

(五)从“数据烟囱”到“数据生态系统”

智慧统计的价值不仅仅在于某一个数据集或某一类数据集内部,更在于各不同数据集的相互交叉融合与合成,这样才能发现更大的规律和更深的关联关系。但由于种种原因,目前仍普遍存在数据孤岛的问题。一方面表现为数据在不同部门、不同地区、不同主体之间相互隔离,独立存储,独立维护,独立使用;另一方面表现为各方数据生产者分别站在自己的角度对数据进行理解和定义,使得一些相同的数据被赋予了不同的含义。不破除这些隔离,不把相关的数据孤岛有机地联接起来,就会浪费大量的数据资源,就难以站在更高的高度去发现统计中的智慧,就不可能真正实现智慧统计的初衷。为此,要抓紧建立健全涵盖传统数据和大数据的统计应用业务标准规范,特别是政府统计要在科学界定大数据概念、范畴、统计原则和统计方法等方面发挥作用,制定大数据统计应用专业技术标准,提出各专业各领域大数据统计应用具体方法、质量要求和业务流程规范。在此基础上,政府部门要在新的数据生态系统中实现角色转换,加速实现由目前的“数据生产者”向“数据管理者”的角色转变,充分利用部门行政记录、统计数据以及社会大数据,建设共建共治共享的数据治理体系,实现数据资源的综合智慧治理。

多源大数据辅助人口统计调查方法研究

曹宗泉　陈光曙　梁振华　侯晓璇[①]

一、研究背景

2020 年第七次全国人口普查数据显示，人口普查提供的人口总量数据与非普查年人口统计结果存在一定差异，引起社会各界广泛讨论。非普查年人口统计数据主要来源于人口抽样调查，包括每年一次的 1‰规模人口变动情况抽样和逢 5 年份的 1%规模人口变动情况抽样。按照人口统计口径，人口变动情况抽样调查的调查对象是常住人口，其由本地户籍常住人口和外省来津常住人口构成。抽样调查采用入户调查形式，调查面临的主要难点在于人口流动引致的被调查对象不易锁定。2020 年人口普查结果表明，天津市 1386.6 万人中人户分离人口为 647.97 万人，占比 46.7%，流动人口（外省来津常住人口）为 353.48 万人，占比 25.5%，人口流动活跃特征明显。因此以十年一次的普查为基础、每年一次的抽样调查为主体、辅之以部门行政记录的统计体系在时效性和覆盖率上愈发难以满足国家治理体系和治理能力现代化所需的精细化需求。

随着大数据技术日趋成熟，开发和应用移动信令大数据被视为人口统计"纾困补短"的突破口，也是利用大数据服务经济社会发展和国家治理的重要契机。移动信令大数据，是个人使用移动手机等多种通讯设备时由通讯运营商基站、公用 Wi－Fi 或 GPS 等多种定位方式获取的设备经纬度、时间点和市场交易关联信息，经编辑处理与存储后形成的信令轨迹记录（时空大数据）。凭借其对海量人口时空活动记录这一独到优势，以及在新冠肺炎疫情防控的成功应用，其已成为互联网时代社会经济统计新的重要数据资源。就人口统计而言，其相对于统计调查（人口普查和人口抽样调查）和部门行政记录的边际价值在于人口统计功能的拓

---

① 作者简介：曹宗泉，天津市统计局副局长。
陈光曙，天津市统计局处长。
梁振华，天津市统计局一级高级主管。
侯晓璇，天津市统计局二级主管。

展:一是对普查目标人口总体覆盖度广、收集成本低、效率高的特点,使其可用于区域实有人口时空分布和动态迁移的实时监测,给出人口热点问题的及时反映与长期跟踪;二是将其与其他来源的人口统计数据进行共享与融合,既可详细刻画区域“人口画像”特征,又可以显著提升人口数据质量。然而,收集和解读国内外政府统计部门应用移动信令大数据的研究现状发现,巨大丰富的移动信令大数据仅停留在分散点滴的局部应用,尚未完全释放出其在经济发展与国家治理中的重要价值。究其原因在于,政府统计尚未很好地解决移动信令大数据生产出来后如何与统计工作相对接这一关键问题。

本文拟对这一问题开展深入研究。首先通过实地调研与文献解读相结合的方式论述移动信令大数据对人口统计的发展与应用难点。其次针对移动信令大数据的特点和应用难点,建立基于移动信令大数据的人口动态监测指标体系明晰数据收集和加工规则,使其对接人口统计调查指标口径,同时进行应用分析建模,发挥手机信令大数据对人口位置的实时监测功能。第三,构建基于人口统计调查、行政记录和移动信令大数据的三系统人口总数估计方法,为多源大数据的整合提供了方法支持。最后,提出政策建议,建立移动信令大数据平台,打造现代化政府统计数据资源体系,利用多源大数据辅助人口统计调查,提升人口统计的精准度和时效性,提升人口统计的精准度和时效性,为推进统计现代化改革提供数据基础和方法支撑。

二、移动信令大数据对接人口统计调查发展

多源大数据包括移动信令大数据、部门行政记录大数据、人口调查数据等等,与传统的人口统计调查相比,多源大数据为人口统计调查提供了新路径,本部分重点论述移动信令大数据对人口统计的发展及其应用信令大数据的难点。

(一)移动信令大数据对人口统计的发展

2010 年前后,西欧部分国家开始关注应用手机通讯记录(Call Detail Records,以下简称 CDRs)包含的信令位置和实践信息服务于人口统计和政府公共管理。联合国统计司于 2017 年出版了官方手册《Handbook on the Use of Mobile Phone Data for Official Statistics》(移动手机的政府统计应用手册,以下简称联合国手册)(UN,2017;雷奇飚,2021),介绍了移动信令大数据的特点以及部分国家的实践经验。典型化应用场景包括区域人口总量(或密度)的时域监测,短期驻留人口的追踪分析,人口通勤分析等,这些都是对传统统计调查内容的重要补充(阮敬和潘宏筠,2019;黄匡时,2020)。

在中国，以北京、上海、天津和四川为代表的部分省市统计部门与有关部门合作开展了“基于移动互联大数据监测人口变动情况”的专项研究。取得的进展是，基本摸清了移动信令大数据的特点并形成了“主题原生数据生成——数据加工处理——数据分析与应用”的基本思路。而在学术研究方面，学者聚焦于利用移动信令大数据考察城市间人口空间流动的新格局特征（潘竟虎和赖建波，2019），北京、上海和广州等超大城市的职住空间分布关系特征（王蓓等，2020），特定群体的小域估计（孟杰等，2020），多源大数据的整合（黄恒君，2019）等。

（二）移动信令大数据的应用难点

上述研究实践使人们对移动信令大数据的人口统计应用特点有了更为清晰的认识，但整体而言仍处于“摸石头过河”探索性阶段，也暴露出一定局限性。那就是，尚未很好地解决手机信令大数据生产出来后如何与人口统计领域融合、怎样应用的问题。具体表现在两个层面，一是基本直接使用信息有限、容易获取的汇总数据，而关于信令轨迹记录的生产与加工过程呈现显著的“黑匣子”化特点，难以衡量其提供的数据指标口径是否与人口统计指标口径一致。二是研究问题仍属于人口统计调查数据源视域范畴，如人口流动区域特点分析，未充分发挥手机信令大数据对人口位置的实时监测功能特点。移动信令大数据与传统人口统计调查在数据收集、加工和处理方面的巨大差异，为深入应用移动信令大数据增加了难度，具体表现在如下四个方面。

1. 数据来源分散

当前获取移动信令大数据有两条途径。一是以中国移动、中国联通和中国电信为代表的通讯运营商（以下简称运营商信令）。运营商信令又可细分为两类。其一，为维持正常通讯功能，手机设备平均每五分钟与运营商基站进行一次的信号交互；其二，当手机设备接打电话或接发短信时发生的信号交互，即 CDRs。联合国手册显示，部分国家的实践探索均采用 CDRs 数据。二是以百度、阿里、腾讯和京东为代表的互联网企业信令大数据（以下简称企业信令）。即当手机设备安装和使用互联网企业开发的 APP（智能手机应用）时，通过 GPS 定位功能获取的设备地理位置和时间戳信息数据。

来源分散的移动信令大数据增加了数据管理的难度。其一，有别于传统统计调查采用“主动设计”获取被调查对象数据，移动信令大数据“自动捕获”被调查对象数据。不同来源的移动信令大数据势必在数据格式和结构上存在差异，呈现多源异构特征。其二，不间断、实时获取的移动手机信令大数据，其数据量巨大，政府统计部门很难提供数据存储空间与处理这些数据所必需的计算能力。其三，尚无任何一家运营商或互联网企业能够实现对普查目标人口总体及有关统计内容的全覆盖。利用单个系统或组织的移动信令大数据进行社会经济统计分析，其结果是片面的、局部的。

2. 数据清洗与加工标准不一

移动信令大数据以信令轨迹记录包含的实名制登记信息、实时经纬度和时间戳信息为统计起点，反映人口活动行为及市场交易关联信息。显然，“自动捕获”的移动手机信令大数据不能直接对接“主动设计”的人口统计指标，必须对其进行“个性化”加工处理，使其转换为统计数据。然而遗憾的是，目前尚未形成普适性的、能够对接人口统计指标的标准化加工方案。以推算区域常住人口为例，移动信令大数据清洗与加工的思路是，把观测期内同一设备的信令轨迹记录视为研究对象，首先识别有效信令，再定义研究区域内累计出现天数达到某一阈值的信令为区域常住人口。但调研经验显示，由于缺少相关理论支撑，运营商信令和企业信令的加工处理方案各不相同。

3. 数据质量难以控制

覆盖度和连续性是评估移动信令大数据质量的两个重要维度。覆盖度是指移动信令能够在多大程度上覆盖普查目标人口总体。中国互联网权威统计数据表明，目前全国手机拥有率尚不能实现对普查目标人口总体的全覆盖，覆盖误差不可避免。一是遗漏误差，不使用手机的人口群体即为漏报，数据显示城镇手机普及率高于乡村手机普及率；另一方面是多报误差，目前普遍存在的“一人多号”“虚拟号码”使得手机设备与人口总体之间并不存在逐一对应关系。而企业信令的覆盖度与手机 APP 的受欢迎程度高度相关，受欢迎程度高的手机 APP 对普查目标人口总体的覆盖度更高。连续性是指能否在观测期内稳定获取相同手机设备的信令轨迹记录，相对完备的信令轨迹记录是分析人口活动行为的可靠性前提，受人口流行活跃度影响，区域内无法在观测期内稳定获取(一半以上时间可观测)信令轨迹记录。

4. 数据共享与隐私保护矛盾凸显

大数据共享应用案例显示，只有通过数据开放与共享，使多源大数据真正做到有序、跨域流动，才能建立更为完整的“超级数据库”，释放数据要素服务政府治理的价值。但实际上受制于数据隐私保护和其他因素影响，无论是运营商信令还是企业信令，都很难实现在微观个体层面评估或检验人口结果的准确性，数据共享壁垒犹存。

三、基于移动信令大数据对接人口统计指标的思路

针对移动信令大数据的特点和应用难点，本部分提出基于移动信令大数据的人口流动动态监测指标体系，制定数据收集和加工规则，使其对接人口统计调查指标口径，同时进行应用分析建模，发挥手机信令大数据对人口位置的实时监测功能。基本思想是，获取基础信令数据源，以信令时空活动特征反映人口时空活动规律，通过户籍地、驻留地、驻留时间对信令进行分类标识，识别常住人口和流动人口及其分类，再进行数据加工分析与应用。

(一)基于移动信令大数据的人口动态监测指标体系

本文从移动信令大数据平台的数据收集、加工处理和应用三个维度，建立基于移动信令大数据的人口流动动态监测指标体系，如表1所示。

表1　基于移动信令大数据的人口动态监测指标体系

一级指标	二级指标	指标统计口径/信令加工处理规则
基础信令库	信令捕获	采集移动智能终端用户位置与时间信息
	信令清洗	提取设备经纬度坐标、时间点和关联信息
	数据标准化	剔除重复和无效信令，依据信令实名制信息实现信令与人的匹配，提取人口统计特征
	按日信令总量	标准化后第T日在观测区域内出现的信令总量
	按月信令总量	标准化后某月度内在观测区域内出现、至少驻留1天的信令总量
信令分类	外来信令	户籍地非本市的信令
	本地信令	户籍地为本市的信令
	短期驻留信令	一年内在观测区域驻留天数小于15天的信令
	长期驻留信令	一年内在观测区域驻留天数大于15天小于180天的信令
	常驻信令	一年内在观测区域驻留天数大于180天的信令
	第T日流入信令	观测期内第T−1日出现在外地，第T日出现在本地的外来信令
	第T日流出信令	观测期内第T−1日出现在本地，第T日出现在外地的外来信令
信令应用分析	外来信令区域内留存率	第T日流入的外来信令在研究区域内驻留x天的信令总量与第T日流入的外来信令总量之比
	本地信令区域外留存率	第T日流出的本地信令在研究区域外驻留x天的信令总量与第T日流出的本地信令总量之比
	每日信令净流入率	第T日外来信令流入量与外来信令流出量之差与第T日信令总量之比
	外来信令驻留地	观测期内外来信令在区域内驻留时间最长的小域为驻留地
	常驻信令通勤地分析	常驻信令工作地与居住地识别与分析
	区域人口总量估计	多源数据整合下特定区域人口总量估计

(二)移动信令大数据加工清洗规则

1. 基础信令库的生成。目标是获取有效信令基础数据。移动信令大数据以信令轨迹记录为主要载体,自动捕获每一条信令将其转换为结构化数据,信令清洗的重点是提取其中的设备码、经纬度坐标、时间点、手机号段和其他市场关联信息,剔除重复与无效信令(本地驻留时间较短、长期静默或为虚拟号码等),再将有效信令按观测期进行汇总存储。

2. 数据加工处理。目标是给出对接常住人口和流动人口指标口径的加工处理规则,这是关键。

(1)信令标签化规则:在确保数据隐私安全的前提下,将信令对应的年龄、性别、户籍地等人口统计特征信息进行标签化处理(如女性为1、男性为0)。

(2)来源地规则:利用户籍地信息将观测期内的有效信令划分为本地信令和外来信令,同时也可追溯信令前一年在各地域的累计驻留天数,累计出现天数最多的区域记为人口来源地,作为人口户籍地的辅助信息。

(3)驻留时间规则:根据观测期内信令在本地驻留时间划分为短期驻留、长期驻留和常驻三个类别。其中,常驻信令是指在本地驻留超过半年(为了便于统计,可取180天)的信令,符合常住人口统计口径。短期驻留和长期驻留信令是那些在本地驻留时间不足半年的信令,属于流动人口统计范畴。在此可具体划分为短期驻留和长期驻留,便于考察人口流动的原因。

(4)交叉分组规则:将来源地规则和驻留时间规则的信令分类结果再进行交叉分组,得到①本地常驻、②本地短期驻留、③本地长期驻留、④外来常驻、⑤外来短期驻留、⑥外来长期驻留这六类信令,它们分别对标本地户籍常住人口①、本地人户分离人口(②+③)、非本地户籍的外来常住人口④、流动人口(⑤+⑥);驻留地识别,这是利用Home Detection算法识别常驻信令(①+④)的居住地和就业地(Maarten等,2018)。

(三)移动信令大数据的分析及应用

结合人口动态监测的主要内容,兼顾对现有人口统计内容的衔接与拓展,移动信令大数据能够提供"人+时间+空间"的动态监测。

1. 人口总量指标的汇总统计。基于加工规则结果,以报表和数据可视化相结合的形式,刻画观测期内本地户籍常住人口、外来常住人口与外来流动人口的变化规律,提高人口统计时效性。

2. 人口流动特征分析。重点考察城市间外来流动人口的基本特征,一是汇总统计其来源地分布,反映本地与其他区域的人口往来密切程度;二是考察每日外来流动人口的净流入率，动态反馈本地外来人口的变动规律，识别人口流动的季节效应和节假日效应；三是分析外来人口的本地驻留时间与留存率。累计驻留天数越长，表明本地对外来人口的吸引力越强，区域间一体化程度越好。同时这也为估算外来常住人口的机械变动率提供了数据支撑。计算过程借鉴生命表方法。如表 2 所示，以 7 天为例，记 $I_X(X=1,2,\cdots,7)$ 表示第 X 日流入本地的外来信令总量，$A(X,Y)$ 表示第 X 日流入、驻留 $Y(Y=1,2,\cdots,6)$ 天的外来信令总量，则 Z_X 为第 X 日本地的外来信令驻留总量(其中以第 1 天作为起点，有 $Z_1=I_1$)。于是，记第 X 日批次外来流入信令驻留 Y 天的留存率为 $S_{X,Y}=A(X,Y)/Z_X$。不难看出，当 $X=1$，$Y=180$ 时，即为 $X=1$ 日批次外来流入人口中新增的本地外来常住人口。类似的也可以构建本地人口在外留存率，以此类推可估算年度本地外来常住人口净增长率。

表 2　外来人口留存率推算表

计数天数	第 X 日外来信令驻留总量	留存天数，A(X,Y)表示第 X 天流入，驻留 Y 天						
第 1 天	$Z_1(=I_1)$	I_1						
第 2 天	Z_2	$A(1,1)$	I_2					
第 3 天	Z_3	$A(1,2)$	$A(2,1)$	I_3				
第 4 天	Z_4	$A(1,3)$	$A(2,2)$	$A(3,1)$	I_4			
第 5 天	Z_5	$A(1,4)$	$A(2,3)$	$A(3,2)$	$A(4,1)$	I_5		
第 6 天	Z_6	$A(1,5)$	$A(2,4)$	$A(3,3)$	$A(4,2)$	$A(5,1)$	I_6	
第 7 天	Z_7	$A(1,6)$	$A(2,5)$	$A(3,4)$	$A(4,3)$	$A(5,2)$	$A(6,1)$	I_7

3. 人口通勤分析。重点考察城市内部各区劳动力人口在就业地与居住地之间的通勤流动，及由此形成的职住空间分布特征。常用的统计指标是职住比与职住分离程度，前者是指在给定的空间尺度范围内(街道、居委会/村委会、行政区划)的就业人口与居住人口的比例关系，后者是指就业地与居住地不在同一空间尺度的人口总量。人口通勤分析的重要意义是在以人为核心的新型城镇化政策背景下，研判超特大城市产业空间布局与人口居住格局是否协调发展。

利用决策规则识别的信令就业地和居住地构建通勤流动矩阵，如表 3 所示。其中，J_i 和 H_i 表示街道 i 的工作信令总量和居住信令总量；x_{ij} 表示就业地为街道 i、居住地为街道 j 的信令总量。对于街道 i，对角线元素 $x_{ij(i=j)}$ 为职住同域信令，$J_i-x_{ij(i=j)}$ 为通勤流入信令 $inflow_i$，$H_i-x_{ij(i=j)}$ 为通勤流出信令 $outflow_i$。

职住分离比。定义研究域 A 内通勤流入信令 $inflow_A$ 与工作信令 J_A 的比值为通勤流入比 $R_{2,A}$，反映在该区域就业但不在此居住的就业人口占比；定义研究域 A 内通勤流出信令 $outflow_A$ 与居住信令 H_A 的比值为通勤流出比 $R_{3,A}$，反映在该区域居住但不在此就业的居住人口占比。进而，将研究域 A 内通勤流入信令 $inflow_A$ 与通勤流出信令 $outflow_A$ 之和与职住同域信令 $saflow_A$ 的比值定义为职住分离比

$$R_{4,A}=(inflow_A+outflow_A)/saflow_A \tag{1}$$

职住分离比越大，研究域 A 的职住分离总量水平越高，通勤活跃度高。

表 3　街道水平人口通勤流动矩阵表

工作地＼居住地	$j=1$	$j=2$	…	$j=I$	工作信令
$i=1$	x_{11}	x_{12}	…	x_{1I}	J_1
$i=2$	x_{21}	x_{22}	…	x_{2I}	J_2
⋮	⋮	⋮	⋱	⋮	⋮
$i=I$	x_{I1}	x_{I2}	…	x_{II}	J_I
居住信令	H_1	H_2	…	H_I	

通勤距离与区域联系程度。为反映就业者工作地与居住地是否靠近，本文分别汇总统计个体工作地与居住地之间的通勤距离以及跨区域间联系程度。

就业人口与居住人口的空间集聚度。高质量的职住空间平衡格局理应促进劳动力要素有序流动和高效集聚，实现资源的有效配置。为此，构建空间计量分析中常用的莫兰指数检验工作信令与居住信令的空间集聚性。以各街道工作信令和居住信令分别作为就业人口和居住人口的代理变量，为便于叙述将其记为 y_i。测度区域内就业人口与居住人口集聚程度的全局莫兰指数为：

$$M_1=\frac{\sum_{i=1}^{n}\sum_{j=1}^{n}w_{ij}^{*}(y_i-\bar{y})(y_j-\bar{y})}{\sum_{i=1}^{n}(y_i-\bar{y})^2} \tag{2}$$

式中 $n=296$ 表示统计范围内的 296 个街道；$\bar{y}=\sum_{i=1}^{n}y_i/n$，表示街道平均工作(居住)信令；以街道间地理距离的平方 d_{ij}^2 构建空间权重矩阵 w_{ij} 反映各街道的空间关联度：

$$w_{ij}=\begin{cases}0, & i=j\\ 1/d_{ij}^2, & i\neq j\end{cases} \tag{3}$$

同时为了消除街道间的其他外在影响，对空间权重矩阵进行标准化处理，即 $w_{ij}^{*}=w_{ij}/\sum_{i=1}^{296}w_{ij}$。全局莫兰指数 M_1 的取值范围为[−1,1]。当 $M_1>0$ 时，表明各街道的通勤就业(居住)存在空间正相关性，反之为空间负相关。M_1 的绝对值越大，空间相关性越大，即就业(居住)人口大(或小)的街道呈现集聚特征。

局部莫兰指数用于检验各街道的空间相关类型，定义为：

$$M_{2,i}=\frac{n^{2}}{\sum_{i=1}^{n}\sum_{j=1,j\neq i}^{n}w_{ij}^{*}}\times\frac{(y_i-\bar{y})\sum_{j=1}^{n}w_{ij}^{*}(y_j-\bar{y})}{\sum_{j=1}^{n}(y_j-\bar{y})^{2}} \tag{4}$$

根据局部莫兰指数的取值将街道划分为四类：一类是高高集聚，即就业人口(居住人口)总量大的街道空间集聚；二类是低高集聚，即就业人口(居住人口)总量低的街道被就业人口(居住人口)总量高的街道包围；三类是高低集聚，即就业人口(居住人口)总量大的街道被就业人口(居住人口)总量低的街道包围；四类是低低集聚，即就业人口(居住人口)总量低的街道空间集聚。

四、多源大数据辅助人口统计调查方法研究

(一)多源大数据整合构建人口总数三系统估计量

把握人口总量与结构的变动趋势一直是人口统计工作的核心内容。实践表明，当前面临的难点之一是，无论是移动信令大数据、人口普查亦或是部门行政记录，均难以实现对普查目标人口总体的“完美”覆盖，那么如何对这些人口统计大数据进行有效整合，给出更准确的人口总量估计呢？可行的技术方法是：将起初应用于估计野生动物群体规模的三次捕获模型移植应用于人口总体，构造人口总数三系统估计量(胡桂华等，2018；胡桂华，2016；孟杰，2019；孟杰和沈文静，2018)。这里的三系统是指上述三套人口登记名单。

1. 人口总数三系统估计量的构造方法介绍

以人口普查、人口行政记录和移动信令大数据为例，介绍人口总数三系统估计量的构造方法。首先作出两个假定，其一是三套人口登记名单均是对普查目标人口总体的全面登记，允许存在遗漏但不存在重复登记。其二是三套登记名单可以通过某种标识(如身份证)进行匹配以准确识别相同个体，这也是整合多源人口大数据的基础。表 4 给出了三套人口登记名单的比较结果，其中“1”表示个体在对应的调查中被登记，“0”表示个体在对应的调查中未被登记。y_{111} 就表示在人口普查、人口行政记录和移动信令大数据中同时被登记的人口数量，y_{000} 就表示在

三个系统中均未被登记的人口数量，显然它是观测不到的，因此表 4 是不完备三维列联表。若记 $y = y_{111} + y_{011} + y_{101} + y_{110} + y_{001} + y_{010} + y_{100}$，则人口总数估计量为 $\hat{Y} = y + \hat{y}_{000}$，对人口总数 Y 的估计就等价于对 y_{000} 的估计。表 4 的另一个重要意义是，其揭示了通过比较多源数据，可以获取任何一套人口登记名单的登记遗漏人口。例如，人口普查的登记遗漏人口为 $y_{cen,omis} = y_{011} + y_{001} + y_{010} + y_{000}$，这种比对将有助于发现人口普查中哪些人口群体容易被遗漏，普查组织形式是否存在不合理之处。

表 4　不完备 3 * 2 维列联表

三个人口登记系统及匹配结果		行政记录系统（A）			
		登记(1)		未登记(0)	
		移动信令大数据系统（M）			
		登记(1)	未登记(0)	登记(1)	未登记(0)
人口普查系统（C）	登记(1)	y_{111}	y_{101}	y_{110}	y_{100}
	未登记(0)	y_{011}	y_{001}	y_{010}	y_{000}

2. 模型建立估计 y_{000} 的方法是利用不完备列联表的对数线性模型估计表 4 中每个单元组格的理论期望频数 μ_{ijk}。依据人口普查、人口行政记录和移动信令大数据这三个系统之间的统计相关关系，设定与之对应的对数线性模型形式。一般来说，三个系统之间的统计相关关系包括五种情况：①三个系统相互独立；②存在一对相关关系；③存在两对相关关系；④各系统之间均存在相关关系；⑤三个系统之间存在三维交互作用。其中，关系①在实践中很难满足，暂不考虑这种情况。另外，由于模型参数不能超过可观测单元格个数，假定关系⑤不成立，即三个系统之间不存在三维交互作用。为了便于说明，假设人口普查与人口行政记录两系统的登记存在相关性，且人口普查与移动信令大数据两系统的登记也存在相关性，则两对相关关系对应的对数线性模型形式记为：

$$\log\mu_{ijk} = \lambda + \lambda_i^{(C)} + \lambda_j^{(M)} + \lambda_k^{(A)} + \lambda_{ij}^{(CM)} + \lambda_{ik}^{(CA)} \tag{5}$$

其中，$\lambda_i^{(C)}$、$\lambda_j^{(M)}$、$\lambda_k^{(A)}$ 称为主效应项，反映了对各系统对单元格理论期望频数取值的直接影响；$\lambda_{ij}^{(CM)}$、$\lambda_{ik}^{(CA)}$ 称为二维交互作用项，反映了两组相关关系对单元格理论期望频数取值的影响。在不完备列联表下无法采用最大似然法估计各单元格理论期望频数，因而先对其施加一定约束

$$\sum_i \lambda_i^{(C)} = \sum_j \lambda_j^{(M)} = \sum_k \lambda_k^{(A)} = 0, \quad \sum_i \sum_j \lambda_{ij}^{(CM)} = \sum_i \sum_k \lambda_{ik}^{(CA)} = 0 \tag{6}$$

在不考虑三维交互项的前提下，现只要求人口行政记录系统和移动信令大数据系统独立，将三维列联表拆分为2个二维列联表，则存在如下等式关系

$$\frac{y_{111}y_{001}}{y_{101}y_{011}}=\frac{y_{110}y_{000}}{y_{100}y_{010}} \tag{7}$$

进一步设定部分单元格的理论期望频数 $\hat{\mu}_{ijk}$ 为：

$$\hat{\mu}_{100}=y_{100},\hat{\mu}_{110}=y_{110},\hat{\mu}_{010}=y_{010} \tag{8}$$

则得到三个系统均未被登记的人口总数估计为

$$\hat{y}_{000}=\frac{y_{010}y_{100}}{y_{110}} \tag{9}$$

表5给出了三个系统不同统计关系下的对数线性模型形式及 y_{000} 的估计量形式。

表5　三个系统的统计关系、对数线性模型形式与 $\hat{y}_{000}$ 估计量

三个系统的统计关系	对数线性模型形式	未观测人口数估计量
人口普查与移动信令大数据存在关联性	$\log\mu_{ijk}=\lambda_i^C+\lambda_j^M+\lambda_k^A+\lambda_{ij}^{CM}$	$\hat{y}_{000}=\left(\frac{y_{110}+y_{100}+y_{010}}{y_{111}+y_{101}+y_{011}}\right)y_{001}$
人口普查与行政记录存在关联性	$\log\mu_{ijk}=\lambda_i^C+\lambda_k^A+\lambda_{ik}^{CA}$	$\hat{y}_{000}=\left(\frac{y_{101}+y_{100}+y_{001}}{y_{111}+y_{110}+y_{011}}\right)y_{010}$
行政记录与移动信令大数据存在关联性	$\log\mu_{ijk}=\lambda_i^C+\lambda_j^P+\lambda_k^A+\lambda_{jk}^{PA}$	$\hat{y}_{000}=\left(\frac{y_{011}+y_{010}+y_{001}}{y_{111}+y_{110}+y_{101}}\right)y_{100}$
人口普查与移动信令大数据、行政记录与移动信令大数据存在关联性	$\log\mu_{ijk}=\lambda_i^C+\lambda_j^M+\lambda_k^A+\lambda_{ij}^{CM}+\lambda_{jk}^{MA}$	$\hat{y}_{000}=\frac{y_{001}y_{100}}{y_{101}}$
人口普查与行政记录、移动信令大数据与行政记录存在关联性	$\log\mu_{ijk}=\lambda_i^C+\lambda_j^M+\lambda_k^A+\lambda_{ik}^{CA}+\lambda_{jk}^{MA}$	$\hat{y}_{000}=\frac{y_{010}y_{100}}{y_{110}}$
人口普查与行政记录、人口普查与移动信令大数据存在关联性	$\log\mu_{ijk}=\lambda_i^C+\lambda_j^M+\lambda_k^A+\lambda_{ik}^{CA}+\lambda_{ij}^{CM}$	$\hat{y}_{000}=\frac{y_{010}y_{001}}{y_{011}}$
人口普查、行政记录和移动信令大数据两两之间存在关联性	$\log\mu_{ijk}=\lambda_i^C+\lambda_j^M+\lambda_k^A+\lambda_{ik}^{CA}+\lambda_{ij}^{CM}+\lambda_{jk}^{MA}$	$\hat{y}_{000}=\frac{y_{111}y_{001}y_{100}y_{010}}{y_{011}y_{101}y_{110}}$

若能事先确定三个系统之间真实的统计相关关系，可以直接建立与之对应的对数线性模型；若事先不能确定三个系统之间的统计相关关系，可以利用似然比统计量选择最优模型。

$$G^2 = 2\sum y_{ijk} \log\left(\frac{y_{ijk}}{\hat{y}_{ijk}}\right) \tag{10}$$

上式中 y_{ijk} 和 $\hat{y}_{ijk}$ 分别表示不完备三维列联表各单元格的观测值和拟合值。由于 y_{000} 是未知的,因而以其余的七个单元格的观测值和拟合值计算 G^2 统计量,计算值越小的对数线性模型,拟合效果越好。

3. 假设条件

构造人口总数三系统估计量还需要满足捕获再捕获模型的两个假设条件。其一是要求总体中的每个个体具有大致相等的被登记概率。这里的被登记概率并不是抽样调查中的入样概率,而是指个体配合调查、被记录的主观意愿。显然影响个体是否在三个系统中被登记的因素存在差异,例如对于人口普查,个体受性别、年龄、受教育程度、居住区域、风俗习惯等因素影响,个体被登记概率出现异质性。已有研究发现,个体异质性的存在会导致三系统估计量产生系统性偏差,高估或低估真实人口总数。那么如何克服个体异质性呢?已有研究给出的解决方案是对人口总体按照被登记概率的影响因素进行交叉分组,使各组内具有大致相等的被登记概率。但这种分组是在影响因素个数与异质性之间的全面权衡。这是因为,当考虑的影响因素越多时,交叉分组个数越多,组内单元越少甚至没有。为此只能对部分交叉分组进行合并,但这会增加组内异质性。英国统计局提出的另一种方案也值得借鉴,即构建个体的 HtC 指数(Hard to Count Index),即将影响因素量化为计算每个个体难以被调查的程度(James 等,2012)。移动信令大数据自动捕获信令轨迹记录,其影响因素有别于人口普查和行政记录,可能的影响因素包括区域内基站数量、区域手机普及率和个体使用手机程度等。其二是要求每个系统应统一给出标准时点的人口基础信息,使三个系统面对的是相同的目标总体。通常以人口普查为标准时点,尽可能通过摸底调查和其他技术手段使人口行政记录与移动信令大数据系统对标人口普查标准时点。

4. 应用场景

构造基于三次捕获模型的人口总数三系统估计量,提供了一种整合已有人口统计数据源的方法。其主要应用场景包括:(1)全域人口总数估计。这里的"域",既指代省域、城市、行政区划等地理区域,也指代具有某类特征的人口群体,如双城通勤人口、非正规就业劳动力。(2)人口统计数据源的覆盖误差评估。以公安部户籍人口登记资料为例,将人口普查和移动信令大数据视为辅助数据源,估计全域人口总数,再减去公安部户籍人口登记的总人口即为其净误差。(3)不同系统之间的交叉比较,识别各系统漏报人口及其潜在原因,提升各系统的数据质量。

（二）政策建议

解决了大数据应用和整合的技术问题，但最根本的问题还是数据的共享问题。大数据共享应用案例显示，只有通过数据开放与共享，使多源大数据真正做到有序、跨域流动，才能建立更为完整的"超级数据库"，释放数据要素服务政府治理的价值。因此建议通过建立移动信令大数据平台，打造现代化政府统计数据资源体系，将多源数据纳入政府统计调查体系（如图 1）。主要思路是，以移动信令大数据为研究对象，成立专门机构收集和管理这些信令，由统计部门主导将其与传统人口统计调查和部门行政记录数据整合，打破统计调查、行政记录和手机信令大数据壁垒，实现政府统计数据资源共享，释放数据要素促进经济发展和国家治理的动能。

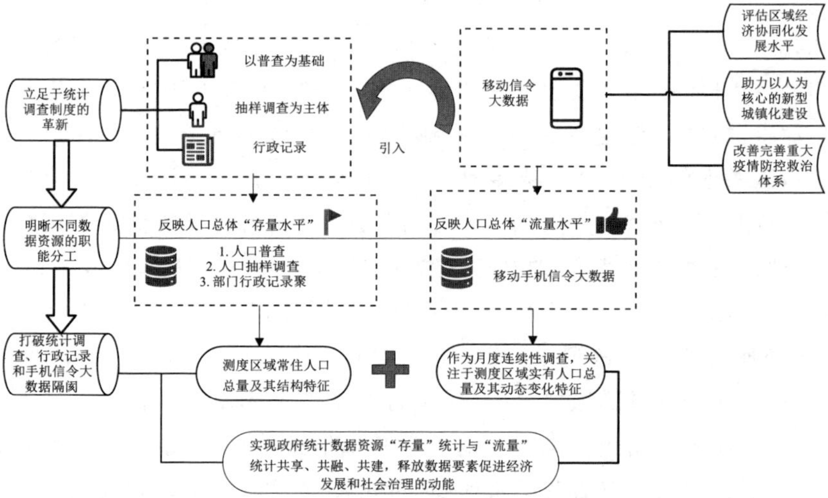

图 1　多源大数据辅助人口统计调查的设计思路

1. 推进人口统计调查制度方法改革，构建以普查为基础，抽样调查为主体，辅之以行政记录和移动信令大数据的新时代现代化统计调查体系。一是建立了基于移动信令大数据的人口流动动态监测指标体系。二是构建基于人口统计调查、行政记录和移动信令大数据的三系统人口总数估计方法，为多源大数据的整合提供了方法支持。

2. 明晰不同数据资源的职能分工，人口普查、人口抽样调查和部门行政记录聚焦于测度区域常住人口总量及其结构特征，反映人口总体"存量水平"；移动信令大数据调查作为月度连续性调查，关注于测度区域实有人口总量及其动态变化特征，反映人口总体“流量水平”。

3. 打破壁垒实现数据共享，打破统计调查、行政记录和手机信令大数据壁垒，实现政府统计数据资源“存量”统计与“流量”统计共享、共融、共建，整合多源大数据，给出更准确的人口总量估计，从而释放数据要素促进经济发展和国家治理的动能。

县域数字经济全产业测算研究

钱　翔[①]

一、前言

近年来，从人人互联迈向万物互联、从大数据到人工智能，数字经济在中国发展迅速，技术应用从侧重消费环节转向更加侧重生产环节。在创新驱动发展战略的引领下，以互联网、大数据、云计算、“智慧工厂”等为代表的信息技术不断与实体经济融合渗透，大幅度提升我国实体经济智能化水平。数字经济已经成为促进产业结构升级和推动经济高质量发展的重要力量。本文从对比两版数字经济产业目录入手，探讨新版目录的堵点难点，从基层角度对数字经济产业核算提出参考思路，并对江北区数字经济产业规模进行试算。

二、数字经济产业核算现状及江北区基本情况

(一)宁波市各县区数字经济产业核算现状

目前，宁波市对各县区数字经济产业核算仅针对其中核心产业部分，依据的是2018年浙江省经信厅与浙江省统计局共同发布的《浙江省数字经济核心产业统计分类目录》(以下简称2018目录)。该目录根据工业和信息化部、国家统计局关于《电子信息制造业统计报表制度》和《软件和信息技术服务业统计报表制度》，按照《国民经济行业分类(2017版)》，界定数字经济核心产业统计分类目录。包括计算机通信和其他电子设备制造业、电子信息机电制造业、专用电子设备制造业、电信广播电视和卫星传输服务业、互联网及其相关服务业、软件和信息技术服务业、文化数字内容及其服务业等7大类128个小类行业作为数字经济核心产业统计范畴。2022年之前均以年为核算频率，从2023年开始，宁波市统计局对各县区开展季度数字经济核心产业试算，核算基础资料为GDP快报分行业小类数据(结构按最新GDP年报分行业小类数据分摊)，通过年报中规上规下的占比以及季度

① 作者简介：钱翔，宁波市江北区统计局干部。

相关行业规上收入法增加值数据进行推算，推算的结果容易受到规上收入法增加值的影响而产生较大波动。

(二)江北区数字经济核心产业基本情况

经作者估算，江北区 2022 年数字经济核心产业增加值实现 71.4 亿元，同比增长 11.9%，占 GDP 比重为 8.3%，虽然总量和增幅的全市排名并不突出，但占比排名全市第二位，仅低于余姚，比全市平均水平高 1.2 个百分点。从历年江北数字核心产业发展情况看，总体呈现较好发展势头，占 GDP 比重逐年上升，历年数字经济核心产业情况如下图所示：

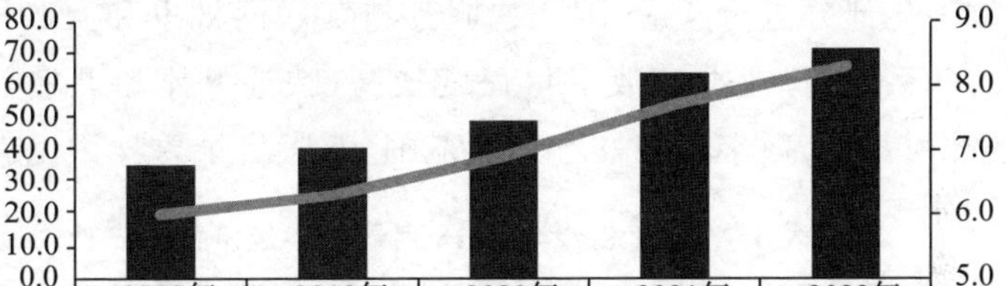

	2018年	2019年	2020年	2021年	2022年
总量（亿元）	35.5	40.8	49.1	63.8	71.4
占比（%）	6.0	6.3	6.9	7.7	8.3

图 1　2018—2022 年江北区数字经济核心产业占 GDP 比重

三、数字经济及其核心产业统计分类(2021)分析

(一)国家统计局 2021 目录介绍

为贯彻落实党中央、国务院关于数字经济和信息化发展战略的重大决策部署，准确核算数字经济的规模、发展速度等，国家统计局于 2021 年 5 月正式发布《数字经济及其核心产业统计分类（2021）》(以下简称 2021 目录)，为全国数字经济核算提供了统一的口径。该分类依据 G20 杭州峰会提出的《二十国集团数字经济发展与合作倡议》，以及《中华人民共和国国民经济和社会发展第十四个五年规划和 2035 年远景目标纲要》《国家信息化发展战略纲要》等政策文件，确定数字经济的基本范围。该目录将数字经济产业范围确定为：01 数字产品制造业、02 数字产品服务业、03 数字技术应用业、04 数字要素驱动业、05 数字化效率提升业等 5 个大类。其中，数字经济核心产业对应上述第 01—04 大类即数字产业化部分，第 05 大类为产业数字化部分。

(二)2021 目录与 2018 目录对比

与浙江省的 2018 目录对比，2021 目录的优化主要体现在两个方面：一是行业涵盖更广，2021 目录将部分贸易业，建筑业部分行业纳入到数字经济核心产业核算范畴，尤其是将贸易业中互联网批发和互联网零售等数据体量较大、数字特征比较明确的行业纳入，较好地弥补了2018目录的不足。二是对产业数字化部分进行了界定，2021目录的第五部分几乎对所有行业的数字化效率提升有明确的描述和定义，内容非常全面，包含一部分近年来发展迅猛或已经出现苗头、但在国民经济行业分类中尚没有单独列示的数字经济活动，以反映中国数字经济产业的最新动态和发展趋势。

就数字经济核心产业范围而言，2021目录减少的行业代码主要集中在专用仪器仪表制造、电池制造、快递服务、电子娱乐等行业，其中大多数行业确实可以放在产业数字化部分进行考虑，但快递服务与互联网批发和互联网零售联系有着非常紧密的联系，且行业本身数字化程度较高（快递基本都具备可追踪功能），个人认为应该将其纳入数字经济核心产业范围，两版目录差异详见表1。

表1　2021目录与2018目录数字经济核心产业对比

2021目录特有行业		2018目录特有行业	
行业代码	行业描述	行业代码	行业描述
2462	游艺用品及室内游艺器材制造	3472	幻灯及投影设备制造
2665	医学生产用信息化学品制造	3569	其他电子专用设备制造
3492	特殊作业机器人制造	3581	医疗诊断、监护及治疗设备制造
4790	其他房屋建筑业	3813	微特电机及组件制造
4851	架线及设备工程建筑	3822	电容器及其配套设备制造
4910	电气安装	3841	锂离子电池制造
4999	其他建筑安装	3842	镍氢电池制造
5176	计算机、软件及辅助设备批发	3843	铅蓄电池制造
5177	通讯设备批发	3844	锌锰电池制造
5178	广播影视设备批发	3849	其他电池制造
5193	互联网批发	3871	电光源制造
5244	音像制品、电子和数字出版物零售	4012	电工仪器仪表制造
5273	计算机、软件及辅助设备零售	4021	环境监测专用仪器仪表制造
5274	通信设备零售	4022	运输设备及生产用计数仪表制造
5292	互联网零售	4023	导航、测绘、气象及海洋专用仪器制造
7114	计算机及通讯设备经营租赁	4024	农林牧渔专用仪器仪表制造
7125	音像制品出租	4025	地质勘探和地震专用仪器制造
7213	资源与产权交易服务	4026	教学专用仪器制造
7224	供应链管理服务	4027	核子及核辐射测量仪器制造
7320	工程和技术研究和试验发展	4028	电子测量仪器制造
8121	计算机和辅助设备修理	4029	其他专用仪器制造
8122	通讯设备修理	6020	快递服务
8610	新闻业	7491	工业设计服务
		9012	电子游艺厅娱乐活动
		9013	网吧活动

四、数字经济产业核算存在的挑战

(一)数字经济参与者的界定过于依赖行业代码

国民经济行业分类是数字经济产业核算的基础,经济活动单位在纳入统计系统时按照其主要经济活动确定行业代码,当该单位从事两种及以上经济活动时,则按照主要活动确定其行业。行业代码的准确编制一方面需要统计调查对象相关负责人员具备一定的国民经济行业分类知识,另一方面对基层统计机构工作人员业务水平有很高的要求。目前来看,在库单位的行业代码准确性还有提升空间,一是由于部分单位入库时间较久,企业本身对行业代码的编制不熟悉,经营过程中若是变更了主要经济活动很难被发现并纠正;二是数字经济涉及的部分业务太过专业,多数基层统计工作人员并不具备相应的知识来准确区分;三是行业分类缺乏完整的系统培训,统计系统内部仅仅在业务条线培训中会涉及,难以满足工作需要;四是部分行业疑难问题的解答往往基于个人理解,缺乏统一的规范的标准。因此,用不完全准确的行业代码分类进行的数字经济产业核算必然会出现偏差。

(二)国民经济行业分类本身的局限性

目前在使用的是2017版本的国民经济行业分类标准,该分类对比2011版本在一些传统领域中单列了数字化相关的行业小类,比如在批发零售业中新增了互联网批发和互联网零售,通过入库时的筛选,就很容易将数字特征明显的传统行业企业纳入到数字经济产业核算范畴。但在行业分类较为复杂的服务业领域,传统行业分类中缺乏相应的依据。如物流平台的归类,虽然行业分类标准中设置了互联网生产平台、互联网生活平台的行业小类,但均限定为第三方平台,也就是说仅提供业务平台,而不从事相应业务的企业才能纳入到该行业小类中,根据多年工作经验,完全提供第三方服务的平台很少。以江北区的浙江易港通电子商务有限公司为例,该企业是宁波港股份有限公司旗下的综合性物流门户平台,主要从事物流辅助业务,同时也为其他公司提供平台服务,但平台服务的收入占比较低,主要还是借助该平台开展传统物流相关业务,根据现行分类原则该企业无法进入互联网平台的代码目录内,最终归入物流辅助业,而整个交通运输门类并没有类似互联网批发和互联网零售的行业小类,这部分企业的数字化特征无法体现。

(三)2021目录可操作性有待提升

纵观2021目录,在前四大类数字经济核心产业中有9项是打星号行业,这些行业代码的企业所从事的主要业务活动理论上是必须符合一定说明内容才能纳入数字经济核心产业统计范畴，这部分企业的筛选需要完全依靠基层力量。基层统计人员一方面无法及时掌握企业实时信息，一方面容易存在主观倾向，筛选结果往往不够精准。此外，2021 目录第五大类产业数字化部分涉及的所有代码都带有星号，而且大多是行业大类或门类直接标注星号，操作层面更加难以通过对调查对象个体的认定来识别，只能通过一定的比重将该行业的部分增加值纳入。

五、从县域角度提出数字经济全产业核算思路

(一)按行业小类增加值计算 2021 目录内数字经济核心产业增加值

针对 2021 目录内 9 个涉及到的打星号行业代码，从江北区实际情况看，共涉及到增加值 8.04 亿元，同时对照在库“四上”单位，共涉及企业 21 家，从主要业务活动描述看，数字经济特征不够明显，因此在第一部分计算中将这 9 个行业小类暂时剔除。在实际运用过程中可以通过特征企业的形式加以维护。2021 目录非星号行业小类共计 117 个，以 2021 年年报结构推算 2022 年 GDP 快报总量，计算得到增加值共计 64.3 亿元，其中数字产品制造业增加值占比最大(具体如表 2 所示)。

表 2　2021 目录前四大类非星号代码增加值情况

行业	行业小类数量(个)	增加值(亿元)
数字产品制造业	52	41.0
数字产品服务业	10	1.4
数字技术应用业	32	12.3
数字要素驱动业	23	9.6
合计	117	64.3

(二)部门联动建立数字经济特征企业库

数字经济产业核算虽然以统计局为主体进行，但是统计对象的精准识别具有较大难度，需借助部门力量。如江北区的爱柯迪股份有限公司，该企业主要从事汽车零部件制造，行业代码虽不在数字经济核心产业范围内，但企业拥有“爱柯迪铝压铸智能制造工业互联网平台”，入选浙江省 2021 年度省级工业互联网平台拟创建名单，是一家具有典型数字化特征的非目录企业。从企业入库到日常报表，统计部门对企业数字化转型相关信息涉及很少，同时，企业统计人员对信息化转型的重要性重视程度不高，导致统计部门对相关信息掌握不全。因此在实际运用中需借助经信、发改、住建等部门力量，建立数字经济特征企业库。本文拟定的数

字经济特征企业库包括四部分，一是以 2022 年度信息通信技术应用和数字化转型情况表（以下简称 109 表）为核心，挑选出同时具备 3 个条件的企业：①年度有信息化投入，②拥有网站 1 个及以上，③互联网交易额占营业收入 50%以上；二是在经信系统备案或者获得过相关认证及奖项的企业；三是经信部门掌握的其他企业；四是电子商务交易平台情况报表在报的非目录企业。本次挑选出的特征企业共计 33 家企业，这些企业行业代码都不在 2021 目录内，但具备了较为明显的数字化特征。33 家企业 2022 年年报收入法增加值为 37.3 亿元（具体企业名单如表 3 所示）。

表 3　2022 年度自定义的江北区数字经济特征企业库

序号	企业名称	行业代码	备注
1	宁波市禾源纺织品有限公司	1761	①年度有信息化投入 ②拥有网站 1 个及以上 ③互联网交易额占营业收入 50%以上
2	宁波梦神床垫机械有限公司	2190	
3	赛克思液压科技股份有限公司	3444	
4	宁波惠尔顿婴童安全科技股份有限公司	3670	
5	宁波萌达秀电子商务有限公司	5129	
6	宁波世唯国际贸易有限公司	5134	
7	宁波市山顶电器工贸有限公司	5138	
8	宁波智域电子商务有限公司	5138	
9	迪罗夫斯（宁波）贸易有限公司	5139	
10	浙江可可萌婴童用品有限公司	5139	
11	宁波银湖云商网络科技有限公司	5142	
12	宁波卡斯特隆贸易有限公司	5164	
13	宁波永冠物资有限公司	5164	
14	宁波晓零汽车销售服务有限公司	5261	
15	宁波中通物流集团有限公司	5431	
16	宁波捷金通信息科技有限公司	5431	
17	浙江易港通电子商务有限公司	5821	
18	宁波志成德邦物流有限公司	6020	
19	宁波市江北向阳渔港酒店有限公司	6210	
20	宁波万寓租赁住房服务有限公司	7040	
21	宁波慢悠悠在线旅游有限公司	7291	
22	浙江聚能智慧电力科技有限公司	7484	
23	宁波美送电子商务有限公司	8090	
24	宁波奥体中心运营管理有限公司	8921	

续表

序号	企业名称	行业代码	备注
25	宁波华翔汽车车门系统有限公司	3670	浙江省第一批制造业“云上企业”
26	爱柯迪股份有限公司	3670	2021年度省级工业互联网平台拟创建名单
27	宁波东力传动设备有限公司	3812	浙江省第八批大数据应用示范企业
28	宁波三星智能电气有限公司	4012	浙江省第七批大数据应用示范企业
29	宁波市电力设计院有限公司	7492	经信系统纳入软件和信息业核算企业
30	宁波市牛奶集团有限公司	1441	电子商务交易平台情况（U201表）在报企业
31	宁波医多多电子商务有限公司	5169	
32	宁波宁电南方国际贸易有限公司	5174	
33	宁波公运集团股份有限公司	5421	

（三）以信息化投入占增加值比重匡算产业数字化部分增加值

2021目录的第五部分既有门类也有大类和小类，但仔细观察会发现有部分行业大类并未包括，如制造业中的13－22大类，27－33大类，这部分行业大类大多属于所谓的传统制造业行列，但恰恰是在这些传统行业中数字化转型的需求和投入正在逐步增加。如江北区的金田集团股份有限公司，该企业主要从事铜压延加工业，每年的信息化投入有几千万之多，工业物联网、人工智能等技术均有应用。考虑到目前数字化对各行各业渗透已经十分广泛，因此，个人认为在计算产业数字化部分时应跳出2021目录束缚，将数字经济核心产业及特征企业剔除后的其他行业全部纳入。本文采用年度信息化投入占年报收入法增加值比重来确定该行业属于数字经济产业的比重，使产业数字化相关内容得到体现。农、林、牧、渔业、金融业等年报无法取数的行业则采用全区平均占比，经计算，江北数字产业化部分总量为14.6亿元。

综合以上三部分计算结果，初步测算2022江北数字经济产业的总量为116.2亿元，占GDP总量的比重为13.5％。

六、结语

上述计算思路仅仅从基层操作层面给出解决思路，并未对数字经济的内涵进行探讨。由于核算资料十分有限，只能使用2021年GDP年报结构推算的2022年年报分行业小类增加值以及2022年各行业统计年报数据，最终计算结果肯定存在漏洞和考虑不周之处，如推算得到的各行业小类增加值并非2022年真实情况，特征企业认定的权威性不足、信息通信技术应用和数字化转型情况报表（109表）

的数据质量不高等。从个人感受而言，数字化转型的触手已经深入经济发展的方方面面，可以说没有一个市场主体能完全够脱离信息技术和互联网来参与经济活动，数字经济对整个国民经济行业的带动远比一个简单的占比要深远得多。

大数据在人口普查中的应用实践与探索研究

陈胜军　包邦快　林松青　张哲一　陈小薇
李海奇　尹克超　温亦镇　苏月霞①

一、人口大数据的定义、归集及应用基础

大数据(Big Data)是以数据为本质的新一代革命性的信息技术，在数据挖潜过程中，能够带动理念、模式、技术及应用实践的创新。高德纳咨询公司认为大数据是需要新处理模式才能具有更强的决策力、洞察发现力和流程优化能力的海量、高增长率和多样化的信息资产。人口大数据是所有大数据中的一种，是通过建立相关数据分析模型，充分利用人工智能和大数据分析挖掘技术，与城市治理专项行动业务需求相结合，构建该领域专属的知识图谱，建立人口、城市空间和专项行动之间的内在联系，为城市精细化管理、专项行动科学决策等提供数据支撑。

(一)人口大数据的定义

人口大数据的产生，离不开信息时代万物互联的社会环境，在社会全面进入信息时代之前，数据依附于具体业务而存在，人们在社会活动中产生的各种过程性数据往往是无法储存和实时获取的。如使用现金购物，其购物的时间、地点、购物内容、交易双方身份等信息往往随着交易的完成而灭失。再比如投币式公交车只能根据投币量计算一天内乘客总人数，但无法记录乘车高峰、分段人流量以及乘车人的相关信息等。伴随着互联网 2.0 时代的出现，互联网和移动通讯设备的

---

① 作者简介：陈胜军，浙江省温州市经信局党委书记、局长。
包邦快，浙江省温州市统计局党组成员、副局长。
林松青，浙江省温州市商务局党组成员、总经济师。
张哲一，浙江省温州市统计局统计调查队副队长。
陈小薇，浙江省温州市统计局干部。
李海奇，浙江省温州市统计局干部。
尹克超，浙江省温州市龙湾区统计局干部。
温亦镇，浙江省温州市苍南县统计局社会经济调查队副队长。
苏月霞，浙江省温州市平阳县统计局社会经济调查队队长。

普及，人们广泛使用社交网络、移动支付，各种智能设备和传感器普及推广，网上购物、移动支付、在线办理等应用场景得以广泛应用，各种在线应用场景都需要后端服务节点的支撑，每一次交互行为必然在后端服务节点上留下记录，从而产生了基于不同平台的海量数据，即人口大数据。

人口大数据，是指围绕人的活动所产生的可以记录的信息资源，即人的行为活动的数据记录。这些信息既包括公安、卫健、民政、金融等部门登记的公民基本信息及医疗保健、金融资产等数据，也包括电信运营商通话记录、漫游记录，电商授权实名认证的收货地址、购物记录、支付记录，各种APP、浏览器等应用的使用痕迹，还包括个人资产报告如房产情况、购车情况，家庭用水、电、燃气及日用品使用情况等等。概括地说，人口大数据是人在参加社会活动过程中留下的碎片式的“数据足迹”，这些“数据足迹”不是人类参加社会活动的目的，而是在社会活动中的“副产品”，某一个体所产生的“数据足迹”对于整个社会来说毫无价值可言，但对获取的成千上万的个体所产生的各种各样的“数据足迹”进行储存、筛选、分析、挖掘，就可以分析整个群体的趋势和方向性的特征，与已有数据进行比对，就可以掌握人口分布、流动、活跃度等内在规律，为人口普查调查等提供重要的数据支撑。

如果能够依据每次人口普查资料建立个人信息库，通过部门大数据对人口普查资料进行经常性的维护更新，就可以建立一个动态的人口信息系统，经常性的维护甚至能够代替人口普查部分功能，大数据与人口普查的融合本身也是充分挖掘和利用人口普查数据的需要。一是建立全口径人口数据库：通过系统收集各职能部门的业务数据，对数据进行清洗、比对、关联，获得人口空间数据，建立行政登记人口数据库。二是建立城市社会事业数据库：系统收集教育、卫生、民政及文体公共服务设施的数据，通过对数据清洗、对比、关联，建立社会事业数据库。三是建立移动人口数据库：基于移动手机数据，实时测算分析城市区域动态人口数量和人口变动情况。结合城市网格区域定义，提供动态人口承载数据。四是其他与人口相关数据的整合，包括网络爬虫、网络API、软件API、日志收集系统、数据交易、数据共享、物联网、科学研究等等。

人口大数据的“大”，是因为摆脱了传统对随机采样依赖，而是面对全体数据，包括将结构化、半结构化和非结构化的人口数据进行归集，以此区别与海量数据的差异。人口大数据的信息都是“数”，可以不再纠结具体数据的精确度，而是坦然面对信息的混杂；信息之大之杂，让我们分析的“据”也由传统的因果关系变成相关关系。如何盘活这些数据，更好地支撑政府决策和便民服务，进而引领促进大数据事业发展，是事关全局的关键。

（二）人口大数据归集现状

随着政务信息化的不断发展，各级政府积累了大量与公众生产生活息息相关的信息系统和数据，并成为最具价值数据的保有者。同时，移动、联通、电信等运营商也掌握着各种人口数据，甚至包括新型的经济主体如阿里巴巴等。第七次全国人口普查工作前期，我们对人口大数据的归集情况开展了充分的调研和摸底，目前人口大数据归集情况主要包括四个方面：

1.党政机关部门掌握各类人口数据

以公安部门掌握人口信息最为全面，户籍人口、流动人口、常住外籍人士等数据都基本完整且准确，目前由社区民警、社区网格员等对居住小区内的人员信息进行不断维护更新。自然资源和规划局掌握的住房建筑面积等涉及住房的几个指标，情况相对较完整准确。民政部门有人口婚姻状况、火化数据。卫健部门有出生人口、死亡人口数据。教育部门有各类学校学生的数据。人社部门有社保参保人员数据。医保部门有医保人员数据等。卫健委的"健康码"中含有的身份信息可以确定人员身份，定位信息能够更加准确判定外来人口来本地的时间。电力局有居民用电数据。住建部门有住房建筑面积、居民用水、用气数据等。这些都是部门掌握与"人口"有关的结构化数据。

2.村居社区掌握疫情防控排查人口数据

2020年以来，为了疫情防控需要，各村（社区）对本辖区住户进行集中排摸，对户籍人口及春节期间未返回原籍的外来人员进行登记，形成相对完备的类似于人口普查户主姓名底册的基础数据库，还包括人户分离情况、群租情况等。同时，两年来的疫情常态化后，各社区（村居）对掌握的情况也在不断更新，但是缺乏统一的格式要求。

3.电信运营商及相关企业掌握的人口数据

三大电信运营商指中国移动、中国联通、中国电信。当前，我国移动手机持有已经相当普遍，三家基础电信运营商的移动电话用户达16亿户，互联网大数据公司拥有海量APP数据。从2001年起，三大运营商开始布局大数据项目，将用户基础数据、通信行为数据、上网行为数据等综合数据进行实时存储。而近两年运营商开放了大数据API数据接口，相关行业、企业可以通过运营商亲自授权的大数据获客公司进行建模实时分析和实时抓取精准客户资源服务，获取人口信息数据。如：移动温州分公司就掌握大量人口基础数据，包括驻留特征（含常住180天、连续常住30天、双城记、过夜驻留、工作时间驻留等10种信息）、时间特征、身份属性(性别、户籍来源地、家庭地址分布、教育水平)、职业属性、价值属性、位置属性(常驻位置、工作位置、移动轨迹)、行为习惯标签等。

4.新产业新业态抓取的人口相关数据

淘宝、京东、拼多多等平台也掌握着大量的个人信息,主要是通过各种手段获取的个人的碎片化的精准信息,用于各个行业的内部数据分析。调研发现,这些信息包括住户地址、姓名、手机号码、个人消费记录等,这些信息是非结构化数据,无法成为人口普查数据的基础资料,但是可以作为人口普查查漏补缺以及评估匹配的一个参考依据。

(三)普查中的人口大数据应用

国家高度重视大数据的基础设施建设,数据资源丰富,大数据服务人口普查时机条件初步具备。

1.大数据服务人口普查具备基础条件

2015 年 9 月,国务院发布《促进大数据发展行动纲要》,其中重要任务之一就是“加快政府数据开放共享,推动资源整合,提升治理能力”,并明确了时间节点,2017 年跨部门数据资源共享共用格局基本形成;2018 年建成政府主导的数据共享开放平台,打通政府部门、企事业单位间的数据壁垒,并在部分领域开展应用试点;2020 年实现政府数据集的普遍开放,大数据技术的广泛应用,为人口普查预测、人口迁移流动监测提供了重要依据。同时,随着国家在基础信息化工程建设投入的加大,比如我国 5G 建设在技术和进程上已走在世界前列,在互联网、云计算、大数据、移动通信等技术开发和应用快速发展中,我国依靠人口等优势积累了世界最为丰富的数据资源,这为大数据在我国的广泛应用提供了肥沃的土壤。

2.第七次全国人口普查是人口普查与大数据高度融合元年

这一次第七次全国人口普查历史性引入身份号码,通过整合部门大数据资料服务人口普查变得触手可及。在人口普查后,以居民身份号码为唯一标识的国家人口基础信息库覆盖全国人口,初步实现对人口信息的集中统一管理,从理论上为大数据在人口普查中大规模应用提供了可能。

3.人口大数据分析将助力人口普查数据更准、效率更高

展望未来,根据普查数据,建立人口基础信息库,并指定专门的部门对人口基础信息库进行经常性的维护更新。同时探索公民个人对自己相关信息在人口基础信息库中定期或不定期进行更新。大数据与人口普查的高度融合,将辅助人口普查数据更准、效率更高,也可以实现人口大数据的日常管理。

二、国内外关于大数据在人口普查中应用的文献综述

(一)国外人口普查应用大数据

大多数国家的人口普查频率为 5 年或 10 年,根据联合国的资料显示,2015 年到 2024 年已经开始和准备实施人口普查的经济体共有 230 个,覆盖全球人口 90%以上。2020 年是这一轮人口普查的高峰,有 76 个国家开展人口普查,但受新冠肺炎疫情影响,一些经济体推迟或暂停了人口普查。可以说,从 2020 年到 2021 年,世界进入了"人口普查期"。

在早期人口普查中,人口普查只能用纸质文件记录和调查,再经过普查员的手工整理得出粗略的统计结果。随着技术的进步,人口普查的基本技术和调查问卷趋于完善。近年来,新冠疫情带来的不便让很多国家开始思考如何转变人口普查的调查方式,不管是面对面的入户调查,还是电话调查,或是填写网络普查问卷,以及抽样调查,各国都在不断尝试对这些人口普查调查手段进行迭代更新。各国的调查方法虽然不尽相同,但基本都是因地制宜与科技手段相结合。

美国:2020 年美国人口普查,由美国人口普查局将向美国的每一户房屋、公寓或其他住所派送一张明信片,明信片上的相关信息详细指导了如何在线回答人口普查问题或申请书面调查。每户家庭只需提交一次信息,提交方式有三种:直接登录 2020 年人口普查官网(http://2020census.gov);致电(英文 844－330－2020,中文 844－391－2020);通过平邮方式回寄调查表。

日本:2020 年 9 月,日本 5 年一度的人口普查启动,由于正值新冠疫情,日本此次人口普查要求尽可能避免人员接触,调查员以无接触的方式向民众发放问卷,再以网络或邮寄的方式进行问卷反馈。

俄罗斯:俄罗斯的本轮人口普查原定于 2020 年 10 月实施,由于新冠疫情被推迟至 2021 年 10 月。俄首次采取数字化方式开展人口普查——所有统计员将配备装有电子问卷、制图工具等应用程序的平板电脑,大部分数据将以电子形式收集。

印度:印度 2020 年开展第 16 次人口普查。印度没有户籍登记制度,很多大城市贫民窟的居民流动性又极强,如何避免漏报错报是项大工程。为此,印度的人口普查员不仅要挨家挨户上门调查,要动用无人机和实时卫星定位系统来协助工作。

英国:英国在 2021 年的人口普查中全面推进数字化,要求全英国 60%到 65%的家庭在网上填写普查问卷。

瑞士:瑞士则采取抽样调查的方式来进行人口普查,将十年一次的全国人口

普查转变成每年一次的结构调查、专题调查和综合调查，再结合人口登记信息，然后外推数据来获得整个人口的统计数据。

随着信息技术的发展，云计算、移动互联网、数字化采集等应用在全世界的人口普查发挥重要作用，但对于政府行政记录大数据的应用相对还较少。

（二）国内人口普查应用大数据

第七次全国人口普查是人口普查与大数据高度融合元年，全面采用数字化采集，实时上传。同时，进一步将疫情防控资料、手机信令大数据、电力等大数据模型作为普查现场登记的辅助工具，切实提高普查数据质量，这是历次普查都没有过的。第七次全国人口普查中，全国各地都各显神通，将大数据广泛应用到人口普查中。如：杭州市发挥“最多跑一次”改革的牵引作用，完成了对公安局、民政局、住保房管局、数据资源局、杭州联通等多部门数据的整合，对人口普查进行全流程的指导和质量比对。江苏整理公安、民政、卫健委、政法委、自来水、社保及不动产等多部门行政记录数据，请第三方专业技术公司对海量数据进行清洗、整合和定向挖掘分析，分类汇总整理成落地信息，作为普查员上门入户登记底册，有效助力人口普查工作。成都市聚焦“天府健康通”数据使用，实现横向联通。河北聚焦三大运营商手机定位（移动＋联通＋电信）和银行账户消费地点等信息能大致判定调查对象的活动范围，与调查时点居住地相关；水、电、燃气经营企业（自来水公司、国家电网、燃气公司）的数据加上人均用水、电燃气情况大致推算家庭人口数量；百度、阿里、腾讯等社交及购物平台信息能根据家庭的消费品推断年内有无新生儿，以及大致匡算家庭人口年龄段。北京、上海这些人员流动性很高的城市，也有通过用盐量变化，看出人口流入和流出的速度。

（三）大数据在人口普查中应用不足的启示

综合上述国内外的研究，以及历次对人口普查工作的总结，都表明大数据在人口普查中应用是国内外人口调查都普遍追求的一种方法，是信息技术发展带来的趋势。

相对而言，中国在信息化技术的应用方面走在全球前列，但是调研中也发现，每次人口普查后除人口普查汇总资料外，没有建立个体信息数据库，大量的住户或者个人的信息在每次普查都需要重新登记调查，每户每人的多数信息即便是在10年间没有变化也要重新摸底登记，无形中增加了不必要的劳动。由于缺少统一的大数据采集平台，每次人口普查都需要重新开发程序，对已有的程序无法实现纵向变动和跟踪，使历次人口普查工作基础在技术层面上得不到进一步巩固和提升，影响信息资源的深入开发。同时，目前大数据的应用更多的在数据采集完毕后的自身比对,属于结果性的数据比对,而无法开展前期部门数据归集的整理,大数据应用出现"轻前期重后期"的现象。

因此,本课题将借助第七次全国人口普查的实践,按照"打造数字化引领的智慧普查"的要求,在大数据应用方面做进一步探索和研究,为未来人口普查和调查提供参考和借鉴。

三、大数据在人口普查中应用的意义和温州探索

第七次全国人口普查给整个经济社会运行带来了一场极为高难度的测试,也客观上为大数据提供了一次主动作为、大展身手的机遇。人口普查期间,温州各级政府部门把大数据等技术广泛应用于人口普查的各个方面,充分彰显了大数据在人口普查中不可替代的关键作用,实现了人口普查质效的全面提升。

(一)第七次全国人口普查大数据应用的重大意义

1. 大数据技术改变调查方式,破解入户难

随着城镇化进程的加速以及流动人口数量的增加,人口普查区域建筑物标绘更加复杂,入户登记难度加大,增加了调查的时间和经济成本。全面采用数字化数据采集方式,采用微信小程序采集,由普查员使用电子设备采集数据,通过互联网实时上传至国家数据库,做到一键直报、一网直达,减少了数据录入、人工审核等中间环节,实现传统数据采集方式向大数据应用的转变;同时,首次实现普查对象通过互联网进行自主填报,不仅减少入户过程对普查对象的打扰,还能有效保护个人隐私,也为今后的普查和大型调查积累了经验。因此,大数据技术实现数据采集方式变革,大大提高工作效率,减少数据差错,整个人口普查数据采集时间从以往普查的2—3个月缩短至1个月。

2. 大数据技术改变了人口比对方式,破解找人难

本次人口普查中增加了身份证号码的登记项,以身份证号码为关键字段,建立和完善全国人口普查精准的人口数据库,使我市信息化建设积累的资源在人口普查中得以有效利用,在普查前整理行政资料阶段,对全市公安、卫健、民政、社保、房管等部门的户籍人口、流动人口、出生、死亡人口、住户资料和居住情况等信息进行了有效的整合,打通数据之间的壁垒。在大数据技术的协助下,改变了人口普查数据与部门行政记录比对的方式,在比对复查阶段,通过身份证信息的精准比对,通过不到一个月时间完成了后期近百万人口比对工作,精准锁定了普查对象。同时,在普查登记后期,三大电信运营商数据,大大破解了空挂户和寄挂户找不到、问不准的问题,一个星期完成全市20万普查对象的排查工作。

3. 大数据实现对普查员的统一管理,破解管理难

就温州而言,本次普查全市共选聘近 5 万名普查员,通过大数据技术,5 万多普查人员实行线上集中统一管理,实现对单个普查员的手机定位、运动轨迹、报送频率、登记进度等工作质量的全程管控,加强了对普查人员的管理和考核,破解普查员管理难的问题。如检查审核普查员上报的数据合理性问题,晚上 10 点后上报的数据的比重、一户上报两次的比重、在同一定位上报数据的比重等审核条件,通过对普查员运动轨迹图的分析,还能发现可能存在"坐登""抄登"等负面现象的普查小区,为人普数据质量提供保障。

4. 大数据实现数据统一归集,破解进度管控难

本次人口普查采用了数据归集的统一操作平台,通过对采集数据进行实时监控,如通过查询平台定时汇总更新以及精准定位,破解对进度数据监控难的问题,如精准发现进度为 0 的小区以及其他登记进度低于序时进度的小区、已经开展登记工作但现住人口为 0 的非虚拟小区、出生人口、死亡人口为 0 的村(居)。

5. 三级等保确保数据安全,破解保密难

本次人口普查充分利用互联网云技术、云服务和云应用完成数据处理工作,按照国家网络安全三级等保标准对普查数据采集、传输、存储进行安全管理,一线普查人员手中不留存纸质登记资料、电子设备中不本地存储已登记数据,有效保障了公民个人信息的安全。

(二)第七次全国人口普查温州大数据应用探索

第七次全国人口普查中,温州市统计局根据人口普查试点中出现的问题以及基层反映较为强烈的问题,发动各县(市、区)积极探索,开展前期的调研,包括从结合疫情防控中的大数据应用成果,收集各方关于人口普查大数据应用做法和经验。二是选择部分计算机能力强的地方开展不同方面的大数据应用试点,对于成熟可推广的就在全市其他地方推广应用。三是探究过程性的数据比对方案,结合数字化改革的需求,建立部门数据交流平台,将部门数据进行充分的归集,将这些归集数据充分应用到人口普查过程性比对中,分散后期数据比对压力。同时,结合多部门数据对普查数据进行多维度的评估分析,提高最终数据的可信度和可靠度。四是充分利用已有的大数据 APP 系统,融入到人口普查登记过程中,提高人口普查登记数据质量等。在省局指导下自主开发的第七次全国人口普查大数据信息查询比对系统、行职业编码查询系统等产品,并对基层提出的很多问题给出了利用大数据解决问题的方案,这些都综合集成和应用了大数据、人工智能、云计算等多项技术,有效满足人口监测等多方面需求,提高了普查工作效率,都是大数

据助力人口普查的典型案例，实现了人口普查质效的全面提升，充分彰显了大数据在人口普查中提纲挈领的关键作用。

1.人口大数据信息查询比对软件系统

(1)系统解决的问题。第七次全国人口普查首次要求采集公民身份证号码，作为18位的身份证号码，很多公民连自己的身份证号码都记不住，更不要说记住家人的号码，因此，采集身份证号码给普查登记带来的很大难度。第七次全国人口普查大数据信息查询比对系统，主要针对入户登记过程中身份证信息登记易错、户主易忘等难题而开发的一个大数据应用系统；而后逐步发展成熟为便捷、高效、安全的部门行政资料使用方式的系统之一。2020年在浙江省第七次全国人口普查数据处理培训会上展示并推荐给各地市使用，通过技术手段有力保障了第七次全国人口普查的顺利开展，并得到了普遍推广。

(2)系统的特点和优势。该系统是基于大数据、云计算等技术，依托浙江省大数据平台，整合全省多部门人口数据的行政资料，结合移动互联网和钉钉平台，采用现代化的前后端分离架构模式，将人口行政资料信息展现在移动终端，最终实现安全、高效、可靠的部门行政资料查询比对功能。在疫情防控常态化的形势下，压缩了接触时间，减少了接触环节，“非接触式”普查在疫情期间让普查工作变得更加和谐，更能获得普查对象的认可，有效提升了普查过程健康安全系数。

一是数据指标丰富，方便查询比对。根据四类普查表(短表、长表、港澳台和外籍人员普查表、死亡人口调查表)指标，将大数据平台信息中包含姓名、身份证号码、初婚年月、受教育程度等等近20个关键字段，整合为统一的接口作为数据来源参考，为普查表登记提供了极大的便利。二是操作简单便捷，易推广应用。利用系统中的扫描健康码模块扫码，即可获取健康码用户的整户户籍信息；另外依据“健康码＋大数据”的基本信息来合成模拟身份证影像副本，普查员可以通过拍摄该身份证副本进行住户基本信息登记录入，不需要住户再提供身份证或户口本，既提高了普查员数据录入的效率，同时减少了数据输入错误，提高了数据录入的准确率。三是层层设置关卡，数据安全有保障。为防止出现数据泄露，该系统从多个层面严把数据安全关。首先是使用人员严格限制。只有经各级管理员审核录入的普查员才有权限使用该系统，且每个普查员每日使用上限限制(一天最多使用该系统查询100次)，对于异常的数据访问或普查员使用超过上限，系统将预警通知推送到管理员，做到实时监测，保障数据安全。其次是数据资料严格加密。该系统能且仅能通过健康码来获取住户部门行政资料，获取的这部分数据仅做展示且不保存在移动终端本地，降低了数据泄露的风险，且住户提供健康码也是一次授权过程，依托于健康码的定时刷新及加密方式，通过“住户授权－请求认证－健康码解析－数据返回”的形式，既保证了住户信息数据不被滥用，也保证了住户数据在网络请求过程中不会被破解，数据安全性进一步得到了提高。

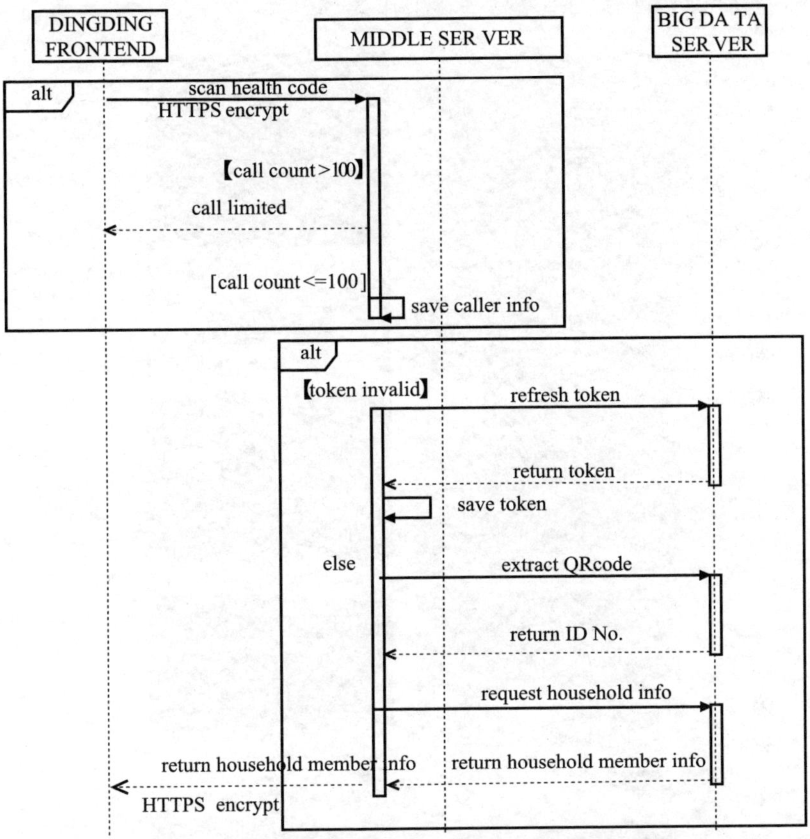

图 1 人口大数据信息查询比对软件系统时序图

2.行职业编码查询系统

(1)系统解决的问题。行职业是第七次全国人口普查长表需要填写的内容，包括行业单位名称，主要产品和业务；从事具体工作等，这既是传统项目也是最难项目，普查时需要对行职业进行精准的描述；普查后期还需要对行职业填写的内容按照行职业编码本上的描述进行一一对应，再赋予编码作为数据汇总使用。据普查员和编码员反映，行职业内容的填写以及后期编码是长表最困难、最容易出错，也是最费时间的内容，据试点期间的行职业编码审核统计，普查员填写的行职业名称差错率高达30%以上，造成后期行职业编码无法编写的尴尬境地。为提升后期编码的质量和效率，亟需对调查期间填写的行职业名称进行规范，温州市在长表登记阶段针对温州的名录库企业开发了行职业编码查询系统。该项目抛弃厚重的行业代码本及繁琐的人力检索，大大提高行职业内容书写的规范程序，还可以大大提高后期编码质量，提高普查工作效率。

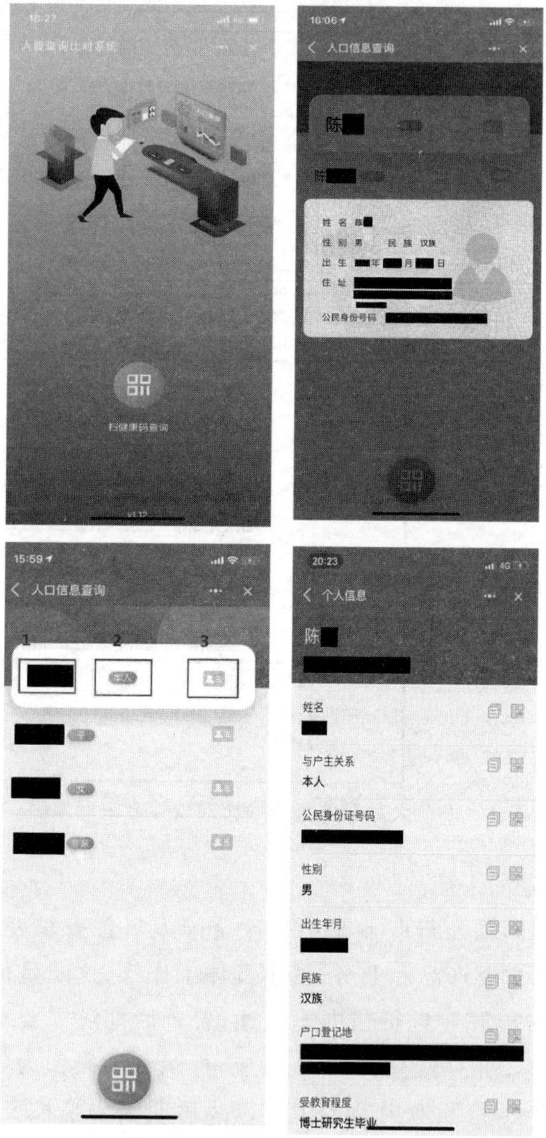

图 2　人口大数据信息查询比对软件系统钉钉小程序界面

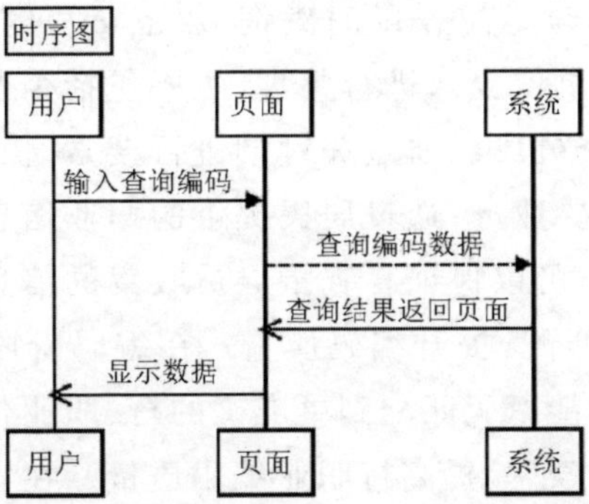

图 3　行职业编码查询系统的时序图

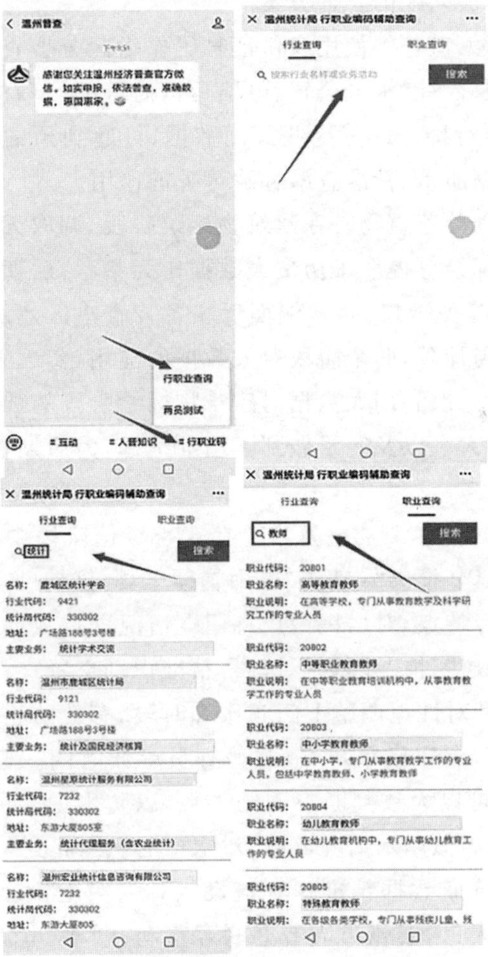

图 4　行职业编码查询系统界面

(2)系统的特点与优势。一是随时查询,规范填写内容。将温州所有名录库中在库的法人和产业等单位全部进行整理,主要包括企业名称、主要业务活动以及行业代码等信息,普查员可以通过关键词进行搜索,快速找到相关企业名称以及对应的主要产品和主要业务;通过居民提供的职业信息关键词,可以快速搜索到相关职业内容的填写,可以保证普查指导员收集的信息达到编码要求,避免后期重复询问。二是正确匹配,提升编码质量。在编码阶段,系统充分利用了行业智能编码系统,可以让智能赋码匹配到更准确的行、职业代码,方便编码员快速选择,大幅降低争议性和错误率,提高行职业编码质量。在实践中发现,有了行职业编码查询系统,普查员填写的行职业内容准确率大幅提升。

3.应用大数据解决问题的三大方案

由于第七次全国人口普查使用身份证号码作为区分普查对象的基础信息,这使得公安、民政、卫健、人社、水电公司、电信运营商等部门和机构掌握的公民身份信息可以与普查精准对接。用好这些部门数据,可起到预估普查工作量、掌握入户登记进度、校验数据质量、精准查漏补缺等关键作用。

(1)天地图精准划分建筑物。在建筑物标绘阶段,调取天地图、四经普建筑物标绘、六人普建筑物标绘等提取了历史大数据作为参考;后期,利用每万人建筑物数、平均建筑物面积等关键指标,从侧面反映各普查小区建筑物是否有漏标等问题,利用大数据汇总与计算,两个阶段对大数据的应用,实现划区绘图质量明显提升。这是普查史上第一次利用大数据对建筑物标绘阶段的数据质量进行控制,同时,对建筑物的数量、大小以及容量做到了精准把握,为后期普查小区划分和普查员分配提供了精准参考。

(2)用电用水数据精准识别空置户。在普查登记阶段中期,温州发动全市普查员通过安装国网 APP 推出“e 普查”电力辅助工具,该辅助工具利用电力大数据量大面广、准确实时等特点,对居民用户日用电情况进行数据分析,为普查员提供住户“绿、黄、红”三种居家情况颜色标识码,精准识别空置户、“候鸟”人群、正常户等多种情况,可以有针对性地调整上门频次和时段,有效防止空户错登。同时,也避免普查员 24 小时蹲点守候用户,节约普查员等候时间。普查员根据电力大数据反馈的用电情况,可以大致判断户内的人数,以防出现人员较大出入的漏登情况。部分地方还推出类似用水情况监测,对空户的识别起到了关键作用。

(3)三大电信运营商数据精准识别流动人口。第七次全国人口普查工作后期,为精准比对外来人口,温州市人普办联合移动、联通、电信三大运营商对人口普查登记数据开展比对,对人普登记最为困难的群体——人户分离对象的漏登起到补充作用。据统计，第七次全国人口普查后期，温州市普查登记数据与公安外来人口数据相差50多万，为完成这50多万外来人口的入户核对工作，温州市通过三大运营商数据对50万外来人口进行精准识别，剔除将近15万近一年未在温州活跃的对象，再对于剩余的35万开展地毯式排查，大大减轻基层工作量，提高工作的精准度。

四、人口普查中大数据应用所面临的不足和挑战

当前，我国大数据产业正处于起步阶段，政府机构和公共部门已经掌握巨大的数据资源，但存在“不愿”“不敢”和“不会”共享开放的问题，信息孤岛、技术不足、人才缺失等都成为产业发展中亟待解决的大问题。大数据应用是把“双刃剑”，正随着疫情防控常态化和数字化发展而越来越凸显、越来越复杂，诸如隐私保护、数据垄断、数据安全、算法监管等，这些问题，既迫在眉睫，又关乎长远大局。

（一）部门数据开放存在一定壁垒，统计指标未标准化

1.部门数据之间共享开放难

“巧妇难为无米之炊”，大数据应用的基础在于数据，数据的生命在于共享，拿不到底层的数据，数据分析也就无从谈起。如今，数据孤岛林立、融合困难，已经成为政府与企业面临首要难题。现在各个部门搞信息化建设，但大都是为信息化而信息化，对实际应用考虑不够多，只是完成一个项目而已，结果是数据库虽然建成了，可大部分工作人员并不了解自己所在单位到底有哪些数据、如何应用。从目前来看，限制数据有序安全流动的体制机制障碍仍然存在，数据壁垒问题突出，分级分类、权责清晰的数据管理制度体系还未建立；数据要素市场培育发展滞后，数据交易流通体系建设尚处探索初期，即存在人们经常说的“信息孤岛”和“数据烟囱”，导致数据共享开放难。

2.数据指标没有统一格式

因为来自各个部门、各个渠道的数据口径不规范、标准不统一、时间不同步、可信度不高等问题较为普遍，数据质量堪忧及数据资源统筹管理不足的情况导致数据散而不聚、聚而不通、通而难用。如公安户籍与电力公司数据中的户主不一致，户籍地址和供电户地址命名方式和详细程度也无法完全对应，卫健、民政、流动人口等的人口统计口径与人口普查也不能完全衔接等等，由于数据格式、数据要素等不一致，极大影响比对复查的效率和进度，大数据融合作为普查效率“倍增器”的功能还未完全显现。

3.数字鸿沟难弥合

由于政府部门之间、企业之间、政府和企业间信息不对称、法律制度不健全、缺乏公共平台和共享渠道等多重因素,不同行业和企业的数据管理应用能力差异明显,导致大量政府数据存在“不愿公开、不敢公开、不能公开、不会公开”的问题,而已开放的数据也因格式标准缺失无法进行关联融合,形成孤岛。

4.结构化数据缺乏非结构化数据的清洗

对于社会上通过爬虫等各种技术积累的人口数据,目前没有被合理地利用,还只是作为企业内部分析所用,如何将企业通过非调查所取得的数据对部门结构化数据进行补充和完善,缺乏相应的机制和方法。

5.大数据底层技术差距很大

我们在大数据应用上并不落后国外,但是在底层技术上远远不及国外。调研中发现即便解决了数据共享问题,数据可供随时取用,每天所产生的海量数据需要有一个强有力且安全的平台来对这些数据进行收集、分析。一方面,巨大的人口数据储存非常困难,其中59%的数据是无效数据,70%的数据过于复杂,85%的企业数据架构无法适应数据量和复杂性增长的需求,这些问题同样给人口数据统计分析带来了困难。另一方面,数据分析本身也是一个难题。大数据中,绝大部分属于非结构化的数据,无法用数字或统一的结构表示。这些大量存在于社交网络、互联网和电子商务等领域的大数据,在高维、多变和强随机性等方面表现出不确定性。要想从来源众多、数量巨大、形式各异的大数据获得一目了然的信息,就需要真正高效、可靠的数据管理和分析平台,从而为用户提出一个切实可行的方案。

(二)普查数据采集软件和数据录入方式不完善

1.普查划区绘图流程有待规范

划区绘图细则要求建筑物不重不漏,但建筑物地址由绘图人员现场手工输入,存在同一居民小区地址格式、详细程度不一致,建筑物分布密集区域地址杂乱等情况。在正式登记阶段,所有普查对象都按照基于建筑物划分的普查小区进行登记,建筑物地址的不规范,增加了比对复查阶段利用地址进行错漏人员复核登记的难度。

2.普查录入方式缺乏后台大数据支持

第七次全国人口普查入户登记增加了身份证号码字段,但采集程序未接入公安户籍识别系统,只能识别身份证号码是否符合编码规则,无法判断身份证号码是否正确、是否与姓名匹配,导致姓名错别字、身份证错误等时有出现。对于“人户分离”人员的居住地地址选项,采集程序中只提供了手动输入地址这种录入方式,但受限于受访者地理知识、普通话水平和配合程度等因素,地址错误率偏高。如:浙江误写为“渐江”“逝江”“淅江”等,甚至还有“福建省温州市”“杭州市龙湾区”等似是而非难以判定的错误。在比对复查阶段,平台反馈需温州市核查的100多万条数据中,有近50%存在地址错误或地址不详等问题,需要组织人员逐一甄别筛选,极大影响了比对复查效率。

3.行职业信息描述缺乏大数据推荐

长表登记的行职业描述项,主要依靠普查员根据普查对象的描述进行概括,在行职业编码阶段发现,限于描述信息精准度和普查员对行业知识掌握程度,约60%的行职业存在描述过于笼统宽泛、描述与工作单位不匹配或错别字等问题,缺乏大数据推荐功能;平台行职业编码系统内置了智能赋码功能,若行职业描述不规范,则难以推荐正确编码,无法编码的数据需要反馈到普查员进行复核,既对普查对象产生二次打扰,也影响了编码的效率和精确度。

(三)大数据应用人才供需矛盾突出

大数据开发应用主要是以信息化技术为基础,涵盖数学、统计学、社会学、计算机科学等诸多领域,需要数据存储、数据清洗、数据分析挖掘、数据可视化呈现等细分多专业人才。

1.统计和计算机复合型人才缺乏

人口普查是由统计部门主导的政府行为,由于人员编制、知识结构、岗位流动等综合因素,各级普查机构大数据开发应用人才储备单薄,尤其是既懂得统计普查业务,又精通计算机技能以及拥有大数据思维的复合型专业人才异常匮乏。部分地区计算机人员的缺失导致普查工作无法高效开展,尤其是在后期的比对复查阶段工作被动。

2.政府与企业之间合作缺乏

人口普查涉及部门数据多、数据量巨大、时间要求紧,这对外部优势人才资源与各级普查机构深度合作提出了全新挑战。当前,政府机构与大数据开发行业企业、科研院所等机构的市场化合作开发还没有成熟可行的模式,在开发模式、数据权限、响应速度、经费保障、成果发布等方面还处于探索期。

(四)海量数据资源带来的安全隐患不容忽视

1.数据存在泄漏风险

大数据是以云技术为基础,通过大数据技术将政府各部门共享的分散数据大规模集中分析处理,形成大量有价值的数据资源,并保存在大数据存储平台,云端一旦出现严重的安全漏洞,就会造成极为严重的影响。从第七次全国人口普查实践反馈来看,由于尚未建立起适用于大数据环境下的数据分类等级安全保护制度,政府各部门对数据开放共享的最大担忧是其提供的数据资源,特别是涉及个人隐私的信息被无序共享乃至失管失控,存在个人隐私泄露、数据泄露以及数据滥采滥用、不当使用和违规违法交易数据等风险。

2.数据存在被攻击风险

随着计算机技术的高速发展,黑客攻击软件也在不断升级,甚至大数据技术也被黑客应用于网络攻击方面,木马、网络病毒、系统漏洞、自然灾害、人为操作失误、软硬件设备故障等因素,也时刻威胁着数据资源的安全。所有这些都指向一个根本问题,即大数据相关制度法规建设明显滞后于大数据技术、产业和创新应用的发展,同时也说明大数据已进入一个新的发展阶段,一个需要技术、产业和制度、标准协同推进的新阶段。

五、大数据在人口普查中应用的建议

不论是新冠肺炎疫情还是数字化改革,都大大推进了大数据在各方面的应用,统计系统要高度重视加强大数据研究、开发与应用,推进大数据与统计各项专业深度融合,加强统计大数据处理能力建设和平台开发。人口普查每十年一次,但是每年也需要人口的相关数据,要通过每年一次的结构调查、专题调查和综合调查,再结合人口登记信息,然后外推数据来获得整个人口的统计数据,实现对人口总量、结构和分布的全面掌握。

要实现大数据在人口普查中的应用,为未来大型普查尤其是人口普查中如何应用大数据提供经验参考,首先要坚持四个方面的原则,实现思想上的转变,才能充分发挥大数据在人口普查中的最大效用。一是坚持“问题导向”原则。人口大数据解决人口普查哪些问题,我们就应用哪些大数据。具体包括人口普查中需要调查的信息,如姓名、身份证号码、学历、婚姻情况、生育情况、家庭地址、户籍情况等;同时,还要根据对于“找不到”人的情况下,需要借助的相关信息,如电力数据、消费数据等。其他人员信息数据则不需要获取,提高大数据应用的有效性。二是坚持“拿来主义”原则。对于部门已经有的数据,我们可以直接获取,如果多个部门拥有同一个数据,采用其中一个部门的数据,对于这些数据,要采用“拿来主义”,直接建立人口数据信息库,提高大数据应用的效率。三是坚持“全域全程”原则。要在前期数据归集整合方面、划区绘图、现场信息采集以及数据分析评估等方面都要坚持大数据应用的原则。四是坚持“共建共享”原则。认真做好人口普查后半篇文章,抓紧利用人口 UC 信息更新行政部门数据信息,如公安户籍信息中的学历、婚姻状况等，对“落伍”的信息要及时更新，实现大数据的共建共享。

针对上述思路和原则，建议在以下六个方面探索突破，努力探寻一条人口普查中大数据应用的有效途径。

(一)统一标准，打造部门行政数据内部标准化的共享平台

数据融合才能产生价值，一定程度的集中是趋势所在，也更利于建立更强大可靠的保护机制。

1.自上而下系统谋划，统筹推进

国家层面要支持大数据共性关键技术研究，加强海量数据存储、数据清洗、数据分析发掘、数据可视化等领域关键技术攻关，并支持自然语言理解、机器学习、深度学习等人工智能技术创新。建议从国家层面统筹规划，以提高政府数字化改革为契机，自上而下建立健全公共数据资源体系，深化人口、空间、地理、法人等基础信息共享利用，推进数据跨部门、跨层级、跨区划汇聚融合，建立分级分类的数据管理体系和数据标准体系，健全政务数据共享协调机制，加快打造国家数据统一共享开放平台，推动数据汇聚融合与开放共享，着力打破“信息孤岛”。同时，完善适用于大数据环境下的数据分类分级保护制度，构建标准统一、高效服务、运行畅通、安全可控的集约型数字化信息应用大平台。

2.自下而上统一标准，信息共享

大数据时代背景下，树立部门数据“公有”理念，建议由各地数字化改革领导小组牵头，自下而上整合各部门数据，探索建立实时更新的统一标准数据库，让数据像新鲜血液一样在部门内部自由流动起来，实现部门数据 1＋1＞2 的功效，自下而上推动数字化改革。建立数据授权使用机制，利用网闸打通政务外网和统计专网的安全通道，完成数据共享服务接口建设，实现政务数据共享。

3.构建物理分散、逻辑统一的管理格局

打破信息孤岛、盘活数据存量是当前一项紧迫的任务，而在此过程中，不宜过分强调物理集中，而应将逻辑互联作为打通信息“孤岛”的手段，逻辑互联先行，物理集中跟进。在数据共享体系建设中，需要在一定层级上构建物理分散、逻辑统一、管控可信、标准一致的政务信息资源共享交换体系，在不改变现有信息系统与数据资源的所有权及管理格局的前提下，明晰责权利，即：数据应用部门提需求、数据拥有部门做响应、交换平台管理部门保流转，建立集约化的政府和企业政务云。

(二)开放包容，引入社会非标准化数据开展评估分析

1.引入多元非标准化数据

只有当获取的信息足够多时，才能越接近事实的真相，为了更加准确地了解

人口流动及变动信息，我们应更加多元地引入不同的数据。在非人口普查年份，通过往年人口普查及历年5‰人口变动抽样调查中，预测人口的变化趋势；普查期间，通过各行政单位提供的部门资料，来确定普查对象基本信息；通过三大电信运营商提供的手机信号活跃度来判断住户是否在户口地或以此来找到未登记人口；通过住户的电力、用水、燃气等数据，来判断所调查的住户是否有人居住；通过各类商业公司的数据了解人口活跃区域和人口变动情况，如以滴滴出行数据来了解人口的活跃区域，淘宝购物记录是否有新生儿用品来判断是否有新生儿出生……，当引入了这么多元的数据之后，将会大大提高普查数据的准确度和普查效率。

2. 对非标准化数据进行数据挖掘分析

引入多元非标准化数据后，如何在庞大、复杂、不标准的数据格式之间，互相关联、去除冗余、排除错误无效信息，就需要用到数据挖掘技术。由于各类数据在数据格式上不统一，对于简单的数据结构可以整合为统一的数据库，而对于非标准的数据，可通过 NoSQL 数据库存储，并利用数据挖掘技术，来分析人口和社会现象之间的关联。如：妇女文化程度与生育子女数之间是否有相关性；家庭结构和购房倾向之间的关系等等。同时，利用数据挖掘技术，也可以用于预测人口未来趋势变化，如预测哪类受教育程度的人群更愿意生三胎；老龄化预测分析等。

3. 破解人口“停留”信息难点，探索普查区域人口监测

例如开发区等作为外来人口集聚区域，其“停留”时间有长有短，建议通过移动电话用户在各普查区域的停留时间段、停留时长、停留天数为主要依据，建立人口夜间停留数据处理模型，识别移动电话用户的具体居住地，结合网格员日常维护监测信息，判断人口归属的普查区域，按照人口普查对常住人口的定义，开展各普查区域的人口监测。基于移动终端位置数据，以地理信息系统热力图的形式对普查区域常住人口、实时人口进行可视化展示，直观显示各普查区域的人口集聚程度。

4. 破解人口普查比对复查难点，探索移动大数据精准找人

移动大数据活跃用户多，信息更新快，时效性强，结合人口普查小程序和数据处理平台，使用姓名、身份证号码、手机号码等关键指标数据，通过对遗漏登记人口定向发送普查短信的形式，有效提升比对复查“找人”效率。一旦发现漏登人口，通过其身份证号码对比移动大数据信息，获取对应人员的手机号码和活动轨迹所属普查区域，实现短信定点推送，同时推送给所属普查区的“两员”及普查对象，实现精准找人。

（三）优化设计，做好普查区划分和建筑物标绘工作流程和方式

1. 建立区域标准地址数据库

在大数据广泛应用的前提下，应当建立区域标准地址数据库，整合如民政门牌地址、公安“一标三实”数据、资源规划地址、不动产空间图斑、消防及物联网设备定位数据等各级各类地址信息资源，实现跨部门、跨平台、跨区域的地址数据汇聚分发，形成地址信息标准、机制、服务、接口的统一。在此基础上，结合高分辨率遥感卫星影像、部分已有的空间地理信息资源（GIS 数据），精准匹配建筑物图廓和地址坐标数据，实现“人、房、址”等要素的融合。

2. 建立动态更新的行职业编码数据库

各地可根据本地区产业分布特点，编制涵盖本地区主要行业及具体职业分工的行职业描述数据标准字典库，在长表登记阶段，数据采集平台增加分地区行职业描述库上传功能，由各地自行上传行职业描述数据信息，并推送到采集端，普查员在填写行职业描述时，以关键字搜索的方式在该数据库中查找相应的行职业描述，大幅降低行职业描述不规范等问题。

3. 实行计算机自动绘图

在普查绘图方式上，应改变以往以绘图人员实地手工标绘建筑物的模式，实行以“地址地图大数据＋AI 智能识别标绘”为主，人工实地核实纠错为辅的方式，绝大多数普查建筑物由人工智能通过地址地图大数据预处理、数据处理、空间分析、机器算法自学习等，实现建筑物智能渲染建模，达到降低人工绘图劳动强度，减少外源性差错，提高绘图规范性、准确性的目的。

4. 构建 3D 立体建筑物模型

在绘图内容上，由单图层改变为多图层叠加，在基础地理信息图上叠加建筑物模型层、信息数据层等，把 2D 平面图转换为 3D 立体建筑物模型，最终以类实景图的方式在普查员终端上展现，最大程度上解决建筑密集区域容易交叉错登漏填等问题。在建筑物附加信息上，应探索划区绘图与清查摸底合二为一同步进行的工作方式，在绘图阶段，根据部门共享人口基础数据结合人员活动热力图，科学估算人口空间分布情况，根据标准地址系统将户籍人口数据直接推送到建筑物，并按照人口密度对建筑物进行色阶梯度渲染，以直观反映普查工作量的空间分布情况，为科学划分普查小区提供重要参考。

（四）统一设计，开发融合一体的人口普查数据采集平台

1. 建立统一的统计系统人口数据采集平台

每次普查都从头开始，每次调查的系统都不一样，造成系统无法不断完善，建

议学习“一套表”平台，开发人口普查（调查）平台，通过不断的更新和完善，提升人口普查数据平台的功能。依照实际普查流程，构建完整的全普查生命周期平台：从正式入户调查前的划区绘图、清查摸底，到普查时数据采集录入，到普查后期行职业编码，最后到普查结束后的资料开发和数据分析。通过一个平台，完整地覆盖普查全流程，在数据得到有效归集的同时，也减少了不同普查时期数据的整合，若能做好扩展性，该平台也能同时用作5‰和1%人口变动抽样调查，减少普查人员的学习成本。同时，对一个完整平台的不断完善和扩展，也能提高系统的稳定性，在实际普查高并发的情况下也能做到从容应对。

2.不断优化数据采集录入软件

打通公安户籍系统接口，将身份证与姓名匹配查询功能内嵌在普查采集端程序中，普查员录入信息后自动进行匹配，实时反馈普查对象提供的身份信息的真实性，既可以保证普查数据的准确性，又可起到树立人口普查官方权威性的作用。对于“人户分离”居住地地址信息填写，建议由目前的自由文字录入改为“选项＋文字”自动填写镇、村信息，即普查员先选择对应的省市县3级选项，再填写县域范围内的详细地址，避免省市县信息错填导致比对复查任务分配错位的问题。

（五）注重运用，建立普查数据数字化开发共享模式

统计服务的方向就应当更加贴近民众需求，人口普查就是一个很好的应用契机，将数据对民众更透明公开，这是提高统计公信力的必经之路，也是统计监督的新手段，数据安全固然重要，但不是停步不前的借口，数据安全的保护可以使用技术手段逐步规范，最终达到一个多方均可以接受的平衡点。

1.数字化共享

人口普查取得了人口总量、素质、结构、分布等海量基础数据，为围绕大数据的开发使用创造了积极条件。整理好现有普查数据电子归档，建立了基于地理信息系统的完整住房与人员名录库，将为下一轮人口普查工作方式的改变奠定更好的数据基础。同时，按照国际惯例，开放云上数据库供科研机构学者、社会广大群众进行按需、实时查询，为长期深入开发研究提供数据支撑。

2.自动化修正

通过利用现有基础数据，生产一些权威性的基础数据和汇总指标，帮助校准大数据统计结果，促进新数据的使用和开发。尝试提供权威性的基础数据用于大数据校准，更要将成熟的人口学理论和思维融入到新数据的开发使用中。

3.智能化挖掘

人口普查数据是个人口资源宝库，应当深入挖掘人口数字背后的巨大价值，

适当开放一定的数据用于学术研究和商业应用，进一步优化人口普查数据共享方式，方便社会各界获取人普成果大数据，以数据为生产力，为经济社会发展提供决策依据是更高的目标。

4. 专业人才培养和引进

近年来，我国大数据产业发展进入爆发期，直接导致人才短缺的问题日益突出，要建立适应大数据发展需求的人才培养和评价机制。统计部门要引进计算机专业人才，通过业务学习，为大型普查做好人才库的储备。

(六)保证安全，建立数据安全等级保护机制

1. 在数据库建立阶段，要签订保密协议

在大数据时代下，要高度重视对数据库的安全防护，建立起数据库防护机制，健全与网络数据安全防控相关法律法规。在数据交换过程中，根据各部门所提供数据所涉及的隐私程度，对数据进行严格筛查，划分出数据共享等级，做好数据平台及服务商可靠性及安全性评估，确保内、外网数据交互安全，并签订保密协议。

2. 在数据开发阶段，要明确使用边界

在数据应用过程中，明确大数据采集、开发、应用、共享等各环节网络安全保障的范围边界、责任主体和具体要求，设置不同使用者所能查阅的权限。在数据公开过程中，认真审查数据内容，既要避免泄密又要避免信息数据滞后，加强数据安全和保密管理。在数据维护过程中，要牢固树立安全意识，开展安全监测和预警通报工作，健全信息安全等级保护、风险评估等网络安全制度，有效保障数据安全、信息安全。

3. 在对外宣传上，要做好宣传解释

我国目前非常重视数据安全，2021 年陆续出台了《中华人民共和国数据安全法》《中华人民共和国个人信息保护法》。当前各类法律条文都对个人隐私数据进行保护，全国人口普查条例第一章第四条、民法典第六章第 1038 条、网络安全法第 42 条、中华人民共和国个人信息保护法(草案)第 25 条等都对个人信息保护提出了明确的要求。相信这些法律法规将在促进数据的合规使用、保障个人隐私和数据安全等方面发挥不可或缺的重要作用。但是后续还要从体系化、确保一致性、避免碎片化考虑，建议还需要制定专门的数据安全法、个人信息保护法。同时，据基层反映这些法律法规也将在客观上不可避免地增加数据流通的成本、降低数据综合利用的效率。如何兼顾发展和安全，平衡效率和风险，在保障安全的前提下，不因噎废食，不对大数据价值的挖掘利用造成过分的负面影响，是当前全世界在数据治理中面临的共同课题。

深入推进统计数字化赋能　全面提升统计服务水平

杨德强　潘国伟[①]

为解决政府统计机构面临的数据服务需求增加和数据采集能力薄弱的矛盾难题，更好地为经济社会发展提供统计服务，潍坊市统计局紧跟数字化发展步伐，通过数字化转型战略主动应对经济社会发展新需求、新挑战。借助“山东通”的“辅助领导决策系统”，将统计服务作为重点模块纳入其中，实现了统计数据资料安全保存、统计数据图表直观展示、统计数据智能查询、统计数据多维度表格自动生成等诸多功能。我们将继续拓展服务范围，延伸功能开发，筹划建立统计月报自动生成平台，实现统计数据采集智慧化、统计月报生成自动化，全面推动统计工作数字赋能创新发展。

一、推进统计数字化进程，是提高统计服务水平的必然选择

习近平总书记在党的二十大报告中指出，高质量发展是全面建设社会主义现代化国家的首要任务。统计工作作为党中央治国理政的重要综合性基础性工作，必须全面贯彻新发展理念，加快构建新发展格局，全面推进统计工作数字化赋能，在服务高质量发展中更好发挥自身职能作用，为全面建设社会主义现代化国家贡献统计力量。

（一）统计现代化改革需要数字化

《“十四五”时期统计现代化改革规划》指出要完善统计体制机制，改革统计制度方法，变革统计生产方式。数据是政府统计机构最重要的生产要素，在数据要素市场化竞争不断深化的新形势下，必须进行模式创新实现数据资源的有效掌控，通过数字化转型提升数据要素流通效率，实现统计生产全流程“上云、用数、赋智”，是改革统计生产方式、实现统计现代化重要途径。

---

① 作者简介：杨德强，山东省潍坊市统计局党组书记、局长。
潘国伟，山东省潍坊市统计局干部。

(二)统计生产能力提升需要数字化

统计生产能力的提升有赖于数据资源的采集能力,数字技术发展带来的数据采集权扁平化,削弱了统计机构对传统数据资源的垄断优势,不利于传统统计模式能力提升,采用数字化转型提升采集能力;另一方面,也导致了数据综合采集成本的下降,有利于整合更多数据资源,满足更高频度、细颗粒、广覆盖服务需求,提升统计服务能力。

(三)统计服务能力提升需要数字化

统计工作的出发点是数据获取,落脚点是统计数据服务,重点是数据使用能力的提升。通过数字化转型消解数据采集、查找、使用方面的困难和障碍,实现数据使用的融通共享;日常统计工作积累的大量经验、知识、流程等统计知识数据,需要数字化能力建设,实现统计知识数据要素的不断积累;通过构建数字化建模能力,形成自动化、智能化的处理流程,不断提升数据处理效率,不断提升统计服务能力建设。

二、全面建设统计数字化平台,统计服务数字化创新发展取得新成就

在与政府相关行业主管部门、市大数据局多次沟通、对接、论证的基础上,推动统计数字化平台建设。平台基于潍坊市主要经济社会指标统计数据和经济高质量发展指标体系,对全市经济动态进行监测分析,为政府各级主管部门的业务决策提供真实准确、及时完整的统计数据支撑。平台基本实现政府部门横纵贯通、跨部门跨层级跨系统跨地域业务高效协同、数据资源流转通畅、决策支撑科学智慧、社会治理精准有效,实现了对全市经济运行分析监测类现有系统的有益补充。通过平台建设弥补现有的以年度、季度、月度统计数据进行经济运行监测带来的数据样本量、数据时效性、微观层面钻取等方面存在诸多问题,从宏观、中观、微观各个层面经济运行状况,帮助市领导准确把握地区经济运行大势。

(一)总体框架设计

统计数字化平台采用分层设计理念,分为数据层、模型层、技术层、功能层和应用层,将庞杂的系统分层次清晰地构建起来,能够确保系统管理人员和维护人员易于操作、管理和维护。结合用户分析、需求分析,结合政府的职能定位,整体规划平台的整体架构。

1. 基础设施层。基础设施层遵循利旧的原则,采用已有的网络、计算、存储、安全等基础设施,进行系统的部署。

2. 数据层。数据层主要是经济数据中心的构建,对统计数据开展数据归集、

数据清洗、数据编码、数据质量校核、数据安全管控等方面的经济数据治理工作，构建形成全市经济运行数据库。

3. 技术层。技术层主要是数据治理和应用开发涉及到的主要技术，包括 Hadoop 技术、爬虫技术、KG 网络、自然语言处理、知识图谱、图数据等技术。

4. 支撑层。支撑层主要是构建各类应用和服务的指标体系和分析模型，包括经济高质量发展指标体系、宏观经济运行分析模型体系、微观企业信用评价模型体系。

5. 应用层。应用层主要是面向政府领导、各相关部门提供的业务应用，构建统计数字化平台，包括经济监测、统计查询和城市经济对标等模块。

6. 用户层。用户层主要是系统平台面向的用户，包括市级政府领导、主管经济政府部门领导、政府各相关业务部门。

7. 标准规范和安全管理体系。本项目采用已有的标准规范和安全管理体系进行建设。

（二）平台数据归集

归集各项统计数据，分析不受制于现有统计制度，细化到特定的行业与区域。归集政府各部门权威数据，同时辅助外部互联网以及第三方高频数据，注重归集对标城市数据，精准剖析标兵（南通、嘉兴、泉州、苏州、宁波，省内：济南、青岛、烟台等）的问题，从更大的区域格局视角去审视与掌舵全市经济。归集政府内外部数据，内部数据通过交换共享各委办局的数据获得，主要包括统计局、财政局、税务局、人社局、商务局等相关部门的数据。外部数据主要通过大数据技术，采集全市和对标城市的经济发展数据。

（三）平台功能应用

传统统计服务主要依托在线咨询、电话查询、邮件传输等方式进行，手段陈旧、效率低下。平台建成后，统计服务架构逐步完善，统计服务功能不断优化，统计服务水平持续提升。经济监测、统计查询和城市经济对标三个统计服务项目已基本满足政府各级部门工作需求，极大提高政府工作效率。

1. 经济监测“一目了然”

经济监测栏目划分为总览、GDP、工业、投资、贸易、财税、金融、居民收支 8 个版块，主要展示各项经济指标的总量、总量位次、当前增速、目标增速等数据，并用图表直观展示近一年来全市及各县市区主要经济指标运行走势情况，便于从宏观上了解掌握全市经济运行态势。

指标名称	全市总量	全市增速	全省增速	全省位次
地区生产总值 单位：亿元	3660.3	4.7%	6.2%	4
规模以上工业增加值 单位：-	-	3.7%	6.9%	15
工业用电量 单位：亿千瓦时	267.8	6%	3.1	6

图 1　全市主要经济指标运行情况

(1)经济指标选取有特色。选取地区生产总值、规模以上工业增加值、工业用电量、社会消费品零售总额、固定资产投资、一般公共预算收入、进出口总额、实际使用外资、本外币各项存款余额、本外币各项贷款余额、居民人均可支配收入、城镇居民人均可支配收入、农村居民人均可支配收入等13项主要经济指标作为维护更新指标,能全面反映全市经济运行态势,客观展现经济社会发展现状。

(2)图表反映态势更直观。将繁杂的统计数据转换成更加直观的柱状图、折线图,清晰展示经济指标体量、占比和增长趋势,指标发展波动走势简单明了,与全省、全国平均增速对比态势一目了然。

(3)指标监测要素更精细。每项经济指标区分总量、总量位次、增速、增速位次进行统计监测,部分经济指标增加目标增速、全省增速和全国增速,既能监测当前各项经济指标运行情况,又能真实反映全市经济发展增速与全省平均增速之间的优劣态势,为辅助领导决策提供更加精准的统计服务。

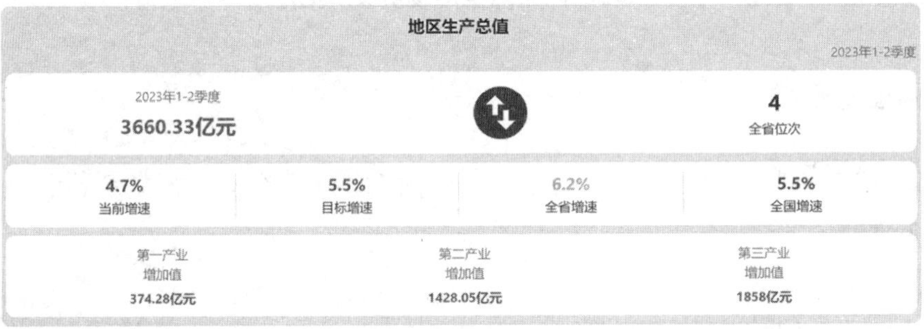

图2　地区生产总值总量、增速及第一、二、三产业增加值

2. 统计查询"随心所欲"

在统计数据云端数据库的支撑下,实现对13项主要经济指标进行"年度数据""进度数据"和"数据对比"快速查询。"年度数据"主要提供年度历史数据和分县市区数据查询功能,包含总量和增速两个要素;"进度数据"主要提供近一年来各个月度的历史数据和分县市区数据查询功能;"数据对比"主要提供任意一项指标(13项主要经济指标选其一)在任意时间段(已录入数据库的统计数据时间段)任意城市(16个地级市)之间的数据对比,真正实现指标查询随心所欲。

(1)查询内容多维度。可查询同一个经济指标不同时间段内数据,也可查询多个指标在同一时间节点的数据,亦可查询某一时间段内不同地市的多个指标数据,查询内容灵活多样。

(2)查询路径多渠道。为提供快捷的数据查询体验,根据统计数据使用需求,将数据查询进行了精细化分类,区分年度数据、进度数据和数据对比三个模块,大大提高了数据查询效率。

(3)数据对比更随心。数字化给统计服务工作插上了翅膀，在统计数字化平台加持下，统计数据调取和对比更加准确、高效、快捷，可任意抽取数据库中存储的指标，在多个地市间进行对比，统计数据对比真正实现随心所欲。

3. 城市经济对标“为所欲为”

作为系统平台最全面的统计服务查询功能，“城市经济对标”可实现对某一时间段内不同地区的数个不同指标进行数据对比，主要对比指标总量、总量位次、增速和增速位次，实现数据多元化、多维度的表格生产流程和图表展示，统计造表效率得到有效提升，统计服务水平迈上新的台阶。

(1)统计造表自由设计。生成统计数据表格时，根据工作需要自由取舍数据库中的经济指标，表格主栏宾栏可在指标名称和地区名称间自由选择，以满足统计服务需求。

(2)指标要素任意增减。根据工作需要任意选择指标总量、位次、增速、时间段等要素，部分经济指标的二级指标也可实现自由取舍。例如对标进出口总额指标时，可对进口额、出口额两项二级指标进行取舍。

(3)对标城市持续增多。当前对标城市范围为省内16个地级市，随着统计数据资料的持续完善，纳入数据库的地级城市不断增多，对标城市范围也将不断扩大。

三、延伸统计数字化平台的开发，推动统计数字化建设向纵深发展

为进一步提升统计服务数字化水平，改善数据采集方式，拓宽统计服务渠道，潍坊正筹划建设月报自动生成平台。截至目前，已完成平台架构建设，正在进行内部测试。

(一)平台搭建意义

统计月报自动生成平台的建设将数据采集、分析、共享等功能集于一体，实现经济运行监测全环节智慧化，为分析研究经济运行走势，提高统计工作效率质量奠定基础。统计月报自动生成平台已经过初步调研，并已启动统计月报自动生成平台的原型开发工作，实现了从指标自定义、数据填报、审核、一键发布等功能的全流程监管，平台建成后将很大程度上解决月报电子化、数据管理难、使用难的问题。

(二)平台搭建设想

统计月报自动生成平台主要用于解决统计月报数据采集、审核、生成等环节的数字化问题，平台建成后将实现统计月报自动生成功能，摆脱原始的统计数据

手动录入、人工核对、专人排版等繁琐程序，减少统计数据差错率，提高统计月报质量。

1. 强化统计指标管理。以国家统计调查制度为基础，制定指标体系以及指标目录，制定统计系统、各部委办局的数据采集标准，实现统计指标的信息化管理。

2. 提升数据采集质量。将电子文件式填报改为通过系统在线填报，将文件流转为信息流，实现填报定期提醒，数据自动校验，全程追踪监控，及时发现问题提升管理效率。

3. 实现月报自动生成。定制月报模板，当月月报自动关联部门填报数据实现自动生成，审核无误后支持打印、导出，一键发布月报。

4. 提升统计服务水平。统计月报数据通过“山东通”应用平台为各级领导和部门提供查询、分析服务；月报数据同步共享至市政务信息资源共享交换平台，实现部门间数据共享。

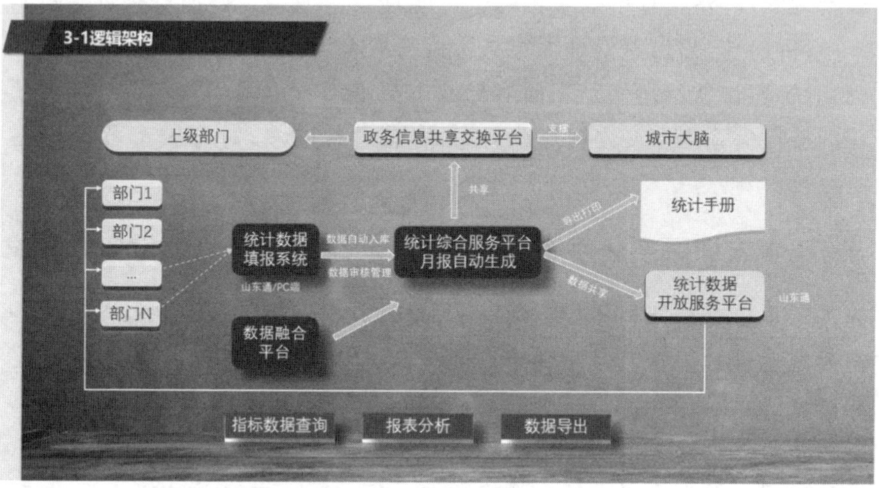

图 3 统计综合服务平台逻辑架构

（三）平台应用场景

统计月报自动生成平台集统计月报自动生成和月报数据查询两项功能共享于一体，月报自动生成功能是前提，提供月报数据查询服务是目的，最终替代传统的纸质版月报手册，实现统计数据资料数字化、无纸化。

1. 自定义指标库自动生成填报任务。统计月报自动生成平台通过建立指标库，设定各局填报指标内容，通过平台设定的填报规则，自动生成填报任务，各局通过填报任务直接进行数据填报，数据填报过程中根据数据填报规则自动进行数据校验。

2. 自动推送审核任务并进行数据流转。平台基于山东通端建设，充分利用山东通端用户体系架构，流转流程、消息推送等关键技术，在数据填报后自动推送给各审核人，各局审核后数据推送到统计局。

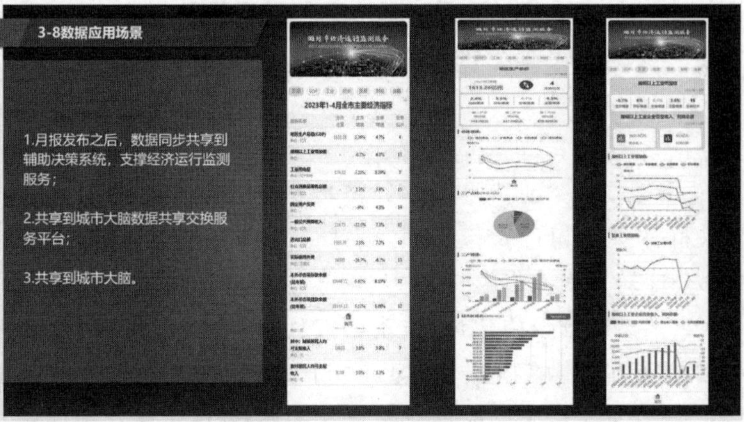

图 4 数据应用场景

3. 统计局审核后一键发布导出月报。统计数据的准确性是平台运营的关键指标之一，平台提供了多级审核机制，从填报部门的内部审核到统计局多级审核机制，统计局审核后一键发布月报，供各局及各科室查询使用。并支持按照月报模板进行数据导出。

4. 月报发布实现全市数据共享。统计月报发布后，平台通过山东通端给领导定制推送相应报表，报表可通过山东通手机端接收查看。并将数据同步到市大数据局数据共享平台，供其他部门使用。

5. 基于统计数据打造更多应用专题。当前基于城市大脑平台已建成经济运行监测专题，下一步将继续对统计数据挖掘分析，借助城市大脑算力，打造工信、招商等一系列专题应用。

统计数字化平台弥补了以往统计服务手段单一、效率低下等现实问题，实现了统计数据采集数字化、查询对比便捷化、数据表格生成自动化，为政府各级部门及时、完整、准确地使用统计数据提供了智能服务渠道，为领导把握地区经济运行大势、科学制定经济发展决策提供了更加坚实的统计支撑。

消费新业态统计监测指标设计

刘　俊　李文华　吴倩铃①

习近平总书记指出“消费是我国经济增长的重要引擎”。我国有14亿多人口，中等收入群体规模超过4亿人，是全球最具潜力的大市场。2023年7月31日，国务院办公厅转发国家发展改革委《关于恢复和扩大消费措施》的通知，其中提出：推进数字消费基础设施建设，丰富第五代移动通信(5G)网络和千兆光网应用场景。加快传统消费数字化转型，促进电子商务、直播经济、在线文娱等数字消费规范发展。支持线上线下商品消费融合发展，提升网上购物节质量水平。发展即时零售、智慧商店等新零售业态。鼓励数字技术企业搭建面向生活服务的数字化平台，推进数字生活智能化，打造数字消费业态、智能化沉浸式服务体验。加强移动支付等安全监管。升级信息消费，促进信息消费体验中心建设改造，提升信息消费示范城市建设水平，高质量举办信息消费系列特色活动，推动新一代信息技术与更多消费领域融合应用。推动平台经济规范健康持续发展，持续推动创新突破，开辟更多新领域新赛道，进一步完善相关领域服务标准。因此，对消费新业态发展的研究与评价需要从规模扩大、结构优化等方面向更全面、更深入的领域拓展。本文从发展实力、发展活力、发展潜力3个方面对消费新业态发展的状况进行全面评价。

目前，学术界及官方机构对于“消费新业态”的概念尚未提出明确的定义，与消费新业态相近概念，如数字消费、新型消费，近两年来有多位学者从不同角度，进行了概念的界定。杨巨和彭浩(2022)认为，数字消费主要指与信息通信产业直接关联的手机、通信等现代数字产品的消费；朱岩(2022)提出：数字消费是市场针对商品的数字内涵而发生的所有消费。关于新消费的研究，2015年国务院印发了

① 作者简介：刘　俊，国家统计局鄂州调查队副队长。
李文华，国家统计局鄂州调查队干部。
吴倩铃，国家统计局华容调查队干部。

《关于积极发挥新消费引领作用加快培育形成新供给新动力的指导意见》，首次提出了“新消费”的概念。该意见中指出，新消费是加快推动产业转型升级，实现经济提质增效的重要途径。新消费涉及服务消费、信息消费、绿色消费、时尚消费、品质消费和农村消费等六个方面。孙琳琳(2023)在细致考察新消费市场和产品后提出了更明确的界定，认为新消费是由新信息技术、新商业模式和新消费关系共同驱动的新消费行为，主要包含泛娱乐消费、新型消费业态和新型消费品三大领域。石磊、陈实(2022)则强调数字媒介在新消费形成和发展过程中的重要作用，认为新消费的实质是媒介化消费，它突破传统消费中单纯的购买意义，凸显新消费场域中消费市场的多产业高效协同、消费者多场景消费体验以及商品文化价值输出的多重涵义，是将实体消费与虚拟消费、物质消费与精神消费有机融合的消费活动。

关于消费新业态的讨论及评价指标的建立与统计监测的研究尚处于起步阶段，研究的方向主要集中在两个方面：第一，以消费经济学研究为基础，重在研究“消费新业态”“新消费”“数字消费”等的含义及特征等；第二，重在应用型研究上，探索和分析消费新业态环境下，医疗、健身、教育等行业产业具体的发展策略和对策；第三，在统计指标的建立方面，确定数字消费统计范围，明确产业分类和主要统计指标，制定产业规模测算方法。国外学者对消费新业态的研究主要围绕消费者行为学，对消费模式和结构的变化展开研究，认为技术与实体经济需求的变化和消费模式结构的变化之间有着明确的关系(Alekseev N E 等,2021)。

本课题立足消费新业态含义，结合当前的实际情况构建相对科学、全面、合理的消费新业态发展指数指标体系，科学评估消费新业态发展水平，以提高政策调控的前瞻性和有效性。本研究从三个维度构建了我国消费新业态发展指数评价体系，测度了 2015—2020 年各省区(除西藏)的发展指数。通过 Dagum 基尼系数揭示了中国省域消费新业态的时空演变趋势。最后根据湖北省与东部地区及广东省的比较，提出了相关政策建议。

一、消费新业态发展指数及其测度的概念和方法

(一)消费新业态发展指数及其测度的概念

对消费新业态概念的分析有助于洞察消费新业态的本质属性，加深消费新业态内在规律的认识。消费新业态是以互联网为依托开展的经营活动，由此衍生的数字消费形态。消费新业态的主体包括数字产品与服务的提供者、数字产品与服务的传递者(网络平台为主)，数字产品与服务的消费者及数字产品与服务的监管

者，消费新业态的形式包括在线医疗、在线文娱、网络零售等，不同类型的主体在数字消费活动中所发挥的功能不同。消费新业态发展指数的测度是，按照“创新、协调、绿色、开放、共享”的新发展理念，在消费新业态内涵的界定中，将其划分为发展实力、发展活力、发展潜力三个维度，由此构建的消费新业态发展指数评价模型就涵盖了这三个方面的内容。

（二）消费新业态发展指数测度方法

在对消费新业态概念进行界定的基础上，结合数据的可得性，本文从三个维度将消费新业态指数分解，由此设计了如下表1所示的消费新业态发展指数测度体系，以对我国各省份消费新业态发展水平进行全面度量。原始评价指标数据带有单位，所以对于不同指标来说其量纲是不同的，这样就无法直接对它们进行比较。为科学客观合理评判消费新业态发展水平，首先应去除量纲的影响，可以通过标准化处理实现。按照不同指标对消费新业态发展影响的好坏，将指标区分为两类指标：正向指标和逆向指标，分别进行无量纲处理如下：

$$x_{ij}^{'}=\frac{x_{ij}-min\ (x_{ij})}{\max(x_{ij})-min\ (x_{ij})}(x_{ij}\ 为正向指标) \tag{1}$$

$$x_{ij}^{'}=\frac{\max(x_{ij})-x_{ij}}{\max(x_{ij})-min\ (x_{ij})}(x_{ij}\ 为逆向指标) \tag{2}$$

$x_{ij}^{'}$ 为第 i 个系统的第 j 个指标无量纲化后的值，x_{ij} 为评价指标的原始值，$\max(x_j)$ 和 $\min(x_j)$ 分别为指标 x_{ij} 的最大值和最小值。

权重是衡量各指标在综合评价中相对重要程度的一个数值，科学合理的指标权重能使得消费发展水平的评价结果更为可信。本文选取的是客观赋权法中的熵值法来进行指标权重的确定。熵值法是一种基于计算指标信息熵来相对客观地确定指标权重的赋权法，能够在一定程度上避免人为因素对指标权重带来的随机性与臆断性的影响，具有精度较高和适应性强等特点。在香农的信息论中，“熵”可能事件结果的对数，用以度量事件的未知性，根据信息熵的特性，我们可以用熵值来判断某个指标的离散程度，熵值法所反映的重要程度是由同一个指标观测值之间的差异程度决定的，信息量越小，不确定性就越大，指标的离散程度越小，该指标对综合评价的影响越小，信息量越大，不确定性就越小，指标的离散程度越大，熵也就越小，指标权重越大。具体计算方法如下：

假设计算某个国家 m 年 n 个指标的权重。

(1)建立原始矩阵 $X=(x_{ij})_{m\times n}$，x_{ij} 为第 i 年份（地区）第 j 项指标的原始数据值（$i=1,2,\cdots,m;j=1,2,\cdots,n$）。

(2)原始指标数据无量纲化，根据公式(1)和(2)将原始指标转化为无量纲的标准值 $x_{ij}^{'}$ 。

(3)对标准化后的 $x_{ij}^{'}$，进行坐标平移和归一化处理。坐标平移 $y_{ij}=x_{ij}^{'}+A$，其中，A 为平移幅度，为保证评价结果显著性，本文取 A=0.001。之后，进行归一化处理，具体公式为：

$$p_{ij}=y_{ij}/\sum_{i=1}^{m}y_{ij} \tag{3}$$

(4)计算各指标的熵值以及冗余度，从而可以确定指标权重。其中，熵：

$$e_{j}=-(1/lnm)\sum_{j=1}^{m}p_{ij}ln(p_{ij}) \tag{4}$$

冗余度：

$$\eta_{j}=1-e_{j} \tag{5}$$

指标权重计算：

$$\lambda_{j}=\eta_{j}/\sum_{j=1}^{n}\eta_{j} \tag{6}$$

(5)对于消费新业态发展指数的测度，可通过 TOPSIS 法构建消费新业态发展指数综合评价模型，为评价结果的客观性，根据指标权重 λ_j 创建规范化分析矩阵 C。

$$C=|y_{ij}|_{m\times n}=|\lambda_{j}\times x_{ij}|_{m\times n} \tag{7}$$

(6)确定正负理想值。正理想解 Z^+ 和负理想解 Z^- 是第 i 个指标在第 j 种指标值中的最大值和最小值，具体公式为：

$$\begin{aligned}Z^{+}&=max\{y_{ij}\}\\Z^{-}&=min\{y_{ij}\}\end{aligned} \tag{8}$$

(7)计算距离。选用欧式距离计算消费新业态评价指标到正负理想的距离，D^+ 为 i 个评价对象和 Z^+ 的距离，D^- 为 i 个评价对象和 Z^- 的距离，具体公式为：

$$\begin{aligned}D^{+}&=\sqrt{\sum_{i=1}^{m}(Z_{i}^{+}-y_{ij})^{2}}\\D^{-}&=\sqrt{\sum_{i=1}^{m}(Z_{i}^{-}-y_{ij})^{2}}\end{aligned} \tag{9}$$

(8)计算相对接近度。C_j 为消费新业态发展指数，值越大表示消费新业态发展水平越高，计算公式为：

$$C_{j}=\frac{D_{j}^{-}}{D_{j}^{+}+D_{j}^{-}} \tag{10}$$

由此可计算得出消费新业态发展指数的综合评价值。

表 1　消费新业态发展水平指标体系

要素层	指标层	单位	属性	权重
发展实力（X1）（0.5316）	X11 电子信息制造业主营业务收入	亿元	正向	0.0830
	X12 软件业务收入	亿元	正向	0.0740
	X13 电信业务收入	亿元	正向	0.0393
	X14 电子商务销售额	万亿元	正向	0.0511
	X15 电子商务采购额	万亿元	正向	0.0575
	X16 网上零售额	万亿元	正向	0.0722
	X17 快递业务量	亿件	正向	0.1545
发展活力（X2）（0.1693）	X21 每百家企业拥有网站数	台	正向	0.0020
	X22 有电子商务交易活动企业占比	%	正向	0.0048
	X23 移动互联网用户	万户	正向	0.0522
	X24 互联网宽带接入用户	万户	正向	0.0232
	X25 信息传输、软件和信息技术服务业法人单位数	个	正向	0.0434
	X26 信息传输、软件和信息技术服务业城镇单位就业人员	万人	正向	0.0437
发展潜力（X3）（0.2990）	X31 产业融合指数	无	正向	0.0027
	X32 信息传输、软件和信息技术服务业固定资产投资比上年增长	%	正向	0.0753
	X33 电子及通信设备制造业 R&D 经费内部支出	万元	正向	0.1055
	X34 电子及通信设备制造业 R&D 活动人员折合全时当量	人年	正向	0.1065
	X35 投融资指数	无	正向	0.0090

（三）指标体系具体含义

近年来，消费结构不断升级，消费新业态不断涌现，消费方式不断革新，消费新业态发展评价体系需紧紧围绕当前消费市场发展的特点、问题和趋势，既要全面系统地反映消费新业态发展现状，又要反映消费新业态发展活力及发展潜力。因此，消费新业态发展指数评价指标体系围绕发展实力、发展活力、发展潜力 3 个一级指标进行构建的。

第一，消费新业态发展实力维度。该维度反映电子商务发展的规模及数字产品与服务，通过产业化、商业化和市场化后带来经济效益的能力。因此，该要素层应选取与数字消费相关的核心产业的发展规模、营收规模等。在考虑指标选取的原则的基础之上，将消费新业态发展实力维度分为电子信息制造业主营业务收入、软件业务收入和电信业务收入、电子商务销售额、电子商务采购额、网上零售额、快递业务量 7 个指标，可能涵盖范围有所偏差，但就数据的获取和访问而言，已为最接近消费新业态发展实力的划分，数据主要来源于《中国统计年鉴》以及各省统计年鉴、统计公报。

第二，发展活力维度，该维度主要反映消费新业态发展过程中各个要素的活跃程度，通过数字技术赋能，激发市场主体活力的能力。因此，该要素层应选取能反映市场主体规模变化的关键指标。本文主要选取了每百家企业拥有网站数、有电子商务交易活动企业占比、移动互联网用户、互联网宽带接入用户、信息传输、软件和信息技术服务业法人单位数、信息传输、软件和信息技术服务业城镇单位就业人员 6 个指标来反映消费新业态发展活力。其中，指标的数据来源均为《中国统计年鉴》《中国信息化年鉴》以及各省统计年鉴、统计公报。

第三，发展潜力维度主要是反映了发展可持续性的能力，反应创新投入和数字产业结构优化与升级的成果。因此，应选取能够反映投入于消费新业态活动的资本、人力及创新的力度的指数和统计数据。本文主要通过产业融合指数、信息传输、软件和信息技术服务业固定资产投资比上年增长、电子及通信设备制造业 R&D 经费内部支出、电子及通信设备制造业 R&D 活动人员折合全时当量、投融资指数来综合体现。其中产业融合指数、投融资指数来源于北京雁栖湖应用数学研究院发布的《中国数字经济指数》，其他 3 个指标的数据来源均为《中国统计年鉴》《中国信息化年鉴》以及各省统计年鉴、统计公报。消费新业态发展指数评价指标体系及其权重见表 1。

指标的选取也立足于中国消费新业态发展的现实，体现可操作性与数据的可获得性。具体指标构成如表 1 所示，数据来自《中国统计年鉴》《中国区域统计年鉴》《中国信息化年鉴》和《中国数字经济指数》。考虑到各指标数据在不同年份存在缺失，因此，为了尽可能获得较为齐整的数据资源以及反映中国消费新业态发展的最新态势，本文将样本数据的时间区间设定为 2015－2020 年，但是即便如此，新疆、广西、贵州、青海和宁夏等地区仍存在缺失数据，本文将采用线性插值法对该部分缺失数据进行填补。西藏自治区则因为数据缺失较为严重而未被包含在计算范围内。

（四）区域差异及分解测度方法

考察地区差异的传统方法主要有变异系数、基尼系数（Gini）和泰尔指数（Thei）等，针对传统方法无法解决区域差异分解问题，Dagum（1997）对基尼系数法进行了改进，提出了 Dagum 基尼系数法。其优点是不仅可以测算地区差异，还可以将区域差距分解成不同来源的差距，进而分析不同子群对总体区域差异的贡献度，已被广泛应用于各类区域差异问题的研究。本文采用 Dagum 基尼系数法及其子群分解方法对 2015—2020 年中国的地区差异进行测算与分解，其测算结果可以反映消费新业态发展水平的相对差异及其来源情况。Dagum 基尼系数(G)可分解为区域内差异贡献(G_w)、区域间差异贡献(G_{nb})及超变密度贡献(G_t)三部分。相关计算公式如下：

$$G = G_w + G_{nb} + G_t \tag{11}$$

式中，G 为总体基尼系数，G_w、G_{nb}、G_t 分别为区域内差异贡献、区域间差异贡献和超变密度贡献。总体差异 G 可表示为：

$$G = \frac{\sum_{J=1}^{m}\sum_{?=1}^{m}\sum_{i=1}^{n_j}\sum_{r=1}^{n_h}|x_{ji} - x_{hr}|}{2n^2\bar{x}} \tag{12}$$

式中，$x_{ji}(x_r)$ 为第 $j(h)$ 个区域内省份 $i(r)$ 消费新业态发展水平综合得分，$\bar{x}$ 为中 30 个平均值，n 为省份个数，m 为区域个数。

$$G_{jj} = \frac{\sum_{i=1}^{n_j}\sum_{r=1}^{n_j}|x_{ji} - x_r|}{2n^2\bar{x}_j} \tag{13}$$

$$G_w = \sum_{j=1}^{m} G_{jj} p_j s_j \tag{14}$$

式中，G_{jj} 为区域内差异，G_w 为区域内差异贡献，n_j 为第 j 个区域内省份个数，$p_j = n_j/n$，$s_j = n_j\bar{x}_j/(n\bar{x})$。

$$G_{jh} = \frac{\sum_{i=1}^{n}|x_{ji} - x_{hr}|}{n_j n_h(\overline{x_j} + \overline{x_h})} \tag{15}$$

$$G_{\mathrm{nb}} = \sum_{j=2}^{m}\sum_{h=1}^{j-1} G_{jh}(p_j s_h + p_h s_j) D_{jh} \tag{16}$$

式中，G_{jh} 为区域间差异，G_{nb} 为区域间差异贡献，$p_h = n_h/n$，$s_h = n_h\overline{x_h}/(n\bar{x})$，$D_{jh}$ 第 j、h 个区域之间消费新业态发展指数综合得分的相对影响。

$$G_{\mathrm{t}} = \sum_{j=2}^{m}\sum_{h=1}^{j-1} G_{jh}(p_j s_h + p_h s_j)(1 - D_{jh}) \tag{17}$$

$$D_{jh} = \frac{d_{jh} - p_{jh}}{d_{jh} + p_{jh}} \tag{18}$$

式中，G_t 为超变密度贡献率，d_{jh} 为区域间发展水平的差值，即第 j、h 个区域中所有 $y_{ji} > y_{hr}$ 样本值之和的期望值，p_{jh} 为超变一阶矩，即第 j、h 个区域中所有 $y_{hr} > y_{ji}$ 样本值之和的期望值。

二、消费新业态发展指数的测度分析

本节首先将运用熵权 TOPSIS 法对消费新业态发展水平进行测算。根据分值结果，对消费新业态发展水平的总体特征、区域特征进行分析，借此考察消费新业态发展状况。

(一)消费新业态发展指数总体特征

图 1 描绘了 2015—2020 年全国消费新业态发展指数及变化趋势。研究期内全国消费新业态发展指数呈现逐年递增趋势，从 2015 年的 0.092 上升到 2020 年的 0.180，相对增长率为 91.48%，但总体发展水平不高，2017 年开始，消费新业态发展水平上升趋势开始明显，2019 年后，消费新业态发展水平上升幅度更大，表明"十九大"以来，消费新业态发展取得明显进步，且在 2019 年发展速度加快，但总体上消费新业态发展指数还亟待提高。

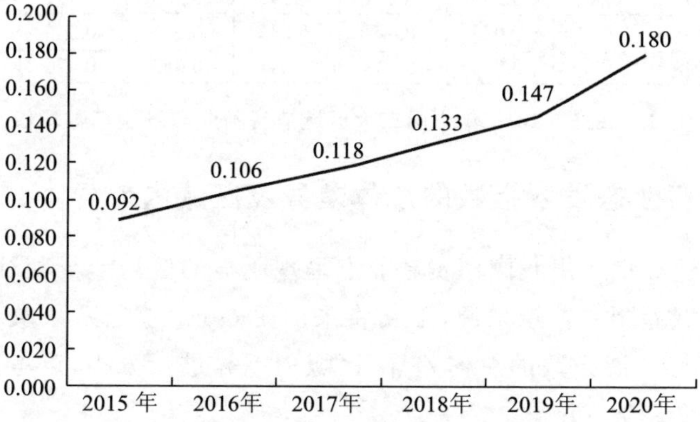

图 1　2015—2020 年中国消费新业态发展指数及变化趋势

(二)消费新业态发展指数区域特征

基于 2015－2020 年中国 30 个消费新业态发展指数，进一步计算得到历年东部、中部、西部三大区域消费新业态发展指数及其均值，如下图 2 所示。

整体上看，三大区域消费新业态发展指数均值呈现东部地区(0.287)＞西部地区(0.045)＞中部地区(0.030)，且东部地区明显高于中、西部地区，其中，东部地区 2015 年的发展指数已经达到 0.209，而中、西部地区到 2020 年平均发展指数仍未突破 0.2，区域间消费新业态发展水平差距较大。同时，东部地区发展指数从 2015 年的 0.209 上升至 2020 年的 0.392，增长率为 87.56%；中部地区从 2015 年期初的 0.019 上涨到 2020 年期末的 0.044，增幅达 131.58%；西部地区从 2015 年的 0.028 增长到 2020 年的 0.070，增长率达到 150%；说明从增长速度而言，西部地区消费新业态的增幅最为明显。

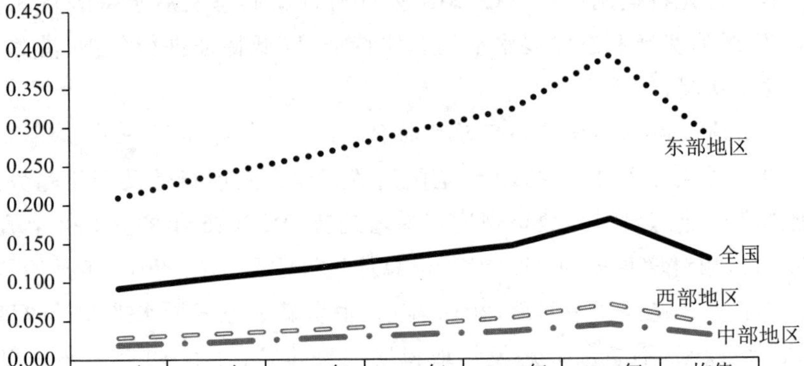

	2015年	2016年	2017年	2018年	2019年	2020年	均值
全国	0.092	0.106	0.118	0.133	0.147	0.180	0.129
东部地区	0.209	0.239	0.264	0.295	0.323	0.392	0.287
中部地区	0.019	0.023	0.027	0.032	0.035	0.044	0.030
西部地区	0.028	0.033	0.038	0.045	0.053	0.070	0.045

图 2　2015—2020 年中国三大区域消费新业态发展指数均值

三、消费新业态发展指数的总体差异及区域内差异

上述分析已经揭示出我国消费新业态呈现明显的区域差异特征，为了更好地刻画和分析区域差距和差距来源，下文将采用 Dagum 基尼系数及子群分解法对我国消费新业态发展指数的总体差异、区域内差异进行分析，以考察发展指数的相对差异及演变趋势。

从全国范围来看，2015—2020 年消费新业态发展指数的总体差异变化趋势并不明显，全国均值从 2015 年的 0.158 上升到 2020 年 0.163，呈现出缓慢上升态势，这说明我国消费新业态发展的地区差距总体上有逐渐扩大的趋势，但扩大趋势并不显著。从各区域基尼系数来看，西部地区区域内差距最大，基尼系数均在 0.6 以上，但其下降趋势相对而言最为明显，除 2016 年相较 2015 年有所增长外，2016 年以后均呈下降趋势，说明西部地区省际消费新业态发展水平的差距虽然较大，但呈逐步缩小趋势；中部地区从 2015 年开始至 2019 年，基尼系数均呈上升趋势，且在 2018 年上升趋势最为明显，2019 年后又呈急剧下降趋势，至 2020 年，下降至与 2015 年基尼系数基本持平，说明整体而言，中部地区省际消费新业态发展

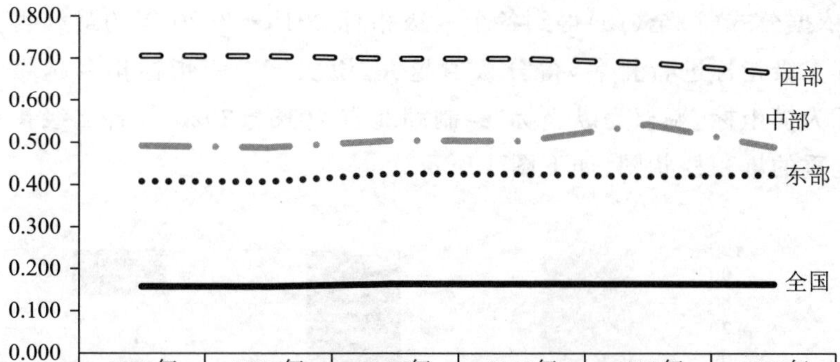

	2015年	2016年	2017年	2018年	2019年	2020年
全国	0.158	0.158	0.164	0.164	0.164	0.163
东部	0.408	0.407	0.426	0.425	0.419	0.423
中部	0.492	0.488	0.505	0.503	0.543	0.489
西部	0.706	0.705	0.699	0.699	0.689	0.666

图 3　全国及三大区域 Dagum 基尼系数演变趋势

水平的差距有扩大趋势，但在 2019 年后，这种差距急剧减小，中部地区区域内消费新业态的发展并不稳定；东部地区基尼系数最小，区域内差距相对较小，基尼系数呈现出反复上升下降的趋势，说明区域内省际消费新业态发展有所波动。由此可见，三大经济区区域内消费新业态发展水平差异均有缓慢扩大趋势，各区域还需加大力度解决消费新业态发展不平衡问题。

四、湖北省消费新业态发展指数综合分析

本章将依据所构建的熵权－TOPSIS 模型，使用熵权法对各项指标赋予权重，将赋予权重的公共因子代入 TOPSIS 模型中，得出湖北消费新业态发展指数纵向评价结果，依据结果分析各指标对其上级指标的影响程度，找出影响湖北消费新业态发展水平的关键因素。其次将 2020 年湖北省消费新业态发展水平与东部地区平均水平及东部地区领先省域广东省相比较，明确湖北省与东部地区消费新业态发展水平的差距及具体表现。通过上述分析，对湖北省消费新业态发展提出针对性建议。

（一）湖北省消费新业态发展指数纵向分析

本节按照第二章所述的熵权 TOPSIS 法评价模型应用步骤，利用公式，对湖北省 2015 至 2020 年度的消费新业态的发展实力、发展活力、发展潜力三个一级指标分别进行评价。首先，利用公式（1）、（2）对三个一级指标的数据分别进行标准化处理，依据公式（3）至公式（6），利用熵权法，获得各个一级指标中二级指标相应

熵权，依据公式(7)至(10)得到各个一级指标 2015—2020 年的最终得分。从而可以对其二级指标进行排名，得分数值越大，说明该二级指标排名越靠前。以各一级指标为横坐标，熵权为纵坐标，绘制湖北省 2015—2020 年各二级指标所占一级指标比重的堆积柱状图，如下图 4 所示。

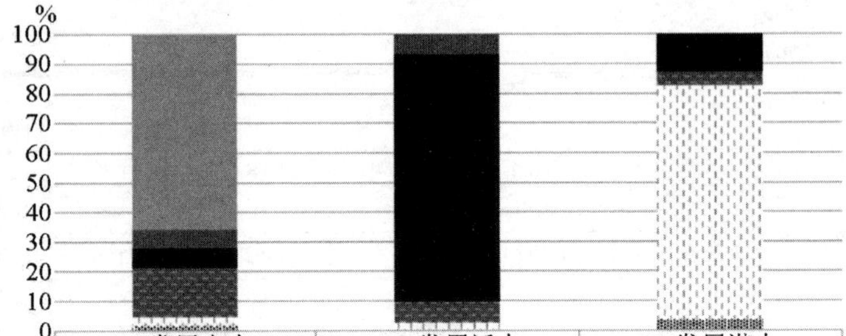

	X1发展实力	X2发展活力	X3发展潜力
X17	0.6598		
X16	0.0610	0.0682	
X15	0.0427	0.7162	0.0241
X14	0.0237	0.1188	0.1006
X13	0.1671	0.0706	0.0481
X12	0.0299	0.0255	0.7927
X11	0.0158	0.0008	0.0344

图 4　湖北省 2015—2020 年一级指标评价中各二级指标权重占比

本部分权重值是基于湖北省、东部平均水平及广东省三个对象计算所得，而前述表 1 中的权重值是基于全国 30 个省份计算所得，因此图 6 中的权重结果与前述表 1 中权重值略有差异。如图 4 所示，对于消费新业态发展实力，其二级指标中 X13、X16 和 X17 的权重相对较大，即电信业务收入、网上零售额、快递业务量对湖北省消费新业态的发展实力维度的影响较大，特别是快递业务量，接近 66%。快递业务连着生产供给和消费需求，是经济活动和消费活力的晴雨表，政府部门可以通过加强物流等基础配套设施建设力度，优化营商环境，从而提高诸如电子商务等新型消费的服务质量，满足消费者的需求；对于消费新业态发展活力，其二级指标中 X24、X25 的权重相对占比较大，即互联网宽带接入用户、信息传输、软件和信息技术服务业法人单位数对湖北省消费新业态的发展活力维度的影响较大，特别是信息传输、软件和信息技术服务业法人单位数的权重达到了 0.7162，说明在激发湖北消费新业态发展活力中，除了消费者规模外，为消费者提供数字产品及其配套服务的企业作用显著，政府部门应进一步扶持相关企业主体，增强企业积极作为的动力，通过数字化赋能传统零售企业转型升级，持续释放消费活力；对于消费新业态发展潜力，其二级指标中 X32、X34 的权重相对占比较大信息传输、软件和信息技术服务业固定资产投资比上年增长率、电子及通信设备制造业 R&D 活动人员折合全时当量对湖北省消费新业态的发展潜力维度的影响较大，尤其是信息传输、软件和信息技术服务业固定资产投资比上年增长率的权重达到了 0.7927，除了继续坚持创新驱动发展的观念，还应加大信息传输、软件和信息技术服务业固定资产投资，拓展投资空间，加快数字化消费转型，推动湖北省数字经济高质量发展。

（二）湖北省消费新业态发展指数横向分析

基于前述结果，湖北省消费新业态发展指数与东部地区相比，还存在较大差距。本节选取东部地区平均发展水平以及东部地区乃至全国消费新业态发展排名第一的广东省进行横向对比分析，了解湖北省消费新业态的发展水平。

湖北省、东部均值、广东省的消费新业态发展情况综合评价结果如图 5 所示，2015 年至 2020 年，三个比较对象的消费新业态发展指数呈上升趋势，广东省突出，湖北省上升缓慢。而三大一级指标权重所占比重则如图 6 所示，Q1＞Q2＞Q3，发展实力维度的权重超过 55%，对最终发展指数的得分影响较大。

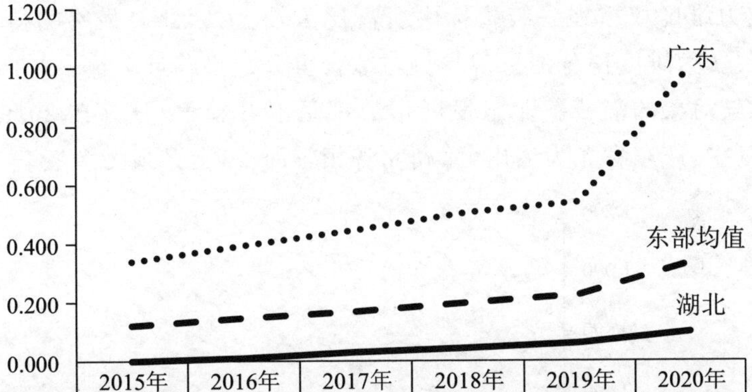

	2015年	2016年	2017年	2018年	2019年	2020年
湖北	0.000	0.010	0.030	0.043	0.060	0.098
东部均值	0.120	0.146	0.168	0.197	0.224	0.334
广东	0.339	0.394	0.446	0.505	0.541	1.000

图 5 湖北省、东部均值及广东省综合得分对比

就所选取的期间范围中数值总体变化来看，2015 年至 2020 年，三个比较对象的消费新业态发展指数都呈上升趋势，且都在 2019 年出现了急剧上升，其中，广东省尤为突出，而湖北省相较而言，上升最为缓慢，因此，后文将消费新业态发展指数评价指标体系三个维度的指标数据与东部地区的平均值以及广东省进行比较分析，以找出湖北省在消费新业态发展上与东部发达地区相比存在的不足并提出相关的建议。对于一级指标而言,其排序是:Q1＞Q2＞Q3,发展实力维度所占权重超过 55%,对最终发展指数的综合得分影响较大。

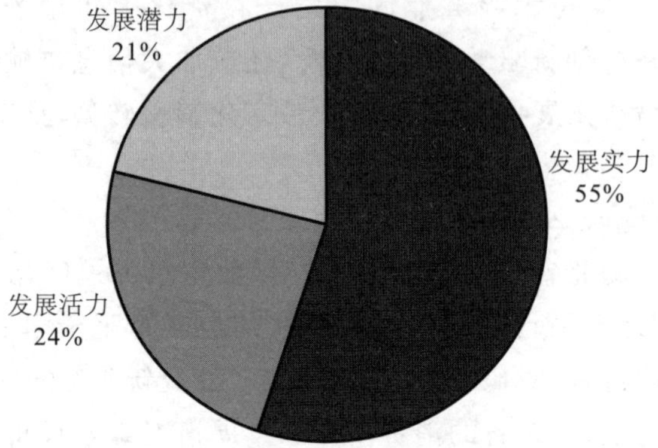

图 6 湖北省、东部均值及广东省消费新业态发展指数一级指标权重占比

1. 发展实力维度对比

图 7 描绘了湖北省、东部均值及广东省发展实力维度得分对比,如上文所述,发展实力维度权重在一级指标中所占比重较大,因此对最终的得分影响较大,所以,发展实力维度得分的折现趋势与综合得分趋势趋近一致。2015 年至 2020 年,三个比较对象的消费新业态发展指数都呈上升趋势,且都在 2019 年出现了急剧上升,其中,广东省尤为突出,而湖北省相较而言,上升最为缓慢。

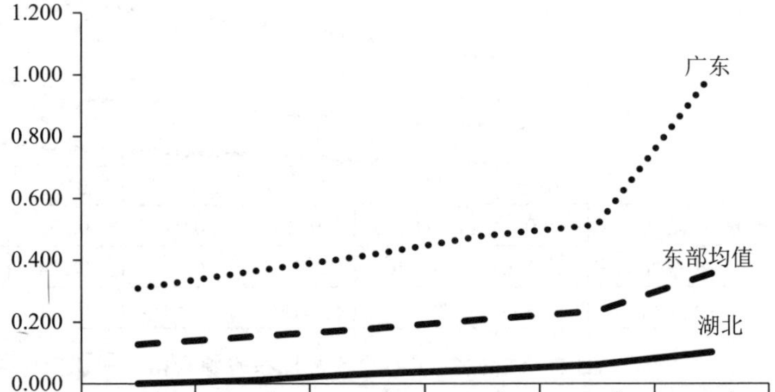

	2015年	2016年	2017年	2018年	2019年	2020年
湖北	0.000	0.011	0.032	0.045	0.062	0.102
东部均值	0.127	0.153	0.177	0.207	0.235	0.356
广东	0.308	0.363	0.415	0.477	0.514	1.000

图 7 湖北省、东部均值及广东省发展实力维度得分对比

图 8 为湖北省、东部均值及广东省发展实力维度二级指标权重占比，由图中数据可知，快递业务量所占比重最大，占比达到 40%，其他六个二级指标其权重占比均在 10%左右。

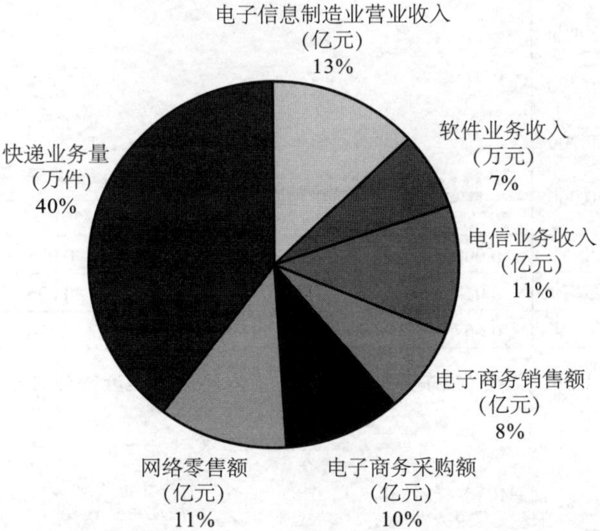

图 8　湖北省、东部均值及广东省发展实力维度二级指标权重占比

本文研究范围内，2020 年，湖北省快递业务总量为 1738919.9 万件，东部 11 省快递业务总量平均值为 5468959.691 万件，广东省为 18479102.1 万件，湖北省快递业务总量不足广东省的十分之一，不足东部平均值的三分之一，且上文在对湖北省消费新业态发展指数进行纵向分析时，结果同样显示快递业务量是影响湖北省消费新业态发展实力维度的重要指标。

2. 发展活力维度对比

图 9 描绘了湖北省、东部均值及广东省消费新业态发展活力维度得分对比，从发展活力维度得分对比图中可见，湖北省在发展活力维度上基本与东部 11 省平均水平相近，而与广东的差距在 2018 年才开始显著增加，2019 年后，差距进一步拉大。

图 10 为湖北省、东部均值及广东省发展活力维度二级指标权重占比，由图中数据可知，移动互联网用户所占比重最大，占比达到 64%，其次为：信息传输、软件和信息技术服务业法人单位数、信息传输、软件和信息技术服务业城镇单位就业人员数、互联网宽带接入用户数，而每百家企业拥有网站数和有电子商务交易活动企业占比这两个反映企业信息化程度的指标占比接近 0%。

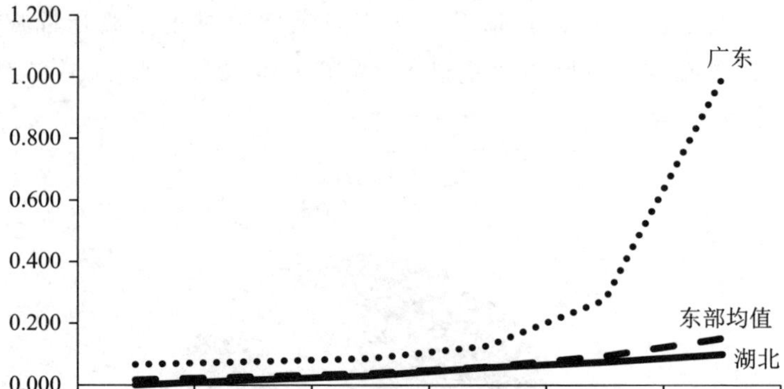

	2015年	2016年	2017年	2018年	2019年	2020年
湖北	0.000	0.017	0.030	0.057	0.075	0.100
东部均值	0.017	0.027	0.038	0.060	0.095	0.152
广东	0.067	0.076	0.087	0.127	0.276	1.000

图 9　湖北省、东部均值及广东省发展活力维度得分对比

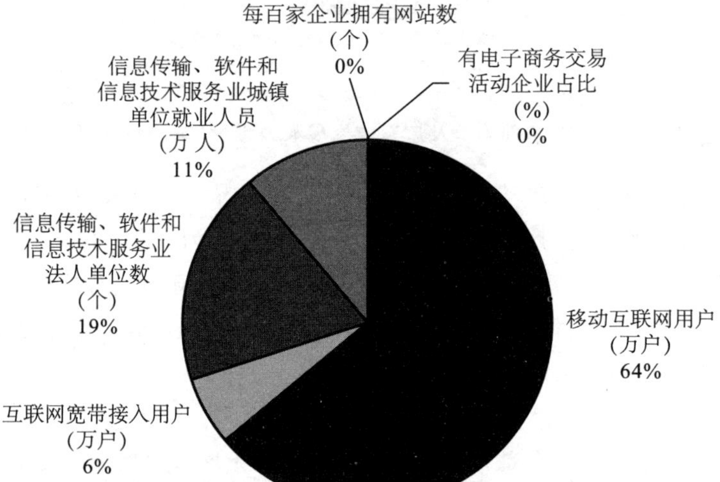

图 10　湖北省、东部均值及广东省发展活力维度二级指标权重占比

本文研究范围内，2020 年，湖北省每百家企业拥有网站数为 59 个，东部 11 省平均值为 50 个，广东省为 57 个，湖北省有电子商务交易活动企业占比为 11.1%，东部平均值为 11.5%，广东省为 11.3%，这两大指标的原始数据值十分接近，说明在企业信息化发展程度上，湖北省与东部地区差异不大，企业信息化程度对消费新业态发展指数区域差异的影响不大。而 2020 年湖北省移动互联网用户为 4635.6 万户，东部均值为 17283.6 万户，广东省为 142003 万户，湖北相对东部地区均值和广东省，差异都十分显著，对于信息传输、软件和信息技术服务业法人单位数，湖北省 2020 年为 64252 个，与东部均值 72277 个的差异不大，但与广东省 180484 个差异较大，而纵观以上原始数据的比较，信息传输、软件和信息技术服务业城镇单位就业人员数、互联网宽带接入用户数的地区差异也与之类似。因此，湖北省在发展活力维度上与东部地区，特别是广东省等东部发达省域的差距主要来自于移动互联网用户规模、信息传输、软件和信息技术服务业法人单位数、信息传输、软件和信息技术服务业城镇单位就业人员数、互联网宽带接入用户数，而这些指标主要说明消费新业态的主体规模，包括消费者与供应者。

3. 发展潜力维度

图 11 描绘了湖北省、东部均值及广东省消费新业态发展潜力维度得分对比，2015—2020 年湖北省、东部 11 省平均值、广东省三者的发展潜力维度得分均呈均匀上升趋势，广东省相对上升幅度要大于东部平均水平及湖北省，东部平均发展潜力水平要高于湖北省，但其上升趋势与湖北省趋近。

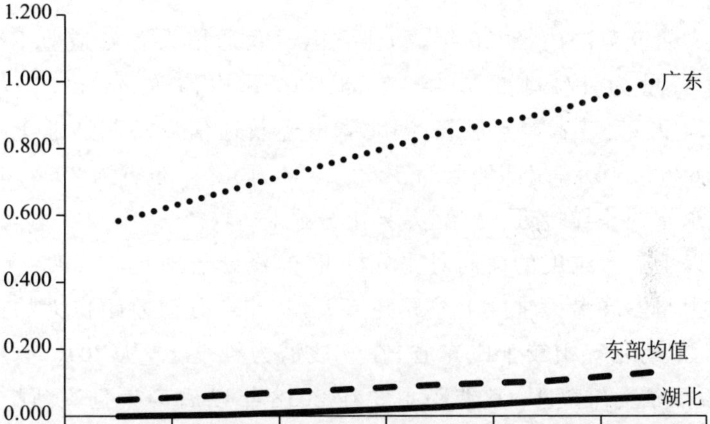

	2015年	2016年	2017年	2018年	2019年	2020年
湖北	0.000	0.004	0.015	0.026	0.044	0.056
东部均值	0.048	0.063	0.078	0.093	0.104	0.130
广东	0.583	0.671	0.758	0.845	0.905	1.000

图 11　湖北省、东部均值及广东省发展潜力维度得分对比

图 12 为湖北省、东部均值及广东省发展活力维度二级指标权重占比，由图中数据可知，电子及通信设备制造业 R&D 活动人员折合全时当量、电子及通信设备制造业 R&D 经费内部支出两大指标占比最大，分别为 40% 和 36%，其次为信息传输、软件和信息技术服务业固定资产投资比上年增长率，占比为 12%，投融资指

数和产业融合指数分别为8%和4%。

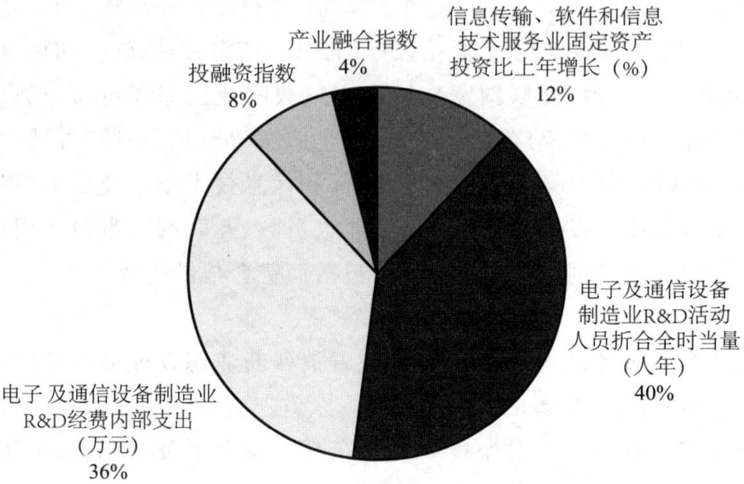

图12　湖北省、东部均值及广东省发展潜力维度二级指标权重占比

本文研究范围内，2020年，湖北省电子及通信设备制造业R&D活动人员折合全时当量为17194.9人年，东部地区平均值为44152.1人年，广东省为264253.4人年，三者差异显著；湖北省电子及通信设备制造业R&D经费内部支出为3162636万元，东部地区为5260415.7万元，广东省为29921602.5万元，湖北省与广东省的差异接近10倍，差异十分显著。

从以上三大维度的横向对比分析可知，湖北省对比与东部11省的平均值，在发展活力与发展潜力维度上差异并不大，其综合分值差距拉大的主要影响维度为发展实力；湖北省相较于广东省，在发展潜力维度上，从2015年开始便有较大差距，在发展活力维度上，其差距主要在2018年以后产生且逐渐扩大，在发展实力维度上，2020年前，虽差距在逐步扩大，但均小于0.5，2020年差距增加至0.9左右。

五、结论、建议与展望

（一）研究主要结论

本文建立了消费新业态发展指数综合指标体系，运用熵权TOPSIS法对我国30个省份的消费新业态发展水平进行测度，并对其地区差异及动态演进特征进行了分析，得出的主要结论如下：

1. 从测度结果来看，我国消费新业态发展水平逐年提升，但整体水平不高。

空间不平衡现象较为突出，高发展水平的省份多处于东部地区，“东高西低”的空间格局十分明显。

2.从空间差异及其来源来看，我国消费新业态发展水平存在显著的空间差异，不均衡性呈现稳定的加剧趋势，总体差异持续扩大。

3.从对湖北省消费新业态发展指数综合分析来看，首先，对 2015－2020 年湖北省单一省份进行纵向分析的结果表明发展实力维度中，影响最大的指标为快递业务量，发展活力维度中，影响最大的指标为信息传输、软件和信息技术服务业法人单位数，发展潜力维度中，信息传输、软件和信息技术服务业固定资产投资比上年增长率影响最大；其次，湖北省与东部地区横向分析的结果表明发展实力维度对湖北省与东部地区消费新业态发展水平的影响最大，而各个维度的分析结果显示，发展实力维度中，快递业务量是使湖北省与东部地区，特别是广东省产生较大差距的主要因素，发展活力维度中，湖北省与东部地区平均水平相差无几，而与广东省在 2019 年后产生较大差距的因素是移动互联网用户规模，发展潜力维度中，湖北省与东部地区平均水平虽有差距，但差距较小，而与广东省产生较大差距的因素是电子及通信设备制造业 R&D 活动人员折合全时当量和电子及通信设备制造业 R&D 经费内部支出。

(二)相关政策建议

目前，中国消费新业态发展不充分和不平衡问题依然显著，提高消费新业态总体水平和高质量发展任重道远。更好发展消费新业态，需要东中西部联动发展，将中西部地区的低成本优势、资源优势与东部地区的技术、市场和数字产业优势结合起来，形成优势互补、协同发展的机制。对于湖北地区而言，各级政府在促进消费新业态发展中的主动作为，效果逐步显现，发展水平已位居中部地区第一位。但与东部地区对比，湖北省消费新业态发展还存在着不少短板和不足，需要引起高度重视。

1.着力提升湖北省消费新业态发展质量，提振主体活力。要明晰湖北省的资源禀赋和现实基础，找准发展消费新业态的痛点和优势，谋划自身的定位和作用，有的放矢、精准施策。利用湖北省深厚的工业基础，发挥湖北“九省通衢”的区位优势，整合物流信息流、资金流等资源、降低物流成本，加强全省各市州优势资源协同联动，加大基础设施和数据资源共建共享，强化重点行业和龙头企业统筹引导，寻求在产业链上更加有利的竞争位势，力争在技术、产品和服务上突出湖北特色亮点；发挥市场在资源配置中的决定性作用，促进数据、技术、人力、资本等要素的市场化有效流动与优化配置，强化企业的市场主体地位，优化营商环境，激发消费新业态主体的活力和创造力。

2.加大湖北省新型基础设施建设力度,拓展消费场景。推动新型基础设施建设是湖北省发展消费新业态的重要抓手,应立足低成本优势和资源禀赋条件,湖北要融入国家“东数西算”工程,按照全国一体化大数据中心总体布局推进算力基础设施建设。5G作为重要的信息网络基础设施,是扩大数字消费方面具有重要的基础性和先导性作用,应加快推动5G网络建设应用,加强全省5G基站建设布局,推动“5G+工业互联网”“5G+智慧工厂”“5G+虚拟现实/增强现实(VR/AR)”“5G+教育”“5G+医疗”“5G+文游”等应用场景落地,培育云演艺、云展览、沉浸式体验等新业态。推进数字文化产业与先进制造业、消费品工业、智慧农业融合发展,促进数字文化与社交电商、网络直播、短视频等新业态新模式相结合,发展旅游直播、旅游带货等线上内容生产新模式,进一步拓展新型消费场景。

3.大力提升湖北省数字技术应用研发水平,营造良好环境。聚焦5G、AI、区块链、大数据、虚拟现实等技术创新应用,培育和发展数字产业技术交易市场,加大数字经济知识产权创造、运用、保护力度,探索建立多样化的数据开发利用机制,“平台建设+业务运营”的数据运营生态,在保障数据安全和个人隐私的前提下,有序推进数据的资产化管理、市场化交易和证券化试点,打造新型消费业态和增长点。引导平台企业与实体企业发展跨界业务融合新模式,促进线上互动、精准营销与线下体验、实体配送相结合,鼓励不断提升生活服务产品供给,丰富人民群众的物质文化生活,实现信息消费新增长。鼓励引导新零售、跨境电商、在线教育、智慧康养、智慧文旅、分享经济等新业态新模式健康发展。进一步健全市场准入、运行和监管等方面的法律法规,加强知识产权的保护,为消费新业态的发展营造良好的市场环境和强有力的制度保障。

(三)研究不足与展望

对消费新业态发展水平的评价有利于客观发掘消费新业态发展过程中存在的问题,以提出解决对策。由于消费新业态是涉及“在线平台、数字产品生产者和使用者、线上线下融合实体店”等多要素的综合体,指标选择和构建较为复杂,而且目前有关消费新业态定量评价研究较为匮乏,可参考的文献较少,且因部分现有的统计体系不完善,相关资料较少,如反映消费业态市场规模,包括线上线下融合的即时零售交易规模、电子商务服务业营收规模、重点数字化消费平台数量、重点数字化消费平台用户规模、重点数字化消费平台商户规模的数据,部分未见有统计数据,部分未见有分地区统计数据,因此都未纳入量化指标体系之中,有待今后通过典型案例地调研以弥补数据指标缺陷,因此进一步深入挖掘和优化消费新业态发展指数指标体系是未来研究的重要方向，笔者计划一方面通过文本挖掘技术，收集消费新业态政策、法规的建设成果，另一方面，通过问卷的形式，调查消费新业态发展过程中各类主体的满意度，来反映消费新业态发展环境，多视角、多方法来测算消费新业态发展程度。

大数据思维下居民可支配收入推断方法研究

谢韩涛　叶　田　李　洋　曹诒彬　黄　萍[①]

一、居民可支配收入推断及影响因素的文献回顾

（一）可支配收入推断模型回顾

随着计量经济学的不断向前发展，近年来，居民可支配收入的推断模型方法出现了不断的突破和创新。就具体推断模型而言，可以归纳为以下几个主要的分类。

一是运用灰色系统理论进行推断。解决的主要是一些包含未知因素的特殊领域问题。二是将 ARIMA 模型引入到可支配收入预测。ARIMA 模型是国际上比较流行的对单一时序数据进行预测的模型，特别适合处理复杂的时间序列数据，其短期预测的精度相对较高。三是运用机器学习的方法进行推断。利用机器学习模型（包括支持向量机算法、邻近算法和随机森林算法）预测个人收入。四是采用神经网络方法推断收入。

（二）可支配收入的影响因素概述

在收入预测模型不断发展进程中，研究从最初简单地将每年居民收入作为时间序列数据建立模型，到随后引入重要特征值训练数据集，特征值的选择和引入对收入预测模型准确性的提高具有重要作用。因此，本文将对影响可支配收入的因素分为宏观变量、家庭特征变量和人口学特征变量进行概述。

1. 宏观变量。影响居民可支配收入的主要宏观变量有地区 GDP、固定资产投资、产业结构、地方财政支出以及人均工资水平等。

---

① 作者简介：谢韩涛，国家统计局广东调查总队信息技术应用处副处长、三级调研员（主持工作）。
叶　田，国家统计局广东调查总队干部。
李　洋，国家统计局广东调查总队干部。
曹诒彬，国家统计局深圳调查队处长。
黄　萍，国家统计局深圳调查队住户调查处三级调研员。

2. 家庭特征变量。家庭是以一定程度上的经济共有和共享为主要特征的初级社会生活单位。因此,部分家庭特征变量定会对家庭的可支配收入有较大的影响,例如,家庭规模与结构、是否生产经营户和房屋是否为租赁房等。

3. 人口学特征变量。人口学特征变量分为自然变量(性别、年龄、健康程度等)、社会变量(民族、受教育程度等)以及经济变量(从事的行业等),以上三种类型的变量中均有部分变量会对可支配收入产生一定影响。婚姻状况、参加医疗保险和养老保险的种类、是否为离退休人员、户口性质等,也应对家庭的可支配收入造成不同程度的影响。

二、数据来源与指标选取

(一)数据来源

本课题主要采用2014—2019年广州、深圳住户调查城镇样本户季度分户汇总数据,该数据涉及居民收入、消费及其他生活状况。宏观层面数据主要来源于对应年份的地方统计年鉴。

(二)指标选取

本部分将可支配收入影响因素指标体系分为户主、家庭、地区三个层次。其中,户主与家庭层面变量主要从居民家庭住户调查数据中挑选,地区层面数据主要来源于地方统计年鉴。户主层面包括了性别、年龄、民族等13个指标,家庭层面包括是否租赁房、是否生产经营户等3个指标,地区层面包括了经济发展水平、产业结构高级化、固定资产投资水平、财政支出水平共4个指标。

三、基于计量经济模型的居民可支配收入推断

(一)计量经济模型的构建

当前经济数据多表现为面板数据模式,面板模型成为了现代计量经济学中常用的分析工具。假定个体的回归方程拥有相同的斜率,但可以拥有不同的截距项,以此来捕捉异质性,这种模型被称为“个体效应模型”,如式1所示:

$$y_{it}=x_{it}'\beta+z_i'\delta+u_i+\varepsilon_{it}(i=1,\cdots,n;t=1,\cdots,T) \quad (1)$$

其中,z_i 为不随时间而变的个体特征,如性别;而 x_{it} 可以随个体及时间而变。扰动项由($u_i+\varepsilon_{it}$)两部分构成,称为“复合扰动项”。不可观测的随机变量 u_i 是代表个体异质性的截距项。ε_{it} 为不随个体与时间而改变的扰动项。假设 ε_{it} 为独立同分布,且与 u_i 不相关。如果 u_i 与某个解释变量相关,则进一步称为“固定效应模型”。如果 u_i 与所有解释变量不相关,则进一步称为“随机效应模型”。

最终选择哪种模型作为预测模型，在回归之前首先需要进行模型选择检验，检验方法可以选用 F 检验、LM 检验和 Hausman 检验。为了简化，可以直接先采用 F 检验确定使用混合回归模型还是固定效应模型，然后再采用 Hausman 检验确定使用固定效应模型还是随机效应模型。

(二)估计结果分析

1. 变量间关联关系探索性分析。变量间的关联关系通常用皮尔森相关系数来衡量。其定义和计算如式 2、3 所示：

$$\rho_{X,Y}=\frac{Cov(X,Y)}{\sigma_X\sigma_Y}=\frac{E((X-\mu_X)(Y-\mu_Y))}{\sigma_X\sigma_Y}$$
$$=\frac{E(XY)-E(X)E(Y)}{\sqrt{E(X^2)-E^2(X)}\sqrt{E(Y^2)-E^2(Y)}} \tag{2}$$

$$\rho_{X,Y}=\frac{N\sum XY-\sum X\sum Y}{\sqrt{N\sum X^2-(\sum X)^2}\sqrt{N\sum Y^2-(\sum Y)^2}} \tag{3}$$

对可支配收入与除行业、职业以外的其他解释变量进行皮尔森相关性分析，深圳市与广州市样本分析结果如表 1 所示。

表 1　相关性分析结果

变量	可支配收入对数		
	全样本	深圳市	广州市
性别	0.001	0.041***	−0.041***
年龄	0.263***	0.269***	0.054***
民族	0.068***	0.055***	−0.002
户口	−0.429***	−0.470***	−0.196***
健康状况	−0.014***	0.003	−0.021***
医疗保险	0.036***	0.048***	0.086***
受教育水平	0.363***	0.402***	0.287***
未婚	−0.317***	−0.319***	−0.178***
有配偶	0.303***	0.310***	0.190***
离婚	−0.023***	−0.016***	−0.050***
丧偶	−0.014***	0.000	−0.059***
是否离退休人员	0.027***	−0.019***	0.013*
养老保险	−0.010**	0.007	0.036***

续表

变量	可支配收入对数		
	全样本	深圳市	广州市
工作时长	0.060***	0.026***	0.167***
是否租赁户	−0.325***	−0.213***	−0.290***
是否生产经营户	0.123***	0.192***	0.001
家庭规模	0.541***	0.583***	0.322***
经济发展水平	0.144***	0.350***	0.052***
产业结构高级化	0.226***	0.264***	0.053***
固定资产投资水平	0.047***	0.002	0.090***
财政支出水平	−0.045***	0.015**	0.266***

注：***，**和*分别表示两个变量在1%，5%和10%的水平上显著相关。

从表1可以得出，选取的绝大部分指标与可支配收入之间具有显著相关性。其中，三个样本中均在10%水平上显著相关的有年龄、户口、医疗保险、受教育水平、工作时长、未婚、有配偶、离婚、是否租赁户、家庭规模、经济发展水平、产业结构高级化水平等12个指标。

2.多重共线检验

本文首先利用全样本的数据进行多重共线检验，根据多重共线检验结果对变量进行筛选，若膨胀因子高于10，则说明多重共线的问题比较严重，可以剔除部分变量或者变化变量的形式进行解决，多重共线检验的结果如表2所示。

从表2中多重共线检验的结果来看，所有变量的平均VIF值为12.12，方差膨胀因子VIF超过10的有受教育程度、行业类型、房屋来源这三个方面的变量。本文将离散变量受教育程度转换成连续变量受教育年限，具体设定为未上过学等于0，小学等于6，初中等于9，高中等于12，大学专科等于15，大学本科等于16，研究生等于19。房屋来源与家庭规模仅有少部分虚拟变量的VIF值高于10，因此予以保留。行业类型也有多个虚拟变量的VIF值较高，且在后续的回归中发现可支配收入影响因素回归结果中，大部分行业类型之间差异并不显著，因此直接予以剔除。对相关变量经过处理后，所有变量的平均VIF值变为4.55，绝大部分变量的VIF值均小于10，表明可以利用已有的变量进行构建模型。

表 2 多重共线检验结果

变量	VIF 值	变量	VIF 值
性别(男性=1)	1.18	**本季度从事的主要职业**	
年龄	1.92	专业技术人员	4.3
民族(汉族=1)	1.02	办事人员和有关人员	5.26
户口性质(农业户口=1)	1.82	社会生产服务和生活服务人员	5.22
健康状况(健康=1)	1.01	农、林、牧、渔业生产及辅助人员	2.68
医疗保险(参加多种=1)	1.6	生产制造及有关人员	4.72
受教育程度		军人	1.04
小学	18.62	不便分类的其他从业人员	3.12
初中	114.13	**本季度从事工作时长**	1.04
高中	127.57	**房屋来源**	
大学专科	107.67	租赁私房	11.73
大学本科	95.39	自建住房	8.07
研究生	14.73	购买商品房	11.83
婚姻状况		购买房改住房	3.65
有配偶	1.85	购买保障性住房	1.32
离婚	1.27	拆迁安置房	1.47
丧偶	1.13	继承或获赠住房	1.28
是否离退休人员(是=1)	1.1	免费借用房	1.61
养老保险(参加多种=1)	1.61	雇主提供免费住房	4.48
本季度从事的主要行业		其他	1.55
采矿业	1.3	**是否生产经营户(是=1)**	1.21
制造业	27.59	**家庭规模**	1.66
电力、热力、燃气及水生产和供应业	3.74	**经济发展水平**	1.2
建筑业	5.9	**产业结构高级化**	1.45
批发和零售业	18.3	**固定资产投资水平**	1.9
交通运输、仓储和邮政业	9.45	**财政支出水平**	2.00
住宿和餐饮业	6.65		
信息传输、软件和信息技术服务业	9.8		
金融业	5.35		
房地产业	3.03		
租赁和商务服务业	6.95		
科学研 究和技术服务业	2.52		
水利、环境和公共设施管理业	1.93		
居民服务、修理和其他服务业	18.73		
教育	5.84		
卫生和社会工作	4.38		
文化、体育和娱乐业	3.13		
公共管理、社会保障和社会组织	14.35		
国际组织	1.02		

接下来，对数据进行模型选择检验，检验结果如表 3 所示。据表 3 可知，在全样本中，F 检验统计量值为 16.69，P 值为 0.0000，表明在 1%的显著性水平下应该拒绝混合回归的原假设。接着进行 Hausman 检验，检验统计量值为 873.47，P 值为 0.0000，说明应该拒绝随机效应模型的原假设，选择固定效应模型。同理，针对深圳样本与广州样本分别进行模型选择检验，结果发现两个分样本均需使用固定效应模型。

表 3　模型选择检验

样本类别	检验方法	统计量值	P 值	结论
全样本	F 检验	16.69	0.0000	应该使用固定效应模型
	Hausman 检验	873.47	0.0000	应该使用固定效应模型
深圳样本	F 检验	15.79	0.0000	应该使用固定效应模型
	Hausman 检验	879.55	0.0000	应该使用固定效应模型
广州样本	F 检验	17.32	0.0000	应该使用固定效应模型
	Hausman 检验	608.12	0.0000	应该使用固定效应模型

根据检验结果，这里均需采用固定效应模型进行模型估计。结果表明民族、健康状况、医疗保险、养老保险、工作类型这五个相关变量均不显著，予以剔除。最后，将剔除后剩余的变量再次进行固定效应模型估计，估计结果如表 4 所示，表中包括全样本、深圳样本、广州样本的回归结果。

表 4　计量模型回归结果

变量	全样本	深圳样本	广州样本
性别(男性=1)	0.079***	0.085***	0.099***
	(3.959)	(3.093)	(3.294)
年龄	0.011***	0.003***	0.002
	(11.145)	(2.749)	(1.163)
户口性质(非农户口=1)	0.035*	−0.035	0.134***
	(1.925)	(−1.534)	(4.344)
受教育程度	0.025***	0.010***	0.035***
	(8.943)	(3.006)	(6.177)
有配偶	0.005	0.025	0.112**
	(0.334)	(1.470)	(2.378)
离婚	−0.037	−0.080*	0.123*
	(−0.989)	(−1.706)	(1.784)
丧偶	−0.370***	0.199	−0.676***
	(−3.393)	(1.245)	(−4.299)

续表

变量	全样本	深圳样本	广州样本
本季度从事工作时长	0.056*	0.249***	−0.026
	(1.883)	(4.242)	(−0.766)
租赁私房	0.099***	0.105***	0.054***
	(11.889)	(10.799)	(3.294)
自建住房	−0.037	−0.054*	0.202**
	(−1.253)	(−1.695)	(2.184)
购买商品房	0.126**	0.278***	0.381***
	(2.403)	(3.983)	(3.384)
购买房改住房	0.283***	0.029	0.763***
	(6.613)	(0.554)	(7.318)
购买保障性住房	0.205***	0.265**	0.676***
	(3.383)	(2.021)	(5.963)
拆迁安置房	0.283**	0.389	0.707***
	(2.405)	(1.274)	(4.601)
继承或获赠住房	0.070		0.446***
	(0.469)		(2.636)
免费借用房	0.222**	0.072	0.740***
	(2.009)	(0.242)	(5.052)
雇主提供免费住房	0.056	−0.167**	0.749***
	(0.990)	(−2.413)	(6.333)
其他房屋来源	0.002	−0.027	0.385**
	(0.049)	(−0.806)	(2.313)
是否生产经营户(是=1)	0.090*	−0.054	0.207
	(1.776)	(−0.962)	(1.095)
家庭规模	0.061***	0.110***	0.062***
	(7.225)	(7.704)	(6.146)
经济发展水平	0.080***	0.058***	0.107***
	(13.303)	(7.486)	(11.309)
产业结构高级化	0.038***	0.254***	−0.002
	(2.826)	(4.633)	(−0.108)
固定资产投资水平	0.044***	0.016**	0.372***
	(7.139)	(2.430)	(18.746)
财政支出水平	0.053***	0.342***	0.006
	(5.662)	(14.481)	(0.592)
常数项	0.159***	0.021	0.156***
	(18.769)	(1.635)	(12.222)
样本量	5.257***	0.531	6.131***
	(27.007)	(1.095)	(22.494)
N	46018	26503	19515

注:括号中为 t 统计量;***,**和*分别表示在 1%,5%和 10%的显著性水平上通过显著性检验。

从表 4 的计量模型回归结果可以看出，不管是全样本，还是深圳或者广州样本，性别、年龄、受教育程度、本季度工作时长、生产经营户、产业结构高级化、财政支出水平这几个因素均对可支配收入有显著影响。其中，性别为男性显著高于女性的可支配收入，生产经营户可支配收入显著高于非生产经营户的可支配收入，可支配收入还会随着年龄、受教育程度、本季度从事所有工作的总时间、产业结构高级化水平、财政支出水平的提高而提高。房屋来源、家庭规模、住户特征三个方面的变量来看，不同样本的回归结果具有异质性，深圳样本中只有家庭规模显著影响可支配收入。

（三）预测效果

根据表 4 中回归模型的系数结果，可以得到回归方程，利用回归方程即可推断居民可支配收入。为了探究回归方程的预测效果，采用 MSE、MAE、MAPE 三个指标计算预测误差，三个指标的数值越小代表预测效果越好，三个预测误差指标的公式如下所示：

$$MSE = \sum_{1}^{N} (Y - Y')^2 / N \tag{4}$$

$$MAE = \sum_{1}^{N} |(Y - Y')| / N \tag{5}$$

$$MAPE = \sum_{1}^{N} |(Y - Y')/Y| / N \tag{6}$$

其中 Y 表示实际值，Y′代表预测值，N 是样本量。三个预测误差指标的结果如表 5 所示。从预测误差结果来看，MSE、MAE、MAPE 三个预测误差指标均显示传统计量经济学模型的预测误差较小，反映了可支配收入利用计量经济学模型的预测效果较好。另外，三个预测误差指标均显示全样本的预测误差最小、其次是深圳样本、广州样本稍差。

表 5　计量经济学模型的预测误差

预测误差	全样本	深圳样本	广州样本
MSE	0.336	0.441	0.486
MAE	0.447	0.523	0.542
MAPE	0.044	0.051	0.053

四、机器学习方法下居民可支配收入的推断

居民可支配收入的推断可以借助大数据思维方法中的机器学习算法。机器学习算法主要分为：分类器、回归器、特征选择等学习器。其中，Lasso 和随机森林是两种主流的机器学习算法，它可以同时满足分类、回归、特征选择等多种需求。

在本部分首先将采用 Lasso 方法，分别以全样本、深圳样本和广州样本对居民可支配收入的影响变量进行筛选；然后基于 Lasso 方法的变量筛选结果，借用随机森林回归算法，以各个样本训练随机森林学习器，并且借助 MSE、MAE、MAPE 三个指标判断随机森林方法的效果。

(一)两种机器学习方法的原理

1. Lasso 方法的介绍

Lasso 方法不仅可以较好地解决多重共线性问题、在降维后避免产生信息缺失和降低模型的可理解能力、在正则化的同时完成变量选择和系数估计的过程。基于 Lasso 方法的回归系数计算规则大致如下。先考虑一般化的多元线性回归模型，如式 7。

$$y_j = \beta_0 + \beta_1 x_{j1} + \beta_2 x_{j2} + \cdots + \beta_k x_{jk} + \varepsilon_j \tag{7}$$

其中 $j=1, 2, \cdots, n$；$k=1, 2, \cdots, p$。y_j 表示被解释变量，β_0 为常数，$\beta_1, \beta_2, \cdots, \beta_k$ 表示待估计的第 k 个解释变量系数，x_{jk} 表示解释变量，ε_j 表示残差项。将式 7 写为矩阵的形式为：

$$y = X\beta + \varepsilon \tag{8}$$

$$X = \begin{pmatrix} x_{11} & x_{12} & \cdots & x_{1p} \\ \vdots & \vdots & \ddots & \vdots \\ x_{n1} & x_{n2} & \cdots & x_{np} \end{pmatrix}$$

其中，$y=(y_1, y_2, \cdots, y_j)^T$，$\beta=(\beta_1, \beta_2, \cdots, \beta_p)^T$，$\varepsilon=(\varepsilon_1, \varepsilon_2, \cdots, \varepsilon_j)^T$，$n \times p$ 的矩阵。

若假设样本数据已经经过了中心标准化$\left(\text{即满足：} \sum_k = \frac{x_{jk}}{n} = 0, \sum_k \frac{(x_{jk})^2}{n} = 1\right)$，Lasso 方法的参数估计约束条件为：

$$\sum_{k=1}^{p} |\beta_k| \leqslant \lambda \tag{9}$$

参数 $\beta=(\beta_1, \beta_2, \cdots, \beta_p)^T$ 基于 Lasso 的系数估计表达式如 10 所示：

$$\hat{\beta}_L(n) = \operatorname{argmin}\left(\sum_{j=1}^{n}(y_1 - \beta_0 - \sum_{k=1}^{p} x_{jk}\beta_k)^2 + \lambda \sum_{k=1}^{p} |\beta_k|\right) \tag{10}$$

其中 $\hat{\beta}_L$ 为 Lasso 方法计算出的回归系数，而 λ 则是帮助我们确定回归系数最优解的调节参数。由于约束条件的存在，Lasso 的约束集是一个顶点位于坐标轴上、带尖角的菱形(在二元回归模型情形下)或高维菱状体(在多元回归模型情形下)。因此，等值线与约束集易相切于坐标轴，让 Lasso 估计量的某些回归系数变为 0。在本研究中我们将使用常用的确定 λ 方法，即 K 折交叉验证法，选择使得 MSE 最

小取值最小的 λ 值。

2. 随机森林方法的介绍

在本课题研究中主要采用随机森林回归(Random Forest Regress,简记为RFR),本研究中实现的RFR具有以下功能:模型训练、模型数据预测、计算特征重要性。

本研究中采用MSE作为impurity指标。然后,在计算impurity的差值时,每个impurity都乘以对应权重,此处采用分支包含的样本数。最后,将各特征重要性统计量最重要转化成百分比度量,即将各特征统计量分别除以统计量总和,完成归一化操作。转化成的百分数就是特征重要性FI。

(二)估计结果分析

1. 基于Lasso的变量筛选结果分析

基于深圳和广州2014—2019年住户调查数据及其他可获取资料,本文共筛选出59个潜在影响居民可支配收入的指标,其中微观因素主要包含性别、年龄、民族、户口性质等,宏观因素则包含经济发展水平、产业结构高级化、固定资产投资水平和财政支出等。

基于表6中回归结果可知,59个影响因素中仅有离婚、批发和零售业、租赁和商务服务业、教育、文化体育和娱乐业、办事人员和有关人员等6个二值变量系数被压缩为0,其他变量均对居民可支配收入有影响。具体来看,影响系数绝对值大于10%的变量有户口性质、健康状况、医疗保险参与情况、婚姻状况中的有配偶、从事行业、职业、房屋来源、家庭规模、是否从事生产经营、财政支出水平、经济发展水平11项具体指标或主要方面,这11项具体指标或主要方面可认定为影响居民可支配收入的关键因素。

基于上述方法和深圳样本数据建立模型,结果显示:影响系数绝对值大于10%的有户口性质、健康状况、医疗保险参与情况、婚姻中的有配偶、从事行业、职业、房屋来源、家庭规模、是否从事生产经营、是否离退休人员、经济发展水平、固定资产投资水平、财政支出水平13项具体指标或主要方面,这13项具体指标或主要方面可认定为影响深圳居民可支配收入的关键因素。

基于上述方法和广州样本数据建立模型,结果显示:影响系数绝对值大于10%的有性别、民族、户口性质、健康状况、医疗保险参与情况、婚姻状况中的有配偶、从事行业、职业、房屋来源、是否生产经营户、家庭规模、工作时长、固定资产投资水平、财政支出水平14项具体指标或主要方面,这14项具体指标或主要方面可认定为影响广州居民可支配收入的关键因素。

表 6　基于 LASSO 方法的辅助变量筛选结果(全样本)

变量	Min	1se	变量	Min	1se
性别(男性=1)	−0.0145	0	**本季度从事的主要职业**		
年龄	0.0074	0.0062	党的机关、国家机关负责人	0.1855	0.1577
民族(汉族=1)	0.0229	0	专业技术人员	0.1110	0.0864
户口性质(农业户口=1)	−0.1573	−0.1708	办事人员和有关人员	0	0
健康状况(健康=1)	−0.3447	0	社会生产服务和生活服务人员	0.0029	0
医疗保险(参加多种=1)	0.2365	0.1833	农、林、牧、渔业生产及辅助人员	−0.2398	−0.1616
受教育程度	0.0542	0.0549	生产制造及有关人员	−0.0877	−0.0784
婚姻状况			军人	−0.0322	0
离婚	−0.0671	0	不便分类的其他从业人员	−0.0579	−0.0169
有配偶	0.1447	0.1481	**房屋来源**		
离婚	0	0	租赁公房	−0.5590	−0.4246
丧偶	−0.0922	0	租赁私房	−0.3907	−0.3279
本季度从事的主要行业			自建住房	0.0093	0
农、林、牧、渔业	−0.0788	0	购买商品房	0.1242	0.1483
采矿业	−0.0287	0	购买房改住房	0.0374	0.0232
制造业	−0.0191	0	购买保障性住房	0.1670	0.0666
电力、热力、燃气及水生产和供应业	−0.0730	0	拆迁安置房	0.2794	0.1947
建筑业	−0.0764	0	继承或获赠住房	−0.0927	0
批发和零售业	0	0	免费借用房	−0.4683	−0.3235
交通运输、仓储和邮政业	0.0003	0	雇主提供免费住房	−0.8087	−0.7322
住宿和餐饮业	−0.0922	−0.0180	其他	−0.2551	−0.1190
信息传输、软件和信息技术服务业	0.0271	0.0039	**家庭规模**	0.2438	0.2477
金融业	0.1912	0.1431	**本季度从事所有工作的总时间**	0.0757	0.0542
房地产业	−0.0099	0	**是否生产经营户(是=0)**	0.2112	0.1801
租赁和商务服务业	0	0	**是否离退休人员(是=1)**	0.0516	0
科学研究和技术服务业	0.0373	0	**养老保险(参加多种养老保险=1)**	0.0178	0
水利、环境和公共设施管理业	−0.1138	0	**财政支出水平**	0.1560	0.1294
居民服务、修理和其他服务业	−0.0898	−0.0431	**经济发展水平**	0.1432	0.1256
教育	0	0	**产业结构高级化**	0.0493	0.0451
卫生和社会工作	0.1577	0.1008	**固定资产投资水平**	0.0356	0.0327
文化、体育和娱乐业	0	0			
公共管理、社会保障和社会组织	0.0079	0			
国际组织	1.3439	0.2256			

注:min 代表使 MSE 最小的 lambda 值,1se 表示一个方差范围内得到最简单模型的 lambda 值。

2. 基于随机森林的结果分析

基于前文 Lasso 模型，选择对被解释变量解释度更强的变量参与随机森林回归的学习，设定参与随机森林回归的三种解释变量集。

根据全样本 Lasso 模型选择的微观变量：健康状况、医疗保险参与情况、婚姻状况、从事行业、职业、房屋来源、是否为生产经营户、家庭规模，宏观变量为财政支出水平，共 9 个变量。

根据深圳样本 Lasso 模型选择的微观变量：健康状况、医疗保险参与情况、婚姻状况、从事行业、职业、房屋来源和家庭规模，宏观变量为产业结构、固定资产投资水平和财政支出水平，共 10 个变量。

根据广州样本 Lasso 模型选择的微观变量：民族、户口性质、健康状况、医疗保险参与情况、养老保险参与情况、从事行业、职业、从事工作的总时间、房屋来源、是否为生产经营户和家庭规模；宏观变量为固定资产投资水平和财政支出水平，共 13 个变量。

被解释变量统一设定为居民可支配收入的对数。此外，由于随机森林本身不具备识别面板变量的能力，无法按照常规的时间序列进行回归。因此在本研究中采用添加时间变量（year）的方法，使得随机森林回归的考虑了“时间”这一变量。

首先根据 Lasso 模型筛选变量的结果，分别构建经变量选择后的全样本、深圳样本和广州样本作为随机森林的训练集；其次，生成随机森林回归学习器，设定 20 棵决策树，采用 C4.5 决策树，决策树最大深度取值 100；然后，分别采用三个训练集进行学习，得到随机森林回归器；最后将全部样本设定为测试集，通过该随机森林回归器获得样本内居民可支配收入对数的预测结果，并与真实值进行对比较分析。

（三）预测效果

随机森林回归（RFR）的优劣评价主要在于数据的准确度高低，采用回归准确率 score 作为评价 RFR 的标准。

可以发现，通过随机森林回归获得的居民可支配收入总体来说准确率不高，其中广州样本训练的回归器准确率在三者中是最低的，而深圳样本训练的回归器准确率在三者当中是最高的。由此可以判断出，相较于广州市的情况，通过 Lasso 判断出的影响深圳市影响居民可支配收入的变量集，其对被解释变量的解释度在全样本范围内具有更高的适用性。由图 1 可知，随机森林回归的准确度不高，主要原因在于分类器对较大的被解释变量产生了较大的低估，而对较小的被解释变量值产生了较大的高估;同时本研究中选用的解释变量个数非常多,可能会对学习器带来维数灾难。因此应正确识别对居民可支配收入影响较大的变量,简化随机森林回归器将会降低影响。

表7　随机森林回归器的准确率和估计误差

项目	指标	全样本训练集	深圳样本训练集	广州样本训练集
准确率	score	0.475	0.504	0.288
估计误差	mse	0.088	0.203	0.245
	mae	0.167	0.286	0.319
	mape	0.017	0.028	0.032

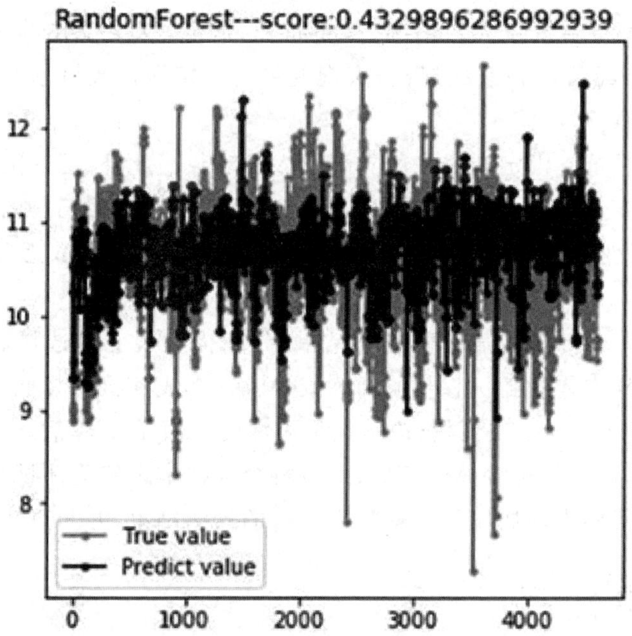

图1　某次随机森林回归器对居民可支配收入对数的预测结果(部分样本)

为了进一步缩减随机森林回归器中的解释变量个数,此处基于上述实验结果测算各变量对随机森林回归器的特征重要性(Feature Importance,FI)。实验结果如表8、表9与表10所示。

表 8　全样本各变量对 RFR 的特征重要性 FI

变量	FI	变量	FI
年份	0.0728	家庭规模	0.3826
健康状况(健康=1)	0.0045	从事主要行业	0.0954
医疗保险参加情况	0.0625	从事主要职业	0.0698
婚姻状况	0.0217	房屋来源	0.1361
是否生产经营户(是=0)	0.0224	财政支出水平	0.1321

表 9　深圳样本各变量对 RFR 的特征重要性 FI

变量	FI	变量	FI
年份	0.0511	从事主要行业	0.0899
健康状况(健康=1)	0.0022	从事主要职业	0.0705
医疗保险参加情况	0.0575	产业结构高级化	0.0662
婚姻状况	0.0227	固定资产投资水平	0.0399
家庭规模	0.3990	财政支出水平	0.0315
房屋来源	0.1648		

表 10　广州样本各变量对 RFR 的特征重要性 FI

变量	FI	变量	FI
年份	0.0906	家庭规模	0.2163
民族(汉族=1)	0.0015	从事主要行业	0.1171
户口性质(农业户口=1)	0.0258	从事主要职业	0.0733
健康状况(健康=1)	0.0091	从事工作总时间	0.0389
医疗保险参加情况	0.0589	房屋来源	0.1081
养老保险参加情况	0.0441	固定资产投资水平	0.0751
是否生产经营户(是=0)	0.0305	财政支出水平	0.1108

通过特征重要性可以得知,对于全样本来说,影响其居民可支配收入的因素由强到弱依次是:家庭规模、房屋来源、地区财政支出水平、从事主要行业、年份、从事主要职业、医疗保险参加情况、是否为生产经营户、婚姻状况和健康状况。其中,年份这一变量的特征重要性得分较高,这说明了从广州和深圳两座城市的整体视角来说,居民可支配收入的时间效应较为明显。

对于深圳市居民样本,影响其居民可支配收入的因素由强到弱分别为:家庭规模、房屋来源、从事主要行业、从事主要职业、地区产业结构高级化、医疗保险参加情况、年份、地区固定资产投资水平、地区财政支出水平、婚姻状况和健康状况。

其中年份这一变量的特征重要性不高，则说明深圳市居民可支配收入对时间变化的趋势不明显。

对于广州市居民样本，影响其居民可支配收入的因素由强到弱分别为：年份、家庭规模、从事主要行业、财政支出水平、房屋来源、固定资产投资水平、从事主要职业、医疗保险参加情况、养老保险参加情况、从事工作总时间、是否生产经营户、户口性质、健康状况和民族。其中，年份这一变量的特征重要性较高，这说明广州市居民可支配收入随时间变化的趋势非常明显，存在时间效应。

根据各变量的特征重要性具体数值，从全样本变量中删除健康状况、从深圳样本变量中删除健康状况，从广州样本变量中删除健康状况和民族。再一次根据筛选出的变量构建三个训练集，并进行随机森林回归，参数设定不改变。随机森林回归的得分和估计结果如表 11 所示。

表 11　经特征重要性选择后的随机森林回归准确率和估计误差

项目	指标	全样本训练集	深圳样本训练集	广州样本训练集
准确率	score	0.494	0.538	0.509
估计误差	mse	0.088	0.201	0.245
	mae	0.168	0.285	0.319
	mape	0.016	0.028	0.032

从表 11 中可以看出，相较于 Lasso 模型选择的变量集，经过随机森林特征选择后的变量在解释居民可支配收入时更有解释力，删除特征重要性不高的变量使得随机森林回归器的整体得分得到了提高，在回归估计精度方面，除深圳样本的估计精度有所提高外，全样本和广州样本的均方误差基本没有变化。因此基于随机森林回归的居民可支配收入是相对可行的，在保留原变量集的基础上，基于随机森林回归中特征重要性进一步缩减变量是可行的。

五、结论、建议及进一步探索思路

本课题分别利用传统计量经济学模型与机器学习方法对可支配收入进行预测，并对两个模型的预测效果进行对比分析，结果发现：(1) 两个预测模型均能够有效预测可支配收入，预测误差较小，且基于机器学习方法的随机森林模型的预测效果更佳；(2) 利用 Lasso 方法筛选的变量进行随机森林模型预测时进一步采用特征重要性挑选变量对于居民可支配收入更有解释力，且可以提高随机森林回归器的整体得分；(3)全样本的随机森林特征重要性结果显示，家庭规模、房屋来源、地区财政支出水平、主要从事行业、年份、主要从事职业、医疗保险参加情况、是否为生产经营户、婚姻状况和健康状况这些变量对可支配收入预测具有重要作用，深圳与广州分样本的随机森林特征重要性有略微差异，具体预测时可以根据需求进行适当调整

基于以上结论，在利用住户调查分户汇总数据建立推广模型过程中，建议如下：(1)可以采用机器学习方法中随机森林模型对可支配收入进行预测，并利用传统计量经济学模型的预测结果进行辅助考察预测效果；(2)利用 Lasso 方法筛选变量后进行随机森林模型进行可支配收入预测时，建议采用特征重要性的方法进一步进行指标筛选，提高预测效果；(3)住户调查指标可以进行适当删减，保留一些具有代表性的指标即可，如在可支配收入方面，可以只保留与其相关的家庭规模、房屋来源、地区财政支出水平、从事主要行业、从事主要职业、医疗保险参加情况、是否为生产经营户、婚姻状况和健康状况等这些指标。

基于以上课题研究结果，可以探索在住户调查相对较小的样本中，采集收入及其家庭和家庭成员的核心特征数据，建立误差可控的统计模型；通过行政记录数据、宏观经济数据和其他来源大数据资源，获取一定时期一定区域内居民总体中每个微观个体(居民住户)的核心特征数据，利用统计模型测算或预测该区域一定时期内居民可支配收入数据分布。测算或预测结果可用于对住户调查居民可支配收入的校准与修正、分析研究居民收入分配格局、监测共同富裕推进过程等目的。